भारतीय
ज्ञानपीठ

णाणं
पयासयं

वीर नि.सं.
2470

ई. सन्
1944

भारतीय ज्ञानपीठ

श्रीमन्माणिक्यनन्द्याचार्यविरचितपरीक्षामुखसूत्रस्यालङ्कारभूतः

प्रमेयकमलमार्त्तण्डसारः

(जैन न्याय)

श्रीमन्माणिक्यनन्द्याचार्यविरचितपरीक्षामुखसूत्रस्यालङ्कारभूतः

प्रमेयकमलमार्त्तण्डसारः

मूलग्रन्थकर्ता

आचार्य प्रभाचन्द्र

सम्पादन एवं विवेचन

डॉ. अनेकान्त कुमार जैन

भारतीय ज्ञानपीठ

मूर्तिदेवी ग्रन्थमाला : संस्कृत ग्रन्थांक 052

ISBN 978-93-263-5581-0

प्रमेयकमलमार्त्तण्डसारः
(जैन न्याय)
सम्पादन एवं विवेचन
डॉ अनेकान्त कुमार जैन

प्रकाशक : **भारतीय ज्ञानपीठ**
18, इन्स्टीट्यूशनल एरिया, लोदी रोड, नयी दिल्ली-110 003

मुद्रक : आर.के. ऑफसेट, दिल्ली

आवरण : चन्द्रकान्त शर्मा

PRAMEYAKAMALMĀRTTANDSĀRAH
(Jainalogy)
Edited by Dr. Anekant Kumar Jain

Published by
Bharatiya Jnanpith
18, Institutional Area, Lodi Road, New Delhi-110 003
Ph. : 011-24698417, 24626467; 23241619 (Daryaganj)
Mob. : 9350536020; e-mail : bjnanpith@gmail.com
sales@jnanpith.net; website : www.jnanpith.net

Third Edition : 2018
Price : Rs. 600

समीक्षा

डॉ. अनेकान्त कुमार जैन-सम्पादितं प्रमेयकमलमार्त्तण्डसारं दर्शं दर्शं सुतरांनन्दति मेचेतः। अतिविस्तृतजटिलग्रन्थानां संक्षिप्यसारं सानुवादं सम्पाद्य प्रकाशनीयमिति नूनमभिनवः प्रयोगो येन मास्यभूत् तादृशानां ग्रन्थानामध्ययनाध्यापनविलोपः। कथङ्कारमेव सारसङ्ग्रहः करणीय इत्यत्र प्रस्तुतकृतिरादर्शभूता।
अस्याः कृतेश्छात्राणामुपकारस्तु स्वतःसिद्ध एव। ये पुनर्जैनेतरप्रस्थानानामध्येतारस्तानपि ग्रन्थोऽयं महदुपकरिष्यति। मन्ये तेऽपि हिन्द्यनुवादसहाय्येन जैनप्रमाणप्रमेयपरिचयं प्राप्य स्वस्वशोधकर्मणो गुणवत्तां वर्धापयितुं क्षमा भवेयुः।

आचार्यप्रभाचन्द्रसदृशा विद्वांसो यस्मिन् युगे एतादृशं विद्याविनोदं विद्धति स्म तादृशस्य युगस्य कोऽप्यपूर्वः महिमासीत्, सच महिमास्य ग्रन्थस्य विलोकनेनास्कं नेत्रस्योः पुरस्तात्प्रत्यक्षी भवति।

स्वयं डॉ. अनेकान्तकुमारेण ग्रन्थस्य वैशिष्टयं भूमिकायामुद्घाटितं विदुषा प्रोफेसरवीरसागरेण चान्तरङ्गपरिचयोऽपि स्थालीपुलाकन्यायेन प्रदत्त इति नात्र मम वचनावकाशः। केवलन्तु मम डॉ. अनेकान्तजैनसदृशाश्छात्राः विद्याव्यसने संलग्ना इति प्रमोदभावनाभाविष्कर्तुमिदं यत्किञ्चिल्लिखितम्। ग्रन्थोऽयं डॉ. अनेकान्तकुमार-स्योज्ज्वलामायतिं सूचयति। सः स्वकीयमौलिकरचनाभिः जैनदर्शनसेवां विदधन् कीर्त्तिभवाप्नुयादिति भगवन्तं सिद्धसमूहं प्रार्थये।

भारतीयज्ञानपीठस्य सार्थकताएतादृशनां ग्रन्थानां प्रकाशनेनैव सिध्यतीति तस्मा अपि साधुवादं वितरामि।

—दयानन्दोभार्गवः

गुरुवर

महामहोपाध्याय

आचार्य दयानन्द भार्गव जी

को

सादर समर्पित

जिनकी शिक्षा,

आशीर्वाद और प्रेरणा

से ही

यह कार्य सम्भव हो सका।

प्राक्कथन

न्यायशास्त्र मेरा आरम्भ से प्रिय विषय रहा है। बाल्यकाल से ही मेरे पूज्य पिताजी ने 'पर्वतो वह्निमान्, धूमवत्त्वात्' आदि व्याप्तियों का तथा प्रमाण और नय के भेद का ज्ञान खेल-खेल में ही सिखा दिया था। एक वो दिन थे और आज का दिन है, खेल-खेल में सीखी गयीं ये न्याय शास्त्र की **शब्दावलियाँ** कब मेरी रुचि, कार्य और अनुसन्धान का विषय बन गयीं, पता ही नहीं चला।

जैन-न्याय के धुरन्धर विद्वान् पं. महेन्द्रकुमार न्यायाचार्य जी को देखने-सुनने का सौभाग्य तो मेरा नहीं रहा, किन्तु बाल्यावस्था में ही बनारस में जैन न्याय-परम्परा के अप्रितम मनीषी पं. फूलचन्द सिद्धान्तशास्त्री, पं. कैलाशचन्द्र शास्त्री, पं. डॉ. दरबारीलाल जी कोठिया, पं. अमृतलाल जी शास्त्री, प्रो. उदयचन्द जी जैन आदि विद्वानों की गोद में खेलने और इन गुरुजनों का सान्निध्य, स्नेह प्राप्ति का मुझे सौभाग्य प्राप्त रहा है। विद्वानों की यह पीढ़ी अब संसार में नहीं है, किन्तु आज जब इनके साहित्य का अध्ययन करता हूँ तो मुझे अपने सौभाग्य पर गौरव होता है कि मैं इनके वात्सल्य-स्नेह का अभिन्न पात्र रहा हूँ।

जैन-न्याय के आरम्भिक शास्त्रों का अध्ययन मैंने जयपुर की जैन पाण्डित्य परम्परा से किया है। आदरणीय गुरुवर डॉ. हुकुमचन्द भारिल्ल जी, पं. अभयकुमार शास्त्री जी, पं. रतनचन्द भारिल्ल जी, प्राचार्य डॉ. शीतलचन्द जी जैन, प्राचार्य पं. शान्तिकुमार जी पाटील आदि विद्वानों के मुख से मुझे आप्तमीमांसा, परीक्षामुखसूत्र, न्यायदीपिका, प्रमेयरत्नमाला, आप्तमीमांसा तथा नयचक्र आदि ग्रन्थों को पढ़ने का सौभाग्य प्राप्त हुआ।

जैन विश्व भारती विश्वविद्यालय, लाडनूं में मुझे समणी मंगलप्रज्ञा जी, समणी चैतन्यप्रज्ञा जी, समणी ऋजुप्रज्ञा जी तथा डॉ. अशोक कुमार

जैन, डॉ. आनन्द प्रकाश त्रिपाठी जी आदि विद्वानों से द्रव्यानुयोगतर्कणा, सन्मतितर्कप्रकरण, प्रमेयकमलमार्त्तण्ड, सप्तभंगीतरंगिणी आदि ग्रन्थ पढ़ने का सौभाग्य प्राप्त हुआ।

मैंने जब आदरणीय गुरुवर प्रो. दयानन्द भार्गव जी के निर्देशन में नयवाद पर शोधकार्य प्रारम्भ किया, तब उनकी कृपा से मुझे भारतीय दर्शन के विविध मूलग्रन्थों को पढ़ने का विशेष अवसर प्राप्त हुआ। आचार्य हेमचन्द्र की प्रमाण मीमांसा पर वे समणी वर्ग की विशेष कक्षायें लेते थे, उसमें मुझे भी पढ़ने का अवसर मिला। न्याय विषय पर उनके गम्भीर चिन्तन को सुनकर मेरी रुचि इस विषयक अनुसन्धान में निरन्तर बढ़ती ही गयी।

उसी दौरान मुझे शोधकार्य के उद्देश्य से जैनन्याय के गौरव ग्रन्थ आचार्य प्रभाचन्द्र कृत प्रमेयकमलमार्त्तण्ड को मूल पंक्तिशः अध्ययन करने की आवश्यकता महसूस हुयी। गुरु आज्ञा तथा पिताजी की प्रेरणा से इस ग्रन्थ को पढ़ने के लिए मैं पुनः काशी आया। यहाँ सम्पूर्णानन्द संस्कृत विश्वविद्यालय के आचार्य गुरुवर्य आदरणीय सुधाकर दीक्षित जी ने न्याय पद्धति से आचार्य प्रभाचन्द्र का यह अप्रतिम ग्रन्थ पढ़ाने हेतु स्वीकृत प्रदान कर महती कृपा की। उन्होंने नित्य प्रातःकाल की बेला में अत्यन्त वात्सल्य स्नेहपूर्ण भाव से मुझे इस ग्रन्थ की पंक्ति लगाना सिखाया। तभी से मेरे मन में इस ग्रन्थ को छात्रों और अन्य सभी को सरल और सार रूप में प्रस्तुत करने का दृढ़ विचार निरन्तर बना रहा।

सन् 2001 में श्री लालबहादुरशास्त्री राष्ट्रिय संस्कृत विद्यापीठ, नई दिल्ली जैसे गौरवपूर्ण विश्वविद्यालय के जैनदर्शन विभाग में व्याख्याता के रूप में मुझे पाठ्यक्रमानुसार यह ग्रन्थ पढ़ाने के लिए पढ़ने का अवसर प्राप्त हुआ। ग्रन्थ का प्रथम परिच्छेद ही पाठ्यक्रम में था और प्रायः हर विश्वविद्यालय में यह ग्रन्थ अत्यन्त विशाल होने से आचार्य की कक्षाओं में इसके कुछ अंशों को ही पाठ्यक्रम में रखा जाता है। मुझे यह बात आरम्भ से ही खटकती रही कि हम विद्यार्थियों को परीक्षामुखसूत्र के प्रत्यंक सूत्र पर आचार्य प्रभाचन्द्र की व्याख्या सिर्फ इसीलिए नहीं पढ़ा पाते हैं क्योंकि वह व्याख्या बहुत विस्तृत है तथा कक्षाओं में सम्पूर्ण

रूप में पढ़ाना संभव नहीं बन पाता। इसी मुश्किल के चलते अनेक विश्वविद्यालयों में इसे पाठ्यक्रम से अलग भी कर दिया। इस महत्त्वपूर्ण ग्रन्थ के अध्ययन-अध्यापन की यह स्थिति देखकर मन में बहुत कष्ट होता था और लगता था कि कहीं इतने उत्कृष्ट ग्रन्थ के अध्ययन की परम्परा ही समाप्त न हो जाए। तभी से मन में इस कल्पना ने जन्म लेना प्रारम्भ कर दिया कि इस समस्या के समाधान के लिए कुछ तो करना है।

स्वर्गीय महेन्द्र कुमार न्यायाचार्य जी ने इस ग्रन्थ के मूलभाग को पाठान्तरों के साथ सम्पादन करके बहुत बड़ा उपकार किया था, जो सन् 1941 में निर्णय सागर प्रेस, मुम्बई से प्रकाशित हुआ। इस ग्रन्थ में हिन्दी अनुवाद न होने से यह ग्रन्थ सिर्फ विद्वानों के लिए पठनीय था। बाद में पूज्य आर्यिका जिनमती जी ने इसका हिन्दी अनुवाद किया जो तीन भागों में प्रकाशित हुआ। यह ग्रन्थ बहुत बृहद्काय होने से पठन-पाठन से दूर होने लगा।

इस बीच इस ग्रन्थ का प्रो. उदयचन्द जैन जी कृत 'प्रमेयकमलमार्त्तण्ड परिशीलन' सरल, सुगम्य तथा सारभूत विवेचन हिन्दी भाषा में एक ग्रन्थ प्रकाशित हुआ, जिसने पूर्वोक्त समस्या का काफी समाधान किया, किन्तु इस ग्रन्थ में आचार्य प्रभाचन्द्र का संस्कृत में मूल ग्रन्थ का हार्द न होने से विद्यार्थियों को मूल पंक्ति पाठ के अनभ्यास की समस्या ज्यों की त्यों बनी रही।

इन पूर्वोक्त सभी समस्याओं का आकलन करके संस्कृत मूल ग्रन्थ के हार्द को सुरक्षित रखते हुए उनके समाधान के लिए प्रमेयकमलमार्त्तण्ड सम्पूर्ण मूल ग्रन्थ का सार-संक्षेप और अनुवाद, विशेषार्थ सहित प्रस्तुत करने का एक विनम्र प्रयास इस रूप में किया है। यह कार्य काफी पूर्व सन् 2004 में प्रारम्भ कर दिया था, इसे तैयार करते-करते अब प्रकाशित रूप में आप सभी के समक्ष आ रहा है, इससे मैं अपने भीतर अन्तस्तोष और प्रसन्नता का अनुभव कर रहा हूँ।

प्रस्तुत ग्रन्थ को निम्नलिखित प्रमुख विशेषताओं से संयुक्त करने का प्रयास किया है–

(1) परीक्षामुखसूत्र के सभी सूत्रों पर आचार्य प्रभाचन्द्र की टीका के उन अंशों को अवश्य लिया है जो सीधे सूत्र की व्याख्या करते हैं।

(2) मूल ग्रन्थ में किसी महत्त्वपूर्ण विषय पर अनेकानेक शंका समाधान में पूर्वपक्ष और उत्तरपक्ष के रूप में कुछ अति आवश्यक पक्षों को प्रस्तुत करने का प्रयास किया है।

(3) एक शंका के समाधान में आचार्य ने कई बिन्दुओं पर चर्चायें की हैं, तथा अनेक तर्क प्रस्तुत किये हैं, हमने उनमें से आरम्भ के कुछ तर्क ही संकलित किये हैं जिनसे शंका का समाधान होता प्रतीत हो रहा है।

(4) मूल टीका को अध्ययन-अध्यापन की सुविधानुसार नये पैराग्राफ बनाकर रोचक बनाने का प्रयास किया है तथा उनमें क्रमांक देकर उन्हें व्यवस्थित किया है ताकि अनुवाद/विवेचन के साथ पाठकों को संगति बैठाने में असुविधा न हो।

(5) पूज्य विदुषी आर्यिका जिनमती माताजी ने सम्पूर्ण-मूल ग्रन्थ का प्रथम हिन्दी अनुवाद कार्य किया, जो तीन भागों में प्रकाशित है, उसी के आधार पर उसका सार तथा विशेषार्थ देने का प्रयास यहाँ किया गया है।

(6) मूल ग्रन्थ में छह परिच्छेद हैं, सुविधा हेतु मैंने सात परिच्छेद कर दिये हैं। सप्तम परिच्छेद में जैन दर्शन के हार्द नय तथा सप्तभङ्गों की विस्तृत गम्भीर चर्चा है अतः उसे स्वतन्त्र परिच्छेद में रखना उचित माना।

(7) प्रत्येक सूत्र के साथ पहले संस्कृत में मूलग्रन्थानुसार सूत्रार्थ दिया है, फिर टीका का हिन्दी विवेचन दिया है।

इनके अतिरिक्त भी काफी कुछ सुधार और सरल रूप में प्रस्तुतिकरण का यह लघु प्रयास इस विश्वास पर किया है कि जिज्ञासुओं को यह सुविधाजनक लगेगा तथा प्रभाचन्द्राचार्य के मूल ग्रन्थ को सम्पूर्ण रूप में पढ़ने की शुरुआत करने का उत्साह बढ़ेगा क्योंकि यह ग्रन्थ तो मात्र उस बड़े ग्रन्थ का प्रवेशद्वार है।

इस कार्य को करने में मुझे अनेक विद्वत्जनों का सहयोग तथा मार्गदर्शन प्राप्त हुआ है। सर्वप्रथम मेरे पूज्य पिताजी प्रो. फूलचन्द प्रेमी जी तथा माँ डॉ. मुन्नीपुष्पा जैन (जैनदर्शन विभाग, सं.सं.वि.वि., वाराणसी) को इसका पूरा श्रेय देना चाहता हूँ जिनकी सतत प्रेरणा, सुझाव तथा मार्गदर्शन मुझे इस कार्य हेतु मिला है। गुरुवर प्रो. दयानन्द भार्गव जी को जब मैंने यह कार्य बतलाया तब उन्होंने अनेक सुझाव दिये तथा प्रोत्साहित किया। मुझे प्रेस कॉपी तैयार करने में मेरी दो छात्राओं श्रीमती रश्मि जैन तथा श्रीमती दीपा शर्मा का सर्वाधिक सहयोग प्राप्त हुआ जब वे आचार्य कक्षा में अध्ययन कर रहीं थीं। इसी प्रकार मेरे अन्य विद्यार्थियों ने भी विविध सहयोग प्रदान किया है।

मेरी धर्मपत्नी श्रीमती रुचि जैन (M.Sc., M.A.) ने मुझे यह कार्य करते रहने के लिए गृहस्थी के झंझावतों से मुक्त रखा तथा प्रेस कॉपियां तैयार करवायीं। पुत्र सुनय तथा पुत्री अनुप्रेक्षा तो मेरे लिए आशा और उत्साह के केन्द्र इसलिए रहे कि मुझे हमेशा यह महसूस होता रहा कि जिस प्रकार मुझे मेरे माता-पिता ने जिनवाणी की सेवा हेतु प्रेरणा बाल्यकाल से दी उसी प्रकार मैं अपने बच्चों को भी यह संस्कार दे सकूं और भविष्य में ये भी 'प्रमेयकमलमार्त्तण्ड' के सुयोग्य अध्येता बन सकें।

जैनदर्शन विभाग में मेरे अग्रज कल्प आदरणीय प्रो. वीरसागर जैन जी मेरे लिए हमेशा हर कार्य में एक मार्गदर्शक की सफल एवं सार्थक भूमिका का निर्वहन करते हैं। प्रस्तुत ग्रन्थ में भी कई महत्त्वपूर्ण स्थलों पर आपने मुझे नियमित समाधान दिये हैं। प्रूफ रीडिंग के समय भी आपने अपनी सूक्ष्म दृष्टि से कई महत्त्वपूर्ण संशोधन करवाये हैं। हमारे विभाग में हमारे अनन्य सहयोगी डॉ. कुलदीप जी ने भी पग-पग पर अपना सहयोग दिया है।

विद्यापीठ के कुलपति प्रो. रमेश कुमार पाण्डेय जी तथा दर्शन संकाय के सभी आचार्यों ने जब भी जरूरत हुयी पूरा सहयोग दिया। महासभा अध्यक्ष श्री निर्मल सेठी जी ने इस ग्रन्थ के प्रकाशन से पूर्व ही इसकी प्रतियाँ खरीदने का अग्रिम आश्वासन देकर प्रोत्साहित किया। वरिष्ठ विद्वान् प्रो. राजाराम जैन जी ने इसमें महत्त्वपूर्ण सुझाव देकर इसे

मूल्यांकित किया। भारतीय ज्ञानपीठ के प्रमुख साहू अखिलेश जैन जी तथा निदेशक श्री लीलाधर मंडलोई जी ने इसके प्रकाशन हेतु स्वीकृति प्रदान की तथा श्री संजय दुबे जी ने इसका सुन्दर संयोजन करवाया। श्री हीरालाल जी तथा उनके सुपुत्र विशेष कुमार ने इसके टंकण कार्य में हमारा सहयोग किया।

मैं उपरोक्त सभी लोगों के प्रति हृदय से धन्यवाद, कृतज्ञता, आभार ज्ञापित करता हूँ।

अन्त में मैं बस इतना कहना चाहता हूँ कि इस ग्रन्थ में जो कुछ भी है वह सब आचार्य प्रभाचन्द्र का है। मेरा कुछ भी नहीं है। मैंने मात्र उनके ग्रन्थ को सर्वजन सुलभ करने की दृष्टि से उसका सार-संक्षेप यहाँ प्रस्तुत करके मात्र उसे सम्पादित किया है यह कोशिश भी मैंने पूर्वाचार्यों की कृपा और गुरुजनों के आशीर्वाद से अपने स्वाध्याय और अभ्यास को और अधिक पुष्ट करने के उद्देश्य से की है। इसमें त्रुटियाँ भी स्वाभाविक हैं। यदि कोई भूल हो गयी हो तो विनम्र निवेदन है कि उस ओर मेरा ध्यान अवश्य आकृष्ट करेंगे ताकि आगामी संस्करण में उसे सुधार सकें।

आचार्य प्रभाचन्द्र के ही निम्नलिखित श्लोकों के साथ अपनी भी भावधारा स्थापित करके मैं यह ग्रन्थ आपके स्वाध्याय हेतु प्रस्तुत कर रहा हूँ–

ये नूनं प्रथयन्ति नोऽसमगुणामोहादवज्ञां जनाः,
ते तिष्ठन्तु न तान्प्रति प्रयतितः प्रारभ्यते प्रक्रमः।
संतः सन्ति गुणानुरागमनसो य धीधनास्तान्प्रति,
प्रायः शास्त्रकृतो यदत्र हृदये वृत्तं तदाख्यायते॥

त्यजति न विदधानः कार्यमुद्विज्य धीमान्
खलजनपरिवृत्तेः स्पर्धते किन्तु तेन।
किमु न वितनुतेऽर्कः पद्मबोधं प्रबुद्धः-
स्तदपहृति विधायी शीतरश्मिर्यदीह॥

बसन्तपञ्चमी
1/02/2017

–डॉ. अनेकान्त कुमार जैन
anekant76@gmail.com

1

आचार्य प्रभाचन्द्र और उनका प्रमेयकमलमार्त्तण्ड

भारतीय न्यायशास्त्र के विकास में प्रस्तुत मूल ग्रन्थ के कर्ता आचार्य प्रभाचन्द्र का अप्रतिम योगदान माना जाता है। उनकी कृतियों से ज्ञात होता है कि वे भारतीय दर्शनों और संस्कृत भाषा-व्याकरण एवं साहित्य के प्रकाण्ड पण्डित, मर्मज्ञ मनीषी आचार्य थे। उन्होंने दिगम्बर मुनि के रूप में विद्या और तप दोनों की कठोर साधना की तथा सभी जीवों का मोक्षमार्ग प्रशस्त किया। आप दर्शन के क्षेत्र में एक अनुपम भाष्यकार के रूप में प्रतिष्ठित हैं।

आचार्य प्रभाचन्द्र मूलसंघान्तर्गत नन्दिगण की आचार्य परम्परा में दीक्षित हुए थे। इनके गुरु 'पद्मनन्दि सैद्धान्त' थे। दक्षिण भारत में ही आपने शिक्षा-दीक्षा प्राप्त की, उसके बाद आप धारानगरी आ गये, जहाँ आपने अनेक ग्रन्थों की रचना की। प्रभाचन्द्राचार्य धारानगरी के तत्कालीन राजा भोज के समकालीन हैं। भोजदेव के बाद उनका उत्तराधिकारी जयसिंहदेव राजा बना। जयसिंहदेव के काल में भी आचार्य प्रभाचन्द्र ने कई रचनायें की हैं।

आचार्य प्रभाचन्द्र के काल को लेकर विद्वानों ने काफी विमर्श किया है। काल सम्बन्धी विमर्श पर जो ऊहापोह हुआ है वह इस प्रकार है–

(i) आचार्य जुगल किशोर मुख्तार, डॉ. पाठक आदि विद्वान् आचार्य प्रभाचन्द्र का समय 8वीं शती का उत्तरार्द्ध एवं 9वीं शती का पूर्वार्द्ध मानते हैं। इसका मुख्य आधार आचार्य जिनसेन (9वीं शती) कृत 'आदिपुराण' का वह उद्धरण है जिसमें प्रभाचन्द्र कवि और उनके चन्द्रोदय (न्यायकुमुदचन्द्र) का उल्लेख हुआ है।

चन्द्रांशुशुभ्रयशसं प्रभाचन्द्रकविं स्तुवे।
कृत्वा चन्द्रोदयं येन शश्वदाह्लादितं जगत्॥

(ii) पण्डित कैलाशचन्द्र जी शास्त्री ने अनेक तर्कों के आधार पर उक्त मत का खण्डन किया है। इनके अनुसार प्रभाचन्द्र का समय ई. सन् 950 से 1020 तक का है।

(iii) पण्डित महेन्द्र कुमार न्यायाचार्य जी ने प्रमेयकमलमार्त्तण्ड की प्रस्तावना में अनेक पुष्ट प्रमाणों के आधार पर ई. सन् 980 से 1065 ई. तक का समय निर्धारित किया है।

(iv) पण्डित दरबारीलाल कोठिया जी, डॉ. नेमिचन्द्र ज्योतिषाचार्य डॉ. उदयचन्द्र जैन तथा प्रो. फूलचन्द जैन प्रेमी आदि अनेक विद्वानों ने इनका समय ई. सन् की 11वीं शती ही स्वीकृत किया है।

पं. महेन्द्र कुमार जी की विस्तृत प्रस्तावना, पण्डित कैलाशचन्द्र जी की 'जैन न्याय', डॉ. नेमिचन्द्र ज्योतिषाचार्य जी के ग्रन्थ तीर्थंकर महावीर और उनकी आचार्य परम्परा भाग-3, पृ. 47 से 50, पं. दरबारी लाल कोठिया जी की 'जैन न्याय की भूमिका, डॉ. उदयचन्द जैन जी की 'प्रमेयकमलमार्त्तण्ड परिशीलन' तथा प्रो. फूलचन्द जैन प्रेमी जी के निबन्धों के आधार पर मुझे भी आचार्य प्रभाचन्द्र का समय ई. सन् की 11वीं शती ही सही प्रतीत होता है। जब तक अन्य कोई अकाट्य प्रमाण उपलब्ध नहीं होता है तब तक उन्हें 11वीं शती के पूर्व का नहीं माना जा सकता।

रचनाएँ

आचार्य प्रभाचन्द्र अपने समय के न्यायशास्त्र परम्परा के सूर्य के समान तेजस्वी नक्षत्र थे। उनकी विद्वत्ता और पाण्डित्य का सर्वत्र सम्मान था। यद्यपि 'गद्यकथाकोष' को छोड़कर उन्होंने किसी अन्य स्वतन्त्र ग्रन्थों का प्रणयन नहीं किया, प्रायः मूल ग्रन्थों पर टीका-भाष्य आदि ही किया है; किन्तु उनकी व्याख्यायें भी इतनी अधिक विद्वत्तापूर्ण तथा नवीन अनुसन्धानों से ओतप्रोत हैं कि वे मूल ग्रन्थों के समान ही सम्पूर्ण परम्परा में समादृत हैं।

डॉ. गुलाबचन्द्र जैन जी के लेख 'आचार्य श्री प्रभाचन्द्र का व्यक्तित्व एवं कर्तृत्व' के सन्दर्भ में अभी तक उपलब्ध जानकारी के अनुसार आचार्य प्रभाचन्द्र की निम्नलिखित रचनायें हैं–

1. प्रमेयकमलमार्त्तण्ड : परीक्षामुख-व्याख्या,
2. न्यायकुमुदचन्द्र : लघीयस्त्रय-व्याख्या,
3. तत्त्वार्थवृत्तिपदविवरण : सर्वार्थसिद्धि-व्याख्या,
4. शब्दाम्भोजभास्कर : जैनेन्द्र व्याकरण-व्याख्या,
5. प्रवचनसारसरोज़भास्कर : प्रवचनसार-व्याख्या,
6. समयसारटीका : समयसार व्याख्या,
7. पञ्चास्तिकाय-प्रदीप : पञ्चास्तिकाय-व्याख्या,
8. लघु द्रव्यसंग्रह वृत्ति – द्रव्यसंग्रह व्याख्या,
9. महापुराण-टिप्पण,
10. रत्नकरण्डक श्रावकाचार-टीका,
11. समाधितन्त्र-टीका,
12. आत्मानुशासन-टीका,
13. शाकटायनन्यास : शाकटायन व्याकरण-व्याख्या,
14. क्रियाकलापटीका,
15. गद्यकथाकोष : स्वतन्त्र रचना।

इन रचनाओं के माध्यम से आचार्य प्रभाचन्द्र की अगाध विद्वत्ता के साथ ही जैन साहित्य के विकास में उनके योगदान का पता चलता है।

1. प्रमेयकमलमार्त्तण्ड

जिस प्रकार प्रातःकाल सूर्य के उदय होने पर कमलों का विकास हो जाता है उसी प्रकार प्रमेय रूपी कमलों को जगत के समक्ष प्रकाशित करने के लिए आचार्य प्रभाचन्द्र की यह कृति मार्त्तण्ड (सूर्य) के समान है। यही ग्रन्थ के नामकरण (प्रमेयकमलमार्त्तण्ड) की सार्थकता है। आचार्य माणिक्यनन्दि कृत 'परीक्षामुख' के सूत्रों पर आचार्य प्रभाचन्द्र

की यह विस्तृत, विशद एवं पाण्डित्यपूर्ण टीका 'परीक्षामुख' को अलंकृत करने वाली है, इसलिए इस कृति का अपर नाम 'परीक्षामुखालंकार' भी है। यह बारह हजार श्लोक प्रमाण महाभाष्य है।

लघु अनन्तवीर्य ने 'परीक्षामुखसूत्र' पर ही 'प्रमेयरत्नमाला' नाम की एक टीका लिखी हैं जिसमें उन्होंने लिखा है–

प्रभेन्दुवचनोदारचन्द्रिका प्रसरे सति।
मादृशाः क्व नु गण्यन्ते ज्योतिरिङ्गणसन्निभाः॥

–प्रमेयरत्नमाला

यहाँ लघु अनन्तवीर्य ने प्रमेयकमलमार्त्तण्ड को उदार-चन्द्रिका (चाँदनी) की उपमा दी है और स्वयं की रचना प्रमेयरत्नमाला को प्रमेयकमलमार्त्तण्ड के सामने खद्योत (जुगनू) के समान बतलाया है।

प्रमेयकमलमार्त्तण्ड की संपूर्ण टीका के अध्ययन से ज्ञात होता है कि आचार्य प्रभाचन्द्र को सम्पूर्ण जैनागम और जैनदर्शन का तलस्पर्शी ज्ञान तो था ही, साथ ही उन्होंने टीका में जो वेद, उपनिषद, पुराण, महाभारत, भगवद्गीता, स्मृतियाँ, वाक्यपदीय, काव्यालंकार, शिशुपालवध महाकाव्य, वाणभट्ट की कादम्बरी और बौद्धाचार्य अश्वघोष के सौन्दरनन्द महाकाव्य आदि के उद्धरण दिये हैं उससे ज्ञात होता है कि उनका अध्ययन और वैदुष्य कितना व्यापक, विशाल और गम्भीर था।

मूलग्रन्थ और टीका में अन्तर

मूलग्रन्थ परीक्षामुखसूत्र की तुलना में प्रमेयकमलमार्त्तण्ड टीका में सूत्र संख्या और परिच्छेद विभाजन आदि में मामूली परिवर्तन दिखलायी देता है जिसका उल्लेख डॉ. उदयचन्द जी ने 'प्रमेयकमलमार्त्तण्ड परिशीलन' में किया है।

वर्तमान में परीक्षामुख के सूत्रों का जो पाठ प्रचलित है उसमें सूत्रों की कुल संख्या 212 है। प्रथम परिच्छेद में 13, द्वितीय में 12, तृतीय में 10, चतुर्थ में 9, पंचम में 3 और षष्ठ परिच्छेद में 74 सूत्र हैं। किन्तु प्रमेयकमलमार्त्तण्ड में सूत्र संख्या 213 है। परीक्षामुख में दूसरे परिच्छेद

में जो 12 सूत्र हैं उनमें बारहवाँ सूत्र इस प्रकार है–

सावरणत्वे करणजन्यत्वे च प्रतिबन्धसम्भवात्।

प्रमेयकमलमार्तण्ड में यह सूत्र नहीं है, फिर भी सूत्रों की संख्या 12 ही बनी रही। इसका कारण यह है कि–

अतज्जन्यमपि तत्प्रकाशकं प्रदीपवत् (सूत्र-8)

इस आठवें सूत्र को तोड़कर इसके दो सूत्र बना दिये हैं। 'अतज्जन्यमपि तत्प्रकाशकम्' यह आठवाँ सूत्र है और 'प्रदीपवत्' यह नौवाँ सूत्र है। परीक्षामुख में चतुर्थ परिच्छेद में कुल 9 सूत्र हैं। किन्तु प्रमेयकमलमार्त्तण्ड में इनकी संख्या 10 बना दी गई है। यहाँ भी–

सामान्यं द्वेधा तिर्यगूर्ध्वताभेदात् ॥3॥

इस तीसरे सूत्र को तोड़कर इसके स्थान में दो सूत्र बना दिये गये हैं। 'सामान्यं द्वेधा' यह तीसरा सूत्र है और 'तिर्यगूर्ध्वताभेदात्' यह चौथा सूत्र है। परीक्षामुख में पंचम परिच्छेद में 3 सूत्र हैं। प्रमेयकमलमार्तण्ड में इनको चतुर्थ परिच्छेद में मिला दिया है। इस प्रकार चतुर्थ परिच्छेद के सूत्रों की संख्या 9 के स्थान में 13 हो गई है। परीक्षामुख में छठवें परिच्छेद में 74 सूत्र हैं। इनमें से प्रमेयकमलमार्त्तण्ड में 73 सूत्रों का पंचम परिच्छेद बनाया गया है और केवल 1 सूत्र का छठा परिच्छेद बनाया गया है।

एक अन्य प्रकरण भी चिन्तन योग्य है कि तृतीय परिच्छेद में सूत्रों की संख्या 101 है। यहाँ सूत्रकार ने प्रत्यभिज्ञान का स्वरूप और उसके भेद एक ही सूत्र संख्या 5 में बतलाये हैं। किन्तु परीक्षामुख के प्रचलित पाठ में प्रत्यभिज्ञान के 5 भेदों के 5 उदाहरण 5 सूत्रों में मिलते हैं। डॉ. उदयचन्द्र जी के विचार से प्रत्यभिज्ञान के 5 भेदों के 5 उदाहरण भी एक ही सूत्र संख्या 6 में होना चाहिए थे। इस प्रकार 4 सूत्रों की संख्या कम होकर तृतीय परिच्छेद की सूत्र संख्या 97 रह जाती है। इस बात की पुष्टि आज से 200 वर्ष पूर्व श्री पं. जयचन्द जी छावड़ा द्वारा लिखित प्रमेयरत्नमाला की हिन्दी भाषा वचनिका से भी होती है। हिन्दी

वचनिका में प्रत्यभिज्ञान के सब उदाहरण एक ही सूत्र संख्या 6 में दिये गये हैं। इस प्रकार तृतीय परिच्छेद के 101 सूत्रों की संख्या 97 होने में कोई आपत्तिजनक बात नहीं है। संभवत: पहले ऐसा ही रहा है।

परीक्षामुख तथा प्रमेयकमलमार्तण्ड में परिच्छेदों की संख्या 6 है। फिर भी प्रमेयकमलमार्तण्ड में परिच्छेदों के विषय विभाजन में अन्तर किया गया है। परीक्षामुख में प्रथम परिच्छेद **प्रमाण** परिच्छेद है, द्वितीय परिच्छेद **प्रत्यक्ष** परिच्छेद है, तृतीय परिच्छेद **परोक्ष** परिच्छेद है, चतुर्थ परिच्छेद **विषय** परिच्छेद है, पंचम परिच्छेद **फल** परिच्छेद है और षष्ठ परिच्छेद **तदाभास** (प्रमाणाभास आदि) परिच्छेद है।

प्रमेयकमलमार्तण्ड में तृतीय परिच्छेद तक तो परीक्षामुख के समान ही परिच्छेदों का विषय विभाजन है। किन्तु प्रमेयकमलमार्तण्ड में चतुर्थ और पंचम परिच्छेदों को एक में मिलाकर चतुर्थ परिच्छेद बनाया गया है। तथा परीक्षामुख के छठवें परिच्छेद को तोड़कर पंचम और षष्ठ ये दो परिच्छेद बनाये गये हैं। पाँचवें परिच्छेद में परीक्षामुख के षष्ठ परिच्छेद के 73 सूत्रों को सम्मिलित कर तदाभास परिच्छेद नामक पंचम परिच्छेद बनाया है। और परीक्षामुख के षष्ठ परिच्छेद के केवल अन्तिम सूत्र–

सम्भवदन्यद्विचारणीयम्।

का एक छठवाँ परिच्छेद बनाया है तथा इस परिच्छेद का कोई नाम भी नहीं दिया है।

इन सभी परिवर्तनों पर विचार करें तो यह लगता है कि आचार्य प्रभाचन्द्र सूत्रों की टीका के सहारे दर्शन जगत् को बहुत कुछ देना चाहते हैं; किन्तु इस प्रयास में टीका इतनी अधिक विस्तृत हो रही है कि कहीं कहीं वे टीकानुसार ही मूल ग्रन्थ के क्रम को व्यवस्थित कर रहे हैं। इसकी पृष्ठभूमि में मुझे तो यही आशय नज़र आता है। हम इसे आचार्य प्रभाचन्द्र का वैशिष्ट्य कह सकते हैं।

प्रमेयकमलमार्त्तण्ड की विशेषता है कि वह प्रमाण की कोटि में आने वाले जितने भी ज्ञेय पदार्थ हैं उनको कमलों की भाँति प्रकाशित

करता है। यह पूरा ग्रन्थ प्रारम्भ से लेकर अन्त तक न्याय शैली से परिपूर्ण है। सबसे पहले पूर्वपक्ष में आचार्य प्रभाचन्द्र अन्य दार्शनिकों के सिद्धान्तों को रखते हैं फिर न्याय की कसौटी पर परख कर उत्तर पक्ष में युक्तिपूर्वक उनका समाधान कर देते हैं और जैनसिद्धान्त की प्रतिष्ठा करते हैं।

2. न्यायकुमुदचन्द्र

आचार्य अकलंकदेव कृत 'लघीयस्त्रय' और उसकी स्वोपज्ञवृत्ति की विस्तृत एवं विशद व्याख्या 'न्यायकुमुदचन्द्र' नामक रचना की है। यह ग्रन्थ न्यायरूपी कुमुदों (कमल-पुष्पों) को खिलाने के लिए चन्द्रमा है। इस विषय में आचार्य जयसेन ने ग्रन्थ की प्रशंसा में एक श्लोक लिखा है, जिसमें कहा है कि न्याय के विषय में अनेक विप्रतिपत्तियाँ आया करती हैं, उनको सुलझाने में, उनको स्पष्ट करने में यह ग्रन्थ चन्द्रमा के समान है। इस ग्रन्थ का आकार बीस हजार श्लोक प्रमाण है।

जैन न्याय के मूर्धन्य विद्वान् डॉ. महेन्द्र कुमार जी जैन, न्यायाचार्य ने सर्वप्रथम इसका शोधपूर्ण संपादन किया है। इसके प्रथम भाग में 126 पृष्ठों में प्रस्तावना पण्डित कैलाशचन्द्र जी ने लिखी है तथा दूसरे भाग की प्रस्तावना 63 पृष्ठों में स्वयं डॉ. महेन्द्र कुमार जी जैन ने लिखी है।

3. तत्त्वार्थवृत्ति-पद-विवरण

इस ग्रन्थ में आचार्य उमास्वामी-कृत 'तत्त्वार्थसूत्र' की आचार्य पूज्यपाद द्वारा रचित वृहत् टीका 'सर्वार्थसिद्धि' पर आचार्य प्रभाचन्द्र ने पदच्छेद करने का कार्य किया है। इससे उसको समझने में सरलता आ जाती है।

4. शब्दाम्भोजभास्कर

यह ग्रन्थ आचार्य पूज्यपाद द्वारा रचित 'जैनेन्द्रव्याकरण' पर रची हुई 'भास्करवृत्ति' है। यह शब्द-सिद्धिपरक व्याकरण ग्रन्थ है। यह व्याकरण में आये हुए शब्दों की सिद्धि करने में सूर्य के समान होने से यथानाम तथा गुण है। इस ग्रन्थ के अध्ययन से सहज हो सिद्ध हो जाता है कि

आचार्य प्रभाचन्द्र कितने बड़े वैयाकरण थे।

5. प्रवचनसार-सरोज भास्कर

यह ग्रन्थ आचार्य कुन्दकुन्द द्वारा रचित ग्रन्थ 'प्रवचनसार' को सरोज की उपमा देकर उस पर रची अपनी टीका को भास्कर (सूर्य) के सदृश प्रकट करने वाला है।

6. समयसार टीका

यह आचार्य कुन्दकुन्द द्वारा रचित ग्रन्थ समयसार की टीका है। कहते हैं जिन गाथाओं का स्पष्टीकरण आचार्य अमृतचन्द्र ने नहीं किया उनकी टीका आचार्य प्रभाचन्द्र ने की है। इससे सिद्ध होता है कि इनकी अध्यात्म में कितनी गहरी रुचि थी।

7. पंचास्तिकाय-प्रदीप

यह ग्रन्थ भी आचार्य कुन्दकुन्द की मूलकृति 'पंचास्तिकाय' पर टीकास्वरूप रचा गया है। यह जीव, पुद्गल, धर्म, अधर्म और आकाश इन पाँचों अस्तिकायों पर उसी प्रकार प्रकाश डालता है जिस प्रकार दीपक वस्तु पर प्रकाश डालता है।

8. लघु द्रव्यसंग्रह वृत्ति

यह आचार्य नेमिचन्द्र सैद्धान्तिकदेव द्वारा प्राकृत भाषा में 58 गाथाओं में रचित 'द्रव्य-संग्रह' पर टीकास्वरूप वृत्ति है।

9. महापुराण-टिप्पणी

महापुराण आचार्य जिनसेन द्वारा रचित महाकाव्य ग्रन्थ है। इस पर प्रभाचन्द्र ने टीका की है।

10. रत्नकरण्ड श्रावकाचार की टीका

यह ग्रन्थ आचार्य समन्तभद्र द्वारा रचित 'रत्नकरण्ड श्रावकाचार' की टीका है। पहले यह संस्कृत टीका आचार्य प्रभाचन्द्र द्वारा रचित नहीं मानी जाती थी। ऐसा माना जाता था कि ये प्रभाचन्द्र दूसरे हैं, किन्तु पण्डित कैलाशचन्द्रजी आदि विद्वानों ने सिद्ध कर दिया है कि यह टीका

आचार्य प्रभाचन्द्र द्वारा ही रची गई है। टीका अत्यन्त सरल एवं सुबोध संस्कृत में लिखी गयी है। इसकी हिन्दी टीका पण्डित पन्नालालजी साहित्याचार्य ने की है। इस ग्रन्थ में 150 संस्कृत श्लोक हैं। सम्यग्दर्शन, सम्यक्ज्ञान एवं सम्यक्-चरित्र का वर्णन श्रावकों के हितार्थ रचा गया है। ग्रन्थ में सत्तर अतीचारों तथा श्रावक के संयम विकास की ग्यारह प्रतिमाओं की भी सुगम व्याख्या की गई है।

11. समाधितन्त्र टीका

यह मूल ग्रन्थ संस्कृत भाषा में 105 श्लोकों में निबद्ध है। इसके मूलकर्ता आचार्य पूज्यपाद हैं जिनका अपर नाम देवनन्दि है। इसकी सुगम टीका आचार्य प्रभाचन्द्र ने की है। सारे छन्द वैराग्यपूर्ण एवं आत्मा-विषयक हैं। बहिरात्मा, अन्तरात्मा और परमात्मा का स्वरूप भी आगम-सम्मत है। टीका सरल संस्कृत गद्यात्मक है।

12. आत्मानुशासन टीका

इसके मूलकर्ता आचार्य गुणभद्र हैं। इन्होंने महापुराण और जयधवला का अधूरा काम पूरा किया। ये आचार्य जिनसेन के पट्ट शिष्य थे। आत्मानुशासन संस्कृत भाषा में शार्दूलविक्रीडित, वसन्ततिलका, पृथ्वी, अनुष्टुप्, आर्या आदि विभिन्न छन्दों में रचा गया है। अध्यात्म-प्रेमी होने से आचार्य प्रभाचन्द्र ने अध्यात्म ग्रन्थों की भी टीका की है।

13. शाकटायन न्यास

मुनि शाकटायन एक विश्रुत जैन वैयाकरण हुए हैं। ग्रन्थकर्ता ने पाणिनी और जैनेन्द्र व्याकरण के अनुरूप ही 3200 सूत्र-प्रमाण व्याकरण की रचना की है। इसी पर आचार्य प्रभाचन्द्र ने सरल एवं सुगम न्यास लिखा है। न्यास एक प्रकार की टीका ही है।

14. क्रियाकलाप

यह ग्रन्थ एक संकलित रचना है। इसे पण्डित पन्नालालजी सोनी शास्त्री ने संकलित किया है। इसमें सिद्ध भक्ति, आचार्य भक्ति आदि भक्तियों, सामायिक पाठ तथा साधु एवं श्रावकों के करने योग्य क्रियाओं

का संकलन है।

पं. पन्नालालजी ने लिखा है कि इस संकलन में जो प्राकृत भाग है वह आचार्य कुन्दकुन्द द्वारा भक्ति के रूप में रचा गया है तथा सामायिक पाठ, जो आचार्य पूज्यपाद द्वारा रचे गये हैं उनकी टीका आचार्य प्रभाचन्द्र की जान पड़ती है। सामायिक पाठों में सर्वप्रथम णमोकार एवं चत्तारि मंगलादि पाठ पढ़ा जाता है, उसकी संस्कृत टीका बड़ी सुन्दर है, गद्यात्मक है, वह आचार्य प्रभाचन्द्र की ही जान पड़ती है।

15. गद्यात्मक कथाकोष

ईसवी सन् 950 से सन् 1020 के बीच वृहत संस्कृत श्लोकबद्ध कथा की रचना आचार्य हरिषेण ने की थी। इसमें 157 कथायें निबद्ध हैं। संभव है कि इसी रचना से प्रभावित होकर आचार्य प्रभाचन्द्र ने गद्यात्मक कथा-कोष की रचना की है। यह एक गद्यात्मक शास्त्रसम्मत तथा पुराणसम्मत ग्रन्थ है। भाषा-शैली सरल संस्कृत है।

आचार्य प्रभाचन्द्र की विशेषतायें-

आचार्य प्रभाचन्द्र विशिष्ट प्रतिभा के धनी विद्वान तथा अनन्य साधक थे। वे संस्कृत भाषा, दार्शनिक और सिद्धान्त-शास्त्रों के ज्ञाता थे। उन्होंने प्रमेयकमलमार्तण्ड, न्यायकुमुदचन्द्र जैसी प्रमेय-बहुल कृतियों की रचना कर जैन-जैनेतर दर्शन पर अपनी विशिष्टता एवं प्रमाणिकता सिद्ध की है। उन्होंने किसी भी विषय का समर्थन या खण्डन प्रचुर युक्तियों सहित किया है। वे तार्किक, दार्शनिक और सहृदय व्यक्तित्व के धनी रहे हैं। जैनागम की सभी विधाओं पर उनका पूर्ण अधिकार था। प्रभाचन्द्र का ज्ञान गम्भीर और अगाध था। स्मरण-शक्ति भी तीव्र थी।

उन्होंने अपनी रचनाओं में पूर्ववर्ती जैनाचार्यों के अलावा भारतीय दर्शन के अन्य महत्त्वपूर्ण ग्रन्थ वेद, उपनिषद्, स्मृति, पुराण, महापुराण, वैयाकरण, सांख्य-योग, वैशेषिक-न्याय, पूर्व मीमांसा, उत्तर मीमांसा, बौद्ध दर्शन एवं श्वेताम्बर ग्रन्थों आदि सैकड़ों ग्रन्थों के उद्धरण, सूक्तियाँ देकर अपने अगाध वैदुष्य का परिचय दिया है। माघ कवि के

शिशुपालवध महाकाव्य, महाकवि वाणभट्ट की कादम्बरी, बौद्धाचार्य अश्वघोष के सौन्दरनन्द महाकाव्य एवं याज्ञवलक्य स्मृति आदि के अनेक उद्धरण आपने अपनी रचनाओं में दिये हैं। प्रभाचन्द्र व्याकरण शास्त्र के भी विशिष्ट ज्ञाता थे। उन्हें पातंजल महाभाष्य का तलस्पर्शी ज्ञान था।

आचार्य प्रभाचन्द्र सिर्फ दार्शनिक और तार्किक ही नहीं थे, उन्हें जीवनोपयोगी आयुर्वेद का भी ज्ञान था। उन्होंने प्रमेयकमलमार्तण्ड में बधिरता एवं अन्य कर्ण रोगों के लिए 'वलातैल' का उल्लेख किया है। न्यायकुमुदचन्द्र में छाया को पौद्‌गलिक सिद्ध करने हेतु उन्होंने वैद्यक शास्त्र का निम्नलिखित श्लोक प्रमाणस्वरूप प्रस्तुत किया। यह श्लोक राजनिघण्टु में कुछ पाठभेद के साथ पाया जाता है–

आतपः कटुको रुक्षः छाया मधुरशीतला।
कषायमधुरा ज्योत्स्ना सर्वव्याधिहरं (करं) तमः॥

प्रमेयकमलमार्तण्ड में नड्‌वलोदक–तृण विशेष के जल से पाद रोग की उत्पत्ति बताई है। वैद्यकतन्त्र में प्रसिद्ध, विशद, स्थिर, स्वर, पिच्छलत्व आदि गुणों से वैशेषिकों के गुण–पदार्थ का खण्डन किया है।

कल्पनाशीलता

आचार्य प्रभाचन्द्र प्रखर कल्पनाशील व्यक्तित्व के थे। आचार्य अकलंकदेव एवं अन्य आचार्यों ने वस्तु की अनन्तात्मकता या अनेक धर्माधारता की सिद्धि के लिए चित्रज्ञान, सामान्य–विशेष, मेचकज्ञान और नरसिंह आदि के दृष्टान्त दिये हैं। प्रभाचन्द्र ने इसके समर्थन में 'उमेश्वर' का दृष्टान्त दिया है। वे लिखते है जैसे– 'शिव' वामांग में उमा–पार्वती रूप होकर भी दक्षिणांग में विरोधी शिवरूप धारण करते हैं और अपने अर्धनारीश्वर रूप को दिखाते हुए अखण्ड बने रहते हैं उसी प्रकार एक ही वस्तु विरोधी दो या अनेक आकारों को धारण कर सकती है। इसमें कोई विरोध नहीं होना चाहिये। यह उद्धरण उनकी गहरी विचारशीलता और कल्पनाशीलता दर्शाता है।

उदात्त विचार एवं सर्वोदयी भावना

प्रखर तार्किक आचार्य प्रभाचन्द्र अत्यन्त व्यापक एवं उदार चिन्तन वाले थे। वे व्यक्ति-स्वातंत्र्य एवं सर्वोदय की भावना के प्रबल समर्थक थे। आत्मधर्म धारण करने में जाति, वर्ण, गौत्र, वंश आदि कोई भी बाह्य तत्त्व बाधक नहीं है, ऐसी उनकी मान्यता थी। एक बार आचार्य प्रभाचन्द्र ने शूद्रों तक को जैन दीक्षा दी। इससे राजपुरोहित बहुत कुपित हुआ और प्रकरण राजा भोज के समक्ष निर्णयार्थ पहुँचा। आचार्य प्रभाचन्द्र ने जन्मजात वर्ण-व्यवस्था की धज्जियाँ उड़ा दीं। उन्होंने कहा कि ब्राह्मणत्व नित्यत्व एवं ब्रह्मप्रभत्व रूप नहीं है। वर्ण-व्यवस्था धर्म-व्यवस्था न होकर मात्र क्रिया-आधारित समाज-व्यवस्था है। यह जन्मना न होकर कर्मणा है। पद्मचरित्र के अनुसार वर्ण-व्यवस्था गुण-कर्म के अनुसार है, योनि निमित्तक नहीं। ऋषिशृंग आदि में ब्राह्मण व्यवहार गुणनिमित्तक ही हुआ है। चातुर्वर्ण्य या चाण्डाल आदि व्यवहार सब क्रियानिमित्तक हैं (पद्मचरित-आचार्य रविषेण कृत, 11.198 से 205 श्लोक)। इसी के अध्याय 11 के 20वें श्लोक में व्रतधारी चाण्डाल को ब्राह्मण कहा है-

व्रतस्थमपि चाण्डालं तं देवा ब्राह्मणं विदुः।

पूर्ववर्ती आचार्य जटासिंहनन्दि 'वरांग चरित्र' (25.11) में लिखते हैं कि- शिष्टजन वर्ण-व्यवस्था को अहिंसादिक व्रतों का पालन, रक्षा करना, खेती आदि करना तथा शिल्पवृत्ति इन चार प्रकार की क्रियाओं से ही मानते हैं। वर्ण-विभाजन सामाजिक व्यवस्था के लिए है, इसका अन्य कोई हेतु नहीं है।

जिनसेन आचार्य ने आदिपुराण पर्व 38, श्लोक 45-46 में कहा है कि जाति नामकर्म से तो सबकी एक ही 'मनुष्य जाति' है। ब्राह्मण आदि चार भेद वृत्ति अर्थात् आचार-व्यवहार से है। व्रत-संस्कार से ब्राह्मण, शस्त्रधारण से क्षत्रिय, न्यायपूर्वक धन कमाने से वैश्य और सेवावृत्ति से शूद्र होते हैं।

आचार्य प्रभाचन्द्र ने कहा कि- जिन-जिन व्यक्तियों में जो-जो गुण-कर्म पाए जायेंगे उसी अनुसार उनमें ब्राह्मण आदि व्यवहार होगा

और उसी अनुसार वर्ण–व्यवस्था चलेगी। जैनदर्शन व्यक्ति–स्वतन्त्रतावादी है, पुरुषार्थ–विश्वासी है। इसकी पुष्टि आचार्य प्रभचन्द्र ने 'न्यायकुमुदचन्द्र' पृ. 778 में निम्नरूप से की है–

"क्रियाविशेषयज्ञोपवीतादिचिह्नोपलक्षिते व्यक्तिविशेषे तद्–व्यवस्थायाः तद्व्यवहारस्य चोपपत्तेः। तन्न भवत्कल्पितं नित्यादिस्वभावं ब्राह्मण्यं कुतश्चिदपि प्रमाणात् प्रसिद्ध्यतीति क्रियाविशेष निबन्धन एवायं ब्राह्मणादिव्यवहारो युक्तः।"

अर्थ– जो व्यक्ति यज्ञोपवीत आदि चिह्नों को धारण करे तथा ब्राह्मणों के योग्य विशिष्ट क्रियाओं का आचरण करें उनमें ब्राह्मणत्व जाति से सम्बन्ध रखने वाली वर्णाश्रम–व्यवस्था और तप–दान आदि व्यवहार भली–भाँति किये जा सकते हैं। अतः आपके द्वारा माना गया नित्य आदि स्वभाव वाला ब्राह्मणत्व किसी भी प्रमाण से सिद्ध नहीं होता, इसलिये ब्राह्मण आदि व्यवहारों को क्रियानुसार ही मानना युक्ति–संगत है।

उक्त विचारों से आचार्य प्रभाचन्द्र के उदात्त विचार एवं सर्वोदयी भावना का ज्ञान होता है। वस्तुतः यह जैनधर्म का हार्द है जो सभी जीवों को आत्मकल्याण हेतु आमंत्रित करता है।

प्रभाचन्द्राचार्य तथा उनके प्रमेयकमलमार्त्तण्ड पर शोधकार्य

आचार्य प्रभाचन्द्र एवं उनके प्रमेयकमलमार्त्तण्ड पर अब तक जो भी शोधकार्य हुये हैं, उपलब्ध जानकारी के अनुसार उनकी एक सूची शोधार्थियों के लाभ की दृष्टि से यहाँ प्रस्तुत की जा रही है। इनमें से कुछ ग्रन्थों की प्रस्तावना/निबन्धों के आधार ही पर प्रभाचन्द्र का उक्त परिचय लिखा गया है।

1. प्रमेयकमलमार्त्तण्ड–मूल ग्रन्थ शोध एवं सम्पादन– पं. महेन्द्र कुमार न्यायाचार्य, निर्णयसागर प्रेस, बम्बई, 1941

2. प्रमेयकमलमार्त्तण्ड–भाग 1–3 – हिन्दी अनुवाद तथा विवेचन आर्यिका जिनमति जी, लाला मुसद्दीलाल जैन चेरीटेबल ट्रस्ट, प्रथम

संस्करण-1972 (प्रथम भाग), एवं दि. जैन (त्रिलोक शोध संस्थान, हस्तिनापुर, वी.नि. संवत् 2507,

3. प्रमेयकमलमार्त्तण्ड : एक समीक्षात्मक अध्ययन (दो भागों में) (अप्रकाशित) – कुमारी निर्मला जैन, वाराणसी, 1976

4. Prameyakamala-mārtaṇḍa : a commentary on shri Manik Nandi's Pareeksha Mukh Sutra (3rd ed.) by Mahendra Kumar Shastri, Foreword- V.N. Jha. Pub. Sri Satguru Publications, Delhi-1990

5. प्रमेयकमलमार्त्तण्ड परिशीलन– डॉ. उदयचन्द्र जैन, प्रका. प्राच्य श्रमण भारती, मेरठ, 1998

6. 'जैन विद्या'-24 (आचार्य प्रभाचन्द्र विशेषांक), मार्च-2010 (वार्षिक शोध पत्रिका) – प्रका. जैन विद्या संस्थान, श्री महावीर जी राजस्थान

7. जैन न्याय को आचार्य प्रभाचन्द्र का योगदान– डॉ. योगेश कुमार जैन, प्रका. जैन विश्व भारती संस्थान, लाडनूं (341306) राज., 2015

इस प्रकार हमने देखा कि आचार्य प्रभाचन्द्र बहुमुखी प्रतिभा के धनी महातपस्वी थे। जैसे दर्शन के क्षेत्र में उनका जो योगदान है वह अद्‌भुत है। उन्होंने जितना कार्य किया है उस कार्य का उतना मूल्यांकन अभी तक नहीं हो पाया है जितना होना चाहिए था। मुझे विश्वास है कि विद्वान् तथा शोधार्थी आचार्य प्रभाचन्द्र के कार्यों पर अनुसन्धान करके ज्ञान-विज्ञान के क्षेत्र को अधिक समृद्ध करते हुए उनके व्यापक चिन्तन का बहुविध प्रसार करेंगे।

2

मूलग्रन्थकार आचार्य माणिक्यनन्दि और उनका 'परीक्षामुखसूत्र' ग्रन्थ

जिस प्रकार आचार्य उमास्वामी को संस्कृत की जैन परम्परा का प्रथम सूत्रकार माना जाता है, जिन्होंने सम्पूर्ण जिनागम का मंथन करके उसके सार को संस्कृत भाषा में सूत्र रूप में निबद्ध करके तथा दश अध्यायों में तत्त्वार्थसूत्र नामक ग्रन्थ का प्रणयन करके जैनधर्म-दर्शन को नयी दिशा दी, उसी प्रकार जैन न्याय परम्परा में आचार्य माणिक्यनन्दि ने उनके समय तक विकसित सम्पूर्ण जैन न्याय को सूत्रों में निबद्ध करके छह समुद्देश्यों में 'परीक्षामुख' नामक महान् ग्रन्थ का प्रणयन करके जैनदर्शनान्तर्गत जैन न्याय को एक नयी दिशा में आगे बढ़ने का मार्ग प्रशस्त किया है। वे जैन न्याय के आद्य सूत्रकार सिद्ध होते हैं।

आचार्य माणिक्यनन्दि नन्दिसंघ के प्रमुख आचार्य थे। आप प्रमुख रूप से धारा नगरी में विराजते थे।[1] आपने आचार्य अकलंकदेव के ग्रन्थों का मंथन करके परीक्षामुख ग्रन्थ का प्रणयन किया था- ऐसा आचार्य अनन्तवीर्य लिखते हैं-

अकलंकवचोम्भोधेरुद्दध्रे येन धीमता।
न्यायविद्यामृतं तस्मै नमो माणिक्यनन्दिने।।[2]

अर्थात् जिस बुद्धिमान ने अकलङ्कदेव के वचनरूप समुद्र से न्यायविद्या रूप अमृत का उद्धार किया, उन माणिक्यनन्दि आचार्य को हमारा नमस्कार हो।

आचार्य अकलङ्कदेव ने जैन न्यायशास्त्र की रूपरेखा बाँधकर तदनुसार दार्शनिक तत्त्वों का विवेचन किया है। इनके द्वारा प्रणीत महान् दार्शनिक ग्रन्थ लघीयस्त्रय, न्यायविनिश्चय, सिद्धिविनिश्चय, प्रमाणसंग्रह आदि न्याय प्रकरणों के आधार से माणिक्यनन्दि ने परीक्षामुखसूत्र की

रचना की है। बौद्धदर्शन में हेतुमुख, न्यायमुख जैसे ग्रन्थ थे। माणिक्यनन्दि जैन न्याय के साहित्य कोषागार में अपना परीक्षामुख रूपी एक ही माणिक्य को जमा करके अपना अमर स्थान बना गए हैं।[3]

शिमोगा जिले के नगर ताल्लुके के शिलालेख नं. 64 के एक श्लोक में आचार्य माणिक्यनन्दि को जिनराज विशेषण तक दिया गया है–

माणिक्यनन्दीजिनराजवाणीप्राणाधिनाथः परवादिभर्दी।
चित्रं प्रभाचन्द्र इह क्षमायां मार्तण्डवृद्धौ नितरां व्यदीपि॥[4]

इसी तरह न्यायदीपिका में आचार्य माणिक्यनन्दि को भगवान विशेषण प्रदान करते हुए कहा है–**तथा चाह भगवान् माणिक्यन्दिभट्टारकः**[5]

प्रमेयकमलमार्त्तण्ड में प्रभाचन्द्र ने इनका गुरु के रूप में स्मरण करते हुए इनके पदपंकज के प्रसाद से ही प्रमेयकमलमार्त्तण्ड की रचना करने का उल्लेख किया है। इससे माणिक्यनन्दि के असाधारण वैदुष्य का परिज्ञान होता है। 'सुदंसणचरिउ' के कर्त्ता नयनन्दि (वि.सं. 1100) के उल्लेखानुसार माणिक्यनन्दि के गुरु का नाम रामनन्दी है और स्वयं नयनन्दी उनके प्रथम शिष्य हैं।[6] आचार्य माणिक्यनन्दि अनेक दर्शनों के ज्ञाता थे। उन्होंने चार्वाक, बौद्ध, सांख्य, योग, न्याय-वैशेषिक, प्राभाकर, जैमिनीय और मीमांसकों के नामोल्लेखपूर्वक उनके सिद्धान्तों की समीक्षा की है जिससे उनके इतर दर्शनों के ज्ञान का प्रमाण मिलता है।[7]

परीक्षमुख की टीका प्रमेयरत्नमाला के रचयिता आचार्य अनन्तवीर्य के अनुसार माणिक्यनन्दी आचार्य अकलंकदेव के परवर्ती आचार्य हैं। पं. महेन्द्र कुमार न्यायाचार्य ने अकलंकग्रन्थत्रय की प्रस्तावना में आचार्य अकलंक का समय ई. 720 से 780 तक सिद्ध किया है। अकलंक देव के लघीयस्त्रय और न्यायविनिश्चय आदि तर्कग्रन्थों का परीक्षामुख पर पर्याप्त प्रभाव है, अतः आचार्य माणिक्यनन्दि के समय की पूर्वावधि ई. 800 निर्बाध मानी जा सकती है। पं. महेन्द्र कुमार न्यायाचार्य ने प्रमेयकमलमार्त्तण्ड की प्रस्तावना में स्पष्ट लिखा है कि 'प्रज्ञाकरगुप्त (ई. 725 तक) प्रभाकर (8वीं शती का पूर्व भाग) आदि के मतों का

खण्डन परीक्षामुख में है, इससे भी इनकी पूर्वावधि का समर्थन होता है। प्रभाचन्द्र का समय ई. की 11वीं शताब्दी है। अतः इनकी उत्तरावधि ईसा की 10वीं शती समझना चाहिए। इस लम्बी अवधि को संकुचित करने का कोई निश्चित प्रमाण अभी दृष्टि में नहीं आया है। अधिक सम्भव यही है कि ये आचार्य विद्यानन्द के समकालीन हों और इसलिए इनका समय ई. 9वीं शती होना चाहिए।[8]

ध्यातव्य है कि डॉ. दरबारी लाल कोठिया जी ने आप्तपरीक्षा की प्रस्तावना में यह सिद्ध किया है कि माणिक्यनन्दि प्रभाचन्द्र के साक्षात् गुरु थे।[9] अतः इससे ज्ञात होता है कि माणिक्यनन्दि का समय उनसे कुछ पूर्व (ई. 1028) के लगभग है। नयनन्दी ने वि.सं. 1100 में 'सुदंसणचरिउ' पूर्ण किया और स्वयं को माणिक्यनन्दि का प्रथम शिष्य कहा है। अतः इस आधार पर नयनन्दि से लगभग 25 से 40 वर्ष वि. सं. 1060 के लगभग अर्थात् ई. सन् 100३ का समय माणिक्यनन्दि का रहा होगा। डॉ. नेमिचन्द्र शास्त्री, पं. उदयचन्द जी जैन इसी निष्कर्ष पर पहुँचे हैं कि आचार्य माणिक्यनन्दि का समय 11वीं शती का प्रथम चरण रहा होगा।[10]

आचार्यमाणिक्यनन्दि का योगदान

अभी तक प्राप्त जानकारी के अनुसार आचार्य माणिक्यनन्दि का **'परीक्षामुखसूत्र'** ग्रन्थ ही हमें प्राप्त होता है किन्तु इस एक कृति ने ही जैनदर्शन पर उनके अवदान को अजर और अमर बना दिया है।

परीक्षामुख में प्रमाण और प्रमाणाभास की परीक्षा की गयी है। जिस प्रकार हम दर्पण में अपने मुख को स्पष्ट देखते हैं उसी प्रकार परीक्षामुख रूपी दर्पण में प्रमाण और प्रमाणाभास को स्पष्ट रूप से देखा जा सकता है। यह ग्रन्थ छह समुद्देशों में विभक्त है।

परीक्षामुख पर आ. अकलंकदेव के ग्रन्थों का प्रभाव तो है ही, साथ ही बौद्धदार्शनिक दिगनांग के न्यायप्रवेश और धर्मकीर्ति के न्यायबिन्दु का भी प्रभाव स्पष्ट दृष्टिगोचर होता है। इनके उत्तरकालवर्ती आचार्यों में आचार्य वादिदेवसूरि के प्रमाणनयतत्त्वालोक और हेमचन्द्र सूरि की प्रमाणमीमांसा पर इनका परीक्षामुख सूत्र अपना अमिट प्रभाव रखता है।[11]

भाषा एवं शैली

सूत्र का लक्षण कहा गया है–

अल्पाक्षरमसन्दिग्धं सारवद् गूढनिर्णयम्।
निर्दोषं हेतुमत्तथ्यं सूत्रं सूत्रविदो विदु:॥[12]

अर्थात् सूत्र वह है जो अल्प अक्षरों वाला, असन्दिग्ध, सारवान्, गूढ़ निर्णय वाला, निर्दोष, युक्तिमान् और तथ्य स्वरूप वाला है।

सूत्र का यह लक्षण परीक्षामुख में पूर्ण रूप से घटित होता है। इसके सूत्र सरल, सरस एवं गम्भीर अर्थ को बताने वाले हैं। इसकी संस्कृत भाषा प्राञ्जल एवं सुबोध है। थोड़े से प्रयास से इसे भली-भाँति समझा जा सकता है।

परीक्षामुख में प्रतिपाद्य विषय

इस ग्रन्थ में प्रमुख रूप से प्रमाण और प्रमाणाभास का प्रतिपादन किया गया है। ग्रन्थ छह समुद्देशों में विभक्त है जिसका संक्षिप्त विवेचन निम्नानुसार है–

(1) प्रथम समुद्देश

इसमें प्रमाण का लक्षण, उसके विशेषणों की सार्थकता, ज्ञान में स्व-पर के व्यवसायात्मकता की सिद्धि तथा प्रमाण की प्रमाणता को कथञ्चित् स्वत: और कथञ्चित् परत: सिद्ध किया है। कुल 13 सूत्र हैं।

(2) द्वितीय समुद्देश

इसमें कुल 12 सूत्र हैं जिसमें प्रमाण के प्रत्यक्ष-परोक्ष ये दो भेद, प्रत्यक्ष का लक्षण, अर्थ और आलोक में ज्ञान के प्रति कारणता का निरास, ज्ञान में तदुत्पत्ति (पदार्थ से उत्पत्ति) का खण्डन, स्वावरण क्षयोपशम रूप योग्यता से ज्ञान के द्वारा प्रतिनियत विषय की व्यवस्था, ज्ञान के कारण को ज्ञान का विषय मानने में व्यभिचार का प्रतिपादन और निरावरण एवं अतीन्द्रियस्वरूप मुख्य प्रत्यक्ष का लक्षण बतलाया गया है।

(3) तृतीय समुद्देश

इसमें कुल 97 सूत्र हैं जिनमें परोक्ष प्रमाण, उसके भेद-प्रभेदों का विस्तार से वर्णन है।

(4) चतुर्थ समुद्देश

इसमें 9 सूत्रों के माध्यम से प्रमाण के सामान्य-विशेष उभय रूप विषय की सिद्धि करते हुए सामान्य और विशेष के दो-दो भेदों का उदाहरण सहित प्रतिपादन किया गया है।

(5) पञ्चम समुद्देश

इसमें मात्र 3 सूत्रों के माध्यम से प्रमाण के फल को बतलाकर प्रमाण और प्रमाण के फल में कथञ्चित् भिन्नता और अभिन्नता का प्रतिपादन किया है।

(6) षष्ठ समुद्देश

इसमें 74 सूत्रों के माध्यम से सारे प्रमाणाभासों का विशद वर्णन किया गया है।

परीक्षामुख ग्रन्थ पर टीकाएँ

जिस प्रकार प्रथम शताब्दी के आचार्य उमास्वामी द्वारा तत्त्वार्थसूत्र की रचना के उपरान्त उस पर सर्वार्थसिद्धि, तत्त्वार्थराजवार्तिक, तत्त्वार्थ-श्लोकवार्तिक आदि अनेक टीकाओं का प्रणयन जैनाचार्यों द्वारा किया गया, उसी प्रकार आचार्य माणिक्यनन्दि ने परीक्षामुखसूत्र ग्रन्थ का प्रणयन किया तो परवर्ती आचार्यों पर गहरा प्रभाव पड़ा और इसी के आधार पर अनेक नये नये टीका एवं मौलिक ग्रन्थों की रचना की गई।

इस ग्रन्थ पर अनेक आचार्यों द्वारा लिखित टीकाएँ अपने आपमें अनूठी तथा स्वतन्त्र ग्रन्थ जैसी हैं, इनमें जो विषय आये हैं वह उन उन आचार्यों का योगदान तो माना ही जाता है किन्तु उन्हें उन विषयों पर विचार करने हेतु विवश करने वाले परीक्षामुख ग्रन्थ और उसके कर्त्ता आचार्य माणिक्यनन्दि का विशिष्ट अवदान माना जायेगा, जिन्होंने इसमें

ऐसे सूत्र सृजित किये जिनके आधार पर इस तरह की विस्तृत व्याख्यायें हो सकीं।

(1) प्रमेयकमलमार्त्तण्ड

आचार्य प्रभाचन्द्र ने 11वीं शती में ही परीक्षामुख पर बारह हजार श्लोक प्रमाण प्रमेयकमलमार्त्तण्ड नाम से बृहत् टीका लिखी है। जैन न्याय के क्षेत्र में यह टीका अत्यधिक महत्त्वपूर्ण मानी जाती है। इस अकेले ग्रन्थ के माध्यम से समस्त भारतीय दर्शनों का भी शास्त्रीय ज्ञान अध्येताओं को हो जाता है।[१३]

(2) प्रमेयरत्नमाला

वि.सं. 12वीं शती में यह टीका आचार्य लघु-अनन्तवीर्य द्वारा प्रसन्न रचना शैली में लिखी गयी टीका है। टीकाकार ने स्वयं अपनी टीका को 'परीक्षामुख-पञ्जिका' कहा है। प्रत्येक समुद्देश की अन्तिम पुष्पिका में वे अपनी 'टीका' को 'परीक्षामुख लघुवृत्ति' भी कहते हैं। समस्त दर्शनों के विशिष्ट प्रमेयों का सुन्दर चित्रण इस ग्रन्थ की विशेषता है। स्वयं अनन्तवीर्य ने प्रमेयकमलमार्त्तण्ड को चांदनी की उपमा दी है और प्रमेयरत्नमाला को उसके सामने जुगनू के समान बताया है—[14]

प्रभेन्दुवचनोदारचन्द्रिकाप्रसरे सति।
मादृशाः क्व नु गण्यन्ते ज्योतिरिङ्गणसन्निभाः॥

(३) प्रमेयरत्नालङ्कार

यह टीका भट्टारक चारुकीर्ति ने लिखी है। इसमें भी छह परिच्छेद हैं। यह टीका प्रमेयरत्नमाला से बड़ी है। इसमें उससे अतिरिक्त विषय भी प्रतिपादित हैं। इसकी एक हस्तलिखित प्रति जैनसिद्धान्त भवन, आरा में उपलब्ध है। इसका समय विक्रम संवत् 18वीं शती है।[15]

(4) प्रमेयकण्ठिका

यह परीक्षामुख के प्रथम सूत्र पर श्री शान्तिवर्णी द्वारा लिखी गयी एक स्वतन्त्र कृति है। यह ग्रन्थ पाँच स्तबकों में विभक्त है और इसमें

प्रमेयरत्नमालान्तर्गत कुछ विशिष्ट विषयों का प्रतिपादन किया गया है। इसकी भी हस्तलिखित प्रति जैनसिद्धान्त भवन, आरा में उपलब्ध है। इसे सम्पूर्ण परीक्षामुख की टीका नहीं कहा जा सकता।[16]

(5) न्यायमणिदीपिका

विक्रम संवत् 18वीं शती में विद्वान् श्री अजितसेन ने परीक्षामुख पर न्यायमणिदीपिका नामक व्याख्या लिखी है।[17]

(6) अर्थप्रकाशिका

विजयचन्द्र नामक विद्वान् ने परीक्षामुख पर अर्थप्रकाशिका नामक व्याख्या लिखी है।[18]

इसके अतिरिक्त पं. जयचन्द जी छावड़ा की भाषा वचनिका तथा श्री पं. घनश्यामदास जी न्यायतीर्थ की हिन्दी व्याख्या प्रमुख है। इन सभी टीकाओं में एवं हिन्दी व्याख्याओं से परीक्षामुख का महत्त्व प्रदर्शित होता है। परीक्षामुख पर कई आधुनिक विद्वानों के हिन्दी अनुवाद भी उपलब्ध हैं। जिनमें पं. हीरालाल जी शास्त्री, साढूमल, आर्यिका जिनमती जी, प्रो. उदयचन्द जैन, वाराणसी, डॉ. रमेशचन्द जैन, विजनौर, तथा डॉ. योगेश जैन, एटा प्रमुख हैं।

परीक्षामुख पर पूर्ववर्ती आचार्यों का प्रभाव

यह हम पहले ही लिख आये हैं कि परीक्षामुख ग्रन्थ मुख्यतः पूर्ववर्ती आचार्यों के ग्रन्थों विशेषकर आचार्य अकलंकदेव के न्यायग्रन्थों के आलोक में हुयी है। किन्तु उसके साथ ही साथ बौद्ध आचार्य दिग्नाग के न्याय प्रवेश और धर्मकीर्ति के न्यायबिन्दु का भी परीक्षामुख पर प्रभाव है। बौद्धदर्शन के हेतुमुख और न्यायमुख जैसे ग्रन्थ भी मौजूद थे, अतः ग्रन्थ के नामकरण में 'मुख' संज्ञा भी प्रभाव के कारण ही आयी प्रतीत होती है।

परीक्षामुख में प्रज्ञाकरगुप्त के भाविकारणवाद और अतीतकारणवाद की समालोचना की गयी है। प्रज्ञाकरगुप्त के प्रमाणवार्तिकालङ्कार में भाविकारणवाद और भूतकारणवाद का समर्थन किया गया है। परीक्षामुख

के तृतीय परिच्छेद के 62 और 63वें सूत्र में इसका खण्डन किया गया है। प्रभाकर का समय आठवीं शती है तथा छठे परिच्छेद के आठवें सूत्र में प्रभाकर की प्रमाणसंख्या का खण्डन किया गया है।[19] माणिक्यनन्दि अपने पूर्ववर्ती बौद्ध ग्रन्थ न्यायबिन्दु से प्रभावित रहे। प्रो. उदयचन्द्र जी ने प्रमेयरत्नमाला की प्रस्तावना में न्यायबिन्दु और परीक्षामुख के करीब दस सूत्रों की तुलना दर्शायी है।[20]

परीक्षामुख का परवर्ती आचार्यों पर प्रभाव

आचार्य माणिक्यनन्दि ने जैन न्याय को सूत्रों में निबद्ध करके परवर्ती जैनाचार्यों के लिए जैन न्याय के विकास हेतु एक सुन्दर राजमार्ग का निर्माण कर ही दिया था। इसका लाभ सभी परम्पराओं को मिला। परवर्ती दिगम्बर आचार्यों ने जहाँ एक तरफ परीक्षामुख की टीकायें करके जैनन्याय के चिन्तन को विकसित किया, वहीं दूसरी तरफ श्वेताम्बर परम्परा के अनेक आचार्यों ने भी इसी ग्रन्थ के आधार पर अनेक नये ग्रन्थों का प्रणयन कर डाला।

उत्तरकालीन आचार्य वादिदेवसूरि के प्रमाणनयतत्त्वालोकालङ्कार और हेमचन्द्र सूरि की प्रमाणमीमांसा पर परीक्षामुखसूत्र अपना अमिट प्रभाव रखता है। वादिदेवसूरि ने तो अपने सूत्र ग्रन्थ के बहुभाग में परीक्षामुख को अपना आदर्श रखा है। उन्होंने उसमें नय, सप्तभङ्गी और वाद का विवेचन बढ़ाकर उसके आठ परिच्छेद बनाये हैं जबकि परीक्षामुख में मात्र प्रमाण के परिकर का ही वर्णन होने से छह परिच्छेद ही हैं।[21]

प्रो. उदयचन्द्र जैन जी ने परीक्षामुख से साक्षात् प्रभावित प्रमाणनयतत्त्वालोक एवं प्रमाणमीमांसा के सूत्रों की एक सूची प्रमेयरत्नमाला की प्रस्तावना में प्रस्तुत की है जिससे ज्ञात होता है कि वादिदेवसूरि एवं हेमचन्द्र ने कुछ शब्द परिवर्तन और पर्यायवाची का सहारा लेकर अपने नये ग्रन्थों का निर्माण किया है। उसके बाद उसमें कुछ अपना चिन्तन दर्शाया है।

सन्दर्भ :

१. प्रमेयरत्नमाला, प्रस्तावना, प्रो. उदयचन्द्र जैन, सम्पादक-पं॰ हीरालाल जैन, प्रका. चौखम्बा विद्याभवन, वाराणसी, १९६४, (प्रथम संस्करण), पृ. ३८

२. वही, प्रथम समुद्देशः, पृ. 3-४

3. प्रमेयकमलमार्त्तण्ड, आचार्य प्रभाचन्द्र, प्रस्तावना- पं. महेन्द्र कुमार शास्त्री प्रका. निर्णयसागर प्रेस, मुम्बई, द्वितीय संस्करण- १९४१, पृ. १

४. प्रमेयरत्नमाला, प्रस्तावना, पृ. ३८

५. न्यायदीपिका, प्रकाशक-जैन विद्या संस्थान, जयपुर

६. प्रमेयरत्नमाला, प्रस्तावना, पृ. ३९-४०

७. वही, पृ. ३८

८. प्रमेयकमलमार्त्तण्ड, प्रस्तावना, पृ. ५

९. आप्तपरीक्षा-आचार्य विद्यानन्द, प्रस्तावना, पृ. ३१-33, वीरसेवा मन्दिर, संस्करण-१९४९

१०. प्रमेयरत्नमाला, प्रस्तावना, पृ. ४०, तथा तीर्थंकर महावीर और उनकी आचार्य परम्परा भाग--3, पृ. ४3

११. प्रमेयरत्नमाला, प्रस्तावना, पृ. 33

१२. वही, टिप्पण पृ. ५

१3. प्रमेयरत्नमाला, प्रस्तावना, पृ. 3४

१४. वही, पृ. 3५

१५. वही, पृ. 3६

१६. वही, पृ. 3६

१७. प्रमेयकमलमार्त्तण्ड परिशीलन-प्रस्तावना, प्रो. उदयचन्द जैन, प्राच्य श्रमण भारती, १९९८, पृ. २४

१८. वही।

१९. प्रमेयकमलमार्त्तण्ड, प्रस्तावना, पृ. ४-५

२०. प्रमेयकमलमार्त्तण्ड, प्रस्तावना, पृ. ४१

२१. प्रमेयकमलमार्त्तण्ड, प्रस्तावना, पृ. ४

प्रस्तावना

1. जैन न्याय की समृद्ध परम्परा

भारतीय वाङ्मय में जैन वाङ्मय का और जैन वाङ्मय में जैन न्याय का विशेष स्थान है। जैन न्याय की परम्परा बहुत ही समृद्ध है। जैन न्याय के नाम पर लोग परीक्षामुख, न्यायदीपिका आदि दो–चार ग्रन्थों को ही जानते हैं, परन्तु ऐसा नहीं है। जैन न्याय-ग्रन्थों की सूची बहुत बड़ी है, जिसे मैंने अपने एक अन्य आलेख 'जैन न्याय ग्रन्थों का सूचीकरण' में प्रस्तुत करने का प्रयास किया है। उसमें 200 से अधिक न्याय-ग्रन्थों के नाम, कर्ता, रचनाकाल, प्राप्तिस्थान आदि को बताने का प्रयास किया गया है। जिज्ञासु उसे देख सकते हैं।

2. न्याय का शब्दार्थ एवं पर्यायवाची

'न्याय' शब्द की व्युत्पत्ति है– **'नीयते ज्ञायते वस्तुतत्त्वं येन स न्यायः'** अर्थात् जिसके द्वारा वस्तु-स्वरूप को भलीभांति जाना जाए वह न्याय है। यही प्रमेयरत्नमाला आदि के टिप्पणों में भी कहा है– **"नि पूर्वादिण् गतौ इत्यस्माद् धातोः करणे घञ् प्रत्यये न्यायशब्दसिद्धिः। नितरामीयते ज्ञायतेऽर्थो येन स न्यायः।"** –(प्रमेयरत्नमाला, टिप्पण 2, पृष्ठ 3)

अन्वीक्षा, युक्ति, परीक्षा, समीक्षा, वाद, हेतु-विद्या आदि अनेक शब्द न्याय के पर्यायवाची हैं।

3. जैन न्याय का वैशिष्ट्य

न्यायविद्या अनेक जैनेतर दर्शनों में भी विकसित हुई है, परन्तु जैन न्याय की अपनी कुछ विशेषताएँ हैं। यथा–

क. अन्य दर्शनों के न्याय में मात्र प्रमाण का ही वर्णन किया गया है,

पर जैन न्याय के दो अवयव/अंग हैं– प्रमाण और नय। यहाँ प्रमाण के साथ नय का भी विस्तृत वर्णन किया गया है।

ख. अन्यत्र न्याय का उद्देश्य येन-केन-प्रकारेण स्वमत-मण्डन और परमत-खण्डन माना गया है, परन्तु जैन न्याय का उद्देश्य सत्यानुसन्धान ही है, तत्त्वाधिगम ही है, तत्त्व का समीचीन ज्ञान करना ही है।

ग. जैन न्याय के ग्रन्थों की संख्या भी बहुत अधिक पाई जाती है।

4. जैन न्याय का प्राथमिक परिचय

कहा जा चुका है कि जैन न्याय के दो अंग/अवयव हैं– प्रमाण और नय, अतः जैन न्याय के ग्रन्थों में इन्हीं दो विषयों का विस्तारपूर्वक विवेचन किया जाता है। यहाँ अति संक्षेप में इन दोनों का परिचय ज्ञातव्य है–

(क) प्रमाण

प्रमाण का लक्षण– जैन दर्शन के अनुसार सम्यग्ज्ञान ही प्रमाण है, क्योंकि उसी के द्वारा वस्तु का निश्चय किया जा सकता है अथवा उसी के द्वारा हित की प्राप्ति और अहित का परिहार सम्भव है। ईश्वर, वेद, इन्द्रियाँ, सन्निकर्ष आदि को जैनदर्शन में प्रमाण नहीं माना गया है।

प्रमाण के भेद.प्रभेद– जैन दर्शन में प्रमाण के मुख्य रूप से दो भेद हैं – (1) प्रत्यक्ष और (2) परोक्ष। पुनः इनके अनेक प्रभेद भी है।

प्रत्यक्ष प्रमाण और उसके भेद– विशद ज्ञान को प्रत्यक्ष प्रमाण कहते हैं। विशदता का अर्थ है– निर्मलता, स्पष्टता। जो ज्ञान अन्य ज्ञान की सहायता के बिना ही वस्तु को विशेष स्पष्टता से जानता है वह प्रत्यक्ष प्रमाण है।

इन्द्रियों की सहायता से होने वाला ज्ञान यद्यपि परमार्थ से अविशद होने के कारण परोक्ष ही है, परन्तु लोकव्यवहार में प्रत्यक्ष कहा जाता है अतः यहाँ उसे सांव्यवहारिक प्रत्यक्ष कहा गया है।

पारमार्थिक प्रत्यक्ष इन्द्रिय-निरपेक्ष है, अतीन्द्रिय है। वह दो प्रकार का है— एक कतिपय विषयक और दूसरा सर्वपदार्थविषयक। पहला विकल पारमार्थिक प्रत्यक्ष है जिसके दो भेद हैं– अवधिज्ञान और मनःपर्ययज्ञान।

प्रत्यक्ष प्रमाण और उसके भेद– विशद ज्ञान को प्रत्यक्ष प्रमाण कहते हैं। विशदता का अर्थ है– निर्मलता, स्पष्टता। जो ज्ञान अन्य ज्ञान की सहायता के बिना ही वस्तु को विशेष स्पष्टता से जानता है वह प्रत्यक्ष प्रमाण है।

इन्द्रियों की सहायता से होने वाला ज्ञान यद्यपि परमार्थ से अविशद होने के कारण परोक्ष ही है, परन्तु लोकव्यवहार में प्रत्यक्ष कहा जाता है अतः यहाँ उसे सांव्यवहारिक प्रत्यक्ष कहा गया है।

पारमार्थिक प्रत्यक्ष इन्द्रिय-निरपेक्ष है, अतीन्द्रिय है। वह दो प्रकार का है— एक कतिपय विषयक और दूसरा सर्वपदार्थविषयक। पहला विकल पारमार्थिक प्रत्यक्ष है जिसके दो भेद हैं– अवधिज्ञान और मनःपर्ययज्ञान। द्रव्य, क्षेत्र, काल, भाव की मर्यादापूर्वक रूपी पदार्थ को जाननेवाला अवधिज्ञान है और दूसरे के मन में स्थित रूपी पदार्थ को जाननेवाला मनःपर्ययज्ञान है।

सर्वद्रव्यपर्याय-विषयक पारमार्थिक प्रत्यक्ष केवलज्ञान कहलाता है जो अरिहन्त के ही होता है। जैन न्याय ग्रन्थों में इस प्रसंग में सर्वज्ञ की सिद्धि विस्तारपूर्वक अनेक तर्कों द्वारा की गई है। आप्तभीमांसा, आप्तपरीक्षा आदि अनेक ग्रन्थ तो स्वतन्त्र रूप से इस विषय पर ही रचित हैं। यहाँ विस्तारभय से उसकी चर्चा नहीं करते हैं। संक्षेप में इतना ज्ञातव्य है कि अरिहंत के वचन युक्ति-शास्त्र से अविरुद्ध हैं, प्रमाणबाधित नहीं हैं, प्रमाणसिद्ध हैं, अतः ज्ञात होता है कि वे निर्दोष हैं– राग-द्वेष एवं अज्ञान से रहित हैं और इसी से सिद्ध होता है कि वे सर्वज्ञ हैं।

परोक्ष प्रमाण और उसके भेद-प्रभेद– जो अविशद या अनिर्मल सम्यग्ज्ञान है वह परोक्षप्रमाण है इसके 5 भेद हैं– स्मृति, प्रत्यभिज्ञान, तर्क, अनुमान और आगम। इन पाँचों का यही क्रम निश्चित समझना चाहिए, क्योंकि उत्तरवर्ती ज्ञान, पूर्ववर्ती ज्ञानों की अपेक्षा रखते हैं। यथा–स्मृति को पूर्वप्रत्यक्ष की अपेक्षा होती है, प्रत्यभिज्ञान को प्रत्यक्ष एवं स्मृति की अपेक्षा होती है, तर्क को प्रत्यक्ष, स्मृति एवं प्रत्यभिज्ञान की अपेक्षा होती है, अनुमान को प्रत्यक्ष, स्मृति, प्रत्यभिज्ञान और तर्क की अपेक्षा होता है और आगम को शब्द-संकेतादि की अपेक्षा होती है।

जो ज्ञान पूर्वानुभूत वस्तु को 'वह' इस रूप से विषय बनाता है उसे

स्मृति कहते हैं। प्रत्यक्ष दर्शन और स्मृति के संकलन रूप ज्ञान को **प्रत्यभिज्ञान** कहते हैं। प्रत्यभिज्ञान अनेक प्रकार का है– एकत्वप्रत्यभिज्ञान, सादृश्यप्रत्यभिज्ञान, वैसादृश्यप्रत्यभिज्ञान, प्रातियोगिक प्रत्यभिज्ञान आदि। प्रत्यक्ष दृष्ट और स्मृत वस्तुओं में एकत्व, सादृश्य, वैसादृश्य और प्रतियोगित्व को विषय करने वाले प्रत्यभिज्ञानों को क्रमशः एकत्व, सादृश्य, वैसादृश्य और प्रातियोगिक प्रत्यभिज्ञान कहते हैं। जैसे यह वही देवदत्त है अथवा यह उसी के समान है, आदि।

तर्क– व्याप्ति के ज्ञान को तर्क कहते हैं। साध्य और साधन में गम्य-गमक भाव को बतलाने वाले सुनिश्चित सम्बन्ध को व्याप्ति कहते हैं। जैसे–धुंए की अग्नि के साथ व्याप्ति है, क्योंकि धुआ अग्नि के होने पर ही होता है और अग्नि के नहीं होने पर नहीं ही होता है।

व्याप्ति का दूसरा नाम अविनाभाव भी है। अविनाभाव के दो भेद हैं– सहभावनियम और क्रमभावनियम। सहचारी और व्याप्य-व्यापक रूप पदार्थों में सहभावनियम पाया जाता है। जैसे–रूप और रस में अथवा नीम और वृक्ष में सहभावनियम है। पूर्वोत्तरचारी और कार्य-कारण रूप पदार्थों में क्रमभावनियम होता है। जैसे–रविवार और सोमवार में क्रमभावनियम नामक अविनाभाव है।

अनुमान– साधन (या हेतु) से साध्य का ज्ञान होना अनुमान है। साधन या हेतु के लक्षण पर भारतीय न्यायशास्त्र में खूब ऊहापोह हुआ है। कोई त्रैरूप्य को और कोई पांचरूप्य को हेतु का लक्षण स्वीकार करते हैं, पर जैन नैयायिकों ने एक अन्यथानुपपत्ति या अविनाभाव को ही हेतु का समीचीन लक्षण सिद्ध किया है।

अनुमान दो प्रकार का है– 1. स्वार्थानुमान, और 2. परार्थानुमान। जो अनुमान परोपदेश से होता है वह परार्थानुमान है और जो परोपदेश के बिना स्वयं से होता है वह स्वार्थानुमान है।

जैन नैयायिकों ने अनुमान के दो ही अंग स्वीकार किये हैं– 1. प्रतिज्ञा, और 2. हेतु। इसके अतिरिक्त उदाहरण, उपनय आदि को वे अनुमान का अंग नहीं स्वीकार करते हैं। हाँ, कदाचित् वीतराग-कथा में शिष्यानुग्रह के लिए उदाहरणादि का कोई प्रयोग करे तो कोई आपत्ति नहीं है।

आगम– आप्त के वचनादि से होनेवाला अर्थज्ञान आगम है। आप्त

किसे कहते हैं– इस विषय में जैन नैयायिकों ने अत्यधिक विस्तारपूर्वक विमर्श किया है, जिसका सारांश निम्नलिखित श्लोक में प्रसिद्ध है–

''मोक्षमार्गस्य नेतारं भेत्तारं कर्मभूभृताम्।
ज्ञातारं विश्वतत्त्वानां वन्दे तद्गुणलब्धये।।''

अर्थात् जो वीतराग, सर्वज्ञ और सर्वसत्त्व हितोपदेशी है वही आप्त है। अथवा सामान्य अपेक्षा से यह भी कहा गया है कि जिस विषय में जो अवंचक होता है, उस विषय में वही आप्त है। प्रामाणिक वक्ता को भी आप्त कहते हैं। सुप्त, उन्मत्त आदि पुरुष के वचनों से होने वाला अर्थज्ञान अप्रामाणिक होने से आगम नहीं कहलाता, अतः आगम के लक्षण में आप्त का प्रयोग अत्यन्त आवश्यक है।

इस प्रकार आगम प्रमाण भी यद्यपि ज्ञानरूप ही है, परन्तु कारण में कार्य का उपचार करके आगम को शब्दरूप भी कह दिया जाता है। यथा–आप्त के वचन आगम है।

जैन नैयायिकों ने प्रमाण के लक्षण और भेद के अतिरिक्त उसके विषय और फल पर भी बहुत गहराई से विचार किया है। वह संक्षेप में निम्नानुसार है–

प्रमाण का विषय– प्रमाण का विषय सामान्यविशेषात्मक सम्पूर्ण वस्तु है, क्योंकि वही अर्थक्रिया में समर्थ है। केवल सामान्यरूप या केवल विशेषरूप वस्तु की सत्ता ही मूलतः असिद्ध है। प्रत्येक पदार्थ सामान्यविशेषात्मक है– इसे जैनाचार्यों ने उत्पाद-व्यय-ध्रौव्य द्वारा भी बहुत अच्छी तरह समझाया है। 'तत्त्वार्थसूत्र' में आचार्य उमास्वामी के इस विषय के दो अत्यन्त महत्त्वपूर्ण सूत्र प्राप्त होते हैं–

1. सत् द्रव्यलक्षणम्।

2. उत्पादव्ययध्रौव्ययुक्तं सत्।

जैनाचार्यों के अनुसार पदार्थ परिणमनशील नित्य है। उसमें प्रतिसमय नवीन अवस्था का आगमन होता है– यह उत्पाद है, पुरानी अवस्था नष्ट होती है– यह व्यय है और वस्तु का स्वभाव वही स्थिर रहता है– यह ध्रौव्य है। इस उत्पादव्ययध्रौव्य सिद्धान्त को स्वर्ण, घट, जीव आदि अनेक दृष्टान्तों से भलीभाँति समझा जा सकता है। जैसे– अंगूठी पर्याय का उत्पाद, जंजीर पर्याय का व्यय और फिर भी स्वर्णरूप से उसी की स्थिति

देखी जाती है।

प्रमाण का फल– प्रमाण का फल दो प्रकार से समझना चाहिए– 1. साक्षात् फल 2. परम्परा फल। अज्ञाननिवृत्ति प्रमाण का साक्षात् फल है और त्याग, ग्रहण या उपेक्षा प्रमाण का परम्पराफल है। इसके अतिरिक्त कोई भी फल प्रमाण का जैन न्यायशास्त्र में नहीं माना गया है। इस विषय में निम्नलिखित दो शास्त्रकथन विशेष रूप से ध्यातव्य हैं–

'अज्ञाननिवृत्तिर्हानोपादानोपेक्षाश्च फलम्।' –(परीक्षामुख 5/1)

''ज्ञानमेव फलं ज्ञाने ननु श्लाध्यमनश्वरम्।
अहो मोहस्य माहात्म्यं यदन्यदपि मृग्यते ॥''–(आत्मानुशासन 175)

प्रमाणाभास– इस प्रकार प्रमाण का विवेचन पूर्ण होता है, परन्तु जैन नैयायिकों के अनुसार प्रमाण के साथ-साथ प्रमाणाभास का भी ज्ञान होना आवश्यक है, क्योंकि प्रमाण के द्वारा पदार्थ की सम्यक् सिद्धि होती है और प्रमाणाभास के द्वारा पदार्थ की विपरीत सिद्धि होती है, जैसा कि आचार्य माणिक्यनन्दि ने परीक्षामुखसूत्र में सर्वप्रथम ही जोर देकर कहा है–

''प्रमाणादर्थसंसिद्धिस्तदाभासाद्विपर्ययः ।
इति वक्ष्ये तयोर्लक्ष्म सिद्धमल्पं लघीयसः ॥''

जो प्रमाण नहीं है, पर प्रमाण जैसा प्रतीत होता है अथवा प्रमाण माना जाता है उसे प्रमाणाभास कहते हैं। सन्निकर्ष, इन्द्रियाँ, इन्द्रियवृत्ति, दर्शन, समारोप, कारकसाकल्य आदि सभी प्रमाणाभास हैं।

प्रमाण की भांति प्रमाणाभास के भी दो भेद समझने चाहिए– प्रत्यक्षाभास और परोक्षाभास। तथा उसके अनेक उपभेद भी प्रमाणवत् ही समझ लेने चाहिए। तथा उन सबके लक्षण भी प्रमाणाभास के लक्षण की भांति सुगमतया जाने जा सकते हैं। यथा– प्रमाणलक्षणरहितः प्रमाणवदवभासमानः प्रमाणाभासः, अनुमानलक्षणरहितः अनुमानवदवभासमानः अनुमानाभासः, हेतुलक्षणरहितः हेतुवदवभासमानः हेत्वाभासः इत्यादि।

प्रमाण के ये दो ही प्रकार हैं– प्रत्यक्ष और परोक्ष. तथापि उसे न मानकर प्रमाण की अन्य एक, दो, तीन, चार, पाँच, छह आदि संख्या मानना प्रमाणसंख्याभास है।

प्रमाण का विषय सामान्यविशेषात्मक वस्तु है, किन्तु उसे न मानकर

मात्र सामान्यरूप, मात्र विशेषरूप अथवा सामान्य और विशेष दोनों को स्वतंत्र-स्वतंत्र रूप से प्रमाण का विषय मानना प्रमाण-विषयाभास है।

प्रमाण का साक्षात्फल अज्ञाननिवृत्ति है और यदि परम्परा से देखा जाए तो हान, उपादान और उपेक्षा को भी प्रमाण का फल कहा जा सकता है, किन्तु उसे न मानकर अन्य किसी को प्रमाण का फल मानना प्रमाणफलाभास है।

(ख) नय

नय का स्वरूप– प्रमाण के द्वारा परिगृहीत वस्तु के एक देश (अंश, भाग, गुण, धर्म, पक्ष, आयाम) को जानना या कहना नय है। परमार्थ से नय ज्ञानात्मक ही हैं, वचनात्मक नहीं, परन्तु कारण में कार्य का उपचार करके नय को वचनात्मक भी कहा गया है। ध्यान रहे नय वस्तु के एक पक्ष को ग्रहण करता है, किन्तु उसके अपर पक्ष का अभाव कभी नहीं करता, मात्र उसे गौण करता है।

नय और नयाभास– नय और नयाभास में यही विशेष अन्तर है कि नय सम्यक् एकान्त हैं और नयाभास मिथ्या एकान्त। नय अपर पक्ष को मात्र गौण करता है, उसका अभाव नहीं, जबकि नयाभास अपर पक्ष का अभाव ही कर देता है।

वस्तु के अनन्त धर्मों में से कब किसे मुख्य किया जाए और कब किसे गौण किया जाए– यह ज्ञानी वक्ता पर अथवा उसके अभिप्राय पर निर्भर होता है। इसीलिए कहा गया है कि 'ज्ञातुरभिप्रायो नय' अथवा 'वक्तुरभिप्रायो नयः'।

नय के भेद– वस्तु अनन्तधर्मात्मक है, अतः वस्तुतः नय अनन्त हैं। ज्ञानी वक्ता और उनके वचन-विकल्प असंख्य हैं, अतः इस दृष्टि से नय असंख्य भी कहे गये हैं। तथा समझने-समझाने की सुविधा से नय के एक, दो, तीन, चार, सात, सैंतालीस आदि भेद भी शास्त्रों में गिनाये गये हैं। परन्तु संक्षेप में नय के इन दो भेदों को समझना अत्यन्त आवश्यक है– 1. निश्चय नय और व्यवहार नय, 2. द्रव्यार्थिक नय और पर्यायार्थिक नय।

निश्चय नय और व्यवहार नय– जो वस्तु को अभेद व अनुपचार से ग्रहण करता है वह निश्चय नय है और जो भेद व उपचार से ग्रहण करता है वह व्यवहार नय है। जैसे– जीव को एक अखण्ड अजर-अमर,

अमूर्तिक कहना निश्चय नय है और ज्ञान-दर्शन आदि गुणों का भेद करके बताना या जन्ममरण धर्मा और शरीरादि के संयोग से मूर्तिक आदि कहना व्यवहार नय है। इसी प्रकार अन्य भी अनेक उदाहरणों द्वारा इसे भलीभांति समझा जा सकता है। यथा घट को मिट्टी का कहना निश्चय नय है और घी का कहना व्यवहार नय है, इत्यादि। जो वस्तु जैसी है उसे वैसी ही कहना निश्चय नय है और संयोगादि के कारण उसे अन्यथा कहना व्यवहार नय है।

द्रव्यार्थिक नय और पर्यायार्थिक नय– पहले कहा जा चुका है कि जैन दर्शन के अनुसार प्रत्येक वस्तु सदैव सामान्यविशेषात्मक है। सामान्यविशेषात्मक को हम द्रव्यपर्यायात्मक भी कह सकते हैं, क्योंकि वस्तु के सामान्य अंश को द्रव्य और विशेष अंश को पर्याय भी कहते हैं। जो नय वस्तु के सामान्य अंश या द्रव्य अंश को ग्रहण करता है वह द्रव्यार्थिक नय है और जो वस्तु के विशेष अंश या पर्याय अंश को ग्रहण करता है वह पर्यायार्थिक नय है। जैसे वस्तु को नित्य और अभेद कहना द्रव्यार्थिक नय है और अनित्य और भेदरूप बताना पर्यायार्थिक नय है।

इस प्रकार प्रमाण, प्रमाणाभास, नय और नयाभास– इन चारों को भलीभांति समझना ही जैन न्याय का प्राथमिक परिचय है। जो यहाँ अति संक्षेप में लिखा है। कुछ और अधिक विस्तार से सरलतापूर्वक जानना हो तो मेरी कृति 'न्याय-मन्दिर' (प्रकाशक–जैन विद्या संस्थान, श्रीमहावीरजी, राजस्थान) पढ़नी चाहिए।

5. न्यायशास्त्र के अध्ययन की आवश्यकता

न्यायशास्त्र एक अत्यन्त प्रयोजनभूत विषय है। इसके बिना तत्त्वाधिगम संभव ही नहीं है। परन्तु फिर भी बहुत से लोग नाना प्रकार से इसे अनुपयोगी कहकर इसके अध्ययन का निषेध करते हैं। यहाँ संक्षेप में उनकी शंकाओं के समाधान का प्रयास करते हैं। यथा–

शंका–1. कुछ लोग कहते हैं कि न्यायशास्त्र का ज्ञान तो शास्त्रार्थ या वाद-विवाद या येन-केन प्रकारेण स्वमतमण्डन और परमतखण्डन के लिए आवश्यक है, उसका आत्महित या तत्त्वज्ञान से कोई सम्बन्ध नहीं ।

समाधान– ऐसी धारणा सर्वथा मिथ्या है, क्योंकि न्यायशास्त्र का असली उद्देश्य समीचीन तत्त्वज्ञान के द्वारा आत्महित ही है, शास्त्रार्थ, वाद-

विवाद या येन-केन प्रकारेण स्वमतमण्डन और परमत-खण्डन नहीं।

जो लोग न्यायशास्त्र का उद्देश्य शास्त्रार्थ या वाद-विवाद या स्वमतमण्डन और परमतखण्डन मात्र समझते हैं, वे वस्तुतः न्याय की परिभाषा ही नहीं जानते। न्यायशास्त्र के धुरन्धर विद्वान् आचार्य अकलंकदेव ने तो ऐसे लोगों को 'गुणद्वेषी' और 'न्यायशास्त्र के मलिनकर्ता' तक कहा है। यथा–

> **''बालानां हितकामिनामतिमहापापैः पुरोपार्जिते-**
> **र्माहात्म्यात्तमसः स्वयं कलिबलात् प्रायो गुणद्वेषिभिः।**
> **न्यायोऽयं मलिनीकृतः कथमपि प्रक्षाल्य नेनीयते,**
> **सम्यग्ज्ञानजलैर्वचोभिरमलं तत्रानुकम्पापरैः॥''**[2]

अर्थ– अहो, आत्महिताभिलाषी जीवों के पूर्वोपार्जित महापाप कर्म के उदय से, अविद्या-अन्धकार के माहात्म्य से और स्वयं कलियुग के प्रभाव से वर्तमान में गुणद्वेषी लागों ने न्याय को मलिन कर दिया है। तथापि धन्य हैं वे अनुकम्पा-परायण आचार्य जो आज भी उसे किसी प्रकार सम्यग्ज्ञानरूपी जल से प्रक्षालित करते हुए आगे लिए चले जा रहे हैं।

आचार्य अकलंक के उक्त कथन में उनके हृदय की अपार वेदना और करुणा भी प्रकट हो रही है, जिस पर हम सबको गम्भीरतापूर्वक चिन्तन करना चाहिए।

वस्तुतः यह महान दुःख का विषय है कि जो न्याय तत्त्वज्ञान का आवश्यक उपाय है, अनिवार्य साधन है, उसे लोगों ने वाद-विवाद एवं जय-पराजय का हेतु बना दिया है और तन्निमित्त छल-निग्रहादि का भी उपदेश दे दिया है। कषाय मिटाने के साधन को कषाय बढ़ाने का साधन बना दिया है।

यह सब देखकर हमारा भी हृदय बहुत दुःखी होता है, पर किया क्या जा सकता है, सिवाय इसके कि आचार्य अकलंकदेव की भाँति हम भी अपनी क्षमतानुसार इसे सम्यग्ज्ञान-जल से प्रक्षालित करते हुए आगे ले चलें। कुछ पात्र जीवों का तो कल्याण होगा ही।

दरअसल वाद-विवाद और परीक्षा– ये दोनों पृथक्-पृथक् दो चीजें हैं और दोनों में महान् अन्तर है। जिसप्रकार स्वच्छन्दता और स्वतन्त्रता में बड़ा अन्तर है, ईर्ष्या और स्पर्द्धा में बड़ा अन्तर है, उसी प्रकार वाद-विवाद

और परीक्षा में बड़ा भारी अन्तर है। वाद-विवाद अनेक दोषों का दुर्गन्धित भण्डार है और परीक्षा अनेक गुणों का अनमोल खजाना। आचार्यों ने वाद-विवाद को विष कहा है तो परीक्षा को अमृत।

वाद-विवाद हमें मोह-राग-द्वेष में उलझाता है, जबकि न्याय हमें मोह-राग-द्वेष से ऊपर उठाकर वस्तु के सत्य स्वरूप का दर्शन कराता है।

यह जीव अनादिकाल से मोह-राग-द्वेष के वशीभूत होकर वस्तु के सत्य स्वरूप को उसीप्रकार नहीं देख पाता, जिसप्रकार कोई उन्मत्त पुरुष, परन्तु यह न्यायविद्या का ही परम उपकार है कि वह हमें मोह-राग-द्वेष से युक्त होने पर भी उनसे ऊपर उठकर वस्तु के सत्य स्वरूप को देखने की कला सिखाती है।

वाद-विवाद करने वाले का लक्ष्य येन-केन प्रकारेण स्वमतमण्डन और परमतखण्डन ही होता है, पर न्यायप्रिय व्यक्ति का लक्ष्य असत्य का निराकरण करके सत्य का अनुसन्धान कर लेना होता है। सूत्ररूप में कह सकते हैं कि वाद-विवाद करने वाले का सिद्धान्त होता है– मेरा सो खरा, जबकि न्यायप्रेमी का सिद्धान्त होता है– खरा सो मेरा।

वाद-विवाद करने वाले की दृष्टि सदा जय-पराजय पर ही होती है। जय-पराजय पर भी नहीं, अपनी जय और दूसरे की पराजय पर ही होती है, किन्तु न्यायप्रेमी व्यक्ति की दृष्टि सदा सत्यानुसन्धान में लगी रहती है, उसे जय-पराजय से प्रयोजन नहीं होता, सत्यप्राप्ति को ही वह अपनी सबसे बड़ी विजय मानता है।

वाद-विवाद कलहप्रिय लोगों को अच्छा लगता है, जबकि न्याय को शान्तिप्रिय और सत्यान्वेषी लोग पसन्द करते हैं। जिनको न्याय अप्रिय लगता हो, अरुचिकर लगता हो, वे अवश्य आत्मनिरीक्षण करें। 'क्षत्रचूड़ामणि' में कहा है कि न्याय उन्हें अच्छा नहीं लगता जिनका मन ईर्ष्यादूषित है–

'न ह्यत्र रोचते न्यायमीर्ष्यादूषितचेतसे।'[3]

वाद-विवाद जितना हेय है, परीक्षा उतनी ही उपादेय है, अतएव प्राचीन काल से ही प्रायः सभी ऋषि-मुनियों ने वाद-विवाद को अत्यन्त हेय और परीक्षा को अत्यन्त उपादेय कहा है। मात्र कुछ ही लोगों ने परवर्ती काल में अज्ञान या कषाय के वशीभूत होकर वाद-विवाद और परीक्षा में अन्तर

न करके न्यायशास्त्र को मलिन कर दिया है, जिससे बचना अत्यन्त आवश्यक है।

वाद-विवाद का निषेध करते हुए आचार्य कुन्दकुन्द लिखते हैं–

"णाणाजीवा णाणाकम्मं णाणाविहं हवे लद्धी।
तम्हा वयणविवादं सगपरसमएहिं वज्जिज्जो॥"[4]

अर्थ– नाना प्रकार के जीव हैं, नाना प्रकार के कर्म हैं, नाना प्रकार की लब्धियाँ हैं, अतः स्वसमय-परसमयों के साथ वचन-विवाद नहीं करना चाहिए।

इसी प्रकार आदि शंकराचार्य भी स्पष्ट लिखते हैं–

'बुधजनैर्वादः परित्यज्यताम्।'[5]

आचार्य अमितगति ने वाद-विवाद करने को कुतर्क करना कहा है और उसके अनेक दोष गिनाये हैं। यथा–

"बोधरोधः शमापायः श्रद्धाभंगोऽभिमानकृत्।
कुतर्को मानसो व्याधिर्ध्यानशत्रुरनेकधा॥
कुतर्केऽभिनिवेशोऽतो न युक्तो मुक्तिकांक्षिणाम्।
आत्मतत्त्वे पुनर्युक्तः सिद्धिसौधप्रवेशके॥"[6]

अर्थ– कुतर्क ज्ञान को रोकने वाला, शान्ति का विनाशक, श्रद्धा को भंग करनेवाला और अभिमान को बढ़ानेवाला मानसिक रोग है, जो कि अनेक प्रकार से ध्यान का शत्रु सिद्ध होता है, अतः मोक्षाभिलाषियों को कुतर्क में अपना मन नहीं लगाना चाहिए।

इस प्रकार प्रायः सभी विद्वानों ने वाद-विवाद या कुतर्क को अत्यन्त हानिकारक एवं हेय कहा है, परन्तु इसका अर्थ यह नहीं समझना चाहिए कि तर्क, न्याय या परीक्षा भी हेय है और हमें उससे भी दूर ही रहना चाहिए। हमारे सभी पूर्वाचार्यों ने जहाँ एक ओर कुतर्क या वाद-विवाद को अत्यन्त निन्दनीय और हेय कहा है, वहीं दूसरी ओर तर्क, न्याय या परीक्षा को अत्यन्त आदरणीय और उपादेय भी कहा है। जिन आचार्य अमितगति ने उपरि-उद्धृत श्लोक में कुतर्क के अनेक दोष गिना कर उससे बचने की प्रेरणा दी है, उन्होंने स्वयं ही एक 'धर्मपरीक्षा' नामक ग्रन्थ भी लिखा है और उसमें परीक्षा को पुनः-पुनः प्रशंसा करते हुए अत्यन्त उपादेय कहा

है। यथा–

"न बुद्धिगर्वेण न पक्षपाततो मयान्यशास्त्रार्थविवेचनं कृतम्।

ममैव धर्म शिवसौख्यदायिके परीक्षितुं केवलमुत्थितः भ्रमः॥"[7]

अर्थ– मैंने यहाँ अन्य शास्त्रों के अर्थ का विवेचन (निराकरण) बुद्धि के अभिमानवश या किसी पक्षपातवश नहीं किया है, अपितु मेरा ही धर्म शिवसुखदायक है– इसकी परीक्षा करके लोगों का भ्रम दूर किया है।

अपने 'श्रावकाचार' में भी वे परीक्षा का महत्त्व बताते हुए लिखते हैं–

"लक्ष्मीं विधातुं सकलां समर्थं सुदुर्लभं विश्वजनीनमेनं।

परीक्ष्य गृह्णन्ति विचारदक्षाः सुवर्णवद्वंचनभीतचित्ताः॥"[८]

अर्थ– विचारवान पुरुष तो सर्वसमर्थ लक्ष्मी प्रदान कराने वाले धर्म को ठगाये जाने के भय से स्वर्ण की भाँति परीक्षा करके ही ग्रहण करते हैं।

इसी प्रकार अन्य भी अनेक आचार्यों ने परीक्षा की पुनः-पुनः प्रशंसा करते हुए उसे अत्यन्त उपादेय कहा है। आचार्य यतिवृषभ लिखते हैं कि–

"जो ण पमाणणएहिं णिक्खेवेण णिरिक्खदे अट्ठं।

तस्साजुत्तं जुत्तं जुत्तमजुत्तं च पडिहादि॥"[9]

अर्थ– जो जीव प्रमाण, नय, निक्षेपों के द्वारा अर्थ की परीक्षा नहीं करता है उसे अयुक्त भी युक्त और युक्त भी अयुक्त की तरह प्रतिभासित होता है।

इसी प्रकार का भाव आचार्य वीरसेन ने भी 'धवला' में प्रकट किया है।[10] आचार्य सोमदेवसूरि 'यशस्तिलकचम्पू' में लिखते हैं कि वस्तु-स्वरूप को समझने के लिए शपथ की नहीं, परीक्षा की आवश्यकता है–

"एकान्तः शपथश्चैव वृथा तत्त्वपरिग्रहे।

सन्तस्तत्त्वं न हीच्छन्ति परप्रत्ययमात्रतः॥

दाहच्छेदकषा शुद्धे हेम्नि का शपथक्रिया।

दाहच्छेदकषाऽशुद्धे हेम्नि का शपथक्रिया॥"[11]

अर्थ– पक्ष और शपथ– दोनों ही तत्त्वबोध के लिए व्यर्थ हैं, क्योंकि ज्ञानी पुरुष परप्रत्ययमात्र से तत्त्व का विश्वास नहीं करते। दहन, छेदन, कर्षण आदि से शुद्ध हुए स्वर्ण में शपथ क्या करेगी? तथा दहन, छेदन,

कर्षण आदि से शुद्ध न हुए स्वर्ण में भी शपथ क्या करेगी?

आचार्य हरिभद्रसूरि ने भी अपने 'लोकतत्त्वनिर्णय' आदि ग्रन्थों में सुन्दर ढंग से परीक्षा का महत्त्व प्रतिपादित किया है। 'लोकतत्त्व-निर्णय' में वे लिखते हैं–

''पक्षपातो न मे वीरे न द्वेषः कपिलादिषु।
युक्तिमद्वचनं यस्य तस्य कार्यः परिग्रहः॥''[12]

अर्थ– मुझे महावीर से कोई पक्षपात नहीं है और कपिलादि से कोई द्वेष नहीं है; परन्तु जिसके वचन युक्तिसंगत हों उसी का ग्रहण करना चाहिए।

आचार्य हेमचन्द्रसूरि ने भी परीक्षा को महत्त्व देते हुए लिखा है–

''न श्रद्धयैव त्वयि पक्षपातो न द्वेषमात्रादरुचिः परेषु।
यथावदाप्तत्वपरीक्षया तु त्वामेव वीरप्रभुमाश्रिताः स्मः॥
यत्र तत्र समये यथा तथा योऽसि सोऽस्यभिधया यया तया।
वीतदोषकलुषः स चेद्भवानेक एव भगवन्नमोऽस्तु ते॥''[13]

अर्थ– हे वीर प्रभु! मुझे केवल श्रद्धामात्र से आपके प्रति पक्षपात नहीं है और द्वेषमात्र से दूसरे देवों में अरुचि नहीं है; परन्तु मैंने आप्तत्व की यथावत् परीक्षा करके ही आपका ही आश्रय ग्रहण किया है। किसी भी मत या सम्प्रदाय में हो, कैसा भी हो, किसी भी नाम से जाना जाता हो, परन्तु यदि वह सर्व दोष-कालुष्य से रहित हो गया हो तो हे भगवन्! वह तुम ही हो और तुम्हें ही मेरा नमस्कार हो।

न केवल जैनाचार्यों ने, इतर विद्वानों ने भी परीक्षा के महत्त्व को स्वीकार किया है। **महाकवि कालिदास** का निम्नलिखित श्लोक अत्यन्त प्रसिद्ध है जिसमें परीक्षाप्रधानी व्यक्ति को ही ज्ञानी (सन्त) और परीक्षा-रहित अन्धविश्वासी को मूढ़ कहा है–

''पुराणमित्येव न साधु सर्वं न चापि काव्यं नवमित्यवद्यम्।
सन्तः परीक्ष्यान्यतरद्भजन्ते मूढः परप्रत्ययनेयबुद्धिः॥''[14]

अर्थ– सभी पुराना अच्छा और सभी नया बुरा नहीं हो सकता। समझदार व्यक्ति दोनों की परीक्षा करके उनमें से जो समीचीन हो उसे ग्रहण करते हैं। मूढ़ व्यक्ति ही दूसरे के कथन मात्र से विश्वास करता

है। एक स्मृति-ग्रन्थ में भी युक्तियुक्त वचनों को ही ग्रहण करने की प्रेरणा दी गई है–

'युक्तियुक्तं वचो ग्राह्यम्।' –(याज्ञवलक्य शिक्षा, 116)

महात्मा गौतम बुद्ध का भी एक कथन प्रसिद्ध है कि–

''तापाच्छेदान्निकषात् सुवर्णमिव पण्डिताः।
परीक्ष्य भिक्षवो ग्राह्यं मद्वचो न तु गौरवात्॥''

अर्थ– हे विद्वान भिक्षुओं! जिस प्रकार स्वर्ण को भलीभाँति तपाकर, काटकर और कसौटी पर कसकर ही ग्रहण किया जाता है; उसी प्रकार तुम भी मेरे वचनों को परीक्षा करके ही ग्रहण करना. न कि गौरव से।

इसप्रकार ये सभी कथन परीक्षा के महत्त्व को प्रकट करते हैं, अतः हमें परीक्षा या न्याय का ज्ञान एवं आश्रय अवश्य करना चाहिए। किसी भी बहाने उससे बचने का आत्मघाती प्रयत्न करना ठीक नहीं। वाद-विवाद ही हेय है, परीक्षा नहीं। परीक्षा तो अत्यन्त उपादेय है।

शंका–2. कुछ लोग कहते हैं कि सत्य-असत्य की परीक्षा करना तो बहुत कठिन कार्य है, लगभग असम्भव-सा ही है। लोक में असत्य की अधिकता भी इतनी है कि उसमें से सत्य को पहचान लेना और पा लेना तो सोचना भी कठिन लगता है।

समाधान– ऐसे लोग उत्साहहीन हैं। परीक्षा करना कठिन अवश्य है, पर असम्भव कतई नहीं। यदि व्यक्ति स्वार्थ, आग्रह या पक्षपात से ऊपर उठकर एकदम निष्पक्ष होकर सच्ची विधि से परीक्षा करे तो सच्ची परीक्षा सहज हो सकती है, कठिन नहीं है। प्रमादी और आग्रही व्यक्ति ही परीक्षा नहीं कर पाता। आचार्यकल्प पं. टोडरमलजी लिखते हैं– "सच्ची-झूठी दोनों वस्तुओं को कसने से और प्रमाद छोड़कर परीक्षा करने से तो सच्ची ही परीक्षा होती है। जहाँ पक्षपात के कारण भले प्रकार परीक्षा न करे वहीं अन्यथा परीक्षा होती है।"[15]

अतः परीक्षा के प्रति उत्साहहीन रहना ठीक नहीं। लोक में असत्य की अधिकता है– यह भी चिन्ता का विषय नहीं। किसी भी प्रश्न के असत्य उत्तर अधिक ही होते हैं, सत्य उत्तर तो एक ही होता है। अध्ययनशील विद्यार्थी उनसे घबराते नहीं हैं। 'नकली माल बाजार में बहुत है अतः असली भी मत खरीदो'– यह कोई समाधान नहीं है। इसी प्रकार हीरे की परख

कठिन ही होती है, परन्तु हीरे का व्यापारी 'कौन परीक्षा के चक्कर में पड़े'– ऐसा कभी नहीं सोचता, उद्यम करके परीक्षा करता ही है और उससे उसे असली-नकली की पहचान भी होती ही है। जरा कल्पना कीजिए— यदि हीरे का व्यापारी कठिन होने के कारण हीरों की परीक्षा करना छोड़ दे या उसमें शिथिलता करे तो क्या होगा?

अतः उत्साहपूर्वक परीक्षा में प्रवृत्त होना चाहिए। उसी से समीचीन तत्त्वज्ञान का महान लाभ होगा।

शंका–3. कुछ लोग कहते हैं कि दुःखनिवृत्ति के लिए तो तत्त्वज्ञान आवश्यक है, न्यायज्ञान नहीं, अतः हम तो केवल तत्त्वज्ञान ही करेंगे, न्यायज्ञान नहीं। न्यायज्ञान तो अनावश्यक है।

समाधान– ऐसे लोग भी अज्ञानी हैं। यद्यपि यह सत्य है कि दुःखनिवृत्ति के लिए तत्त्वज्ञान आवश्यक है, परन्तु जैसा कि हम पहले स्पष्ट कर चुके हैं कि वह तत्त्वज्ञान न्याय के द्वारा ही समीचीनतः हो सकता है, उसके बिना कथमपि नहीं।

जिस प्रकार व्यापार तो वस्तुओं के क्रय-विक्रय से ही होता है, परन्तु वस्तुओं का क्रय-विक्रय तराजू आदि पैमानों के बिना ठीक-ठीक नहीं हो सकता, अतः व्यापारी को तराजू आदि पैमानों का भी ज्ञान और आश्रय अवश्य करना चाहिए, उसी प्रकार दुःखनिवृत्ति तो तत्त्वज्ञान से ही होती है, परन्तु वह तत्त्वज्ञान न्याय के बिना समीचीनतया नहीं हो सकता, अतः दुःखनिवृत्ति के अभिलाषी को न्याय का भी ज्ञान और आश्रय अवश्य करना चाहिए।

शंका–4. न्यायशास्त्र के अध्ययन से बचने के लिए कुछ लोग कहते हैं कि जीवन छोटा है, समय कम है और हम अल्पबुद्धि हैं, अतः हम न्याय पढ़ने के चक्कर में नहीं उलझना चाहते। शास्त्रों में भी कहा है–

''अंतो णत्थि सुईणं कालो थोओ वयं च दुम्मेहा।
तण्णवरि सिक्खियव्वं जं जरमरणं खयं कुणदि।।''[16]

अर्थ– शास्त्रों का अन्त नहीं है, समय कम है और हम भी दुर्बुद्धि हैं, अतः केवल वही सीखना चाहिए जो जन्म-जरा-मरण का क्षय करे।

समाधान– ऐसे लोग भी बड़े भ्रम में हैं। क्योंकि न्याय का ज्ञान तो इसीलिए आवश्यक बताया गया है कि कम समय में हम अल्पबुद्धि वस्तुस्वरूप

का समीचीन ज्ञान कर सकें। वस्तुस्वरूप अत्यन्त जटिल है, अनन्तधर्मात्मक है, उसे यूँ ही नहीं समझा जा सकता। न्याय एक ऐसी सुलभ विधि है कि हम अल्पबुद्धि भी उसके द्वारा अनन्तधर्मात्मक वस्तु के स्वरूप को अल्प समय में समीचीनतया समझ सकते हैं।

न्याय के अवलम्बन से वस्तुस्वरूप को समझना सरल होता है, कठिन नहीं। जिसप्रकार लोक में मीटर, तराजू आदि पैमाने सुलभ रीति से पदार्थों को ठीक-ठीक नापने-मापने का काम करने में हमारी बड़ी सहायता करते हैं, उसी प्रकार न्याय भी सुलभ रीति से वस्तुस्वरूप को ठीक-ठीक समझने में हमारी बड़ी सहायता करता है। अतः इसका ज्ञान अवश्य ही करना चाहिए। न्याय उलझाता नहीं है, सुलझाता है। उलझाता तो वाद-विवाद है, अज्ञान है।

तथा शास्त्रों में जो ऐसा कहा है कि शास्त्रों का अन्त नहीं है, समय कम है और हम अल्पबुद्धि हैं, अतः हमें वह सीखना चाहिए जिससे जन्म-मरण का क्षय हो, उसका अभिप्राय यह है कि लोक में अनेक विद्याएँ हैं, सबके अगणित शास्त्र हैं, हम उन सबको सीखने का प्रयत्न कहाँ तक करेंगे? तब तक हमारा यह अल्प जीवन तो यूँ ही चला जायेगा और हम जन्म-मरण-रोग-विनाशक समीचीन तत्त्वज्ञान से वंचित रह जायेंगे, अतः दुनिया की अनेक अप्रयोजनभूत विद्याओं को सीखने में दुर्लभ समय और अल्पबुद्धि को मत लगाओ और तत्त्वज्ञान हेतु प्रयोजनभूत विषय पर ही ध्यान दो। कहा भी है–

''गणिकचिकित्सकतार्किकपौराणिकवास्तुशब्दशास्त्रमर्मज्ञाः।
संगीतादिषु निपुणाः सुलभाः न हि तत्त्ववेत्तारः॥''[17]

अर्थ– गणित, चिकित्सा, तर्क (कुतर्क, वाद-विवाद), पुराण, वास्तु, शब्द और संगीत के शास्त्रों में निपुण लोग तो आसानी से मिल जाते हैं, परन्तु तत्त्व के ज्ञाता पुरुष मिलना बहुत कठिन है।

और भी कहा है कि–

''बहत्तरकलाकुसला पण्डिय पुरिसा अपण्डिया चेव।
सव्वकलाण वि पवरं जे धम्मकलं ण जाणंति॥''[18]

अर्थ– जो पुरुष बहत्तर कलाओं में कुशल हैं, सभी कलाओं के प्रवर पण्डित हैं, परन्तु धर्मकला को नहीं जानते हैं, वे वास्तव में अपण्डित ही

हैं।

अतः शास्त्रों का उपर्युक्त कथन अप्रयोजनभूत लौकिक विद्याओं के सम्बन्ध में ही समझना चाहिए। न्याय जगत् की उन अप्रयोजनभूत विद्याओं में से नहीं है अपितु मुक्तिमार्ग हेतु एक अत्यन्त प्रयोजनभूत आध्यात्मिक विद्या है। आचार्य सोमदेव ने भी इसे अध्यात्म विषय की प्रयोजनभूत विद्या कहा है।[19] न्याय के बिना वस्तुस्वरूप का समीचीन ज्ञान कथमपि नहीं हो सकता है, अतः समीचीन तत्त्वजिज्ञासु को न्याय का ज्ञान अवश्य करना चाहिए।

शंका–5. कुछ लोग कहते हैं कि न्याय तो परवर्ती काल में आचार्य अकलंक आदि ने विकसित किया है। अधिक से अधिक कहें तो आचार्य सिद्धसेन या आचार्य उमास्वामी को न्याय का जनक कह सकते हैं। उससे पहले न्याय कहाँ था, जबकि लोग तो तत्त्वज्ञान करते ही थे। अतः तत्त्वज्ञान हेतु न्याय का ज्ञान करना आवश्यक नहीं है।

समाधान– ऐसे लोग भी बड़े भ्रम में हैं। आचार्य अकलंक, आचार्य सिद्धसेन या आचार्य उमास्वामी से पहले भी न्याय अवश्य विद्यमान था, भले ही उस समय के न्याय-ग्रन्थ हमें आज उपलब्ध न होते हों। ग्रन्थ उपलब्ध न होने के तो अनेक कारण हो सकते हैं। हो सकता है नष्ट हो गये हों अथवा यह तो आपको पता ही होगा कि पहले सारी श्रुत परम्परा मौखिक रूप में ही चल रही थी और शास्त्र-लेखन का कार्य बहुत बाद में प्रारम्भ हुआ है।

तथा यदि उक्त आचार्यों से पहले न्याय नहीं होता तो वेदों में नयों का उल्लेख कैसे मिलता है? यथा–

''आ नो गोत्रा दर्दृहि गो पते गाः समस्मभ्यं सु नयो यंतु वाजाः।
दिवक्षा असि वृषभ सत्यशुष्मोऽस्मभ्यं सु मघवन्बोधि गोदाः॥''[20]

अर्थ– हे पृथ्वी के पालक देव (वृषभदेव)! हमें सुनय-सहित वाणियों को प्रदान कर आदरयुक्त बना, जिससे हम अपनी वृत्तियों और इन्द्रियों को संयत रख सकें। हे वृषभ! तू सूर्य के समान सब दिशाओं में प्रकाशमान है और तू सत्य के कारण बलवान है। हे ऐश्वर्यमान मघवन्! हमें सुबोधि प्रदान कर।

आचार्य जिनसेन ने भी भगवान ऋषभदेव को न्यायशास्त्र का प्रणेता

कहा है– **'प्रणेता न्यायशास्त्रकृत'**[21]

अतः वास्तविक स्थिति तो यही है कि न्यायविद्या अनादिनिधन है और इसी के द्वारा जीव समीचीन तत्त्वज्ञान करते आये हैं। अन्य कोई उपाय नहीं है। आचार्य सिद्धसेन स्पष्ट लिखते हैं–

''प्रमाणादिव्यवस्थेयमनादिनिधनात्मिका।
सर्वसंव्यवहर्तृणां प्रसिद्धापि प्रकीर्तिता॥''[22]

अर्थ– यह प्रमाण आदि की व्यवस्था अनादिनिधन है और इसका व्यवहार करनेवाले सभी लोगों में अत्यन्त प्रसिद्ध है, तथापि यहाँ उसे हमने पुनः कहा है।

शंका–6. कुछ लोग कहते हैं कि न्यायग्रन्थ तो कठिन बहुत हैं, अतः हम उन्हें समझ नहीं सकते।

समाधान– ऐसे लोग भी उत्साहहीन हैं। यद्यपि यह सच है कि न्यायग्रन्थ गूढ़-गम्भीर होते हैं, पर इसका अर्थ यह नहीं कि वे बहुत कठिन होते हैं और हम उन्हें समझ नहीं सकते। यदि थोड़ी रुचि लेकर एकाग्रता के साथ पहले कुछ प्राथमिक न्याय ग्रन्थों को पढ़ लिया जाय तो प्रायः सभी न्यायग्रन्थों को समझना बहुत सरल हो जाता है। जिन्हें न्याय की प्रारम्भिक जानकारी न हो और जो रुचिपूर्वक अध्ययन नहीं करना चाहते हों उन्हें ही न्यायग्रन्थ कठिन लगते हैं। अन्यथा उनमें कठिन लगने जैसा कुछ भी नहीं है।

न्यायग्रन्थ गूढ़-गम्भीर इसलिए होते हैं कि उनमें कोई दुनिया के राग-रंग की बातें या कोई किस्से, कहानी नहीं होती, अपितु अत्यन्त जटिल वस्तुस्वरूप का अत्यन्त सावधानीपूर्वक विश्लेषण और परीक्षण होता है। उसमें जरा-सी भी शिथिलता से अर्थ का अनर्थ हो जाने की संभावना रहती है। लोक में कोयला, कण, कंचन और कोहिनूर को तौलने में ही उत्तरोत्तर अधिक सावधानी की आवश्यकता होती है, तब यहाँ तो अनन्तधर्मात्मक वस्तु के स्वरूप को समीचीनतया समझने का महान् कार्य सिद्ध करना है, अतः न्याय-ग्रन्थों का गूढ़-गम्भीर होना स्वाभाविक है; परन्तु इस कारण से वे बहुत कठिन हैं और हम उन्हें नहीं समझ सकते– ऐसा भ्रम नहीं पालना चाहिए और उनके अभ्यास में प्रवृत्त होना चाहिए।

तथा यहाँ तो हम न्याय के सामान्य ज्ञान की बात कर रहे हैं, जो

बिल्कुल कठिन नहीं है और वस्तुस्वरूप के परिज्ञान हेतु अनिवार्यतः उपयोगी भी है, अतः उसके अध्ययन में प्रमाद करना उचित नहीं । जो लोग अपनी किसी प्रकार की अक्षमतावश न्याय के अनेक गूढ़ ग्रन्थों का अध्ययन नहीं कर सकते हैं, उन्हें भी न्याय का सामान्य ज्ञान तो अवश्य करना ही करना चाहिए। उसके बिना सिद्धि नहीं है।[23]

शंका–7. यहाँ आपने विविध प्रकार से न्यायशास्त्र के अभ्यास की प्रेरणा दी, परन्तु क्या किसी भी अपेक्षा से शास्त्रों में न्याय के अवलम्बन का निषेध नहीं किया गया है?

समाधान– किया गया है। तत्त्व की अनुभूति के समय न्याय के अवलम्बन का निषेध किया गया है। स्पष्ट कहा है कि–

''तच्चाणेसणकाले समयं बुज्झेहि जुत्तिमग्गेण।
णो आराहणसमये पच्चक्खो अणुहवो जम्हा।।''[24]

अर्थ– समय (आत्मा/सिद्धान्त/मत) को तत्त्वान्वेषण के समय युक्तिमार्ग (न्याय) से समझो, किन्तु उसकी आराधना (अनुभूति) के समय न्याय का अवलम्बन मत लो, क्योंकि अनुभूति तो प्रत्यक्ष (निर्विकल्प) होती है।

यहाँ तत्त्व की अनुभूति के समय न्याय के अवलम्बन का निषेध किया गया है, क्योंकि अनुभूति तो निर्विकल्प होती है, जबकि न्याय विकल्परूप है।

किन्तु इस बहाने से भी न्यायशास्त्र के अभ्यास से बचने की चेष्टा करना बुद्धिमानी नहीं है। यहाँ तत्त्व की अनुभूति के समय न्यायमार्ग के अवलम्बन का निषेध किया गया है– यह एकदम सच है, परन्तु यहीं प्रथम पंक्ति में जोर देकर यह भी तो कहा गया है कि तत्त्वान्वेषण के समय न्याय-मार्ग का अवलम्बन लो।

तत्त्व की अनुभूति से पूर्व तत्त्व का अन्वेषण अनिवार्य है। यदि तत्त्व का अन्वेषण ही नहीं हुआ तो अनुभूति किसकी करोगे? अतः सर्वप्रथम न्याय का ज्ञान करके तत्त्व का अन्वेषण अवश्य करना चाहिए।

इस प्रकार यहाँ न्यायशास्त्र के अध्ययन की आवश्यकता का प्रतिपादन किया गया। इसे समझकर हम सभी को न्यायशास्त्र के अध्ययन में अवश्य प्रवृत्त होना चाहिए।

6. प्रमेयकमलमार्तण्ड का प्रस्तुत संस्करण

न्यायशास्त्र के अध्ययन में प्रवृत्त होने के लिए सबसे पहले जिस ग्रन्थ को पढ़ा-पढ़ाया जाता है, वह है– परीक्षामुखसूत्रम्। यह जैन न्याय का प्रथम संस्कृत सूत्र-ग्रन्थ है, जो तत्त्वार्थसूत्र की ही तरह मूलाधारभूत ग्रन्थ माना जाता है और उसी की तरह इसकी भी अनेक टीकाएँ आचार्यों ने की है। यह सर्वत्र पाठ्यक्रमों में निर्धारित है।

प्रमेयकमलमार्तण्ड इसी की एक अद्भुत टीका है, जो अपने विषय, आकार, शैली आदि अनेक कारणों से सदैव विद्वज्जनवल्लभा रही है, किन्तु काल के प्रभाव से आज इसके पाठक क्षीण होते जा रहे हैं –यह बड़े ही दुःख का विषय है, परन्तु फिर भी ऐसा क्या किया जाए कि इसकी अध्ययन परम्परा चलती रहे– यही सोचकर जैनदर्शन के युवा विद्वान् डॉ. अनेकान्त जैन ने प्रमेयकमलमार्तण्ड का प्रस्तुत सार रूप संस्करण तैयार किया है। मुझे आशा है कि यह प्रयोग छात्रोपयोगी होने से पाठ्यक्रमों में समादर प्राप्त करेगा।

—प्रो. वीरसागर जैन

सन्दर्भ-सूची

1. कौटिल्य, अर्थशास्त्र, विद्योद्देश प्रकरण
2. आचार्य अकलंक, न्यायविनिश्चय, 1/2
3. आचार्य वादीभसिंह, क्षत्रचूडामणि, 4/25
4. आचार्य कुन्दकुन्द, नियमसार, 156
5. आदि शंकराचार्य, साधन-पंचक, 3
6. आचार्य अमितगति, योगसारप्राभृत, 7/52-53
7. आचार्य अमितगति, धर्मपरीक्षा, 10
8. आचार्य अमितगति, श्रावकाचार 1/29
9. आचार्य यतिवृषभ, तिलोयपण्णत्ति, 1/182
10. "प्रमाणनयनिक्षेपैर्योऽर्थो नाभिसमीक्ष्यते।
    युक्तं चायुक्तवद्भाति तस्यायुक्तं च युक्तवत्।।" –(आचार्य वीरसेन, धवला 1/1/1/10)
11. सोमदेवसूरि, यशस्तिलकचम्पू, 6/73-74
12. हरिभद्रसूरि, लोकतत्त्वनिर्णय, 1/38

13. हेमचन्द्रसूरि, अयोगव्यवच्छेदिका, 29,31
14. महाकवि कालिदास, मालविकाग्निमित्र, 1/2
15. पं. टोडरमल, मोक्षमार्गप्रकाशक, पृष्ठ 216
16. मुनि रामसिंह, पाहुडदोहा, 99
17. भट्टारक ज्ञानभूषण, तत्त्वज्ञानतरंगिणी, 11/3
18. आचार्यश्री विद्यानन्द जी मुनिराज की डायरी में से
19. आन्वीक्षिक्यध्यात्मविषये। –सोमदेवसूरि, नीतिवाक्यामृत 5/63
20. ऋग्वेद 3/2/30/21
21. आचार्य जिनसेन, आदिपुराण, 25/115
22. आचार्य सिद्धसेन, न्यायावतार, 32
23. प्रकारान्तरासम्भवात्। –न्यायदीपिका, 1/1
24. माइल्लधवल, नयचक्र, 268

❖❖

विषय सूची

प्रमेयकमलमार्त्तण्डसारः

णमो जिणाणं

श्रीमन्माणिक्यनन्द्याचार्यविरचितपरीक्षामुखसूत्रस्यालङ्कारभूतः

प्रमेयकमलमार्त्तण्डसारः

मूलग्रन्थकर्ता-प्रभाचन्द्राचार्यः

(सारकर्ता- अनेकान्तकुमारजैनः)

श्रीस्याद्वादविद्यायै नमः।

सिद्धेर्धाम महारिमोहहननं कीर्त्तेः परं मन्दिरम्,
मिथ्यात्वप्रतिपक्षमक्षयसुखं संशीतिविध्वंसनम्।
सर्वप्राणिहितं प्रभेन्दुभवनं सिद्धं प्रमालक्षणम्,
संतश्चेतसि चिन्तयन्तु सुधियः श्रीवर्धमानं जिनम्॥1॥

आचार्य माणिक्यनन्दि द्वारा रचित जैन न्याय के प्रथम सूत्रग्रन्थ 'परीक्षामुखसूत्र' के टीकाकार आचार्य प्रभाचन्द्र अपने इस प्रमेयकमल मार्तण्ड टीका ग्रन्थ के आद्य मंगलाचरण में स्याद्वादविद्या को नमस्कार करते हुये सर्वप्रथम अनेक विशेषणों से युक्त अन्तिम तीर्थंकर वर्धमान (महावीर) की स्तुति स्वरूप मंगल श्लोक कहते हैं-

अर्थ-जो सिद्धि अर्थात् मोक्ष के धाम (स्थान) हैं, मोहरूपी महाशत्रु को नष्ट करने वाले हैं, कीर्ति जहाँ पर प्रतिष्ठित है, ऐसे श्रेष्ठ मन्दिर स्वरूप हैं, मिथ्यात्व के विरोधी हैं, कभी नष्ट न होने वाले ऐसे अतीन्द्रिय अक्षय सुख को भोगने वाले हैं, संशय का नाश करने वाले हैं, सभी जीवों के लिए हितकारी हैं, चन्द्रमा की प्रभा के समान कान्ति से युक्त हैं, ज्ञानावरणादि आठ कर्मों का नाश करने वाले सिद्ध हैं, ज्ञान लक्षण वाले अर्थात् केवलज्ञान के धारक हैं-ऐसे अंतिम तीर्थङ्कर श्री वर्धमान महावीर जिनेन्द्र भगवान का सज्जन लोग चिन्तवन अर्थात् ध्यान करें॥1॥

शास्त्रं करोमि वरमल्पतरावबोधो,
माणिक्यनन्दिपदपङ्कजसत्प्रसादात् ।
अर्थं न किं स्फुटयति प्रकृतं लघीयाँ-
ल्लोकस्य भानुकरविस्फुरिताद्गवाक्षः ॥ 2॥

ये नूनं प्रथयन्ति नोऽसमगुणा मोहादवज्ञां जनाः,
ते तिष्ठन्तु न तान्प्रति प्रयतितः प्रारभ्यते प्रक्रमः।
सन्तः सन्ति गुणानुरागमनसो ये धीधनास्तान्प्रति,
प्रायः शास्त्रकृतो यदत्र हृदये वृत्तं तदाख्यायते ॥3॥

त्यजति न विदधानः कार्यमुद्विज्य धीमान्,
खलजनपरिवृत्तेः स्पर्धते किन्तु तेन।
किमु न वितनुतेऽर्कः पद्मबोधं प्रबुद्ध-
स्तदपहृतिविधायी शीतरश्मिर्यदीह ॥4॥

अर्थ—मैं अल्पज्ञानवाला (प्रभाचन्द्राचार्य) श्री माणिक्यनन्दि गुरु के चरणकमल के प्रसाद से श्रेष्ठ इस प्रमेय अर्थात् विश्व के पदार्थ रूपी कमल को विकसित करने में सूर्य (मार्त्तण्ड) स्वरूप ऐसे इस शास्त्र की रचना करता हूँ, यह उचित ही है, क्या दुनियां में एक छोटा सा झरोखा सूर्यकिरणों से दिखायी देने वाले पदार्थों को स्पष्ट नहीं करवाता है? अर्थात् करवाता ही है, उसी प्रकार मैं कम ज्ञान होकर भी गुरु प्रसाद से शास्त्र की रचना करने का प्रयास कर रहा हूँ॥2॥

अर्थ—यद्यपि इस जगत में बहुत से लोग मोहबहुलता के कारण ईर्ष्यालु (गुणों को सहन नहीं करने वाले) हैं अथवा वक्र बुद्धि वाले हैं। वे इस ग्रन्थ की अवज्ञा करेंगे; ऐसे लोग हैं तो रहें, हमने यह रचना उनके लिए प्रारम्भ नहीं की है। माणिक्यन्दि के परीक्षामुख ग्रन्थ की टीका उनके लिए प्रवृत्त हुयी है जो बुद्धिमान और गुणानुरागी हैं॥3॥

अर्थ—जो लोग बुद्धिमान होते हैं वे आरम्भ किये हुए कार्य को दुष्ट पुरुषों की दुष्टता से घबड़ाकर नहीं छोड़ते हैं, किन्तु और भी अच्छी तरह से कार्य करने की स्पर्द्धा करते हैं, जैसे चन्द्र कमलों को मुरझा देता है तो भी क्या सूर्य पुनः कमलों को विकसित नहीं करता

अजडमदोषं दृष्ट्वा मित्रं सुश्रीकमुद्यतमतुष्यत्।
विपरीतबन्धुसङ्गतिमुद्‌गिरति हि कुवलयं किं न॥5॥

1. श्रीमदकलङ्कार्थोऽव्युत्पन्नप्रज्ञैरवगन्तुं न शक्यत इति तद्व्युत्पादनाय करतलामलकवत् तदर्थमुद्धृत्य प्रतिपादयितुकामस्तत्परिज्ञानानुग्रहेच्छा-प्रेरितस्तदर्थप्रतिपादनप्रवणं प्रकरणमिदमाचार्यः प्राह।

अर्थात् करता ही है॥4॥

अर्थ—अजड़, निर्दोष, शोभायुक्त ऐसे मित्र को देखकर क्या जगत् के जीव विपरीत संगति को नहीं छोड़ते हैं?

अथवा, सूर्य की दृष्टि से देखें—जो अजल-जल से नहीं हुआ, निर्दोष-रात्रि से युक्त नहीं है, तेजयुक्त है ऐसे सूर्य के उदय को देखकर भी कुवलय-रात्रि विकासी कमल अपनी विपरीत बन्धु अर्थात् चन्द्रमा की सङ्गति को नहीं बतलाया है क्या?

अर्थात् सूर्य उदित होने पर भी कुमुद सन्तुष्ट नहीं हुआ तो मालूम पड़ता है कि इस कुमुद ने सूर्य के विपक्षी चन्द्र की संगति की है, इसी प्रकार सज्जन के साथ कोई व्यक्ति दुष्टता या ईर्ष्या करे तो मालूम होता है कि इसने दुष्ट की संगति की है॥5॥

1. आचार्य अकलंक द्वारा रचित ग्रन्थों का अर्थ सामान्य बुद्धि के लोग समझ नहीं पाते हैं अतः उन्हें वह अर्थ समझ में आ जाय इसलिए तथा उनकी बुद्धि विकसित करने के लिए हाथ में रखे हुये आँवले के समान स्पष्ट रूप से उन्हीं आचार्य अकलंकदेव के अर्थ को लेकर प्रतिपादन करने की इच्छा को रखने वाले, उनके न्याय-ग्रन्थों का विशेष ज्ञान तथा शिष्यों पर उपकार करने की इच्छा से प्रेरित होकर, आचार्य अकलंकदेव के न्यायग्रन्थ के अर्थ का प्रतिपादन करने में समर्थ आचार्य माणिक्यनन्दि इस प्रकरण को अर्थात् 'परीक्षामुखसूत्र' ग्रन्थ को कहते हैं।

प्रथमपरिच्छेदः

2. तत्र प्रकरणस्य सम्बन्धाभिधेयरहितत्वाशङ्कापनोदार्थं तदभिधेयस्य चाऽप्रयोजनवत्त्वपरिहारानभिमतप्रयोजनवत्त्वव्युदासाशक्यानुष्ठानत्वनिराकरण-दक्षमक्षुण्णसकलशास्त्रार्थसंग्रहसमर्थं 'प्रमाण' इत्यादि श्लोकमाह-

प्रमाणादर्थसंसिद्धिस्तदाभासाद्विपर्ययः।
इति वक्ष्ये तयोर्लक्ष्म सिद्धमल्पं लघीयसः॥1॥

3. सम्बन्धाभिधेयशक्यानुष्ठानेष्टप्रयोजनवन्ति हि शास्त्राणि प्रेक्षावद्भिराद्रियन्ते नेतराणि-सम्बन्धाभिधेयरहितस्योन्मत्तादिवाक्यवत्; तद्वतोऽप्यप्रयोजनवतः काकदन्तपरीक्षावत्; अनभिमतप्रयोजनवतो वा मातृ-विवाहोपदेशवत्; अशक्यानुष्ठानस्य वा सर्वज्वरहरतक्षकचूडारत्नालङ्कारोप-देशवत् तैरनादरणीयत्वात्।

प्रथमपरिच्छेद

2. शास्त्र के प्रारम्भ में यह शंकायें हो सकती हैं कि यह शास्त्र सम्बन्धाभिधेय से रहित तो नहीं है? या फिर अप्रयोजनभूत, अनिष्ट-प्रयोजनयुक्त तथा अशक्यानुष्ठान तो नहीं है? इस प्रकार की सभी शंकाओं को दूर करने में समर्थ तथा सम्पूर्ण शास्त्र के अर्थ को संग्रह करने में समर्थ ऐसे प्रथम श्लोक को आचार्य मणिक्यनन्दी कहते हैं-

प्रमाणादर्थसंसिद्धिस्तदाभासाद्विपर्ययः।
इति वक्ष्ये तयोर्लक्ष्म सिद्धमल्पं लघीयसः॥1॥

अर्थ-प्रमाण अर्थात् सम्यक् ज्ञान से अभीष्ट अर्थ की सम्यक् प्रकार से सिद्धि होती है और प्रमाणाभास अर्थात् मिथ्याज्ञान से इष्ट वस्तु की संसिद्धि नहीं होती है, इसलिए मैं प्रमाण और प्रमाणाभास का पूर्वाचार्य प्रसिद्ध एवं पूर्वापर-दोष से रहित संक्षिप्त लक्षण लघुजनों (अर्थात् अल्पबुद्धि वालों) के हितार्थ कहूँगा॥1॥

3. बुद्धिमान् लोग उसी शास्त्र का आदर करते हैं जो सम्बन्ध ाभिधेय, शक्यानुष्ठान और इष्ट प्रयोजन से युक्त है, अन्य इससे रहित शास्त्र का कहीं भी आदर उसी प्रकार नहीं होता है जैसा कि किसी उन्मत्त पुरुष के सम्बन्ध रहित वाक्य का आदर नहीं होता है। इसके बाद यदि शास्त्र सम्बन्ध सहित भी हो, अप्रयोजनभूत हों तो कौअे के दांत की

4. तत्रास्य प्रकरणस्य प्रमाणतदाभासयोर्लक्षणमभिधेयम्। अनेन च सहास्य प्रतिपाद्यप्रतिपादकभावलक्षणः सम्बन्धः। शक्यानुष्ठानेष्टप्रयोजनं तु साक्षात्तल्लक्षणव्युत्पत्तिरेव–'इति वक्ष्ये तयोर्लक्ष्म'। 'प्रमाणादर्थसंसिद्धिः' इत्यादिकं तु परम्परयेति समुदायार्थः। अथेदानीं व्युत्पत्तिद्वारेणाऽवय-वार्थोऽभिधीयते।

परीक्षा करने वाले वचन के समान ही वह आदर योग्य नहीं होता है। अनिष्टप्रयोजन वाले वाक्य तो माता को विवाहोपदेश के समान ही अयोग्य होते हैं। यदि वचन अशक्यानुष्ठान रूप हैं तो 'नागफण में स्थित मणि सभी ज्वर रोगों को दूर कर देता है'– वचन के समान वह विद्वानों में आदर के योग्य इसलिए नहीं रहता, क्योंकि न मणियुक्त नागफण मिलेगा और मिले भी तो कोई ला नहीं सकता।

जगत् में उन्हीं शास्त्रों का आदर होता है जो सम्बन्धाभिधेय, शक्यानुष्ठान और इष्ट प्रयोजन से सहित होते हैं। जिसका अर्थ प्रमाण से सिद्ध हो ऐसे सम्बन्ध वाले वाक्य में ही बुद्धिमान लोग प्रवृत्त होते हैं। इसलिए सम्बन्ध को शास्त्र के शुरू में हीं बतलाना चाहिए। फिर उस शास्त्र का प्रयोजन भी कहना चाहिए, नहीं तो उसे कोई ग्रहण नहीं करेगा। शास्त्र में कही गयी बातें ऐसी न हों कि कोई उसे करना चाहे तो कर ही न सके अतः शक्यानुष्ठान होना चाहिए।

4. अतः इन सम्बन्धाभिधेय, शक्यानुष्ठान और इष्टप्रयोजन में इस प्रकरण अर्थात् परीक्षामुखसूत्र ग्रन्थ का प्रमाण और प्रमाणाभास का लक्षण कहना यही अभिधेय है, इसका इसके साथ प्रतिपाद्य-प्रतिपादकभाव वाला सम्बन्ध है। इसमें शक्यानुष्ठान और इष्ट प्रयोजन तो यही है कि प्रमाण और तदाभास के जानने में प्रवीणता प्राप्त होना इस बात को 'वक्ष्ये' कहूँगा इस पद के द्वारा प्रकट किया है। इसका साक्षात् फल अज्ञान की निवृत्ति होना है, प्रमाण से अर्थ की सिद्धि होती है–इन पदों से तो इस ग्रन्थ का परम्परा फल दिखलाया गया है। यह इस प्रथम श्लोक का समुदाय अर्थ हुआ, अब श्लोक के प्रत्येक पद का अवयव रूप से उनकी व्याकरण से व्युत्पत्ति दिखलाते हैं।

5. अत्र प्रमाणशब्दः कर्तृकरणभावसाधनः-द्रव्यपर्याययोर्भेदाऽभेदात्मकत्वात् स्वातन्त्र्यसाधकतमत्वादिविवक्षापेक्षयातद्धा- वाऽविरोधात्।

6. तत्र क्षयोपशमविशेषवशात्-'स्वपरप्रमेयस्वरूपं प्रमिमीते यथावज्जानाति' इति प्रमाणमात्मा, स्वपरग्रहणपरिण तस्यापरतन्त्र- स्याऽऽत्मन एव हि कर्तृसाधनप्रमाणशब्देनाभिधानं, स्वातन्त्र्येण विवक्षितत्वात् स्वपरप्रकाशात्मकस्य प्रदीपादेः प्रकाशाभिधानवत्।

---

5. यहाँ जो प्रमाणपद है वह तीन तरह से निष्पन्न है- 1. कर्तृसाधन 2. करणसाधन 3. भावसाधन। यह इसलिए क्योंकि द्रव्य और पर्याय दोनों ही आपस में कथञ्चित् भेदाभेदात्मक होते हैं। निम्नलिखित तीन प्रकार से प्रमाण शब्द बनने में कोई विरोध नहीं आता- 1. स्वातन्त्र्य विवक्षा 2. साधकतम-विवक्षा 3. भावविवक्षा।

1. स्वातन्त्र्य विवक्षा-

6. यदि कर्तृसाधन स्वातन्त्र्य विवक्षा से प्रमाण शब्द की निष्पत्ति करें तो कहा जायेगा कि ज्ञानावरणादि कर्म का क्षयोपशम विशेष होने से अपने को और पररूप प्रमेय को जैसा का तैसा यथावत् जो जानता है वह प्रमाण है। **'प्रमिमीते अर्थात् जानाति इति प्रमाणं'**-यह कर्तृसाधन है। अर्थात् अपने और पर के ग्रहण करने में परिणत हुआ जो जीव है वही प्रमाण है। जैसे स्व और पर को प्रकाशित करने वाला दीपक स्व-पर को प्रकाशित करता है-यह स्वातन्त्र्य विवक्षा से कहा जाता है। कर्तृसाधन प्रमाण शब्द के द्वारा ही ऐसा विवेचन सम्भव है।

2. साधकतम विवक्षा-

इस विवक्षा से **'प्रमीयते अनेन इति प्रमाणं करणसाधनं'** इस प्रकार प्रमाण का अर्थ होता है।

3. भावविवक्षा-

भाव विवक्षा होने पर **'प्रमिति मात्रं वा प्रमाणं'** इस प्रकार प्रमाण का अर्थ हो जाता है।

7. साधकतमत्वादि इन विवक्षाओं के अनुसार 'जाना जाये

1

7. साधकतमत्वादिविवक्षायां तु–प्रमीयते येन तत्प्रमाणं प्रमितिमात्रं वा–प्रतिबन्धापाये प्रादुर्भूतविज्ञानपर्यायस्य प्राधान्येनाश्रयणात् प्रदीपादेः प्रभाभारात्मकप्रकाशवत्।

8. वक्ष्यमाणलक्षणलक्षितप्रमाणभेदमनभिप्रेत्यनन्तरसकलप्रमाणविशेष-साधारणप्रमाणलक्षणपुरःसरः 'प्रमाणाद्' इत्येकवचननिर्देशः कृतः। का हेतौ। अर्थ्यतेऽभिलष्यते प्रयोजनार्थिभिरित्यर्थो हेय उपादेयश्च। उपेक्षणीयस्यापि परित्यजनीयत्वाद्धेयत्वम्; उपादान क्रियां प्रत्यकर्मभावान्नोपादेयत्वम्, हानक्रियां प्रति विपर्ययात्तत्वम्। तथा च लोको वदति 'अहमनेनोपेक्षणीयत्वेन परित्यक्तः' इति।

जिसके द्वारा वह प्रमाण है अथवा जानना मात्र प्रमाग है। यह प्रमाण शब्द का अर्थ है। यहाँ मुख्य रूप से ज्ञानावरणादि कर्मों के अपाय अथवा क्षयोपशम से उत्पन्न ज्ञानपर्याय का आश्रय है। जैसे– 'दीपक की कान्तियुक्त शिखा ही प्रदीप है'–यह कहा जाता है।

यहाँ आचार्य सार रूप में यह समझाना चाहते हैं कि प्रमाण अर्थात् ज्ञान है और जो आत्मा है वही ज्ञान है। अतः ज्ञान ही प्रमाण है।[1]

8. यहाँ पर भविष्य में कहे जाने वाले लक्षण से युक्त जो प्रमाण है उसके भेदों को न कहकर आचार्य माणिक्यनन्दि ने सभी प्रमाणों के विशेष तथा सामान्य लक्षण वाले ऐसे प्रमाण का 'प्रमाणात्' इस एक वचन से निर्देश किया है। यहाँ हेतु के अर्थ में पञ्चमी विभक्ति है। प्रयोजन वाले लोग जिसे चाहते हैं, उसे अर्थ कहते हैं। वह उपादेय तथा हेयरूप–इन दो प्रकारों का होता है। उपेक्षणीय का हेय में अन्तर्भाव किया है क्योंकि उपादान क्रिया के प्रति तो वह उपेक्षणीय पदार्थ कर्म नहीं होता है और हेय क्रिया का कर्म बन जाता है, अतः हेय में उपेक्षणीय गर्भित हो जाता है। व्यवहार में भी यह कहा जाता है कि इसके द्वारा मैं उपेक्षणीय होने से छोड़ा गया हूँ।

9. असत् पदार्थ का उत्पन्न होना या जिसकी इच्छा हो उस

9. सिद्धिरसतः प्रादुर्भावोऽभिलषितप्राप्तिर्भावज्ञप्तिश्चोच्यते। तत्र ज्ञापकप्रकरणाद् असतः प्रादुर्भावलक्षणा सिद्धिर्नेह गृह्यते। समीचीना सिद्धिः संसिद्धिरर्थस्य संसिद्धिः 'अर्थसंसिद्धिः' इति। अनेन कारणान्तराहितविपर्यासादिज्ञाननिबन्धनाऽर्थसिद्धिर्निरस्ता।

10. जातिप्रकृत्यादिभेदेनोपकारकार्थसिद्धिस्तु संगृहीता; तथाहि-केवलनिम्बलवणरसादावस्मदादीनां द्वेषबुद्धिविषये निम्बकीटोष्ट्रादीनां जात्याऽभिलाषबुद्धिरुपजायते अस्मदाद्यभिलाषविषये चन्दनादौ तु तेषां द्वेषः, तथा पित्तप्रकृतेरुष्णस्पर्शे द्वेषो-वातप्रकृतेरभिलाषः शीतस्पर्शे तु वातप्रकृतेर्द्वेषो न पित्तप्रकृतेरिति। न चैतज्ज्ञानमसत्यमेवहिताऽहितप्राप्तिपरिहारसमर्थत्वात् प्रसिद्धसत्यज्ञानवत्।

वस्तु की प्राप्ति होना अथवा पदार्थ का ज्ञान होना सिद्धि कहलाता है। यहाँ पर ज्ञापक का प्रकरण होने से असत् की उत्पत्ति वाला अर्थ नहीं लिया गया है। बल्कि शेष दो प्राप्ति और ज्ञप्ति अर्थ लिया गया है। समीचीन अर्थ सिद्धि को अर्थसंसिद्धि कहते हैं। इसमें यहाँ यह अर्थ भी गर्भित है कि जो विपरीत ज्ञान कराने वाले अन्य कारण हैं उनसे अर्थ सिद्धि नहीं होती है।

10. जाति प्रकृति आदि के भेद से होने वाले उपकारक पदार्थ की सिद्धि का भी यहाँ ग्रहण हो गया है। जिस प्रकार अकेले अकेले नीम, नमक आदि रसवाले पदार्थों में हम लोगों को द्वेषबुद्धि होती है, परन्तु उन्हीं विषयों में नीम के कीड़े तथा ऊँट आदि को जाति के कारण ही उन्हीं पदार्थों की अभिलाषा होती है।

कहने का तात्पर्य नीम में हमको हेयबुद्धि होती है और ऊँट आदि को उपादेय बुद्धि होती है। ऐसा विरोध होकर भी दोनों ही ज्ञान जाति की अपेक्षा सत्य ही कहे जायेंगे। इसी प्रकार चन्दन आदि पदार्थों में ऊँट वगैरह को द्वेष (हेय) बुद्धि होती है, इसी प्रकार पित्तदोष वाले पुरुष को उष्ण स्पर्श में द्वेष (हेय) और वातदोष वाले पुरुष को उसी में उपादेय-अभिलाषा होती है। ठीक इसके विपरीत शीतस्पर्श में पित्तवाले को उपादेय और वात वाले को हेय बुद्धि होती है। ये दोनों ही

1

11. हिताऽहितव्यवस्था चोपकारकत्वापकारकत्वाभ्यां प्रसिद्धेति। तदिव स्वपरप्रमेयस्वरूपप्रतिभासिप्रमाणमिवाभासत इति तदाभासम्-सकलमत-सम्मताऽवबुद्ध्यक्षणिकाद्येकान्ततत्त्वज्ञानं सन्निकर्षाऽविकल्पकज्ञानाऽप्रत्यक्ष-ज्ञानज्ञानान्तरप्रत्यक्षज्ञानाऽनाप्तप्रणीताऽऽगमाऽविनाभावविकललिङ्गनिबन्धनाऽभि-निबोधादिक संशयविपर्यासानध्यवसायज्ञानं च, तस्माद् विपर्ययोऽभिलषितार्थस्य स्वर्गापवर्गादेरनवद्यतत्साधनस्य वैहिकसुखदु:खादिसाधनस्य वा सम्प्राप्तिज्ञप्ति-लक्षणसमीचीनसिद्ध्यभाव:। प्रमाणस्य प्रथमतोऽभिधानं प्रधानत्वात्। न चैतदसिद्धम्;

ज्ञान असत्य नहीं है। क्योंकि दोनों ही ज्ञान हेय का परिहार और उपादान की प्राप्ति करने में समर्थ है, जैसे प्रसिद्ध सत्यज्ञान समर्थ है।

11. हित और अहित की व्यवस्था या व्याख्या-लक्षण तो उपकारक और अपकारक की अपेक्षा से होता है, जो उपकारक हो वह हित और जो अपकारक हो वह अहित कहलाता है, उसके समान अर्थात् स्व-पर प्रमेय का स्वरूप प्रतिभासित करने वाले प्रमाण के जैसा ही जो लोग (किन्तु हो न) वह **तदाभास** कहलाता है अर्थात् प्रमाणाभास कहलाता है। वह प्रमाणाभास अनेक प्रकार का है। जैसे विनयवादी (सभी के मत को मानने वाले), सर्वथा नित्य, सर्वथा क्षणिक इत्यादि एकान्तवादियों का तत्त्वज्ञान, आप्त लक्षण से रहित पुरुषों द्वारा रचित आगम, सन्निकर्ष, निर्विकल्पज्ञान, अप्रत्यक्षज्ञान, ज्ञानान्तरवेद्यज्ञान, अविनाभावरहित अनुमानज्ञान, उपमादिज्ञान, संशय, विपर्यय एवं अनध्यवसाय-ये सभी ज्ञान प्रमाणाभास कहलाते हैं, क्योंकि इन ज्ञानों से विपर्यय होता है। कहने का तात्पर्य अपने इच्छित स्वर्ग, मोक्ष का निर्दोष बोध नहीं होता है तथा इस लोक में सुख-दु:ख के साधनभूत पदार्थों की सत्यज्ञान प्राप्ति आदि सिद्धियाँ भी नहीं होती हैं, श्लोक में 'प्रमाण' पद का ग्रहण पहले हुआ है क्योंकि वह मुख्य है, उसमें प्रधानता असिद्ध भी नहीं है।

12. सम्यग्ज्ञान मोक्ष का साधन होने से सभी पुरुषार्थों में

12. सम्यग्ज्ञानस्य निश्श्रेयसप्राप्तेः सकलपुरुषार्थोपयोगित्वात्, निखिलप्रयासस्य प्रेक्षावतां तदर्थत्वात्, प्रमाणेतरविवेकस्यापि तत्प्रसाध्यत्वाच्च। तदाभासस्य तूक्तप्रकाराऽसम्भवादप्राधान्यम्। 'इति' हेत्वर्थे। पुरुषार्थसिद्ध्यसिद्धि-निबन्धनत्वादिति हेतोः 'तयोः' प्रमाणतदाभासयो 'लक्ष्म' असाधारणस्वरूपं व्यक्तिभेदेन तज्ज्ञप्तिनिमित्तं लक्षणं 'वक्ष्ये' व्युत्पादनार्हत्वात्तल्लक्षणस्य यथावत्तत्स्वरूपं प्रस्पष्टं कथयिष्ये। अनेन ग्रन्थकारस्य तद्व्युत्पादने स्वातन्त्र्य-व्यापारोऽवसीयत-निखिललक्ष्यलक्षणभावावबोधाऽन्योपकारनियतचेतोवृत्तित्वात्तस्य।

13. ननु चेदं वक्ष्यमाणं प्रमाणेतरलक्षणं पूर्वशास्त्राप्रसिद्धम्, तद्विपरीतं वा? यदि पूर्वशास्त्राऽप्रसिद्धम्-तर्हि तद्व्युत्पादनप्रयासो नारम्भणीयः स्वरुचि-विरचितत्वेन सतामनादरणीयत्वात्, तत्प्रसिद्धं तु नितरामेतन्न व्युत्पादनीयं-पिष्टपेषणप्रसङ्गादिति।

उपयोगी है। तथा बुद्धिमान् इसी सम्यग्ज्ञान के लिए प्रयत्न करते हैं। प्रमाण ज्ञान से ही प्रमाण-अप्रमाण भेदज्ञान होता है। प्रमाणाभास से मोक्ष के साधन का ज्ञान नहीं होता अतः वह गौण है।

'इति' यह अव्यय पद हेतु अर्थ में प्रयुक्त किया है क्योंकि वह पुरुषार्थ की सिद्धि और असिद्धि में कारण है। 'तयोः' अर्थात् प्रमाण और प्रमाणाभास का लक्षण-असाधारण स्वरूप व्यक्ति भेद से जो उनका ज्ञान कराने में समर्थ है- ऐसा लक्षण कहूँगा। लक्षण तो व्युत्पत्ति सिद्धि करने योग्य होता ही है अतः उसका स्पष्ट रूप यथार्थ लक्षण कहूँगा, इस 'वक्ष्ये' पद से ग्रन्थकार आचार्य संपूर्ण लक्ष्य और लक्षणभाव को अच्छी तरह जानने वाले होते हैं, तथा पर का उपकार करने में इनका मन लगा रहता है, ऐसा समझना चाहिए।

13. अब यहाँ शंका करते हैं कि जो प्रमाण और प्रमाणाभास का लक्षण आप आगे कहने वाले हैं वह पूर्व शास्त्रों में प्रसिद्ध है या नहीं? यदि नहीं है तो उसका लक्षण करने का प्रयास करना व्यर्थ है क्योंकि वह तो अपने मन के अनुसार बनाया गया होने से सज्जनों तथा विद्वानों के द्वारा आदरणीय नहीं होगा और यदि पूर्व शास्त्रों में प्रसिद्ध है तब तो कहना ही नहीं क्योंकि वह पिसे हुये आटे को पुनः पीसने के

1

14. आह 'सिद्धमल्पम्'। प्रथमविशेषणेन व्युत्पादनवत्तल्लक्षण-प्रणयने स्वातन्त्र्यं परिहृतम्। तदेव अकलङ्कमिदं पूर्वशास्त्रपरम्पराप्रमाणप्रसिद्धं लघुपायेन प्रतिपाद्य प्रज्ञापरिपाकार्थं व्युत्पाद्यते–न स्वरूचिविरचितंनापि-प्रमाणानुपपन्नं–परोपकारनियतचेतसो ग्रन्थकृतो विनेयविसंवादने प्रयोजनाभावात्। तथाभूतं हि वदन् विसंवादकः स्यात्।

15. 'अल्पम्' इति विशेषणेन यदन्यत्र अकलङ्कदेवैर्विस्तरेणोक्तं प्रमाणेतरलक्षणं तदेवात्र संक्षेपेण विनेयव्युत्पादनार्थमभिधीयत इति पुनरुक्तत्व-निरासः।

16. 'विस्तरेणान्यत्रभिहितस्यात्र संक्षेपाभिधाने विस्तररुचि विनेय विदुषां नितरामनादरणीयत्वम्। को हि नाम विशेषव्युत्पत्त्यर्थी प्रेक्षावांस्त-त्साधनाऽन्यसद्भावे सत्यन्यत्राऽतत्साधने कृतादरो भवेदित्याह 'लघीयसः'।

समान व्यर्थ कहलायेगा।

14. समाधान में आचार्य कहते हैं कि श्लोक में सिद्ध और अल्प ऐसे दो पद दिये हैं। **'सिद्ध'** इस विशेषण से व्युत्पादन के समान लक्षण करने में स्वतन्त्रता का निरसन किया है। कहने का तात्पर्य जो पूर्व से सिद्ध है और पूर्व आचार्यों के द्वारा कहा गया है उसी में थोड़ा रच करके शिष्यों को समझाने की दृष्टि से कहा जा रहा है–इसमें मेरा मनगढ़ंत कुछ भी नहीं है और न प्रमाण से असिद्ध ही है, क्योंकि परोपकार करने वाले ग्रन्थकार शिष्य को धोखा देने का प्रयोजन नहीं रखते हैं। यदि वे ऐसा करते तो विसंवादक कहलाते।

15. **'अल्पम्'** इस विशेषण से जो अन्य ग्रन्थ में अकलंकादि के द्वारा विस्तार से कहा है उन्हीं के उस प्रमाण–प्रमाणाभास के लक्षण को संक्षेप से शिष्य को समझाने के लिए कहा जाता है अतः पुनरुक्त दोष भी नहीं आता है।

16. यहाँ पुनः शंका करते हैं कि जो लक्षण अन्य ग्रन्थों में विस्तार से कहा है उसे ही यहाँ संक्षेप से कहेंगे तो विस्तार रुचि वाले शिष्य उस लक्षण का आदर नहीं करेंगे। जो विशेष अर्थ को जानना चाहते हैं वह उस विशेष ज्ञान के उपायभूत अन्य ग्रन्थ होते हुये इस

17. अतिशयेन लघवो हि लघीयांसः संक्षेपरुचय इत्यर्थः। कालशरीरपरिमाणकृतं तु लाघवं नेह गृह्यते तस्य व्युत्पाद्यत्वव्यभिचारात्, क्वचित्तथाविधे व्युत्पादकस्याऽप्युपलम्भात्। तस्मादभिप्रायकृतमिह लाघवं गृह्यते। येषां संक्षेपेण व्युत्पत्त्यभिप्रायो विनेयानां तान् प्रतीदमभिधीयते प्रतिपादकस्य प्रतिपाद्याशयवशवर्तित्वात्। 'अकथितम्' इत्यनेन कर्मसंज्ञायां सत्यां कर्मणीप्।

प्रमाणलक्षणम्

18. प्रमाणविशेषलक्षणोपलक्षणाकाङ्क्षायास्तत्सामान्यलक्षणोपलक्षण-पूर्वकत्वात् प्रमाणस्वरूपविप्रतिपत्तिनिराकरणद्वारेणाऽबाधतत्सामान्यलक्षणोप-लक्षणायेदमभिधीयते–

स्वापूर्वार्थव्यवसायात्मकं ज्ञानं प्रमाणम् ॥1॥

संक्षेप वाले ग्रन्थ में आदर रखेगा क्या?

17. इस शंका के समाधान में आचार्य कहते हैं कि यहाँ 'लघीयसः' का अर्थ भी 'सक्षेप रुचि वाले' है। यहाँ काल और शरीर की लघुता से तात्पर्य नहीं है क्योंकि शिष्य चाहे ज्यादा उम्र वाले हों या कम उम्र वाले हों, शरीर से छोटे हों या बड़े हों–कम बुद्धि वाले हैं इसलिए समझाते हैं। अर्थात् जो शिष्य संक्षेप से व्युत्पत्ति करना चाहते हैं उन शिष्यों के लिए यह ग्रन्थ रचना का प्रयास है, प्रतिपादक तो प्रतिपाद्य के आशय के अनुसार ही कथन करते हैं। पाणिनि व्याकरण के 'अकथितं'[2] इस सूत्र से कर्म अर्थ में 'अल्पं सिद्धं लक्ष्म'–इन पदों में द्वितीया विभक्ति प्रयुक्त हुयी है।

प्रमाण का लक्षण

18. सर्वप्रथम पूर्व में प्रमाण का सामान्य लक्षण बतलाया जाता है उसके बाद प्रमाण विशेष का लक्षण होता है, इसलिए प्रमाण के स्वरूप पर जो विवाद है उसका निराकरण करके अबाधित सामान्य लक्षण के लिए यह कह रहे हैं–

स्वापूर्वार्थव्यवसायात्मकं ज्ञानं प्रमाणम्॥1॥

सूत्रार्थ– स्वयं के द्वारा जाना गया, पहले नहीं जाने गये अर्थ को

1/1

1. प्रमाणत्वान्यथानुपपत्तेरित्ययमत्र हेतुर्दृष्टव्यः। विशेषणं हि व्यवच्छेदफलं भवति।

बताने वाला, संशय-विपर्यय-अनध्यवसाय से रहित निश्चयात्मक ज्ञान प्रमाण है।

1. यहाँ पर 'प्रमाण की अन्यथानुपपत्ति' ऐसा हेतु देखना चाहिए विशेषण का फल होता है–'विशेष्य को अन्य से अलग करना'।

यहाँ अन्यमतों के लक्षण का परिहार करने के लिए प्रमाण के साथ **स्व, अपूर्व, अर्थ, व्यवसायात्मक** और **ज्ञान**– ये पाँच विशेषण लगे हैं।

'स्व' विशेषण के द्वारा ज्ञान को सर्वथा परोक्ष मानने वाले मीमांसक का, ज्ञानान्तर प्रत्यक्ष मानने वाले यौग और अस्वसंवेदन ज्ञानवादी सांख्यों की मान्यता का निराकरण किया गया है जो ऐसा मानतें हैं कि ज्ञान स्वयं को नहीं जानता है–अस्वसंवेदी होता है।

'अपूर्व' विशेषण के द्वारा गृहीतग्राही धारावाहिक ज्ञान की प्रमाणता का निराकरण किया गया है।

'अर्थ' विशेषण से बाह्य पदार्थों की सत्ता न मानने वाले विज्ञानाद्वैतवादी, पुरुषाद्वैतवादी और शून्यैकान्तवादियों का निराकरण किया गया है।

'व्यवसायात्मक' (निश्चयात्मक) विशेषण का प्रयोग उन बौद्धों के निराकरण के लिए किया गया है जो ज्ञान को प्रमाण मानकर भी निर्विकल्पक प्रत्यक्ष ज्ञान को ही प्रमाण मानते हैं। इसी विशेषण से समारोप की प्रमाणता का भी निराकरण होता है।

'समारोप' का अर्थ है संशय-विपर्यय तथा अनध्यवसाय का समूह। 'ज्ञान' विशेषण का प्रयोग सन्निकर्ष (नैयायिक-वैशेषिक), कारकसाकल्य (जरन्नैयायिक जयन्तभट्ट), इन्द्रियवृत्ति (सांख्य); ज्ञातृव्यापार (मीमांसक) आदि अज्ञानरूप वस्तु को ही प्रमाण मानने वालों का निराकरण करने के लिए किया गया है।

कारकसाकल्यवादसमीक्षा

2. तत्र प्रमाणस्य ज्ञानमिति विशेषणेन 'अव्यभिचारादिविशेषण-विशिष्टार्थोपलब्धिजनकं कारकसाकल्यं साधकतमत्वात् प्रमाणम्' इति प्रत्याख्यातम्; तस्याऽज्ञानरूपस्य प्रमेयार्थवत् स्वपरपरिच्छित्तौ साधकतमत्वा-भावतः प्रमाणत्वायोगात् - तत्परिच्छित्तौ साधकतमवस्याऽज्ञानविरोधिना ज्ञानेन व्याप्तत्वात्।

3. छिदौ परश्वादिना साधकतमेन व्यभिचार इत्ययुक्तम्; तत्परिच्छित्ताविविशेषणात्, न खलु सर्वत्र साधकतमत्वं ज्ञानेन व्याप्तं-परश्वादेरपि ज्ञानरूपताप्रसङ्गात्। अज्ञानरूपस्यापि प्रदीपादेः स्वपरपरिच्छित्तौ साधकतमत्वोपलम्भात्तेन तस्याऽव्याप्तिरित्यप्ययुक्तम्;

---

1. कारकसाकल्यवाद समीक्षा[3]–

2. नैयायिकों का मानना है कि 'अव्यभिचार आदि विशेषण से युक्त विशिष्ट अर्थ की उपलब्धि (ज्ञान) कराने वाला 'कारकसाकल्य' साधकतम होने से प्रमाण है।' जैनों के प्रमाण के ज्ञान विशेषण से नैयायिकों द्वारा मान्य इस कारकसाकल्यवाद का निराकरण हो जाता है क्योंकि वह अज्ञानरूप है वह प्रमेय-पदार्थ (अजीव वस्तु) के समान ही स्व और पर का ज्ञान कराने में साधकतम नहीं होने से अप्रमाण है। पदार्थ की परिच्छित्ति (ज्ञप्ति) के लिए अज्ञान का विरोधी ज्ञान ही साधकतम होता है तथा परिच्छित्ति की ज्ञान के साथ ही व्याप्ति बैठती है।

3. यहाँ प्रश्न उठता है कि छेदन क्रिया में परशु-कुठार (छेद करने वाले लौह यन्त्र) आदि अज्ञानी ही साधक हो जाते हैं। आचार्य कहते हैं नहीं; क्योंकि यहाँ परिच्छित्ति (जानकारी, ज्ञप्ति) का प्रकरण है। ज्ञान हर जगह साधकतम नहीं होता क्योंकि यदि साधकतम और ज्ञान की व्याप्ति करेंगे, तो कुठार वगैरह सामग्री भी ज्ञान रूप बन जायेगी।

पुनः शंकाकार शंका करते हैं कि 'स्व और पर की परिच्छित्ति (ज्ञान) में अज्ञानरूप दीपक में भी साधकतमपना देखा जाता है; अतः यहाँ अतिव्याप्ति दोष आता है।

4. तस्योपचारात्तत्र साधकतमत्वव्यवहारात्। साकल्यस्याप्युपचारेण साधकतमत्वोपगमे न किंचिदनिष्टम् मुख्यरूपतया हि स्वपरपरिच्छित्तौ साधकतमस्य ज्ञानस्योत्पादकत्वात् तस्यापि साधकतमत्वम्;

5. तस्माच्च प्रमाणं-कारणे कार्योपचारात्-अन्नं वै प्राणा इत्यादिवत्। प्रदीपेन मया दृष्टं चक्षुषाऽवगतं धूमेन प्रतिपन्नमिति लोकव्यवहारोऽप्युपचारतः; यथा ममाऽयं पुरुषश्चक्षुरिरितितेषां प्रमितिं प्रति बोधेन व्यवधानात्, तस्य त्वपरेणाव्यवधानात्तन्मुख्यम्। न च व्यपदेशमात्रात्पारमार्थिकवस्तुव्यवस्था नड्वलोदकं पादरोगः' इत्यादिवत्।

---

4. इस शंका का समाधान करते हुये आचार्य कहते हैं कि यह शंका ठीक नहीं है क्योंकि दीपक में जो साधकतमपना है वह उपचार से है और इसी प्रकार उपचार से ही कारकसाकल्य में भी साधकतमपना माना जाये तो हमें कोई आपत्ति नहीं है क्योंकि स्व-पर की परिच्छित्ति में तो मुख्य रूप से ज्ञान ही साधकतम है और उसको उत्पन्न कराने में कारण होने से कारकसाकल्य को भी साधकतमपना हो सकता है।

5. जिस प्रकार अन्न प्राण रक्षा में कारण होने पर उपचार से 'अन्न ही प्राण है'– ऐसा कहा जाता है उसी प्रकार प्रमाण के कारण में कार्य का उपचार करके प्रमाण के 'कारकसाकल्य' रूप कारण को ही प्रमाण कहना उपचार (व्यवहार) का कथन है। मैंने दीपक से जाना, आँख से जाना, धूम से जाना इत्यादि लोक व्यवहार भी औपचारिक है वास्तविक नहीं। जैसे 'यह पुरुष मेरी आँखें हैं'–ऐसा कहना भी उपचार है क्योंकि इनके द्वारा होने वाली प्रमीति (जानकारी) के प्रति ज्ञान के द्वारा व्यवधान पड़ता ही है और ज्ञान व्यवधान के बिना ही वस्तु को जानता है। पारमार्थिक वस्तु व्यवस्था कोई उपचार से तो होती नहीं है जैसे नड्वलोदकं पादरोगः' घास से युक्त जल नड्वलोदक कहलाता है उसमें पैर देने से 'नारु' नामक पाद रोग होता है। वहाँ पानी को भी रोग कहना उपचार मात्र है। नड्वलोदक पादरोग है ऐसा कहने मात्र से जल ही रोग नहीं बन जाता है।

अतः पदार्थ की ज्ञप्ति में साधकतम तो ज्ञान ही है; कारकसाकल्य आदि मात्र उपचार से साधकतम हैं।

सन्निकर्षवादसमीक्षा

6. मा भूत् कारकसाकल्यस्यासिद्धस्वरूपत्वात् प्रामाण्यं सन्निकर्षादेस्तु सिद्धस्वरूपत्वात्प्रमित्युत्पत्तौ साधकतमत्वाच्च तत्स्यात्। सुप्रसिद्धो हि चक्षुषो घटेन संयोगो रूपादिना (संयुक्तसमवायः रूपत्वादिना) संयुक्तसमवेतसमवायो ज्ञानजनकः। साधकतमत्वं च प्रमाणत्वेन व्याप्तं न पुनर्ज्ञानत्वमज्ञानत्वं वा संशयादिवत्प्रमेयार्थवच्च,

7. इत्यसमीक्षिताभिधानम्; तस्य प्रमित्युत्पत्तौ साधकतमत्वाभावात्। यद्भावे हि प्रमितेर्भाववत्ता यदभावे चाभाववत्ता तत्तत्र साधकतमम्। "भावभावयोस्तद्वत्ता साधकतमत्वम्" इत्यभिधानात्। न चैतत्सन्निकर्षादौ सम्भवति। तद्भावेऽपि क्वचित्प्रमित्यनुत्पत्तेः; न हि चक्षुषो घटवदाकाशे

सन्निकर्षवादसमीक्षा

6. वैशेषिक कहते हैं कि कारकसाकल्य को स्वरूप से असिद्ध होने से भले मत मानो पर सन्निकर्ष सिद्ध स्वरूप है अतः उसे प्रमाण मानना चाहिए क्योंकि प्रमिति की उत्पत्ति में वह साधकतम है। यह तो सुप्रसिद्ध है कि आँख का घट के साथ संयोग होता है, तथा रूप के साथ संयुक्तसमवाय होता है इसी तरह रूपत्व के साथ उसका संयुक्तसमेवत-समवायादि होता है, तभी जाकर उनके वे ज्ञानजनक ज्ञान को उत्पन्न करने वाले होते हैं– उनके ज्ञान को उत्पन्न करते हैं, साधकतम के साथ प्रमाण की व्याप्ति है, न कि ज्ञानत्व और अज्ञानत्व के साथ। जैसे कि संशयादिक अथवा प्रमेय आदि के साथ प्रमाण की व्याप्ति नहीं है, उसी प्रकार ज्ञानत्व और अज्ञानत्व के साथ भी उसकी व्याप्ति नहीं है।

7. जैन कहते हैं यह असमीक्षित कथन है क्योंकि सन्निकर्ष प्रमिति की उत्पत्ति के लिये साधकतम नहीं है। जिसके सद्भाव में प्रमिति क्रिया होती है और अभाव में नहीं होती वह ही वहाँ साधकतम है। **'भावभावयोस्तद्वत्ता साधकतमत्वम्'**– ऐसा कहा गया है। यहाँ इस प्रकार का साधकतमपना सन्निकर्ष में नहीं है क्योंकि सन्निकर्ष होने पर भी आकाश आदि के विषय में प्रमिति नहीं होती है, जिस प्रकार आँख का घट से संयोग है वैसे ही आकाश के साथ भी उसका संयोग

संयोगो विद्यमानोऽपि प्रमित्युत्पादकः, संयुक्तसमवायो वा रूपादिवच्छब्दरसादौ, संयुक्तसमवेतसमवायो वा रूपत्ववच्छब्दत्वादौ। तदभावेऽपि च विशेषणज्ञानाद्विशेष्यप्रमितेः सद्भावोपगमात्। योग्यताभ्युपगमे सैवास्तु किमनेनान्तर्गडुना?

8. योग्यता च शक्तिः, प्रतिपत्तुः प्रतिबन्धापायो वा? शक्तिश्चेत्; किमतीन्द्रिया, सहकारिसान्निध्यलक्षणा वा? न तावदतीन्द्रिया; अनभ्युपगमात्। नापि सहकारिसान्निध्यलक्षणा; कारकसाकल्यपक्षोक्ताशेषदोषानुषङ्गात्।

है। किन्तु वह संयोग रूप सन्निकर्ष प्रमिति को पैदा नहीं करता अर्थात् जैसे आँख से घर का ज्ञान होता है वैसे ही आकाश का ज्ञान नहीं होता। उसी प्रकार संयुक्त समवाय नामक सन्निकर्षरूप सम्बन्ध से घर में रूप के समान ही रहे हुए शब्द, रस का भी ज्ञान क्यों नहीं होता? तथा संयुक्त समवेत समवाय सम्बन्ध से रहने वाले रसत्व आदि का ज्ञान भी क्यों नहीं होता? जबकि आपने माना है कि सन्निकर्ष के अभाव में भी विशेषण ज्ञान से विशेष्य की प्रमिति होती है।

वैशेषिक– घर की तरह आकाश के साथ भी सन्निकर्ष तो है फिर भी जहाँ घटादि में योग्यता होती है वहीं पर प्रमिति उत्पन्न होतो है।

जैन– यदि यही मानना है तो योग्यता को ही आप स्वीकार क्यों नहीं कर लेते? आन्तरिक घाव की भाँति सन्निकर्ष को क्यों सहन कर रहे हैं?

8. अब यहाँ प्रश्न उठता है कि योग्यता क्या चीज है? क्या योग्यता का मतलब शक्ति से है अथवा ज्ञाता के प्रतिबन्धक कर्म का अभाव रूप 'प्रतिपत्ता' का नाम योग्यता है?

(i) शक्ति ही योग्यता है–

यदि ऐसा है तो प्रश्न उठता है कि वह कैसी है? क्या वह अतीन्द्रिय है? या सहकारी की निकटता होने रूप है? अतीन्द्रिय शक्ति तो स्वयं आपके यहाँ मान्य ही नहीं है। यदि सहकारी सान्निध्य रूप मानेंगे तो उसमें भी वे सभी दोष आ जायेंगे जो कारकसाकल्यवाद में दिखाये हैं।

9. प्रतिबन्धापायरूपयोग्यतोपगमे तु सर्वं सुस्थम्, यस्य यत्र यथाविधो हि प्रतिबन्धापायस्तस्य तत्र तथाविधार्थपरिच्छित्तिरुत्पद्यते।

10. न च योग्यताया एवार्थपरिच्छित्तौ साधकतमत्वतः प्रमाणत्वानुषङ्गात् 'ज्ञानं प्रमाणम्' इत्यस्य विरोधः, अस्याः स्वार्थ ग्रहणशक्तिलक्षणभावेन्द्रियस्वभावायाः यदसन्निधाने कारकान्तरसन्निधानेऽपि यन्नोत्पद्यते तत्तत्करणकम्, यथा कुठारा सन्निधाने कुठार (काष्ठ) च्छेदनमनुत्पद्यमानं कुठारकरणकम्, नोत्पद्यते च भावेन्द्रियासन्निधाने स्वार्थसंवेदनं सन्निकर्षादिसद्भावेऽपीति तद्भावेन्द्रियकरणकम्' इत्यनुमानतः प्रसिद्धस्वभावायाः स्वार्थावभासिज्ञानलक्षणप्रमाणसामग्रीत्वतः तदुत्पत्तावेव साधकतमत्वोपपत्तेः। ततोऽन्यनिरपेक्षतया स्वार्थपरिच्छित्तौ साधकतमत्वाज्ज्ञानमेव प्रमाणम्।

(ii) 'प्रतिपत्ता' ही योग्यता है–

9. यदि ऐसा मानते हैं तो वह हमें स्वीकार है क्यों कि जहाँ जिसके जैसा प्रतिबन्धक का अभाव (ज्ञानावरणादि कर्मों का क्षय या क्षयोपशय) हो जाता है वहाँ उसके वैसी ही प्रमिति उत्पन्न हो जाती है।

10. शंका–यदि अर्थ के जानने में योग्यता ही साधकतम है, तब फिर वही प्रमाण हो गयी, ज्ञान प्रमाण है यह बात गलत हो जायेगी?

समाधान– यह शंका ठीक नहीं है। क्योंकि स्व-परज्ञान की शक्ति रूप भावेन्द्रिय स्वभाव वाली जो योग्यता है वह ज्ञान रूप ही है। पहले समझें कि करण किसको कहते हैं? जिसके न होने पर और कारकान्तर की उपस्थिति पर भी जो उत्पन्न नहीं होता वह उसके प्रति करण माना जाता है, जैसे कुठार के न होने पर काठ का छेदन नहीं होता इसलिए कुठार को काठ छेदन के प्रतिकरण माना जाता है। उसी प्रकार सन्निकर्षादि के मौजूद रहने पर भी यदि भावेन्द्रिय नहीं है तो स्व-पर का ज्ञान नहीं होता है अतः भावेन्द्रिय को ही कारण माना जाता है। इस प्रकार स्व-पर का जानना है लक्षण जिसका ऐसे प्रसिद्ध स्वभाव वाली योग्यता से प्रमिति उत्पन्न होती है अतः वही उसके प्रति साधकतम है, स्व-पर को जानने में किसी दूसरे की अपेक्षा न करके आप (स्वयं) अकेला ही ज्ञान साधकतम है, अतः वही प्रमाण है।

11. तद्धेतुत्वात्सन्निकर्षादेरपि प्रामाण्यम्, इत्यप्यसमीचीनम्; छिदिक्रियायां करणभूतकुठारस्य हेतुत्वादयस्कारादेरपि प्रामाण्यप्रसङ्गात्। उपचारमात्रेणाऽस्य प्रामाण्ये च आत्मादेरपि तत्प्रसङ्गस्तद्धेतुत्वाविशेषात्।

इन्द्रियवृत्तिसमीक्षा

12. एतेनेन्द्रियवृत्तिः प्रमाणमित्यभिदधानः साङ्ख्यः प्रत्याख्यातः ज्ञानस्वभावमुख्यप्रमाणकरणत्वात् तत्राप्युपचारतः प्रमाणव्यवहाराभ्युपगमात्। न चेन्द्रियेभ्यो वृत्तिर्व्यतिरिक्ता, अव्यतिरिक्ता वा घटते। तेभ्यो हि यद्यव्यतिरिक्तासौ; तदा श्रोत्रादिमात्रमेवासौ तच्च सुप्ताद्यवस्थायामप्यस्तीति तदाप्यर्थपरिच्छित्तिप्रसक्तेः सुप्तादिव्यवहारोच्छेदः।

---

11. **वैशेषिक–** उस प्रमाण का सहायक सन्निकर्ष है इसलिए उसे भी प्रमाण मान लेना चाहिए।

जैन– ऐसा कहना समीचीन नहीं है क्योंकि यदि ऐसा मान लेंगे तो छेदन में साधकतम कुठार के साथ-साथ बढ़ई को भी प्रमाण मानने का प्रसङ्ग प्राप्त होगा। यदि सन्निकर्षादि को उपचार से प्रमाण मान लें तो आत्मादिक को भी प्रमाण मानना पड़ेगा, क्योंकि वे भी सन्निकर्षादि की तरह ज्ञान की उत्पत्ति में हेतु हैं।

इन्द्रियवृत्तिसमीक्षा

12. सांख्यदर्शन इन्द्रियवृत्ति को प्रमाण मानता है।[4] जिस प्रकार नैयायिकों के सन्निकर्ष का खण्डन हमने किया है उसी प्रकार सांख्य के इन्द्रियवृत्ति का भी खण्डन मान लेना चाहिए। इन्द्रियवृत्ति को उपचार से भले ही प्रमाण स्वीकार किया जा सकता है किन्तु वास्तव में ज्ञान स्वभाव वाली वस्तु ही मुख्य प्रमाण है। सांख्यदर्शन से प्रश्न करते हुये आचार्य उनसे पूछते हैं कि आप हमें यह बतलाइये कि इन्द्रियों की जो वृत्ति है वह इन्द्रियों से भिन्न है या अभिन्न है? यदि वह वृत्ति इन्द्रियों से अभिन्न है तो वह इन्द्रिय रूप ही हो गई। ये इन्द्रियाँ तो निद्रा अवस्था में भी रहती हैं, तब फिर वहाँ भी ज्ञान होता रहेगा? इस स्थिति में यह सोया हुआ है और यह जागा हुआ है यह लोकव्यवहार ही नहीं बन पायेगा।

13. अथ व्यतिरिक्ता; तदाप्यसौ किं तेषां धर्मः अर्थान्तरं वा? प्रथमपक्षे वृत्तेः श्रोत्रादिभिः सह सम्बन्धो वक्तव्यः स हि तादात्म्यम्, समवायादिर्वा स्यात्? यदि तादात्म्यम्; तदा श्रोत्रादिमात्रमेवासाविति पूर्वोक्त एव दोषोऽनुषज्यते। अथ समवायः; तदास्य व्यापिनः सम्भवे व्यापिश्रोत्रादिसद्भावे च। "प्रतिनियतदेशावृत्तिरभिव्यज्येत्" इति प्लवते।

14. अथ संयोगः, तदा द्रव्यान्तरत्वप्रसक्तेर्न तद्धर्मो वृत्तिर्भवेत्। अर्थान्तरमसौ; तदा नासौ वृत्तिरर्थान्तरत्वात् पदार्थान्तरवत्। अर्थान्तरत्वेपि प्रतिनियतविशेषसद्भावात्तेषामसौ वृत्तिः।

---

13. यदि इन्द्रियों से उसकी वृत्ति भिन्न है तो क्या वह उसका धर्म है या और कोई चीज है? यदि धर्म है, तो उस धर्म रूप वृत्ति का इन्द्रियों के साथ कौन सा सम्बन्ध है? तादात्म्य सम्बन्ध है या समवाय सम्बन्ध है? यदि तादात्म्य सम्बन्ध मानेंगे तो वृत्ति और इन्द्रियाँ एक ही हो गयीं फिर उनमें वही सुप्तादि का अभाव होना रूप दोष आयेगा, यदि इन्द्रिय और वृत्ति में समवाय सम्बन्ध मानेंगे तो श्रोत्रादिक इन्द्रिय और समवाय इन दोनों के व्यापक होने से दोष बना ही रहेगा क्योंकि–

"प्रतिनियतदेशावृत्तिरभिव्यज्येत्"–प्रतिनियत देश से प्रकट करें, इत्यादि। यह आपका ही वाक्य है।

14. यदि उन दोनों के बीच संयोग सम्बन्ध स्वीकार करेंगे तब संयोग दो अलग-अलग धर्मों के बीच में होने का नियम होने से वृत्ति में इन्द्रिय धर्मता का अभाव मानना पड़ेगा। क्योंकि संयोग सम्बन्ध इन्द्रिय और वृत्ति ये दो पृथक् पृथक् द्रव्य हैं ऐसा स्वीकार करना पड़ेगा। ऐसा मानने पर 'इन्द्रिय का धर्म वृत्ति है'–यह घटित नहीं होगा। और यदि वृत्ति इन्द्रिय से कोई भिन्न ही वस्तु है–ऐसा मानोगे तो 'इन्द्रिय की वृत्ति'–ऐसा नहीं कह पाओगे जैसे कि दूसरे भिन्न पदार्थों को नहीं कह सकते। अर्थात् जिस प्रकार घट-पट आदि इन्द्रिय से भिन्न पदार्थ होने से 'इन्द्रिय का घट या पट' ऐसा कथन नहीं बनता है उसी प्रकार वृत्ति इन्द्रिय से भिन्न सिद्ध हो जाने पर 'इन्द्रिय की वृत्ति' ऐसा कथन नहीं बन पायेगा।

15. नन्वसौ विशेषो यदि तेषां विषयप्राप्तिरूपः, तदेन्द्रियादिसन्निकर्ष एव नामान्तरेणोक्तः स्यात्। स चानन्तरमेव प्रतिव्यूढः।

16. अथाऽर्थाकारपरिणतिः, नः अस्या बुद्धावेवाभ्युपगमात्। न च श्रोत्रादिस्वभावा तद्धर्मरूपा अर्थान्तरस्वभावा वा तत्परिणतिर्घटते; प्रतिपादितदोषानुषङ्गात्। न च परपक्षे परिणामः परिणामिनो भिन्नोऽभिन्नो वा घटते इति।।

ज्ञातृव्यापारसमीक्षा

17. एतेन प्रभाकरोपि 'अर्थतथात्वप्रकाशको ज्ञातृव्यापारोऽज्ञानरूपोऽपि

---

15. इस पर सांख्य अपना पक्ष रखते हुये कहते हैं कि यद्यपि वृत्ति इन्द्रियों से अर्थांतर रूप है फिर भी प्रतिनियत विशेष रूप होने से यह वृत्ति इन्द्रियों की है–ऐसा कहा जाता है।

यहाँ जिज्ञासा होती है कि प्रतिनियत विशेष है क्या चीज? वह विषय प्राप्ति रूप है या अर्थाकार परिणति रूप? यदि वह विषय प्राप्ति रूप है अर्थात् इन्द्रिय का विषय के निकट होना–ऐसा है, तो यह तो आपने सन्निकर्ष का ही नाम मात्र बदल दिया लगता है, जिसका हम खण्डन पूर्व में कर चुके हैं।

16. यदि प्रतिनियत विशेष से आपका तात्पर्य अर्थाकार परिणति से है तब भी ठीक नहीं बैठ रहा क्योंकि आपके ही यहाँ सिर्फ बुद्धि में ही अर्थाकार होना स्वीकार किया गया है, अन्यत्र नहीं। वह अर्थाकार परिणति प्रत्येक इन्द्रिय आदि के स्वभाव वाली नहीं है और वह न ही इन्द्रियों की वृत्ति रूप है, न किसी अन्य रूप ही है, क्योंकि वहाँ वे सभी दोष आ जाते हैं जिन्हें पहले कहा जा चुका है। सांख्य दर्शन में परिणामी से परिणाम भिन्न है या अभिन्न–ऐसा कुछ भी सिद्ध नहीं होता है।

ज्ञातृव्यापारसमीक्षा

17. मीमांसा दर्शन के प्रभाकर कहते हैं कि पदार्थों को जैसा का तैसा जानने रूप जो ज्ञाता का व्यापार है भले ही वह अज्ञान रूप हो

प्रमाणम्' इति प्रतिपादयन् प्रतिव्यूढः प्रतिपत्तव्यः; सर्वत्राज्ञानस्योपचारादेव प्रसिद्धेः।

18. न च ज्ञातृव्यापारस्वरूपस्य किञ्चित्प्रमाणं ग्राहकम्-तद्धि प्रत्यक्षम्, अनुमानम्, अन्यद्वा? यदि प्रत्यक्षम्; तत्किं स्वसंवेदनम्, बाह्येन्द्रियजम्, मनःप्रभवं वा? न तावत्स्वसंवेदनम्; तस्याज्ञाने विरोधादनभ्युपगमाच्च। नापि बाह्येन्द्रियजम्; इन्द्रियाणां स्वसम्बद्धेऽर्थे ज्ञानजनकत्वोपगमात्। न च ज्ञातृव्यापारेण सह तेषां सम्बन्धः प्रतिनियतरूपादिविषयत्वात्। नापि मनोजन्यम्; तथाप्रतीत्यभावादनभ्युपगमादतिप्रसङ्गाच्च।

वह प्रमाण है। वैसे तो प्रभाकर की यह मान्यता सन्निकर्ष, इन्द्रियवृत्ति आदि की तरह निराकृत हो जाती है, क्योंकि यहाँ सभी जगह अज्ञान को प्रमाण माना है। इन्हें मात्र उपचार से ही प्रमाण कह सकते हैं अन्यथा नहीं।

18. प्रभाकर ने जिस ज्ञातृव्यापार रूप प्रमाण की चर्चा की है उसको ग्रहण करने वाला प्रमाण तो कोई है नहीं, यदि है तो वह कौन-सा है? प्रत्यक्ष या अनुमान या फिर कोई तीसरा? यदि वह प्रत्यक्ष है तो वह कौन-सा प्रत्यक्ष है? स्वसंवेदन प्रत्यक्ष है या बाह्य इन्द्रिय प्रत्यक्ष है? अथवा मानस प्रत्यक्ष है?

(1) यदि वह स्वसंवेदन प्रत्यक्ष है तो स्व संवेदन प्रत्यक्ष अज्ञान रूप ज्ञातृव्यापार में प्रवृत्ति नहीं करता है, क्योंकि ऐसा मानने में विरोध है तथा आपने ऐसा माना भी नहीं है।

(2) यदि वह बाह्य इन्द्रिय प्रत्यक्ष है तो वह ज्ञाता के व्यापार को कैसे जानेगा-क्योंकि इन्द्रियाँ तो अपने से संबंधित पदार्थ में ज्ञान को पैदा करती हैं। ज्ञाता के व्यापार के साथ इन्द्रियों का सम्बन्ध हो नहीं सकता क्योंकि उनका तो अपना प्रतिनियत रूपादि विषयों में सम्बन्ध होता है।

(3) यदि वह मनोजन्य प्रत्यक्ष है तो वह भी उस ज्ञातृव्यापार को ग्रहण नहीं करता है, क्योंकि न तो वैसी प्रतीति आती है और न आपने ऐसा माना है, तथा ऐसा मानने पर अतिप्रसङ्ग दोष भी आता है।

19. नाप्यनुमानम्; "ज्ञातसम्बन्धस्यैकदेशदर्शनादसन्निकृष्टेऽर्थे बुद्धिः[1]" इत्येवेलक्षणत्वात्तस्य। सम्बन्धश्च कार्यकारणभवादिनिराकरणेन नियमलक्षणोऽभ्युपगम्यते। तदुक्तम्–

कार्यकारणभावादिसम्बन्धानां द्वयी गतिः।
नियमानियमाभ्यां स्यादनियमादनङ्गता॥1॥

सर्वेऽप्यनियमा ह्येते नानुमोत्पत्तिकारणम्।
नियमात्केवलादेव न किञ्चिन्नानुमीयते॥2॥

20. स च सम्बन्धः किमन्वयनिश्चयद्वारेण प्रतीयते, व्यतिरेकनिश्चयद्वारेण वा? प्रथमपक्षे किं प्रत्यक्षेण, अनुमानेन वा तन्निश्चयः? न

---

19. अनुमान प्रमाण के द्वारा भी ज्ञातृव्यापार सिद्ध नहीं होता। क्योंकि अनुमान का लक्षण–'जिसने सम्बन्ध को जाना है ऐसे व्यक्ति को जब उसी विषय के एक देश का दर्शन होकर जो दूरवर्ती पदार्थ का ज्ञान होता है उसे अनुमान कहते हैं'–ऐसा आपके यहाँ शाबरभाष्य में कहा गया है। प्रभाकर के यहाँ अनुमान में कार्यकारण सम्बन्ध और तादात्म्यादि सम्बन्ध माना नहीं गया है। मात्र नियम अर्थात् अविनाभाव सम्बन्ध स्वीकार किया गया है। कहा भी गया है–

'कार्य कारण आदि सम्बन्ध नियम और अनियम रूप दो प्रकार के होते हैं। इसमें जो नियम रूप सम्बन्ध है वही अनुमान में कार्यकारी है दूसरा नहीं।' ॥1॥

'अविनाभाव सम्बन्ध से रहित हेतु अनुमान की उत्पत्ति में उपयोगी नहीं है तथा नियम ही एक ऐसा है जिससे ऐसा कोई पदार्थ नहीं जो न जाना जाय।' ॥2॥

इस प्रकार यह बात सिद्ध हुयी कि प्रभाकर के अनुसार अनुमान में नियम सम्बन्ध को ही सही माना है।

20. अब प्रश्न यह है कि 'ज्ञाता के व्यापार के साथ अर्थ प्रकाशन का अविनाभाव है'–इस सम्बन्ध का निर्णय अन्वय निश्चय के

---

1. शाबरभाष्य 1/1/5

तावत्प्रत्यक्षेण; उभयरूपग्रहणे ह्यन्वयनिश्चयः, न च ज्ञातृव्यापारस्वरूपं प्रत्यक्षेण निश्चीयते इत्युक्तम्। तदभावे च-न तत्प्रतिबद्धत्वेनार्थ-प्रकाशनलक्षणहेतुरूपमिति।

21. नाप्यनुमानेन। अस्य निश्चितान्वयहेतुप्रभवत्वाभ्युपगमात्। न च तस्यान्वयनिश्चयः प्रत्यक्षसमधिगम्यः पूर्वोक्तदोषानुषङ्गात्। नाप्यनुमानगम्यः; तदनन्तर प्रथमानुमानाभ्यां तन्निश्चयेऽनवस्थेतरेतराश्रयानुषङ्गात्।

22. नापि व्यतिरेकनिश्चयद्वारेण; व्यतिरेको हि साध्याभावे हेतोरभावः। न च प्रकृतसाध्याभावः प्रत्यक्षाधिगम्यः, तस्य ज्ञातृव्यापाराविषयत्वेन

द्वारा होता है या व्यतिरेक निश्चय के द्वारा? यदि इस सम्बन्ध का निर्णय अन्वय निश्चय के द्वारा होता है अर्थात् जहाँ जहाँ ज्ञाता का व्यापार है वहाँ वहाँ अर्थ प्रकाशन हैं। तब प्रश्न उठता है कि इस प्रकार के अन्वय का निश्चय करता कौन है? प्रत्यक्ष या अनुमान? चूँकि ज्ञाता का व्यापार प्रत्यक्ष नहीं होता–यह पहिले ही कहा जा चुका है अतः साध्य-साधन दोनों के ग्रहण न कर पाने से प्रत्यक्ष ऐसे अन्वय का निश्चय नहीं कर पाता है और प्रत्यक्ष के अभाव में वह उसके साथ अविनाभाव सम्बन्ध रखने वाले अर्थ प्रकाशन को कैसे जान सकता है?

21. अनुमान से भी दोनों के अन्वय का निश्चय नहीं होता है। क्योंकि यह अनुमान निश्चित अन्वय रूप हेतु[5] से उत्पन्न होगा। अन्वय जानने के लिए जो अनुमान है वह भी तो अन्वय सहित है अतः उस अन्वय के निश्चय के लिए वह उपरोक्त दोष पुनः उपस्थित होने लगेंगे। अर्थात् अन्वय प्रत्यक्ष से जाना नहीं जाता, अनुमान के द्वारा जानना माने तो कौन-से अनुमान से? प्रकृत अनुमान से या अनुमानान्तर से? अनुमानान्तर से मानने पर अनवस्था और प्रकृत (प्रथम) अनुमान से मानने पर इतरेतराश्रय दोष आता है।

22. ज्ञाता का व्यापार और अर्थतथात्व प्रकाशन इनका अविनाभाव सम्बन्ध व्यतिरेक निश्चय के द्वारा भी नहीं होता है। व्यतिरेक उसे कहते हैं कि जहाँ साध्य के अभाव में हेतु का अभाव दिखाया जाय, किन्तु यहाँ ज्ञाता का व्यापार रूप जो साध्य है वह प्रत्यक्षगम्य नहीं है, क्योंकि

तद्भाववत्तदभावेऽपि प्रवृत्तिविरोधात्। समर्थितं चास्य तदविषयत्वं प्रागिति। नाप्यनुमानाधिगम्यः, अत एव।

ज्ञानविशेषणविमर्शः

'तन्नाज्ञानं प्रमाणमन्यत्रोपचारात्' इत्यभिप्रायवान् प्रमाणस्य ज्ञानविशेषणत्वं समर्थयमानः प्राह–

हिताहितप्राप्तिपरिहारसमर्थं हि प्रमाणं ततो ज्ञानमेव तत् ॥2॥

23. हितं सुखं तत्साधनं च, तद्विपरीतमहितम्, तयोः प्राप्तिपरिहारौ। प्राप्तिः खलूपादेयभूतार्थक्रियाप्रसाधकार्थप्रदर्शकत्वम्। अर्थक्रियार्थी हि

ज्ञाता का व्यापार प्रत्यक्ष का विषय नहीं है, अतः ज्ञाता का व्यापार होने पर तथा न होने पर भी प्रत्यक्ष की प्रवृत्ति का विरोध ही है, प्रत्यक्ष का विषय ज्ञाता का व्यापार नहीं है- यह पहले कह चुके हैं। अनुमान से व्यतिरेक का निश्चय नहीं होता क्योंकि उसको भी (ज्ञाता का व्यापार हो अथवा न हो) प्रवृत्ति नहीं होती।

ज्ञानविशेषण विमर्श

यह तो सिद्ध हो ही गया है कि वास्तव में अज्ञान रूप वस्तु प्रमाण नहीं होती। उपचार से अन्य सहायक सामग्री को भले ही प्रमाण कह दिया जाय किन्तु, वास्तव में ज्ञान ही प्रमाण है। प्रमाण के लक्षण में आचार्य माणिक्यनन्दि ने जो ज्ञान विशेषण दिया है उसके समर्थन में अगला सूत्र कहते हैं–

हिताहितप्राप्तिपरिहारसमर्थं हि प्रमाणं ततो ज्ञानमेव तत्॥2॥

सूत्रार्थ– हित की प्राप्ति और अहित के परिहार कराने में प्रमाण समर्थ है, अतः वह प्रमाण ज्ञान ही है।

23. सुख और सुख के साधनों को हित कहते हैं, दुःख और दुःख के साधनों को अहित कहते हैं। हित की प्राप्ति और अहित का परिहार प्रमाण के द्वारा होता है। उपादेयभूत जो क्रियायें हैं उन क्रियाओं के योग्य पदार्थों का ज्ञान कराना प्राप्ति कहलाता है। इसीलिए ऐसे प्रमाण

पुरुषस्तन्निष्पादनसमर्थं प्राप्तुकामस्तत्प्रदर्शकमेव प्रमाणमन्वेषत इत्यस्य प्रदर्शकत्वमेव प्रापकत्वम्। न हि तेन प्रदर्शितेऽर्थे प्राप्त्यभावः।

24. न च क्षणिकस्य ज्ञानस्यार्थप्राप्तिकालं यावदवस्थानाभावात्कथं प्रापकतेति वाच्यम्? प्रदर्शकत्वव्यतिरेकेण तस्यास्तत्रासम्भवात्। न चान्यस्य ज्ञानान्तरस्यार्थप्राप्तौ सन्निकृष्टत्वात्तदेव प्रापकमित्याशङ्कनीयम्; यतो यद्यप्यनेकस्माज्ज्ञानक्षणात्प्रवृत्तावर्थप्राप्तिस्तथापि पर्यालोच्यमानमर्थप्रदर्शकत्वमेव ज्ञानस्य प्रापकत्वम्-नान्यत्। तच्च प्रथमत एव ज्ञानक्षणे सम्पन्नमिति

को ज्ञान कहा गया है। क्योंकि अर्थक्रिया को चाहने वाले अपना कार्य जिससे हो ऐसे समर्थ पदार्थ को प्राप्त करना चाहते हैं ऐसे पदार्थ का ज्ञान जिससे हो उस प्रमाण को वे अर्थ क्रियार्थी खोजते हैं, इसलिए प्रमाण द्वारा जो अर्थ को बतलाना है उसी को यहाँ प्राप्तिपना माना है, प्रमाण के द्वारा बताये गये पदार्थों में प्राप्ति का अभाव तो होता नहीं।

24. शंका– बौद्ध के यहाँ माना गया क्षणिक ज्ञान अर्थ की प्राप्ति काल तक ठहरता तो है नहीं तो फिर वह प्रापक कैसे बनेगा?

समाधान– ऐसी शंका करना उचित नहीं क्योंकि प्रमाण में तो प्रदर्शक रूप ही प्राप्ति है अर्थ प्राप्ति नहीं। अर्थ प्राप्ति के समय दूसरा ज्ञान आता है।

शंका– वह समीपवर्ती ज्ञान अर्थप्रापक है?

समाधान– नहीं, यद्यपि अनेक ज्ञानों के प्रवृत्त होने पर ही अर्थप्राप्ति होती है तो भी विचार में प्राप्त जो पदार्थ हैं उनकी प्रदर्शकता ही ज्ञान की प्रापकता है, अन्य नहीं। ऐसी प्रापकता तो ज्ञान के क्षण में ही हो जाती है, उसके लिए आगे-आगे के ज्ञान उपयोगी नहीं हैं। आगे आगे के ज्ञानों के माध्यम से उसी पदार्थ के विशेष अंशों का प्रदर्शकपना हो तो उसमें बाधा नहीं है।

पदार्थ में प्रवृत्त होने रूप प्राप्ति तो ज्ञान के आधीन नहीं है वह तो पुरुष की इच्छा के आधीन है।

नोत्तरोत्तरज्ञानानां तदुपयोगि (त्वम्), तद्विशेषांशप्रदर्शकत्वेन तु तत् तेषामुपपन्नमेव। प्रवृत्तिमूला तूपादेयार्थप्राप्तिर्न प्रमाणाधीनातस्याः पुरुषेच्छाधोन-प्रवृत्तिप्रभवत्वात्।

25. न च प्रवृत्त्यभावे प्रमाणस्यार्थप्रदर्शकत्वलक्षणव्यापाराभावो वाच्यः, प्रतीतिविरोधात्। न खलु चन्द्रार्कादिविष्यं प्रत्यक्षमप्रवर्तकत्वान्न तत्प्रदर्शकमिति लोके प्रतीतिः।

निर्विकल्पप्रमाणनिरासः

26. ननु साधूक्तं प्रमाणस्याज्ञानरूपतापनोदार्थं ज्ञानविशेषणमस्माकम-पीष्टत्वात्, तद्धि समर्थयमानैः साहाय्यमनुष्ठितम्। तत्तु किञ्चिन्निर्विकल्पकं

---

25. शंका– प्रवृत्ति रूप प्राप्ति प्रमाण में न होने के कारण उसमें अर्थ प्रदर्शन रूप प्राप्ति भी नहीं हो सकेगी?

समाधान– नहीं ऐसा नहीं है। ऐसा मानने में विरोध है। जैसे हमें चन्द्र-सूर्य आदि का प्रत्यक्ष ज्ञान तो होता है किन्तु उनका वहाँ ग्रहण (प्राप्ति) नहीं होता। ज्ञान मात्र उनका प्रदर्शक होता है और इतने मात्र से वह ज्ञान लोक में प्रमाण माना जाता है।

हमें यह समझना चाहिए कि प्रमाण का कार्य मात्र पदार्थों की हेयोपादेयता बतलाना है न कि उसमें प्रवृत्ति कराना या उससे निवृत्ति कराना। यह बात तो ज्ञाता की इच्छा पर निर्भर करती है कि वह उससे निवृत्त होता है या उसमें प्रवृत्त।

यदि प्रमाण प्रवृत्ति या निवृत्ति कराता होता तो जगत् में कभी भी कोई गलत कार्य नहीं होते क्योंकि गलत कार्य से हानि होती है यह ज्ञान तो प्रमाण से हो ही चुकता है फिर भी ज्ञाता गलत कार्य में प्रवृत्त हो जाता है। अतः प्रमाण अर्थ के हित-अहित का ज्ञान मात्र कराता है उसमें प्रवृत्त या उससे निवृत्त व्यक्ति (ज्ञाता) अपनी इच्छा से होता है।

निर्विकल्पप्रमाण समीक्षा तथा व्यवसायात्मक विशेषण विमर्श

26. बौद्धों का कहना है कि जैनों ने प्रमाण पद के साथ जो ज्ञान विशेषण दिया है वह तो हमें मान्य है क्योंकि वह अज्ञान का विरोधी है

किञ्चित्सविकल्पकमिति मन्यमानं प्रति अशेषस्यापि प्रमाणस्याविशेषेण विकल्पात्मकत्वविधानार्थं व्यवसायात्मकत्वविशेषणसमर्थनपरं तन्निश्चयात्मक-मित्याद्याह। यत्प्राक्प्रबन्धेन समर्थितं ज्ञानरूपं प्रमाणम्–

तन्निश्चयात्मकं समारोपविरुद्धत्वादनुमानवत्॥3॥

27. संशयविपर्ययासानध्यवसायात्मको हि समारोपः, तद्विरुद्धत्वं वस्तुतथाभावग्राहकत्वं निश्चयात्मकत्वेनानुमाने व्याप्तं सुप्रसिद्धम् अन्यत्रापि ज्ञाने तद् दृश्यमानं निश्चयात्मकत्वं निश्चाययति, समारोपविरोधिग्रहणस्य निश्चयस्वरूपत्वात्। प्रमाणत्वाद्वा तत्तदात्मकमनुमानवदेव। परनिरपेक्षतया वस्तुतथाभावप्रकाशकं हि प्रमाणम्।

किन्तु आपको यह भी मानना चाहिए कि वह प्रमाण निर्विकल्पक और सविकल्पक दोनों तरह का होता है।

बौद्धों की इस बात पर आचार्य माणिक्यनन्दि तृतीय सूत्र की रचना करते हैं और यह कहते हैं कि प्रमाण विकल्पात्मक ही है। वे व्यवसायात्मक रूप प्रमाण का निश्चय कराते हुये कहते हैं–

तन्निश्चयात्मकं समारोपविरुद्धत्वादनुमानवत् ॥3॥

सूत्रार्थ– वह प्रमाण निश्चयात्मक होता है, समारोप का विरोधी होने से, अनुमान की तरह।

जो पहले ज्ञान रूप से सिद्ध किया हुआ प्रमाण है वही प्रमाण, पदार्थ का निश्चयात्मक है, संशय, विपर्यय, अनध्यवसाय रूप समारोप का विरोधी होने से, जैसे कि अनुमान।

27. समारोप संशय, विपर्यय, अनध्यवसायात्मक होता है। इसके विपरीत वस्तु जैसी है वैसी ग्रहण करना निश्चायकपना कहलाता है। यह निश्चायकपना अनुमान में है। यह बात बौद्ध भी मानते हैं। अतः सभी प्रत्यक्षादि प्रमाणों में वह निश्चायकपना सिद्ध किया जाता है। समारोप के विरुद्ध रूप से ग्रहण करना यही तो निश्चायकत्व है। प्रमाणत्व हेतु के द्वारा भी उसका निश्चायकपना सिद्ध होगा। अनुमान की तरह अर्थात् प्रमाण व्यवसायात्मक होता है सम्यग्ज्ञान होने से, अविसंवादी होने से,

28. न चाविकल्पकम् तथा-नीलादौ विकल्पस्य क्षणक्षयेऽनुमान-स्यापेक्षणात्। ततोऽप्रमाणं तत् वस्तुव्यवस्थायामपेक्षितपरव्यापारत्वात् सन्निकर्षादिवत्। न चेदमनुभूयते-अक्षव्यापारानन्तरं स्वार्थव्यवसायात्मनो नीलादिविकल्पस्यैव वैशद्येनानुभवात्।

शब्दाद्वैतवादसमीक्षा

29. येपि शब्दाद्वैतवादिनो निखिलप्रत्ययानां शब्दानुविद्धत्वेनैव सविकल्पकत्वं मन्यन्ते- तत्स्पर्शवैकल्ये हि तेषां प्रकाशरूपताया एवाभावप्रसङ्गः। वाग्रूपता हि शाश्वती प्रत्यवमर्शिनी च। तदभावे प्रत्ययानां नापरं रूपमवशिष्यते। सकलं चेदं वाच्यवाचकत्त्वं शब्दब्रह्मण एव विवर्तो नान्यविवर्तो नापि स्वतन्त्रमिति। तदुक्तम्-

---

अथवा निर्णयात्मक होने से इत्यादि हेतुओं के द्वारा भी प्रमाण में व्यवसायात्मकत्व सिद्ध है। किसी अन्य प्रमाण की अपेक्षा किये बिना वस्तु को यथार्थ रूप से जानना, यही प्रमाण है।

28. निर्विकल्पक ज्ञान प्रमाण नहीं है क्योंकि निर्विकल्पक के विषय जो नीलादि हैं उनमें क्षणिकपने को सिद्ध करने के लिए अनुमान की अपेक्षा होती है। अतः अनुमान से सिद्ध किया जाता है कि वह निर्विकल्पक अप्रमाण है क्योंकि वस्तु व्यवस्था के लिए उसे तो दूसरे की अपेक्षा करनी पड़ती है। जैसे कि सन्निकर्षादि को ज्ञान की अपेक्षा करनी पड़ती है। दूसरी बात यह है कि निर्विकल्पक अनुभव में तो आता नहीं, इन्द्रियों की प्रवृत्ति के बाद अपने और पर के निश्चय रूप नीलादि विकल्प का ही स्पष्ट रूप से अनुभवन होता है।

शब्दाद्वैतवाद-समीक्षा

29. भर्तृहरि शब्दाद्वैतवादी माने जाते हैं। उनका ऐसा मानना है कि जितने भी ज्ञान हैं उनका शब्द के साथ तादात्म्य सम्बन्ध है, इसीलिये वे सविकल्प हैं, यदि इनमें शब्दानुविद्धता न हो (अर्थात् शब्द संस्पर्श से ये रहित हों) तो ज्ञानों में वस्तुस्वरूप के प्रकाशन करने का अभाव होगा, वचन सदा से ज्ञान के कारण रहे हैं, यदि ज्ञान में

न सोस्ति प्रत्ययो लोके यः शब्दानुगममादृते।
अनुविद्धमिवाभाति सर्वे शब्दे प्रतिष्ठितम्।।[2]

वाग्रूपता चेदुत्क्रामेदवबोधस्य शाश्वती।
न प्रकाशः प्रकाशेत सा हि प्रत्यवमर्शिनी।।[3]

अनादिनिधनं शब्दब्रह्मतत्त्वं यदक्षरम्।
विवर्ततेऽर्थभावेन प्रक्रिया जगतो यतः।।[4]

शब्दसंस्पर्शित्व (ज्ञान और शब्द का स्पर्श) न माना जाय तो ज्ञान का अपना निज रूप कुछ शेष नहीं रह जाता। जितना भी यह वाच्यावाचकत्व है वह सब शब्दरूप ब्रह्म की ही पर्याय है और किसी की नहीं, और न ही यह कोई स्वतन्त्र पदार्थ है। कहा भी है–

'ऐसा कोई ज्ञान नहीं है जो शब्द के अनुगम के बिना हो, सारा यह जगत् शब्द के द्वारा अनुविद्ध सा हो रहा है, समस्त विश्व शब्दब्रह्म में प्रतिष्ठित है'**।।1।।**

'ज्ञान में व्यभिचरित रूप से रहने वाली शाश्वती वागरूपता का यदि ज्ञान में से उल्लंघन हो जाता है तो ज्ञान का अस्तित्व ही नहीं रह सकता, क्योंकि वह वागरूपता-शब्दब्रह्म ज्ञान से संबंधित होकर रहती है'**।।2।।**

'शब्दब्रह्म रूप तत्त्व तो अनादिनिधन-आदि-अन्त रहित है क्योंकि वह अविनश्वर है, वही शब्दब्रह्म घटपटादि रूप से परिणमता है, अतः जगत् में जितने पदार्थ हैं वे सब उसी शब्दब्रह्म के भेद-प्रभेद हैं'**।।3।।**

---

2. वाक्यपदीयम् 1/124
3. वाक्यपदीयम् 1/125
4. वाक्यपदीयम् 1/1

30. अनादिनिधनं हि शब्दब्रह्म उत्पादविनाशाभावात्, अक्षरं च अकाराद्यक्षरस्व निमित्तत्वात्, अनेन वाचकरूपता 'अर्थभावेन' इत्यनेन तु वाच्यरूपतास्य सूचिता। प्रक्रियेति भेदाः। शब्दब्रह्मेति नामसङ्कीर्तनमिति।

31. तेप्यतत्त्वज्ञाः; शब्दानुविद्धत्वस्य ज्ञानेष्वप्रतिभासनात्। तद्धि प्रत्यक्षेण प्रतीयते, अनुमानेन वा? प्रत्यक्षेण चेत्किमैन्द्रियेण, स्वसंवेदनेन वा? न तावदैन्द्रियेण; इन्द्रियाणां रूपादिनियतत्वेन ज्ञानाविषयत्वात्। नापि स्वसंवेदनेन; अस्य शब्दागोचरत्वात्।

---

30. यह शब्दब्रह्म अनादि निधन इसलिए है क्योंकि उसमें उत्पादविनाश नहीं होता, अकारादि अक्षरों का वह निमित्त है, अतः अक्षर रूप भी उसे कहा गया है, इससे यह प्रकट किया गया है कि वह वाचक रूप है तथा वही अर्थरूप से परिणमन करता है, अतः वही वाच्य रूप है, यही जगत् की प्रक्रिया है अर्थात् भेद-प्रभेद रूप जो ये जगत् है वह शब्दब्रह्ममय है।

ये सभी मान्यतायें शब्दब्रह्माद्वैतवादी भर्तृहरि की हैं।

31. इस पर जैनाचार्य का कहना है कि तत्त्वज्ञ पुरुष ऐसा नहीं कह सकते। ये भी अतत्त्वज्ञों के द्वारा कहा गया है। क्योंकि ज्ञान शब्दानुविद्ध है यह बात बुद्धि में उतरती नहीं है, 'ज्ञानों में शब्दानुविद्धता है'–यह बात किस प्रमाण से प्रमाणित है? प्रत्यक्ष प्रमाण से या अनुमान प्रमाण से? यदि कहो कि 'ज्ञानों में शब्दानुविद्धता प्रत्यक्ष से प्रमाणित है तो पुनः प्रश्न होगा कि इन्द्रियजन्य प्रत्यक्ष से या स्वसंवेदन प्रत्यक्ष से? इन्द्रिय जन्य प्रत्यक्ष तो ज्ञानों में शब्दानुविद्धता को जान नहीं सकता क्योंकि इन्द्रिय की प्रवृत्ति मात्र रूपादि नियत विषयों में ही हो सकती है। ज्ञान में नहीं। यदि आप कहें कि शब्दानुविद्धता स्वसंवेदन प्रत्यक्ष से सिद्ध होती है तो भी नहीं होगा, क्योंकि स्वसंवेदन प्रत्यक्ष शब्दातीत होता है, अर्थात् अचेतन शब्द में स्वसंवेदनता का अभाव है।

32. अनुमानात्तेषां तदनुविद्धत्वप्रतीतिरित्यपि मनोरथमात्रम्; तदविनाभाविलिङ्गाभावात्। तत्सम्भवे वाऽध्यक्षादिबाधितपक्षनिर्देशानन्तरं प्रयुक्तत्वेन कालात्ययापदिष्टत्वाच्च।

अपूर्वार्थविशेषणस्य सार्थकत्वम्

33. ननु व्यवसायात्मकविज्ञानस्य प्रामाण्ये निखिलं तदात्मकं ज्ञाने प्रमाणं स्यात्, तथा च विपर्ययज्ञानस्य धारावाहिविज्ञानस्य च प्रमाणताप्रसङ्गात् प्रतीतिसिद्धप्रमाणेतरव्यवस्थाविलोपः स्यात्,

---

32. अनुमान प्रमाण के द्वारा भी शब्दानुविद्धता सिद्ध नहीं होती क्योंकि ज्ञानों में जो अनुमान प्रमाण द्वारा शब्दानुविद्धत्व सिद्ध करने का प्रयास किया गया है वह सब केवल मनोरथ रूप ही है, क्योंकि अविनाभावी हेतु के बिना अनुमान अपने साध्य का साधक नहीं होता है, यदि कोई हेतु सम्भव भी हो तो वह हेतु कालात्ययापदिष्ट दोष से दूषित ही रहेगा, क्योंकि जिसका पक्ष प्रत्यक्ष आदि प्रमाणों से बाधित होता है उसमें प्रयुक्त हुआ हेतु कालात्ययापदिष्ट दोषवाला कहा जाता है, जब नेत्रादि से होने वाले रूपादिज्ञान शब्दानुविद्ध नहीं हैं, फिर भी यदि सभी ज्ञानों को शब्दानुविद्ध ही सिद्ध किया जाता है तो वह प्रत्यक्षबाधित होगा ही। अतः शब्दब्रह्माद्वैतवादी की उपरोक्त मान्यता ठीक नहीं है।

अपूर्वार्थविशेषण की सार्थकता

33. यहाँ प्रश्न उपस्थित होता है कि प्रमाण का लक्षण करते समय आचार्य माणिक्यनन्दि ने जो व्यवसायात्मक विशेषण दिया है वह ठीक नहीं, क्योंकि जो व्यवसायात्मक ज्ञान है वह प्रमाण है, ऐसा कहेंगे तो जितने भी व्यवसायात्मक ज्ञान हैं, वे सभी प्रमाण हो जायेंगे और फिर इस प्रकार विपर्ययज्ञान तथा धारावाहिक ज्ञान इत्यादि ज्ञान में भी प्रामाण्य मानना होगा, फिर प्रतीतिसिद्ध प्रमाणज्ञान और अप्रमाणज्ञान इस तरह ज्ञानों में व्यवस्था नहीं रह सकेगी?

34. इत्याशङ्क्याऽतिप्रसङ्गापनोदार्थन् अपूर्वार्थविशेषणमाह। अतोऽनयो-रनर्थविषयत्वाविशेषग्राहित्वाभ्यां व्यवच्छेद: सिद्ध:। यद्वानेनाऽपूर्वार्थविशेषणेन धारावाहिविज्ञानमेव निरस्यते। विपर्ययज्ञानस्य तु व्यवसायात्मकत्वविशेषणेनैव निरस्तत्वात् संशयादिस्वभावसमारोपविरोधि- ग्रहणत्वात्तस्य।

अपूर्वार्थपदविमर्श:

35. तेनापूर्वार्थविशेषणेन धारावाहिविज्ञानं निरस्यते। नन्वेवमपि प्रमाणसम्प्लववादिताव्याघातः प्रमाणप्रतिपन्नेऽर्थे प्रमाणान्तराप्रतिपत्ति:।

34. इस प्रकार की शंका के समाधान के लिए तथा इस अतिप्रसङ्ग दोष को दूर करने के लिए ही आचार्य माणिक्यनन्दि ने प्रमाण के लक्षण में अपूर्वार्थ विशेषण दिया है। अपूर्वार्थ विशेषण से विपर्यय ज्ञान तथा धारावाहिक ज्ञान इन दोनों का निरसन हो जाता है, क्योंकि विपर्यय ज्ञान का विषय वास्तविक नहीं है और धारावाहिक ज्ञान का विषय अविशेष मात्र है। या अपूर्वार्थ विशेषण द्वारा धारावाहिक ज्ञान का प्रमाणपना खण्डित होता है और व्यवसायात्मक विशेषण द्वारा विपर्यय ज्ञान का प्रमाणपना निरस्त होता है, क्योंकि व्यवसायात्मक ज्ञान तो संशय, विपर्यय, अनध्यवसाय से रहित ही वस्तु को ग्रहण करता है।

अपूर्वार्थ पद विमर्श

35. मीमांसकों का कहना भी है कि आपने जो अपूर्वार्थ विशेषण के द्वारा धारावाहिक ज्ञान का निरसन किया है उससे आपके मान्य प्रमाणसम्प्लववाद का व्याघात होत है, क्योंकि प्रत्यक्षादि प्रमाण के द्वारा जाने हुए विषय में दूसरे अनुमानादि प्रमाणों की प्रवृत्ति होना इसका नाम प्रमाणसम्प्लव है, प्रमाणसम्प्लव ग्रहण हुए पदार्थ को ही ग्रहण करता है, अपूर्वार्थ को नहीं, अतः इसका समाधान आप किस प्रकार करेंगे?

जैनाचार्य कहते हैं कि मीमांसकों का ऐसा कहना ठीक नहीं है उसका कारण यह है कि जहाँ अर्थ-परिच्छित्ति (पदार्थ के ज्ञान की) विशेषता होती है वहाँ उसी एक विषय में प्रवृत्त होने पर भी ज्ञान में हमने प्रमाणता मानी है। इस बात को जरा गहराई से समझना होगा। प्रथम प्रमाण के द्वारा जाने गये पदार्थ को यदि विशेषाकार रूप से जानने के

इत्यचोद्यम्; अर्थपरिच्छित्तिविशेषसद्भावे तत्प्रवृत्तेरप्यभ्युपगमात्। प्रथमप्रमाणप्रतिपन्ने हि वस्तुन्याकारविशेषं प्रतिपद्यमानं प्रमाणान्तरम् अपूर्वार्थमेव वृक्षो न्यग्रोध इत्यादिवत्। एतदेवाह–

अनिश्चितोऽपूर्वार्थः ॥4॥

36. स्वरूपेणाकारविशेषरूपतया वानवगतोऽखिलोप्यपूर्वार्थः।

दृष्टोऽपि समारोपात्तादृक् ॥5॥

लिए वहाँ दूसरा प्रमाण प्रवृत्त होता है तो वह विषय उसके लिये अपूर्वार्थ ही है; जैसे प्रथम प्रमाण ने इतना ही जाना कि यह वृक्ष है, फिर दूसरे प्रमाण ने उसे यह वृक्ष वट का है ऐसा विशेष रूप से जाना तो वह ज्ञान प्रमाण ही कहा जायेगा, क्योंकि द्वितीय ज्ञान के विषय को प्रथम ज्ञान ने नहीं जाना था, अतः वृक्ष सामान्य को जानने वाले ज्ञान की अपेक्षा वह वृक्ष को जानने वाले ज्ञान के लिए वह वट वृक्ष अपूर्वार्थ ही है। इसलिए आचार्य माणिक्यनन्दि ने आगे सूत्र कहा है–

अनिश्चितोऽपूर्वार्थः ॥4॥

सूत्रार्थ– जिस अर्थ का किसी यथार्थग्राही प्रमाण से अभी तक निश्चय नहीं हुआ है उसे अपूर्वार्थ कहते हैं।

इस परिभाषा को इस प्रकार भी कहा जा सकता है कि जिस अर्थ का स्वरूप ज्ञात न हो अथवा जिसका आकार विशेष ज्ञात न हो उसे अपूर्वार्थ कहते हैं। कहने का तात्पर्य यह है कि अनिश्चित, अज्ञात, अनवगत और अप्रतिपन्न ये सभी शब्द पर्यायवाची हैं। इस सूत्र में अपूर्व शब्द अर्थ का विशेषण है।

36. प्रभाचन्द्राचार्य इस सूत्र की व्याख्या में कहते हैं कि जो स्वरूप से अथवा विशेष रूप से निश्चित नहीं है वह अखिल पदार्थ अपूर्वार्थ है। अपूर्वार्थ का एक दूसरा लक्षण भी आचार्य माणिक्यनन्दि ने किया है–

दृष्टोऽपि समारोपात्तादृक् ॥5॥

37. न केवलमप्रतिपन्न एवापूर्वार्थ, अपि तु दृष्टोऽपि प्रतिपन्नोपि समारोपात् संशयादिसद्भावात् तादृगपूर्वार्थो**ऽधीतानभ्यस्तशास्त्रवत्।** एवंविधार्थस्य यन्निश्चयात्मकं विज्ञानं तत्सकलं प्रमाणम्।

38. तन्न अनधिगतार्थाधिगन्तृत्वमेव प्रमाणस्य लक्षणम्। तद्धि वस्तु- न्यधिगतेऽनधिगते वाऽव्यभिचारादिविशिष्टां प्रमां जनयन्नोपालम्भविषयः।

39. न चाधिगतेऽर्थे किं कुर्वत्तत्प्रमाणतां प्राप्नोतीति वक्तव्यम्? विशिष्टप्रमां जनयतस्तस्य प्रमाणताप्रतिपादनात्। यत्र तु सा नास्ति तन्न प्रमाणम्।

सूत्रार्थ–दृष्ट अर्थ भी समारोप हो जाने के कारण अपूर्वार्थ कहलाता है (अर्थात् सिर्फ अदृष्ट ही अपूर्वार्थ नहीं है)।

37. प्रभाचन्द्राचार्य कहते हैं कि केवल अप्रतिपन्न ही अपूर्वार्थ नहीं है बल्कि दृष्ट में भी, प्रतिपन्न में भी यदि संशयादि समारोप आ जाता है तो वह पदार्थ भी अपूर्वार्थ बन जाता है। जैसे कि **पढ़ा हुआ शास्त्र भी अनभ्यास से नहीं पढ़ा हुआ जैसा हो जाता है।** इस प्रकार अपूर्वार्थ का निश्चय कराने वाले सभी ज्ञान प्रमाग कहे गये हैं।

38. इसलिए प्रभाकरभट्ट ने जो यह 'अनधिगतार्थाधिगन्तृत्वमेव प्रमाणस्य लक्षणम्' कहा है वह ठीक नहीं है। वस्तु चाहे जानी हुयी हो या नहीं जानी हुयी, ज्ञान यदि उसमें अव्यभिचार रूप से विशेष जानकारी उत्पन्न करता है तो वह ज्ञान प्रमाण ही माना जायेगा।

39. पुनः प्रश्न उठता है कि जाने हुये विषय में यह क्या प्रमाणता लायेगा? यह शंका इसलिए उचित नहीं है क्योंकि उसमें विशिष्ट अंश का ग्रहण करके वह विशेषता लाता है, अतः उसमें प्रमाणपना आता है, हाँ; जहाँ ज्ञान के द्वारा कुछ भी त्रिशेष रूप से जानना नहीं होता है वहाँ उसमें प्रमाणता नहीं होती है।

स्वव्यवसायात्मकविशेषणविमर्शः

40. अथेदानीं प्राक् प्रतिज्ञातं स्वव्यवसायात्मकत्वं ज्ञानविशेषणं व्याचिख्यासुः स्वोन्मुखतयेत्याद्याह–

स्वोन्मुखतया प्रतिभासनं स्वस्य व्यवसायः ॥6॥

41. स्वस्य विज्ञानस्वरूपस्योन्मुखतोल्लेखिता तया इतीत्थंभावे भा। प्रतिभासनं संवेदनमनुभवनं स्वस्य प्रमाणत्वेनाभिप्रेतविज्ञानस्वरूपस्य सम्बन्धी व्यवसायः।

स्वव्यवसायात्मक विशेषण विमर्श

40. आचार्य माणिक्यनन्दि ने पहले प्रमाण के लक्षण में ज्ञान का विशेषण स्वव्यवसायात्मक दिया है अब उसका व्याख्यान करते हुए अगला सूत्र कहते हैं–

स्वोन्मुखतया प्रतिभासनं स्वस्य व्यवसायः॥6॥

सूत्रार्थ–स्वोन्मुखरूप से अपने आपको जानना, यह स्वव्यवसाय है।

41. अपने आपको जानने के अभिमुख होने को स्वोन्मुखता कहते हैं। उस स्वानुभव रूप से जो प्रतिभास अर्थात् आत्मप्रतीति होती है, वही स्वव्यवसाय कहलाता है। खुद को जानने का नाम स्वव्यवसाय है।

प्रभाचन्द्राचार्य समझाते हैं कि स्वयं की तरफ सम्मुख होने से जो प्रतिभास होता है वही स्वव्यवसाय कहलाता है। यहाँ 'स्वोन्मुखतया' ऐसी जो तृतीया विभक्ति का प्रयोग है वह 'ज्ञान को अपनी तरफ झुकाने से अर्थात् अपने स्वरूप की तरफ सम्मुख होने से' इस प्रकार के अर्थ में प्रयुक्त हुई है। प्रतिभासन का अर्थ संवेदन या अनुभवन है। प्रमाण स्वरूप से स्वीकार किया गया जो ज्ञान है उसके द्वारा अपना व्यवसाय निश्चय करना यह ज्ञान का अपना निश्चय करना कहलाता है।

42. स्वव्यवसायसमर्थनार्थमर्थव्यवसायं स्वपरप्रसिद्धम् 'अर्थस्य' इत्यादिना दृष्टान्तीकरोति।

अर्थस्येव तदुन्मुखतया ॥7॥

43. इव शब्दो यथार्थे। यथाऽर्थस्य घटादेस्तदुन्मुखतया स्वोल्लेखितया प्रतिभासनं व्यवसाय तथा ज्ञानस्यापीति।

स्वसंवेदनज्ञानविमर्शः

44. ननु विज्ञानस्य प्रत्यक्षत्वेऽर्थवत्कर्मतापत्तेः करणात्मनो ज्ञानान्तरस्य परिकल्पना स्यात्। तस्यापि प्रत्यक्षत्वे पूर्ववत्कर्मतापत्तेः करणात्मकं ज्ञानान्तरं

---

42. इसके बाद आचार्य माणिक्यनन्दि इस स्वव्यवसाय विशेषण का समर्थन प्रतिवादी तथा वादी के द्वारा मान्य अर्थ व्यवसाय रूप दृष्टान्त के द्वारा कहते हैं–

अर्थस्येव तदुन्मुखतया॥7॥

सूत्रार्थ– जैसे अर्थ के उन्मुख होकर उसे जानना अर्थव्यवसाय है। जिस प्रकार पदार्थ की तरफ झुकने से पदार्थ का निश्चय होता है–

अर्थात् ज्ञान होता है, उसी प्रकार अपनी तरफ सम्मुख होने से ज्ञान को अपना व्यवसाय होता है।

43. सूत्र में 'इव' शब्द यथा शब्द के स्थान पर प्रयुक्त हुआ है। जैसे घर आदि वस्तु का उसकी तरफ उन्मुख होने पर ज्ञान के द्वारा व्यवसाय होता है वैसे ही ज्ञान को अपनी तरफ उन्मुख होने पर अपना निज का व्यवसाय होता है।

चूंकि नैयायिकादि ज्ञान को स्वसंवेदी नहीं मानते हैं। अत: उनके निराकरण के प्रयोजन से आचार्य ने इन दो सूत्रों की रचना की है।

स्वसंवेदनज्ञान विमर्श

कुछ दार्शनिक ज्ञान के स्वसंवेदकत्व को स्वीकार नहीं करते। उनमें से मीमांसक प्रमुख हैं। मीमांसकों का कहना है कि जैनाचार्यों ने ज्ञान का जो स्वसंवेदन रूप प्रत्यक्ष माना है वह ठीक नहीं है।

परिकल्पनीयमित्यनवस्था स्यात्।

45. तस्याप्रत्यक्षत्वेपि करणत्वे प्रथमे कोऽपरितोषोयेनास्य तथा करणत्वं नेष्यते। न चैकस्यैव ज्ञानस्य परस्परविरुद्धकर्मकरणाकाराभ्युपगमो युक्तोऽन्यत्र तथाऽदर्शनादित्याशङ्क्य प्रमेयवत्प्रमातृप्रमाणप्रमितीनां प्रतीतिसिद्धं प्रत्यक्षत्वं प्रदर्शयन्नाह–

---

44. ज्ञान को यदि प्रत्यक्ष होना माना जायेगा तो वह कर्म रूप हो जायेगा। जैसे कि पदार्थों को प्रत्यक्ष होना मानते हैं तो वे कर्मरूप होते हैं, इस तरह ज्ञान भी कर्मरूप बन जायेगा, तो उसको जानने के लिए दूसरे कारण की आवश्यकता पड़ेगी तब वह दूसरा कारणभूत ज्ञान भी प्रत्यक्ष होगा तो कर्म रूप हो जायेगा, फिर उस दूसरे ज्ञान के लिए तीसरा करणभूत ज्ञान चाहिए, इस प्रकार चलते-चलते कहीं पर भी विश्राम तो होगा नहीं अतः अनवस्था दोष का प्रसङ्ग आयेगा।

45. यदि जैन यह कहें कि ज्ञान को प्रत्यक्ष करने वाला वह दूसरे नम्बर का ज्ञान अप्रत्यक्ष रहकर ही कारण बन जाता है अर्थात् उस दूसरे अप्रत्यक्ष ज्ञान के द्वारा ही प्रथम ज्ञान का प्रत्यक्ष होता है–तब तो आपको प्रथम ज्ञान को भी अप्रत्यक्ष ही मानना चाहिए–जिस प्रकार दूसरा ज्ञान स्वतः अप्रत्यक्ष रहकर प्रथम ज्ञान के लिए करण बनता है वैसे ही प्रथम ज्ञान स्वतः अप्रत्यक्ष रहकर पदार्थों के प्रत्यक्ष करने में करण बन जायेगा, इसमें क्या बाधा है? तथा जैनाचार्य ज्ञान को कर्म रूप और करण रूप भी मानते हैं अतः वह भी ठीक नहीं है, क्योंकि एक ही ज्ञान को परस्पर विरुद्ध दो धर्मयुक्त अर्थात् कर्म और करणरूप मानना ऐसा कहीं पर भी नहीं देखा जाता है।

उपरोक्त आशंकाओं को ध्यान में रखकर ही आचार्य माणिक्यनन्दि आगामी दो सूत्रों की रचना करते हुये समझाते हैं कि जिस प्रकार प्रमेय अर्थात् पदार्थ प्रत्यक्ष हुआ करते हैं वैसे ही प्रमाता-आत्मा, प्रमाण अर्थात् ज्ञान तथा प्रमिति-फल ये सबके सब ही प्रत्यक्ष होते हैं–

घटमहमात्मना वेद्मीति ॥8॥

कर्मवत्कर्तृकरणक्रियाप्रतीतेः ॥9॥

46. न हि कर्मत्वं प्रत्यक्षतां प्रत्यङ्गमात्मनोऽप्रत्यक्षत्वप्रसङ्गात् तद्वत्तस्यापि कर्मत्वेनाप्रतीतेः। तदप्रतीतावपि कर्तृत्वेनास्य प्रतीतेः प्रत्यक्षत्वे ज्ञानस्यापि करणत्वेन प्रतीतेः प्रत्यक्षतास्तु विशेषाभावात्।

घटमहमात्मना वेद्मीति॥8॥
कर्मवत्कर्तृकरणक्रियाप्रतीतेः॥9॥

सूत्रार्थ– 'मैं घट को आत्मा (ज्ञान) से जानता हूँ'॥8॥

'कर्म के समान कर्ता, करण और क्रिया की भी प्रतीति होती है'॥9॥

इस सूत्र में 'अहं' पद कर्ता है, 'घट' कर्म है, 'आत्मना' पद करण है और 'वेद्मि' यह क्रिया है। जैसे जानने वाला पुरुष अपने आपके द्वारा घट को जानता है, वैसे ही अपने आपको भी जानता है।

46. आचार्य प्रभाचन्द्र कहते हैं कि मैं घट को अपने द्वारा (ज्ञान के द्वारा) जानता हूँ। जैसे कि घट पदार्थ का प्रत्यक्ष होता है, देखिये–जो कर्म रूप होता है वही प्रत्यक्ष होता है ऐसा नियम नहीं है–अर्थात् प्रत्यक्षता का कारण कर्मपना हो ऐसी बात नही है, यदि ऐसा नियम किया जाय कि जो कर्मरूप है वही प्रत्यक्ष है तो आत्मा के भी अप्रत्यक्ष हो जाने का प्रसङ्ग आयेगा, क्योंकि करणभूतज्ञान जिस प्रकार कर्म रूप नहीं है वैसे ही आत्मा भी कर्म रूप से प्रतीत नहीं होता है।

यदि मीमांसक यह कहें कि आत्मा कर्मपने से प्रतीत नहीं होता है किन्तु कर्तृत्व रूप से प्रतीत होता है अतः वह प्रत्यक्ष है तो फिर ज्ञान भी कारणरूप से प्रत्यक्ष हो, कोई विशेषता नहीं है। अर्थात् ज्ञान और आत्मा दोनों ही कर्मरूप से प्रतीत नहीं होते हैं फिर भी यदि आत्मा का प्रत्यक्ष होना स्वीकार करते हो तो ज्ञान को भी प्रत्यक्ष मानना होगा।

47. अथ करणत्वेन प्रतीयमानं ज्ञानं करणमेव न प्रत्यक्षम्; तदन्यत्रापि समानम्। किञ्च, आत्मनः प्रत्यक्षत्वे परोक्षज्ञानकल्पनया किं साध्यम्? तस्यैव स्वरूपवद् बाह्यार्थग्राहकत्वप्रसिद्धेः?

48. कर्त्तुः करणमन्तरेण क्रियायां व्यापारासम्भवात्करणभूतपरोक्षज्ञानकल्पना नानर्थिकेत्यप्यसाधीयः; मनसश्चक्षुरादेश्चान्तर्बहिःकरणस्य सद्भावात् ततोऽस्य विशेषाभावाच्च। अनयोरचेतनत्वात्प्रधानं चेतनं करणमित्यप्यसमीचीनम्; भावेन्द्रियमनसोश्चेतनत्वात्। तत्परोक्षत्वसाधने च सिद्धसाधनम्; स्वार्थग्रहणशक्तिलक्षणाया लब्धेर्मनसश्च भावकरणस्य छद्मस्थाप्रत्यक्षत्वात्।

---

47. शंका– ऐसा ज्ञान जो करण रूप प्रतीत होता है, वह करण ही रहेगा प्रत्यक्ष नहीं हो सकेगा।

समाधान– तब यह बात तो कर्ता में भी लागू होगी– अर्थात् कर्तृत्वरूप से प्रतीत हुई आत्मा कर्ता ही कहलायेगा वह प्रत्यक्ष नहीं हो पायेगा, इस प्रकार आत्मा के विषय में भी मानना पड़ेगा। दूसरी बात यह है कि मीमांसक आत्मा को प्रत्यक्ष होना मानते हैं फिर ज्ञान को ही परोक्ष क्यों बतलाते है? यह भी एक बड़ी विचित्र बात है? क्योंकि जैसे स्वयं आत्मा ही अपने स्वरूप का ग्राहक होता है वैसे ही वह बाह्य पदार्थों का भी ग्राहक होता है। यह बात प्रसिद्ध है ही। अर्थात् आत्मा ही बाह्य पदार्थों को जानते समय करण रूप हो जाता है।

48. मीमांसक कहते हैं कि कर्ता को कारण के बिना क्रिया में व्यापार करना शक्य नहीं है, अतः करणभूत परोक्षज्ञान की कल्पना करना व्यर्थ नहीं है।

इस बात पर जैनाचार्य कहते हैं कि मीमांसकों का यह कथन भी ठीक नहीं है, क्योंकि कर्त्ताभूत आत्मा का करण तो मन और इन्द्रियाँ हुआ करती हैं। अन्तःकरण तो मन है और बहिःकरण स्वरूप स्पर्शनादि इन्द्रियाँ हैं। मीमांसक के उस परोक्षभूत ज्ञानकरण से इन कारणों में तो भिन्नता नहीं है; अर्थात् यदि आपको परोक्ष स्वभाव वाला ही करण मानना है तो मन आदि परोक्षभूत करण हैं ही।

49. उपयोगलक्षणं तु भावकरणं नाप्रत्यक्षम्; स्वार्थग्रहणव्यापार-लक्षणस्यास्य स्वसंवेदनप्रत्यक्षप्रसिद्धत्वात् 'घटादिद्वारेण घटादि ग्रहणे उपयुक्तोऽप्यहं घटं न पश्यामि पदार्थान्तरं तु पश्यामि' इत्युपयोगस्वरूपसंवेदन-स्याखिलजनानां सुप्रसिद्धत्वात्।

शंका– मन और इन्द्रियाँ करण तो हैं, किन्तु वे सब अचेतन हैं। एक मुख्य चेतन स्वरूप करण होना चाहिए।

समाधान– ऐसा कहना उचित नहीं है। आप जैन दर्शन के अभिप्राय को पहले समझिये– भाव मन और भावेन्द्रियाँ तो चैतन्य स्वभाव वाली हैं, यदि आप उन भाव मन और भावेन्द्रियों को परोक्ष सिद्ध करना चाहते हो तो जैनदर्शन के लिए यह इष्ट है क्योंकि जैनदर्शन में स्वपर को जानने की शक्ति जिसकी होती है ऐसी लब्धि रूप भावेन्द्रिय को तथा भावमन को चेतन मानते हैं। यदि इनमें आप परोक्षता सिद्ध करते हैं तो हमें कोई आपत्ति नहीं है क्योंकि जैनदर्शन में छद्मस्थों को (अपूर्ण ज्ञानियों को) इनका प्रत्यक्ष होता ही नहीं है।

49. जैनदर्शन के अनुसार लब्धिरूप करण और भावमन तो परोक्ष ही रहते हैं। यहाँ जो उपयोग लक्षण वाला भावकरण है वह तो स्व और पर को ग्रहण करने के व्यापार रूप होता है अतः यह स्वयं को प्रत्यक्ष होता रहता है। उसकी प्रक्रिया इस प्रकार है– जब चक्षु आदि इन्द्रियों द्वारा घट आदि को ग्रहण करने की ओर जीव का उपयोग होता है अर्थात् व्यापार होता है तब वह कहता है कि मैं घट को तो देख नहीं रहा हूँ, अन्य पदार्थ को देख रहा हूँ–अर्थात् मैं हाथ से घट को उठा रहा हूँ किन्तु मेरा लक्ष्य अन्यत्र है–इस प्रकार उपयोग के स्वरूप को प्रतीति या (अनुभव) सभी जीवों को आया करती है।

इस प्रकार अनेक प्रकार से मीमांसकों की सभी शंकाओं का समाधान करते हुये यह सिद्ध करते हैं कि जो ज्ञान पर को जानता है वही ज्ञान स्वयं को भी जानता है।

50. ननु शाब्दी प्रतिपत्तिरेषा 'घटमहमात्मना वेद्मि' इति नानुभवप्रभावा तस्यावस्तदविनाभावाभावात्, अन्यथा 'अङ्गुल्यग्रे हस्तियूथशतमास्ते' इत्यादि-प्रतिपत्तेरप्यनुभवत्वप्रसङ्गस्तत्कथमतः प्रमात्रानादीनां प्रत्यक्षताप्रसिद्धिरित्याह–

शब्दानुच्चारणेपि स्वस्यानुभवनमर्थवत् ॥10॥

51. यथैव हि घटस्वरूपप्रतिभासो घटशब्दोच्चारणमन्तरेणापि-प्रतिभासते। तथा प्रतिभासमानत्वाच्च न शाब्दस्तथा प्रमात्रादीनां स्वरूपस्य

---

50. पुनः मीमांसक शंका करते हैं कि **'घटमहमात्मना वेद्मि'** अर्थात् 'मैं अपने द्वारा घट को जानता हूँ' इस प्रकार की जो प्रतिपत्ति है वह शब्दस्वरूप है, अनुभव स्वरूप नहीं है, क्योंकि इस प्रतिपत्ति का अनुभव के साथ अविनाभाव नहीं है। यदि इस प्रतिपत्ति को अनुभव स्वरूप माना जाये तो 'अंगुली के अग्र भाग पर सैंकड़ों हाथियों का समूह है'–इत्यादि शाब्दिक प्रतिपत्ति को भी अनुभव स्वरूप मानना पड़ेगा, अतः इस शब्द प्रतिपत्ति मात्र से प्रमाता, प्रमाण आदि में प्रत्यक्षता कैसे सिद्ध हो सकती है? अर्थात् नहीं हो सकती।

कहने का तात्पर्य यह है कि मैं अपने द्वारा घट को जानता हूँ इत्यादि वचन तो मात्र वचन रूप ही हैं; वैसे संवेदन भी हो ऐसी बात नहीं है; इसलिए इस वाक्य से प्रमाता आदि को प्रत्यक्षरूप होना कैसे सिद्ध हो सकता है?

इस प्रकार की शंका होने पर ही आगे आचार्य माणिक्यनन्दि ने सूत्रबद्ध समाधान दिया है–

शब्दानुच्चारणेपि स्वस्यानुभवनमर्थवत् ॥10॥

सूत्रार्थ– शब्दों के अनुच्चारण से भी पदार्थ के समान अपना अनुभव होता है। तात्पर्य यह है कि शब्दों का उच्चारण किये बिना भी अपना अनुभव होता है, जैसे कि पदार्थों का घट आदि नामोच्चारण नहीं करें तो भी उनका ज्ञान होता है।

51. जैसे 'घट है' ऐसा वाक्य नहीं बोले तो भी घट का स्वरूप हमें प्रतीत होता है, क्योंकि वैसा हमें अनुभव ही होता है, यह प्रतीति

प्रतिभासोपि तच्छब्दोच्चारणं विनापि प्रतिभासते। तस्माच्च न शाब्दः। तच्छब्दोच्चारणं पुनः प्रतिभातप्रमात्रादिस्वरूपप्रदर्शनपरं नाऽनालम्बनमर्थवत्, अन्यथा 'सुख्यहम्' इत्यादिप्रतिभासस्याप्यनालम्बनत्वप्रसङ्गः।

समर्थयमानः कोवेत्यादिना प्रकरणार्थमुपसंहरति।

को वा तत्प्रतिभासिनमर्थमध्यक्षमिच्छंस्तदेव तथा नेच्छेत्॥11॥

प्रदीपवत् ॥12॥

केवल शब्द से होने वाली तो है नहीं, ऐसे ही प्रमाता-आत्मा, प्रमाण-ज्ञानादि का भी प्रतिभास उस-उस आत्मा आदि शब्दों का उच्चारण बिना किये भी होता है। इसलिए प्रमाता आदि की प्रतिपत्ति मात्र शाब्दिक नहीं है, आत्मा आदि का नामोच्चारण जो मुख से करते हैं वह तो अपने को प्रतिभासित हुए आत्मादि के स्वरूप बतलाने के लिए करते हैं। यह जो नामोच्चारण होते हैं वे बिना प्रमाता आदि के प्रतिभास हुए नहीं होते। जैसे कि घट आदि नामों का उच्चारण बिना घट पदार्थ के प्रतिभास हुए नहीं होता है। यदि अपने को अन्दर से प्रतीत हुए इन प्रमाता आदि को अनालंबन रूप माना जाय तो 'मैं सुखी हूँ' इत्यादि वाक्यों को हम मात्र शाब्दिक नहीं मानते हैं, किन्तु सालम्बन मानते हैं। ठीक उसी प्रकार प्रमाता आदि का प्रतिभास भी वास्तविक मानना चाहिए; निरालम्बरूप नहीं।

अभी तक कई प्रकार से जो ज्ञान का स्वसंवेदत्व सिद्ध करते आ रहे हैं उसको और दृढ़ करने के लिए 'को वा' इत्यादि सूत्र के माध्यम से आचार्य माणिक्यनन्दि उपसंहार करते हैं-

को वा तत्प्रतिभासिनमर्थमध्यक्षमिच्छंस्तदेव तथा नेच्छेत्॥11॥

प्रदीपवत् ॥12॥

सूत्रार्थ- 'कौन ऐसा पुरुष है जो ज्ञान से प्रतिभासित हुए पदार्थ को प्रत्यक्ष मानते हुए भी स्वयं ज्ञान को ही प्रत्यक्ष न माने॥11॥'

'दीपक के समान' ॥12॥

52. को वा लौकिकः परीक्षको वा तत्प्रतिभासिनमर्थमध्यक्ष-मिच्छंस्तदेव प्रमाणमेव तथा प्रत्यक्षप्रकारेण नेच्छेत्! अपि तु प्रतीतिं प्रमाणयन्निच्छेदेव। अत्रैवार्थे परीक्षकेतरजनप्रसिद्धत्वात् प्रदीपं दृष्टान्तीकरोति? यथैव हि प्रदीपस्य स्वप्रकाशतां प्रत्यक्षतां वा विना तत्प्रतिभासिनोर्थस्य प्रकाशकता प्रत्यक्षता वा नोपपद्यते। तथा प्रमाणस्यापि प्रत्यक्षतामन्तरेण तत्प्रतिभासिनोर्थस्य प्रत्यक्षता न स्यादित्युक्तं प्राक् प्रबन्धेनेत्युपरम्यते। तदेवं सकलप्रमाणव्यक्तिव्यापि साकल्येनाप्रमाणव्यक्तिभ्यो व्यावृत्तं प्रमाणप्रसिद्धं स्वापूर्वार्थव्यवसायात्मकं ज्ञानं प्रमाणलक्षणम्।

---

52. आचार्य प्रभाचन्द्र कहते हैं कि कौन ऐसा लौकिक या परीक्षक पुरुष है जो प्रतिभासित हुये पदार्थ को तो प्रत्यक्ष माने और जिस ज्ञान के द्वारा पदार्थ को जाना उस ज्ञान को ही प्रत्यक्ष न माने, अर्थात् उसे अवश्य ही ज्ञान को प्रत्यक्ष मानना चाहिए। चाहे वह सामान्यजन हो चाहे परीक्षकजन हो, कोई भी जन क्यों न हो, जब वह उस प्रमाण से प्रतिभासित हुए पदार्थ का साक्षात् होना स्वीकार करता है तो उसे स्वयं ज्ञान का भी अपने आप प्रत्यक्ष होना स्वीकार करना चाहिए। क्योंकि प्रतीति को प्रामाणिक माना गया है जैसी प्रतीति होती है वैसी वस्तु होती है, ऐसा जो मानता है वह ज्ञान में अपने आपसे प्रत्यक्षता होती है ऐसा मानेगा ही। इस विषय का समर्थन करने के लिए परीक्षक और सामान्य पुरुषों में प्रसिद्ध ऐसे दीपक का उदाहरण दिया जाता है, जैसे दीपक में स्व की प्रकाशता या प्रत्यक्षता बिना उसके द्वारा प्रकाशित किये गये पदार्थों में प्रकाशता एवं प्रत्यक्षता सिद्ध नहीं होती है, ठीक उसी प्रकार प्रमाण में भी प्रत्यक्षता हुए बिना उसके द्वारा प्रतीत हुए पदार्थ में भी प्रत्यक्षता नहीं हो सकती, इस विषय पर बहुत अधिक विवेचन पहले कर चुके हैं अतः अब इस प्रकरण का उपसंहार करते हैं।

इस प्रकार प्रमाण का लक्षण 'स्वापूर्वार्थव्यवसायात्मकं ज्ञानं प्रमाणं' और इस लक्षण सम्बन्धी विशेषणों का सार्थक विवेचन करने वाले ग्यारह सूत्रों की आचार्य प्रभाचन्द्र ने बहुत विस्तृत टीका की है।

प्रामाण्यविमर्शः

ननूक्तलक्षणप्रमाणस्य प्रामाण्यं स्वतः परतो वा स्यादित्याशङ्क्य प्रतिविधत्ते।

तत्प्रामाण्यं स्वतः परतश्च॥13॥

54. तस्य स्वापूर्वार्थेत्यादिलक्षणलक्षितप्रमाणस्य प्रामाण्यमुत्पत्तौ परत एव। ज्ञप्तौ स्वकार्ये वा स्वतः परतश्च अभ्यासानभ्यासापेक्षया।

प्रामाण्यविमर्श

विभिन्न प्रमाणों द्वारा अब यह तो सिद्ध हो ही गया है कि स्व-पर दोनों को जानने वाले निश्चयात्मक अपूर्वार्थ ज्ञान को प्रमाण कहते हैं। इस प्रकार प्रमाण का लक्षण सुव्यवस्थित हो गया।

53. पुनः उक्त लक्षण के द्वारा कहे गये प्रमाण में प्रमाणता स्वतः होती है कि परतः होती है? यदि ऐसी शंका उत्पन्न हो तो उसके समाधान के लिए आचार्य माणिक्यनन्दि आगे सूत्र कहते हैं–

तत्प्रामाण्यं स्वतः परतश्च ॥13॥

सूत्रार्थ– 'प्रमाण की वह प्रमाणता स्वतः और परतः होती है।' अर्थात् **'स्वापूर्वार्थव्यवसायात्मकं ज्ञानं प्रमाणं–'** यह जो प्रमाण का लक्षण हमने कहा है उसकी प्रमाणता का निश्चय अभ्यास दशा में स्वतः होता है और अनभ्यास दशा में परतः होता है। परिचित अवस्था को अभ्यास दशा और अपरिचित अवस्था को अनभ्यास दशा कहते हैं।

54. मनीषि आचार्य प्रभाचन्द्र कहते हैं कि स्व-पर व्यवसायी जो प्रमाण है उसमें प्रमाणता कहीं स्वतः होती है और कहीं परतः होती है। प्रमाण में प्रमाणता की उत्पत्ति तो पर से ही होती है। और उसमें प्रमाणता को जानने रूप जो ज्ञप्ति है तथा उसकी जो स्व-कार्य रूप प्रवृत्ति है–अर्थपरिच्छित्ति है वह तो अभ्यासदशा में स्वतः और अनभ्यासदशा में 'पर' से आया करती है।

प्रामाण्यप्रवृत्तिविरोधः स्वतो जायमानस्यैवंरूपत्वात्, अन्यथा तदयोगात्। द्वितीयपक्षे तु सिद्धसाध्यता, स्वसामग्रीतः सकलभावानामुत्पत्त्यभ्युपगमात्।

कारण के ही उत्पन्न होता है तो उस प्रामाण्य के सम्बन्ध में यह इसी स्थान के प्रामाण्य का या इसी समय के प्रमाण का यह प्रामाण्य ऐसा कह नहीं सकते हैं।

(ii) द्वितीय पक्ष माने तो इसमें सिद्धसाध्यता (अर्थात् जो एक बार सिद्ध हो चुका उसे पुनः सिद्ध करना) का दोष आयेगा क्योंकि यह सभी मानते हैं कि सभी पदार्थों की उत्पत्ति अपनी-अपनी सामग्री से ही हुआ करती है।

(iii) तृतीय पक्ष माने तो भी वह युक्तियुक्त नहीं है; क्योंकि प्रमाण से विशिष्ट कार्य जो प्रामाण्य है उसका कारण अविशिष्ट मानना (ज्ञान के कारण जैसा ही मानना) अयुक्त है, अर्थात् प्रमाण और प्रामाण्य भिन्न-भिन्न कार्य हैं अतः उनका कारणकलाप भी विशिष्ट-पृथक् होना चाहिए।

उसे ही समझाते हैं–प्रामाण्य विशिष्ट कारण से उत्पन्न होता है (पक्ष), क्योंकि वह विशिष्ट कार्य रूप है (हेतु), जैसा कि आप भाट्ट मीमांसक के यहाँ अप्रामाण्य को विशिष्ट कार्य होने से विशिष्ट कारणजन्य माना गया है, अतः आप अप्रामाग्यरूप विशिष्ट कार्य को कांच कमल आदि रोग युक्त, चक्षु आदि इन्द्रिय रूप विशिष्ट कारणों से उत्पन्न होना जैसा स्वीकार करते हैं ठीक उसी प्रकार प्रामाण्य भी विशिष्ट कार्य होने से गुणवान् नेत्र आदि विशिष्ट कारणों से उत्पन्न होता है– ऐसा मानना चाहिए। प्रामाण्य और अप्रामाण्य इन दोनों में भी विशिष्ट कार्यपना समान है, कोई विशेषता नहीं है। इस प्रकार प्रामाण्य की उत्पत्ति स्वतः होती है, ऐसा जो प्रथम पक्ष रखा गया है उसका निरसन हो जाता है।

(2) अब द्वितीय पक्ष था कि जानने रूप ज्ञप्ति की अपेक्षा प्रमाणता होती है अर्थात् प्रमाण में प्रमाण्य स्वतः जान लिया जाता है। इसके लिए कहते हैं कि–'ज्ञप्ति की अपेक्षा प्रामाण्य स्वतः है ऐसा

55. ये तु सकलप्रमाणानां स्वतः प्रामाण्यं मन्यन्ते तेऽत्र प्रष्टव्याःकिमुत्पत्तौ, ज्ञप्तौ, स्वकार्ये वा स्वतः सर्वप्रमाणानां प्रामाण्यं प्रार्थ्यते प्रकारान्तरासम्भवात्? यद्युत्पत्तौ, तत्रापि 'स्वतः प्रामाण्यमुत्पद्यते' इति कोर्थः? किं कारणमन्तरेणोत्पद्यते, स्वसामग्रीतो वा, विज्ञानमात्रसामग्रीतो वा गत्यन्तराभावात्।

56. प्रथमपक्षे–देशकालनियमेन प्रतिनियतप्रमाणाधारतया

---

55. जो सम्पूर्ण प्रमाणों में प्रमाणता स्वतः ही मानते हैं ऐसे मीमांसक भाट्ट से जैनाचार्य पूछते हैं कि–

1. उत्पत्ति की अपेक्षा स्वतः प्रमाणता होती है अथवा

2. जानने रूप ज्ञप्ति की अपेक्षा स्वतः प्रमाणता होती है या

3. प्रमाण की जो स्वकार्य में (अर्थपरिच्छित्ति) में प्रवृत्ति होती है, उसकी अपेक्षा स्वतः प्रमाणता होती है?

इन तीनों प्रकारों को छोड़कर कोई और स्वतः प्रमाणता का साधक निमित्त हो नहीं सकता।

अब इन तीनों विकल्पों को क्रमशः देखते हैं–

1. यदि उत्पत्ति की अपेक्षा स्वतः प्रमाणता माने तो वहाँ भी प्रश्न उठेगा कि उस स्वतः प्रामाण्य का अर्थ–

(i) कारण के बिना उत्पन्न होना है अथवा

(ii) अपनी सामग्री से उत्पन्न होना–यह अर्थ है? या फिर

(iii) विज्ञानमात्र सामग्री[6] से उत्पन्न होता है यह अर्थ है?

इन तीनों को छोड़कर और कोई अर्थ 'स्वतः प्रमाण्य' का निकलता नहीं है।

56. (i) प्रथम पक्ष माने तो देश और काल के नियम से प्रतिनियत- प्रमाणभूत आधार से प्रामाण्य की जो प्रवृत्ति होती है वह विरुद्ध होगी, क्योंकि स्वतः ही होता है उसका कोई निश्चित आधार नहीं रहता, यदि रहता है तब तो वह आधार के बिना अर्थात् कारण के बिना उत्पन्न हुआ है ऐसा कह ही नहीं सकते। अर्थात् यदि प्रामाण्य बिना

तृतीयपक्षोप्यविचारितरमणीयः; विशिष्टकार्यस्याविशिष्टकारणप्रभवत्वायोगात्। तथा हि–प्रामाण्यं विशिष्टकारणप्रभवं विशिष्टकार्यत्वादप्रामाण्यवत्।

57. यथैव ह्यप्रामाण्यलक्षणं विशिष्टं कार्यं काचकामलादिदोष-लक्षणविशिष्टेभ्यश्चक्षुरादिभ्यो जायते तथा प्रामाण्यमपि गुणविशेषणविशिष्टेभ्यो विशेषाभावात्। ज्ञप्तावप्यनभ्यासदशायां न प्रामाण्यं स्वतोऽवतिष्ठते, सन्देह-विपर्ययाक्रान्तत्वात्तद्वदेव। अभ्यासदशायां तूभयमपि स्वतः। नापि प्रवृत्तिलक्षणे स्वकार्ये तत्स्वतोऽवतिष्ठते, स्वग्रहणसापेक्षत्वादप्रामाण्यवदेव। तद्धि ज्ञातं सन्निवृत्तिलक्षणस्वकार्यकारि नान्यथा।

सर्वथा नहीं कह सकते, क्योंकि अनभ्यास दशा में अपरिचित ग्राम तालाब आदि के ज्ञान में स्वतः प्रमाणता नहीं हुआ करती है, उस अवस्था में तो संशय, विपर्यय आदि दोषों से प्रमाण भरा रहता है, तब उस समय प्रमाण में स्वतः प्रमाणता की ज्ञप्ति कैसे हो सकती है अर्थात् नहीं हो सकती।

(3) अब तृतीय पक्ष जो स्वकार्य का है, वहाँ भी प्रमाण का प्रवृत्ति रूप जो कार्य है वह भी स्वतः नहीं होता है। क्योंकि उसमें भी अपने आपके ग्रहण करने की अपेक्षा हुआ करती है कि यह चांदी का ज्ञान जो मुझे हुआ है वह ठीक है या नहीं?

57. जिस प्रकार मीमांसक अप्रामाण्य के विषय में मानते हैं कि वह स्वतः नहीं आता, क्योंकि उसमें पर से निर्णय होता है कि यह ज्ञान काचकामलादि सदोष नेत्रजन्य है, अतः सदोष है इत्यादि। उसी प्रकार प्रामाण्य में मानना होगा अर्थात् यह ज्ञान निर्मलता गुणयुक्त नेत्रजन्य है अतः सत्य है। अप्रामाण्य जब ज्ञात रहेगा–तभी तो वह अपना कार्य जो वस्तु से हटाना है, निवृत्ति कराना है उसे करेगा, अर्थात् यह प्रतीति असत्य है इत्यादि रूप से जब जाना जायेगा तभी तो जानने वाला व्यक्ति उस पदार्थ से हटेगा। अन्यथा नहीं हटेगा। वैसे ही प्रामाण्य जब ज्ञात रहेगा तभी उस प्रमाण के विषयभूत वस्तु में प्रामाण्य का प्रवृत्ति रूप स्वीकार्य होगा, अन्यथा नहीं।

द्वितीयपरिच्छेदः

अथप्रत्यक्षोद्देशः

प्रमाणभेदविमर्शः

1. अथ प्रमाणसामान्यलक्षणं व्युत्पाद्येदानीं तद्विशेषलक्षणं व्युत्पादयितुमुपक्रमते। प्रमाणलक्षणविशेषव्युत्पादनस्य च प्रतिनियतप्रमाणव्यक्तिनिष्ठत्वात्तदभिप्रायवांस्तद्व्यक्तिसंख्याप्रतिपादनपूर्वकं तल्लक्षगविशेषमाह–

तद्-द्वेधा ॥1॥

2. तत्स्वापूर्वेत्यादिलक्षणलक्षितं प्रमाणं द्वेधा द्विप्रकारम्, सकलप्रमाणभेदप्रभेदानामत्रान्तर्भावविभावनात्। 'परपरिकल्पितैकद्वित्र्यादिप्रमाणसंख्यानियमे तदघटनात्' इत्याचार्यः स्वयमेवाग्रे प्रतिपादयिष्यति। ये हि प्रत्यक्षमेकमेव

द्वितीय परिच्छेद

प्रमाण भेद विमर्श

अथ प्रत्यक्षोद्देश

1. आचार्य माणिक्यनन्दि प्रमाण का सामान्य लक्षण कहने के बाद इस समय उसी का विशेष लक्षण विशद रूप से कहने के लिए द्वितीय परिच्छेद का प्रारम्भ करते हैं, प्रमाण के विशेष लक्षण को कहना उसकी प्रतिनियत संख्या के अधीन है। अतः इसी अभिप्राय से आचार्य प्रमाण के भेदों की संख्या बताते हैं और फिर विशेष लक्षण कहते हैं–

तद्द्वेधा ॥1॥

सूत्रार्थ– वह प्रमाण दो प्रकार का है।

2. आचार्य प्रभाचन्द्र इस सूत्र की व्याख्या करते हुये कहते हैं कि **'स्वापूर्वार्थव्यवसायात्मकं ज्ञानं प्रमाणं'**– इस लक्षण से लक्षित जो प्रमाण है वह दो प्रकार का है, क्योंकि सम्पूर्ण प्रमाणों के भेद-प्रभेद इन्हीं में अन्तर्भूत हो जाते हैं, अन्य-अन्य मतों में परिकल्पित किये गये एक, दो, तीन आदि प्रमाण के भेद सिद्ध नहीं होते हैं क्योंकि चार्वाक दर्शन

प्रमाणमित्याचक्षते न तेषामनुमानादिप्रमाणान्तरस्यात्रान्तर्भावः सम्भवति तद्विलक्षणत्वाद्विभिन्नसामग्रीप्रभवत्वाच्च।

3. अस्तु नाम प्रत्यक्षानुमानभेदात्प्रमाणद्वैविध्यमित्यारेकापनोदार्थम्–

प्रत्यक्षेतरभेदात् ॥2॥

4. इत्याह। न खलु प्रत्यक्षानुमानयोर्व्याख्येयागमादिप्रमाणभेदानामन्तर्भावः सम्भवति यतः सौगतोपकल्पितः प्रमाणसंख्यानियमो व्यवतिष्ठेत।

एक प्रत्यक्ष प्रमाण ही मानता है, उसकी एक प्रमाण संख्या में अनुमानादि प्रमाणों का अन्तर्भाव होना असम्भव है, क्योंकि प्रत्यक्ष प्रमाण में और अनुमानादि प्रमाणों में विलक्षणता है, तथा वे भिन्न-भिन्न सामग्री से भी उत्पन्न होते हैं अर्थात् प्रत्यक्ष प्रमाण इन्द्रियादि से और अनुमानादिप्रमाण हेतु आदि से उत्पन्न होते हैं। तथा इनका स्वभाव भी विलक्षण (विशद/अविशद) है इसलिए प्रत्यक्ष प्रमाण में अनुमानादि प्रमाणों का अन्तर्भाव होना सम्भव नहीं है।

3. यहाँ पर अनुमान प्रमाण को सिद्ध हुआ देखकर बौद्ध कहते हैं कि जैनदर्शन ने जो प्रमाण की दो संख्या बताई है वह तो ठीक है, किन्तु हमारी बौद्धों की तरह प्रमाण के प्रत्यक्ष और अनुमान इस प्रकार दो भेद मानना चाहिए।

इस मान्यता के खण्डन हेतु जैनाचार्य अगला सूत्र प्रमाण के भेद बताने की दृष्टि से कहते हैं–

प्रत्यक्षेतरभेदात्॥2॥

सूत्रार्थ– प्रथम प्रत्यक्ष और द्वितीय प्रत्यक्ष से इतर अर्थात् परोक्ष के भेद से प्रमाण दो प्रकार का है।

4. आचार्य प्रभाचन्द्र कहते हैं कि बौद्ध की मान्यता के समान प्रत्यक्ष और अनुमान के भेद से प्रमाण दो प्रकार का नहीं है, क्योंकि इस संख्या में आगे कहे जाने वाले आगमादि प्रमाणों का अन्तर्भाव नहीं हो पाता है।

5. प्रमेयद्वैविध्यात् प्रमाणस्य द्वैविध्यमेवेत्यप्यसम्भाव्यम्, तद्द्वैविध्यासिद्धेः, 'एक एव हि सामान्यविशेषात्मार्थः प्रमेयः प्रमाणस्य' इत्यग्रे वक्ष्यते। किञ्चानुमानस्य सामान्यमात्रगोचरत्वे ततो विशेषेष्वप्रवृत्तिप्रसङ्गः। न खल्वन्यविषयं ज्ञानमन्यत्र प्रवर्त्तकम् अतिप्रसङ्गात्।

6. अथ लिङ्गानुमिता- त्सामान्याद्विशेषप्रतिपत्तेस्तत्र प्रवृत्तिः; नन्वेवं लिङ्गादेव तत्प्रतिपत्तिरस्तु किं परम्परया?

---

5. इस पर बौद्ध का कहना है कि प्रमाण का विषय जो प्रमेय है वह दो प्रकार का होने से प्रमाण भी दो प्रकार का स्वीकार किया गया है।

जैनाचार्य कहते हैं कि यह ठीक नहीं है। जब प्रमेय के ही दो भेद असिद्ध हैं तब उससे प्रमाण के दो भेद किस प्रकार सिद्ध हो सकते हैं? अर्थात् नहीं सिद्ध हो सकते। हमारी मान्यता है कि प्रमाण का विषय सामान्य विशेषात्मक पदार्थ ही है। ऐसा ही हम आगे सिद्ध करने वाले हैं। बौद्ध सामान्य को ही अनुमान का विषय मानते हैं अतः ऐसे अनुमान की प्रवृत्ति विशेष विषयों में कैसे होगी? यह तो निश्चित बात है कि अन्य विषय वाला ज्ञान अन्य विषयों में प्रवृत्ति नहीं करता, यदि ऐसा नहीं मानेंगे तो अतिप्रसङ्ग होगा, अर्थात् फिर तो घट को विषय करने वाला ज्ञान पर में प्रवृत्ति कराने लगेगा। इस सन्दर्भ में दोनों के मत इस प्रकार हैं-

6. **बौद्ध-** हेतु से अनुमित किये गये सामान्य से विशेष की प्रतिपत्ति होती है और उस प्रतिपत्ति से विशेष नें प्रवृत्ति हो जाती है।

जैन- यदि यही बात है तो सीधे हेतु से ही विशेष की प्रतिपत्ति होना मानो। परम्परा से क्या प्रयोजन? अर्थात् हेतु से सामान्य की प्रतिपत्ति होना फिर उस सामान्य से विशेष की प्रतिपत्ति होना ऐसा मानते हैं उससे क्या लाभ है? कुछ भी नहीं।

प्रत्यक्षप्रमाण विमर्श

प्रमाण की संख्या का निर्णय होने के बाद अब प्रत्यक्ष प्रमाण का लक्षण आचार्य श्री माणिक्यनन्दी कहते हैं-

प्रत्यक्षप्रमाणविमर्शः

प्रत्यक्षप्रमाणविमर्शः तत्राद्यप्रकारं विशदमित्यादिना व्याचष्टे–

विशदं प्रत्यक्षम् ॥3॥

7. विशदं स्पष्टं यद्विज्ञानं तत्प्रत्यक्षम्। तथा च प्रयोगः–विशदज्ञानात्मकं प्रत्यक्षं प्रत्यक्षत्वात्, यत्तु न विशदज्ञानात्मकं तन्न प्रत्यक्षम् यथाऽनुमानादि, प्रत्यक्षं च विवादाध्यासितम्, तस्माद्विशदज्ञानात्मकमिति।

8. अनेनाऽकस्माद्धूमदर्शनात् 'वह्निरत्र' इति ज्ञानम्, 'यावान् कश्चिद् भावः कृतको वा स सर्वः क्षणिकः, यावान् कश्चिद्धूमवान्प्रदेशः सोग्निमान्' इत्यादि व्याप्तिज्ञानं चास्पष्टमपि प्रत्यक्षमाचक्षाणः प्रत्याख्यातः; अनुमानस्यापि

विशदं प्रत्यक्षम्॥3॥

सूत्रार्थ– विशद(स्पष्ट) ज्ञान प्रत्यक्ष प्रमाण है।

7. आचार्य प्रभाचन्द्र कहते हैं कि यहाँ विशद-स्पष्ट ज्ञान को प्रत्यक्ष प्रमाण कहा गया है, जो ज्ञान स्पष्ट होता है वही प्रत्यक्ष है, अनुमानप्रयोग विशद ज्ञानस्वरूप प्रत्यक्ष होता है, क्योंकि वह प्रत्यक्ष है, जो विशद ज्ञानात्मक नहीं होता वह प्रत्यक्ष भी नहीं होता, जैसे अनुमान आदि विशद नहीं हैं अतः वे प्रत्यक्ष भी नहीं हैं, प्रत्यक्ष यहाँ साध्य है अतः उसमें विशदज्ञानात्मकता सिद्ध की गई है।

8. प्रत्यक्ष प्रमाण का यह लक्षण अन्य बौद्ध आदि के द्वारा माने हुए प्रत्यक्ष का निरसन कर देता है, जैसे बौद्ध कहते हैं कि अचानक धूम के देखने से जो ऐसा ज्ञान होता है कि यहाँ अग्नि है वह प्रत्यक्ष है तथा जितने भी पदार्थ सद्भाव रूप या कृतक रूप होते हैं वे सब क्षणिक हैं अथवा जितने भी धूमयुक्त स्थान होते हैं वे सब अग्नि सहित होते हैं, इत्यादि रूप जो व्याप्तिज्ञान है वह यद्यपि अस्पष्ट है फिर भी बौद्धों ने उसे प्रत्यक्ष माना है, अतः इन सब ज्ञानों में प्रत्यक्षपना नहीं है यह बात प्रत्यक्ष के इस विशदत्व लक्षण से सिद्ध हो जाती है।

यदि बौद्ध अस्पष्ट अविशद ज्ञान को भी प्रत्यक्ष प्रमाण स्वीकार करते हैं तो फिर अनुमान ज्ञान में भी प्रत्यक्षता का प्रसङ्ग आने से प्रत्यक्ष

प्रत्यक्षताप्रसङ्गात् प्रत्यक्षमेवैकं प्रमाणं स्यात्

विशदत्वविमर्शः

9. ननु किमिदं ज्ञानस्य वैशद्यं नमेत्याह अव्यवधानेनेत्यादि।

प्रतीत्यन्तराव्यवधानेन विशेषवत्तया वा प्रतिभासनं वैशद्यम् ॥4॥

10. तुल्यजातीयापेक्षया च व्यवधानमव्यवधानं वा प्रतिपत्तव्यं न पुनर्देशकालाद्यपेक्षया। यथा 'उपर्युपरि स्वर्गपटलानि' इत्यत्रान्योन्यं तेषां

और अनुमान ऐसे दो प्रमाणों की मान्यता नहीं बनती है। इस प्रकार की मान्यता में तो एक प्रत्यक्ष प्रमाण सिद्ध होता है, फिर प्रत्यक्ष और अनुमान ऐसे दो प्रमाण जो कि बौद्ध ने मान्य किये हैं वे संगत नहीं बैठते।

प्रत्यक्षप्रमाण के लक्षण में विशद विशेषण का तात्पर्य

प्रश्न होता है कि ज्ञान में विशदता क्या चीज होती है? इसे स्पष्ट करने के लिए आचार्य माणिक्यनन्दि अगला सूत्र कहते हैं–

प्रतीत्यन्तराव्यवधानेन विशेषवत्तया वा प्रतिभासनं वैशद्यम् ॥4॥

सूत्रार्थ– दूसरे ज्ञान के व्यवधान से रहित और विशेषता से होने वाले प्रतिभास को वैशद्य कहते हैं।

10. आचार्य प्रभाचन्द्र कहते हैं कि अन्य ज्ञानों का जिसमें व्यवधान न पड़े ऐसा जो विशेष आकारादि का जो प्रतिभास होता है, वही वैशद्य है। यहाँ जो प्रतीत्यन्तर से व्यवधान नहीं होना कहा है वह तुल्यजातीय की अपेक्षा से व्यवधान का निषेध करने के लिए कहा है। देश काल आदि की अपेक्षा से नहीं। जैसे– ऊपर-ऊपर स्वर्ग पटल होते हैं इसमें वे स्वर्ग के पटल परस्पर के देश व्यवधान से स्थित हैं किन्तु तुल्य जातीय अन्य पटलों की अपेक्षा वे अन्तरित नहीं हैं।

अर्थात् स्वर्ग में एक पटल के बाद दूसरा पटल है, बीच में कोई रचना नहीं है, किन्तु वे पटल अन्तराल लिये हुए तो होते ही हैं उसी प्रकार जिस ज्ञान में अन्य तुल्यजातीय ज्ञान का व्यवधान नहीं है– ऐसे

देशादिव्यवधानेपि तुल्यजातीयानामपेक्षाकृता प्रत्यासत्तिः सामीप्यमित्युक्तम्, एवमत्राप्यव्यवधानेन प्रमाणान्तरनिरपेक्षतया प्रतिभासनं वस्तुनोऽनुभवो वैशद्यं विज्ञानस्येति।

11. नन्वेवमीहादिज्ञानस्यावग्रहाद्यपेक्षत्वादव्यवधानेन प्रतिभासनलक्षण-वैशद्याभावात्प्रत्यक्षता न स्यात्; तदसारम्; अपरापरेन्द्रियव्यापारादेवाव-ग्रहादीनामुत्पत्तेस्तत्र तदपेक्षत्वासिद्धेः। एकमेव चेदं विज्ञानमवग्रहाद्यतिशय-वदपरापरचक्षुरादिव्यापारादुत्पन्नं सत्स्वतन्त्रतया स्वविषये प्रवर्त्तते इति प्रमाणान्तराव्यवधानमत्रापि प्रसिद्धमेव। अनुमानादिप्रतीतिस्तु लिङ्गादिप्रतीत्यैव

दूसरे ज्ञान की सहायता से जो निरपेक्ष है और जिसमें विशेषाकार का प्रतिभास हो रहा है ऐसा ज्ञान ही विशद कहा गया है, तथा यही ज्ञान की विशदता है जो अपने विषय को जानने में अन्य ज्ञान की सहायता नहीं चाहता है और जिसमें पदार्थ का प्रतिभास विशेषाकार रूप से होता है।

11. शंका– ईहा आदि ज्ञानों में अवग्रह आदि ज्ञानों की अपेक्षा रहती है, अतः अव्यवधान रूप से जो प्रतिभास होता है वह वैशद्य है ऐसा वैशद्य का लक्षण उन ईहादिज्ञानों में घटित नहीं होता है, अतः ये ज्ञान प्रत्यक्ष कैसे कहलायेंगे?

समाधान– इस कथन में कोई सार नहीं है। क्योंकि अवग्रह, ईहा, अवाय और धारणा रूप ज्ञानों की उत्पत्ति अन्य-अन्य इन्द्रियों के व्यापार से होती है, इसलिये ईहादि की उत्पत्ति में अवग्रह आदि की अपेक्षा नहीं पड़ती है।

कहने का तात्पर्य यह है कि ये अवग्रहादि भेद मूलभूत मतिज्ञान के हैं और वह मतिज्ञान चक्षुरादि इन्द्रियों से उत्पन्न होता है। अतः अवग्रहादि रूप अतिशय वाला तथा अन्य-अन्य चक्षु आदि इन्द्रियों के व्यापार से उत्पन्न हुआ मतिज्ञान स्वतन्त्र रूप से अपने विषय में प्रवृत्ति करता है, इसलिये यहाँ पर भी (ईहादि रूप मतिज्ञान में भी) प्रमाणान्तर का व्यवधान नहीं होता है। परन्तु अन्य जो अनुमानादि ज्ञान हैं वे लिंग ज्ञान आदि की अपेक्षा लेकर ही स्वविषय में प्रवृत्त होते हैं। इसलिए इनमें अव्यवधान से प्रतिभास का अभाव होने से प्रत्यक्षता का अभाव है।

जनिता सती स्वविषये प्रवर्त्तते इत्यव्यवधानेन प्रतिभासनाभावान्न प्रत्यक्षेति।

12. ततो निरवद्यमेवंविधं वैशद्यं प्रत्यक्षलक्षणम्, साकल्येना-खिलाध्यक्षव्यक्तिषु सम्भवेनाव्याप्त्यसम्भवदोषाभावात्। अतिव्याप्तिस्तु दूरोत्सारितैव अध्यक्षत्वानभिमते क्वचिदप्येतल्लक्षणस्यासम्भवात्।

13. समन्धकारादौ ध्यामलितवृक्षादिवेदनमप्यध्यक्षप्रमाणस्वरूपमेव, संस्थानमात्रे वैशद्याविसंवादित्वसम्भवात्। विशेषांशाध्यवसायस्त्वनुमानरूप:, लिङ्गप्रतीत्या व्यवहितत्वान्नाध्यक्षरूपतां प्रतिपद्यते। अतिदूरदेशे हि पूर्वं संस्थानमात्रं प्रतिपद्य 'अयमेवंविधसंस्थानविशिष्टोर्थो वृक्षो हस्ती पलालकूटादिर्वा एवंविधसंस्थानविशिष्टत्वान्यथानुपपत्तेः' इत्युत्तरकालं विशेषं विवेचयति।

---

12. इस प्रकार प्रत्यक्ष का यह वैशद्य लक्षण निर्दोष है, क्योंकि सम्पूर्ण प्रत्यक्षप्रमाणों में यह पाया जाता है, अतः इसमें अव्याप्ति और असम्भव दोषों का अभाव है। अतिव्याप्ति नाम का दोष तो दूर से ही हट गया है, क्योंकि जो प्रत्यक्ष नहीं है उनमें कहीं पर भी इस प्रत्यक्षलक्षण का सद्भाव नहीं पाया जाता है।

13. अन्धकारादि में जो अस्पष्ट रूप से वृक्षादि का ज्ञान होता है वह भी प्रत्यक्षप्रमाणस्वरूप ही है क्योंकि सानान्यपने से संस्थान मात्र में तो वैशद्य और अविसंवादित्व मौजूद है। वृक्षादि का जो विशेषांश है उसका निश्चय तो अनुमानज्ञान रूप होगा, उस विशेषांश ग्राहक ज्ञान को प्रत्यक्ष नहीं कहेंगे, क्योंकि उसमें लिङ्गज्ञान क व्यवधान है।

इसका स्पष्टीकरण इस प्रकार से है– जैसे किसी व्यक्ति ने अतिदूर देश में पहिले तो किसी पदार्थ का सामान्य आकार जाना, उसे जानकर वह फिर इस प्रकार से विशेष का विवेचन करता है कि जो ऐसे आकार वाला होता है वह वृक्ष होता है या हस्ती? या पलाल कूटादि होता है? क्योंकि इस प्रकार के आकार की अन्यथा अनुपपत्ति है।

इस तरह उत्तरकाल में वह अनुमान के द्वारा विशेष को जानता है, फिर जैसे-जैसे पुरुष आगे-आगे बढ़ता हुआ उस पदार्थ के प्रदेश के पास जाता है तब स्पष्ट रूप से जान लेता है। आगे आगे बढ़ने पर और

तरतमभावेन तत्प्रदेशसन्निधाने तु संस्थानविशेषविशिष्टमेवार्थं वैशद्यतरतमभावेनाध्यक्षत एव प्रतिपद्यते, विशदज्ञानावरणस्य तरतमभावेनैवापगमात्।

सांव्यवहारिकप्रत्यक्षविमर्शः

14. तथोक्तप्रकारं प्रत्यक्षं मुख्यसांव्यवहारिकप्रत्यक्षप्रकारेण द्विप्रकारम्। तत्र सांव्यवहारिकप्रत्यक्षप्रकारस्योत्पत्तिकारणस्वरूपे प्रकाशयति–

इन्द्रियानिन्द्रियनिमित्तं देशतः सांव्यवहारिकम् ॥5॥

15. विशदं प्रत्यक्षमित्यनुवर्त्तते। तत्र समीचीनोऽबाधितः प्रवृत्तिनिवृत्तिलक्षणो व्यवहारः संव्यवहारः, स प्रयोजनमस्येति सांव्यवहारिकं प्रत्यक्षम्। नन्वेवंभूतमनुमानमप्यत्र सम्भवतीति तदपि सांव्यवहारिकं प्रत्यक्षं

प्रदेश के निकट आते जाने पर संस्थान आदि के ज्ञान में जो तरतमता आती जाती है उसका कारण विशद ज्ञानावरणी कर्म का तरतमरूप से अपगम होना है।

सांव्यवहारिक प्रत्यक्षविमर्श

14. अब आचार्य माणिक्यनन्दि सांव्यवहारिक प्रत्यक्ष प्रमाण का लक्षण कहेंगे। प्रत्यक्ष प्रमाण के दो भेद हैं–मुख्य प्रत्यक्ष और सांव्यवहारिक प्रत्यक्ष, उन भेदों में से पहिले सांव्यवहारिक प्रत्यक्षप्रमाण की उत्पत्ति का कारण और उसके स्वरूप को बतलाने के लिए अगले सूत्र की रचना करते हैं–

इन्द्रियानिन्द्रियनिमित्तं देशतः सांव्यवहारिकम् ॥5॥

सूत्रार्थ– इन्द्रिय और मन के निमित्त से होने वाले एकदेश विशद ज्ञान को सांव्यवहारिक प्रत्यक्ष कहते हैं।

15. आचार्य प्रभाचन्द्र कहते हैं कि 'विशदं प्रत्यक्षं' इस सूत्र का सन्दर्भ चला आ रहा है। 'सं' का अर्थ है समीचीन अबाधित, इस तरह अबाधित प्रवृत्ति और निवृत्ति लक्षणवाला जो व्यवहार है उसका नाम संव्यवहार है तथा यही संव्यवहार है प्रयोजन जिसका वह सांव्यवहारिक है।

प्राप्नोतीत्याशङ्कापनोदार्थम्–'इन्द्रियानिन्द्रियनिमित्तं देशतः' इत्याह। देशतो विशदं यत्तत्प्रयोजनं ज्ञानं तत्सांव्यवहारिकं प्रत्यक्षमित्युच्यते नान्यदित्यनेन तत्स्वरूपम्, इन्द्रियानिन्द्रियनिमित्तमित्यनेन पुनस्तदुत्पत्तिकारणं प्रकाशयति।

16. तत्रेन्द्रियं द्रव्यभावेन्द्रियभेदाद्द्वेधा। तत्र द्रव्येन्द्रियं गोलकादि-परिणामविशेषपरिणतरूपरसगन्धस्पर्शवत्पुद्गलात्मकम्, पृथिव्यादीनामत्यन्तभिन्न-जातीयत्वेन द्रव्यान्तरत्वासिद्धितस्तस्य प्रत्येकं तदारब्धत्वासिद्धेः। भावेन्द्रियं

पुनः शंकाकार शंका करते हुये कहते हैं कि इस प्रकार का लक्षण तो अनुमान में भी संभावित है अतः वह भी सांव्यवहारिक प्रत्यक्ष कहा जायेगा?

इस शंका का समाधान करने के लिए ही सूत्रकार ने 'इन्द्रियानिन्द्रियनिमित्तं देशतः' ऐसा कहा है, मतलब–जो ज्ञान इन्द्रियों और मन से होता है, (हेतु से नहीं होता) वह एक देश सांव्यवहारिक प्रत्यक्ष प्रमाण है। अन्य हेतु आदि से होने वाले अनुमानादि को सांव्यवहारिक प्रत्यक्ष नहीं कहा गया है। इस तरह एक देश विशद होना यह इस सांव्यवहारिकप्रत्यक्ष का स्वरूप कहा गय है तथा 'यह इन्द्रिय एवं मन से होता है'– ऐसा जो कहा है वह उसकी उत्पत्ति का कारण प्रकट करने के लिए कहा है।

16. इंद्रियों के दो भेद हैं–निवृत्ति और उपकरण। पुनः-निवृत्ति के भी बाह्यनिवृत्ति और आभ्यन्तर निवृत्ति ऐसे दो भेद हैं। चक्षु आदि इन्द्रियों के आकार रूप जो आत्मा के कुछ प्रदेशों की रचना बनती है वह आभ्यन्तर निवृत्ति है, और उन्हीं स्थानों पर चक्षु रसना आदि का बाह्याकार पुद्गलों के स्कन्ध की रचना होना बाह्यनिवृत्ति है। इनमें से आभ्यन्तर निवृत्ति आत्मप्रदेश रूप है, अतः वह पौद्गलिक नहीं है। उपकरण के भी दो भेद हैं–

1. आभ्यन्तर उपकरण 2. बाह्य उपकरण

नेत्र में पुतली आदि की अन्दर की रचना होना आभ्यन्तर उपकरण है और पलकें आदि रूप बाह्य उपकरण हैं, कहने का तात्पर्य

तु लब्ध्युपयोगात्मकम्। तत्राऽऽवरणक्षयोपशमप्राप्तिरूपार्थग्रहणशक्तिर्लब्धिः, तदभावे सतोप्यर्थस्याप्रकाशनात्, अन्यथातिप्रसङ्गः। उपयोगस्तु रूपादिविषय-ग्रहणव्यापारः, विषयान्तरासक्ते चेतसि सन्निहितस्यापि विषयस्याग्रहणान्तसिद्धिः।

जो निवृत्ति का उपकार करे वह उपकरण कहलाता है।[7]

योग दार्शनिकों का कहना है कि न्याय-वैशेषिक दर्शन ने इन्द्रियों में पृथक्-पृथक् पृथिवी आदि पदार्थ से उत्पन्न होने की कल्पना की है, अर्थात् पृथिवी द्रव्य से घ्राणेन्द्रिय की उत्पत्ति की कल्पना की है, जलद्रव्य से रसनेन्द्रिय की, अग्निद्रव्य से चक्षु इन्द्रिय की, वायुद्रव्य से स्पर्शनेन्द्रिय की और आकाश द्रव्य से कर्णेन्द्रिय की उत्पत्ति की कल्पना की है। इसका समाधान यह है कि एक आकाश को छोड़कर पृथिवी आदि चारों पदार्थ एक ही पुद्‌गल द्रव्यात्मक हैं, इनकी कोई भिन्न जातियाँ नहीं हैं और न इनके परमाणु ही अलग-अलग हैं।

दूसरी बात इन्द्रियों में भी इसी एक पृथिवी से ही यह घ्राणेन्द्रिय निर्मित है– ऐसा नियम नहीं है। सारी ही द्रव्येन्द्रियाँ एक पुद्‌गल द्रव्य रूप हैं। पृथिवी आदि पदार्थ साक्षात् ही एक द्रव्यात्मक-स्पर्श, रस, गन्ध, वर्णात्मक दिखायी दे रहे हैं। न ये भिन्न-भिन्न द्रव्य हैं और न ये भिन्न-भिन्न जाति वाले परमाणुओं से निष्पन्न हैं तथा न इन्द्रियों की रचना भी किसी एक निश्चित पृथिवी आदि से ही हुयी है। अतः योग का इन्द्रियों का कथन निर्दोष नहीं है।

जैनदर्शन के अनुसार भावेन्द्रिय के दो भेद हैं–लब्धि और उपयोग। ज्ञानावरणकर्म के क्षयोपशम से पदार्थ को ग्रहण करने की अर्थात् जानने की शक्ति का होना लब्धि कहलाता है। आवरण कर्म के क्षयोपशम को लब्धि समझना चाहिए। इसी लब्धि (क्षयोपशम) के अभाव में मौजूद पदार्थ का भी जानना नहीं होता है। यदि इस लब्धि के बिना भी पदार्थ का जानना होता है– ऐसा माना जाये तो चाहे जो पदार्थ इन्द्रियों के द्वारा ग्रहण होने लगेंगे। फिर इसमें अति प्रसङ्ग दोष आयेगा।

रूपादि विषयों की तरफ आत्मा का उन्मुख होना उपयोग रूप भावेन्द्रिय है। यह उपयोग यदि अन्यत्र है तो निकटवर्ती पदार्थ भी जानने

एवं मनोपि द्वेधा द्रष्टव्यम्।

17. ततः "पृथिव्यव्यप्तेजोवायुभ्यो घ्राणरसनचक्षुःस्पर्शनेन्द्रियभावः" इति प्रत्याख्यातम्; पृथिव्यादीनामन्योन्यमेकान्तेन द्रव्यान्तरत्वासिद्धेः, अन्यथा जलादेर्मुक्ताफलादिपरिणामाभावप्रसक्तिरात्मादिवत्। न चैवम्, प्रत्यक्षादि-विरोधात्।

18. अर्थालोकयोस्तदसाधारणकारणत्वादत्राभिधानं तर्हि कर्त्तव्यम्; इत्यप्यसत्; तयोर्ज्ञानकारणत्वस्यैवासिद्धेः। तदाह–

में नहीं आते हैं। अर्थात् जब हमारा उपयोग अन्य किसी विषय में होता है तब हमें बिल्कुल निकट के शब्द, रूप आदि का भी ज्ञान नहीं हो पाता है। इसी बात से उपयोग रूप भावेन्द्रिय सिद्ध होती है। इसी प्रकार मन के भी दो भेद हैं– द्रव्यमन, भावमन।

17. अतः पृथिवी से घ्राण, जल से रसना, अग्नि से चक्षु और वायु से स्पर्शेन्द्रिय उत्पन्न होती है– ऐसा कहना गलत हो जाता है, क्योंकि पृथिवी आदि पदार्थ एकान्त से भिन्न द्रव्य नहीं हैं। यदि पृथिवी जल आदि सर्वथा भिन्न-भिन्न द्रव्य होते तो जल से पृथिवी स्वरूप मोती कैसे उत्पन्न होते, अर्थात् नहीं होते, जैसे आत्मा सर्वथा पृथक् द्रव्य है तो वह अन्य किसी पृथिवी आदि से उत्पन्न नहीं होता है। किन्तु जल से मोती, चन्द्रकान्त स्वरूप पृथिवी से जल, सूर्यकान्त मणि से (पृथिवी से) अग्नि उत्पन्न होती हुई देखी जाती है। अतः पृथिवी, जल आदि पदार्थों को पृथक् द्रव्य रूप मानना प्रत्यक्ष से विरुद्ध पड़ता है।

18. अब यहाँ कोई कहे कि पदार्थ और प्रकाश में तो प्रमाण के प्रति असाधारण कारणपना है? उनका प्रत्यक्ष के लक्षण में कथन होना चाहिये? अतः यह कथन गलत है, क्योंकि पदार्थ और प्रकाश ज्ञान के निकटतम कारण नहीं हो सकते।

आगे इसी विषय का विवेचन करने वाला सूत्र कहते हैं–

नार्थाऽऽलोकौ कारणं परिच्छेद्यत्वात्तमोवत्॥6॥

नार्थाऽऽलोकौ कारणं परिच्छेद्यत्वात्तमोवत्॥6॥

प्रसिद्धं हि तमसो विज्ञानप्रतिबन्धकत्वेनातत्कारणस्यापि परिच्छेद्यत्वम्।

19. ननु ज्ञानानुत्पत्तिव्यतिरेकेणान्यस्य तमसोऽभावात्कस्य दृष्टान्ता? इत्यप्यसङ्गतम्; तस्यार्थान्तरभूतस्यालोकस्येवात्रैवानन्तरं समर्थयिष्यमाणत्वात्। ननु परिच्छेद्यत्वं च स्यात्तयोस्तत्कारणत्वं च अविरोधात्; इत्यप्यपेशलम्; तत्कारणत्वे तयोश्चक्षुरादिवत्परिच्छेद्यत्वविरोधात्।

सूत्रार्थ– पदार्थ और प्रकाश ज्ञान के कारण नहीं हैं क्योंकि वे परिच्छेद्य (जानने योग्य) हैं जैसे अन्धकार जानने योग्य पदार्थ है। देखा जाता है कि अन्धकार ज्ञान का प्रतिबंधक होने से उसका कारण नहीं होते हुए भी उस ज्ञान का विषय अवश्य है इसी प्रकार पदार्थ और प्रकाश है, वे ज्ञान के कारण नहीं हैं, मात्र ज्ञान के द्वारा जानने योग्य हैं। इस संदर्भ में अन्य दार्शनिकों की शंकाओं का समाधान जैनाचार्य इस प्रकार कर रहे हैं–

19. शंका– ज्ञान की उत्पत्ति नहीं होना यही तो अन्धकार है। वह अन्य कोई वास्तविक पदार्थ नहीं है। इसलिए अन्धकार का दृष्टान्त देना ठीक नहीं है।

समाधान– ऐसी बात नहीं है, प्रकाश के समान अन्धकार भी एक पृथक् वास्तविक पदार्थ है। इस बात को हम आगे भली प्रकार सिद्ध करेंगे।

शंका– पदार्थ और प्रकाश जानने योग्य भी हैं और ज्ञान के कारण भी हैं अर्थात् ज्ञेय और कारण दोनों एक साथ होने में कोई विरोध की बात नहीं है। आपने कहा कि पदार्थ तथा प्रकाश, परिच्छेद्य होने से ज्ञान के कारण नहीं हो सकते, यह बात नहीं है।

समाधान– यह कथन असुन्दर है, पदार्थ और प्रकाश को ज्ञान का कारण मानने पर वे परिच्छेद्य नहीं रह सकेंगे, जैसे कि चक्षु आदि इन्द्रियाँ ज्ञान का कारण है अतः परिच्छेद्य नहीं हैं।

20. शंका–पदार्थ ज्ञान के कारण हैं इस बात का निर्णय

20. अथानुमानात्तत्कार्यतावसाय:; तथाहि–अर्थालोककार्यं विज्ञानं तदन्वयव्यतिरेकानुविधानात्, यद्यस्यान्वयव्यतिरेकावनुविधत्ते तत्तस्य कार्यम् यथाग्नेर्धूम:, अन्वयव्यतिरेकावनुविधत्ते चार्थालोकयोर्ज्ञनम् इति। न चात्रासिद्धो हेतुस्तत्सद्भावे सत्येवास्य भावादभावे चाभावात्। इत्याशङ्क्याह–

तदन्वयव्यतिरेकानुविधानाभावाच्च केशोण्डुकज्ञानवन्नक्तञ्चरज्ञानवच्च॥7॥

अनुमान प्रमाण द्वारा हो जाया करता है, वह अनुमान इस प्रकार है– ज्ञान, पदार्थ एवं प्रकाश का कार्य है, क्योंकि इन दोनों के साथ ज्ञान का अन्वय और व्यतिरेक पाया जाता है, जो जिसके साथ अन्वय व्यतिरेक रखता है वह उसका कार्य कहलाता है, जैसे अग्नि का कार्य धूम है अत: वह अग्नि के साथ अन्वय व्यतिरेक रखता है, ज्ञान पदार्थ और प्रकाश के साथ अन्वय व्यतिरेक रखता ही है अत: वह उनका कार्य है। यह अन्वय व्यतिरेक विधानक हेतु असिद्ध भी नहीं है, क्योंकि पदार्थ एवं प्रकाश के होने पर ही ज्ञान होता है और न होने पर नहीं होता?

समाधान–उपरोक्त शंका होने पर उसका निरसन करते हुए श्री माणिक्यनंदी आचार्य सूत्र का सर्जन करते हैं–

तदन्वयव्यतिरेकानुविधानाभावाच्च केशोण्डुकानवन्नक्त-ञ्चरज्ञानवच्च ॥7॥

सूत्रार्थ– पदार्थ और प्रकाश के साथ ज्ञान का अन्वय व्यतिरेक नहीं पाया जाता, जैसे मच्छर के ज्ञान का तथा बिलाव आदि रात्रि में विचरण करने वाले प्राणियों के ज्ञान का पदार्थ और प्रकाश के साथ अन्वय व्यतिरेक नहीं पाया जाता।

21. इसके पूर्व छठे सूत्र में कहा था कि पदार्थ और प्रकाश ज्ञान के कारण नहीं हैं, क्योंकि वे ज्ञान द्वारा परिच्छेद्य हैं, अब इस सातवें सूत्र में दूसरा और भी हेतु देते हैं कि ज्ञान के साथ पदार्थ और प्रकाश का अन्वय व्यतिरेक नहीं पाया जाता, इसलिये भी वे दोनों ज्ञान के

21. तदन्वयव्यतिरेकानुविधानाभावाच्च, न केवलं परिच्छेद्यत्वात्तयोस्तदकारणताऽपि तु ज्ञानस्य तदन्वयव्यतिरेकानुविधानाभावाच्च। नियमेन हि यद्यस्यान्वयव्यतिरेकावनुकरोति तत्तस्य कार्यम् यथाग्नेर्धूमः। न चानयोरन्वयव्यतिरेकौ ज्ञानेनानुक्रियेते।

22. अत्रोभयप्रसिद्धदृष्टान्तमाहकेशोण्डुकज्ञानवन्नक्तञ्चरज्ञानवच्च। कामलाद्युपहतचक्षुषो हि न केशोण्डुकज्ञानेर्थः कारणत्वेन व्याप्रियते।

23. तत्र हि केशोण्डुकस्य व्यापारः, नयनपक्ष्मादेर्वा, तत्केशानां वा, कामलादेर्वा गत्यन्तराभावात्? न तावदाद्यविकल्पः; न खलु तज्ज्ञानं केशोण्डुकलक्षणेर्थे सत्येव भवति भ्रमाभावप्रसङ्गात्। नयनपक्ष्मादेस्तत्कारणत्वे

कारण नहीं हैं। जो जिसका नियम से अन्वय व्यतिरेकी होगा वह उसका कार्य कहलायेगा। जैसे अग्नि के साथ धूम का अन्वय व्यतिरेक होने से धूम अग्नि का कार्य माना जाता है, किन्तु ऐसा अन्वय व्यतिरेक पदार्थ और प्रकाश के साथ ज्ञान का नहीं पाया जाता है।

22. इस विषय में वादी प्रतिवादी प्रसिद्ध दृष्टान्त को उपस्थित करते हैं–पीलिया, मोतिया आदि रोग से युक्त व्यक्ति के ज्ञान में पदार्थ कारण नहीं दिखाई देता अर्थात् नेत्र रोगी को केश मच्छर आदि नहीं होते हुए भी दिखायी देने लग जाते हैं, वह मच्छर आदि का ज्ञान पदार्थ के अभाव में ही हो गया, वहाँ उस ज्ञान में पदार्थ कहाँ कारण हुआ? तथा बिलाव आदि प्राणियों को प्रकाश के अभाव में भी रात्रि में ज्ञान होता है उस ज्ञान में प्रकाश कहाँ कारण हुआ?

23. हम जैन नैयायिक आदि अन्य दार्शनिकों से पूछते हैं कि नेत्र रोगी को केशोण्डुक (मच्छर) का ज्ञान हुआ उसमें कौन सा पदार्थ कारण बनता है? केशोण्डुक ही कारण है या नेत्र की पलकें, अथवा उसके केश या कामला आदि नेत्र रोग? इन कारणों को छोड़कर अन्य कारण तो बन नहीं सकते।

प्रथम पक्ष की बात तो बनती नहीं है क्योंकि यह ज्ञान तो केशोण्डुक के रहते हुए नहीं होता, यदि होता तो भ्रम क्यों होता कि यह

2/7

तस्यैव प्रतिभासप्रसङ्गात्, गगनतलावलम्बितया पुरःस्थतया केशोण्डुकाकारतया च प्रतिभासो न स्यात्। न ह्यन्यदन्यत्रान्यथा प्रत्येतुं शक्यम्। अथ नयनकेशा एव तत्र तथाऽसन्तोपि प्रतिभासन्ते; तर्हि तद्रहितस्य कामलिनोपि तत्प्रतिभासाभावः स्यात्।

24. किञ्च, असौ तद्देशे एव प्रतिभासो भवेन्न पुनर्देशान्तरे। न

प्रतिभास सत्य है या नहीं?

दूसरा पक्ष– नेत्र की पलकें उस ज्ञान में कारण हैं ऐसा माने तो उसी का प्रतिभास होना था? सामने आकाश में निराधार केशोण्डुक की शक्ल जैसा प्रतिभास क्यों होता? (यहाँ केशोण्डुक शब्द का अर्थ उड़ने वाला कोई मच्छर विशेष है, मोतियाबिन्दु आदि नेत्र के रोगी को नेत्र के सामने कुछ मच्छर जैसा उड़ रहा है ऐसा बार-बार भाव होता है, वह मच्छर भौंरा जैसा, झिंगुर जैसा, जिस पर कुछ रोम खड़े हो जैसा दिखाई देने लगता है वास्तव में वह दिखना निराधार बिना पदार्थ के ही होता है) अन्य किसी वस्तु की अन्य रूप से अन्य जगह प्रतीति होना शक्य नहीं है।

तृतीय पक्ष–नेत्र केश केशोण्डुक रूप से उस ज्ञान में झलकते हैं, यदि ऐसा कहो तो नेत्र केश रहित पीलिया आदि रोग वाले पुरुष को केशोण्डुक का प्रतिभास नहीं होना चाहिए, किन्तु उसको भी वैसा प्रतिभास होता है।

24. नेत्र के केश यदि केशोण्डुक रूप प्रतीत होते हैं तो वे उस नेत्र स्थान पर ही प्रतीत होते हैं, अन्य स्थान पर (सामने आकाश में) प्रतीत नहीं हो सकते थे। सूखे वृक्ष रूप ठूंट में जो पुरुषपने की भ्रांति होती है वह उस स्थान पर ही होती है, अन्यत्र तो नहीं होती? यह जो नेत्र रोगी को केशोण्डुक का ज्ञान हो रहा है उसमें न तो तद्देशता है अर्थात् नेत्रकेश तो नेत्रस्थान पर है और प्रतीति होती है सामने आकाश में, और न ही उस ज्ञान में तदाकारता है अर्थात् नेत्रकेश का आकार भी नहीं है, फिर किस प्रकार वह उस केशोण्डुक ज्ञान को पैदा करता है कि जिससे वह ग्राह्य हो जाय?

खलु स्थाणुनिबन्धना पुरुषभ्रान्तिस्तद्देशादन्यत्र दृष्टा। कथं च तद्देशता तदाकारता चाऽसती तज्ज्ञानं जनयेद्यतो ग्राह्या स्यात्।

25. अथ भ्रान्तिवशात्तत्केशा एव तत्र तथा तज्ज्ञानं जनयन्ति; अस्माकमपि तर्हि 'चक्षुर्मनसी रूपज्ञानमुत्पादयेते' इति समानम्। यथैव ह्यन्यविषयजनितं ज्ञानमन्यविषयस्य ग्राहकं तथान्यकारणजनितमपि स्यात्।

एवं तर्हि तत्तयोः प्रकाशकमपि न स्यादित्याह–

अतज्जन्यमपि तत्प्रकाशकम् ॥8॥

ताभ्यामर्थालोकाभ्यामजन्यमपि तयोः प्रकाशकम्। अत्रैवार्थे प्रदीपवदित्युभयप्रसिद्धं दृष्टान्तमाह–

---

25. यदि कहा जाय कि नेत्र के केश ही भ्रमवश आकाश में केशोण्डुक रूप से केशोण्डुक का ज्ञान पैदा करते हैं, तो जैनाचार्य कहते हैं कि नेत्र तथा मन ही ऐसे ज्ञान को उत्पन्न करता है? इस तरह समान ही बात हो जाती है? जिस प्रकार अन्य विषय से उत्पन्न हुआ ज्ञान अन्य विषय का ग्राहक होता है ऐसा यहाँ मान रहे हो, उसी प्रकार अन्य कारण से उत्पन्न हुआ ज्ञान अन्य को जानता है ऐसा भी मानना चाहिए। प्रश्न अब यदि कोई यह कहता है कि जन पदार्थ और प्रकाश ज्ञान में कारण नहीं हैं तो उनको ज्ञान प्रकाशित भी नहीं करता होगा? अतः इस शंका का निवारण करने हेतु सूत्र कहते हैं–

अतज्जन्यमपि तत्प्रकाशकम् ॥8॥

सूत्रार्थ– ज्ञान पदार्थ और प्रकाश से उत्पन्न न होकर भी उनको प्रकाशित करता है। इस विषय में वादी प्रतिवादी के यहाँ प्रसिद्ध ऐसा दृष्टान्त देते हैं–

प्रदीपवत् ॥9॥

सूत्रार्थ–जैसे दीपक घटादि पदार्थ से उत्पन्न न होकर भी घटादि को प्रकाशित करता है, वैसे ही ज्ञान पदार्थादि से उत्पन्न न होकर भी उनको प्रतिभासित करता है।

प्रदीपवत् ।9॥

26. न खलु प्रकाश्यो घटादिः स्वप्रकाशकं प्रदीपं जनयति, स्व-कारणकलापादेवास्योत्पत्तेः। 'प्रकाश्याभावे प्रकाशकस्य प्रकाशकत्वायोगात्सतस्य जनकएव इत्यभ्युपगमे प्रकाशकस्याभावे प्रकाशस्यापि प्रकाश्यत्वाघटनात् सोपि तस्य जनकोऽस्तु। तथा चेतरेतराश्रयः-प्रकाश्यानुत्पत्तौ प्रकाशकानुत्पत्तेः, तदनुत्पत्तौ च प्रकाश्यानुत्पत्तेरिति।

27. स्वकारणकलापादुत्पन्नयोः प्रदीपघटयोरन्योन्यापेक्षया प्रकाश्य-प्रकाशकत्वधर्मव्यवस्थाया एव प्रसिद्धेर्नेतरेतराश्रयावकाश इत्यभ्युपगमे

---

26. यहाँ आपत्ति करते हुये कहते हैं कि प्रकाशित होने योग्य घटादि पदार्थ अपने को प्रकाशित करने वाले दीपक को उत्पन्न करते हैं, वह दीपक तो अपने कारणों से (बत्ती, तेल आदि से) उत्पन्न होता है। प्रकाशित करने योग्य वस्तु के अभाव में प्रकाश का प्रकाशपना ही नहीं रहता, अतः प्रकाश्य जो घटादि वस्तु है वह उस प्रकाशक का जनक कहलाता है।

इसका समाधान करते हुये आचार्य कहते हैं कि तब तो इसके विपरीत "प्रकाशक के अभाव में प्रकाश्य का प्रकाश्यपना ही नहीं रहता, अतः प्रकाशक (दीप) प्रकाश्य (घटादि) का जनक है" ऐसा भी मानना पड़ेगा? फिर तो इतरेतराश्रय दोष होगा, अर्थात् प्रकाश्य के उत्पन्न न होने पर प्रकाशक उत्पन्न नहीं होगा और उनके उत्पन्न नहीं होने से प्रकाश्य भी उत्पन्न नहीं होगा।

27. नैयायिक– प्रकाशक (दीप) और प्रकाश्य (घटादिवस्तु) ये दोनों भी अपने अपने कारण कलाप से उत्पन्न होते हैं और एक दूसरे की अपेक्षा से प्रकाशक तथा प्रकाश्य कहलाते हैं, प्रकाशक और प्रकाश्य धर्म की व्यवस्था तो इस प्रकार है अतः इतरेतराश्रय दोष नहीं आता।

जैन– बिलकुल ठीक है यही बात ज्ञान और पदार्थ के विषय में है, ज्ञान और पदार्थ भी अपनी अपनी सामग्री से उत्पन्न होते हैं और एक दूसरे की अपेक्षा लेकर ग्राह्य ग्राहक कहलाते हैं ऐसा स्वीकार करना

ज्ञानार्थयोरपि स्वसामग्रीविशेषवशादुत्पन्नयोः परस्परापेक्षया ग्राह्यग्राहकत्वधर्म-व्यवस्थाऽऽस्थीयताम्। कृतं प्रतीत्यपलापेन।

28. ननु चाजनकस्याप्यर्थस्य ज्ञानेनावगतौ निखिलार्थावगतिप्रसङ्गा-त्प्रतिकर्मव्यवस्था न स्यात्। 'यद्धि यतो ज्ञानमुत्पद्यते तत्तस्यैव ग्राहकं नान्यस्य' इत्यस्यार्थजन्यत्वे सत्येव सा स्यादिति वदन्तं प्रत्याह-

स्वावरणक्षयोपशमलक्षणयोग्यतया हि प्रतिनियतमर्थं व्यवस्थापयति ॥10॥

29. तथा हि-यदर्थप्रकाशकं तत्स्वात्मन्यपेतप्रतिबन्धम् यथा प्रदीपादि,

---

चाहिए? अब तो प्रतीति के अपलाप बन्द कर दीजिए।

28. शंका- ज्ञान का अजनक ऐसा जो पदार्थ है वह ज्ञान द्वारा जाना जाता है ऐसा मानेंगे तो एक ही ज्ञान सम्पूर्ण पदार्थ जानने वाला सिद्ध होगा फिर प्रतिनियत विषय व्यवस्था नहीं बन सकेगी, क्योंकि जो ज्ञान जिससे उत्पन्न होता है वह उसी को जानता है अन्य को नहीं ऐसी प्रतिकर्म व्यवस्था (यह इस ज्ञान का विषय है) तो ज्ञान को पदार्थ से जन्य मानने पर ही हो सकती है?

ज्ञान के विषय की कर्माधीन व्यवस्था

अब इस शंका का निवारण करते हुए श्री माणिक्यनन्दी आचार्य कहते हैं-

स्वावरणक्षयोपशमलक्षणयोग्यता हि प्रतिनियतमर्थं-व्यवस्थापयति ॥10॥

सूत्रार्थ- अपने आवरण (अर्थात् ज्ञानावरणी कर्म) के क्षयोपशम रूप योग्यता के द्वारा ज्ञान प्रतिनियत विषय की व्यवस्था करता है।

29. अपने ज्ञानावरणी, वीर्यान्तराय कर्म के क्षयोपशम रूप योग्यता के निमित्त से प्रतिनियत पदार्थ को जानने का नियम बनता है, जो जिस वस्तु का प्रकाशक होता है। वह अपने आवरण के रुकावट से रहित होता है, जैसे दीपक आवरण रहित होकर घट आदि का प्रकाशक

अर्थप्रकाशकं च ज्ञानमिति। प्रतिनियतस्वावरणक्षयोपशमश्च ज्ञानस्य प्रतिनियतार्थोपलब्धेरेव प्रसिद्धः। न चान्योन्याश्रयः; अस्याः प्रतीतिसिद्धत्वात्।

30. तल्लक्षणयोग्यता च शक्तिरेव। सैव ज्ञानस्य प्रतिनियतार्थव्यवस्थायामङ्गं नार्थोत्पत्त्यादिः, तस्य निषिद्धत्वादन्यत्रादर्शनाच्च। न खलु प्रदीपः प्रकाश्यार्थैर्जन्यस्तेषां प्रकाशको दृष्टः।

किञ्च, प्रदीपोपि प्रकाश्यार्थाऽजन्यं यावत्काण्डपटाद्यनावृतमेवार्थं प्रकाशयति तावत्तदावृतमपि किन्न प्रकाशयेदिति चोद्ये भवतोप्यतो योग्यतातो न किञ्चिदुत्तरम्।

कारणस्य च परिच्छेद्यत्वे करणादिना व्यभिचारः ॥11॥

होता है। ज्ञान भी स्वयोग्य आवरण से रहित होकर पदार्थ का प्रकाशक होता है। इस बात का निश्चय तो प्रतिनियत वस्तु को जानने से ही सिद्ध होता है, कि ज्ञान में इन्हीं प्रतिनियत वस्तुओं को जानने का क्षयोपशम हुआ है। इसमें अन्योन्याश्रय दोष भी नहीं आता, क्योंकि प्रतिनियत विषय तो प्रतीति से सिद्ध हो रहा है।

30. प्रतिनियत वस्तु को जो जानने की योग्यता है उसी को शक्ति कहते हैं, यही शक्ति ज्ञान में प्रतिनियत वस्तु को जानने की व्यवस्था करा देती है इस व्यवस्था का कारण यह शक्ति ही है न कि पदार्थ से उत्पन्न ज्ञान, तदुत्पत्ति आदिक, क्योंकि तदुत्पत्ति तदाकरता आदि का पहले ही निषेध कर आये हैं तथा प्रदीप आदि में ऐसा देखा भी नहीं जाता कि वह घट आदि से उत्पन्न होकर उसको जानता हो। दीपक से प्रकाशित होने वाले जो घट आदि पदार्थ हैं, वह उन घटादि से उत्पन्न होकर उन्हीं घटादिक का प्रकाशक बनता है ऐसा कहीं पर देखा नहीं जाता है।

31. यदि परवादी बौद्ध या नैयायिकादि से पूछा जाय कि दीपक प्रकाशित करने योग्य पदार्थ से जन्य नहीं है किन्तु वह वस्त्र आदि से नहीं ढके हुए पदार्थ को ही प्रकाशित करता है, ढके हुए पदार्थ को क्यों नहीं प्रकाशित करता? इसके समाधान के लिए उन्हें भी जैन के समान

31. न हीन्द्रियमदृष्टादिकं वा विज्ञानकारणमप्यनेन परिच्छेद्यते।

ज्ञानावरणादि क्षयोपशम रूप योग्यता की ही शरण लेनी होगी।

विशेष– बौद्ध ज्ञान को पदार्थ से उत्पन्न हुआ मानते हैं तथा नैयायिक ज्ञान को पदार्थ और प्रकाश से उत्पन्न हुआ मानते हैं, इन परवादियों की मान्यता का आचार्य ने निराकरण कर दिया है, पदार्थ को यदि ज्ञान का कारण मानेंगे तो सर्वज्ञ का अभाव होने का प्रसंग आता है। क्योंकि जब एक साथ सब पदार्थ वर्तमान रहते नहीं है तब उन सब पदार्थों को ज्ञान कैसे जानेगा? सबको जाने बिना सर्वज्ञ बन नहीं सकता। दूसरी बात पदार्थ के अभाव में भी नेत्र रोगी को पदार्थ दिखाई देता है, विक्षिप्त मन वाले को बिना पदार्थ के उसकी प्रतीति होने लग जाती है इत्यादि बातों को देखकर यह निश्चित होता है कि ज्ञान पदार्थ से उत्पन्न नहीं होता।

प्रकाश भी ज्ञान का कारण नहीं है। रात्रि में बिलाव आदि प्राणियों को बिना प्रकाश के भी ज्ञान होता रहता है तथा मन के द्वारा जानने के लिए भी प्रकाश की जरूरत नहीं रहती। बौद्ध का यह हठाग्रह है कि यदि ज्ञान पदार्थ से उत्पन्न नहीं होता तो यह प्रतिनियत विषय व्यवस्था कैसे बनती है कि अमुक ज्ञान अमुक पदार्थ को ही ग्रहण करता है? तब उसका जवाब यह है कि जैसे दीपक घट आदि से उत्पन्न न होकर भी उन प्रतिनियत घट आदि को ही प्रकाशित करता है वैसे ही ज्ञान भी पदार्थ से उत्पन्न न होकर भी क्षयोपशम जन्य योग्यता के अनुसार प्रतिनियत विषय को जानता है। अर्थात् जिस विषयक ज्ञानावरणी कर्म का क्षयोपशम होता है उस विषय को ज्ञान जान लेता है और जिस विषयक ज्ञानावरणी कर्म का क्षयोपशम नहीं होता, उस विषय को नहीं जानता, भले ही पदार्थ सामने मौजूद हो। यही ज्ञान के विषय की कर्माधीन प्रतिनियत व्यवस्था है।

इस प्रकार अर्थकारणवाद और आलोककारणवाद का निरसन किया गया है।

अब अग्रिम सूत्र प्रस्तुत करते हैं–

न, ब्रूमः-कारणं परिच्छेद्यमेव किन्तु 'कारणमेव परिच्छेद्यम्' इत्यवधारयामः;

32. तन्न; योगिविज्ञानस्य व्याप्तिज्ञानस्य चाशेषार्थग्राहिणोऽभावप्रसङ्गात्। न हि विनष्टानुत्पन्नाः समसमयभाविनो वार्थास्तस्य कारणमित्युक्तन्। केशोण्डुकादिज्ञानस्य चाजनकार्थग्राहित्वाभावप्रसङ्गः। कथं च कारणत्वाविशेषेपीन्द्रियादेरग्रहणम्? अयोग्यत्वाच्चेत्; योग्यतैव तर्हि प्रतिकर्म-

कारणस्य च परिच्छेद्यत्वे करणादिना व्यभिचारः ॥11॥

सूत्रार्थ– (ज्ञान के) कारण को परिच्छेद्य (ज्ञेय) मानने पर करण (इन्द्रियाँ) के साथ व्यभिचार दोष आयेगा। जो ज्ञान का कारण है वही ज्ञान के द्वारा जाना जाता है- ऐसा मानेंगे तो इन्द्रियों के साथ व्यभिचार दोष आता है।

32. चक्षु आदि इन्द्रियाँ एवं अदृष्ट आदिक ज्ञान के कारण तो हैं किन्तु ज्ञान द्वारा परिच्छेद्य (जानने योग्य) नहीं हैं, अतः जो ज्ञान का कारण है वही जानने योग्य है ऐसा कहना व्यभिचरित होता है।

बौद्धों का कहना है कि जो ज्ञान का कारण है वह अवश्य ही परिच्छेद्य हो ऐसा नियम नहीं है, किन्तु जो भी जाना जाता है वह कारण होकर ही जाना जाता है।

समाधान– आप इस तरह भी नहीं मान सकते, क्योंकि ऐसा अवधारण करने पर भी अशेषार्थ ग्राही योगी का ज्ञान एवं व्याप्ति ज्ञान इन ज्ञानों का अभाव हो जायेगा, इसका स्पष्टीकरण इस प्रकार है–जो पदार्थ नष्ट हो चुके हैं जो अभी उत्पन्न नहीं हुए हैं, जो समकालीन हैं ये सब पदार्थ ज्ञान के कारण नहीं हैं (किन्तु) योगी का ज्ञान इन सबको जानता अवश्य है अतः जो ज्ञान का कारण है वही उसके द्वारा जाना जाता है ऐसा कहना गलत होता है। केशोण्डुक (बालों के ऊपर मच्छर) ज्ञान में भी पदार्थ (मच्छर) कारण नहीं है वह तो पदार्थ से अजन्य है, उस ज्ञान में जो अजनकार्थ ग्राहीपना देखा जाता है वह भी नहीं रहेगा।

जो ज्ञान का कारण है उसको ज्ञान जानता है तो चक्षु आदि इन्द्रियों को ज्ञान क्यों नहीं जानता इस बात को परवादी को बताना चाहिए? आप कहो कि इन्द्रियों में ज्ञान द्वारा ग्राह्य होने की योग्यता नहीं

व्यवस्थाकारिणी, अलमन्यकल्पनया।

33. स्वाकारार्पकत्वाभावाच्चेन्न; ज्ञाने स्वाकारार्पकत्वस्याप्यपास्तत्वात्। कथं च कारणत्वाविशेषेपि किञ्चित्स्वाकारार्पकं किञ्चिन्नेति प्रतिनियमो योग्यतां विना सिध्येत्? कथं च सकलं विज्ञानं सकलार्थकार्यं न स्यात्?

है तो उसी योग्यता को ही क्यों न माना जाय? फिर तो योग्यता ही प्रतिकर्म व्यवस्था करती है ऐसा स्वीकार करना ही श्रेष्ठ है, व्यर्थ की तदुत्पत्ति आदि की कल्पना करना बेकार है।

33. **बौद्ध–** इन्द्रियों से ज्ञान उत्पन्न तो अवश्य होता है किन्तु इन्द्रियाँ अपना आकार ज्ञान में अर्पित नहीं करती अतः ज्ञान उनको नहीं जानता।

जैन– यह कथन ठीक नहीं है, ज्ञान में वस्तु का आकार आता है इस मत का पहले सयुक्तिक खण्डन कर चुके हैं। आप बौद्ध को कोई पूछे कि इन्द्रिय और पदार्थ समान रूप से ज्ञान में कारण होते हुए भी पदार्थ ही अपना आकार ज्ञान में देता है इन्द्रियाँ नहीं देती ऐसा क्यों होता है? इस प्रश्न का उत्तर आप योग्यता कहकर ही देते हैं अर्थात् कारण समान रूप से है किन्तु पदार्थ ही अपना आकार ज्ञान में देते हैं इन्द्रियाँ नहीं देतीं, क्योंकि ऐसी ही उनमें योग्यता है, तथा सभी ज्ञान अविशेषपने से सभी पदार्थों का कार्य क्यों नहीं होता? इत्यादि प्रश्न होने पर आपको यही कहना होगा कि पदार्थों में प्रतिनियत शक्ति होती है तब सबके कारण या कार्य नहीं हो सकते, ठीक इसी तरह ज्ञान के विषय में समझना चाहिये, ज्ञान में जिस विषय को जानने की शक्ति अर्थात् ज्ञानावरण का क्षयोपशम होता है (सांव्यवहारिक प्रत्यक्ष की अपेक्षा यहाँ पर जगह-जगह क्षयोपशम शब्द का प्रयोग हुआ है) उसी विषय को ज्ञान जानता है, उसी ग्राह्य वस्तु का ज्ञान ग्राहक बनता है- ऐसा निर्दोष सिद्धान्त स्वीकार करना चाहिये।

अब यहाँ पर मुख्य प्रत्यक्ष के उत्पत्ति का कारण तथा स्वरूप सूत्र द्वारा प्ररूपित किया जाता है–

2/12

'प्रतिनियतशक्तित्वाद्भावानाम्' इत्युत्तरं ग्राह्यग्राहकभवेपि समानम्।

अथेदानीं मुख्यप्रत्यक्षप्ररूपणस्यावसरप्राप्तत्वात् तदुत्पत्तिकारणस्वरूप-प्ररूपणायाह–

सामग्रीविशेषविश्लेषिताखिलावरणमतीन्द्रियमशेषतो मुख्यम् ॥12॥

34. 'विशदं प्रत्यक्षम्' इत्यनुवर्त्तते। तत्राशेषतो विशदमतीन्द्रियं यद्विज्ञानं तन्मुख्यं प्रत्यक्षम्। किंविशिष्टं तत्? सामग्रीविशेषविश्लेषिता-खिलावरणम्।

35. ज्ञानावरणादिप्रतिपक्षभूता हीह सम्यग्दर्शनादिलक्षणान्तरङ्गा बहिरङ्गानुभवादिलक्षणा सामग्री गृह्यते, तस्या विशेषोऽविकलत्वम्, तेन विश्लेषितं क्षयोपशमक्षयरूपतया विघटितमखिलमत्रधिमनःपर्ययकेवलज्ञान-

---

सामग्रीविशेषविश्लेषिताखिलावरणमतीन्द्रियमशेषतो मुख्यम् ॥12॥

सूत्रार्थ–(सम्यग्दर्शनादिरूप अन्तरङ्ग और देशकालादिरूप बहिरङ्ग) सामग्री की विशेषता (समग्रता) से विश्लेषित (अर्थात् दूर हो गये हैं), समस्त (ज्ञानावरणदि) आवरण जिसके ऐसे अतीन्द्रिय और पूर्ण रूप से विशद ज्ञान को मुख्य प्रत्यक्ष कहते हैं। द्रव्यादि सामग्री विशेष के द्वारा नष्ट हो गये हैं सम्पूर्ण आवरण जिसके ऐसे अतीन्द्रिय तथा पूर्णज्ञान को मुख्य प्रत्यक्ष कहते हैं।

34. विशद ज्ञान को प्रत्यक्ष कहते हैं ऐसा प्रकरण चल रहा है उसमें जो पूर्णरूप से विशद हो तथा अतीन्द्रिय हो वह ज्ञान मुख्य प्रत्यक्ष या पारमार्थिक प्रत्यक्ष कहलाता है। वह कैसा है? सामग्री विशेष से नष्ट हो गये हैं संपूर्ण आवरण जिसके, ऐसा है।

35. यहाँ पर ज्ञानावरण आदि कर्मों के प्रतिपक्ष स्वरूप जो सम्यग्दर्शन आदि हैं वह अन्तरंग सामग्री कहलाती है और अनुभव आदि का होना बहिरंग सामग्री है, यह अनेक प्रकार की है, इन दोनों सामग्री का होना सामग्री विशेष है, इस सामग्री विशेष से नष्ट हो गये हैं आवरण जिसके ऐसा यह प्रत्यक्ष है अर्थात् अवधिज्ञान और मनःपर्ययज्ञान की अपेक्षा क्षयोपशम रूप होना और केवलज्ञान की अपेक्षा क्षय होना ऐसे

सम्बन्ध्यावरणम् अखिलं निश्शेषं वाऽऽवरणं यस्यावधिमनःपर्ययकेवलज्ञानत्रयस्य तत्तथोक्तम्।

36. अत्र च प्रयोगः—यद्यत्र स्पष्टत्वे सत्यवितथं ज्ञानं तत्तत्रापगताखिलावरणम् यथा रजोनीहाराद्यन्तरितवृक्षादौ तदपगमप्रभवं ज्ञानम्, स्पष्टत्वे सत्यवितथं च क्वचिदुक्तप्रकारं ज्ञानमिति। तथाऽतीन्द्रियं तत् मनोऽक्षानपेक्षत्वात्। तदनपेक्षं तत् सकलकलङ्कविकलत्वात्। तद्विकलत्वं चास्यात्रैव प्रसाधयिष्यते। अत एव चाशेषतो विशदं तत्। यत्तु नातीन्द्रियादिस्वभावं न

ज्ञानावरण जिसके हुए उसे मुख्य प्रत्यक्ष कहते हैं, अर्थात् अवधिज्ञानावरण और मनःपर्ययज्ञानावरण का क्षयोपशम होने से अवधिज्ञान तथा मनःपर्ययज्ञान होता है और केवलज्ञानावरण का नाश हो जाने से केवलज्ञान होता है। ये ज्ञान मुख्य प्रत्यक्ष कहलाते हैं।

यहाँ अनुमान के द्वारा इस प्रत्यक्षज्ञान की सिद्धि करते हैं—

36. जो ज्ञान जिस विषय में स्पष्ट होकर सत्य रूप से जानता है वह उस विषय में पूर्ण रूप से आवरण रहित होता है, जैसे धूली, कुहरा आदि से ढके हुए वृक्ष आदि पदार्थ हैं। उनका आवरण हटने से जो ज्ञान होता है वह स्पष्ट होकर सत्य कहलाता है, ऐसे ही अवधिज्ञानादिक स्पष्ट और सत्य है। यह मुख्य प्रत्यक्ष इन्द्रियाँ और मन की अपेक्षा नहीं रखता है अतः अतीन्द्रिय है, अपने आवरण के हटने से इन ज्ञानों में इन्द्रियादि की अपेक्षा नहीं रहती। आवरण के हट जाने से ही वह ज्ञान पूर्ण रूप से विशद हो गया है, जो ज्ञान अतीन्द्रिय आदि गुणविशिष्ट नहीं होता वह पूर्ण विशद या इन्द्रियादि से अनपेक्ष भी नहीं होता, जैसे कि हम जैसे का प्रत्यक्ष ज्ञान अर्थात् सांव्यावहारिक प्रत्यक्षज्ञान।

अवधिज्ञानादि तीनों ज्ञान अतीन्द्रिय आदि विशेषण युक्त होते हैं अतः मुख्य प्रत्यक्ष कहलाते हैं। अनुमान सिद्ध बात है कि अतीन्द्रिय होने

2/12

तत्तदनपेक्षत्वादिविशेषणविशिष्टम्। यथास्मदादिप्रत्यक्षम्, तद्विशेषणविशिष्ट-ञ्चेदम्, तस्मात्तथेति। तथा मुख्यं तत्प्रत्यक्षम् अतीन्द्रियत्वात् स्वविषयेऽशेषतो विशदत्वाद्वा, यत्तु नेत्थं तन्नैवम्, यथास्मदादिप्रत्यक्षम्, तथा चेदम्, तस्मान्मुख्यमिति।

से अथवा अपने विषय में पूर्ण रूप से विशद होने से ये ज्ञान मुख्य प्रत्यक्ष हैं जो अतीन्द्रियादि विशेषण विशिष्ट नहीं हैं वह मुख्य प्रत्यक्ष नहीं होता। जैसे हम लोगों का प्रत्यक्ष है, यह ज्ञान वैसा विशिष्ट है अतः मुख्य प्रत्यक्ष है।

तृतीयपरिच्छेदः
अथ परोक्षोद्देशः

परोक्षप्रमाणविमर्शः

अथेदानीं परोक्षप्रमाणस्वरूपनिरूपणाय–

परोक्षमितरत् ॥1॥

1. इत्याह। प्रतिपादितविशदस्वरूपविज्ञानाद्यदन्यदऽविशदस्वरूपं विज्ञानं तत्परोक्षम्। तथा च प्रयोगः–अविशदज्ञानात्मकं परोक्षं परोक्षत्वात्। यन्नाऽविशदज्ञानात्मकं तन्न परोक्षम् यथा मुख्येतरप्रत्यक्षम्, परोक्षं चेदं वक्ष्यमाणं विज्ञानम्, तस्मादविशदज्ञानात्मकमिति।

तृतीय परिच्छेद
परोक्ष प्रमाण विमर्श

अब यहाँ पर श्रीमाणिक्यनन्दी आचार्य परोक्ष प्रमाण के स्वरूप का सूत्रबद्ध निरूपण करते हैं–

परोक्षमितरत् ॥1॥

सूत्रार्थ– उस विशद ज्ञान (प्रत्यक्ष) से जो भिन्न है, अर्थात् अविशद है, उसे परोक्ष प्रमाण कहते हैं।

1. पहले प्रत्यक्ष प्रमाण का लक्षण कहा था उससे पृथक् लक्षण वाला परोक्ष प्रमाण होता है। विशद ज्ञान प्रत्यक्ष प्रमाण है ऐसा प्रतिपादन कर चुके हैं– उससे अन्य अर्थात् अविशद ज्ञान परोक्ष प्रमाण है। इसी को अनुमान प्रयोग द्वारा बतलाते हैं– परोक्ष प्रमाण अविशद ज्ञान रूप है, क्योंकि वह परोक्ष है, जो अविशद ज्ञान रूप नहीं है वह परोक्ष नहीं कहलाता है, जैसे– मुख्य परोक्ष और सांव्यवहारिक प्रत्यक्ष प्रमाण, परोक्ष नहीं कहलाता है, यह वक्ष्यमाण ज्ञान परोक्ष है, अतः अविशद ज्ञान रूप है। उस परोक्ष प्रमाण के कारण और भेद अगले सूत्र में कहते हैं–

तन्निमित्तप्रकारप्रकाशनाय प्रत्यक्षेत्याद्याह–

प्रत्यक्षादिनिमित्तं स्मृतिप्रत्यभिज्ञानतर्कानुमानागमभेदम् ॥2॥

प्रत्यक्षादिनिमित्तं यस्य, स्मृत्यादयो भेदा यस्य तथोक्तम्।

तत्र स्मृतेस्तावत्संस्कारेत्यादिना कारणस्वरूपे निरूपयति–

स्मृतिप्रमाणविमर्शः

संस्कारोद्बोधनिबन्धना तदित्याकारा स्मृतिः ॥3॥

2. संस्कारः सांव्यवहारिकप्रत्यक्षभेदो धारणा। तस्योद्बोधः प्रबोधः। स निबन्धनं यस्याः तदित्याकारो यस्याः सा तथोक्ता स्मृतिः।

विनेयानां सुखावबोधार्थं दृष्टान्तद्वारेण तत्स्वरूपं निरूपयति–

प्रत्यक्षादिनिमित्तं स्मृतिप्रत्यभिज्ञानतर्कानुमानागमभेदम् ॥2॥

सूत्रार्थ– जिसमें प्रत्यक्ष प्रमाण आदिक निमित्त हैं वह परोक्ष प्रमाण है। इसके स्मृति, प्रत्यभिज्ञान, तर्क, अनुमान एवं आगम– ऐसे पाँच भेद हैं।

अब इन भेदों का वर्णन करते हुए सबसे पहले स्मृति प्रमाण का कारण तथा स्वरूप बतलाते हैं–

स्मृतिप्रमाणविमर्श

संस्कारोद्बोधनिबंधना तदित्याकारा स्मृतिः ॥3॥

सूत्रार्थ– जो ज्ञान संस्कार से होता है जिसमें "वह" इस प्रकार का आकार (प्रतिभास) रहता है वह स्मृति प्रमाण है।

2. संस्कार का अर्थ धारणा ज्ञान है जो सांव्यवहारिक प्रत्यक्ष का भेद है, उस धारणा ज्ञान का उद्बोध होना स्मृति है।

यहाँ पर शिष्यों को सरलता से समझ में आने के लिए दृष्टान्त द्वारा स्मृति का स्वरूप बतलाते हैं–

यथा स देवदत्त इति ॥4॥

3. यथेत्युदाहरणप्रदर्शने। स देवदत्त इति। एवं प्रकारं तच्छब्दपरामृष्टं यद्विज्ञानं तत्सर्वं स्मृतिरित्यवगन्तव्यम्। न चासावप्रमाणं संवादकत्वात्। यत्संवादकं तत्प्रमाणं यथा प्रत्यक्षादि, संवादिका च स्मृतिः, तस्मात्प्रमाणम्।

4. ननु कोयं स्मृतिशब्दवाच्योर्थः-ज्ञानमात्रम्, अनुभूतार्थविषयं वा विज्ञानम्? प्रथमपक्षे प्रत्यक्षादेरपि स्मृतिशब्दवाच्यत्वानुषङ्गः। तथा च कस्य दृष्टान्तता? न खलु तदेव तस्यैव दृष्टान्तो भवति।

5. द्वितीयपक्षेपि देवदत्तानुभूतार्थे यज्ञदत्तादिज्ञानस्य स्मृतिरूपताप्रसङ्गः। अथ 'येनैव यदेव पूर्वमनुभूतं वस्तु पुनः कालान्तरे तस्यैव तत्रैवोपजायमानं

यथा स देवदत्त इति ॥4॥

सूत्रार्थ– जैसे यह वही देवदत्त है–इस प्रकार का प्रतिभास होना स्मृति है।

3. सूत्र में "यथा" शब्द उदाहरण का प्रदर्शन करता है। "वह देवदत्त" इस प्रकार का तत् शब्द का परामर्श करने वाला जो ज्ञान है वह सब स्मृति रूप है- ऐसा समझना। यह ज्ञान अप्रमाण नहीं है क्योंकि संवादक है। जो ज्ञान संवादक होता है, वह प्रमाण है, जैसे– प्रत्यक्षादि ज्ञान है। स्मृति भी संवादक है अतः प्रमाण है।

4. यहाँ बौद्ध प्रश्न करते हैं कि स्मृति शब्द का वाच्य अर्थ क्या है? ज्ञान मात्र को स्मृति कहते हैं या अनुभूत विषय वाले ज्ञान को? प्रथम पक्ष में ज्ञान मात्र को स्मृति कहते हैं तो प्रत्यक्षादि प्रमाण भी स्मृति शब्द के वाच्य हो जायेंगे फिर उपर्युक्त अनुमान में दृष्टान्त किसका होगा? वही उसका दृष्टान्त तो नहीं हो सकता।

5. दूसरा पक्ष– अनुभूत विषय वाले ज्ञान को स्मृति कहते हैं ऐसा कहें तो देवदत्त के द्वारा अनुभूत विषय में यज्ञदत्त आदि के ज्ञान को स्मृतिपना होने का प्रसंग आयेगा। यदि कहें कि जिसके द्वारा जो विषय पूर्व में अनुभूत हैं पुनः कालान्तर में उसी का उसी में ज्ञान उत्पन्न होना स्मृति है सो यह कथन असत् है "अनुभूत में उत्पन्न हुआ है" इस

ज्ञानं स्मृतिः' इत्युच्यते ननु 'अनुभूते जायनानम्' इत्येतत् केन प्रतीयताम्? न तावदनुभवेन; तत्काले स्मृतेरेवासत्त्वात्। न चासती विषयीकर्त्तुं शक्या। न चाविषयीकृता 'तत्रोपजायते' इत्यधिगतिः। न चानुभवकालेऽर्थस्यानुभूततास्ति, तदा तस्यानुभूयमानत्वात्, तथा च 'अनुभूयमाने स्मृतिः' इति स्यात्।

6. अथ 'अनुभूते स्मृतिः' इत्येतत्स्मृतिरेव प्रतिपद्यते; न; अनयाऽतीतानुभवार्थयोरविषयीकरणे तथा प्रतीत्ययोगात्। तद्विषयीकरणे वा निखिलातीतविषयीकरणप्रसङ्गोऽविशेषात्। यदि चानुभूतता प्रत्यक्षगम्या स्यात्; तदा स्मृतिरपि जानीयात् 'अहमनुभूते समुत्पन्ना' इति अनुभवानुसारित्वात्तस्याः। न चासौ प्रत्यक्षगम्येत्युक्तम्।

7. इत्यप्यसमीक्षिताभिधानम्। स्मृतिशब्दवाच्यार्थस्य प्रागेव

तरह से किसके द्वारा प्रतीत होगा? अनुभव द्वारा तो नहीं हो सकता, क्योंकि उस वक्त स्मृति का ही असत्व है, जो नहीं है उसको विषय नहीं कर सकते और अविषय के बारे नें उसमें "उत्पन्न होती है" ऐसा निश्चय नहीं कर सकते। तथा वस्तु के अनुभवन काल में वस्तु की अनुभूतता नहीं होती किन्तु उस समय उसकी अनुभूयमानता होती है। जब ऐसी बात है–तो अनुभूयमान में स्मृति होती है ऐसा मानना होगा।

6. "अनुभूत विषय में स्मृति होती है" इस बात का निश्चय तो स्वयं स्मृति ही कर लेती है– ऐसा कहो तो गलत है क्योंकि स्मृति के द्वारा अतीतार्थ और अनुभवार्थ का ग्रहण नहीं होता, क्योंकि वैसा प्रतीत नहीं होता है। तथा यदि स्मृति अतीतार्थ और अनुभवार्थ को ग्रहण करती है तो सम्पूर्ण अतीत विषयों को ग्रहण करने का प्रसंग आता है, क्योंकि उक्त विषय में अतीतपने की अविशेषता है। तथा यदि अनुभूतपना प्रत्यक्षगम्य होता तो स्मृति भी जान सकती है कि "मैं अनुभूत विषय में उत्पन्न हुई हूँ, क्योंकि स्मृति अनुभव के अनुसार हुआ करती है किन्तु अनुभूतता प्रत्यक्ष गम्य नहीं है। अतः स्मृतिज्ञान प्रमाणभूत सिद्ध नहीं होता है।

7. जैन– यह सारा कथन बिना सोचे किया है, स्मृति शब्द का वाच्यार्थ पहले ही बता चुके हैं कि "वह" इस प्रकार का प्रतिभास

प्ररूपितत्वात्। 'तदित्याकारानुभूतार्थविषया हि प्रतीतिः स्मृतिः' इत्युच्यते।

8. ननु चोक्तमनुभूते स्मृतिरित्येतन्न स्मृतिप्रत्यक्षाभ्यां प्रतीयते; तदप्यपेशलम्; मतिज्ञानापेक्षेणात्मना अनुभूयमानाऽनुभूतार्थविषयतायाः स्मृति-प्रत्यक्षाकारयोश्चानुभवसम्भवात् चित्राकारप्रतीतिवत् चित्रज्ञानेन। यथा चाशक्य-विवेचनत्वाद् युगपच्चित्राकारतैकस्याविरुद्धा, तथा क्रमेणापि अवग्रहेहावाय-धारणास्मृत्यादिचित्रस्वभावता।

9. न च प्रत्यक्षेणानुभूयमानतानुभवे तदैवार्थेऽनुभूतताया अप्यनुभवोऽनुषज्यते ; स्मृतिविशेषणापेक्षत्वात्तत्र तत्प्रतीतेः ; नीलाद्याकार-विशेषणापेक्षया ज्ञाने चित्रप्रतिपत्तिवत्।

जिसमें हो वह अनुभूत विषय वाली प्रतीति ही स्मृति कहलाती है।

8. शंका– "अनुभूत अर्थ में स्मृति होती है" ऐसा स्मृति और प्रत्यक्ष के द्वारा प्रतीत नहीं होता है।

समाधान– यह बात ठीक नहीं है। जिसमें मतिज्ञान की अपेक्षा है ऐसे आत्मा के द्वारा अनुभूय विषय और अनुभूतार्थ विषय का प्रत्यक्ष तथा स्मृति के आकार से अनुभव होना सम्भव है। जैसे– चित्रज्ञान के द्वारा चित्रकारों का प्रतिभास होना सम्भव है। जिस प्रकार आप बौद्ध के यहाँ अशक्य विवेचन होने से एक ज्ञान की एक साथ चित्राकारता होना अविरुद्ध है उसी प्रकार क्रम से भी अवग्रहज्ञान, ईहाज्ञान, अवायज्ञान, धारणाज्ञान, स्मृतिज्ञान इत्यादि विचित्र ज्ञानों का एक आत्मा में होना अविरुद्ध है।

9. कोई कहे कि प्रत्यक्ष के द्वारा अनुभूयमानता अनुभव में आने के साथ उसी वक्त पदार्थ में अनुभूतता का भी अनुभव हो जाना चाहिए, तब यह कथन भी ठीक नहीं है, क्योंकि उस अनुभूतता में स्मृति विशेषण की अपेक्षा होती है, उसे ही अनुभूतता की प्रतीति होती है, जैसे नीलादि आकाररूप विशेषण की अपेक्षा से ज्ञान में चित्र की प्रतिपत्ति होती है।

10. न चानुभूतार्थविषयत्वे स्मृतेर्गृहीतग्राहित्वेनाऽप्रामाण्यम्; [प]रिच्छित्तिविशेषसम्भवात्। न खलु यथा प्रत्यक्षे विशदाकारतया वस्तुप्रतिभासः तथैव स्मृतौ तत्र तस्या (तस्य) वैशद्याऽप्रतीतेः।

11. पुनः पुनर्भावयतो वैशद्यप्रतीतिस्तु भावनाज्ञानम्, तच्च तद्रूपतया भ्रान्तमेव स्वप्नादिज्ञानवत्। तथाप्यनुभूतार्थविषयत्वमात्रेणास्याः प्रामाण्यानभ्युपगमे अनुमानेनाधिगतेऽग्नौ यत्प्रत्यक्षं तदप्यप्रमाणं स्यात्।

12. असत्यतीतेर्थे प्रवर्त्तमानत्वात्तदप्रामाण्ये प्रत्यक्षस्यापि तत्प्रसङ्गः, तदर्थस्यापि तत्कालेऽसत्त्वात्। तज्जन्मादेस्तत्रास्य प्रामाण्ये स्मरणेपि तदस्तु। निराकृतं चार्थजन्मादि ज्ञानस्य प्रागेवेति कृतं प्रयासेन।

---

10. स्मृति प्रमाण अनूभूत विषय को जानता है अतः गृहीत ग्राही होने से अप्रमाणभूत है ऐसा भी नहीं समझना। क्योंकि इसमें परिच्छित्ति (ज्ञप्ति) विशेष सम्भव है। जिस प्रकार प्रत्यक्ष में विशदरूप से वस्तु का प्रतिभास होता है उस प्रकार स्मृति में नहीं होता, उसमें तो वस्तु का अविशदरूप प्रतिभास होता है।

11. बार-बार भावना करने वाले मनुष्य को यदि किसी विषय में विशदता प्रतीत होती है तो वह भावना ज्ञान है स्मृति ज्ञान नहीं है, भावना ज्ञान तो उस रूप से भ्रान्त ही है जैसे स्वप्न ज्ञान भ्रान्त है। स्मृति स्वप्न ज्ञान या भावना ज्ञान के समान भ्रान्त नहीं होती, तो भी अनुभूत विषय वाली होने मात्र से यदि इसका प्रामाण्य स्वीकार न किया जाय तो अनुमान द्वारा अनुभूत हुई अग्नि में प्रवृत्ति करने वाले प्रत्यक्ष ज्ञान को अप्रमाण मानने का प्रसंग आयेगा।

12. यदि असद्भूत अतीत पदार्थ में प्रवृत्तमान होने से स्मृति अप्रमाण है, ऐसा कहे तो प्रत्यक्ष को भी अप्रमाणता का प्रसंग आता है क्योंकि उसके विषयभूत पदार्थ का भी तत्काल में (बौद्धमत की अपेक्षा) असत्व है। यदि कहा जाय कि प्रत्यक्ष ज्ञान उसी पदार्थ में उत्पन्न हुआ है, उसी के आकार का है अतः प्रमाण है तो यही बात स्मरण में भी हो। किन्तु ज्ञान का पदार्थ से उत्पन्न होना आदिका पूर्व में ही निराकरण हो चुका है अतः इस विषय में अधिक कहने से बस हो।

13. न चाविसंवादकत्वं स्मृतेरसिद्धम्; स्वयं स्थापितनिक्षेपादौ तद्गृहीतार्थे प्राप्तिप्रमाणान्तरप्रवृत्तिलक्षणाविसंवादप्रतीतेः। यत्र तु विसंवादः सा स्मृत्याभासा प्रत्यक्षाभासवत्। विसंवादकत्वे चास्याः कथमनुमानप्रवृत्तिः सम्बन्धस्यातोऽप्रसिद्धेः? न च सम्बन्धस्मृतिमन्तरेणानुमानमुदेत्यतिप्रसङ्गात्।

14. किञ्च, सम्बन्धाभावात्तस्याः विसंवादकत्वम्, कल्पितसम्बन्धविषयत्वाद्वा, सतोप्यस्याऽनयाविषयीकर्तुमशक्यत्वाद्वा? प्रथमपक्षे कुतोऽनुमानप्रवृत्तिः? अन्यथा यतः कुतश्चित्सम्बन्धरहिताद्यत्रक्वचिदनुमानं स्यात्।

---

13. स्मृति का अविसंवादकपना असिद्ध भी नहीं है क्योंकि स्वयं के द्वारा स्थापित किये निक्षेप (धन) आदि में उसके ग्रहण करने पर प्राप्तिरूप प्रत्यक्ष प्रमाणान्तर से स्मृति का अविसंवादकपना सिद्ध होता है। जहाँ विसंवाद होता है वहाँ स्मरणाभास कहलाता है जैसे– प्रत्यक्षाभास। यदि स्मृति को अप्रमाण मानते हैं तो अनुमान की प्रवृत्ति किस प्रकार होगी? क्योंकि स्मृति के अभाव में साध्य साधन के अविनाभाव सम्बन्ध की सिद्धि नहीं हो सकती। अविनाभावी सम्बन्ध की स्मृति हुए बिना अनुमान प्रमाण उदित ही नहीं हो सकता, अन्यथा अतिप्रसंग होगा।

14. बौद्ध स्मृति को विसंवादक मानते हैं सो उसका कारण क्या है? साध्य-साधन के सम्बन्ध का अभाव है इसलिए? अथवा कल्पित सम्बन्ध को विषय करने से, या सम्बन्ध के रहते हुए भी स्मृति द्वारा इसको विषय करना अशक्य होने से? **प्रथम पक्ष** मानो तो अनुमान की प्रवृत्ति किससे होगी? बिना सम्बन्ध के अनुमान प्रवृत्ति करेगा तो जिस किसी सम्बन्ध रहित हेतु से जहाँ चाहे वहाँ प्रवृत्ति कर सकेगा। कल्पित सम्बन्ध को स्मृति विषय करती है अतः विसंवादक है ऐसा **दूसरा पक्ष** माने तो भी ठीक नहीं क्योंकि इस तरह मानें तो दृश्य (स्वलक्षण) और प्राप्य में एकत्व रूप कल्पित सम्बन्ध को विषय करने वाला प्रत्यक्ष प्रमाण तथा प्राप्य और विकल्प में एकत्वरूप कल्पित सम्बन्ध को विषय करने वाला अनुमान प्रमाण अविसंवादक नहीं रहेगा।

कल्पितसम्बन्धविषयत्वेनास्याः विसंवादित्वे दृश्यप्राप्यैकत्वे प्राप्यविकल्प्यैत्वे च प्रत्यक्षानुमानयोरविसंवादो न स्यात्। तत्सम्बन्धस्य कल्पितत्वे च अनुमानमप्येवंविधमेव स्यात्। तथा च कथमतोऽभीष्टतत्त्वसिद्धिः?

प्रत्यभिज्ञानप्रमाणविमर्शः

अथेदानीं प्रत्यभिज्ञानस्य कारणस्वरूपप्ररूपणार्थं दर्शनेत्याद्याह–

दर्शनस्मरणकारणकं सङ्कलनं प्रत्यभिज्ञानम्।
तदेवेदं तत्सदृशं तद्विलक्षणं तत्प्रतियोगीत्यादि ॥5॥

15. दर्शनस्मरणे कारणं यस्य तत्तथोक्तम्। सङ्कलनं विवक्षितधर्मयुक्तत्वेन प्रत्यवमर्शनं प्रत्यभिज्ञानम्। ननु प्रत्यभिज्ञायाः प्रत्यक्षप्रमाणस्वरूपत्वात् परोक्षरूपतयात्राभिधानमयुक्तम्; तथाहि प्रत्यक्षं प्रत्यभिज्ञा अक्षान्वयव्यतिरेकानुविधानात् तदन्यप्रत्यक्षवत्। न च स्मरणपूर्वकत्वात्तस्याः प्रत्यक्षत्वाभावः;

प्रत्यभिज्ञान प्रमाण विमर्श

अब श्रीमाणिक्यनंदी आचार्य प्रत्यभिज्ञान का कारण तथा स्वरूप बतलाते हैं।

दर्शन-स्मरणकारणकं संकलनं प्रत्यभिज्ञानं।
तदेवेदं तत्सदृशं तत्विलक्षणं तत्प्रतियोगीत्यादि ॥5॥

सूत्रार्थ– प्रत्यक्ष दर्शन और स्मृति के द्वारा जो जोड़ रूप ज्ञान होता है उसको प्रत्यभिज्ञान कहते हैं। उसके "वही यह है" "यह उसके समान है" यह "उससे विलक्षण है" यह उसका प्रतियोगी है इत्यादि अनेक भेद हैं।

15. जिस ज्ञान में दर्शन और स्मरण निमित्त पड़ता है वह "दर्शन स्मरण कारणक" कहलाता है। संकलन का अर्थ विवक्षित धर्म से युक्त होकर पुनः ग्रहण होना है।

यहाँ मीमांसक आपत्ति जताते हुये कहते हैं कि यह प्रत्यभिज्ञान प्रत्यक्ष प्रमाण रूप होने के कारण परोक्ष रूप से उसका कथन करना अयुक्त है,अन्य प्रत्यक्षों की तरह प्रत्यभिज्ञान का इन्द्रियों के साथ

सत्सम्प्रयोगजत्वेन स्मरणपश्चाद्भावित्वेप्यस्याः प्रत्यक्षत्वाविरोधात्। उक्तं च–

न हि स्मरणतो यत्प्राक् तत् प्रत्यक्षमितीदृशम्।
वचनं राजकीयं वा लौकिकं वापि विद्यते ॥1॥
न चापि स्मरणात्पश्चादिन्द्रियस्य प्रवर्त्तनम्।
वार्यते केनचिन्नापि तत्तदानीं प्रदुष्यति ॥2॥
तेनेन्द्रियार्थसम्बन्धात्प्रागूर्ध्वं चापि यत्स्मृतेः।
विज्ञानं जायते सर्वं प्रत्यक्षमिति गम्यताम् ॥3॥[5]

16. अनेकदेशकालावस्थासमन्वितं सामान्यं द्रव्यादिकं च वस्त्वस्याः

अन्वय-व्यतिरेक होने से वह भी प्रत्यक्ष की कोटि में आता है, परोक्ष की नहीं।

प्रत्यभिज्ञान स्मरणपूर्वक होता है अतः परोक्ष है ऐसा भी नहीं कहना चाहिए क्योंकि यह ज्ञान सत् संप्रयोगज है। विद्यमान अर्थ का इन्द्रिय के साथ सन्निकर्ष होना सत् सम्प्रयोग कहलाता है उससे जो हो उसे सत् सम्प्रयोगज कहते हैं। अतः स्मरण के पश्चात् होने पर भी उसमें प्रत्यक्षता मानने में विरोध नहीं आता। कहा भी है–

जो ज्ञान स्मरण के पहले हो वही प्रत्यक्ष प्रमाण हो ऐसा लौकिक या राजकीय नियम नहीं है॥1॥

स्मरण के पश्चात् इन्द्रियों के प्रवर्त्तन को किसी के द्वारा रोक दिया जाता हो ऐसी भी बात नहीं है और न उस समय वे दूषित ही होती हैं॥2॥

इसलिये निश्चय होता है कि जो ज्ञान इन्द्रिय और पदार्थ के सम्बन्ध से होता है वह सब प्रत्यक्ष प्रमाण है फिर चाहे वह स्मृति के प्राग्भावी हो चाहे पश्चात्भावी हो॥3॥

16. इस प्रत्यभिज्ञान रूप प्रत्यक्ष का विषय अनेक देशकाल

---

5. मी॰ श्लो॰ सू॰ 4 श्लो॰ 235-237.

प्रमेयमित्यपूर्वप्रमेयसद्भावः। तदुक्तम्–

गृहीतमपि गोत्वादि स्मृतिस्पृष्टं च यद्यपि।
तथापि व्यतिरेकेण पूर्वबोधात्प्रतीयते।।1।।

देशकालादिभेदेन तत्रास्त्यवसरो मितेः।
यः पूर्वमवगतोंशः स न नाम प्रतीयते।।2।।

इदानीन्तनमस्तित्वं न हि पूर्वधिया गतम्।[6]

17. तदप्यसमीचीनम्; प्रत्यभिज्ञानेऽक्षान्वयव्यतिरेकानुविधानस्यासिद्धेः, अन्यथा प्रथमव्यक्तिदर्शनकालेप्यस्योत्पत्तिः स्यात्।

18. पुनर्दर्शने पूर्वदर्शनाहितसंस्कारप्रबोधोत्पन्नस्मृतिसहायमिन्द्रियं तज्जनयति; इत्यप्यसाम्प्रतम्। प्रत्यक्षस्य स्मृतिनिरपेक्षत्वात्। तत्सापेक्षत्वेऽपूर्वार्थ-

---

अवस्थाओं से युक्त सामान्य और द्रव्यादिक है, अतः इसमें अपूर्व विषयपना भी है। कहा भी है–

यद्यपि यह प्रत्यभिज्ञान स्मृति के पीछे होता है तथा इसका गोत्वादि विषय भी गृहीत है तथापि यह पूर्व ज्ञान से भिन्न प्रतीत होता है।।1।।

क्योंकि विभिन्न देश काल आदि के निमित्त से उसमें भेद होता है, पहले जो अंश अवगत था वह अब प्रतीत नहीं हो रहा है।।2।।

इस समय का अस्तित्व पूर्व ज्ञान द्वारा अवगत नहीं हुआ है।

17. इस आपत्ति पर जैन का कहना है कि मीमांसक का यह कथन भी उचित नहीं है, क्योंकि प्रत्यभिज्ञान में इन्द्रियों के साथ अन्वय व्यतिरेक के अनुविधान की असिद्धि है, अन्यथा पहली बार व्यक्ति के देखते समय भी प्रत्यभिज्ञान की उत्पत्ति होती। किन्तु ऐसा होता नहीं है।

18. मीमांसक शंका करते हैं कि– प्रथम बार के दर्शन से संस्कार होता है उस संस्कार के प्रबोध से उत्पन्न हुई स्मृति जिसमें सहायक है ऐसी इन्द्रिय पुनः उस वस्तु के देखने पर प्रत्यभिज्ञान को

---

6. मी० श्लो० सू० 4 श्लो० 232-234

साक्षात्कारित्वाभावः स्यात्।

19. देशकालेत्याद्यप्युक्तमुक्तम्; यतो देशादिभेदेनाप्यध्यक्षं चक्षुः सम्बद्धमेवार्थं प्रकाशयत्प्रतीयते। न च प्रत्यभिज्ञा तं प्रकाशयति पूर्वोत्तरविवर्त्तवर्त्येकत्व विषयत्वात्तस्याः। वर्त्तमानश्चायं चक्षुः सम्बद्धः प्रसिद्धः।

20. यदप्युच्यते–स्मरतः पूर्वदृष्टार्थानुसन्धानादुत्पद्यमाना मतिश्चक्षुः-सम्बद्धत्वे प्रत्यक्षमिति; तदप्यसारम्; न हीन्द्रियमतिः स्मृतिविषयपूर्वरूपग्राहिणी, तत्कथं सा तत्सन्धानमात्मसात्कुर्यात्? पूर्वदृष्टसन्धानं हि तत्प्रतिभासनम्, तत्सम्भवे चेन्द्रियमतेः परोक्षार्थग्राहित्वात् परिस्फुटप्रतिभासता न स्यात्।

उत्पन्न करती है।

इस शंका के समाधान में जैन का कहना है कि– यह कथन ठीक नहीं है क्योंकि इन्द्रियज प्रत्यक्ष को स्मृति की अपेक्षा नहीं होती है, यदि प्रत्यक्ष प्रमाण को स्मृति सापेक्ष मानते हैं तो उसमें अपूर्वार्थ के साक्षात्कारीपने का अभाव हो जायेगा।

19. मीमांसक ने कहा कि देशकाल आदि के निमित्त से ज्ञान में भेद होता है सो यह कथन ठीक नहीं। देश आदि भेद होते हुए भी चक्षु से सम्बद्ध हुए वस्तु को ही प्रत्यक्ष प्रमाण प्रकाशित करता हुआ प्रतीत होता है। किन्तु प्रत्यभिज्ञान उसको प्रकाशित नहीं करता, क्योंकि पूर्वोत्तर पर्यायों में रहने वाला एकत्व उसका विषय है। प्रत्यक्ष का विषय चक्षु से सम्बद्ध वर्तमान रूप होता है यह प्रसिद्ध ही है।

20. मीमांसक के यहाँ कहा जाता है कि स्मरण करते हुए पुरुष के पहले देखे हुए पदार्थ के अनुसंधान से उत्पद्यमान ज्ञान चक्षु से सम्बद्ध होने पर प्रत्यक्ष कहा जाता है, अतः उनका यह कथन भी असार है; इन्द्रिय ज्ञान स्मृति के विषयभूत स्वस्वरूप का ग्राहक नहीं होता है अतः वह किस प्रकार उस अनुसन्धान को आत्मसात् करेगा? पूर्व में देखे हुए पदार्थ का अनुसंधान होना उसका प्रतिभासन कहलाता है, उसके होने पर तो इन्द्रियज्ञान परोक्षार्थग्राही हो जाने से उसमें परिस्फुट प्रतिभासता नहीं हो सकेगी।

21. यदि च स्मृतिविषयस्वभावतया दृश्यमानोर्थः प्रत्यक्षप्रत्ययैरत्र-गम्येत तर्हि स्मृतिविषयः पूर्वस्वभावो वर्त्तमानतया प्रतिभातीति विपरीतख्यातिः सर्वं प्रत्यक्षं स्यात्। अव्यवधानेन प्रतिभासनलक्षणवैशद्याभावाच्च न प्रत्यभिज्ञानं प्रत्यक्षम् इत्यलमतिप्रसङ्गेन।

22. तच्च तदवेदं तत्सदृशं तद्विलक्षणं तत्प्रतियोगीत्यादिप्रकारं प्रतिपत्तव्यम्। तदेवोक्तप्रकारं प्रत्यभिज्ञानमुदाहरणद्वारेणाखिलजनावबोधार्थं स्पष्टयति–

यथा स एवायं देवदत्तः ॥6। *

गोसदृशो गवयः ॥7॥

गोविलक्षणो महिषः ॥8॥

इदमस्माद्दूरम् ॥9॥

---

21. यदि दृश्यमान वर्तमान का पदार्थ स्मृति के विषय के स्वभाव रूप से प्रत्यक्ष ज्ञानों द्वारा अवभासित होता है तो स्मृति के विषयभूत पूर्व स्वभाव वर्तमान रूप से अवभासित होना भी मान सकते हैं; इस प्रकार सभी प्रत्यक्ष विपरीत ख्याति रूप हो जायेंगे। अव्यवधान से प्रतिभासित करना रूप वैशद्य का अभाव होने से भी प्रत्यभिज्ञान प्रत्यक्ष-प्रमाण रूप सिद्ध नहीं होता है, अब इस विषय पर इतना ही कहना पर्याप्त है।

22. इस प्रत्यभिज्ञान के वही यह है, यह उसके समान है, यह उससे विलक्षण है, यह उसका प्रतियोगी है, इत्यादि भेद हैं। अब इन्हीं प्रत्यभिज्ञानों के उदाहरण सभी को समझ में आने के लिए दिये जाते हैं–

यथा स एवायं देवदत्तः ॥6॥

गोसदृशो गवयः ॥7॥

गोविलक्षणो महिषः॥8॥

इदमस्माद् दूरं ॥9॥

---

* सूत्र संख्या 6 से 10 तक परीक्षामुख में सूत्र 6 में ही परिगणित है।

वृक्षोयमित्यादि ॥10॥

23. ननु स एवायमित्यादि प्रत्यभिज्ञानम् नैकं विज्ञानम्-'स:' इत्युल्लेखस्य स्मरणत्वात् 'अयम्' इत्युल्लेखस्य चाध्यक्षत्वात्। न चाभ्यां व्यतिरिक्तं ज्ञानमस्ति यत्प्रत्यभिज्ञानशब्दाभिधेयं स्यात्। नाप्यनयोरैक्यं प्रत्यक्षानुमानयोरपि तत्प्रसङ्गात्। स्पष्टेतररूपतया तयोर्भेदेऽत्रापि सोऽस्तु;

24. तदसाम्प्रतम्; स्मरणप्रत्यक्षजन्यस्य पूर्वोक्तरविवर्तवर्त्त्येकद्रव्य-विषयस्य सङ्कलनज्ञानस्यैकस्य प्रत्यभिज्ञानत्वेन सुप्रतीतत्वात्। न खलु

वृक्षोयमित्यादि ॥10॥

सूत्रार्थ– जैसे वही देवदत्त यह है, गो सदृश रोझ (गवय=नील गाय) होती है, गो से विलक्षण भैंस होती है, यह इससे दूर है, यह वृक्ष है इत्यादि क्रमश: एकत्व प्रत्यभिज्ञान, सादृश्य प्रत्यभिज्ञान, वैलक्षण्य प्रत्यभिज्ञान, प्रतियोगी प्रत्यभिज्ञान और सामान्य प्रत्यभिज्ञान के उदाहरण समझने चाहिए।

23. यहाँ बौद्ध शंका करते हुए कहते हैं कि– "यह वही देवदत्त है" इत्यादि प्रत्यभिज्ञान एक ज्ञान रूप नहीं है। "वह" ऐसा उल्लेख तो स्मरण है और "यह" ऐसा उल्लेख प्रत्यक्ष ज्ञान रूप है, इन दोनों से अतिरिक्त अन्य ज्ञान नहीं है। जो प्रत्यभिज्ञान शब्द का अभिधेय हो, इस स्मृति और प्रत्यक्ष को एक रूप भी नहीं मान सकते हैं अन्यथा प्रत्यक्ष और अनुमान में भी एकत्व मानना होगा। प्रत्यक्ष स्पष्ट प्रतिभास वाला है और अनुमान अस्पष्ट प्रतिभास वाला है अत: इनमें भेद सिद्ध होता है ऐसा कहो तो यही बात स्मरण और प्रत्यक्ष में है। अर्थात् स्मरण अस्पष्ट प्रतिभास वाला और प्रत्यक्ष स्पष्ट प्रतिभास वाला होने से इनमें भेद ही है।

24. बौद्धों की इस शंका का समाधान करते हुये जैन कहते हैं– यह कथन ठीक नहीं है क्योंकि जो स्मरण और प्रत्यक्ष से उत्पन्न होता है, पूर्वोत्तर पर्यायों में व्यापी एक द्रव्य जिसका विषय है ऐसा जोड़ रूप प्रत्यभिज्ञान भली भाँति प्रतीति में आता है। स्मरण ज्ञान अतीत और

स्मरणमेवातीतवर्त्तमानविवर्त्तवर्तिद्रव्यं सङ्कलयितुमलं तस्यातीतविवर्त्तमात्रगोचरत्वात्। नापि दर्शनम्; तस्य वर्तमानमात्रपर्यायविषयत्वात्। तदुभयसंस्कारजनितं कल्पनाज्ञानं तत्सङ्कलयतीति कल्पने तदेव प्रत्यभिज्ञानं सिद्धम्।

25. प्रत्यभिज्ञानानभ्युपगमे च 'यत्सत्तत्सर्वं क्षणिकम्' इत्याद्यनुमानवैयर्थ्यम्। तद्ध्येकत्वप्रतीतिनिरासार्थम् न पुनः क्षणक्षयप्रसिद्धर्थं तस्याध्यक्षसिद्धत्वेनाभ्युपगमात्। समारोपनिषेधार्थं तत्;

26. इत्यप्यपेशलम्; सोयमित्येकत्वप्रतीतिमन्तरेण समारोपस्याप्यसम्भवात्। तदभ्युपगमे च 'अयं सः इत्यध्यक्षस्मरणव्यतिरेकेण नापरमेकत्वज्ञानम्' इत्यस्य विरोधः।

वर्तमान पर्यायों में रहने वाले द्रव्य के जोड़ रूप विषय को जानने में समर्थ नहीं है, वह तो केवल अतीत पर्याय को जान सकता है। दर्शनरूप प्रत्यक्ष भी इस विषय को ग्रहण नहीं कर पाता, क्योंकि वह केवल वर्तमान पर्याय को जानता है। यदि अब आप यह कहो कि अतीत और वर्तमान पर्याय के संस्कार से उत्पन्न हुआ कल्पना ज्ञान उन दोनों पर्यायों का संकलन करता है। तो वही ज्ञान प्रत्यभिज्ञान रूप सिद्ध होता है।

25. तथा प्रत्यभिज्ञान को स्वीकार नहीं करे तो "जो सत् है वह सब क्षणिक है" इत्यादि अनुमान व्यर्थ हो जाता है।

बौद्ध– अनुमान प्रमाण एकत्व का निरसन करने के लिये दिया जाता है, क्षणिकत्व को सिद्ध करने के लिये नहीं, क्योंकि क्षणिकत्व तो प्रत्यक्ष से ही सिद्ध हो जाता है। उस प्रत्यक्ष में आये हुए समारोप का निषेध करने के लिए अनुमान की आवश्यकता होती है।

26. जैन– यह कथन शोभनीय नहीं है। "वह यह है" इस प्रकार की एकत्व की प्रतीति हुए बिना समारोप आना भी सम्भव नहीं है अतः एकत्व की प्रतीति को स्वीकार करना होगा और उसको स्वीकार करें तो आपका निम्न कथन विरोध को प्राप्त होगा कि "यह वह है" इस तरह के ज्ञान में प्रत्यक्ष और स्मरण को छोड़कर अन्य कोई एकत्व नाम का ज्ञान नहीं है।

27. न चाध्यक्षस्मरणे एव समारोपः; तेनानयोर्व्यवच्छेदेऽनुमानस्यानुत्पत्तिरेव स्यात् तत्पर्वूकत्वात्तस्य। कथं चास्याः प्रतिक्षेपेऽभ्यासेतरावस्थायां प्रत्यक्षानुमानयोः प्रामाण्यप्रसिद्धिः? प्रत्यभिज्ञाया अभावे हि 'यद्दृष्टं यश्चानुमितं तदेव प्राप्तम्' इत्येकत्वाध्यवसायाभावेनानयोरविसंवादासम्भवात्। तथा च "प्रमाणमविसंवादि ज्ञानम्"[7] इति प्रमाणलक्षणप्रणयनमयुक्तम्।

28. अन्यद् दृष्टमनुमितं वा प्राप्तं चान्यदित्येकत्वाध्यवसायाभावेप्यविसंवादे प्रामाण्ये चानयोरभ्युपगम्यमाने मरीचिकाचक्रे जलज्ञानस्यापि तत्प्रसङ्गः।

29. न चैवंवादिनो नैरात्म्यभावनाभ्यासो युक्तः फलाभावात्। न चात्मदृष्टिनिवृत्तिः फलम्; तस्या एवासम्भवात्। 'सोहम्' इत्यस्तीति चेत्;

---

27. प्रत्यक्ष और स्मरण ही समारोप है ऐसा कहना भी शक्य नहीं, क्योंकि यदि इन दोनों का समारोप द्वारा व्यवच्छेद होगा तो अनुमान उत्पन्न नहीं होगा, क्योंकि अनुमान प्रत्यक्षादि पूर्वक होता है। दूसरी बात यह है कि प्रत्यभिज्ञान का निरसन करेंगे तो अनभ्यास दशा में प्रत्यक्ष और अनुमान की प्रमाणता किस प्रकार सिद्ध होगी, क्योंकि प्रत्यभिज्ञान के अभाव में जो देखा था अथवा जिसका अनुमान हुआ था वही पदार्थ प्राप्त हुआ है ऐसा एकत्व का निश्चय नहीं होने से प्रत्यक्ष और अनुमान में अविसंवाद सिद्ध होना असम्भव है, अतः "अविसंवादी ज्ञान प्रमाण है" इस प्रकार आप बौद्ध के प्रमाण का लक्षण अयुक्त सिद्ध होता है।

28. बौद्ध के यहाँ प्रत्यक्ष द्वारा दृष्ट एवं अनुमान द्वारा अनुमित हुआ पदार्थ अन्य है और प्राप्त होने वाला पदार्थ अन्य है, उस दृष्ट और प्राप्त पदार्थ में एकत्व अध्यवसाय के अभाव में भी प्रत्यक्ष और अनुमान का अविसंवादपना एवं प्रामाण्यपना स्वीकार किया जाय तो मरीचिका में होने वाले जल के ज्ञान को भी अविसंवादक एवं प्रामाण्य स्वीकार करना होगा।

29. प्रत्यभिज्ञान का निराकरण करने वाले बौद्ध के यहाँ नैरात्म्य भावना का अभ्यास करना भी युक्त नहीं है, क्योंकि उसका कोई फल नहीं है। अपनत्व दृष्टि दूर होना उसका फल है ऐसा कहना भी असत्

न; स्मरणप्रत्यक्षोल्लेखव्यतिरेकेण तदनभ्युपगमात्। तथा च कुतस्तन्निमित्ता रागादयो यतः संसारः स्यात्?

30. ननु पूर्वापरपर्याययोरेकत्वग्राहिणी प्रत्यभिज्ञा, तस्य चासम्भवात् कथमियमविसंवादिनी यतः प्रमाणं स्यात्? प्रत्यक्षेण हि तृद्यद्रूपयोः प्रतीतिः स्वकालनियतार्थविषयत्वात्तस्य;

31. इत्यपि मनोरथमात्रम्; सर्वथा क्षणिकत्वस्याग्रे निराकरिष्य-माणत्वात्। प्रत्यक्षेणाऽतृद्यद्रूपतयार्थप्रतीतेश्चानुभवात् कथं विसंवाद- कत्वं तस्याः? ततः प्रमाणं प्रत्यभिज्ञा स्वगृहीतार्थाविसंवादित्वात् प्रत्यक्षादिवत्।

है, क्योंकि अपनत्व दृष्टि का होना ही असम्भव है, "सोहम्" इस प्रकार से अपनत्व की दृष्टि होना सम्भव है यदि ऐसा कहो तो वह भी ठीक नहीं, क्योंकि स्मरण और प्रत्यक्ष के उल्लेख बिना "सोहम्" इस प्रकार की अपनत्व की दृष्टि का होना स्वीकार नहीं किया है, इस तरह अपनत्व दृष्टि की असिद्धि होने पर उसके निमित्त से होने वाले रागद्वेष भी कैसे उत्पन्न हो सकेंगे जिससे संसार अवस्था सिद्ध हो जाये? अभिप्राय यह है कि प्रत्यभिज्ञान के अभाव में रागद्वेष उत्पन्न होना इत्यादि सिद्ध नहीं होता।

30. बौद्ध– पूर्व और उत्तर पर्यायों में एकत्व को ग्रहण करने वाला प्रत्यभिज्ञान है किन्तु उस एकत्व का होना असम्भव होने से यह ज्ञान किस प्रकार अविसंवादक होगा जिससे उसको प्रमाण माना जाय। प्रत्यक्ष प्रमाण द्वारा नष्ट होते हुए स्वरूपों की ही प्रतीति होती है, क्योंकि स्वकाल में नियत रहने वाला पदार्थ उसका विषय है?

31. जैन– यह कथन भी ठीक नहीं है, सर्वथा क्षणिकवाद का हम आगे खण्डन करने वाले हैं। आपने कहा कि प्रत्यक्ष से वस्तुओं का नष्ट होता हुआ रूप ही प्रतीत होता है किन्तु यह बात असत्य है प्रत्यक्ष द्वारा तो अन्वय रूप से पदार्थ की प्रतीति होती है, अतः प्रत्यभिज्ञान के विसंवादकपना कैसे हो सकता है, अर्थात् नहीं हो सकता, इसलिये निश्चित हुआ कि प्रत्यभिज्ञान प्रमाणभूत है, क्योंकि वह अपने गृहीत

नीलाद्यनेकाकाराक्रान्तं चैकज्ञानमभ्युपगच्छतः 'स एवायम्' इत्याकारद्वया-क्रान्तैकज्ञाने को विद्वेषः?

32. ननु स एवायमित्याकारद्वयं किं परस्परानुप्रवेशेन प्रतिभासते, अननुप्रवेशेन वा? प्रथमपक्षेऽन्यतराकारस्यैव प्रतिभासः स्यात्। द्वितीयपक्षे तु परस्परविविक्तप्रतिभासद्वयप्रसङ्गः। अथ प्रतिभासद्वयमेकाधिकरणमित्युच्यते; न; एकाधिकरणत्वासिद्धेः। न खलु परोक्षापरोक्षरूपौ प्रतिभासावेकमधिकरणं बिभ्राते सर्वसंविदामेकाधिकरणत्वप्रसङ्गात्।

33. इत्यप्यसारम्; तदाकारयोः कथञ्चित्परस्परानुप्रवेशेनात्माधिकरण-तयात्मन्येवानुभवात्। कथं चैवंवादिनश्चित्रज्ञानसिद्धिः? नीलादिप्रतिभासानां

विषय में अविसंवादक है, जैसे प्रत्यक्षादि अविसंवादक है। आप बौद्ध भी नीलादि अनेक आकारों से व्याप्त ऐसे एक ज्ञान को स्वीकार करते हैं तो "वही यह है" इस प्रकार के दो आकारों से व्याप्त ज्ञान को एक मानने में कौन सा विद्वेष है?

32. बौद्ध– "वही यह है" ऐसे दो आकार परस्पर में मिले हुए प्रतिभासित होते हैं या बिना मिले प्रतिभासित होते हैं? प्रथम विकल्प कहो तो दो में से कोई एक आकार ही प्रतीत हो सकेगा क्योंकि दोनों परस्पर में मिल चुके हैं। दूसरे पक्ष में परस्पर से सर्वथा पृथक् दो प्रतिभास सिद्ध होंगे। कोई कहे कि दो प्रतिभासों का अधिकरण एक है अतः एकत्व सिद्ध होगा? सो यह कथन भी ठीक नहीं, एकाधिकरणत्व ही असिद्ध है क्योंकि परोक्ष और अपरोक्ष रूप दो प्रतिभास यदि एक अधिकरण को धारण करेंगे तो सभी ज्ञान में एक अधिकरणपना सिद्ध होगा?

33. जैन– यह कथन भी असार है। पूर्वापर दो आकारों का कथंचित् परस्परानुप्रवेश द्वारा आत्मा अधिकरण रूप से अपने में ही प्रतीत होता है, तथा इस प्रकार एकाधिकरणत्व का निषेध करने वाले बौद्ध के यहाँ चित्र ज्ञान की सिद्धि किस प्रकार होगी? क्योंकि नील पीत आदि प्रतिभासों का परस्पर में प्रवेश होने पर सभी आकारों को एक रूप हो जाने का प्रसंग प्राप्त होता है अतः उनमें चित्रता किससे आयेगी?

परस्परानुप्रवेशे सर्वेषामेकरूपतानुषङ्गात् कुतश्चित्रतैकनीलाकारज्ञानवत्? तेषां तदननुप्रवेशे भिन्नसन्ताननीलादिप्रतिभासानामिवात्यन्तभेदसिद्धेर्नितरां चित्रताऽसम्भवः। एकज्ञानाधिकरणतया तेषां प्रत्यक्षतः प्रतीतेः प्रतिपादितदोषाभावे प्रकृतेप्यसौ मा भूत्तत एव।

34. अथोच्यते–'पूर्वमुत्तरं वा दर्शनमेकत्वेऽप्रवृत्तं कथं स्मरणसहायमपि प्रत्यभिज्ञानमेकत्वे जनयेत्? न खलु परिमलस्मरणसहायमपि चक्षुर्गन्धे ज्ञानमुत्पादयति' इति;

35. तदप्युक्तिमात्रम्; तथा च तज्जनकत्वस्यात्र प्रमाणप्रतिपन्नत्वात्। न च प्रमाणप्रतिपन्नं वस्तुस्वरूपं व्यलीकविचारसहस्रेणाप्यन्यथाकर्तुं शक्यं सहकारिणां चाचिन्त्यशक्तित्वात्। कथमन्यथाऽसर्वज्ञज्ञानमभ्यासविशेषसहायं सर्वज्ञज्ञानं जनयेत्?

अर्थात् नहीं आ सकती, जिस प्रकार नील आकार वाले ज्ञान में नहीं होती। तथा नीलादि अनेक आकार परस्पर में प्रविष्ट नहीं हैं ऐसा मानते हैं तो वे आकार भिन्न भिन्न सन्तानों के नील पीत आदि प्रतिभासों के समान अत्यन्त भिन्न सिद्ध होने से उनमें चित्रता होना नितरां असम्भव है। यदि बौद्ध कहें कि एकाधिकरणपने से नील पीतादि आकारों की प्रत्यक्ष से प्रतीति होती है अतः उपर्युक्त दोष नहीं आते हैं, तो प्रकृत प्रत्ययभिज्ञान में भी उपर्युक्त दोष नहीं होना चाहिए, क्योंकि इसमें भी एकाधिकरणत्व की प्रत्यक्ष से प्रतीति आती है।

34. बौद्ध– पूर्व प्रत्यक्ष अथवा उत्तर प्रत्यक्ष एकत्व विषय में प्रवृत्त नहीं होता अतः स्मरण की सहायता लेकर भी वह प्रत्यभिज्ञान को किस तरह उत्पन्न कर सकेगा, सुगन्धि की सहायता मिलने पर भी क्या चक्षु गंध विषय में ज्ञान को उत्पन्न कर सकती है?

35. जैन– यह कथन अयुक्त है। क्यों कि प्रत्यक्ष का एकत्व विषय में ज्ञान उत्पन्न करना प्रमाण से प्रसिद्ध है। प्रमाण से प्रतिभासित हुए वस्तुस्वरूप को झूठे हजारों विचारों द्वारा भी अन्यथा नहीं कर सकते। क्योंकि सहकारी कारणों की अचिन्त्य शक्ति हुआ करती है, यदि ऐसा नहीं होता तो असर्वज्ञ का ज्ञान अभ्यास की सहायता लेकर सर्वज्ञ ज्ञान

36. एकत्वविषयत्वं च दर्शनस्यापि, अन्यथा निर्विषयकत्वमेवास्य स्यादेकान्ताऽनित्यत्वस्य कदाचनाप्यप्रतीतेः। केवलं तेनैकत्वं प्रतिनियत-वर्त्तमानपर्यायाधारतयार्थस्य प्रतीयते, स्मरणसहायप्रत्यक्षजनितप्रत्यभिज्ञानेन तु स्मर्यमाणानुभूयमानपर्यायाधारतयेति विशेषः।

37. न च लूनपुनर्जातनखकेशादिवत्सर्वत्र निर्विषया प्रत्यभिज्ञा; क्षणक्षयैकान्तस्यानुपलम्भात्। तदुपलम्भे हि सा निर्विषया स्यात् एकचन्द्रोपलम्भे द्विचन्द्रप्रतीतिवत्।

38. लूनपुनर्जातनखकेशादौ च 'स एवायं नखकेशादिः'

को कैसे उत्पन्न कर सकता था?

36. दूसरी बात यह है कि प्रत्यभिज्ञान का ही विषय एकत्व हो, यह बात भी नहीं, प्रत्यक्ष भी एकत्व विषय का ग्राहक है अन्यथा यह ज्ञान निर्विषयक हो जायेगा, क्योंकि सर्वथा अनित्य की कभी भी प्रतीति नहीं होती है। प्रत्यक्ष और प्रत्यभिज्ञान में अन्तर केवल यह है कि प्रत्यक्ष ज्ञान प्रतिनियत वर्तमान पर्याय के आधारभूत द्रव्य के एकत्व को ग्रहण करता है और प्रत्यभिज्ञान स्मरण तथा प्रत्यक्ष की सहायता से उत्पन्न होकर स्मर्यमान पर्याय और अनुभूयमान पर्याय इन दोनों के आधारभूत द्रव्य के एकत्व को ग्रहण करता है।

37. जिस प्रकार काटकर पुनः उत्पन्न हुए नख केश आदि में होने वाला एकत्व का प्रतिभास निर्विषय है उसी प्रकार प्रत्यभिज्ञान सर्वत्र निर्विषय है अर्थात् इसका कोई विषय नहीं है– ऐसा भी नहीं कहना, क्योंकि क्षणिक एकांत की अनुपलब्धि है, यदि क्षणिक एकान्त सिद्ध होता तो प्रत्यभिज्ञान को निर्विषयी मानते, जिस प्रकार एक चन्द्र के उपलब्ध होने पर द्विचन्द्र के ज्ञान को निर्विषयी मानते हैं।

38. कटकर पुनः उत्पन्न हुए नख केश आदि में वही यह नख केशादि है ऐसी प्रतीति कराने वाला एकत्व प्रत्यभिज्ञान, कटे हुए नख केश के समान यह पुनः उत्पन्न हुए नख केशादि हैं– इस तरह के होने वाले सादृश्य प्रत्यभिज्ञान से बाधित होता है अतः अप्रमाण है किन्तु

इत्येकत्वपरामर्शिप्रत्यभिज्ञानं 'लूननखकेशादिसदृशोयं पुनर्जातनखकेशादिः' इति सादृश्यनिबन्धनप्रत्यभिज्ञानान्तरेण बाध्यमानत्वादप्रमाणं प्रसिद्धम्, न पुनः सादृश्यप्रत्यवमर्शि तत्रास्याऽबाध्यमानतया प्रमाणत्वप्रसिद्धेः। न चैकत्रैकत्व-परामर्शिप्रत्यभिज्ञानस्य मिथ्यात्वदर्शनात्सर्वत्रास्य मिथ्यात्वम्; प्रत्यक्षस्यापि सर्वत्र भ्रान्तत्वानुषङ्गान्न किञ्चित्कुतश्चित्कस्यचित्प्रसिद्ध्येत्।

39. ततो यथा शुक्ले शङ्खे पीताभासं प्रत्यक्षं तत्रैव शुक्लाभास-प्रत्यक्षान्तरेण बाध्यमानत्वादप्रमाणम्, न पुनः पीते कनकादौ तथा प्रकृतमपीति।

40. कथं च प्रत्यभिज्ञानविलोपेऽनुमानप्रवृत्तिः? येनैव हि पूर्वधूमोऽग्ने-र्दृष्टस्तस्यैव पुनः पूर्वधूमसदृशधूमदर्शनादग्निप्रतिपत्तिर्युक्ता नान्यस्यान्यदर्शनात्। न च प्रत्यभिज्ञानमन्तरेण 'तेनेदं सदृशम्' इति प्रतिपत्तिरस्ति; पूर्वप्रत्यक्षेणोत्तरस्य तत्प्रत्यक्षेण च पूर्वस्याग्रहणात्, द्वयप्रतिपत्तिनिबन्धनत्वादुभयसादृश्यप्रतिपत्तेः

सादृश्य को विषय करने वाला प्रत्यभिज्ञान अप्रमाण नहीं कहलाता है, क्योंकि अबाध्यमान होने से उसके प्रामाण्य की प्रसिद्धि है। तथा एक जगह एकत्व के परामर्शी प्रत्यभिज्ञान में मिथ्यापना दिखायी देने से उसमें सर्वत्र मिथ्यापना मानना गलत है अन्यथा प्रत्यक्ष के भी सर्वत्र भ्रान्त होने का प्रसंग प्राप्त होगा फिर तो कोई भी वस्तु किसी भी प्रमाण से किसी के भी सिद्ध नहीं होगी।

39. इस बड़े भारी दोष को दूर करने के लिए जैसे सफेद शंख में पीताभास को करने वाला प्रत्यक्ष शुक्लाभास प्रत्यक्ष से बाधित होकर अप्रमाण सिद्ध होता है और पीत सुवर्णादि में पीताभास बाधित न होकर प्रमाणभूत सिद्ध होता है वैसे ही प्रत्यभिज्ञान में बाधितपना और अबाधितपना होने से अप्रमाणपना और प्रमाणपना दोनों सिद्ध होते हैं।

40. **प्रश्न**—यदि एकत्व और सादृश्य को विषय करने वाले प्रत्यभिज्ञान का लोप करेंगे तो अनुमान प्रमाण की प्रवृत्ति किस प्रकार हो सकेगी?

समाधान—जिसने पूर्व में धूम को देखकर अग्नि को देखा है उसी पुरुष के पुनः पूर्व के धूम सदृश धूम के देखने से अग्नि का ज्ञान

सम्बन्धप्रतिपत्तिवत्। ततः प्रत्यभिज्ञा प्रमाणमभ्युपगन्तव्या।

तर्कप्रमाणविमर्शः

अथेदानीमूहस्योपलम्भेत्यादिना कारणस्वरूपे निरूपयति–

उपलम्भानुपलम्भनिमित्तं व्याप्तिज्ञानमूहः ॥11॥

41. उपलम्भानुपलम्भौ साध्यसाधनयोर्यथाक्षयोपशमं सकृत् पुनः

होना युक्त है, न कि अन्य व्यक्ति के अन्य किसी वस्तु के देखने से अग्नि का ज्ञान होना युक्त है। प्रत्यभिज्ञान के बिना "यह उसके समान अग्नि है" इत्यादि प्रतीति नहीं होती, क्योंकि पूर्व पर्याय को ग्रहण करने वाले प्रत्यक्ष द्वारा उत्तर पर्याय का ग्रहण नहीं होता और उत्तरकालीन पर्याय को ग्रहण करने वाले प्रत्यक्ष द्वारा पूर्व पर्याय का ग्रहण नहीं होता। उभय पर्यायों में होने वाले सादृश्य का ज्ञान उभय को जानने से ही होगा जैसे सम्बन्ध का ज्ञान उभय पदार्थों के जानने से होता है। इसलिये प्रत्यभिज्ञान को प्रमाणभूत स्वीकार करना चाहिये।

तर्कप्रमाण विमर्श

अब यहाँ पर तर्क प्रमाण के कारण का तथा स्वरूप का वर्णन करते हैं–

उपलम्भानुपलम्भनिमित्तं व्याप्तिज्ञानमूहः ॥11॥

सूत्रार्थ– उपलम्भ (साध्य के होने पर साधन का होना) तथा अनुपलम्भ (साध्य के अभाव में साधन का नहीं होना) के निमित्त से होने वाले व्याप्ति ज्ञान को तर्क कहते हैं।

41. व्याप्ति ज्ञान के दो कारण हैं– एक प्रत्यक्ष उपलम्भ और एक अनुपलम्भ। अग्नि के होने पर धूम के होने का ज्ञान प्रत्यक्ष उपलम्भ है और अग्नि के अभाव में धूम के अभाव का ज्ञान अनुपलम्भ है। इन अग्नि और धूमादि रूप साध्य साधनों का क्षयोपशम के अनुसार एक बार में अथवा अनेक बार में दृढ़तर निश्चय अनिश्चय होना उपलम्भ अनुपलम्भ कहलाता है, अर्थात् इस अग्निरूप साध्य के होने पर ही यह

पुनर्वा दृढतरं निश्चयानिश्चयौ न भूयोदर्शनादर्शने। तेनातीन्द्रियसाध्यसाधनयोराग-मानुमाननिश्चयानिश्चयहेतुकसम्बन्धबोधस्यापि सङ्ग्रहान्नाव्याप्तिः।

42. यथा 'अस्त्यस्य प्राणिनो धर्मविशेषो विशिष्टसुखादिसद्भावा-न्यथानुपपत्तेः' इत्यादौ, 'आदित्यस्य गमनशक्तिसम्बन्धोऽस्ति गतिमत्त्वा-न्यथानुपपत्तेः' इत्यादौ च। न खलु धर्मविशेषः प्रवचनादन्यतः प्रतिपत्तुं शक्यः, नाप्यतोनुमानादन्यतः कुतश्चित्प्रमाणादादित्यस्य गमनशक्तिसम्बन्धः साध्यत्वाभिमतः, साधनं वा गतिमत्त्वं देशाद्देशान्तरप्राप्तिमत्त्वानुमानादन्यत इति।

धूमरूप साधन होता है और साध्य के न होने पर साधन भी नहीं होता ऐसा दृढ़तर ज्ञान होना उपलम्भ अनुपलम्भ है।

साध्य साधन का बार-बार प्रत्यक्ष होना उपलम्भ है और उनका प्रत्यक्ष न होना अनुपलम्भ है ऐसा उपलम्भ अनुपलम्भ शब्दों का अर्थ यहाँ इष्ट नहीं है। इसीलिये जो साध्य साधन इन्द्रियगम्य नहीं है, जिनका उपलम्भ अनुपलम्भ (साध्य साधन के अविनाभाव का ज्ञान) आगम एवं अनुमान प्रमाण द्वारा होता है, उनके व्याप्ति ज्ञान का भी तर्क प्रमाण में संग्रह हो जाता है, अतः सूत्रोक्त तर्क प्रमाण लक्षण अव्याप्ति दोष युक्त नहीं है।

42. जिस साध्य साधन का अविनाभाव आगम द्वारा गम्य है उसका उदाहरण इस प्रकार है- इस प्राणी के धर्म विशेष [पुण्य] है क्योंकि विशिष्ट सुखादि के सद्भाव की अन्यथानुपपत्ति है।

जिस साध्य साधन की व्याप्ति अनुमानगम्य होती है उसका उदाहरण इस प्रकार है- सूर्य के गमन शक्ति सद्भाव है क्योंकि गतिमान की अन्यथानुपपत्ति है इत्यादि। प्राणी के पुण्य विशेष को जानने के लिए आगम को छोड़कर अन्य कोई प्रमाण नहीं है तथा अनुमान प्रमाण को छोड़कर अन्य किसी प्रमाण से सूर्य के गमन शक्ति को जानना भी शक्य नहीं है, अर्थात् गमन शक्ति का सम्बन्ध रूप साध्य और गतिमत्व रूप साधन देश से देशान्तर को प्राप्ति रूप हेतु वाले अनुमान द्वारा ही उक्त व्याप्ति का ज्ञान होता है।

43. तौ निमित्तं यस्य व्याप्ति- ज्ञानस्य तत्तथोक्तम्। व्याप्तिः साध्यसाधनयोरविनाभावः, तस्य ज्ञानमूहः।

44. न च बालावस्थायां निश्चयानिश्चयाभ्यां प्रतिपन्नसाध्यसाधन-स्वरूपस्य पुनर्वृद्धावस्थायां तद्विस्मृतौ तत्स्वरूपोपलम्भेप्यविनाभाव-प्रतिपत्तेरभावात्तयोस्तदहेतुत्वम्;

45. स्मरणादेरपि तद्धेतुत्वात्। भूयो निश्चयानिश्चयौ हि स्मर्यमाणप्रत्यभिज्ञायमानौ तत्कारणमिति स्मरणादेरपि तन्निमित्तत्वप्रसिद्धिः।

46.मूलकारणत्वेन तूपलम्भादेरत्रोपदेशः, स्मरणादेस्तु प्रकृतत्वादेव तत्कारणत्वप्रसिद्धेरनुपदेश इत्यभिप्रायो गुरूणाम्।

---

43. इस प्रकार के उपलम्भ और अनुपलम्भ है निमित्त जिस व्याप्ति ज्ञान के उसे कहते हैं **"उपलम्भानुपलम्भनिमित्तं"** यह इस पद का समास है। साध्य और साधन के अविनाभाव को व्याप्ति कहते हैं और उसके ज्ञान को तर्क कहते हैं।

44. **शंका–** बाल अवस्था में जिस साध्य साधन का स्वरूप उपलम्भ अनुपलम्भ द्वारा निश्चित किया था वह वृद्धावस्था में विस्मृत हो जाने पर उस स्वरूप के उपलब्ध होते हुए भी अविनाभाव का ज्ञान नहीं होता अतः उक्त उपलम्भ अनुपलम्भ व्याप्ति ज्ञान के हेतु नहीं हैं?

45. **समाधान–**ऐसी आशंका भी नहीं करनी चाहिये, उपलम्भादि के समान स्मरणादि ज्ञानों को भी व्याप्ति ज्ञान का हेतु माना गया है, साध्य के होने पर ही साधन होता है साध्य के अभाव में साधन होता ही नहीं इस प्रकार के स्वरूप वाले निश्चय अनिश्चय को बार-बार स्मरण करते हुए और प्रत्यभिज्ञान करते हुए जीव के व्याप्ति का ज्ञान होता ही है अतः स्मरणादि में भी व्याप्ति ज्ञान का हेतुपना सिद्ध है।

46. व्याप्ति ज्ञान का मूल निमित्त उपलम्भादि होने से उनका सूत्र में उपदेश किया है, स्मरणादि तो प्रस्तुत होने से ही तर्क के निमित्तरूप से सिद्ध है। अतः उनका सूत्र में उल्लेख नहीं किया है, यही आचार्य माणिक्यनन्दी का अभिप्राय है।

तच्च व्याप्तिज्ञानं तथोपपत्त्यन्यथानुपपत्तिभ्यां प्रवर्त्तत इत्युपदर्शयति-इदमस्मिन्नित्यादि।

इदमस्मिन् सत्येव भवति असति तु न भवत्येवेति ॥12॥

47. इदं साधनत्वेनाभिप्रेतं वस्तु, अस्मिन्साध्यत्वेनाभिप्रेते वस्तुनि सत्येव सम्भवतीति तथोपपत्तिः। अन्यथा साध्यमन्तरेण न भवत्येवेत्यन्यथानुपपत्तिः। वाशब्द उभयप्रकारसूचकः।

यहाँ तर्क प्रमाण के निमित्त का प्रतिपादन करते हुए प्रभाचन्द्राचार्य ने सबसे पहले यह बताया कि– साध्य साधन के व्याप्ति का ज्ञान केवल प्रत्यक्ष निमित्तक नहीं है अपितु आप्त[1] पुरुष के वाक्यों को सुनकर और अनुमान द्वारा भी व्याप्ति ज्ञान होता है। यदि साध्य साधन के अविनाभाव का निश्चय केवल प्रत्यक्ष द्वारा होना माना जाये तो अतीन्द्रिय रूप साध्य साधन का अविनाभाव ज्ञात नहीं हो सकेगा।

इस पुरुष के पुण्य का सद्भाव पाया जाता है, क्योंकि विशिष्ट सुखादि की अन्यथानुपपत्ति है। सूर्य के गमन शक्ति का अविनाभाव भी प्रत्यक्ष व गम्य नहीं होता। अतः जो परवादी व्याप्ति का ग्रहण केवल प्रत्यक्ष द्वारा होना मानते हैं वह असत् है। तर्क में स्मरणादि ज्ञान भी निमित्त हुआ करते हैं, यदि साध्य साधन के अविनाभाव का ज्ञान विस्मृत हो जाय तो तर्क प्रमाण प्रवृत्त नहीं होता प्रत्यभिज्ञान भी इस ज्ञान में निमित्त होता है किन्तु मुख्य कारण उपलम्भ अनुपलम्भ है यही गुरुओं का अभिप्राय है।

अब यहाँ पर आचार्य तर्क प्रमाण की प्रवृत्ति तथोपपत्ति और अन्यथानुपपत्ति द्वारा होती है ऐसा प्रतिपादन करते हैं–

इदमस्मिन् सत्येव भवति असति तु न भवत्येवेति च ॥12॥

सूत्रार्थ– यह इसके होने पर ही होता है और नहीं होने पर नहीं होता।

47. 'इदम्' इस पद से साधन रूप से अभिप्रेत वस्तु का ग्रहण होता है तथा 'अस्मिन्' इस पद से साध्य रूप से अभिप्रेत वस्तु का ग्रहण

तावेवोभयप्रकारौ सुप्रसिद्धव्यक्तिनिष्ठतया सुखावबोधार्थं प्रदर्शयति–

यथाग्नावेव धूमस्तदभावे न भवत्येवेति च ॥13॥

48. ननु चास्याऽप्रमाणत्वात्किं कारणस्वरूपनिरूपणप्रयासेन;

49. इत्यप्यसाम्प्रतम्; यतोस्याप्रामाण्यं गृहीतग्राहित्वात्, विसंवादित्वाद्वा स्यात्, प्रमाणविषयपरिशोधकत्वाद्वा? प्रथमपक्षे साध्यसाधनयोः साकल्येन

होता है, यह साधन इस साध्य के होने पर ही होता है यह तथोपपत्ति कहलाती है, साध्य के बिना साधन नहीं होता, यह अन्यथानुपपत्ति कहलाती है। सूत्र में वा [तु] शब्द उभय प्रकार का सूचक है।

इस तथोपपत्ति और अन्यथानुपपत्ति रूप उभय प्रकार को सुप्रसिद्ध दृष्टान्त द्वारा सुखपूर्वक अवबोध कराने के लिये कहते हैं–

यथाग्नावेव धूमस्तदभावे न भवत्येवेति च ॥13॥

सूत्रार्थ– जिस प्रकार धूम अग्नि के होने पर ही होता है और अग्नि के अभाव में नहीं होता।

48. यहाँ शंका करते हुये कहते हैं कि– तर्क ज्ञान अप्रमाण है अतः इसके कारण और स्वरूप का प्रतिपादन करना व्यर्थ है?

49. समाधान– आपका यह कथन ठीक नहीं है। पहले हमें यह बतलाइये कि तर्क अप्रमाणभूत किस कारण से है? गृहीत ग्राही होने से, विसंवादित्व होने से या प्रमाण के विषय का परिशोधक होने के कारण?

प्रथम पक्ष– गृहीत ग्राही होने से तर्क ज्ञान अप्रमाणिक है ऐसा माने तो कौन से प्रमाण से उसका विषय ग्रहण हुआ है? साध्य साधन की साकल्य रूप से व्याप्ति प्रत्यक्ष से प्रतीत होती है या अनुमान से? केवल सन्निहित पदार्थ का ग्राहक होने के कारण प्रत्यक्ष ज्ञान देशादि से विप्रकृष्ट [दूरवर्ती] भूत अशेष पदार्थों का ग्राहक नहीं हो सकता तथा उन विषयों में इसका वैशद्यधर्म भी असम्भव है। सत्त्व नित्यत्व आदि तथा अग्नि धूम आदि सभी पदार्थ विशदरूप से प्रतीत होते हुए दिखाई

व्याप्तिः प्रत्यक्षात् प्रतीयते, अनुमानाद्वा? न तावत्प्रत्यक्षात्; तस्य सन्निहितमात्रगोचरतया देशादिविप्रकृष्टाशेषार्थालम्बनत्वानुपपत्तेः, तत्रास्य वैशद्यासम्भवाच्च। न खलु सत्त्वानित्यवादयोऽग्निधूमादयो वा सर्वे भावाः सन्निधानवत् प्रत्यक्षे विशदतया प्रतिभान्ति, प्राणिमात्रस्य सर्वज्ञतापत्तेरनुमानानर्थक्यप्रसङ्गाच्च। अविचारकतया चाध्यक्षं 'यावान् कश्चिद्धूमः स सर्वोपि देशान्तरे कालान्तरे वाग्निजन्माऽन्यजन्मा वा न भवति' इत्येतावतो व्यापारान् कर्त्तुमसमर्थम्।

50. पुरोव्यवस्थितार्थेषु प्रत्यक्षतो व्याप्तिं प्रतिपद्यमानः सर्वोपसंहारेण प्रतिपद्यते; इत्यप्यसुन्दरम्; अविषये सर्वोपसंहारायोगात्।

51. प्रत्यक्षपृष्ठभाविनो विकल्पस्यापि तद्विषयमात्राध्यवसायत्वात् सर्वोप- संहारेण व्याप्तिग्राहकत्वाभावः, तथा चानिश्चितप्रतिबन्धकत्वाद्देशान्तरादौ साधनं साध्यं न गमयेत्।

नहीं देते, यदि प्रतीत होते तो अशेष प्राणी सर्वज्ञ होने की आपत्ति आयेगी तथा अनुमान प्रमाण भी व्यर्थ ठहरेगा क्योंकि सभी पदार्थ प्रत्यक्ष हो चुके हैं तो अनुमान की क्या आवश्यकता? तथा परमतानुसार प्रत्यक्षज्ञान निर्विकल्प होने से "जितना भी धूम है वह सब देशान्तर तथा कालान्तर में भी अग्नि से ही प्रादुर्भूव है अन्य से प्रादुर्भूत नहीं होता" इतने अधिक प्रतीति के कार्य को करने में अस्मर्थ है, वह तो केवल सामने उपस्थित हुए पदार्थों का ही ग्राहक है।

50. शंका– सामने उपस्थित पदार्थों में पहले प्रत्यक्ष द्वारा व्याप्ति को ग्रहण कर लेते हैं और फिर क्रमशः सर्वोपसंहार रूप से ग्रहण करते हैं?

समाधान– यह कथन असुन्दर है, जो अपना विषय नहीं है उस अविषय भूत पदार्थ में सर्वोपसंहार रूप से जानना अशक्य है।

51. प्रत्यक्ष के पश्चात् प्रादुर्भूत हुए विकल्प ज्ञान द्वारा व्याप्ति का ग्रहण होना भी असम्भव है, क्योंकि वह भी सन्निहित का ही ग्राहक है अतः सर्वोपसंहार से व्याप्ति का ग्राहक होना शक्य नहीं, इस तरह

52. ननु कार्यं धूमो हुतभुजः कार्यधर्मानुवृत्तितो विशिष्टप्रत्यक्षानुपलम्भाभ्यां निश्चितः, स देशान्तरादौ तदभावेपि भवंस्तत्कार्यतामेवातिवर्तेत, इत्याकस्मिकोऽग्नि निवृत्तौ न क्वचिदपि निवर्तेत, नाप्यवश्यंतया तत्सद्भावे एव स्यादिति, अहेतोः खरविषाणवत्तस्यासत्त्वात् क्वचिदप्युपलम्भो न स्यात्, सर्वत्र सर्वदा सर्वाकारेण वोपलम्भः स्यात्। स्वभावश्च 'तद्वतोर्थस्याभावेपि यदि स्यात्तदार्थस्य निःस्वभावत्वं स्वभावस्य वाऽसत्त्वं स्यात्, तत्स्वभावतया चास्य कदाचिदप्युपलम्भो न स्यात्। उक्तञ्च–

कार्यं धूमो हुतभुजः कार्यधर्मानुवृत्तितः।
सम्भवंस्तदभावेपि हेतुमत्तां विलङ्घयेत्।।[8]

प्रत्यक्ष द्वारा व्याप्ति का अनिश्चय होने से देशान्तरादि में वह साधन स्वसाध्य का गमक नहीं हो सकता।

52. यहाँ पर कोई कहता है कि– कार्य धर्म की अनुवृत्ति होने से प्रत्यक्ष एवं अनुपलम्भ द्वारा धूम अग्नि का कार्य है ऐसा निश्चित हो जाता है, यदि वह देशान्तर में अग्नि के अभाव में भी उपलब्ध होता है तो उसका कार्य कहलाता, इस तरह अकारण रूप सिद्ध होने से कहीं पर अग्नि के निवृत्त होने पर भी निवृत्त नहीं होगा तथा उसके सद्भाव होने पर नियमितपने से सद्भाव रूप भी नहीं रहेगा, इस प्रकार खरविषाण के समान उस अहेतुक धूम की असत्व होने से कहीं पर भी उपलब्धि नहीं हो सकेगी अथवा सर्वत्र सर्वदा सर्वाकार से उपलब्धि होने लगेगी। कार्य हेतु के समान स्वभाव हेतु की भी बात है, यदि स्वभाव भी स्वभाववान् अर्थ के अभाव में रहेगा तो स्वभाववान् अर्थ निःस्वभाव बन जायेगा अथवा स्वभाव का ही असत्व हो जायेगा, फिर तो पदार्थ के स्वभावरूप से इसकी कहीं भी उपलब्धि नहीं हो सकेगी। कहा भी है–

अग्नि के कार्य धर्म की अनुवृत्ति होने से धर्म उसका कार्य कहलाता है, यदि वह अग्नि के अभाव में होता तो उसका कार्य नहीं कहा जाता **।।1।।**

---

8. प्रमाणवार्तिक 1/35

स्वभावेप्यविनाभावो भावमात्रानुबन्धिनि।
तदभावे स्वयं भावस्याभावः स्यादभेदतः॥[9]

53. व्याप्तिप्रतिपत्तावपि तन्निश्चयकालोपलब्धेनैव व्यापकेन व्याप्यस्य व्याप्तिः स्यात् तस्यैव तथा निश्चयात्, न तादृशस्य। तादृशस्यापि साध्यव्याप्तत्वग्रहणे तद्ग्राहिणो विकल्पस्यागृहीतग्राहित्वं कथं न स्यात्? यत्तु प्रत्यक्षेण क्वचित्प्रदेशे साध्यव्याप्तत्वेन प्रतिपन्नं ततस्तस्यानुमाने विशेषतो दृष्टानुमानं स्यात्, अन्यदेशादिस्थसाध्येनास्याव्याप्तेः।

स्वभाव हेतु की भी यही बात है। भाव मात्र का अनुकरण करने वाले स्वभाव में अविनाभाव होता है अर्थात् स्वभाव और स्वभाववान में अभेद होने के कारण स्वभाव के अभाव में स्वभाववान का अभाव हो जाता है **॥2॥**

53. किन्तु शंकाकार का उपर्युक्त कथन ठीक नहीं है। प्रत्यक्षादि से व्याप्ति का बोध होने पर भी केवल उस प्रत्यक्ष के काल में उपलब्ध व्यापक के साथ ही व्याप्य की व्याप्ति सिद्ध हो सकती है। उसी का उस तरह से निश्चय हुआ है, तत् सदृश अन्य व्याप्य के साथ तो व्याप्ति का निश्चय नहीं हो सकता, यदि तत् सदृश अन्य व्याप्य की भी व्याप्ति गृहीत होती है– ऐसा माना जाय तो उस व्याप्ति ग्राहक विकल्प रूप ज्ञान को अग्रहीत-ग्राहीपना कैसे नहीं होगा? यदि किसी प्रदेश विशेष में प्रत्यक्ष द्वारा साध्य के साथ हेतु की व्याप्ति जानी जाती है और उससे अनुमान प्रमाण प्रवृत्त होता है उस ज्ञान को विशेष तो दृष्ट अनुमान कहना होगा न कि तर्क प्रमाण, क्योंकि उक्त ज्ञान द्वारा अन्य देश आदि में स्थित साध्य के साथ इस हेतु की व्याप्ति सिद्ध नहीं होती।

54. **शंका–** अन्य देशादि के साध्य में उस प्रकार के व्यापक से व्याप्य की व्याप्ति तो परिशेष्य रूप ज्ञान द्वारा हो जाया करती है?

समाधान– अच्छा तो बताइये पारिशेष्य ज्ञान किसे कहते हैं प्रत्यक्ष को या अनुमान को? प्रत्यक्ष को तो कह नहीं सकते, क्योंकि

---

9. प्रमाणवार्तिक 1/40

54. पारिशेष्यात्तादृशेन व्यापकेनान्यत्र तादृशस्य व्याप्तिसिद्धिश्चेत्, ननु किमिदं पारिशेष्यम्-प्रत्यक्षम्, अनुमानं वा? न तावत्प्रत्यक्षम्; देशान्तरस्थ-स्यानुमेयस्य प्रत्यक्षेणाप्रतिपत्तेः, अन्यथानुमानानर्थक्यानुषङ्गः। नाप्यनुमानम्; तत्राप्यनुमानान्तरेण व्याप्तिप्रतिपत्तावनवस्थाप्रसङ्गात्, तेनैव तत्प्रतिपत्ता-वन्योन्याश्रयः।

55. एतेन साध्यसाधनयोः साकल्येनानुमानाद्व्याप्तिप्रतिपत्तेस्तर्कस्या-प्रामाण्यमिति प्रत्युक्तम्। तन्न प्रत्यक्षानुमानयोः साकल्येन व्याप्तिप्रतिपत्तौ सामर्थ्यम्।

देशांतर में स्थित अनुमेय अर्थ की प्रत्यक्ष द्वारा प्रतिपत्ति होना असम्भव है, यदि प्रत्यक्ष से ही उसकी प्रतिपत्ति होगी तो अनुमान प्रमाण मानना व्यर्थ ठहरता है। अनुमान को पारिशेष्य ज्ञान कहना भी ठीक नहीं क्योंकि उस पारिशेष्य रूप अनुमान की व्याप्ति को यदि अन्य अनुमान द्वारा ज्ञात होना स्वीकार करते हैं तो अनवस्था दूषण आता है और उसी अनुमान द्वारा ज्ञात होना स्वीकारते हैं तो अन्योन्याश्रय दूषण प्राप्त होता है।

55. इस प्रकार यहाँ तक यह सिद्ध हुआ कि प्रत्यक्ष से व्याप्ति का ग्रहण नहीं होता है। इसी कथन से साध्य साधन की व्याप्ति साकल्य से अनुमान द्वारा गृहीत होती है अतः तर्क अप्रमाणभूत है ऐसा कहना भी खंडित हुआ मानना चाहिए।

अतः यह निश्चित हुआ कि प्रत्यक्ष और अनुमान में पूर्णरूपेण व्याप्ति को ग्रहण करने की सामर्थ्य नहीं है। इसके लिये तर्क ही जरूरी है।

अनुमानप्रमाणविमर्शः

अथेदानीमनुमानलक्षणं व्याख्यातुकामः साधनादित्याद्याह–

साधनात्साध्यविज्ञानमनुमानम् ॥14॥

57. साध्याऽभावाऽसम्भवनियमनिश्चयलक्षणात् साधनादेव हि शक्याऽभिप्रेताप्रसिद्धत्वलक्षणस्य साध्यस्यैव यद्विज्ञानं तदनुमानम्। प्रोक्तविशेषणयोरन्यतरस्याप्यपाये ज्ञानस्यानुमानत्वासम्भवात्।

58. ननु चास्तु साधनात्साध्यविज्ञानमनुमानम्। तत्तु साधनं निश्चितपक्षधर्मत्वादिरूपत्रययुक्तम्। पक्षधर्मत्वं हि तस्यासिद्धत्वव्यवच्छेदार्थं

अनुमान प्रमाण विमर्श

अब यहाँ अनुमान प्रमाण के लक्षण का व्याख्यान करते हैं–

साधनात् साध्यविज्ञानमनुमानम् ॥14॥

सूत्रार्थ– साधन से होने वाले साध्य के ज्ञान को अनुमान प्रमाण कहते हैं।

57. जो साध्य के अभाव में नियम से नहीं होता ऐसे निश्चित साधन से शक्य अभिप्रेत एवं असिद्ध लक्षण वाले साध्य का जो ज्ञान होता है उसे अनुमान कहते हैं, शक्य अभिप्रेत और असिद्ध इन तीन विशेषणों में से यदि एक भी न हो तो वह साध्य नहीं कहलाता तथा साध्य के अभाव में नियम से नहीं होना रूप विशेषण से रहित साधन भी साधन नहीं कहलाता अतः उक्त विशेषणों में से एक के भी नहीं होने पर उक्त ज्ञान का अनुमानपना सम्भव नहीं है।

58. अब यहाँ पर बौद्ध शंका करते हैं कि– साधन से होने वाले साध्य के ज्ञान को अनुमान प्रमाण कहते हैं यह अनुमान की व्याख्या तो सत्य है, किन्तु इसमें जो साधन (हेतु) होता है वह पक्ष

लक्षणं निश्चीयते। सपक्ष एव सत्त्वं तु विरुद्धत्वव्यवच्छेदार्थम्। विपक्षे चासत्त्वमेव अनैकान्तिकत्वव्यवच्छित्तये। तदनिश्चये साधनस्यासिद्धत्वादि-दोषत्रयपरिहारासम्भवात्। उक्तञ्च–

हेतोस्त्रिष्वपि रूपेषु निर्णयस्तेन वर्णितः।
असिद्धविपरीतार्थव्यभिचारिविपक्षतः॥[10]

इत्याशङ्क्याह–

साध्याविनाभावित्वेन निश्चितो हेतुः ॥15॥

59. असाधारणो हि स्वभावो भावस्य लक्षणमव्यभिचारादग्नेरौष्ण्यवत्। न च त्रैरूप्यस्यासाधारणता; हेतौ तदाभासे च तत्सम्भवात्पञ्चरूपत्वादिवत्। असिद्धत्वादिदोषपरिहारश्चास्य अन्यथानुपपत्तिनियमनिश्चयलक्षणत्वादेव

धर्मत्व आदि तीन रूप संयुक्त होता है। पक्षधर्मत्व रूप हेतु का विशेषण उसके असिद्धत्व दोष का व्यवच्छेद करने के लिए प्रयुक्त किया है, सपक्ष में ही सत्त्व होना रूप लक्षण विरुद्धपने का व्यवच्छेद करने के लिये है, और विपक्ष में असत्त्व होना रूप लक्षण अनैकान्तिक दोष के परिहार के लिये है। यदि इन पक्ष धर्मादि का हेतु में रहना निश्चित न हो तो असिद्धादि तीन दोषों का परिहार होना असम्भव है। कहा भी है– हेतु के त्रैरूप्य का [पक्षधर्मत्व, सपक्षसत्त्व, विपक्षव्यावृत्ति] निर्णय इसलिये करते हैं कि उससे असिद्ध, विरुद्ध और अनैकान्तिक दोष नहीं आते।

बौद्ध की इस शंका का परिहार करते हुए हेतु के सही लक्षण का वर्णन करते हैं–

साध्याविनाभावित्वेन निश्चितो हेतुः ॥15॥

सूत्रार्थ– साध्य के साथ अविनाभावरूप से रहना जिसका निश्चित है उसको हेतु कहते हैं।

59. वस्तु का जो असाधारण स्वभाव होता है वह उसका लक्षण होता है, क्योंकि उस लक्षण में किसी प्रकार का व्यभिचार नहीं आता,

---

10. प्रमाणवार्तिक 1/16

प्रसिद्धः, स्वयमसिद्धस्यान्यथानुपपत्तिनियमनिश्चयासम्भवाद् विरुद्धानैकान्तिकवत्।

हेतोस्त्रैरूप्यनिरासः

60. किञ्च, त्रैरूप्यमात्रं हेतोर्लक्षणम्, विशिष्टं वा त्रैरूप्यम्? तत्राद्यविकल्पे धूमवत्त्वादिवद्वक्तृत्वादावप्यस्य सम्भवात्कथं तल्लक्षणत्वम्? न खलु 'बुद्धोऽसर्वज्ञो वक्तृत्वादे रथ्यापुरुषवत्' इत्यत्र हेतोः पक्षधर्मत्वादिरूपत्रयसद्भावे परैर्गमकत्वमिष्यतेऽन्यथानुपपन्नत्वविरहात्।

जैसे अग्नि का उष्णता स्वभाव असाधारण होने से उसका वह लक्षण व्यभिचार दोष रहित है। बौद्ध का पूर्वोक्त त्रैरूप्य लक्षण असाधारण स्वभावरूप नहीं है क्योंकि वह हेतु और हेत्वाभास दोनों में पाया जाता है जैसे कि यौग का पंचरूपता लक्षण उभयत्र पाया जाता है।

हेतु के असिद्धादि दोषों का परिहार तो अन्यथानुपपत्ति के नियम का निश्चितपने से रहना रूप लक्षण से ही हो जाता है, जो हेतु स्वयं असिद्ध है उसमें अन्यथानुपपत्ति नियम का निश्चय [साध्य के बिना नियम से नहीं होने का निश्चय] असम्भव है, जैसे कि विरुद्ध एवं अनैकान्तिक रूप हेतुओं में अन्यथानुपपत्ति नियम का निश्चय होना असम्भव होता है।

हेतु त्रैरूप्यनिरास

60. हम जानना चाहेंगे कि केवल त्रैरूप्य को हेतु का लक्षण मानना बौद्ध को इष्ट है अथवा विशिष्ट त्रैरूप्य को मानना इष्ट है?

प्रथम विकल्प–धूमत्व आदि हेतुओं के समान वक्तृत्वादि हेतु में भी त्रैरूप्य सामान्य पाया जाना सम्भव है अतः वह किस प्रकार हेतु का लक्षण बन सकता है? बुद्धदेव असर्वज्ञ हैं, क्योंकि वे बोलते हैं जैसे रथ्यापुरुष [पागल] बोलता है। इस अनुमान के वक्तृत्व [बोलना] हेतु में पक्ष धर्मत्व आदि त्रैरूप्य का सद्भाव होते हुए इसको आपने साध्य का गमक नहीं माना है, इसका कारण यही है कि उक्त हेतु में अन्यथानुपपत्ति का अभाव है। अभिप्राय यह हुआ कि त्रैरूप्य लक्षण के रहते हुए भी वह हेतु साध्य को सिद्ध नहीं कर पाता अतः वह लक्षण असत् है।

61. द्वितीयविकल्पे तु कुतो वैशिष्ट्यं त्रैरूप्यस्यान्यत्रान्यथानुपपन्नत्व-नियमनिश्चयात्, इति स एवास्य लक्षणमक्षूणं परीक्षादक्षैरुपलक्ष्यते। तद्भावे पक्षधर्मत्वाद्यभावेपि 'उदेष्यति शकटं कृत्ति- कोदयात्' इत्यादेर्गमकत्वेन वक्ष्यमाणत्वात्, सपक्षे सत्त्वरहितस्य च श्रावणत्वादेः शब्दानित्यत्वे साध्ये गमकत्वप्रतीतेः।

हेतोः पाञ्चरूप्यनिरासः

62. ननु त्रैरूप्यं हेतोर्लक्षणं मा भूत् 'पक्वान्येतानि फलान्येकशाखा-

---

61. **दूसरा विकल्प**–विशिष्ट त्रैरूप्य को हेतु का लक्षण बनाते हैं तो वह विशिष्ट त्रैरूप्य अन्यथानुपपत्ति के नियम के निश्चय को छोड़कर अन्य कुछ भी नहीं है, अर्थात् अन्यथानुपपन्नत्व नियम को ही विशिष्ट त्रैरूप्य कहते हैं इसलिए परीक्षाचतुर पुरुषों को उसी परिपूर्ण लक्षण को स्वीकार करना चाहिए। अन्यथानुपपन्नत्व रूप हेतु का लक्षण मौजूद हो तब पक्षधर्मत्व आदि लक्षण का अभाव होने पर भी हेतु साध्य का गमक [सिद्ध करने वाला] होता है, जैसे एक मुहूर्त्त बाद रोहिणी नक्षत्र का उदय होगा, क्योंकि कृतिका नक्षत्र का उदय हो चुका है। इस अनुमान का कृतिका उदयत्व नामा हेतु पक्ष धर्मत्व आदि त्रैरूप्य से रहित है तो भी अन्यथानुपपन्नत्व [मुहूर्त्त बाद रोहिणी उदय का नहीं होना होगा तो अभी कृतिका का उदय भी नहीं होता] रूप लक्षण के होने से यह हेतु स्वसाध्य का गमक है, ऐसा आगे कहने वाले हैं। जिस हेतु का सपक्ष में सत्त्व नहीं है ऐसे श्रावणत्व आदि हेतु शब्द के अनित्य धर्म रूप साध्य को सिद्ध करते हुए भी प्रतीति में आ रहे हैं अतः सपक्ष सत्त्व आदि त्रैरूप्य को हेतु का लक्षण मानना असत् है।

हेतु की पञ्चरूपता का खण्डन–

62. **यौग** दार्शनिकों का कहना है कि बौद्धाभिमत हेतु का त्रैरूप्य लक्षण असिद्ध है यह बात ठीक ही है, ये फल पक्व [पके] हैं क्योंकि एक शाखा से उत्पन्न हुए हैं, जैसे उपयुक्त फल उसी एक

प्रभवत्वादुपयुक्तफलवत्' इत्यादौ 'मूर्खोयं देवदत्तस्तत्पुत्रत्वादितरतत्पुत्रवत्' इत्यादौ च तदाभासेपि तत्सम्भवात्।

63. पञ्चरूपत्वं तु तल्लक्षणं युक्तमेवानवद्यत्वात्, एकशाखा-प्रभवत्वस्याबाधितविषयत्वासम्भवाद् आत्मताग्राहिप्रत्यक्षेणैव तद्विषयस्य

शाखा प्रभव होने से पक्व थे, इत्यादि अनुमान में प्रयुक्त "एक शाखा प्रभवत्व" हेतु सपक्ष सत्वादि त्रैरूप्य से युक्त होते हुए भी हेत्वाभास है, तथा यह देवदत्त मूर्ख है, क्योंकि उसका पुत्र है, जैसे उसके अन्य पुत्र मूर्ख हैं। इत्यादि तत्पुत्रत्व हेतु भी त्रैरूप्य लक्षण के होते हुए भी हेत्वाभास स्वरूप है, अतः हेतु का त्रैरूप्य लक्षण सदोष है।

कहने का तात्पर्य यह है कि किसी मनुष्य ने वृक्ष के एक शाखा के कुछ फलों को खाकर अनुमान किया कि इस शाखा के सभी फल पके हैं, क्योंकि एक शाखा प्रभव है जैसे खाये हुए फल पके थे इत्यादि, इस एक शाखा प्रभवत्व नामा हेतु नें पक्ष धर्म आदि त्रैरूप्य मौजूद है– उक्त शाखा के फल पके होना संभावित है अतः पक्षधर्मत्व, भुक्त फलों में पक्वता होने से सपक्ष सत्त्व एवं अन्य शाखा प्रभव फल में पक्वता का अभाव सम्भावित होने से विपक्ष व्यावृत्ति है तो भी यह हेतु साध्य का गमक नहीं हो सकता, क्योंकि उस शाखा के फलों को साक्षात् उपयुक्त करने पर दिखायी देता है कि कुछ फल अपक्व भी हैं। इसी प्रकार "यह देवदत्त मूर्ख है क्योंकि उस व्यक्ति का पुत्र है जैसे कि उसका अन्य पुत्र मूर्ख है," इस अनुमान का तत्पुत्रत्व हेतु भी त्रैरूप्य लक्षण रहते हुए भी सदोष है– साध्य का गमक नहीं है, क्योंकि उस व्यक्ति का पुत्र होने मात्र से देवदत्त की मूर्खता सिद्ध नहीं होती। यह सभी जानते हैं।

63. हम यौगाभिमत वाले पांचरूप्य हेतु का लक्षण जो बताते हैं वह सही है क्योंकि निर्दोष है, पूर्वोक्त एक शाखा प्रभत्व हेतु इसलिये असत् हुआ कि उसमें अबाधित विषयत्व नामा लक्षण नहीं है, आत्म प्रत्यक्ष प्रमाण द्वारा ही एक शाखा प्रभवत्व हेतु का विषय [साध्य] बाधित होता है, तत्पुत्रत्वादि हेतु भी असत् प्रतिपक्षत्व नामा लक्षण के

बाधितत्वात्, तत्पुत्रत्वादेश्चासात्प्रतिपक्षत्वाभावात् तत्प्रतिपक्षस्य शास्त्र-व्याख्यानादिलिङ्गस्य सम्भवात्।

64. प्रकरणसमस्याप्यसत्प्रतिपक्षत्वाभावादहेतुत्वम्। तस्य हि लक्षणम् यस्मात् प्रकरणचिन्ता स प्रकरणसमः[11] इति। प्रक्रियेते साध्यत्वेनाधिक्रियेते अनिश्चितौ पक्षप्रतिपक्षौ यौ तौ प्रकरणम्।

65. तस्य चिन्ता संशयात्प्रभृत्याऽऽनिश्चयात्पर्यालोचना यतो भवति स एव, तन्निश्चयार्थं प्रयुक्तः प्रकरणसमः। पक्षद्वयेप्यस्य समानत्वादुभ-यत्राप्यन्वयादिसद्भावात्। तद्यथा–'अनित्यः शब्दो नित्यधर्मानुपलब्धेर्घटादिवत्, यत्पुनर्नित्यं तन्नानुपलभ्यमाननित्यधर्मकम् यथात्मादि'

अभाव में दोषी ठहरता है, अर्थात् देवदत्त मूर्ख है इत्यादि उक्त अनुमान के हेतु के प्रतिपक्षभूत शास्त्र-व्याख्यानादि हेतु का होना सम्भव है। यह देवदत्त विद्वान् है क्योंकि शास्त्र का व्याख्यान करता है इत्यादि अनुमान प्रयुक्त होने के कारण तत्पुत्रत्व हेतु सदोष है।

64. हेतु में प्रकरणसम नामा दोष भी असत् प्रतिपक्षत्व लक्षण के न होने से आता है। प्रकरणसम का लक्षण– **"यस्मात् प्रकरण चिंता स प्रकरण समः" "प्रक्रियेते साध्यत्वेनाधिक्रियेते अनिश्चितौ पक्षप्रतिपक्षौ यौ तौ प्रकरणम्"** जिससे प्रकरण की चिन्ता हो उसे प्रकरण सम कहते हैं, साध्यपने से अनिश्चित किये जाते हैं पक्ष प्रतिपक्ष जहाँ उसे "प्रकरण" कहते हैं, अर्थात् वादी द्वारा जो पक्ष निश्चित है वह प्रतिवादी द्वारा अनिश्चित है और जो प्रतिवादी द्वारा निश्चित है वह वादी द्वारा निश्चित नहीं, उसे प्रकरण कहते हैं।

65. उस प्रकरण की चिन्ता संशय के अनंतर समय से लेकर निश्चय होने तक जिससे विचार चलता है वह हेतु ही है उससे निश्चय के लिए प्रयुक्त होना प्रकरण सम है। यह हेतु पक्ष प्रतिपक्ष में समान वर्तता है क्योंकि उभयत्र अन्वय आदि का सद्भाव है, इसी को स्पष्ट करते हैं– शब्द अनित्य है, क्योंकि इसमें नित्य धर्म की अनुपलब्धि है, जैसे घट आदि में नित्य धर्म अनुपलब्ध है, जो नित्य होता है उसमें नित्य

---

11. न्यायसूत्र 1/2/7

66. एवमेकेनान्यतरानुपलब्धेरनित्यत्वसिद्धौ साधकत्वेनोपन्यासे सति द्वितीयः प्राह–यद्यनेन प्रकारेणानित्यत्वं प्रसाध्यते तर्हि नित्यतासिद्धि-रप्यस्त्वऽन्यतरानुपलब्धेस्तत्रापि सद्भावात्। तथा हि–नित्यः शब्दोऽनित्य-धर्मानुपलब्धेरात्मादिवत्, यत्पुनर्न नित्यं तन्नानुपलभ्यमानाऽनित्यधर्मकम् यथा घटादि;

67. इत्यप्यविचारितरमणीयम्; साध्याविनाभावित्वव्यतिरेकेणापरस्या-बाधितविषयत्वादेरसम्भवात् तदेव प्रधानं हेतोर्लक्षणमस्तु किं पञ्चरूप-प्रकल्पनया?

68. न च प्रमाणप्रसिद्धत्रैरूप्यस्य हेतोर्विषये बाधा सम्भवति;

धर्म अनुपलब्ध नहीं रहता (अर्थात् उपलब्ध ही होता है) जैसे आत्मादि पदार्थ।

66. इस प्रकार एक किसी वादी द्वारा अन्यतर अनुपलब्धि-नित्य अनित्य में से एक की अनुपलब्धि हेतु से अनित्यत्व की सिद्धि में साधन उपस्थित करने पर दूसरा प्रतिवादी कहता है–

यदि इस प्रकार से अनित्यत्व सिद्ध किया जाता है तो नित्यत्व की सिद्धि भी हो क्योंकि उसमें भी अन्यतर अनुपलब्धि हेतु का सद्भाव है, यथा– शब्द नित्य है क्योंकि उसमें अनित्य धर्म की अनुपलब्धि है, जैसे आत्मादि में अनित्य धर्म की अनुपलब्धि देखी जाती है, जो नित्य नहीं है उसका अनित्य अनुपलब्ध नहीं रहता, जैसे घटादि का अनित्य धर्म अनुपलब्ध नहीं होता। इस प्रकार हेतु में पाँच रूप्य–पक्षधर्मत्व, सपक्षसत्त्व, विपक्षव्यावृत्ति, अबाधितविषयत्व और असत्प्रतिपक्षत्व होना आवश्यक है अन्यथा उपर्युक्त रीति से वह हेतु बाधित विषयत्व आदि दोषों का भागी हो जाता है।

67. **जैन–** यह कथन अविचारित रमणीय है, साध्याविनाभावित्व के बिना अन्य अबाधित विषयत्वादि हेतु के लक्षण असम्भव ही है अतः वही हेतु का प्रधान लक्षण होना चाहिये। पांचरूप्य लक्षण से क्या प्रयोजन?

68. दूसरी बात यह है कि हेतु का त्रैरूप्य यदि प्रमाण से सिद्ध

अनयोर्विरोधात्। साध्यसद्भावे एव हि हेतोर्धर्मिणि सद्भाववस्त्रैरूप्यम्, तदभावे एव च तत्र तत्सम्भवो बाधा, भावाभावयोश्चैकत्रैकस्य विरोधः।

है तो उसके विषय में (साध्य में) बाधा आना सम्भव नहीं क्योंकि प्रमाण प्रसिद्ध और बाधापन ये दोनों परस्पर विरुद्ध है। साध्य के सद्भाव में ही हेतु का पक्ष में होना त्रैरूप्य कहलाता है, इस प्रकार के हेतु के रहते हुए उसके विषय में बाधा किस प्रकार सम्भव है? बाधा तो तब सम्भव है जब हेतु साध्य के अभाव में धर्मो में होता। भाव और अभाव का एकत्र रहना विरुद्ध है।

कहने का तात्पर्य है यह है कि– बौद्धाभिमत हेतु के त्रैरूप्य लक्षण को जैन द्वारा बाधित किये जाने पर यौग कहता है कि त्रैरूप्य लक्षण का निरसन तो ठीक ही हुआ क्योंकि उसमें अबाधित विषयत्व और असत्प्रतिपक्षत्व ये दो लक्षण समाविष्ट नहीं हुए। किन्तु हमारा पञ्चलक्षण ठीक है।

आचार्य प्रभाचन्द्र इन पाँच रूप्य लक्षण का भी निरसन करते हुए कह रहे हैं कि पाँच रुप्य रहते हुए भी यदि साध्याविनाभावित्व नहीं है तो वह हेतु साध्य का गमक नहीं हो सकता, तथा त्रैरूप्य लक्षण यदि प्रमाण से सिद्ध है अर्थात् उस त्रैरूप्य के साथ साध्याविनाभावित्व है तो वह हेतु साध्य का गमक क्यों नहीं होगा? अवश्य होगा। जब हेतु का पक्ष में सद्भाव है तब उसमें पक्षधर्मत्व है ही, तथा हेतु केवल साध्य रहते हुए ही पक्ष में रहता है तो उसका अन्वय भी प्रसिद्ध है एवं साध्य सद्भाव में ही पक्ष में रहने के कारण उसका विपक्ष में असत्त्व स्वतः सिद्ध हो जाता है।

इस प्रकार का प्रमाण प्रसिद्ध त्रैरूप्य अन्यथानुपपन्नरूप होने के कारण अनिराकृत है। जिस हेतु का साध्य प्रमाण से बाधित है उसे बाधित विषय कहते हैं जब हेतु का सारा स्वरूप प्रमाण से सिद्ध हुआ तब उसमें किस प्रकार की बाधा? एक ही अनुमान स्थित हेतु के बाधा सम्भव और बाधा अभाव [भाव और अभाव] मानना तो विरुद्ध है।

अविनाभावादीनां लक्षणविमर्शाः

69. ननु चास्तु प्रधानं लक्षणमविनाभावो हेतोः। तत्स्वरूपं तु निरूप्यतामप्रसिद्धस्वरूपस्य लक्षणत्वायोगादित्याशङ्क्य सहक्रमेत्यादिना तत्स्वरूपं निरूपयति–

सहक्रमभावनियमोऽविनाभावः ॥16॥

सहभावनियमः क्रमभावनियमश्चाविनाभावः प्रतिपत्तव्यः। कयोः पुनः सहभावः कयोश्च क्रमभावो यन्नियमोऽविनाभावः स्यादित्याह–

सहचारिणोः व्याप्यव्यापकयोश्च सहभावः ॥17॥

पूर्वोत्तरचारिणोः कार्यकारणयोश्च क्रमभावः ॥18॥

अविनाभावादि लक्षण विमर्श

69. **शंका–** हेतु का प्रधान लक्षण अविनाभाव है यह बात तो ठीक है किन्तु अविनाभाव के स्वरूप का निरूपण भी करना होगा, क्योंकि अप्रसिद्ध स्वरूप वाली वस्तु किसी का लक्षण नहीं बन सकती?

समाधान– अब इसी शंका को लक्ष्य करके अविनाभाव का स्वरूप बताते हैं–

सहक्रमभावनियमोऽविनाभावः ॥16॥

सूत्रार्थ– सहभाव नियम और क्रमभाव नियम- ऐसे अविनाभाव के दो भेद हैं।

युगपत् रहने का नियम सहभाव अविनाभाव है और क्रमशः रहने का नियम क्रमभाव अविनाभाव है।

ये दोनों अविनाभाव के लक्षण या स्वरूप समझने चाहिए। किन दो पदार्थों में सहभाव होता है और किन दो पदार्थों में क्रमभाव होता है ऐसा अविनाभाव नियम के विषय में प्रश्न होने पर कहते हैं–

सहचारिणोः व्याप्यव्यापकयोश्च सहभावः ॥17॥

पूर्वोत्तरचारिणोः कार्यकारणयोश्च क्रमभावः ॥18॥

70. सहचारिणो रूपरसादिलक्षणयोर्व्याप्यव्यापकयोश्च शिंशपात्ववृक्षत्वादिस्वभावयोः सहभावः प्रतिपत्तव्यः। पूर्वोत्तरचारिणोः कृतिकाशकटोदयादिस्वरूपयोः कार्यकारणयोश्चाग्निधूमादिस्वरूपयोः क्रमभावः इति।

कुतोसौ प्रोक्तप्रकारोऽविनाभावो निर्णीयते इत्याह–

तर्कात्तन्निर्णयः ॥19॥

न पुनः प्रत्यक्षादेरित्युक्तं तर्कप्रामाण्यप्रसाधनप्रस्तावे।

ननु साधनात्साध्यविज्ञानमनुमानमित्युक्तम्। तत्र किं साध्यमित्याह–

सूत्रार्थ– सहचारी रूप रसादि में और व्याप्य व्यापक पदार्थों में सहभाव अविनाभाव होता है। पूर्व और उत्तर कालभावी पदार्थों में तथा कार्य कारणों में क्रमभाव अविनाभाव होता है।

70. रूप रसादि सहचारी कहलाते हैं, इनमें सहभाव पाया जाता है। इसी प्रकार सहभावनियम उस साधन और साध्य में भी होता है जो व्याप्य और व्यापक हैं। जैसे शिंशपा (शीशम) और वृक्ष। शिंशपा व्याप्य है और वृक्ष व्यापक है। जब हम शिंशपा को देखकर उसमें वृक्ष का अनुमान करते हैं तो यहाँ शिंशपा और वृक्ष में सहभाव नियम रहता है।

कृतिका नक्षत्र का उदय और रोहिणी नक्षत्र का उदय आदि पूर्वोत्तरचारी कहलाते हैं एवं धूम और अग्नि आदि कार्य कारण कहलाते हैं इनमें क्रमभाव पाया जाता है।

इस अविनाभाव का निर्णय किस प्रमाण से होता है? ऐसा प्रश्न होने पर उत्तर देते हैं–

तर्कात् तन्निर्णयः ॥19॥

सूत्रार्थ– अविनाभाव सम्बन्ध का निश्चय तर्क प्रमाण से होता है।

प्रत्यक्षादि प्रमाण से अविनाभाव का निर्णय नहीं होता ऐसा पहले तर्क ज्ञान को प्रमाणता सिद्ध करते समय कह आये हैं।

शंका– साधन से होने वाले साध्य के ज्ञान को अनुमान कहते हैं ऐसा प्रतिपादन तो हो चुका किन्तु साध्य किसे कहना यह नहीं बताया है,

इष्टमबाधितमसिद्धं साध्यम् ॥20॥

संशयादिव्यवच्छेदेन हि प्रतिपन्नमर्थस्वरूपं सिद्धमुच्यते, तद्विपरीतम-सिद्धम्। तच्च-

सन्दिग्धविपर्यस्ताव्युत्पन्नानां साध्यत्वं यथा स्यादित्यसिद्धपदम् ॥21॥

71. किमयं स्थाणुः पुरुषो वेति चलिप्रतिपत्तिविषयभूतो ह्यर्थः सन्दिग्धोभिधीयते। शुक्तिकाशकले रजताध्यवसायलक्षणविपर्यासगोचरस्तु विपर्यस्तः। गृहीतोऽगृहीतोपि वार्थो यथावदनिश्चितस्वरूपोऽव्युत्पन्नः।

समाधान- अब इसी साध्य का लक्षण कहते हैं-

इष्टमबाधितमसिद्धं साध्यम् ॥20॥

सूत्रार्थ-इष्ट अबाधित और असिद्धभूत पदार्थ को "साध्य" कहते हैं।

जो पदार्थ वादी को अभिप्रेत हो उसे इष्ट कहते हैं। किसी प्रमाण से बाधित नहीं होना अबाधित है और अप्रतिपन्नभूत पदार्थ को असिद्ध कहते हैं।

संशयादि का व्यवच्छेद करके पदार्थ का स्वरूप ज्ञात होना सिद्ध कहलाता है और इससे विपरीत असिद्ध है।

सन्दिग्धविपर्यस्ताव्युत्पन्नानां साध्यत्वं यथा स्यादित्यसिद्धपदम् ॥21॥

सूत्रार्थ- संदिग्ध, विपरीत एवं अव्युत्पन्न पदार्थ साध्यरूप हो सके इस हेतु से साध्य का लक्षण करते समय "असिद्ध पद का" ग्रहण किया है।

71. "यह स्थाणु है या पुरुष है" इस प्रकार चलित प्रतिपत्ति के विषय भूत अर्थ को "संदिग्ध" कहते हैं। सीप के टुकड़े में चाँदी का निश्चय होना रूप विपर्यास के गोचरभूत पदार्थ को "विपर्यस्त" कहते हैं। गृहीत अथवा अगृहीत पदार्थ जब यथावत् निर्णीत नहीं होता तब उसे "अव्युत्पन्न" कहते हैं। इन तीन प्रकार के पदार्थों की सिद्धि करने में

तथाभूतस्यैवार्थस्य साधने साधनसामर्थ्यात्, न पुनस्तद्विपरीतस्य तत्र तद्वैफल्यात्।

इष्टाऽबाधितविशेषणद्वयस्यानिष्टेत्यादिना फलं दर्शयति–

अनिष्टाध्यक्षादिबाधितयोः साध्यत्वं मा भूदितीष्टाबाधितवचनम् ॥22॥

72. अनिष्टं हि सर्वथा नित्यत्वं शब्दे जैनस्य। अश्रावणत्वं तु प्रत्यक्ष- बाधितम् आदिशब्देनानुमानादिबाधितपक्षपरिग्रहः तत्रानुमानबाधितः यथा–नित्यः शब्द इति। आगमबाधितः यथा–प्रेत्याऽसुखप्रदो धर्म इति। स्ववचनबाधितः यथा–माता मे बन्ध्येति। लोकबाधितः यथा–शुचि नरशिरः- कपालमिति। तयोरनिष्टाध्यक्षादिबाधितयोः साध्यत्वं मा भूदितीष्टाबाधितवचनम्।

ही हेतु की सामर्थ्य होती है इनसे विपरीत पदार्थों की सिद्धि करने में नहीं। क्योंकि असंदिग्ध आदि पदार्थों के लिए अनुमान की आवश्यकता नहीं रहती वे तो सिद्ध ही रहते हैं।

अब साध्य के इष्ट और अबाधित इन दो विशेषणों की सफलता दिखलाते हैं–

अनिष्टाध्यक्षादिबाधितयोः साध्यत्वं माभूदितीष्टाबाधितवचनम् ॥22॥

सूत्रार्थ– अनिष्ट पदार्थ एवं प्रत्यक्षादि प्रमाण से बाधित पदार्थ साध्यरूप न हो एतदर्थ "इष्ट" और "अबाधित" ये दो विशेषण साध्य पद के साथ प्रयुक्त किये हैं।

72. जैसे शब्द में सर्वथा नित्यपना सिद्ध करना जैन के लिए अनिष्ट है। तथा शब्द में अश्रावणत्व (कर्ण गोचर न होना) मानना प्रत्यक्ष से बाधित है। सूत्रोक्त "आदि" शब्द द्वारा अनुमान आदि प्रमाण से बाधित पक्ष वाले साध्य का भी ग्रहण हो जाता है, अर्थात् जो साध्य अनुमानादि से बाध्य हो उसको भी साध्य नहीं कहते हैं। जैसे "शब्द नित्य है" ऐसा साध्य बनाना अनुमान बाधित है। "धर्म परलोक में दुःखदायक है" ऐसा कहना आगम बाधित है।

जो साध्य अपने ही वचन से बाधित हो उसे स्ववचन बाधित

73. ननु यथा शब्दे कथञ्चिदनित्यत्वं जैनस्येष्टं तथा सर्वथाऽनित्यत्वमाकाशगुणत्वं चान्यस्येति तदपि साध्यमनुषज्यते। न च वादिनो यदिष्टं तदेव साध्यमित्यभिधातव्यम्; सामान्याभिधयित्वेनेष्टस्यान्यत्राप्यविशेषात्। इत्याशङ्कापनोदार्थमाह–

न चासिद्धवदिष्टं प्रतिवादिनः ॥23॥

74. विशेषणम्। न हि सर्वं सर्वापेक्षया विशेषण प्रतिनियतत्वाद्विशेषणविशेष्यभावस्य। तत्रासिद्धमिति साध्यविशेषणं प्रतिवाद्यपेक्षया न पुनर्वाद्यपेक्षया, तस्यार्थस्वरूपप्रतिपादकत्वात्। न चाविज्ञातार्थस्वरूपः प्रतिपादको नामातिप्रसङ्गात्।

कहते हैं जैसे– मेरी माता बंध्या है। जो लोक व्यवहार में बाधित हो उसे लोक बाधित साध्य कहते हैं, जैसे मनुष्य का कपाल शुचि है। इस प्रकार के अनिष्ट एवं प्रत्यक्षादि से बाधित वस्तु को साध्यपना न हो इस कारण से इष्ट और अबाधित विशेषण साध्यपद में प्रयुक्त हैं।

73. **शंका–** जिस प्रकार जैन को शब्द में कथंचित् अनित्यपना मानना इष्ट है उसी प्रकार अन्य वैशेषिक आदि परवादियों को उसमें सर्वथा अनित्यत्व और आकाशगुणत्व मानना इष्ट है अतः उसको साध्यत्व का प्रसंग प्राप्त होता है। ऐसा तो कह नहीं सकते कि जो वादी को इष्ट हो वही साध्य बने, क्योंकि सामान्यरूप से कहा गया इष्ट विशेषण अन्यत्र (प्रतिवादी में) भी सम्भव है। यहाँ कोई विशेषता नहीं है?

समाधान– अब इसी शंका का परिहार करते हुए आचार्य माणिक्यनंदी सूत्र कहते हैं–

न चासिद्धवदिष्टं प्रतिवादिनः ॥23॥

सूत्रार्थ– जिस तरह असिद्ध विशेषण प्रतिवादी के लिए प्रयुक्त हुआ है उस तरह इष्ट विशेषण प्रतिवादी के लिए प्रयुक्त नहीं हुआ है।

74. विशेष्यविशेषणभाव प्रतिनियत होता है अतः सभी के लिये सब विशेषण लागू नहीं होते। साध्य का असिद्ध विशेषण तो प्रतिवादी की अपेक्षा से है न कि वादी की अपेक्षा से, क्योंकि वादी तो साध्य के

प्रतिवादिनस्तु प्रतिपाद्यत्वात्तस्य चाविज्ञातार्थस्वरूपत्वाविरोधात् तदपेक्षयैवेदं विशेषणम्। इष्टमिति तु साध्यविशेषणं वाद्यपेक्षया, वादिनो हि यदिष्टं तदेव साध्यं न सर्वस्य। तदिष्टमप्यध्यक्षाद्यबाधितं साध्यं भवतीति प्रतिपत्तव्यं तत्रैव साधनसामर्थ्यात्।

तदेव समर्थयमानः प्रत्यायनाय हीत्याद्याह–

प्रत्यायनाय हीच्छा वक्तुरेव ॥24॥

इच्छया खलु विषयीकृतमिष्टमुच्यते। स्वाभिप्रेतार्थप्रतिपादनाय चेच्छा वक्तुरेव।

तस्य चोक्तप्रकारस्य साध्यस्य हेतोर्व्याप्तिप्रयोगकालापेक्षया साध्य-मित्यादिना भेदं दर्शयति–

साध्यं धर्मः क्वचित्तद्विशिष्टो वा धर्मी ॥25॥

स्वरूप का प्रतिपादक होता है, यदि वादी को साध्य असिद्ध है तो वह उसका स्वरूप किस प्रकार प्रतिपादन करता है? क्योंकि जिसके लिये अर्थस्वरूप ज्ञात नहीं उसको प्रतिपादक माने तो अतिप्रसंग होगा। वास्तव में प्रतिवादी तो प्रतिपाद्य (समझाने योग्य) होने के कारण अविज्ञात अर्थ स्वरूप वाला होता है, इसमें अविरोध है अतः उसकी अपेक्षा से ही असिद्ध विशेषण प्रयुक्त हुआ है। तथा साध्य का इष्ट विशेषण वादी की अपेक्षा से है, क्योंकि वादी को जो इष्ट हो वही साध्य होता है सबका इष्ट साध्य नहीं होता। इस प्रकार साध्य इष्ट और अबाधित होता है ऐसा समझना चाहिए, ऐसे साध्य की सिद्धि के लिए ही साधन में सामर्थ्य होती है। आगे इसी का समर्थन करते हैं–

प्रत्यायनाय हीच्छा वक्तुरेव ॥24॥

सूत्रार्थ– विषय प्रतिपादन एवं समझाने की इच्छा वक्ता को ही हुआ करती है। अर्थात् अपने इष्ट तत्त्व के प्रतिपादन करने के लिए वक्ता को (वादी को) ही इच्छा होती है।

उक्त प्रकार के साध्य सम्बन्धी हेतु के साध्य में व्याप्तिकाल और प्रयोगकाल की अपेक्षा से भेद होता है ऐसा बतलाते हैं–

75. क्वचिद्व्याप्तिकाले साध्यं धर्मो नित्यत्वादिस्तेनैव हेतोर्व्याप्तिसम्भवात्। प्रयोगकाले तु तेन साध्यधर्मेण विशिष्टो धर्मी साध्यमभिधीयते, प्रतिनियतसाध्यधर्मविशेषणविशिष्टतया हि धर्मिणः साधयितुमिष्टत्वात् साध्यव्यपदेशाविरोधः।

अस्यैव पर्यायमाह

पक्ष इति यावत् ॥26॥

76. ननु च कथं धर्मी पक्षो धर्मधर्मिसमुदायस्य तत्त्वात्; तन्न; साध्यधर्मविशेषणविशिष्टतया हि धर्मिणः साधयितुमिष्टस्य पक्षाभिधाने दोषाभावात्।

साध्यं धर्मः क्वचित् तद्विशिष्टो वा धर्मी ॥25॥

सूत्रार्थ– कहीं धर्म को साध्य बनाते हैं कहीं धर्म विशिष्ट धर्मी को साध्य बनाते हैं।

75. कहीं पर अर्थात् व्याप्तिकाल में (जहाँ जहाँ साधन होता है वहाँ वहाँ साध्य अवश्य होता है इत्यादि रूप से साध्य साधन का अविनाभाव दिखलाते समय) नित्यत्वादि धर्म ही साध्य होता है, क्योंकि उसके साथ ही हेतु की व्याप्ति होना सम्भव है। प्रयोगकाल में (अनुमानप्रयोग करते समय) तो उस साध्य धर्म से युक्त धर्मी को साध्य बनाया जाता है, क्योंकि धर्मी प्रतिनियत साध्य धर्म के विशेषण द्वारा विशिष्ट होने के कारण उसको सिद्ध करना इष्ट होता है अतः साध्य व्यपदेश का उसमें अविरोध है। धर्मी का नामान्तर कहते हैं–

पक्ष इति यावत् ॥26॥

सूत्रार्थ– धर्मी का दूसरा नाम पक्ष भी है।

76. **शंका–** धर्मी को पक्ष किस प्रकार कह सकते हैं? क्योंकि धर्म और धर्मी के समुदाय का नाम पक्ष है।

समाधान– ऐसा नहीं, साध्य धर्म के विशेषण द्वारा युक्त होने के कारण धर्मी को सिद्ध करना इष्ट रहना है अतः उसको पक्ष कहने

स च पक्षत्वेनाभिप्रेतः

प्रसिद्धो धर्मी ॥27॥

77. तत्प्रसिद्धिश्च क्वचिद्विकल्पतः क्वचित्प्रत्यक्षादितः क्वचिच्चोभयत इति प्रदर्शनार्थम्-'प्रत्यक्षसिद्धस्यैव धर्मित्वम्' इत्येकान्त-निराकरणार्थं च विकल्पसिद्ध इत्याद्याह–

विकल्पसिद्धे तस्मिन् सत्तेतरे साध्ये ॥28॥

अस्ति सर्वज्ञः नास्ति खरविषाणमिति ॥29॥

78. विकल्पेन सिद्धे तस्मिन्धर्मिणि सत्तेतरे साध्ये हेतुसामर्थ्यतः। यथा अस्ति सर्वज्ञः सुनिश्चितासम्भवद्बाधकप्रमाणत्वात्, नास्ति खरविषाणं

में कोई दोष नहीं है।

पक्ष रूप से स्वीकार किया–

प्रसिद्धो धर्मी ॥27॥

सूत्रार्थ– धर्मी प्रसिद्ध होता है।

77. उसकी प्रसिद्धि किसी अनुमान में विकल्प से होती है, किसी में प्रत्यक्षादि से होती है और किसी में उभयरूप से होती है ऐसा समझाने के लिये तथा "धर्मी प्रत्यक्ष सिद्ध ही होता है" ऐसे एकान्त का निराकरण करने के लिये आगे का सूत्र प्रसूत होता है।

विकल्पसिद्धे तस्मिन् सत्तेतरे साध्ये ॥28॥

अस्ति सर्वज्ञः नास्ति खरविषाणमिति ॥29॥

सूत्रार्थ– जब धर्मी विकल्प सिद्ध होता है तब साध्य सत्ता और असत्ता (अस्तित्व और नास्तित्व) दो रूप हो सकता है अर्थात् सत्तारूप भी होता है और कहीं असत्तारूप भी। जैसे "सर्वज्ञ" है– ऐसे प्रतिज्ञारूप वाक्य में सत्ता साध्य है, तथा "खर विषाण (गधे के सींग) नहीं हैं"– ऐसे प्रतिज्ञा वाक्य में असत्ता साध्य है।

78. धर्मी के विकल्प से सिद्ध रहने पर (अर्थात् संवाद और असंवादरूप से अनिश्चित रहने पर) सत्ता और असत्ता को सिद्ध करने

तद्विपर्ययादिति। न खलु सर्वज्ञखरविषाणयो: सदसत्तायां साध्यायां विकल्पादन्यत: सिद्धिरस्ति; तत्रेन्द्रियव्यापाराभावात्

79. ननु चेन्द्रियप्रतिपन्न एवार्थे मनोविकल्पस्य प्रवृत्तिप्रतीते: कथं तत्रेन्द्रियव्यापाराभावे विकल्पस्यापि प्रवृत्ति: इत्यप्यपेशलम्; धर्माधर्मादौ

के लिए हेतु में सामर्थ्य हुआ करता है। जैसे- सर्वज्ञ है, क्योंकि सुनिश्चितपने से उसमें बाधक प्रमाण का अभाव है, इस अनुमान में सत्ता को साध्य बनाया। खरविषाण नहीं है क्योंकि उसके मानने में प्रत्यक्ष प्रमाण बाधक है। इस अनुमान में असत्ता को साध्य बनाया। सर्वज्ञ की सत्ता रूप साध्य में और खरविषाण की असत्तारूप साध्य में विकल्प को छोड़कर अन्य कोई प्रमाण से सिद्धि नहीं है। क्योंकि सर्वज्ञ और खरविषाण में इन्द्रिय प्रत्यक्ष का व्यापार ही नहीं है।

79. **शंका–** इन्द्रिय द्वारा ज्ञात हुए पदार्थ में ही मन के विकल्प की प्रवृत्ति होती है अत: इन्द्रिय व्यापार से रहित सर्वज्ञादि में विकल्प का प्रादुर्भाव किस प्रकार हो सकता है?

समाधान– यह कथन ठीक नहीं, इस तरह की मान्यता से तो धर्म अधर्म आदि में विकल्प की (मनोविचार का) प्रवृत्ति होना अवश्य होगा।

शंका– धर्माधर्मादि विषय में आगम को सामर्थ्य से विकल्प प्रादुर्भूत होते हैं अत: उनसे धर्मादि में प्रवृत्ति होना शक्य ही है?

समाधान– तो फिर यही बात प्रकृत धर्मी के विषय में है अर्थात् सर्वज्ञ आदि धर्मी में भी आगम की सामर्थ्य से उत्पन्न हुआ विकल्प प्रवृत्ति करता है कोई विशेषता नहीं।

कहने का तात्पर्य यह है कि जिसमें साध्य रहता है उसे पक्ष या धर्मी कहते हैं। यह पक्ष प्रत्यक्ष सिद्ध भी होता है और आगमादि से भी सिद्ध होता है। जो पदार्थ इन्द्रियगम्य नहीं है ऐसे पुण्य, पाप, आकाश, परमाणु आदि कोई तो आगमगम्य है और कोई अनुमानगम्य। इनमें धर्मी अर्थात् पक्ष विकल्प सिद्ध रहता है जिस पक्ष का अस्तित्व और नास्तित्व

तत्प्रवृत्त्यभवानुषङ्गात्। आगमसामर्थ्यप्रभवत्वेनास्यात्र प्रवृत्तौ प्रकृतेप्यतस्तत्प्रवृत्तिरस्तु विशेषाभावात्।

प्रमाणोभयसिद्धे तु साध्यधर्मविशिष्टता ॥30॥

अग्निमानयं देशः परिणामी शब्द इति यथा ॥31॥

80. प्रमाणं प्रत्यक्षादिकम्, उभयं प्रमाणविकल्पौ, ताभ्यां सिद्धे पुनर्धर्मिणि साध्यधर्मेण विशिष्टता साध्या। यथाग्निमानयं देशः, परिणामी

किसी प्रमाण से सिद्ध न हो उसे विकल्प सिद्ध रहता है।

शंकाकार ने प्रश्न किया कि इन्द्रिय से जाने हुए पदार्थ में मनोविकल्प हुआ करते हैं जो पदार्थ इन्द्रिय गम्य नहीं है उनमें विकल्प नहीं होते, अतः सर्वज्ञादि को विकल्प सिद्ध धर्मी मानना ठीक नहीं।

इस प्रश्न का उत्तर देते हुए आचार्य ने कहा कि जो इन्द्रिय गोचर नहीं है ऐसे पदार्थ आगम ज्ञान से विचार में आते हैं। यह सभी वादी परवादी किसी ना किसी रूप से ऐसे पदार्थ स्वीकार करते ही हैं। परमाणु को सभी ने इन्द्रिय के अगम्य माना है। योग धर्म अधर्म आत्मादि को अतीन्द्रिय मानते हैं, इन पदार्थों की सत्ता आगम से स्वयं ज्ञात करके पर के लिये अनुमान द्वारा समझायी जाती है। सर्वज्ञ का विषय भी आगमगम्य है, उनको आगम के बल से निश्चित करके जो परवादी उसकी सत्ता नहीं मानते उनको अनुमान से सिद्ध करके बतलाते हैं।

प्रमाणोभयसिद्धे तु साध्य धर्म विशिष्टता ॥30॥

अग्निमानयं देशः परिणामी शब्द इति यथा ॥31॥

सूत्रार्थ– प्रमाण धर्मी के रहते हुए एवं उभयसिद्ध धर्मी के रहते हुए साध्यधर्म विशिष्टता साध्य होती है। जैसे– यह प्रदेश अग्नियुक्त है। यह प्रत्यक्षप्रमाण सिद्ध धर्मी का उदाहरण है। शब्द परिणामी है। यह उभय सिद्ध धर्मी का उदाहरण है।

80. प्रत्यक्षादि प्रमाण है, जिसमें प्रमाण और विकल्प से सिद्धि हो उसे उभयसिद्ध धर्मी कहते हैं। इन धर्मियों के रहते हुए साध्य धर्म से विशिष्टता साध्य होती है। यथा– यह देश अग्नियुक्त है और शब्द

शब्द इति। देशो हि धर्मित्वेनोपात्तोऽध्यक्षप्रमाणत एव प्रसिद्धः, शब्दस्तूभाभ्याम्। न खलु देशकालान्तरिते ध्वनौ प्रत्यक्षं प्रवर्त्तते, श्रूयमाणमात्र एवास्य प्रवृत्तिप्रतीतेः। विकल्पस्य त्वऽनियतविषयतया तत्र प्रवृत्तिरविरुद्धैव।

81. ननु चैवं देशस्याप्यग्निमत्त्वे साध्ये कथं प्रत्यक्षसिद्धता? तत्र हि दृश्यमानभागस्याग्निमत्त्वसाधने प्रत्यक्षबाधनं साधनवैफल्यं वा, तत्र साध्योपलब्धेः। अदृश्यमानभागस्य तु तत्साधने कुतस्तत्प्रत्यक्षतेति?

82. तदप्यसमीचीनम्; अवयविद्रव्यापेक्षया पर्वतादेः सांव्यवहारिकप्रत्यक्षप्रसिद्धताभिधानात्। अतिसूक्ष्मेक्षिकापर्यालोचने न किञ्चित्प्रत्यक्षं

परिणामी है ये क्रमशः प्रमाणसिद्ध और उभयसिद्ध धर्मी के उदाहरण हैं। अग्नियुक्त प्रदेश प्रत्यक्ष प्रमाण से ही सिद्ध है अतः यह धर्मी प्रमाण सिद्ध कहलाया। शब्द उभय रूप से सिद्ध है, क्योंकि देश और काल से अन्तरित हुए शब्द में प्रत्यक्ष प्रमाण प्रवृत्त नहीं होता केवल श्रूयमाण शब्द में ही इसकी प्रवृत्ति होती है। अनियत विषय वाला होने से विकल्प की प्रवृत्ति शब्द में होना अविरुद्ध ही है।

81. **शंका–** इस प्रकार से शब्द को उभयसिद्ध धर्मी माने अर्थात् वर्तमान का शब्द प्रमाण सिद्ध और देश एवं काल से अन्तरित शब्द विकल्प सिद्ध माने तो अग्निमत्व साध्य में प्रदेशरूप धर्मी प्रत्यक्ष सिद्ध कैसे हो सकता है? क्योंकि दृश्यमान प्रदेश के भाग को अग्नियुक्त सिद्ध करते हैं तो प्रत्यक्ष बाधा आयेगी या हेतु विफल ठहरेगा अर्थात् दृश्यमान प्रदेश भाग में यदि अग्नि प्रत्यक्ष से दिखायी दे रही हो तो उसको हेतु द्वारा सिद्ध करना व्यर्थ है क्योंकि साध्य उपलब्ध हो चुका। और यदि उक्त भाग में अग्नि प्रत्यक्ष नहीं है तो वहाँ हेतु द्वारा उसका अस्तित्व सिद्ध प्रत्यक्ष बाधित है। यदि उक्त प्रदेश के अदृश्यमान भाग में अग्निमत्व को सिद्ध करते हैं तो उस भाग को प्रत्यक्षसिद्ध धर्मी किस प्रकार कह सकते हैं?

82. **समाधान–** यह कथन असम्यक् है, अवयवी द्रव्य की अपेक्षा से पर्वतादि प्रदेश सांव्यवहारिक प्रत्यक्ष से प्रसिद्ध माने गये हैं। यदि अत्यन्त सूक्ष्म दृष्टि से विचार करे तो कोई भी पदार्थ प्रत्यक्ष नहीं

स्यात्, बहिरन्तर्वाऽस्मदादिप्रत्यक्षस्याशेषविशेषतोऽर्थसाक्षात्करणेऽसमर्थत्वात्, योगिप्रत्यक्षस्यैव तत्र सामर्थ्यात्।

ननु प्रयोगकालवद्व्याप्तिकालेपि तद्विशिष्टस्य धर्मिण एव साध्यव्यपदेशः कुतो न स्यादित्याशङ्क्याह–

व्याप्तौ तु साध्यं धर्म एव ॥32॥

न पुनस्तद्वान्

अन्यथा तदघटनात् ॥33॥

83. अनेन हेतोरन्वयासिद्धेः। न खलु यत्र यत्र कृतकत्वादिकं प्रतीयते तत्र तत्रानित्यत्वादिविशिष्टशब्दाद्यन्वयोस्ति।

कहलायेगा, क्योंकि अन्तरंग या बहिरंग (चेतनाचेतन) पदार्थ को जानने वाला हम जैसे सामान्य व्यक्ति का प्रत्यक्ष ज्ञान (सांव्यवहारिक प्रत्यक्ष प्रमाण) पूर्ण विशेषता के साथ पदार्थ का साक्षात्कार करने में असमर्थ है, ऐसा साक्षात्कार करने में तो योगी प्रत्यक्षज्ञान (पारमार्थिक प्रत्यक्ष प्रमाण) ही समर्थ है।

शंका– प्रयोगकाल के समान व्याप्तिकाल में भी साध्यधर्म विशिष्ट धर्मी को ही साध्य क्यों नहीं बनाते?

समाधान– इस शंका का समाधान आगे के दो सूत्रों द्वारा करते हैं–

व्याप्तौ तु साध्यं धर्म एव ॥32॥

अन्यथा तदघटनात् ॥33॥

सूत्रार्थ– व्याप्ति करते समय धर्म को ही साध्य बनाते हैं न कि धर्मविशिष्ट धर्मी को, क्योंकि धर्मी को (पर्वतादि को) साध्य बनाने पर व्याप्ति घटित नहीं हो सकती। अर्थात् जहाँ-जहाँ धूम है वहाँ वहाँ पर्वत है ऐसी व्याप्ति नहीं होती अपितु जहाँ जहाँ धूम है वहाँ वहाँ साध्य धर्म अग्नि है ऐसी व्याप्ति ही घटित होती है।

83. इसका भी कारण यह है कि धर्मी के साथ हेतु का अन्वय प्रसिद्ध है। जैसे शब्द अनित्य है (धर्मी) क्योंकि वह कृतक है (हेतु)

84. 'ननु प्रसिद्धो धर्मीत्यादिपक्षलक्षणप्रणयनमयुक्तम्; अस्ति सर्वज्ञ इत्याद्यनुमानप्रयोगे पक्षप्रयोगस्यैवासम्भवात् अर्थादापन्नत्वात्तस्य। अर्थादापन्नस्याप्यभिधाने पुनरुक्तत्वप्रसङ्गः–अर्थादापन्नस्य स्वशब्देनाभिधानं पुनरुक्तम्[12] इत्यभिधानात्। तत्प्रयोगेपि च हेत्वादिवचनमन्तरेण साध्या-प्रसिद्धेस्तद्वचनादेव च तत्प्रसिद्धेर्व्यर्थः पक्षप्रयोगः' इत्याशङ्क्य साध्य-धर्माधारेत्यादिना प्रतिविधत्ते–

साध्यधर्माधारसन्देहापनोदाय गम्यमानस्यापि पक्षस्य वचनम् ॥34॥

85. साध्यधर्मोऽस्तित्वादिः तस्याधार आश्रयः यत्रासौ साध्यधर्मो

इस अनुमान के कृतकत्व हेतु का अन्वय केवल अनित्यत्वादिविशिष्ट शब्द में ही नहीं है। अर्थात् जहाँ जहाँ कृतकत्वादि प्रतीत होता है वहाँ वहाँ शब्द रूप धर्मी ही प्रतीत हो ऐसी बात नही, कृतकत्व तो शब्द के समान घट पट आदि अनेकों के साथ रहता है।

84. **बौद्ध–** "प्रसिद्धो धर्मी" इस प्रकार से पक्ष का लक्षण करना अयुक्त है, क्योंकि "सर्वज्ञ" है इत्यादि अनुमान प्रयोग में पक्ष का प्रयोग होना ही असम्भव है, पक्ष तो अर्थादापन्न ही है (प्रकरण से ही गम्य है) अर्थादापन्न का भी कथन करे तो पुनरुक्त दोष आयेगा "अर्थादापन्नस्य स्वशब्देनाभिधानम् पुनरुक्तम्" ऐसा न्याय सूत्र में कहा है। तथा पक्ष का प्रयोग करने पर भी जब तक हेतु वचन प्रयुक्त नहीं होता तब तक साध्य की सिद्धि नहीं होती, हेतु वचन से ही साध्य की सिद्धि होती है अतः पक्ष का प्रयोग करना व्यर्थ है।

अब इसी शंका का निरसन करते हुए आगे सूत्र कहते हैं–

साध्यधर्माधारसंदेहापनोदाय गम्यमानस्यापि पक्षस्य वचनम् ॥34॥

सूत्रार्थ– साध्य धर्म के आधार का सन्देह दूर करने के लिए गम्यमान अर्थात् जाने हुए भी पक्ष का कथन करना आवश्यक है।

85. अस्तित्वादि साध्य का धर्म होता है, उसका आधार या

---

12. न्यायसूत्र 5/2/15

वर्त्तते, तत्र सन्देहः-किमसौ साध्यधर्मोऽस्तित्वादिः सर्वज्ञे वर्त्तते सुखादौ वेति, तस्यापनोदाय गम्यमानस्यापि पक्षस्य वचनम्।

साध्यधर्मिणि साधनधर्मावबोधनाय पक्षधर्मोपसंहारवत् ॥35॥

86. तस्याऽवचनं साध्यसिद्धिप्रतिबन्धकत्वात्, प्रयोजनाभावाद्वा? तत्र प्रथमपक्षोऽयुक्तः; वादिना साध्याविनाभावनियमैकलक्षणेन हेतुना स्वपक्षसिद्धौ साधयितुं प्रस्तुतायां प्रतिज्ञाप्रयोगस्य तत्प्रतिबन्धकत्वाभावात् ततः प्रतिपक्षासिद्धेः। द्वितीयपक्षोप्ययुक्तः; तत्प्रयोगे प्रतिपाद्यप्रतिपत्तिविशेषस्य प्रयोजनस्य सद्भावात्, पक्षाऽप्रयोगे तु केषाञ्चिन्मन्दमतीनां प्रकृतार्थाप्रतिपत्तेः। ये तु तत्प्रयोगमन्तरेणापि प्रकृतार्थं प्रतिपद्यन्ते तान्प्रति तदप्रयोगोऽभीष्ट एव।

आश्रय कि जहाँ पर साध्य धर्म रहता है, उसमें सन्देह होता है कि यह अस्तित्वादि साध्य धर्म सर्वज्ञ में रहता है या सुखादि में रहता है? इत्यादि, इस संशय को दूर करने के लिए ज्ञात होते हुए भी पक्ष को कहना जरूरी है।

साध्यधर्मिणि साधनधर्मावबोधनाय पक्षधर्मोपसंहारवत् ॥35॥

सूत्रार्थ– जिस प्रकार साध्य धर्मी के साधन धर्म का अवबोध करने के लिए पक्षधर्म का उपसंहार किया जाता है।

86. बौद्ध पक्ष प्रयोग नहीं मानते तो उसके नहीं कहने में क्या कारण है? साध्य के सिद्धि में प्रतिबन्धक होने के कारण पक्ष को नहीं कहते या प्रयोजन नहीं होने के कारण पक्ष को नहीं कहते?

प्रथम विकल्प अयुक्त है, जब वादी साध्य अविनाभावी नियम वाले हेतु द्वारा अपने पक्ष को सिद्ध करने में प्रस्तुत होता है तब किया गया पक्ष का प्रयोग साध्य की सिद्धि में प्रतिबन्धक हो नहीं सकता, क्योंकि उस पक्ष प्रयोग से तो प्रतिवादी का पक्ष असिद्ध हो जाता है (खंडित होता है)।

द्वितीय विकल्प भी अयुक्त है, क्योंकि प्रतिपाद्य विषय की प्रतिपत्ति (जानकारी) होना रूप विशेष प्रयोजन पक्ष प्रयोग होने पर ही सधता है। यदि पक्ष का प्रयोग न किया जाए तो किन्हीं मन्दबुद्धि वालों

87. "प्रयोगपरिपाटी तु प्रतिपाद्यानुरोधतः" इत्यभिधानात्। ततो युक्तो गम्यमानस्याप्यस्य प्रयोगः, कथमन्यथा शास्त्रादावपि प्रतिज्ञाप्रयोगः स्यात्? न हि शास्त्रे नियतकथायां प्रतिज्ञा नाभिधीयते-'अग्निरत्र धूमात्, वृक्षोयं शिंशपात्वात्' इत्याद्यभिधानानां तत्रोपलम्भात्।

88. परानुग्रहप्रवृत्तानां शास्त्रकाराणां प्रतिपाद्यावबोधनाधीनधियां शास्त्रादौ प्रतिज्ञाप्रयोगो युक्तिमानेवोपयोगित्वात्तस्येत्यभिधाने वादेपि सोऽस्तु तत्रापि तेषां तादृशत्वात्।

अमुमेवार्थं को वेत्यादिना परोपहसनव्याजेन समर्थयते–

को प्रकृत अर्थ का बोध नहीं हो सकता। यह बात जरूर है कि जो व्यक्ति पक्ष प्रयोग के बिना भी प्रकृत अर्थ को जान सकते हैं उनके लिये तो पक्ष का प्रयोग नहीं करना अभीष्ट ही है।

87. अनुमान प्रयोग की परिपाटी तो प्रतिपाद्य (शिष्यादि) के अनुसार हुआ करती है। अतः गम्यमान (ज्ञात) रहते हुए भी पक्ष का प्रयोग करना चाहिए। यदि ऐसी बात नहीं होती तो शास्त्र के प्रारम्भ में प्रतिज्ञा प्रयोग किस प्रकार होता? शास्त्र में नियत कथा के प्रसंग में प्रतिज्ञा अर्थात् पक्ष प्रयोग नहीं होता हो वह भी बात नहीं है **"अग्निरत्र धूमात्" वृक्षोयं शिंशपात्वात्**– यहाँ पर धूम होने से अग्नि है, शिंशपा होने से यह वृक्ष है इत्यादि रूप से पक्ष के प्रयोग शास्त्र कथा में उपलब्ध होते हैं।

88. बौद्ध– शास्त्रकार शिष्यों को बोध किस प्रकार हो? इस प्रकार के विचार में लगे रहते हैं। अतः परानुग्रह करने वाले वे शास्त्रादि में यदि प्रतिज्ञा का प्रयोग करते हों तो युक्तिसंगत है, क्योंकि प्रतिपाद्य-शिष्यादि के लिये पक्ष प्रयोग उपयोगी है।

जैन– तो यही बात वाद में है, वाद में भी वादीगण परानुग्रह पक्ष एवं प्रतिपाद्य को अवबोधन कराने में लगे रहते हैं अतः वाद काल में भी पक्ष का प्रयोग नितान्त आवश्यक है।

इसी अर्थ का उपहास करते हुए समर्थन करते हैं--

को वा त्रिधा हेतुमुक्त्वा समर्थयमानो न पक्षयति ?॥36॥

89. को वा प्रामाणिकः कार्यस्वभावानुपलम्भभेदेन पक्षधर्मत्वादिरूपत्रयभेदेन वा त्रिधा हेतुमुक्त्वाऽसिद्धत्वादिदोषपरिहारद्वारेण समर्थयमानो न पक्षयति? अपि तु पक्षं करोत्येव। न चाऽसमर्थितो हेतुः साध्यसिध्यङ्गमतिप्रसङ्गात्। ततः पक्षप्रयोगमनिच्छता हेतुमनुक्त्वैव तत्समर्थनं कर्त्तव्यम्। हेतोरवचने कस्य समर्थनमिति चेत्? पक्षस्याप्यनभिधाने क्व हेत्वादिः प्रवर्त्तताम्? गम्यमाने प्रतिज्ञाविषये एवेति चेत्; गम्यमानस्य हेत्वादेरपि समर्थनमस्तु।

को वा त्रिधा हेतुमुक्त्वा समर्थयमानो न पक्षयति ॥36॥

सूत्रार्थ– कौन ऐसा बुद्धिमान है कि जो तीन प्रकार के हेतु को कहकर पुनश्च उसका समर्थन करता हुआ भी पक्ष का प्रयोग न करे? [अपितु अवश्य ही करे]।

89. ऐसा कौन प्रामाणिक बुद्धिमान पुरुष है जो कार्य हेतु, स्वभाव हेतु एवं अनुपलम्भ हेतु इस प्रकार हेतु के तीन भेदों को कथन करता है अथवा पक्षधर्मत्व, सपक्षसत्त्व और विपक्ष व्यावृत्तिरूप हेतु के तीन स्वरूप का प्रतिपादन असिद्धादि दोषों का परिहार करने के लिए करता है वह पुरुष पक्ष का प्रयोग न करे? अर्थात् वह अवश्य ही पक्ष का प्रयोग करता है।

असमर्थित हेतु साध्यसिद्धि का निमित्त होना भी असम्भव है, क्योंकि अतिप्रसंग है अर्थात् समर्थन रहित हेतु साध्यसिद्धि के प्रति निमित्त हो सकता है तो हेत्वाभास भी साध्यसिद्धि के प्रति निमित्त हो सकता है क्योंकि उसके स्वरूप का प्रतिपादनादिरूप से समर्थन करना तो आवश्यक नहीं रहा? फिर तो पक्षप्रयोग को नहीं चाहने वाले पुरुष को हेतु के बिना कहे ही उसका समर्थन करना चाहिए।

बौद्ध– हेतु का वचन या प्रयोग किये बिना किसका समर्थन करे?

जैन– तो पक्ष का वचन न कहने पर हेतु आदि भी कहाँ पर प्रवृत्त होंगे?

गम्यमानस्यापि हेत्वादेर्मन्दमतिप्रतिपत्त्यर्थ त्रचने तदर्थमेव प्रतिज्ञावचनमप्यस्तु विशेषाभावात्। ततः साध्यप्रतिपत्तिमिच्छता हेतुप्रयोगवत्पक्षप्रयोगोप्यभ्युपगन्तव्यः। तद्द्वयस्यैवानुमानाङ्गत्वात्, इत्याह–

एतद्वयमेवानुमानाङ्गम्, नोदाहरणम् ॥37॥

90. ननु पक्षहेतुदृष्टान्तोपनयनिगमनान्यवयवाः[13] इत्यभिधानाद् दृष्टान्तादेरप्यनुमानाङ्गत्वसम्भवादेतद्द्वयमेवाङ्गमित्ययुक्तमुक्तम्। प्रतिज्ञा ह्यागमः। हेतुरनुमानम्, प्रतिज्ञातार्थस्य तेनानुमीयमानत्वात्। उदाहरणं प्रत्यक्षम्, "वादिप्रतिवादिनोर्यत्र बुद्धिसाम्यं तदुदाहरणम्" इति वचनात्। उपनय उपमानम्, दृष्टान्तधर्मिसाध्यधर्मिणोः सादृश्यात्, "प्रसिद्धसाधर्म्यात्साध्यसाधनमुपमानम्[14]"

बौद्ध– गम्यमान (ज्ञात हुए) प्रतिज्ञा के विषय में ही हेतु आदि प्रवृत्त होते हैं।

जैन– तो वैसे ही गम्यमान हेतु आदि का समर्थन करना चाहिए।

बौद्ध– मंदमति को समझाने के लिए गम्यमान हेतु आदि का भी कथन करना पड़ता है।

जैन– इसी प्रकार प्रतिज्ञा प्रयोग भी नन्दमति को समझाने के लिये करना पड़ता है। उभयत्र समान बात है, कोई विशेषता नहीं। अतः साध्य की प्रतिपत्ति को चाहने वाले पुरुष को हेतु प्रयोग के समान पक्ष प्रयोग भी स्वीकार करना चाहिये। यही दो अनुमान के अंग हैं ऐसा अग्रिम सूत्र में कहते हैं–

एतद्द्वयमेवानुमानांगं नोदाहरणम् ॥37॥

सूत्रार्थ– पक्ष और हेतु ये दो ही अनुमान के अंग हैं, उदाहरण अनुमान का अंग नहीं है।

90. नैयायिकादि परवादियो का कहना है कि पक्ष, हेतु, दृष्टान्त, उपनय, निगमन ये पाँच अनुमान के अंग हैं, इनमें उदाहरण को

---

13. न्यायसूत्र 1/1/32
14. न्यायसूत्र 1/1/6

इत्यभिधानात्। सर्वेषामेकविषयत्वप्रदर्शनफलं निगमनमित्याशङ्क्योदाहरणस्य तावत्तदङ्गत्वं निराकुर्वन्नाह–नोदाहरणम्। अनुमानाङ्गमिति सम्बन्धः।

91. तद्धि किं साक्षात्साध्यप्रतिपत्त्यर्थमुपादीयते, हेतोः साध्याविना-

---

भी अनुमान का अंग स्वीकार किया है अतः अनुमान के दो ही अंग मानना अयुक्त है।

पक्ष आदि अंगों का अर्थ इस प्रकार है– **पक्ष** अर्थात् **प्रतिज्ञा** आगम ज्ञान रूप होती है।

हेतु अनुमान रूप होता है, क्योंकि प्रतिज्ञात अर्थ अनुमान द्वारा अनुमेय (जानने योग्य) होता है।

प्रतिवादी (जो पहले अपना पक्ष स्थापित करता है उसे वादी कहते हैं और जो पक्ष का निराकरण करते हुए अपना दूसरा पक्ष (सिद्धांत) स्थापित करता है उसे प्रतिवादी कहते हैं) का बुद्धिसाम्य जहाँ पर हो उसे **उदाहरण** कहते हैं, अर्थात् दोनों का जो मान्य एवं ज्ञात हो उसे उदाहरण कहते हैं।

उपनय उपमा प्रमाणरूप होता है क्योंकि दृष्टान्त धर्मी और साध्य धर्मी का सादृश्य इसका विषय है, प्रसिद्ध साधर्म्य से साध्य को साधना उपमाज्ञान कहलाता है इस ज्ञानरूप **उपनय** होता है।

सभी प्रमाणों का एक विषय है ऐसा प्रदर्शन करना अर्थात् आगम अनुमानादि प्रमाण द्वारा प्रतिपादित पक्ष हेतु आदि का विषय एक अग्नि आदि साध्य को सिद्ध करना ही फल है ऐसा अन्त में दिखलाना **निगमन** नाम का अनुमान का अंग है।

इस प्रकार के नैयायिकादि के मंतव्य को लक्ष्य करके ही आचार्य माणिक्यनंदी ने "नोदाहरणम्" इस पद का प्रयोग किया है अर्थात् उदाहरण अनुमान का अंग नहीं है ऐसा प्रथम ही यहाँ पर कहकर उक्त मंतव्य का निराकरण किया है (आगे क्रमशः उपनय और निगमन का भी निराकरण करेंगे)।

91. नैयायिकों से जैन पूछते हैं कि उदाहरण का प्रयोग साक्षात्

भावनिश्चयार्थं वा, व्याप्तिस्मरणार्थं वा प्रकारान्तरासम्भवात्? तत्राद्य-विकल्पोऽयुक्तः-

न हि तत्साध्यप्रतिपत्त्यङ्गं तत्र यथोक्तहेतोरेव व्यापारात् ॥38॥

न हि तत् साध्यप्रतिपत्त्यङ्गं तत्र यथोक्तहेतोरेव साध्याविनाभाव-नियमैकलक्षणस्य व्यापारात्। द्वितीयविकल्पोप्यसम्भाव्यः-

तदविनाभावनिश्चयार्थं वा विपक्षे बाधकादेव तत्सिद्धेः ॥39॥

92. न हि हेतोस्तेन साध्येनाविनाभावस्य निश्चयार्थं वा तदुपादानं युक्तम्; विपक्षे बाधकादेव तत्सिद्धेः। न हि सपक्षे सत्त्वमात्राद्धेतोर्व्याप्तिः

साध्य की प्रतिपत्ति कराने के लिये होता है अथवा हेतु का साध्याविनाभाव निश्चित कराने के लिये होता है या व्याप्ति का स्मरण कराने के लिये होता है? उक्त तीन विकल्पों को छोड़कर अन्य प्रकार तो सम्भव नहीं हैं।

न हि तत् साध्यप्रतिपत्यङ्गं तत्र यथोक्तहेतोरेव व्यापारात् ॥38॥

सूत्रार्थ– साध्य की प्रतिपत्ति के लिए उदाहरण निमित्त नहीं है, क्योंकि वह प्रतिपत्ति तो यथोक्त (साध्याविनाभावी) हेतु के प्रयोग से ही हो जाती है।

साध्य के साथ जिसका अविनाभावी सम्बन्ध है ऐसे हेतु द्वारा ही साध्य का बोध हो जाने से उदाहरण की आवश्यकता नहीं रहती है। द्वितीय विकल्प हेतु का साध्याविनाभाव ज्ञात करने के लिये उदाहरण रूप अंग को स्वीकार करना भी अयुक्त है–

तदविनाभावनिश्चयार्थं वा विपक्षे बाधकादेव तत् सिद्धेः ॥39॥

सूत्रार्थ– साध्य साधन का अविनाभाव निश्चित करने के लिये भी उदाहरण की आवश्यकता नहीं है, क्योंकि विपक्ष में बाधक प्रमाण को देखकर ही उसका निश्चय हो जाता है।

92. साध्य के साथ अमुक हेतु का अविनाभाव है इस प्रकार का निर्णय करने के लिए उदाहरण को ग्रहण करना भी अयुक्त है, वह

सिद्धयति, 'स श्यामस्तत्पुत्रत्वादितरतत्पुत्रवत्' इत्यत्र तदाभासेपि तत्सम्भवात्।

93. ननु साकल्येन साध्यनिवृत्तौ साधन निवृत्तेरत्रासम्भवात्परत्र गौरेपि तत्पुत्रे तत्पुत्रत्वस्य भावान्न व्याप्तिः, तर्हि साकल्येन साध्यनिवृत्तौ साधननिवृत्तिनिश्चयरूपाद्बाधकादेव व्याप्तिप्रसिद्धेरलं दृष्टान्तकल्पनया।

व्यक्तिरूपं च निदर्शनं सामान्येन तु व्याप्तिः तत्रापि
तद्विप्रतिपत्तावनवस्थानं स्यात् दृष्टान्तान्तरापेक्षणात् ॥40॥

निर्णय तो विपक्ष में बाधक प्रमाण से ही हेतु का अविनाभाव सिद्ध होता है। हेतु के साध्याविनाभाव की सिद्धि केवल सपक्षसत्त्व से नहीं होती, क्योंकि सपक्षसत्त्व तो हेत्वाभास में भी सम्भव है, जैसे "वह पुत्र काला है, क्योंकि उसका पुत्र है, जिस तरह उसके अन्य पुत्र भी काले हैं" इस प्रकार के तत्पुत्रत्वादि हेत्वाभासों में सपक्ष सत्त्व रहता है किन्तु उससे साध्य के साथ व्याप्ति सिद्ध नहीं होती।

93. शंका– उक्त अनुमान में साकल्यपने से साध्य के निवृत्त होने पर साधन की निवृत्ति होना असम्भव है, क्योंकि उसके अन्य गोरे पुत्र में भी तत्पुत्रत्व सम्भावित है अतः तत्पुत्रत्व हेतु की स्वसाध्य (काला होना) के साथ व्याप्ति सिद्ध नहीं होती?

समाधान– तो फिर साकल्यपने से साध्य के निवृत्त होने पर साधन की निवृत्ति होती है ऐसा निश्चय कराने वाले बाधक प्रमाण से ही व्याप्ति की सिद्धि हुई, दृष्टान्त की कल्पना तो व्यर्थ ही है।

व्यक्तिरूपं च निदर्शनं सामान्येन तु व्याप्तिस्तत्रापि
तद् विप्रतिपत्तावनवस्थानं स्यात् दृष्टान्तांतरापेक्षणात् ॥40॥

सूत्रार्थ– दूसरी बात यह भी है कि दृष्टान्त किसी विशेष व्यक्तिरूप मात्र होता है किन्तु व्याप्ति सामान्यरूप होती है। अतः दृष्टान्त में भी यदि साध्यसाधन के अविनाभाव सम्बन्ध में विवाद खड़ा हो जाय तो अनवस्था दोष आयेगा क्योंकि उक्त विवाद स्थान में पुनः दृष्टान्त की आवश्यकता पड़ेगी, तथा उसमें विवाद होने पर तीसरे दृष्टान्त की आवश्यकता होगी।

94. किञ्चं, वादिप्रतिवादिनोर्यत्र बुद्धिसाम्यं स दृष्टान्तो भवति प्रतिनियतव्यक्तिरूपः, यथाऽग्नौ साध्ये महानसादिः। व्यक्तिरूपं च निदर्शनं कथं तदविनाभावनिश्चयार्थं स्यात्? प्रतिनियतव्यक्तौ तन्निश्चयस्य कर्तुमशक्तेः। अनियतदेशकालाकाराधारतया सामान्येन तु व्याप्तिः। कथमन्यथान्यत्र साधनं साध्यं साधयेत्? तत्रापि दृष्टान्तेपि तस्यां व्याप्तौ विप्रतिपत्तौ सत्यां दृष्टान्तान्तरान्वेषणेऽनवस्थानं स्यात्।

नापि व्याप्तिस्मरणार्थं तथाविधहेतुप्रयोगादेव तत्स्मृतेः ॥41॥

नापि व्याप्तिस्मरणार्थं दृष्टान्तोपादानं तथाविधस्य प्रतिपन्नाविनाभावस्य हेतोः प्रयोगादेव तत्स्मृतेः। एवं चाप्रयोजनं तदुदाहरणम्।

तत्परमभिधीयमानं साध्यधर्मिणि साध्यसाधने सन्देहयति ॥42॥

---

94. जहाँ वादी- प्रतिवादी दोनों के बुद्धि का साम्य हो वह दृष्टान्त कहलाता है, यह दृष्टान्त प्रतिनियत व्यक्तिरूप हुआ करता है, जैसे अग्निरूप साध्य में महानस का दृष्टान्त है। यह व्यक्तिरूप उदाहरण साध्यसाधन के अविनाभाव का निश्चय किस प्रकार करा सकता है? प्रतिनियत व्यक्ति में उसके निश्चय को करना तो अशक्य ही है। इसका भी कारण यह है कि अनियत देश, अनियत काल एवं अनियत आकार के आधार रूप से सामान्यस्वरूप व्याप्ति होती है, उसका प्रतिनियतव्यक्ति में निश्चय होना कथमपि सम्भव नहीं है। यदि ऐसा नहीं होता तो अन्यत्र स्थान पर हेतु स्वसाध्य को कैसे सिद्ध करता? तथा दृष्टान्त में भी व्याप्ति के विषय में विवाद हो जाय तो अन्य दृष्टान्त की खोज करनी पड़ेगी फिर उससे अनवस्था आयेगी।

नापि व्याप्तिस्मरणार्थं तथाविधहेतुप्रयोगादेव तत्स्मृतेः ॥41॥

सूत्रार्थ- व्याप्ति का स्मरण कराने के लिए भी उदाहरण की जरूरत नहीं, उसका स्मरण तो तथाविध हेतु के प्रयोग से ही हो जाया करता है।

व्याप्ति स्मृति के लिये दृष्टान्त का ग्रहण भी व्यर्थ है, क्योंकि जिसका साध्याविनाभाव ज्ञात है ऐसे हेतु के प्रयोग से ही व्याप्ति स्मरण हो जाता है। इस प्रकार उदाहरण प्रयोजनभूत नहीं है, ऐसा सिद्ध हुआ।

तत् परमभिधीयमानं साध्यधर्मिणि साध्यसाधने संदेहयति ॥42॥

कुतोऽन्यथोपनयनिगमने? ॥43॥

परं केवलमभिधीयमानं साध्यसाधने साध्यधर्मिणि सन्देहयति सन्देहवती करोति। कुतोऽन्यथोपनयनिगमने?

मा भूद्दृष्टान्तस्यानुमानं प्रत्यङ्गत्वमुपनयनिगमनयोस्तु स्यादित्याशङ्कापनोदार्थमाह–

न च ते तदङ्गे साध्यधर्मिणि हेतुसाध्ययोर्वचनादेवाऽसंशयात् ॥44॥

न च ते तदङ्गे साध्यधर्मिणि हेतुसाध्ययोर्वचनादेव हेतुसाध्यप्रतिपत्तौ संशयाभावात्। तथापि दृष्टान्तादेरनुमानावयवत्वे हेतुरूपत्वे वा–

कुतोऽन्यथोपनयनिगमने ॥43॥

सूत्रार्थ– तथा केवल उदाहरण को कहने से साध्यधर्मी में साध्यसाधन के बारे में संशय उत्पन्न होता है। यदि ऐसा नहीं होता तो उदाहरण के अनंतर ही उपनय और निगमन के प्रयोग की आवश्यकता किस तरह होती?

अभिप्राय यह कि बाल प्रयोगरूप अनुमान में पक्ष हेतु और उदाहरण के अनन्तर तत्काल ही उपनय और निगमन का प्रयोग किया जाता है, केवल उदाहरण का प्रयोग करे और आगे के उपनयादि को न कहे तो साध्यसाधन सन्देहास्पद हो जाते हैं (अर्थात् ये धूम तथा अग्निरूप साध्यसाधन महानस के समान है या अन्य है? इस प्रकार केवल उदाहरण के प्रयोग से सन्देह बना रहता है।)

दृष्टान्त अनुमान का भले ही न हो किन्तु उपनय और निगमन तो उसके अंग होते हैं? इस प्रकार की आशंका होने पर उसको दूर करते हैं–

न च ते तदंगे साध्यधर्मिणि हेतु साध्ययोर्वचनादेवाऽसंशयात् ॥44॥

सूत्रार्थ– उपनय और निगमन भी अनुमान के अंग नहीं हैं क्योंकि साध्यधर्मी में साध्य और हेतु का कथन करने से ही

समर्थनं वा वरं हेतुरूपमनुमानावयवो वास्तु साध्ये तदुपयोगात् ॥45॥

समर्थनमेव वरं हेतुरूपमनुमानावयवो वास्तु साध्ये तस्योपयोगात्। समर्थनं हि नाम हेतोरसिद्धत्वादिदोषं निराकृत्य स्वसाध्येनाऽविनाभावसाधनम्। साध्यं प्रति हेतोर्गमकत्वे च तस्यैवोपयोगो नान्यस्येति।

95. ननु व्युत्पन्नप्रज्ञानां साध्यधर्मिणि हेतुसाध्ययोर्वचनादेवासंशयादर्थ-प्रतिपत्तेर्दृष्टान्तादिवचनमनर्थकमस्तु। बालानां त्वव्युत्पन्नप्रज्ञानां व्युत्पत्त्यर्थं तन्नानर्थकमित्याह–

तत्सम्बन्धी संशय दूर हो जाता है।

इस प्रकार संशय रहित साध्य सिद्धि संभावित होते हुए भी दृष्टान्तादि को अनुमान का अंग माना जाय अथवा सपक्षसत्त्वादि हेतु का त्रिरूप माना जाय तो–

समर्थनं वा वरं हेतुरूपमनुमानावयवो वास्तु साध्ये तदुपयोगात् ॥45॥

सूत्रार्थ– हेतुरूप समर्थन को ही अनुमान का अवयव माना जाय, क्योंकि वह साध्य में उपयोगी है। हेतु के असिद्धादि दोष को दूर करके स्वसाध्य के साथ उसका अविनाभाव स्थापित करना समर्थन कहलाता है। अथवा विपक्ष में साकल्यपने से बाधक प्रमाण का प्रदर्शन करना समर्थन है। साध्य के प्रति हेतु का गमकपना होने में समर्थन ही उपयोगी है अन्य नहीं।

95. **शंका–** व्युत्पन्न प्रज्ञा वाले (साध्य साधन सम्बन्धी पूर्णज्ञान रखने वाले) पुरुषों को साध्यधर्मी में हेतु और साध्य के कथन से ही संशयरहित अर्थ की प्रतिपत्ति हो जाती है अतः उनको दृष्टान्तादि का कथन करना व्यर्थ है किन्तु अव्युत्पन्न प्रज्ञावाले पुरुषों को व्युत्पन्न कराने के लिए दृष्टान्तादिक व्यर्थ नहीं होते?

उपर्युक्त शंका का समाधान करते हैं–

बालव्युत्पत्त्यर्थं तत्त्रयोपगमे शास्त्र एवासौ न वादेऽनुपयोगात् ॥46॥

96. बालव्युत्पत्त्यर्थं तन्त्रयोपगमे दृष्टान्तोपनयनिगमनत्रयाभ्युपगमे, शास्त्र एवासौ तदभ्युपगमः कर्तव्यः न वादेऽनुपयोगात्। न खलु वादकाले शिष्या व्युत्पाद्यन्ते व्युत्पन्नप्रज्ञानामेव वादेऽधिकारात्।

97. शास्त्रे चोदाहरणादौ व्युत्पन्नप्रज्ञा वादिनो वादकाले ये प्रतिवादिनो यथा प्रतिपद्यन्ते तान् तथैव प्रतिपादयितुं समर्था भवन्ति, प्रयोगपरिपाट्याः प्रतिपाद्यानुरोधतो जिनपतिमतानुसारिभिरभ्युपगमात्।

बालव्युत्पत्यर्थं तत् त्रयोपगमे शास्त्र एवासौ न वादेऽनुपयोगात् ॥46॥

सूत्रार्थ– जो न्यायशास्त्र में बाल (अव्युत्पन्न) हैं उन्हें ज्ञान कराने के लिए उदाहरण, उपनय और निगमन का प्रयोग शास्त्र (वीतराग कथा) में ही स्वीकार किया गया है। किन्तु वाद (विजिगीषु कथा) में उनका प्रयोग अनुपयोगी है।

96. बाल बुद्धिवाले पुरुषों के जानकारी के लिए दृष्टान्त आदि तीनों अंगों को स्वीकार किया जाता है किन्तु वह स्वीकृति शास्त्र के समय है बाद के समय नहीं, बाद में दृष्टान्तादि तो अनुपयोगी हैं। यदि दृष्टान्त, उपनय और निगमन को स्वीकार करना है तो वह शास्त्र चर्चा में स्वीकार करना चाहिए, वाद काल में नहीं। इसका कारण यह है कि वादकाल में शिष्यों को व्युत्पन्न नहीं बनाया जाता। वाद का अधिकार तो व्युत्पन्न बुद्धि वालों को ही है।

97. शास्त्र में उदाहरण आदि रहते हैं उसमें जो निपुण हो जाते हैं वे वादीगण वाद करते समय सामने वाले प्रतिवादी पुरुष जिस प्रकार से समझ सके उनको उसी प्रकार से समझाने में समर्थ हुआ करते हैं, उस समय अनुमान के जितने अंगों का जितने से प्रयोजन सधता है उतने अंग का प्रयोग किया जाता है, क्योंकि प्रयोग परिपाटी तो प्रतिपाद्य के अनुसार होती है– ऐसा जिनेन्द्र मत का अनुसरण करने वालों ने स्वीकार किया है।

तत्र तद्‌युत्पादनार्थं दृष्टान्तस्य स्वरूपं प्रकारं चोपदर्शयति–

दृष्टान्तो द्वेधाऽन्वयव्यतिरेकभेदात् ॥47॥

दृष्टो हि विधिनिषेधरूपतया वादिप्रतिवादिभ्यामविप्रतिपत्त्या प्रतिपन्नोऽन्तः साध्यसाधनधर्मो यत्रासौ दृष्टान्त इति व्युत्पत्तेः।

अथ कोऽन्वयदृष्टान्तः कश्च व्यतिरेकदृष्टान्त इति चेत्–

साध्यव्याप्तं साधनं यत्र प्रदर्श्यते सोन्वयदृष्टान्तः ॥48॥

यथाग्नौ साध्ये महानसादिः।

साध्याभावे साधनव्यतिरेको यत्र कथ्यते

स व्यतिरेकदृष्टान्तः॥49॥

अब बालबुद्धि को व्युत्पन्न कराने के लिए दृष्टान्त का स्वरूप तथा प्रकार कहते हैं–

दृष्टान्तो द्वेधाऽन्वयव्यतिरेकभेदात् ॥47॥

सूत्रार्थ– दृष्टान्त के दो भेद हैं अन्वय दृष्टान्त और व्यतिरेक दृष्टान्त।

वादी और प्रतिवादी द्वारा बिना विवाद के विधि प्रतिषेध रूप में देखा गया है साध्य साधन धर्म जहाँ पर उसे "दृष्टान्त" कहते हैं। दृष्टान्त शब्द का व्युत्पत्ति अर्थ है– दृष्टौ अन्तौ–साध्यसाधन–धर्मो यस्मिन् स दृष्टान्तः। अन्वय दृष्टान्त कौन है और व्यतिरेक दृष्टान्त कौन है? इस प्रकार प्रश्न होने पर कहते हैं–

साध्यव्याप्तं साधनं यत्र प्रदर्श्यते सोऽन्वयदृष्टान्तः ॥48॥

सूत्रार्थ– जहाँ पर साध्य से व्याप्त साधन को दिखाया जाता है उसे अन्वय दृष्टान्त कहते हैं।

जैसे अग्नि को साध्य करने पर रसोईघर का दृष्टान्त देते हैं।

साध्याभावे साधनाभावः यत्र कथ्यते स व्यतिरेकदृष्टान्तः ॥49॥

यथा तस्मिन्नेव साध्ये महाह्रदादिः।

अथ को नाम उपनयो निगमनं वा किमित्याह–

हेतोरुपसंहार उपनयः ॥50॥

प्रतिज्ञायास्तु निगमनम् ॥51॥

98. प्रतिज्ञायास्तूपसंहारो निगमनम्। उपनयो हि साध्याविनाभावित्वेन विशिष्टे साध्यधर्मिण्युपनीयते येनोपदर्श्यते हेतुः सोभिधीयते। निगमनं तु प्रतिज्ञाहेतूदाहरणोपनयाः साध्यलक्षणैकार्थतया निगम्यन्ते सम्बद्ध्यन्ते येन तदिति।

सूत्रार्थ– जहाँ पर साध्य के अभाव में साधन का अभाव दिखलाया जाता है उसे व्यतिरेक दृष्टान्त कहते हैं।

जैसे उसी अग्निरूप साध्य करने में महाह्रद (सरोवर या जलाशय) का दृष्टान्त दिया जाता है।

उपनय किसे कहते हैं और निगमन किसे कहते हैं? इसे आगे के सूत्रों में बतलाते हैं–

हेतोरुपसंहार उपनयः ॥50॥

प्रतिज्ञायास्तु निगमनम् ॥51॥

सूत्रार्थ– पक्ष में हेतु का उपसंहार दुहराना उपनय है और प्रतिज्ञा को दुहराना निगमन है।

98. प्रतिज्ञा का उपसंहार निगमन है। साध्य के साथ जिसका अविनाभाव है ऐसे हेतु का विशिष्ट साध्य धर्मी में जिसके द्वारा प्रदर्शन किया जाता है उसको उपनय कहते हैं **"उपनीयते हेतुः येन स उपनयः"** इस प्रकार उपनय शब्द की निरुक्ति है। प्रतिज्ञा, हेतु, उदाहरण और उपनय इनका साध्य लक्षणभूत एक है अर्थ जिसका इस प्रकार जिसके द्वारा संबद्ध किया जाता है उसे निगमन कहते हैं। **"निगम्यते-संबद्ध्यंते प्रतिज्ञादयः येन तद् निगमनम्"** इस तरह निगमन शब्द की निरुक्ति है।

तच्चानुमानं ह्यवयवं त्र्यवयवं पञ्चावयवं वा द्विप्रकारं भवतीति दर्शयन्-

तदनुमानं द्वेधा ॥52॥

इत्याह।

कुतस्तद् द्वेधेति चेत्?

स्वार्थपरार्थभेदात् ॥53॥

तत्र-

स्वार्थमुक्तलक्षणम् ॥54॥

स्वार्थमनुमानं साधनात्साध्यविज्ञानमित्युक्तलक्षणम्।

किं पुनः परार्थानुमानमित्याह परार्थमित्यादि-

परार्थं तु तदर्थपरामर्शिवचनाज्जातम् ॥55॥

तस्य स्वार्थानुमानस्यार्थः साध्यसाधने तत्परामर्शिवचनाज्जातं

इस प्रकार दो अवयव वाला या तीन अवयव वाला अथवा पाँच अवयव वाला वह अनुमान दो प्रकार का होता है ऐसा दिखलाते हैं-

तदनुमानं द्वेधा ॥52॥

स्वार्थपरार्थभेदात् ॥53॥

स्वार्थमुक्तलक्षणम् ॥54॥

सूत्रार्थ- वह अनुमान दो प्रकार का है, स्वार्थानुमान और परार्थानुमान। साधन से होने वाले साध्य के ज्ञान को अनुमान कहते हैं ऐसा पहले बताया है वही स्वार्थानुमान कहलाता है।

परार्थानुमान कौन सा है बतलाते हुए कहते हैं-

परार्थं तु तदर्थपरामर्शिवचनाज्जातम् ॥55॥

सूत्रार्थ- स्वार्थानुमान के अर्थ का परामर्श करने वाले वचन से जो उत्पन्न होता है उसे परार्थानुमान कहते हैं। स्वार्थानुमान के अर्थभूत साध्यसाधन को प्रकाशित करने वाले वचन को सुनकर जो साध्य का

यत्साध्यविज्ञानं तत्परार्थानुमानम्।

99. ननु वचनात्मकं परार्थानुमानं प्रसिद्धम्, तच्चोक्तप्रकारं साध्यविज्ञानं परार्थानुमानमिति वर्णयता कथं सङ्गृहीतमित्याह–

तद्वचनमपि तद्धेतुत्वात् ॥56॥

100. तद्वचनमपि तदर्थपरामर्शिवचनमपि तद्धेतुत्वात् ज्ञानलक्षण मुख्यानुमानहेतुत्वादुपचारेण परार्थानुमानमुच्यते। उपचारनिमित्तं चास्य प्रतिपादकप्रतिपाद्यापेक्षयानुमानकार्यकारणत्वम् तत्प्रतिपादकज्ञानलक्षणानुमान(नं) हेतुः कारणं यस्य तद्वचनस्य, तस्य वा प्रतिपाद्यज्ञानलक्षणानुमानस्य हेतुः कारणम्, तद्भावस्तद्धेतुत्वम्, तस्मादिति। मुख्यरूपतया तु ज्ञानमेव प्रमाणं परनिरपेक्षतयाऽर्थप्रकाशकत्वादिति प्राक्प्रतिपादितम्।

ज्ञान होता है वह परार्थानुमान है।

99. **शंका–** परार्थानुमान वचनात्मक होता है, साध्य के ज्ञान को परार्थानुमान कहते हैं ऐसा वर्णन करते हुए उक्त वचनात्मक परार्थानुमान का संग्रह क्यों नहीं किया है?

इस शंका का समाधान करते हैं–

तद्वचनमपि तद्धेतुत्वात् ॥56॥

सूत्रार्थ– स्वार्थानुमान का प्रतिपादक वचन भी कथंचित् परार्थानुमान कहलाता है, क्योंकि वह वचन परार्थानुमान ज्ञान में कारण हैं।

100. साध्य साधनभूत अर्थ के द्योतक वचन भी ज्ञान लक्षणभूत मुख्य अनुमान का निमित्त होने के कारण उपचार से परार्थानुमान कहलाता है। प्रतिपादक पुरुष और प्रतिपाद्य शिष्यादि की अपेक्षा से इस अनुमान में कार्य कारणभाव होने से यह उपचार निमित्तक है। साध्यसाधन वचन का प्रतिपादन करने वाले पुरुष का ज्ञान लक्षणभूत अनुमान है कारण जिसका उसको कहते हैं "तद् वचन"। तथा प्रतिपाद्य शिष्यादि पुरुष के ज्ञान लक्षणरूप अनुमान का जो कारण है उसे "तद्धेतुत्व" कहते हैं यह "तद् वचनं" और "तद्धेतुत्वात्" शब्द की निरुक्ति है।

3/56

यथा चानुमानं द्विप्रकारं तथा हेतुरपि द्विप्रकारो भवतीति दर्शनार्थं स हेतुर्द्वेधेत्याह–

इसका अर्थ यह है कि जिस पुरुष को धूम और अग्निरूप साध्य साधन का ज्ञान है वह कहीं पर्वतादि में धूम को देखकर समीपस्थ पुरुष को कहता है कि "यहाँ पर अग्नि अवश्य है क्योंकि धूम दिखायी दे रहा है" इस साध्य साधन के वचन को सुनकर उसके निमित्त से उक्त पुरुष को जो साध्यसाधन का ज्ञान होता है वह वास्तविक परार्थानुमान है और उक्त ज्ञाता पुरुष के जो साध्यसाधन के वचन मात्र है वह औपचारिक परार्थानुमान है।

पर की अपेक्षा बिना किये जो पदार्थों को प्रकाशित करता है ऐसा ज्ञान ही मुख्यरूप से प्रमाण है इस प्रकार पहले प्रतिपादन कर चुके हैं (प्रथम भाग के कारकसाकल्यवाद सन्निकर्षवाद आदि प्रकरणों में) अतः वचनात्मक अनुमान उपचार मात्र से परार्थानुमान कहला सकता है वास्तविक रूप से नहीं– ऐसा निश्चय हुआ।

कहने का तात्पर्य यह है कि नैयायिक आदि परवादी साध्य साधन को कहने वाले वचन को ही परार्थानुमान मानते हैं, उनके यहाँ सर्वत्र ज्ञान के कारण को ही प्रमाण माना जाता है जैसे इन्द्रिय और पदार्थ का सन्निकर्ष अर्थात् योग्य समीप स्थान में होना ज्ञान का कारण है सो इस सन्निकर्ष को प्रमाण माना किन्तु पदार्थों को जानने की सामर्थ्य तो ज्ञान में है अतः ज्ञान ही प्रमाण है, बाध्यसन्निकर्षादि तो व्यभिचारी कारण है अर्थात् इससे ज्ञान हो, नहीं भी हो, तथा दिव्य ज्ञानी के तो इन कारणों के बिना ही ज्ञान उत्पन्न होता है अतः प्रमाण तो ज्ञान ही है, वचन को प्रमाण मानना, सन्निकर्ष को प्रमाण मानना यह सब मान्यता सदोष है, इसका विवेचन प्रथम भाग में भलीभांति हो चुका है।

इस प्रकार यह निश्चित हो जाता है कि साध्य साधन के वचन परार्थानुमान का निमित्त होने से उपचार से उसे परार्थानुमान कह देते हैं, वह कोई वस्तुभूत अनुमान प्रमाण नहीं है। ऐसा भावार्थ समझना चाहिए।

अनुमान के समान हेतु भी दो प्रकार का होता है ऐसा कहते

स हेतुर्द्वेधा उपलब्ध्यनुपलब्धिभेदात् इति ॥57॥

योऽविनाभावलक्षणलक्षितो हेतुः प्राक्प्रतिपादितः स द्वेधाभवति उपलब्ध्यनुपलब्धिभेदात्।

तत्रोपपलब्धिर्विधिसाधिकैवानुपलब्धिश्च प्रतिषेधसाधिकैवेत्य-नयोर्विषयनियममुपलब्धिरित्यादिना विघटयति-

उपलब्धिर्विधिप्रतिषेधयोरनुपलब्धिश्च ॥58॥

102. अविनाभावनिमित्तो हि साध्यसाधनयोर्गम्यगमकभावः। यथा चोपलब्धेर्विधौ साध्येऽविनाभावाद्गमकत्वं तथा प्रतिषेधेपि। अनुपलब्धेश्च यथा प्रतिषेधे ततो गमकत्वं तथा विधावपीत्यग्रे स्वयमेवाचार्यो वक्ष्यति।

हैं-

स हेतुर्द्वेधा उपलब्ध्यनुपलब्धिभेदात् ॥57॥

सूत्रार्थ- उपलब्धि हेतु और अनुपलब्धि हेतु इस तरह हेतु के दो भेद हैं।

101. साध्य के साथ जिसका अविनाभाव है वह हेतु कहलाता है ऐसा पहले कहा है, उसके उपलब्धि हेतु और अनुपलब्धि हेतु इस तरह दो भेद हैं। उपलब्धि हेतु केवल विधि साधक ही है और अनुपलब्धि हेतु केवल प्रतिषेध साधक ही है ऐसा इन हेतुओं के विषय का नियम करने वाला सूत्र आगे कहते हैं-

उपलब्धिर्विधिप्रतिषेधयोरनुपलब्धिश्च ॥58॥

सूत्रार्थ- उपलब्धि हेतु भी विधि तथा प्रतिषेध (अस्तित्व नास्तित्व या सद्भाव अभाव) का साधक है और अनुपलब्धि हेतु भी विधि तथा प्रतिषेध का साधक है।

102. साध्य-साधन में गम्य-गमकभाव अविनाभाव के निमित्त से होता है। जिस प्रकार विधि रूप साध्य में अविनाभाव के कारण उक्त उपलब्धि हेतु उस प्रतिषेधरूप साध्य का गमक होता है। तथा जिस प्रकार प्रतिषेधरूप साध्य में अविनाभाव के निमित्त से अनुपलब्धि हेतु गमक

सा चोपलब्धिर्द्विप्रकारा भवत्यविरुद्धोपलब्धिर्विरुद्धोपलब्धिश्चेति–

अविरुद्धोपलब्धिर्विधौ षोढा व्याप्यकार्यकारणपूर्वोत्तरसहचरभेदात् ॥59॥

103. तत्र साध्येनाविरुद्धस्य व्याप्यादेरुपलब्धिर्विधौ साध्ये षोढा भवति व्याप्यकार्यकारणपूर्वोत्तरसहचरभेदात्।

104. ननु कार्यकारणभावस्य कुतश्चित्प्रमाणादप्रसिद्धेः कथं कार्यं कारणस्य तद्वा कार्यस्य गमकं स्यादित्यप्यास्तां तावद्विषयपरिच्छेदे सम्बन्धपरीक्षायां कार्यकारणतादिसम्बन्धस्य प्रसाधयिष्यमाणत्वात्।

होता है उस प्रकार विधि रूप साध्य में भी उसी निमित्त से अनुपलब्धि हेतु गमक होता है।

आगे स्वयं आचार्य इस विषय को कहेंगे। उपलब्धि दो प्रकार की है अविरुद्धोपलब्धि और विरुद्धोपलब्धि। आगे अविरुद्धोपलब्धि के भेद बताते हैं–

अविरुद्धोपलब्धिर्विधौ षोढा व्याप्यकार्यकारणपूर्वोत्तर-सहचरभेदात् ॥59॥

सूत्रार्थ– विधिरूप साध्य के रहने पर अविरुद्ध उपलब्धिरूप हेतु के छह भेद होते हैं– व्याप्यअविरुद्धोपलब्धिहेतु, कार्यअविरुद्धोपलब्धिहेतु, कारणअविरुद्धोपलब्धिहेतु, पूर्वचरअविरुद्धउपलब्धिहेतु, उत्तरचरअविरुद्ध-उपलब्धिहेतु, सहचर अविरुद्धउपलब्धिहेतु।

103. साध्य के साथ जो अविरुद्धपने से उपलब्ध हो ऐसे हेतु के विधिरूप साध्य के रहने पर ये छह भेद सम्भावित हैं।

104. **बौद्ध–** किसी प्रमाण से कार्य कारणभाव सिद्ध नहीं होता अतः कार्य हेतु कारणरूप साध्य का गमक या कारण हेतु कार्यरूप साध्य का गमक किस प्रकार हो सकता है?

जैन– इस मन्तव्य को अभी ऐसे ही रहने दीजिए आगे प्रमाण के विषय का वर्णन करने वाले परिच्छेद में सम्बन्ध की परीक्षा करते हुए कार्यकारण आदि सम्बन्ध की परीक्षा करते हुए कार्यकारण आदि

105. ननु प्रसिद्धेपि कार्यकारणभावे कार्यमेव कारणस्य गमकं तस्यैव तेनाविनाभावात्, न पुनः कारणं कार्यस्य तदभावात्;

106. इत्यसङ्गतम्; कार्याविनाभावितयाऽवधारितस्यानुमानकाल-प्राप्तस्य छत्रादेर्विशिष्टकारणस्य छायादिकार्यानुमापकत्वेन सुप्रसिद्धत्वात्। न ह्यनुकूलमात्रमन्त्यक्षणप्राप्तं वा कारणं लिङ्गमुच्यते, येन प्रतिबन्धवैकल्य-सम्भवाद्व्यभिचारि स्यात्, द्वितीयक्षणे कार्यस्य प्रत्यक्षीकरणादनुमानानर्थक्यं वा। तदेव समर्थयमानो रसादेकसामग्र्यनुमानेनेत्याद्याह–

रसादेकसामग्र्यनुमानेन रूपानुमानमिच्छद्भिरिष्टमेव किञ्चित्कारणं हेतुर्यत्र सामर्थ्याप्रतिबन्धकारणान्तरावैकल्ये ॥60॥

सम्बन्ध को भले प्रकार से सिद्ध करने वाले हैं।

105. बौद्ध– कार्यकारण भाव सिद्ध हो जाय तो भी केवल कार्य ही कारण का गमक बन सकता है क्योंकि कार्य कारण के साथ अविनाभावी है, किन्तु कारण, कार्य के साथ अविनाभावी नहीं होने से उसका गमक नहीं बन सकता?

106. जैन– यह असंगत है, जिस कारण का कार्याविनाभाव सुनिश्चित है ऐसे अनुमानकाल में उपस्थित हुए छत्रादि विशिष्ट कारण, छाया आदि रूप कार्य के अनुमापक हो रहे प्रसिद्ध ही है। हम जैन अनुकूलतारूप कारणमात्र को कारण हेतु नहीं मानते, न अंत्यक्षण प्राप्त करने को कारण हेतु मानते हैं जिससे कि अविनाभावित्व की विकलता संभावित रहने से व्यभिचार दोष आये। अथवा कारण के द्वितीय क्षण में अर्थात् उत्तरकाल में कार्य का साक्षात्कार हो जाने से कारणानुमान व्यर्थ हो जाने का प्रसंग आ सके। आगे इसी विषय को कहते हैं–

रसादेकसामग्र्यनुमानेन रूपानुमानमिच्छद्भिरिष्टमेव
किंचित्कारणं हेतुर्यत्र सामर्थ्याप्रतिबंधकारणांतरावैकल्ये ॥60॥

सूत्रार्थ– रस से सामग्री का अनुमान और उस अनुमान से रूप का अनुमान होना स्वीकार करने वाले बौद्धों को कारण हेतु को अवश्य मानना होगा जिसमें कि सामर्थ्य का प्रतिबन्ध नहीं हुआ हो एवं कारणान्तरों की अविकलता (पूर्णता) हो।

107. आस्वाद्यमानाद्धि रसार्त्तज्जनिका सामग्र्यनुमीयते। पश्चात्तदनुमानेन रूपानुमानम्। सजातीयं हि रूपक्षणान्तरं जनयनन्नेव प्राक्तनो रूपक्षणोविजातीयरसादिक्षणान्तरोत्पत्तौ प्रभुर्भवेन्नान्यथा।

108. तथा चैकसामग्र्यनुमानेन रूपानुमानमिच्छद्भिरिष्टमेव किञ्चित्कारणं हेतुर्यत्र सामर्थ्याप्रतिबन्धकारणान्तरावैकल्ये भवतः।

अथ पूर्वोत्तरचारिणोः प्रतिपादितहेतुभ्योर्थान्तरत्वसमर्थनार्थमाह–

न च पूर्वोत्तरकालवर्त्तिनोस्तादात्म्यं तदुत्पत्तिर्वा कालव्यवधाने तदनुपलब्धेः ॥61॥[14]

---

107. बौद्धों का मन्तव्य है कि आस्वादन किये गये रस से उस रस को उत्पन्न करने वाली सामग्री का अनुमान लग जाता है, पश्चात् उस अनुमान से रूप का अनुमान होता है। इसका कारण यह है कि पहले का रूपक्षण को उत्पन्न करके ही विजातीय रसादि क्षणान्तर की उत्पत्ति कराने में समर्थ सहायक हो सकता है अन्यथा नहीं।

इस प्रकार एक सामग्रीभूत अनुनान द्वारा रूपानुमान का प्रादुर्भाव मानने वाले बौद्धों का जहाँ पर सामर्थ्य की रुकावट और अन्य कारणों की अपूर्णता न हो उस कारण को कारण हेतु रूप से स्वीकार करना इष्ट ही है। अतः बौद्ध के मान्य तीन हेतुओं में (कार्य-स्वभाव और अनुपलब्धि) कारणरूप हेतु का समावेश नहीं होने से उनके हेतु की संख्या गलत सिद्ध होती है।

पूर्वचर और उत्तरचर हेतु भी उक्त हेतुओं से पृथकरूप सिद्ध होते हैं ऐसा आगे के सूत्र में कह रहे हैं–

न च पूर्वोत्तरचारिणोस्तादात्म्यं तदुत्पत्तिर्वा कालव्यवधाने तदनुपलब्धेः ॥61॥

सूत्रार्थ– पूर्वचर हेतु और उत्तर हेतु, तादात्म्य तथा तदुत्पत्ति रूप तो हो नहीं सकते क्योंकि इनमें काल का व्यवधान पड़ता है अतः इन हेतुओं का स्वभाव हेतु या कार्य हेतु मे अन्तर्भाव करना आवश्यक है।

---

14. पंडित महेन्द्रकुमार न्यायाचार्य जी ने सूत्र का यही पाठ स्वीकार किया है।

109. प्रयोगः–यद्यत्काले अनन्तरं वा नास्ति न तस्य तेन तादात्म्यं तदुत्पत्तिर्वा यथा भविष्यच्छङ्खचक्रवर्त्तिकाले असतो रावणादेः, नास्ति च शकटोदयादिकाले अनन्तरं वा कृत्तिकोदयादिकमिति। तादात्म्यं हि समसमयस्यैव कृतकत्वानित्यत्वादेः प्रतिपन्नम्। अग्निधूमादेश्चान्योन्यमव्यवहितस्यैव तदुत्पत्तिः, न पुनर्व्यवहितकालस्य अतिप्रसङ्गात्।

110. ननु प्रज्ञाकराभिप्रायेण भाविरोहिण्युदयकार्यतया कृत्तिकोदयस्य गमकत्वात्कथं कार्यहेतौ नास्यान्तर्भाव इति चेत्? कथमेवमभूद्भरण्युदयः

काल व्यवधान में तो तादात्म्य और तदुत्पत्ति की अनुपलब्धि ही रहेगी।

109. जो जिस काल में या अनंतर में नहीं है उसका उसके साथ तादात्म्य तदुत्पत्तिरूप सम्बन्ध नहीं पाया जाता है, जैसे आगामीकाल में होने वाले शंख नामा चक्रवर्ती के समय में असद्भूत रावणादिका तादात्म्य या तदुत्पत्तिरूप सम्बन्ध नहीं पाया जाता। रोहिणी नक्षत्र के उदयकाल में अथवा अनंतर कृतिका नक्षत्र का उदय नहीं पाया जाता अतः उन नक्षत्रों का तादात्म्यादि सम्बन्ध नहीं होता।

जो समान समयवर्ती होते हैं ऐसे कृतकत्व और नित्यत्वादि का ही तादात्म्य सम्बन्ध हो सकता है। तथा अग्नि और धूम आदि के सामान जो परस्पर में अव्यवहित रहते हैं उनमें ही तदुत्पत्ति सम्बन्ध होना सम्भव है, काल व्यवधानभूत पदार्थों में नहीं। ऐसा नहीं मानेंगे तो अतिप्रसंग होगा। अर्थात् अतीत और अनागतवर्ती में भी तादात्म्यादि मानने का अनिष्ट प्रसंग प्राप्त होगा।

110. **बौद्ध–** प्रज्ञाकर गुप्त नामा ग्रन्थकार का मन्तव्य है कि भावी रोहिणी का उदय कृतिकोदय का कार्य है अतः कृतिकोदय का गमक होता है, इसलिए इस रोहिणी उदय का कार्य हेतु में अन्तर्भाव कैसे नहीं होगा? अर्थात् इसका अन्तर्भाव कार्य हेतु में होना चाहिये।

जैन– तो फिर "भरणी" का उदय एक मुहूर्त्त पहले हो चुका क्योंकि कृतिका का उदय हो रहा है" इस अनुमान की किस प्रकार प्रवृत्ति होगी? अर्थात् इस हेतु का किसमें अन्तर्भाव करेंगे?

3/61

कृत्तिकोदयादित्यनुमानम्? अथ भरण्युदयोपि कृत्तिकोदयस्य कारणं तेनायम-दोषः,

111. ननु येन स्वभावेन भरण्युदयात्कृत्तिकोदयस्तेनैव यदि शकटोदयात्; तदा भरण्युदयादिवाऽतोपि पश्चादसौ स्यात्। यथा च

बौद्ध– भरणी का उदय भी कृतिकोदय का कारण है अतः उक्त अनुमान प्रवृत्त नहीं होना आदि दोष नहीं आयेगा।

111. **जैन–** जिस स्वभाव द्वारा भरणी उदय से कृतिकोदय हुआ उसी स्वभाव द्वारा रोहिणी उदय से कृतिकोदय हुआ है क्या? यदि हाँ तो भरणी उदय के बाद जैसे कृतिका उदय होता है वैसे रोहिणी उदय के बाद भी कृतिका उदय होना चाहिए? तथा जिस प्रकार रोहिणी उदय के पहले कृतिका उदय होता है उस प्रकार भरणी उदय के पहले भी कृतिका उदय होना चाहिए था?

तथा इस प्रकार अतीत और अनागत कारणों का एक कार्य में व्यापार होना स्वीकार करते हैं तो आस्वाद्यमान रस का अतीत रस और भावीरूप दोनों ही कारण हो सकते हैं? (क्योंकि अतीत और अनागत कारणों का एकत्र कार्य में व्यापार होना स्वीकार कर लिया) फिर वर्तमानरूप की अथवा अतीतरूप की प्रतीति संभावित नहीं रहेगी।

अभिप्राय यह है कि वर्तमान कार्य में अनागत हेतु होता है तो उसका अवबोध किस प्रकार होगा? अर्थात् नहीं हो सकता। अतीतकाल और एक काल अर्थात् वर्तमानकाल है जिनसे उन पदार्थों का बोध होता है (कारणहेतु से) न कि अनागतों का। ऐसा बौद्ध अभिमत प्रमाणवार्तिक ग्रन्थ में कहा है– यह भी उक्त कथन से अयुक्त हो जाता है।

इस चर्चा का सार यह है कि बौद्ध पूर्वचर उत्तरचर आदि हेतु को नहीं मानते अतः प्रश्न होता है कि कृतिक्रोदय आदिरूप पूर्वचर आदि हेतुओं का अन्तर्भाव किस हेतु में किया जाय? उनके यहाँ तीन हेतु माने हैं–कार्य हेतु, स्वभाव हेतु और अनुपलब्धि हेतु। तादात्म्य सम्बन्ध वाले पदार्थ में स्वभाव हेतु प्रवृत्त होता है एवं अनुपलब्धि हेतु

शकटोदयात्प्राक्तथैव भरण्युदयादपि। यदि चातीतानागतयोरेकत्र कार्ये व्यापार:; तर्ह्यास्वाद्यमानसस्यातीतो रसो भावि च रूपं हेतु: स्यात्। ततो न वर्त्तमानस्य रूपस्य वातीतस्य वा प्रतीति:। इत्ययुक्तमुक्तम्–अतीतैककालानां गतिर्नाऽनागतानाम्[15] इति।

अभाव रूप होता है अत: इनमें पूर्वचरादि हेतु अन्तर्भूत नहीं हो सकते।

कार्य हेतु में अन्तर्भाव करना चाहे तो वह भी असम्भव है क्योंकि कृतिका नक्षत्र का उदय भरणी और रोहिणी के अन्तराल काल में होता है अर्थात् भरणी उदय के अनन्तर और रोहिणी के पहले होता है अत: यह भरणी उदय का तो उत्तरचर हेतु है, अर्थात् कृतिका का उदय हुआ देखकर भरणी उदय का निश्चय हो जाता है। तथा कृतिकोदय के एक मुहूर्त्त पश्चात् रोहिणी का उदय होता है अत: उसके लिये यह कृतिकोदय पूर्वचर हेतु होता है, इस प्रकार कृतिकोदय भरणी उदय आदि से काल व्यवधान को लिये हुए है, जिनमें काल का व्यवधान पड़ता है उन पदार्थों में कार्य कारणभाव नहीं माना जाता।

फिर भी बौद्ध की मान्यता यह है कि कृतिकोदय हेतु का कार्य हेतु में ही अन्तर्भाव करना चाहिए, इस मान्यता पर विचार करते हैं– कृतिकोदय एक कार्य है ऐसा मानकर उसमें अतीत भरणी उदय और अनागत रोहिणी उदय कारण पड़ते हैं ऐसा स्वीकार करते हैं तो पहली बाधा तो यह आती है कि जिसका कारण अभी आगे होने वाला है उसकी प्रतीति नहीं हो सकेगी क्योंकि कारण ही नहीं तो उसका कार्य किस प्रकार दृष्टिगोचर होगा? दूसरी बाधा यह होगी कि स्वयं बौद्ध मानते हैं कि–**"अतीतैककालानां गतिर्नागतानाम्"** अतीत और वर्त्तमानवर्त्ती रूपादि साध्य की ही कार्य हेतु द्वारा अवगति (ज्ञान) होती है, अनागत साध्य की नहीं। अत: कृतिकोदयरूप पूर्वचर आदि हेतुओं का कार्यहेतु में अन्तर्भाव करना कथमपि सिद्ध नहीं होता।

---

15. प्रमाणवार्तिक स्ववृत्ति 1/13

112. ननु स्वसत्तासमवायात्पूर्वमसन्तोपि मरणादयोऽरिष्टादिकार्य-कारिणो दृष्टास्ततोऽनेकान्तो हेतोरित्याशङ्क्य भाव्यतीतयोरित्यादिना प्रतिविधत्ते-

भाव्यतीतयोर्मरणजाग्रद्बोधयोरपि नारिष्टोद्बोधौ प्रतिहेतुत्वम् ॥62॥

तद्व्यापाराश्रितं हि तद्भावभावित्वम् ॥63॥

113. न च पूर्वमेवोत्पन्नमरिष्टं करतलरेखादिकं वा भाविनो मरणस्य राज्यादेर्व्यापारमपेक्षते, स्वयमुत्पन्नस्यापरापेक्षायोगात्। अथास्योत्पत्ति-

---

112. **शंका–** स्वसत्ता का समवाय होने के पहले मरणादिक असद्भूत होते हुए भी अरिष्ट आदि कार्य को करते हुए देखे गये हैं अर्थात् मरण भावीकाल में स्थित है और उसका अरिष्टरूप कार्य पहले होता है अत: कारण हेतु पहले ही होता है ऐसा कारण हेतु का लक्षण व्यभिचरित होता है?

समाधान– इसी आशंका का समाधान अग्रिम सूत्र द्वारा करते हैं–

भाव्यतीतयोर्मरणजाग्रद्बोधयोरपि नारिष्टोद्बोधौ प्रतिहेतुत्वम् ॥62॥

तद्व्यापाराश्रितं हि तद्भावभावित्वम् ॥63॥

सूत्रार्थ– भावी मरण का अरिष्ट के प्रति हेतुपना नहीं है, तथा अतीत जाग्रद् बोध का (निद्रा लेने के पहले का जाग्रत अवस्था के ज्ञान का) उद्बोध के (निद्रा के अनन्तर होने वाले ज्ञान के) प्रति हेतुपना नहीं है, अर्थात् भावीकाल में होने वाला मरण वर्त्तमान के अरिष्ट का कारण नहीं हो सकता एवं अतीतकाल का जागृत ज्ञान आगामी अनेक समयों के अन्तराल के होने वाले उद्बोध का (सुप्तदशा के अनन्तर का ज्ञान) कारण नहीं हो सकता, क्योंकि कारणभाव का होना कारण के व्यापार के आश्रित है।

113. पहले से ही उत्पन्न हुए अरिष्ट आदि अथवा हस्तरेखादिक आगामी काल के मरण या राज्यप्राप्ति आदि के व्यापार की अपेक्षा नहीं

र्मरणादिनैव क्रियते; न; असतः खरविषाणवत्कर्तृत्वायोगात्। कार्यकालेऽसत्त्वेपि स्वकाले सत्त्वाददोषश्चेत्; ननु किं भाविनो मरणादेः स्वकाले पूर्वं सत्त्वम्, अरिष्टादेर्वा। भाविनः पूर्वं सत्त्वे ततः पश्चादरिष्टादिकमुपजायमानं पाश्चात्यं न पूर्वम्। इत्ययुक्तमुक्तम्–'पूर्वमसन्तोपि मरणादयोऽरिष्टादिकार्यकारिणः' इति। अथान्यभाविमरणाद्यपेक्षयारिष्टादिकं पूर्वमुच्यते; ननु तदपि सत् स्वकाले यदि ततः प्रागेव स्यात्; तर्हि पाश्चात्यमरिष्टादिकं कथं ततः पूर्वमुच्यते? अन्यभाविमरणाद्यपेक्षया चेदनवस्था।

रखते हैं, क्योंकि "जो स्वयं उत्पन्न हो चुका है उसको अन्य की अपेक्षा नहीं होती" ऐसा न्याय है।

बौद्ध– अरिष्टादि की उत्पत्ति भावी मरणादि द्वारा ही की जाती है?

जैन– नहीं, खर विषाण के समान जो असत् है उसमें कार्य के कर्तृत्व का अयोग है।

बौद्ध– कार्य के काल में भले असत्व हो किन्तु स्वकाल में सत्व होने से कोई दोष नहीं आता, अर्थात् मरणादि का भावी काल में सत्व होता ही है अतः वह अरिष्टादि का कारण हो सकता है?

जैन– स्वकाल में होने वाले भावी मरणादि का पहले सत्व था या अरिष्टादि का पहले सत्त्व था? भावी मरण का पहले सत्त्व था बाद में उससे अरिष्टादि उत्पन्न हुए ऐसा कहो तो अरिष्टादि को पाश्चात्यपना ठहरा न कि पूर्वपना? इस तरह तो पूर्वोक्त कथन अयुक्त सिद्ध होता है कि "पूर्व में असत् होकर भी मरणादिक अरिष्टादि को करते हैं।"

बौद्ध– अन्य के भावी मरणादि की अपेक्षा से अरिष्ट को पहले हुआ ऐसा कहा जाता है।

जैन– वह अन्य का भावी मरण भी स्वकाल में पहले सत्त्व रूप था तो अरिष्टादि को पाश्चात्यपना ही ठहरता है, फिर उसको मरण के पहले हुआ ऐसा किस प्रकार कह सकते हैं? अन्य के भावी मरण की अपेक्षा से कहो तो अनवस्था दोष स्पष्ट दिखायी देता है।

114. अथ पूर्वमरिष्टादिकं स्वकाले पश्चाद्भाविमरणादिकं स्वकालनियतं भवेत्; तर्हि निष्पन्नस्य निराकाङ्क्षस्यास्य पश्चादुपजायमानेन मरणादिना कथं करणं कृतस्य करणायोगात्? अन्यथा न क्वचित्कार्ये कस्यचित्कारणस्य कदाचिदुपरमः स्यात्, पुनःपुनस्तस्यैव करणात्। अथ

---

114. स्वकाल में होने वाले अरिष्टादि का पहले सत्त्व या भावी मरणादिक तो पीछे स्वकाल में होते हैं ऐसा दूसरा विकल्प स्वीकार करे तो जो निष्पन्न हो चुका है एवं किसी की अपेक्षा नहीं करता है ऐसे इस अरिष्ट को पश्चात् उत्पन्न होने वाले मरणादि के द्वारा किस प्रकार किया जाय? किये हुए को तो किया नहीं जाता, अन्यथा किसी भी कार्य में किसी भी कारण का कभी भी उपरम नहीं होगा अर्थात् कारण हमेशा उस एक कार्य को करता ही जायेगा, क्योंकि पुनः पुनः उसी उसी को करना मान लिया।

बौद्ध– निष्पन्न वस्तु का स्वरूप भी कुछ अनिष्पन्न रहता है उसको पुनः किया जाता है अतः वह उसका कारण माना जाता है, अर्थात् अरिष्ट आदि निष्पन्न होते हुए भी उसका कुछ रूप अनिष्पन्न रहता है और उसको भावी मरण करता है?

जैन– निष्पन्न अरिष्ट का जो स्वरूप अनिष्पन्न है वह यदि अरिष्ट से अभिन्न है तो निष्पन्न अरिष्टरूप ही है और उसको तो करना नहीं है। यदि अनिष्पन्न स्वरूप अरिष्ट से भिन्न है तो उसी को मरणादि ने किया अरिष्ट को नहीं किया ऐसा अर्थ हुआ।

बौद्ध– अरिष्ट का अनिष्पन्न स्वरूप अरिष्ट से सम्बद्ध रहता है अतः उसको करने से अरिष्ट को भी किया ऐसा माना जाता है?

जैन– अरिष्ट और उसका अनिष्पन्न स्वरूप ये दोनों भिन्न होने से इनमें कार्यकारण भाव से अन्य कोई सम्बन्ध बन नहीं सकता, स्वयं बौद्ध ने ऐसा स्वीकार किया है।

अब प्रश्न होता है कि यदि अरिष्ट और उसके अनिष्पन्न स्वरूप में कार्यकारणभाव सम्बन्ध है तो उनमें से किसके द्वारा किसको

निष्पन्नस्याप्यनिष्पन्नं किञ्चिद्रूपमस्ति तत्करणात्तत्कारणं कल्प्यते, तत्ततो यद्यभिन्नम्; तदेव तत्तस्य च न करणमित्युक्तम्। भिन्नं चेत्; तदेव तेन क्रियते नारिष्टादिकमित्यायातम्। तत्सम्बन्धिनस्तस्य करणात्तदपि कृतमिति चेत्; भिन्नयोः कार्यकारणभावान्नान्यः सम्बन्धः, स्वयं सौगतैस्तथाऽभ्युपगमात्। तत्र चारिष्टादिना तत्क्रियेत, तेन वारिष्टादिकम्? प्रथमपक्षेऽरिष्टादेरेव तन्नि- ष्पत्तेर्मरणादिकमकिञ्चित्करमेव क्वचिदप्यनुपयोगात्। तेनारिष्टादिकरणे पूर्वनिष्पन्नस्य पश्चादुपजायमानेन तेन किं क्रियत इत्युक्तम्। अथाऽनिष्पन्नं किञ्चिदस्ति; तत्रापि पूर्ववच्चर्चानवस्था च।

115. ननु यद्यत्र कार्यकारणभावो न स्यात्कथं तर्हि एकदर्शनादन्यानुमानमिति चेत्; 'अविनाभावात्' इति ब्रूमः। तादात्म्यतदुत्पत्तिलक्षणप्रतिबन्धेप्यविनाभावादेव गमकत्वम्। तदभावे वक्तृत्वतत्पुत्रत्वादेस्तादा-

---

किया जाता है, अरिष्ट द्वारा अनिष्पन्न स्वरूप को किया जाता है या अनिष्पन्न स्वरूप द्वारा अरिष्ट को किया जाता है?

प्रथम पक्ष मानें तो अरिष्ट से अनिष्पन्न स्वरूप बन जाने से मरणादिक अकिंचित्कर ठहरते हैं, क्योंकि किसी कार्य में भी वे उपयोगी नहीं हैं।

द्वितीय पक्ष अनिष्पन्न स्वरूप द्वारा अरिष्ट को किया जाता है ऐसा माने तो अरिष्ट पहले से ही निर्मित है अतः पीछे से उत्पन्न होने वाले अनिष्पन्न स्वरूप द्वारा उसको क्या करना शेष है? कुछ भी नहीं, किये हुए को पुनः पुनः करना व्यर्थ है ऐसा पहले ही निर्णय हो चुका है।

यदि कहा जाय कि अरिष्ट पहले से निर्मित रहते हुए भी उसका कुछ स्वरूप अनिष्पन्न रहता है और उसको किया जाता है तो यह वही पहले की चर्चा है इसमें तो अनवस्था दोष आना स्पष्ट ही है।

115. बौद्ध– अरिष्ट और भावी मरण में यदि कार्यकारण भाव न माने तो उनमें से एक को देखने से दूसरे का अनुमान किस प्रकार हो जाता है?

त्म्यतदुत्पत्तिप्रतिबन्धे सत्यपि असर्वज्ञत्वे श्यामत्वे च साध्ये गमकत्वाप्रतीतेः। तदभावेपि चाविनाभावप्रसादात् कृत्तिकोदय चन्द्रोदय-उद्गृहीताण्डकपि-पीलिकोत्सर्पणएकाम्रफलोपलभ्यमानमधुररसस्वरूपाणां हेतूनां यथाक्रमं शकटोदय-समानसमयसमुद्रवृद्धि-भाविवृष्टिसमसमयसिन्दूरारुणरूपस्वभावेषु साध्येषु गमकत्वप्रतीतेश्च। तदुक्तम्-

कार्यकारणभावादिसम्बन्धानां द्वयी गतिः।
नियमानियमाभ्यां स्यादनियमादनङ्गता ॥1॥

सर्वेप्यनियमा ह्येते नानुमोत्पत्तिकारणम्।
नियमात्केवलादेव न किञ्चिन्नानुमीयते ॥2॥

जैन- अविनाभाव होने से एक को देखकर दूसरे का अनुमान होता है। जहाँ पर तादात्म्य या तदुत्पत्ति लक्षण वाले सम्बन्ध होते हैं उनमें भी अविनाभाव के कारण ही परस्पर का गमकपना सिद्ध होता है। अविनाभाव के नहीं होने से ही वक्तृत्व तत्पुत्रत्व आदि हेतु तादात्म्य और तदुत्पत्ति के रहते हुए भी असर्वज्ञत्व और श्यामत्व रूप साध्य के गमक नहीं हो पाते।

तादात्म्य तथा तदुत्पत्ति नहीं होने पर भी केवल अविनाभाव के प्रसाद से कृतिकोदय हेतु, चन्द्रोदय हेतु तथा उद्गृहीत-अंडक पिपीलिका उत्सर्पण-अर्थात् अंडे को लेकर चींटियों का निकलना रूप हेतु, एक आम्रफल में उपलब्ध हुआ मधुररस स्वरूप हेतु, इतने सारे हेतु यथाक्रम से अपने अपने साध्यभूत रोहिणी उदय, समान समय की समुद्र वृद्धि, भावी वर्षा, समान समय का सिंदूरवत् लालवर्ण को सिद्ध करते हुए प्रतीति में आते हैं।

(यहाँ आचार्य के कथन का भावार्थ यह है कि एक मुहूर्त्त के अनंतर रोहिणी नक्षत्र का उदय होगा क्योंकि कृतिका नक्षत्र का उदय हो रहा है। इस अनुमान के कृतिकोदय हेतु में साध्य के साथ तादात्म्य और तदुत्पत्ति सम्बन्ध नहीं है फिर भी यह स्वसाध्यभूत रोहिणी उदय का गमक अवश्य है, इसी प्रकार समुद्र की वृद्धि अभी जरूर हो रही है क्योंकि चन्द्रमा का उदय हुआ है, वर्षा होने वाली है क्योंकि चींटियाँ

ततः शरीरनिर्वर्त्तकाऽदृष्टादिकारणकलापादरिष्टकरतलरेखादयो निष्पन्नाः भाविनो मरणराज्यादेरनुमापका इति प्रतिपत्तव्यम्।

116. जाग्रद्बोधस्तु प्रबोधबोधस्य हेतुरित्येतत्प्रागेव प्रतिविहितम्,

---

अंडे लेकर निकल रही हैं इत्यादि तथा सिन्दूर के समान लाल रंग वाले एक आम को पहले किसी ने खाया था बाद में प्रकाश रहित स्थान पर किसी आम को खाया तो उसके मधुर रस से अनुमान प्रवृत्त होता है कि यह आम सिंदूरवर्णी हैं क्योंकि मधुर रसवाला है, इन अनुमानों के हेतु तादात्म्य तदुत्पत्ति से रहित होकर भी केवल स्वसाध्य के अविनाभावी होने के कारण गमक– स्व स्व साध्य को सिद्ध करने वाले होते हैं। अतः अविनाभाव के निमित्त से हेतु का गमकपना निश्चित होता है।)

जैसा कि कहा है कि–

कार्यकारणभाव आदि सम्बन्धों की दो गति हैं अर्थात् दो प्रकार हैं– एक नियमरूप सम्बन्ध (अविनाभाव) और एक अनियमरूप सम्बन्ध, यदि हेतु में अनियमत्व है तो वह अनुमान का कारण नहीं हो सकता **॥1॥**

वक्तृत्वादि उक्त सभी हेतु अनियमरूप हैं अतः अनुमान के उत्पत्ति ये कारण नहीं हैं, तथा केवल अविनाभावरूप नियम वाले हेतु से ऐसा कोई साध्य नहीं है कि जो अनुमानित नहीं होता हो। अर्थात् मात्र नियमरूप हेतु से अनुमान की उत्पत्ति अवश्य होती है किन्तु नियम रहित हेतु चाहे तादात्म्यादि से युक्त हो तो भी उससे अनुमान प्रादुर्भूत नहीं होता **॥2॥**

इसलिए निश्चय होता है कि अरिष्ट करतल रेखा आदि, शरीर की रचना करने वाले अदृष्ट-कर्म आदि कारण समूह से उत्पन्न होते हैं और वे भावी मरण और राज्यादि के अनुमापक (अनुमान करने वाले) होते हैं।

116. जाग्रद्बोध प्रबोध अवस्था के बोध का हेतु होता है ऐसे मंतव्य का निराकरण तो पहले ही (मोक्ष-विचार नामा प्रकरण में) कर

स्वापाद्यवस्थायामपि ज्ञानस्य प्रसाधितत्वात्। ततो भाव्यतीतयोर्मरणजाग्रद्बोधयोरपि नारिष्टोद्बोधौ प्रति हेतुत्वम्, येनाभ्यामनैकान्तिको हेतुः स्यादिति स्थितम्।

यथा च पूर्वोत्तरचारिणोर्न तादात्म्यं तदुत्पत्तिर्वा तथा–

सहचारिणोरपि परस्परपरिहारेणावस्थानात्सहोत्पादाच्च ॥64॥

117. ययोः परस्परपरिहारेणावस्थानं न तयोस्तादात्म्यम् यथा घटपटयोः, परस्परपरिहारेणावस्थानं च सहचारिणोरिति। एककालत्वाच्चानयोर्न तदुत्पत्तिः। ययोरेककालत्वं न तयोस्तदुत्पत्तिः यथा सव्येतरगोविषाणयोः, एककालत्वं च सहचारिणोरिति।

दिया है, वहाँ पर निद्रादि अवस्था में ज्ञान का सद्भाव होता है ऐसा सिद्ध हो चुका है, अतः "निद्रा लेने के पहले ज्ञान प्रातः काल में जागकर उठने के अनन्तर होने वाले ज्ञान का हेतु होता है, अन्तराल काल में ज्ञान का अभाव रहता है, इसलिये काल व्यवधान वाले पदार्थों में भी कार्यकारणभाव है" इत्यादि कथन असत्य सिद्ध होता है।

इस प्रकार "भावी मरण और अतीत जाग्रद् बोध क्रमशः अरिष्ट तथा उद्‌बोध के हेतु होने से जैन का कारण हेतु का लक्षण अनेकांतिक होता है" ऐसा बौद्ध का प्रतिपादन खंडित हो गया।

जैसे पूर्वचर और उत्तरचर हेतु में तादात्म्य तदुत्पत्ति सम्बन्ध नहीं होता वैसे–

सहचारिणोरपि परस्परपरिहारेणावस्थानात्सहोत्पादाच्च ॥64॥

सूत्रार्थ– सहचरभूत साध्यसाधनों में भी तादात्म्य और तदुत्पत्ति सम्बन्ध नहीं हो सकता क्योंकि ये परस्पर का परिहार करके अवस्थित रहते हैं तथा युगपत् प्रादुर्भूत होते हैं।

117. जिन दो पदार्थों का परस्पर परिहार करके अवस्थान होता है उनमें तादात्म्य नहीं होता, जैसे घट और पट में तादात्म्य नहीं है, सहचारि पदार्थ भी परस्पर परिहार करके अवस्थित हैं अतः इनमें तादात्म्य नहीं हो सकता। तथा सहचारी पदार्थों में एक काल भाव होने

118. न चास्वाद्यमानाद्रसात्सामग्र्यनुमानं ततो रूपानुमानमनुमितानु-मानादित्यभिधातव्यम्; तथा व्यवहाराभावात्। न हि आस्वाद्यमानाद्रसाद् व्यवहारी सामग्रीमनुमिनोति, रससमसमयस्य रूपस्यानेनानुमानात्। व्यवहारेण च प्रमाणचिन्ता भवता प्रतन्यते। प्रामाण्यं व्यवहारेण[16] इत्यभिधानात्। सामग्रीतो रूपानुमाने च कारणात्कार्यानुमानप्रसङ्गाल्लिङ्गसंख्या व्याघातः स्यात्।

से तदुत्पत्ति सम्बन्ध (उससे उत्पन्न होना रूप कार्यकारण सम्बन्ध) भी असम्भव है। जिनमें एक कालत्व होता है उनमें तदुत्पत्ति सम्बन्ध नहीं होता जैसे गाय के दायें बायें सींग में नहीं होता, सहचारी साध्यसाधन में कालत्व है अतः तदुत्पत्ति नहीं हो सकती।

118. बौद्ध का जो यह कहना है कि आस्वादन में आ रहे रस से सामग्री का अनुमान होता है और उस सामग्री के अनुमान से रूप का अनुमान होता है अतः रूपानुमान अनुमितानुमान कहलाता है, सो वह असत् है क्योंकि उस प्रकार का व्यवहार देखने में नहीं आता। व्यवहारी जन आस्वाद्यमानरस से सामग्री का अनुमान नहीं करते अपितु रस के समकाल में होने वाले रूप का इसके द्वारा अनुमान होता है। आप भी व्यवहार के अनुसार प्रमाण का विचार करते हैं "प्रामाण्यं व्यवहारेण" ऐसा कहा गया है।

दूसरी बात यह होगी कि यदि सामग्री से रूप का अनुमान होना स्वीकार करते हैं तो कारण से (सामग्री का अर्थ कारण है यह बात प्रसिद्ध ही है) कार्य का अनुमान होना सिद्ध होता है, फिर आपके हेतु की त्रिसंख्या का (कार्य हेतु स्वभाव हेतु और अनुपलब्धि हेतु) विघटन हो जाता है।

इस प्रकार यह सिद्ध हुआ कि पूर्वचर आदि कार्य हेतु में अन्तर्भूत नहीं होते। तथा यह भी सिद्ध हुआ कि कारण पूर्ववर्ती होता है एवं कारण कार्य में काल का व्यवधान नहीं होता।

---

1. प्रमाणवार्तिक 2/5

119. तानेव व्याप्यादिहेतून् बालव्युत्पत्त्यर्थमुदाहरणद्वारेण स्फुटयति। तत्र व्याप्यो हेतुर्यथा–

परिणामी शब्दः, कृतकत्वात्, य एवं स एवं दृष्टः यथा घटः, कृतकश्चायम्, तस्मात्परिणामीति।
यस्तु न परिणामी स न कृतकः यथा वन्ध्यास्तनन्धयः, कृतकश्चायम्, तस्मात् परिणामीति ॥65॥

120. 'दृष्टान्तो द्वेधा अन्वयव्यतिरेकभेदात्' इत्युक्तम्। तत्रान्वयदृष्टान्तं प्रतिपाद्य व्यतिरेकदृष्टान्तं प्रतिपादयन्नाह–यस्तु न परिणामी स न कृतको दृष्टः यथा वन्ध्यास्तनन्धयः, कृतकश्चायम्, तस्मात्परिणामीति। कृतकत्वं हि परिणामित्वेन व्याप्तम्। पूर्वोत्तराकारपरिहारावाप्तिस्थितिलक्षणपरिणामशून्यस्य सर्वथा नित्यत्वे क्षणिकत्वे वा शब्दस्य कृतकत्वानुपपत्तेर्वक्ष्यमाणत्वाद्।

---

119. अब क्रम से अविरुद्ध उपलब्धिरूप हेतु के छह भेदों का वर्णन बाल बुद्धिवालों को समझाने के लिए उदाहरणपूर्वक उपस्थित करते हैं। उनमें प्रथम क्रम प्राप्त व्याप्य हेतु को दिखलाते हैं–

परिणामी शब्दः, कृतकत्वात्, य एवं स एवं दृष्टः यथा घटः, कृतकश्चायं तस्मात् परिणामी। यस्तु न परिणामी स न कृतकः यथा वंध्यास्तनंधयः कृतकश्चायं तस्मात् परिणामी ॥65॥

सूत्रार्थ– शब्द परिणामी है क्योंकि किया जाता है, जो इस तरह का होता है वह ऐसा ही रहता है जैसे घट, शब्द कृतक है अतः परिणामी है। जो परिणामी नहीं होता वह कृतक नहीं होता जैसे वंध्या स्त्री का पुत्र, यह शब्द तो कृतक है इसलिए परिणामी होता है।

120. अन्वय और व्यतिरेक के भेद से दृष्टान्त दो प्रकार का होता है ऐसा कह आये हैं। इस सूत्र में अन्वय दृष्टान्त का प्रतिपादन करके व्यतिरेक दृष्टान्त देते हुए कहते हैं कि जो परिणामी नहीं होता वह कृतक नहीं देखा जाता जैसे वंध्या का पुत्र। यह कृतक है इसलिये

किं पुनः कार्यलिङ्गस्योदाहरणमित्याह–

अस्त्यत्र शरीरे बुद्धिर्व्याहारादेः ॥66॥

121. व्याहारो वचनम्। आदिशब्दाद्व्यापाराकारविशेषपरिग्रहः। ननु ताल्वाद्यन्वयव्यतिरेकानुविधायितया शब्दस्योपलम्भात्कथमात्मकार्यत्वं येनातस्तदस्तित्वसिद्धिः स्यात्? न खल्वात्मनि विद्यमानेपि विवक्षाबद्धपरिकरे कफादिदोषकण्ठादिव्यापाराभावे वचनं प्रवर्त्तते;

परिणामी है। कृतकपना परिणामी के साथ व्याप्त है। पूर्व आकार का परिहार और उत्तर आकार की प्राप्ति एवं स्थिति है लक्षण जिसका ऐसे परिणाम से जो शून्य है उस सर्वथा क्षणिक या नित्य पक्ष में शब्द का कृतकपना सिद्ध नहीं हो सकता।

कार्य हेतु का उदाहरण क्या है? ऐसा प्रश्न होने पर कहते हैं–

अस्त्यत्र देहिनि बुद्धिर्व्याहारादेः ॥66॥

सूत्रार्थ– इस प्राणी में बुद्धि है, क्योंकि वचनालाप आदि पाया जाता है।

121. वचन को व्याहार कहते हैं आदि शब्द से व्यापार-प्रवृत्ति आकार विशेष (मुख का आकार आदि) का ग्रहण होता है। किसी व्यक्ति के वचन कुशलता को देखकर बुद्धि का अनुमान लगाना कार्यानुमान है इसमें बुद्धि के अदृश्य रहते हुए भी उसका कार्य वचन को देखकर बुद्धि का सत्त्व सिद्ध किया जाता है।

शंका– तालु कंठ आदि के अन्वय व्यतिरेक का अनुविधायी शब्द है, अर्थात् तालु आदि की प्रवृत्ति हो तो शब्द उत्पन्न होता है और न हो तो नहीं, इसलिये शब्द तो तालु आदि का कार्य है उसको आत्मा का (बुद्धि का) कार्य किस प्रकार कह सकते हैं? जिससे कि वचनालाप से आत्मरूप बुद्धि का अस्तित्व सिद्ध हो, तथा आत्मा के विद्यमान होते हुए भी बोलने की इच्छा को रोकने वाले कफादिदोष के कारण कंठादि व्यापार के अभाव में वचन नहीं होते, अतः वचन को बुद्धि का कार्य न मानकर तालु आदि का कार्य मानना चाहिए?

122. तदप्यसारम्; शब्दोत्पत्तौ ताल्वादिसहाय- स्यैवात्मनो व्यापाराभ्युपगमात्। घटाद्युत्पत्तौ चक्रादिसहायस्य कुम्भकारादे- व्यापारवत्, कथमन्यथा घटादेरप्यात्मकार्यता? कार्यकार्यादेश्च कार्यहेता- वेवान्तर्भावः।

कारणलिङ्गं यथा–

अस्त्यत्र छाया छत्रात् ॥67॥

कारणकारणादेरत्रैवानुप्रवेशान्नार्थान्तरत्वम्।

पूर्वचरलिङ्गं यथा–

उदेष्यति शकटं कृत्तिकोदयात् ॥68॥

पूर्वपूर्वचराद्यनेनैव सङ्गृहीतम्।

उत्तरचरं लिङ्गं यथा–

---

122. **समाधान–** यह कथन असार है, जैनों ने शब्द की उत्पत्ति में तालु आदि की सहायता से युक्त आत्मा को कारण माना है, जैसे घट आदि की उत्पत्ति में चक्रादि की सहायता से युक्त हुआ कुंभकार प्रवृत्ति करता है। शब्दादि की उत्पत्ति में आत्मा को कारण न मानो तो घट आदि की उत्पत्ति में आत्मा को कारण भी किस प्रकार मान सकते हैं? इस कार्य हेतु में ही कार्यकार्यहेतु का अन्तर्भाव होता है।

कारणहेतु का उदाहरण–

अस्त्यत्र छाया छत्रात् ॥67॥

सूत्रार्थ– यहाँ पर छाया है क्योंकि छत्र है।

कारण कारणहेतु का इसी हेतु में अन्तर्भाव होने से उसमें पृथक् हेतुत्व नहीं है।

पूर्वचर हेतु का उदाहरण–

उदेष्यति शकटं कृत्तिकोदयात् ॥68॥

सूत्रार्थ– एक मुहूर्त बाद रोहिणी नक्षत्र का उदय होगा, क्योंकि कृतिका नक्षत्र का उदय हो रहा है। पूर्त्र पूर्वचर हेतु इसी में अन्तर्निहित हैं। उत्तरचर हेतु का उदाहरण–

उदगाद्भरणिस्तत एव ॥69॥

कृत्तिकोदयादेव। उत्तरोत्तरचरमेतेनैव सङ्गृह्यते। सहचरं लिङ्गं यथा–

अस्त्यत्र मातुलिङ्गे रूपं रसात् ॥70॥

संयोगिन एकार्थसमवायिनश्च साध्यसमकालस्यात्रैवान्तर्भावो द्रष्टव्यः।

अथाविरुद्धोपलब्धिमुदाहृत्येदानीं विरुद्धोपलब्धिमुदाहर्त्तुं विरुद्धेत्याद्याह–

उदगाद् भरणिस्तत एव ॥69॥

सूत्रार्थ– एक मुहूर्त्त पहले भरणि नक्षत्र का उदय हो चुका है क्योंकि कृतिकोदय हो रहा है। इसी हेतु में उत्तर उत्तरचर हेतु गर्भित होता है।

सहचर हेतु का उदाहरण–

अस्त्यत्र मातुलिंगे रूपं रसात् ॥70॥

सूत्रार्थ– इस बिजौरे में रूप है क्योंकि रस है।

साध्य के समकाल में होने वाले संयोगी और एकार्थसमवायी हेतु का इसी सहचर हेतु में अन्तर्भाव हो जाता है।

आचार्य विशेष रूप से यह बतलाना चाहते हैं कि– नैयायिक मत में संयोगी और एकार्थ समवायी हेतु भी माने हैं, जैनाचार्य ने इनको सहचर हेतु में अन्तर्भूत किया है। जो साध्य के समकाल में हो तथा साध्य का कार्य या कारण न हो वह सहचर हेतु कहलाता है, उक्त संयोगी आदि हेतु इसी रूप हैं। जैसे– यहाँ आत्मा का अस्तित्व है, क्योंकि विशिष्ट शरीराकृति विद्यमान है।

आत्मा और शरीर का संयोग होने से विशिष्ट शरीर रूप हेतु संयोगी कहलाता है, इसका सहचर हेतु में सहज ही अन्तर्भाव हो जाता है, क्योंकि जैसे बिजौरे में रूप और रस साथ उत्पन्न होते हैं वैसे विवक्षित पर्याय में आत्मा और शरीर साथ रहते हैं।

एकार्थ समवायी हेतु भी सहचर हेतु रूप है– एक अर्थ में समवेत होने वाले रूप रस आदि अथवा ज्ञान दर्शन आदि हैं इनमें से एक को देखकर अन्य का अनुमान होता है। पूर्वचर हेतु का उदाहरण

विरुद्धतदुपलब्धिः प्रतिषेधे तथेति ॥71॥

प्रतिषेध्येन यद्विरुद्धं तत्सम्बन्धिनां तेषां व्याप्यादीनामुपलब्धिः प्रतिषेधे साध्ये तथाऽविरुद्धोपलब्धिवत् षट्प्रकारा।

तानेव षट् प्रकारान् यथेत्यादिना प्रदर्शयति–

(यथा) नास्त्यत्र शीतस्पर्श औष्ण्यात् ॥72॥

यह दिया कि एक मुहूर्त्त के अनन्तर रोहिणी का उदय होगा क्योंकि कृतिका का उदय हो रहा। उत्तर हेतु– एक मुहूर्त्त पहले भरणि का उदय हो चुका है क्योंकि अब कृतिकोदय हो रहा। भरणि कृतिका और रोहिणी इन तीन नक्षत्रों का आकाश में उदय एक-एक मुहूर्त्त के अन्तराल से होता है अतः ज्योतिर्विद इनमें से किसी एक नक्षत्रोदय को देखकर अन्य नक्षत्र के उदय का अनुमान कर लेते हैं।

कृतिकोदय इनके मध्यवर्ती है अतः यह रोहिणी उदय का पूर्वचर है और भरणिका उत्तरचर है। कृतिकोदय को देखकर दोनों अनुमान हो जाते हैं कि एक मुहूर्त्त पहले भरणि का उदय हो चुका है, तथा एक मुहूर्त्त बाद रोहिणी का उदय होगा। इस तरह कृतिकोदय हेतु भरणि के प्रति उत्तरचर और रोहिणी के प्रति पूर्वचर है।

यहाँ अविरुद्धोपलब्धि के उदाहरणों को प्रस्तुत करने के बाद अब विरुद्धोपलब्धि के उदाहरणों का प्रतिपादन करते हैं–

विरुद्धतदुपलब्धिः प्रतिषेधे तथेति ॥71॥

सूत्रार्थ– प्रतिषेधरूप साध्य में विरुद्धोपलब्धि हेतु के वैसे ही भेद होते हैं।

प्रतिषेध्यरूप साध्य से जो विरुद्ध है उस विरुद्ध के सम्बन्धभूत व्याप्य, कार्य आदि की उपलब्धि होना विरुद्धतदुपलब्धि कहलाती है, प्रतिषेधरूप साध्य में इस हेतु के अविरुद्धोपलब्धि के समान छह भेद हैं। अब उन्हीं के भेद क्रम से बताते हैं–

यथा नास्त्यत्र शीतस्पर्श औष्ण्यात् ॥72॥

यथेत्युदाहरणप्रदर्शने। औष्ण्यं हि व्याप्यमग्नेः। स च विरुद्धः शीतस्पर्शेन प्रतिषेध्येनेति।

विरुद्धकार्यं लिङ्गं यथा–

नास्त्यत्र शीतस्पर्शो धूमात् ॥73॥

विरुद्धकारणं लिङ्गं यथा–

नास्मिन् शरीरिणि सुखमस्ति हृदयशल्यात् ॥74॥

सुखेन हि प्रतिषेध्येन विरुद्धं दुःखम्। तस्य कारणं हृदय शल्यम्। तत्कुतश्चित्तदुपदेशादेः सिद्धत्सुखं प्रतिषेधतीति। विरुद्धपूर्वचरं यथा–

नोदेष्यति मुहूर्त्तान्ते शकटं रेवत्युदयात् ॥75॥

सूत्रार्थ– यहाँ पर शीत स्पर्श नहीं है, क्योंकि उष्णता है।

सूत्रोक्त यथा शब्द उदाहरण का द्योतक है। औष्ण्य अग्नि का व्याप्य है वह प्रतिषेध्यभूत शीतस्पर्श के विरुद्ध है अतः हेतु व्याप्य विरुद्धोपलब्धि है।

विरुद्ध कार्य हेतु का उदाहरण–

नास्त्यत्र शीतस्पर्शो धूमात् ॥73॥

सूत्रार्थ– यहाँ पर शीत स्पर्श नहीं है, क्योंकि धूम है। विरुद्ध कारण हेतु का उदाहरण–

नास्मिन् शरीरिणि सुखमस्ति हृदयशल्यात् ॥74॥

सूत्रार्थ– इस शरीरधारी प्राणी में सुख नहीं है, क्योंकि हृदय में शल्य है। प्रतिषेध्यभूत सुख के विरुद्ध दुःख है और उसका कारण हृदय शल्य है, उस हृदयशल्य का अस्तित्व किसी के कथन से जाना जाता है और उससे सुख का प्रतिषेध होता है।

विरुद्ध पूर्वचर हेतु का उदाहरण–

नोदेष्यति मुहूर्त्तान्ते शकटं रेवत्युदयात् ॥75॥

सूत्रार्थ– एक मुहूर्त्त के अनंतर रोहिणी का उदय नहीं होगा क्योंकि रेवती नक्षत्र का उदय हो रहा।

रोहिणी उदय के विरुद्ध अश्विनी का उदय है और उसका

शकटोदयविरुद्धो ह्यश्विन्युदयस्तत्पूर्वचरो रेवत्युदय इति।

विरुद्धोत्तरचरं यथा

नोदगाद्भरणिर्मुहूर्त्तात्पूर्वं पुष्योदयात् ॥76॥

भरण्युदयविरुद्धो हि पुनर्वसूदयस्तदुत्तरचरः पुष्योदय इति। विरुद्धसहचरं यथा–

नास्त्यत्र भित्तौ परभागाभावोऽर्वाग्भागात् ॥77॥

परभागाभावेन हि विरुद्धस्तत्सद्भावस्तत्सहचरोऽर्वाग्भाग इति।

अथोपलब्धिं व्याख्यायेदानीमनुपलब्धिं व्याचष्टे। सा चानुपलब्धिरुपलब्धिवद्द्विप्रकारा भवति। अविरुद्धानुपलब्धिर्विरुद्धानुपलब्धिश्चेति। तत्राद्य-

---

पूर्वचर रेवती का उदय है, अतः रेवती का उदय रोहिणी के विरुद्ध पूर्वचर कहलाया।

विरुद्ध उत्तरचर हेतु का उदाहरण–

नोदगाद्भरणिर्मुहूर्त्तात् पूर्वं पुष्योदयात् ॥76॥

सूत्रार्थ– एक मुहूर्त्त पहले भरणि का उदय नहीं हुआ क्योंकि पुष्य का उदय हो रहा है। भरणि उदय का विरोधी पुनर्वसु का उदय है और उसका उत्तरचर पुष्योदय है अतः पुष्योदय भरणि उदय का विरुद्ध उत्तरचर है।

विरुद्ध सहचर हेतु का उदाहरण–

नास्त्यत्र भित्तौ परभागाभावोऽर्वाग्भागदर्शनात् ॥77॥

सूत्रार्थ– इस भित्ति में पर भाग का अभाव नहीं है क्योंकि अर्वाग्भाव इधर का भाग दिखायी देता है।

परभाग के अभाव का विरोधी उसका सद्भाव है और उसका सहचर अर्वागभाग है अतः यह विरुद्ध सहचर कहा जाता है।

अब उपलब्धि हेतु का कथन करके अनुपलब्धि हेतु का प्रतिपादन करते हैं। वह अनुपलब्धि भी उपलब्धि के समान दो प्रकार की है–अविरुद्ध अनुपलब्धि और विरुद्ध अनुपलब्धि। इनमें प्रथम प्रकार का व्याख्यान करते हैं–

प्रकारं व्याख्यातुकामोऽविरुद्धेत्याद्याह–

अविरुद्धानुपलब्धिः प्रतिषेधे सप्तधा स्वभावव्यापककार्य-कारणपूर्वोत्तरसहचरानुपलम्भभेदादिति ॥78॥

प्रतिषेध्येनाविरुद्धस्यानुपलब्धिः प्रतिषेधे साध्ये सप्तधा भवति। स्वभावव्यापककार्यकारणपूर्वोत्तरसहचरानुपलब्धिः भेदात्।

तत्र स्वभावानुपलब्धिर्यथा–

नास्त्यत्र भूतले घट उपलब्धिलक्षणप्राप्तस्यानुपलब्धेः ॥79॥

123. पिशाचादिभिर्व्यभिचारो मा भूदित्युपलब्धिलक्षणप्राप्तस्येति विशेषणम्। कथं पुनर्यो नास्ति स उपलब्धिलक्षणप्राप्तस्तत्प्राप्तत्वे वा कथमसत्त्वमिति चेदुच्यते-आरोप्यैतद्रूपं निषिध्यते सर्वत्रारोपितरूपविषय-त्वान्निषेधस्य। यथा 'नायं गौरः' इति। न ह्यत्रैतच्छक्यं वक्तुम्-सति गौरत्वे

अविरुद्धानुपलब्धिः प्रतिषेधे सप्तधा स्वभाव-व्यापककार्यकारणपूर्वोत्तरसहचरानुपलम्भभेदात् ॥78॥

सूत्रार्थ– प्रतिषेधरूप साध्य में अविरुद्ध अनुपलब्धि हेतु के सात भेद होते हैं– स्वभाव-अविरुद्धानुपलब्धि, व्यापक अविरुद्धानुपलब्धि, कार्य-अविरुद्धानुपलब्धि, कारण अविरुद्धानुपलब्धि, पूर्वचर अविरुद्धानुपलब्धि, उत्तरचर अविरुद्धानुपलब्धि और सहचर अविरुद्धानुपलब्धि। प्रतिषेध्य के अविरुद्ध की अनुपलब्धि होना रूप हेतु प्रतिषेधरूप साध्य के होने पर सात प्रकार का होता है।

उनमें क्रम प्राप्त स्वभावानुपलब्धि को कहते हैं–

नास्त्यत्र भूतले घटो उपलब्धिलक्षणप्राप्तस्यानुपलब्धेः ॥79॥

सूत्रार्थ– इस भूतल पर घट नहीं है क्योंकि उपलब्धि लक्षण प्राप्त होकर भी अनुपलब्धि है।

123. पिशाच परमाणु आदि के साथ व्यभिचार न हो इसलिये "उपलब्धिलक्षणप्राप्तस्य" ऐसा हेतु में विशेषण प्रयुक्त हुआ है।

न निषेधो निषेधे वा न गौरत्वमिति।

124. नन्वेवमदृश्यमपि पिशाचादिकं दृश्यरूपतयाऽऽरोप्य-प्रतिषेध्यतामिति चेन्न; आरोपयोग्यत्वं हि यस्यास्ति तस्यैवारोपः। यश्चार्थो विद्यमानो नियमेनोपलभ्येत स एवारोपयोग्यः, न तु पिशाचादिः। उपलम्भकारण-साकल्ये हि विद्यमानो घटो नियमेनोपलम्भयोग्यो गम्यते, न पुनः पिशाचादिः। घटस्योपलम्भकारणसाकल्यं चैकज्ञानसंसर्गिणि प्रदेशादावुपलभ्यमाने निश्चीयते। घटप्रदेशयोः खलूपलम्भकारणान्यविशिष्टानीति।

शंका– जो नहीं है वह उपलब्धि लक्षण प्राप्त कैसे हो सकता है और जो उपलब्धि लक्षण प्राप्त है उसका असत्त्व कैसे कहा जा सकता है?

समाधान– उपलब्धि लक्षण प्राप्त का आरोप करके निषेध किया जाता है, क्योंकि सर्वत्र निषेध का विषय आरोपितरूप ही होता है। जैसे यह गोरा नहीं है। यहाँ पर ऐसा तो नहीं कह सकते कि गोरापन है तो निषेध नहीं हो सकता और निषेध ही है तो गोरापन कैसा?

124. **शंका–** यदि ऐसा है तो अदृश्यभूत पिशाचादि का भी दृश्यपने का आरोप करके प्रतिषेध करना चाहिये?

समाधान– नहीं, जिसमें आरोप की योग्यता होती है उसी का आरोप किया जाता है। जो विद्यमान पदार्थ नियम से उपलब्ध होता है वही आरोप योग्य होता है न कि पिशाचादि। इसका भी कारण यह है कि उपलम्भ अर्थात् प्रत्यक्ष होने के सकल कारण मिलने पर विद्यमान घट नियम से उपलम्भ योग्य हो जाता है किन्तु पिशाचादि ऐसे नहीं होते। घट के प्रत्यक्ष होने के सकल कारण तो एक व्यक्ति के ज्ञान संसर्गी उपलभ्यमान प्रदेशादि में निश्चित किये जाते हैं (अर्थात् जाने जाते हैं)।

घट और उसके रखने का प्रदेश इन दोनों के प्रत्यक्ष होने के कारण समान है अर्थात् घट और उसका स्थान ये दोनों ही एक ही पुरुष के ज्ञान के द्वारा जाने जाते हैं। अतः घट आरोप योग्य है। पिशाच आदि ऐसे नहीं है।

125. यश्च यद्देशाधेयतया कल्पितो घटः स एव तेनैकज्ञानसंसर्गी, न देशान्तरस्थः। ततश्चैकज्ञानसंसर्गिपदार्थान्तरोपलम्भे योग्यतया सम्भावितस्य घटस्योपलब्धिलक्षणप्राप्तानुपलम्भः सिद्धः।

126. ननु चैकज्ञानसंसर्गिण्युपलभ्यमाने सत्यपीतरविषयज्ञानोत्पादन-शक्तिः सामग्र्याः समस्तीत्यवसातुं न शक्यते, प्रभाववतो योगिनः पिशाचादेर्वा प्रतिबन्धात्सतोपि घटस्यैकज्ञानसंसर्गिणि प्रदेशादावुपलभ्यमानेप्यनुपलम्भ-सम्भवात्; तदयुक्तम्; यतः प्रदेशादिनैकज्ञानसंसर्गिण एव घटस्याभावो नान्यस्य। यस्तु पिशाचादिनाऽन्यत्वमापादितः स नैव निषेध्यते। इह चैकज्ञान-संसर्गिभासमानोर्थस्तज्ज्ञानं च पर्युदासवृत्त्या घटस्याऽसत्तानुपलब्धिश्चोच्यते।

---

125. तथा जो घट जिस प्रदेश के आधेयपने से कल्पित है वही उससे एक पुरुष के ज्ञान का संसर्गी है, अन्य प्रदेशस्थ घट एक पुरुष के ज्ञान का संसर्गी नहीं है। इसलिये एक पुरुष के ज्ञान का संसर्गी पदार्थांतर अर्थात् भूतल का उपलम्भ (प्रत्यक्ष) होने पर दृश्यपने से संभावित घट का उपलब्धि लक्षण प्राप्त अनुपलम्भ सिद्ध होता है।

126. **शंका**– एक ज्ञान संसर्गी पदार्थांतर के उपलभ्यमान होने पर भी दूसरा विषय जो घट है उसके ज्ञानोत्पादन की शक्ति है ऐसा उक्त सामग्री से निश्चय करना शक्य नहीं, क्योंकि किसी प्रभावशाली योगी द्वारा अथवा पिशाचादि द्वारा प्रतिबंध हो तो घट के विद्यमान रहते हुए भी उसका एक ज्ञान संसर्गीभूत प्रदेशादि के उपलभ्यमान होते भी अनुपलम्भ सम्भव है? अर्थात् घट के रहते हुए भी किसी योगी आदि ने उसको अदृश्य कर दिया हो तो उसका अस्तित्व रहते हुए भी अनुपलम्भ होता है, दिखायी नहीं देता अतः उपलब्ध होने योग्य होकर उपलब्ध न हो तो उसका नियम से अभाव ही है ऐसा कहना गलत ठहरता है?

समाधान– यह शंका अयुक्त है प्रदेशादि से जो घट एक ज्ञान का संसर्गी (विषय) था उसी घट का अभाव निश्चित किया जाता है न कि अन्य घट का। जो घट पिशाचादि द्वारा अन्यरूप अर्थात् अदृश्यरूप

127. ननु चैवं केवलभूतलस्य प्रत्यक्षसिद्धत्वात्तद्रूपो घटाभावोपि सिद्ध एवेति किमनुपलम्भसाध्यम्? सत्यमेवैतत्, तथापि प्रत्यक्षप्रतिपन्नैप्यभावे यो व्यामुह्यति साङ्ख्यादिः सोनुपलम्भं निमित्तीकृत्य प्रतिपाद्यते। अनुपलम्भ-निमित्तो हि सत्त्वरजस्तमःप्रभृतिष्वसद्व्यवहारः। स चात्राप्यस्तीति निमित्तप्रदर्शनेन व्यवहारः प्रसाध्यते।

कर दिया है उसका निषेध (अभाव) नहीं किया जाता है। यहाँ पर एक पुरुष के ज्ञान संसर्ग में प्रतिभासमान पदार्थ और उसका ज्ञान इन दोनों को पर्युदासवृत्ति से घट की असत्ता और अनुपलब्धि इन शब्दों द्वारा कहा जा रहा है।

अभिप्राय यह है कि किसी एक पुरुष ने एक स्थान पर घट देखा था पुनः किसी समय उस स्थान को घट रहित देखता है तो अनुमान करता है– यहाँ भूतल पर घट नहीं है क्योंकि उपलब्ध नहीं होता (दिखायी देने योग्य होकर भी दिखता नहीं) जो घट पिशाचादि के द्वारा अदृश्य किया गया है उस घट की चर्चा इस अनुमान में नहीं है।

127. **शंका–** ऐसी बात है तो केवल भूतल तो प्रत्यक्ष सिद्ध है अतः उस रूप घट का अभाव भी सिद्ध ही है इसलिये "नास्त्यत्रभूतले" इत्यादि अनुमान के अनुपलम्भ हेतु से क्या सिद्ध करना है?

समाधान– यह कथन सत्य है किन्तु अभाव के प्रत्यक्ष द्वारा ज्ञात होने पर भी जो सांख्यादिपरवादी उस अभाव के विषय में व्यामोहित हैं अर्थात् अभाव को स्वीकार नहीं करते उनको अनुपलम्भ हेतु का निमित्त करके प्रतिबोधित किया जाता है।

सांख्याभिमत सत्त्वरजतमः आदि प्रकृति के धर्मों में असत्पने का जो व्यवहार होता है वह अनुपलम्भ के निमित्त से ही होता है अर्थात् सत्त्व में रजोधर्म नहीं है अथवा रजोधर्म में सत्त्वधर्म नहीं है इत्यादि अभाव का व्यवहार अनुपलम्भ हेतु द्वारा ही होता है कि– यहाँ सत्त्व में रजोधर्म नहीं है क्योंकि उपलब्धि लक्षण प्राप्त होकर भी अनुपलब्धि है। इस तरह का अनुपलम्भरूप असत् का व्यवहार उक्त अनुमान में भी है इस प्रकार निमित्त प्रदर्शन द्वारा घटाभाव का व्यवहार प्रसाधित किया

128. दृश्यते हि विशाले गवि सास्नादिमत्त्वात्प्रवर्त्तितगोव्यवहारो मूढमतिर्विशङ्कटे सादृश्यमुत्प्रेक्षमाणोपि न गोव्यवहारं प्रवर्त्तयतीति विशङ्कटे वा प्रवर्त्तितो गोव्यवहारो न विशाले, स निमित्तप्रदर्शनेन गोव्यवहारे प्रवर्त्त्यते। सास्नादिमन्मात्रनिमित्तको हि गोव्यवहारस्त्वया प्रवर्त्तितपूर्वो न विशालत्व-विशङ्कटत्वनिमित्तक इति। यथा महत्यां शिंशपायां प्रवर्त्तितवृक्षव्यवहारो मूढमतिः स्वल्पायां तस्यां तद्व्यवहारमप्रवर्त्तयन्निमित्तोपदर्शनेन प्रवर्त्त्यते वृक्षोयं शिंशपात्वादिति।

जाता है।

128. देखा भी जाता है कि– जिस मूढमति को विशाल बैल में (अथवा गाय में) सास्नादि हेतु द्वारा बैलपने का व्यवहार प्रवर्त्तित किया जाता है अर्थात् इस पशु के गले में चर्म लटक रहा है इसे सास्ना कहते हैं जिसमें ऐसी सास्ना होती है उसे बैल (या गाय) कहते हैं ऐसा किसी ने एक विशाल बैल को दिखलाकर मूढमति को समझाया, पुनश्च वह मूढमति छोटे बैल को देखता है उसमें उसे सास्नादि दिखायी देता है तो भी वह मूढ बैलपने का व्यवहार नहीं करता (अर्थात् यह बैल है ऐसा नहीं समझता है) अथवा किसी मूढ को छोटे बैल में शुरूआत में बैलपने का ज्ञान कराया था वह विशाल बैल में बैलपने को नहीं जान रहा है उस मूढमति पुरुष को सास्नादि निमित्त को दिखलाकर गो व्यवहार में प्रवार्तित कराया जाता है।

अर्थात् बैलपने का व्यवहार केवल सास्ना निमित्तक है तुम्हारे को पहले जो बैल में प्रवृत्ति करायी थी वह केवल सास्ना निमित्तक थी विशाल या छोटेपन की निमित्तक नहीं थी, अर्थात् विशाल हो चाहे छोटा हो जिस पशु में सास्ना होती है उसे बैल अथवा गाय कहते हैं इससे गोत्व का व्यवहार– बैल या गाय का कार्य लिया जाता है इत्यादि रूप से मूढ को समझाते हैं। तथा बड़े शिंशपावृक्ष में शिंशपावृक्षत्व का व्यवहार जिसको प्रवर्त्तित कराया है वह मूढमति छोटे शिंशपावृक्ष में उसका व्यवहार नहीं करता तो उसे शिंशपावृक्ष निमित्त दिखलाकर प्रवृत्ति करायी जाती है कि यह शिंशपारूप होने से वृक्ष है। इस प्रकार निश्चय

व्यापकानुपलब्धिर्यथा

नास्त्यत्र शिंशपा वृक्षानुपलब्धेः ॥80॥

कार्यानुपलब्धिर्यथा–

नास्त्यत्राऽप्रतिबद्धसामर्थ्योऽग्निर्धूमानुपलब्धेः ॥81॥

नास्त्यत्र धूमोऽनग्नेः ॥82॥

इति कारणानुपलब्धिः।

न भविष्यति मुहूर्त्तान्ते शकटं कृत्तिकोदयानुपलब्धेः ॥83॥

इति पूर्वचरानुपलब्धिः।

नोदगाद्भरणिर्मुहूर्त्तात्प्राक् तत एव ॥84॥

हुआ कि अनुपलब्धिरूप हेतु कार्यकारी है।

व्यापकानुपलब्धि हेतु का उदाहरण–

नास्त्यत्र शिंशपा वृक्षानुपलब्धेः ॥80॥

सूत्रार्थ– यहाँ पर शिंशपा नहीं है क्योंकि वृक्ष की अनुपलब्धि है। कार्यानुपलब्धि तथा कारणानुपलब्धि का उदाहरण–

नास्त्यत्राप्रतिबद्धसामर्थ्योऽग्निर्धूमानुपलब्धेः ॥81॥

नास्त्यत्र धूमोऽनग्नेः ॥82॥

सूत्रार्थ– यहाँ अप्रतिबद्ध सामर्थ्यवाली अग्नि नहीं, क्योंकि धूम की अनुपलब्धि है। तथा– यहाँ धूम नहीं क्योंकि अग्नि की अनुपलब्धि है।

पूर्वचर अनुपलब्धिहेतु का उदाहरण–

न भविष्यति मुर्हूर्त्तान्ते शकटं कृतिकोदयानुपलब्धेः ॥83॥

सूत्रार्थ– एक मुहूर्त्त के अनन्तर रोहिणी का उदय नहीं होगा, क्योंकि कृतिकोदय की अनुपलब्धि है।

उत्तरचर अनुपलब्धि हेतु का उदाहरण–

कृत्तिकोदयानुपलब्धेरेव। इत्युत्तरचरानुपलब्धिः।

नास्त्यत्र समतुलायामुन्नामो नामानुपलब्धेः ॥85॥

इति सहचरानुपलब्धिः।

अथानुपलब्धिः प्रतिषेधसाधिकैवेति नियमप्रतिषेधार्थं विरुद्धेत्याद्याह-

विरुद्धानुपलब्धिः विधौ त्रेधा विरुद्ध-कार्यकारणस्वभावानुपलब्धिभेदात् ॥86॥

विधेयेन विरुद्धस्य कार्यादेरनुपलब्धिर्विधौ साध्ये सम्भवन्ती त्रिधा भवति- विरुद्धकार्यकारणस्वभावानुपलब्धिभेदात्।

तत्र विरुद्धकार्यानुपलब्धिर्यथा-

नोदगाद् भरणिर्मुहूर्त्तात् प्राक् तत एव ॥84॥

सूत्रार्थ- एक मुहूर्त्त पहले भरणि का उदय नहीं हुआ था क्योंकि कृतिकोदय की अनुपलब्धि है।

सहचर अनुपलब्धि हेतु का उदाहरण-

नास्त्यत्र समतुलायामुन्नामो नामानुपलब्धेः ॥85॥

सूत्रार्थ- इस तुला में उन्नाम-ऊँचापना नहीं क्योंकि नाम-नीचापन की अनुपलब्धि है।

अनुपलब्धिरूप हेतु केवल प्रतिषेधरूप साध्य को ही सिद्ध करता है ऐसा किसी का मंतव्य है उस नियम का निषेध करने के लिए अग्रिम सूत्र अवतरित होता है-

विरुद्धानुपलब्धिः विधौ त्रेधा विरुद्धकार्यकारण-स्वभावानुपलब्धिभेदात् ॥86॥

सूत्रार्थ- विधिरूप (अस्तित्वरूप) साध्य के रहने पर विरुद्ध अनुपलब्धि हेतु के तीन भेद होते हैं- विरुद्ध कार्यानुपलब्धि, विरुद्ध-कारकणानुपलब्धि, विरुद्धस्वभावानुपलब्धि। साध्य के विरुद्ध कार्यादि की अनुपलब्धि होना हेतु उक्त तीन प्रकार का है।

अस्मिन्प्राणिनि व्याधिविशेषोस्ति निरामयचेष्टानुपलब्धेः ॥87॥

129. आमयो हि व्याधिः, तेन विरुद्धस्तदभावः, तत्कार्या विशिष्टचेष्टा तस्या अनुपलब्धिर्व्याधिविशेषास्तित्वानुमानम्।

विरुद्धकारणानुपलब्धिर्यथा–

अस्त्यत्र देहिनि दुःखमिष्टसंयोगाभावात् ॥88॥

130. दुःखेन हि विरुद्धं सुखम्, तस्य कारणमभीष्टार्थेन संयोगः, तदभावस्तदनुपलब्धिर्दुःखास्तित्वं गमयतीति।

विरुद्धस्वभावानुपलब्धिर्यथा–

अनेकान्तात्मकं वस्त्वेकान्तानुपलब्धेः ॥89॥

विरुद्धकार्यानुपलब्धि हेतु का उदाहरण–

अस्मिन् प्राणिनि व्याधिविशेषोऽस्ति निरामयचेष्टानुपलब्धेः ॥87॥

सूत्रार्थ– जैसे इस प्राणी में रोग विशेष है क्योंकि निरोग के समान चेष्टा नहीं करता।

129. आमय रोग को कहते हैं। उस आमय के विरुद्ध उसका अभाव निरामय कहलाता है। निरामय अवस्था का कार्य विशिष्ट चेष्टा है उसकी अनुपलब्धि होने से रोग के अस्तित्व का अनुमान लग जाता है।

विरुद्ध कारणानुपलब्धि हेतु का उदाहरण–

अस्त्यत्र देहिनि दुःखमिष्टसंयोगाभावात् ॥88॥

सूत्रार्थ–इस जीव में दुःख है क्योंकि इष्ट संयोग का अभाव है।

130. दुःख के विरुद्ध सुख होता है और उसका कारण अभीष्ट पदार्थ का संयोग है उस संयोग का अभाव होने से दुःख का अस्तित्व जाना जाता है।

विरुद्धस्वभावानुपलब्धि हेतु का उदाहरण–

131. अनेकान्तेन हि विरुद्धो नित्यैकान्तः क्षणिकैकान्तो वा। तस्य चानुपलब्धिः प्रत्यक्षादिप्रमाणेनाऽस्य ग्रहणाभावात्सुप्रसिद्धा। यथा च प्रत्यक्षादेस्तद्ग्राहकत्वाभावस्तथा विषयविचारप्रस्तावे विचारयिष्यते।

132. ननु चैतत्साक्षाद्विधौ निषेधे वा परिसङ्ख्यातं साधनमस्तु। यत्तु परम्परया विधेर्निषेधस्य वा साधकं तदुक्तसाधनप्रकारेभ्योऽन्यत्वादुक्त-साधनसङ्ख्याव्याघातकारि छलसाधनान्तरमनुषज्येत। इत्याशङ्क्य परम्परयेत्यादिना प्रतिविधत्ते–

परम्परया सम्भवत्साधनमत्रैवान्तर्भावनीयम् ॥90॥

यतः परम्परया सम्भवत्कार्यकार्यादि साधनमत्रैव अन्तर्भावनीयं ततो नोक्तसाधनसङ्ख्याव्याघातः।

अनेकान्तात्मकं वस्त्वेकान्तानुपलब्धेः ॥89॥

सूत्रार्थ– वस्तु अनेकान्तात्मक होती है क्योंकि एकान्त की अनुपलब्धि है।

131. अनेकान्त के विरुद्ध नित्य एकांत या क्षणिक एकान्त होता है। उसकी अनुपलब्धि प्रत्यक्षादि प्रमाण द्वारा सिद्ध होती है क्योंकि एकान्त को ग्रहण करने वाले प्रमाण का अभाव है। प्रमाण के विषय का विचार करते समय आगे निश्चय करेंगे कि प्रत्यक्षादि प्रमाण नित्यैकांत आदि एकान्त को ग्रहण नहीं करते।

132. शंका– जो साध्य साक्षात् विधिरूप या निषेधरूप है उसमें उक्त प्रकार के हेतु की संख्या मानना ठीक है किन्तु जो परंपरागत से विधि या निषेध का साधक है ऐसा हेतु उक्त हेतु के प्रकारों से अन्यरूप है, अतः ऐसे हेतु से उक्त हेतु संख्या का व्याघातकारी छल साधनान्तर का प्रसंग आता है?

समाधान– इस शंका का समाधान आगे के सूत्र द्वारा करते हैं–

परम्परया सम्भवत् साधनमत्रैवान्तर्भावनीयम् ॥90॥

सूत्रार्थ– परम्परारूप होने वाला साधन (हेतु) इन्हीं पूर्वोक्त हेतु प्रकारों में अन्तर्भूत करना चाहिए। अतः उक्त हेतुओं की संख्या का

तत्र विधौ कार्यकार्यं कार्याविरुद्धोपलब्धौ अन्तर्भावनीयम् यथा–

अभूदत्र चक्रे शिवकः स्थासात्॥91॥

कार्यकार्यमविरुद्धकार्योपलब्धौ ॥92॥

शिवकस्य हि साक्षाच्छत्रकः कार्यं स्थासस्तु परम्परयेति। निषेधे तु कारणविरुद्धकार्यं विरुद्धकार्योपलब्धौ यथाऽन्तर्भाव्यते तद्यथा–

नास्त्यत्र गुहायां मृगक्रीडनं मृगारिशब्दनात्

कारणविरुद्धकार्यं विरुद्धकार्योपलब्धौ यथेति ॥93॥

मृगक्रीडनस्य हि कारणं मृगः। तेन च विरुद्धो मृगारिः। तत्कार्यं

व्याघात नहीं होता। विधिरूप साध्य में कार्य कार्यरूप हेतु का कार्याविरुद्धोपलब्धि नामा हेतु में अन्तर्भाव होता है जैसे–

अभूदत्र चक्रे शिवकः स्थासात् ॥91॥

कार्यकार्यमविरुद्धकार्योपलब्धौ ॥92॥

सूत्रार्थ– इस कुम्भकार के चक्र पर शिवक नामा घट का पूर्ववर्ती कार्य हुआ है क्योंकि स्थासनामा कार्य उपलब्ध है। शिवक नामा मिट्टी के आकार का साक्षात् कार्य छत्रकाकार है और स्थास नामा कार्य परंपरारूप है।

भावार्थ– कुम्भकार जब गीली चिकनी मिट्टी को घट बनाने में उपयुक्त ऐसे चक्र पर चढ़ाता है तब उसके क्रमशः शिवक, छत्रक, स्थास आदि नाम वाले आकार बनते जाते हैं, पहले शिवक, पीछे छत्रक और उसके पीछे स्थास आकार है अतः शिवक का साक्षात् कार्य तो छत्रक है और परंपरा कार्य स्थास है इसलिये यहाँ स्थास को कार्य कार्य हेतु कहा है। निषेध रूप साध्य के होने पर कारण विरुद्ध कार्य हेतु का विरुद्ध कार्योपलब्धि में अन्तर्भाव होता है। जैसे–

नास्त्यत्र गुहायां मृगक्रीडनं मृगारिशब्दनात् कारणविरुद्ध-कार्यविरुद्धकार्योपलब्धौ यथा ॥93॥

सूत्रार्थ– इस गुहा में हिरण की क्रीडा नहीं है, क्योंकि सिंह की

च तच्छब्दनमिति।

ननु यद्यप्युत्पन्नानां व्युत्पत्त्यर्थं दृष्टान्तादियुक्तो हेतुप्रयोगस्तर्हि व्युत्पन्नानां कथं तत्प्रयोग इत्याह–

व्युत्पन्नप्रयोगस्तु तथोपपत्त्याऽन्यथाऽनुपपत्त्यैव वा ॥94॥

एतदेवोदाहरणद्वारेण दर्शयति–

अग्निमानयं देशस्तथा धूमवत्त्वोपपत्तेर्धूमवत्त्वान्यथानुपपत्तेर्वा ॥95॥

गर्जना हो रही है। यह "मृगारिशब्दनात्" हेतु कारण के विरुद्ध जो कार्य है उस रूप है अतः इस हेतु का विरुद्धकार्योपलब्धि नामा हेतु में अन्तर्भाव करना होगा। क्योंकि हिरण की क्रीडा का कारण हिरण है और उसका विरोधी सिंह है उसका कार्य गर्जना है अतः यह हेतु विरुद्ध कार्योपलब्धि कहलाता है।

शंका– अव्युत्पन्न पुरुषों को व्युत्पन्न करने के लिये दृष्टान्त आदि से युक्त हेतु प्रयोग होना चाहिए ऐसा प्रतिपादन कर आये हैं किन्तु जो पुरुष व्युत्पन्नमति हैं उनके लिये किस प्रकार का हेतु प्रयोग होता है?

समाधान– अब इसी शंका का समाधान करते हैं–

व्युत्पन्नप्रयोगस्तु तथोपपत्त्याऽन्यथानुपपत्त्यैव वा ॥94॥

सूत्रार्थ– व्युत्पन्नमति पुरुषों के लिए तथोपपत्ति अथवा अन्यथानुपपत्तिरूप हेतु का प्रयोग होता है, अर्थात् इस विवक्षित साध्य के होने पर ही यह हेतु होता है ऐसा "तथोपपत्ति" रूप हेतु प्रयोग अथवा इस साध्य के न होने पर यह हेतु भी नहीं होता ऐसा अन्यथानुपपत्तिरूप हेतु प्रयोग व्युत्पन्नमति के प्रति हुआ करता है। इसी का उदाहरण द्वारा प्रतिपादन करते हैं–

अग्निमानयं देशस्तथैव
धूमवत्वोपपत्तेर्धूमवत्त्वान्यथानुपपत्तेर्वा ॥95॥

कुतो व्युत्पन्नानां तथोपपत्त्यन्यथाऽनुपपत्तिभ्यां प्रयोगनियम इत्याशङ्क्य हेतुप्रयोगो हीत्याद्याह–

हेतुप्रयोगो हि यथा व्याप्तिग्रहणं विधीयते, सा च तावन्मात्रेण व्युत्पन्नैरवधार्यते इति ॥96॥

यतो हेतोः प्रयोगो व्याप्तिग्रहणानतिक्रमेण विधीयते। सा च व्याप्तिस्तावन्मात्रेण तथोपपत्त्यन्यथानुपपत्तिप्रयोगमात्रेण व्युत्पन्नैर्निश्चीयते इति न दृष्टान्तादिप्रयोगेण व्याप्त्यवधारणार्थेन किञ्चित्प्रयोजनम्।

नापि साध्यसिद्ध्यर्थं तत्प्रयोगः फलवान्–

तावतैव च साध्यसिद्धिः ॥97॥

सूत्रार्थ– यह प्रदेश अग्निमान है क्योंकि धूमपना की उत्पत्ति है। यह तथोपपत्ति हेतु प्रयोग हुआ। अथवा यह देश अग्निमान है (अग्नियुक्त) क्योंकि धूमपने की अन्यथानुपपत्ति है।

यह अन्यथानुपपत्ति हेतु प्रयोग है। व्युत्पन्न पुरुषों के प्रति तथोपपत्ति अथवा अन्यथानुपपत्ति प्रयोग का नियम किस कारण से करते हैं? ऐसी आशंका का समाधान करते हैं–

हेतुप्रयोगो हि यथाव्याप्तिग्रहणं विधीयते, सा च तावन्मात्रेण व्युत्पन्नैरवधार्यते ॥96॥

सूत्रार्थ– उस तरह का हेतु प्रयोग करते हैं कि जिस तरह से व्याप्ति का ग्रहण किया जाय, अतः वह व्याप्ति उतने मात्र से (हेतु प्रयोग मात्र से) व्युत्पन्न पुरुषों द्वारा अवधारित (निश्चित) की जाती है।

व्याप्ति ग्रहण का अनतिक्रम रखते हुए हेतु के प्रयोग का विधान किया जाता है, और वह व्याप्ति भी तथोपपत्ति अथवा अन्यथानुपपत्ति प्रयोग मात्र से व्युत्पन्नमति द्वारा निश्चित की जाती है। इसीलिये दृष्टान्तादि के प्रयोग से व्याप्ति अवधारण करना आदि कुछ भी प्रयोजन नहीं रहता।

तथा साध्य की सिद्धि के लिये भी दृष्टान्तादि का प्रयोग प्रयोजनभूत नहीं होता है–

यतस्तावतैव चकार एवकारार्थे निश्चितविपक्षासम्भवद्धेतुप्रयोगमात्रेणैव साध्यसिद्धिः।

तेन पक्षः तदाधारसूचनाय उक्तः ॥98॥

तेन पक्षो गम्यमानोपि व्युत्पन्नप्रयोगे तदाधारसूचनाय साध्याधार-सूचनायोक्तः। यथा च गम्यमानस्यापि पक्षस्य प्रयोगो नियमेन कर्त्तव्यस्तथा प्रागेव प्रतिपादितम्।

तावता च साध्यसिद्धिः ॥97॥

सूत्रार्थ– उतने तथोपपत्ति आदि रूप हेतु मात्र से ही साध्य की सिद्धि भी हो जाती है। सूत्रोक्त च शब्द एवकार अर्थ में प्रयुक्त हुआ है। अर्थात् निश्चित विपक्ष असम्भवरूप हेतु प्रयोग से ही साध्य सिद्धि हो जाती है। उसके लिये दृष्टान्तादि की जरूरत नहीं पड़ती।

तेन पक्षः तदाधारसूचनाय उक्तः ॥98॥

सूत्रार्थ– इसी कारण से साध्य के आधार की सूचना करने के लिए पक्ष का प्रयोग करने को कहा है। ज्ञात रहते हुए भी पक्ष का प्रयोग व्युत्पन्न के प्रति किया जाता है कि जिससे साध्य का आधार सूचित हो। पक्ष का प्रयोग नियम से करना चाहिए। ऐसा पहले अच्छी तरह से सिद्ध कर आये हैं।

यहाँ हम देखते हैं कि आचार्य ने अनुमान प्रमाण का विवेचन बहुत विस्तृत रूप से किया है। इस प्रकरण में अनुमान हेतु अविनाभाव, तर्क उपनय, निगमन, दृष्टान्त, पक्ष, साध्य आदि सभी का लक्षण उन्होंने किया है। इनमें सबसे अधिक वर्णन हेतु का है, क्योंकि अनुमान प्रमाण का आधार स्तम्भ हेतु है। हेतु के कितने भेद होते हैं, इसमें परवादियों के यहाँ विभिन्न मान्यतायें हैं। बौद्ध हेतु के तीन भेद मानते हैं। कार्य हेतु, स्वभाव हेतु और अनुपलब्धि हेतु। किन्तु इनमें पूर्वचर आदि अन्य हेतुओं का अन्तर्भाव अशक्य है अतः बौद्धों की मान्यता का निरसन करते हुए पूर्वचर आदि का सयुक्तिक विवेचन किया है। इस ग्रन्थ में हेतुओं के कुल बाईस भेद किये गये हैं। प्रभाचन्द्राचार्य द्वारा विरचित प्रमेयकमलमार्त्तण्ड के अनुमान विमर्श की संक्षिप्त तथा सारभूत हिन्दी व्याख्या यहाँ पूर्ण हुयी।

आगमप्रमाणविमर्शः

अथेदानीमवसरप्राप्तस्यागमप्रमाणस्य कारणस्वरूपे प्ररूपयन्नाप्तेत्याद्याह–

आप्तवचनादिनिबन्धनमर्थज्ञानमागमः ॥99॥

133. आप्तेन प्रणीतं वचनमाप्तवचनात्। आदिशब्देन हस्तसंज्ञादिपरिग्रहः। तन्निबन्धनं यस्य तत्तथोक्तम्। अनेनाक्षरश्रुतमनक्षरश्रुतं च सङ्गृहीतं भवति। अर्थज्ञानमित्यनेन चान्यापोहज्ञानस्य शब्दसन्दर्भस्य

आगम प्रमाण विमर्श

जैनन्याय की परम्परा में आगम एक महत्त्वपूर्ण प्रमाण है। परोक्ष प्रमाण के भेदों में यह पांचवां तथा अन्तिम प्रमाण माना गया है। आचार्य आगम प्रमाण का वर्णन करते हुए उसका कारण तथा स्वरूप बतलाते हैं–

आप्तवचनादिनिबन्धनमर्थज्ञानमागमः ॥99॥

सूत्रार्थ– आप्त के वचनादि के निमित्त से होने वाले पदार्थों के ज्ञान को आगम प्रमाण कहते हैं।

133. आप्त द्वारा कथित वचन को आप्त वचन कहते हैं, आदि शब्द से हस्त का इशारा आदि का ग्रहण होता है, उन आप्त वचनादि का जिसमें निमित्त है उसे आप्त वचन निबन्धन कहते हैं, इस प्रकार का लक्षण करने से अक्षरात्मक श्रुत और अनक्षरात्मक श्रुत दोनों का ग्रहण होता है। सूत्र में "अर्थज्ञानं" ऐसा पद आया है उससे बौद्ध के अन्यापोह ज्ञान का खण्डन होता है तथा शब्द सन्दर्भ ही सब कुछ है, शब्द से पृथक कोई पदार्थ नहीं है ऐसा शब्दाद्वैतवादी का खंडन हो जाता है।

चागमप्रमाणव्यपदेशाभावः। शब्दो हि प्रमाणकारणकार्यत्वादुपचारत एव प्रमाणव्यपदेशमर्हति।

आप्त द्वारा कथित शब्दों से पदार्थों का जो ज्ञान होता है वह आगम प्रमाण है। अन्यापोह ज्ञान आदिक आगम प्रमाण नहीं कहलाते। आप्त के वचन को जो आगम प्रमाण माना वह कारण में कार्य का उपचार करके माना है, अर्थात् वचन सुनकर ज्ञान होता है अतः वचन को भी आगम प्रमाण कह देते हैं, किन्तु यह उपचार मात्र है वास्तविक तो ज्ञान रूप ही आगम प्रमाण है।

यहाँ आचार्य के कथन का अभिप्राय यह है कि आप्त के वचन (सर्वज्ञ के वचन) आदि के निमित्त से जो पदार्थों का बोध होता है वह आगम प्रमाण कहलाता है, इस प्रकार आगम प्रमाण का लक्षण है। यदि 'पदार्थों के ज्ञान को आगम प्रमाण कहते हैं'– इतना मात्र लक्षण होता तो प्रत्यक्षादि प्रमाणों में अतिव्याप्ति होती, क्योंकि पदार्थों का ज्ञान तो प्रत्यक्षादि से भी होता है अतः वचनों के निमित्त से होने वाला ज्ञान आगम प्रमाण है ऐसा कहा है।

"वचन निबंन्धनमर्थज्ञानमागमः" इतना ही आगम प्रमाण का लक्षण करते तो रथ्यापुरुष के वचन, उन्मत्त, सुप्त, ठग पुरुष के वचन भी आगम प्रमाण के निमित्त बन जाते अतः "आप्त" यह शब्द आया है उसका मतलब है प्रयोजनभूत पदार्थ, अथवा जिससे तात्पर्य निकले उसे अर्थ कहते हैं, तथा बौद्ध शब्द के द्वारा अर्थ का ज्ञान न होकर सिर्फ अन्य वस्तु का होना मानते हैं उस मान्यता का अर्थ पद से खण्डन हो जाता है, अर्थात् शब्द वास्तविक पदार्थ के प्रतिपादक है न कि अन्यापोह के।

शब्द और अर्थ में ऐसा ही स्वभाविक वाचक-वाच्य सम्बन्ध है कि घट शब्द द्वारा घट पदार्थ कथन में अवश्य आ जाता है। घट पदार्थ में वाच्य शक्ति और शब्द में वाचक शक्ति हुआ करती है। इस प्रकार आप्त पुरुषों द्वारा कहे हुए वचनों को सुनकर पदार्थ का जो ज्ञान होता है वह आगम प्रमाण है ऐसा निश्चय होता है।

134. ननु चातीन्द्रियार्थस्य द्रष्टुः कस्यचिदाप्तस्याभावात् तत्राऽपौरुषेयस्यागमस्यैव प्रामाण्यात् कथमाप्तवचननिबन्धनं तद्? इत्यपि मनोरथमात्रम्; अतीन्द्रियार्थद्रष्टुर्भगवतः प्राक्प्रसाधितत्वात्, आगमस्य चाऽपौरुषेयत्वासिद्धेः। तद्धि पदस्य, वाक्यस्य, वर्णानां वाऽभ्युपगम्येत प्रकारान्तराऽसम्भवात्? तत्र न तावत्प्रथमद्वितीयविकल्पौ घटेते; तथाहि-वेदपदवाक्यानि पौरुषेयाणि पदवाक्यत्वाद्भारतादिपदवाक्यवत्।

135. अपौरुषेयत्वप्रसाधकप्रमाणाभावाच्च कथमपौरुषेयत्वं वेदस्योपपन्नम्? न च तत्प्रसाधकप्रामाणाभावोऽसिद्धः; तथाहि-तत्प्रसाधकं

वेद के अपौरुषेयत्व का निरास-

134. शंका- अतीन्द्रिय पदार्थों को जानने देखने वाले आप्त नामा पुरुष होना ही असम्भव है, अतः अपौरुषेय आगम को ही प्रमाणभूत माना गया है, फिर जो ज्ञान आप्त वचन के निमित्त से हो वह आगम प्रमाण है ऐसा कहना किस प्रकार सिद्ध होगा?

समाधान- यह शंका असार है, अतीन्द्रिय पदार्थों को जानने वाले भगवान अरिहन्त देव हैं ऐसा सर्वज्ञ सिद्धि में निश्चय हो चुका है।

आगम अपौरुषेय हो नहीं सकता, आप अपौरुषेय किसको मानते हैं पद को, वाक्य को या वर्णों को? इनको छोड़कर अन्य कोई तो आगम नहीं है। पद और वाक्य को अपौरुषेय कहना शक्य नहीं, क्योंकि पद स्वयं रचनाबद्ध हो जाय ऐसा देखा नहीं जाता। अनुमान प्रयोग वेद के पद और वाक्य पौरुषेय (पुरुष द्वारा रचित) है क्योंकि पद वाक्य रूप है, जैसे महाभारत आदि शास्त्रों के पद एवं वाक्य पौरुषेय होते हैं।

135. वेद को अपौरुषेय सिद्ध करने वाला कोई प्रमाण भी दिखाई नहीं देता, फिर किस प्रकार उसको अपौरुषेय मान सकेंगे? वेद के अपौरुषेयत्व प्रसाधक प्रमाण नहीं है यह बात असिद्ध भी नहीं। वेद के अपौरुषेयत्व को कौन सा प्रमाण सिद्ध करेगा? प्रत्यक्ष, अनुमान या अर्थापत्ति आदिक? श्रावण प्रत्यक्ष प्रमाण तो कर नहीं सकता क्योंकि वह तो केवल शब्द के स्वरूप को जानता है, यह सुनायी देने वाला पदवाक्य

प्रमाणं प्रत्यक्षम्, अनुमानम्, अर्थापत्त्यादि वा स्यात्? न तावत्प्रत्यक्षम्; तस्य शब्दस्वरूपमात्रग्रहणे चरितार्थत्वेन पौरुषेयत्वापौरुषेयत्वधर्मग्राहकत्वाभावात्। अनादिसत्त्वस्वरूपं चापौरुषेयत्वं कथमक्षप्रभवप्रत्यक्षपरिच्छेद्यम्? अक्षाणां प्रतिनियतरूपादिविषयतया अनादिकालसम्बन्धाऽभावतस्तत्सम्बन्धसत्त्वेनाप्य-सम्बन्धात्। सम्बन्धे वा तद्वदऽनागतकालसम्बद्धधर्मादिस्वरूपेणापि सम्बन्धसम्भवान्न धर्मज्ञप्रतिषेधः स्यात्।

136. नाप्यनुमानं तत्प्रसाधकम्; तद्धि कर्त्रऽस्मरणहेतुप्रभवम्, वेदाध्ययनशब्दवाच्यत्वलिङ्गजनितं वा स्यात्, कालत्वसाधनसमुत्थं वा?

पौरुषेय है या अपौरुषेय है इत्यादि रूप शब्द के धर्म को श्रावण प्रत्यक्ष ज्ञान जान नहीं सकता। तथा अपौरुषेय तो अनादि काल से सत्ता को ग्रहण किया हुआ रहता है। इन्द्रिय जन्य प्रत्यक्ष उसको कैसे जान सकता है? इंद्रियाँ तो अपने अपने प्रतिनियत रूप शब्द आदि विषयों को ग्रहण करती हैं, इन्द्रियों का अनादिकाल से कोई सम्बन्ध नहीं है अतः इन्द्रियाँ अनादि अपौरुषेय शब्द के सत्ता के साथ सम्बन्ध को स्थापित नहीं कर सकती।

अनादि कालीन पदार्थ से यदि इन्द्रियाँ सम्बन्ध को कर सकती हैं तो उसके समान अनागत काल सम्बन्धी धर्म-अधर्म के साथ भी सम्बन्ध स्थापित कर सकेगी? फिर तो मीमांसक आत्मा के धर्मज्ञ बनने का निषेध नहीं कर सकेंगे।

अर्थात् आपका यह कहना है कि कोई भी पुरुष चाहे वह महायोगी भी क्यों न हो किन्तु धर्म-अधर्म रूप अदृष्ट को प्रत्यक्ष नहीं कर सकता। अतः आपकी यह बात खण्डित होगी, क्योंकि यहाँ इन्द्रिय द्वारा धर्म आदि का ज्ञान होना स्वीकार कर रहे हैं? अतः प्रत्यक्ष प्रमाण वेद के अपौरुषेयत्व को सिद्ध नहीं कर सकता।

136. अनुमान प्रमाण भी वेद के अपौरुषेयत्व को सिद्ध नहीं कर सकता, आप अनुमान द्वारा अपौरुषेयत्व को सिद्ध करना चाहते हैं तो उस अनुमान में कौन सा हेतु प्रयुक्त करेंगे? कर्त्ता का अस्मरण रूप

तत्राद्यपक्षे किमिदं कर्त्तुरस्मरणं नाम–कर्तृस्मरणाभावः, अस्मर्यमाणकर्त्तृकत्वं वा?

137. प्रथमपक्षे व्यधिकरणाऽसिद्धो हेतुः, कर्तृस्मरणाभावो ह्यात्मन्यपौरुषेयत्वं वेदे वर्त्तते इति।

138. द्वितीयपक्षे तु दृष्टान्ताभावः; नित्यं हि वस्तु न स्मर्यमाणकर्तृकं नाप्यस्मर्यमाणकर्तृकं प्रतिपन्नम्, किन्त्वकर्तृकमेव। हेतुश्च व्यर्थविशेषणः;

या वेदाध्ययन शब्द वाच्यत्व रूप अथवा कालत्वरूप? प्रथम पक्ष में प्रश्न होता है कि कर्ता का अस्मरण– इस पद का क्या अर्थ है? कर्ता के स्मरण का अभाव रूप अर्थ है या अस्मर्यमाणकर्तृत्वरूप अर्थ है? (स्मृति में आये हुए कर्ता का निषेध करना रूप अर्थ है?)

137. **प्रथम विकल्प–** मानते हैं तो व्यधिकरण असिद्धि नामक हेत्वाभास बनता है। साध्य और हेतु का व्यधिकरण विभिन्न होना व्यधिकरण असिद्ध हेत्वाभास कहलाता है, यहाँ पर कर्ता के स्मरण का अभावरूप हेतु है सो यह स्मरण का अभाव आत्मा रूप अधिकरण में है और अपौरुषेयरूप साध्य वेद अधिकरण में है।

कहने का तात्पर्य यह है कि स्मरणाभाव रूप हेतु हमारे आत्मा में है और अपौरुषेयत्व को सिद्ध करना है वह साध्य वेद में है। अतः व्यधिकरण असिद्ध हेत्वाभास होता है।

138. **द्वितीय विकल्प**–अस्मर्यमाण कर्तृत्वरूप हेतु पद का अर्थ करते हैं तो दृष्टान्त का अभाव होगा, जो वस्तु नित्य होती है वह स्मर्यमाण कर्तृत्वरूप भी नहीं है और अस्मर्यमाणकर्तृत्वरूप भी नहीं है वह तो अकर्तृत्व रूप ही है। क्योंकि नित्य वस्तु का कर्त्ता ही नहीं होता अतः उसके कर्ता का स्मरण है या नहीं इत्यादि कथन गलत ठहरता है। हेतु का विशेषण भी व्यर्थ होता है क्योंकि कर्ता के होने पर ही स्मरण और अस्मरण सम्बन्धी प्रश्न होते हैं, कर्ता के अभाव में तो हो नहीं सकते, जैसे खरविषाण का स्मरण या अस्मरण कुछ भी नहीं होता। जैसे कहा जाय कि वेद को अपौरुषेय सिद्ध करने में कर्तृत्व को ही हेतु बनाया है तो फिर उसका अस्मर्यमाणत्व विशेषण व्यर्थ ठहरेगा? तथा

सति हि कर्तरि स्मरणस्मरणं वा स्यान्नासति खरविषाणवत्। अथाऽकर्तृकत्वमेवात्र विवक्षितम्; तर्हि स्मर्यमाणग्रहणं व्यर्थम्, जीर्णकूपप्रासादादिभिर्व्यभिचारश्च। अथ सम्प्रदायाऽविच्छेदे सत्यऽस्मर्यमाणकर्तृकत्वं हेतुः; तथाप्यनेकान्तः।

139. सन्ति हि प्रयोजनाभवादस्मर्यमाणकर्तृकाणि 'वटे वटे वैश्रवणः' इत्याद्यनेकपदवाक्यान्यविच्छिन्नसम्प्रदायानि। न च तेषामपौरुषेयत्वं भवतापीष्यते।

पुराने कूप महल आदि के साथ हेतु व्यभिचरित होता है, क्योंकि ये पदार्थ कर्ता द्वारा रचित होते हुए भी अस्मर्यमाण कर्तृत्वरूप हैं। अर्थात् कर्त्ता के स्मरण से रहित हैं। यदि कहा जाय कि जिसमें सम्प्रदाय के विच्छेद से रहित अस्मर्यमाणकर्तृत्व है उसको हेतु बनाते हैं तो यह हेतु भी अनेकान्तिक दोष युक्त है।

आचार्य प्रभाचन्द्र यहाँ सार रूप में यह कहना चाहते हैं कि जिस वस्तु में शुरू से अभी तक परम्परा से कर्ता का स्मरण न हो उसे अस्मर्यमाण कर्तृत्व कहते हैं, वेद इसी प्रकार का है उसके कर्ता का परम्परा से अभी तक किसी को भी स्मरण नहीं है अतः इस अस्मर्यमाणकर्त्तृत्व हेतु द्वारा अपौरुषेयत्वसाध्य को सिद्ध किया जाता है, जीर्ण कूप आदि पदार्थ भी अस्मर्यमाणकर्तृत्वरूप है किन्तु सम्प्रदाय अविच्छेद रूप अस्मर्यमाणकर्तृत्व नहीं है क्योंकि जीर्णकूपादि का कर्त्ता वर्त्तमान काल में भले ही अस्मर्यमाण हो किन्तु पहले अतीतकाल में तो स्मर्यमाण ही था, अतः जीर्णकूप आदि का अस्मर्यमाणकर्तृत्व विभिन्न जाति का है ऐसा परवादी मीमांसकादि का कहना है अतः यह कथन भी अनेकान्त दोष युक्त है, अब इसी को वे आगे बता रहे हैं।

139. वट वट में वैश्रवण रहता है, पर्वत पर्वत पर ईश्वर वसता है, इत्यादि पद एवं वाक्य प्रयोजन नहीं होने से अविच्छिन्न सम्प्रदाय से अस्मर्यमाण कर्त्तारूप हैं किन्तु उन पद एवं वाक्यों को आप भी अपौरुषेय नहीं मानते हैं, इससे यह निष्कर्ष निकलता है कि जो अस्मर्यमाणकर्तृत्वरूप है वह अपौरुषेय होता है ऐसा कहना व्यभिचरित होता है।

140. असिद्धश्चायं हेतुः; पौराणिका हि ब्रह्मकर्तृकत्वं स्मरन्ति "वक्त्रेभ्यो वेदास्तस्य विनिःसृताः" इति। "प्रतिमन्वन्तरं चैव श्रुतिरन्या विधीयते" इति चाभिधानात्। "यो वेदांश्च प्रहिणोति" इत्यादिवेदवाक्येभ्यश्च तत्कर्त्ता स्मर्यते।

141. ननु शब्दार्थयोः सम्बन्धासिद्धेः कथमाप्तप्रणीतोपि शब्दोऽर्थे ज्ञानं कुर्याद्यत आप्तवचननिबन्धनमित्यादि वचः शोमेतेत्याशङ्कापनोदार्थम् 'सहजयोग्यता' इत्याद्याह–

सहजयोग्यतासङ्केतवशाद्धि शब्दादयः वस्तुप्रतिपत्तिहेतवः ॥100॥

---

140. यह अस्मर्यमाण कर्तृत्व हेतु असिद्ध भी है, अब इसी दोष को विस्तार से बताते हैं। जैसे– आपके यहाँ पौराणिक लोग ब्रह्मा को वेद का कर्ता मानते हैं, 'वक्त्रेभ्योवेदास्तस्य विस्तृताः' उस ब्रह्मा जी के मुख से वेदशास्त्र निकलता है ऐसा आगमवाव्य है। प्रतिमन्वन्तर (अर्थात् एक मनु के बाद दूसरे मनु की उत्पत्ति हांने में जो बीच में काल होता है उस अन्तराल को प्रतिमन्वन्तर कहते हैं) प्रमाण वर्ण व्यतीत होने पर अन्य अन्य श्रुतियों का निर्माण होता है, इत्यादि तथा जो वेदों का कर्त्ता है वह प्रसन्न हो इत्यादि वेद वाक्यों से वेदकर्ता का स्मरण है ऐसा निश्चित होता है।

141. अब यहाँ बौद्ध शंका करते हैं कि– जैन ने शब्द को अनित्य सिद्ध करके आप्त पुरुष के शब्द द्वारा होने वाले पदार्थ के ज्ञान को आगम प्रमाण बताया। किन्तु शब्द और अर्थ का कोई भी सम्बन्ध सिद्ध नहीं होता, फिर आप्त का कहा हुआ वचन पदार्थ का ज्ञान किस प्रकार करा सकता है जिससे आप्तवचनादि निबन्धन....इत्यादि आगम प्रमाण का लक्षण घटित हो सके?

इस शंका का समाधान आचार्य अग्रिम सूत्र द्वारा करते हैं–

सहजयोग्यतासंकेतवशाद्धि शब्दादयः वस्तुप्रतिपत्तिहेतवः ॥100॥

सूत्रार्थ– शब्द वर्ण वाक्यादि में ऐसी सहज योग्यता है जिस

142. सहजा स्वाभाविकी योग्यता शब्दार्थयोः प्रतिपाद्यप्रतिपादक-शक्तिः ज्ञानज्ञेययोर्ज्ञाप्यज्ञापकशक्तिवत्। न हि तत्राप्यतो योग्यतातोऽन्यः कार्यकारण- भावादिः सम्बन्धोस्तीत्युक्तम्। तस्यां सत्यां सङ्केतः। तद्वशाद्धि स्फुटं शब्दादयो वस्तुप्रतिपत्तिहेतवः।

यथा मेर्वादयः सन्ति ॥101॥

इति।

योग्यता के कारण तथा संकेत होने के कारण (यह घट है इस पदार्थ को घट शब्द से पुकारते हैं इत्यादि संकेत के कारण) वे शब्दादिक अर्थ का ज्ञान कराने में हेतु हो जाते हैं।

142. शब्द और पदार्थ में सहज स्वाभाविक योग्यता होती है। उसी के कारण शब्द प्रतिपादक और पदार्थ प्रतिपाद्य की शक्ति वाला हो जाया करता है, जिस प्रकार ज्ञान और ज्ञेय में ज्ञाप्य ज्ञापक शक्ति हुआ करती है। ज्ञान और ज्ञेय में भी सहज योग्यता को छोड़कर अन्य कोई कार्य कारण आदि सम्बन्ध नहीं होता, इस विषय को पहले निर्विकल्प प्रत्यक्षवाद और साकार ज्ञानवाद प्रकरण में भलीभाँति सिद्ध कर दिया है।

इसे यदि हम विशेष रूप से समझें तो वह यह है कि शब्द और पदार्थ में वाच्य-वाचक सम्बन्ध है न कि कार्यकारण आदि सम्बन्ध। ज्ञान और ज्ञेय अथवा प्रमाण और प्रमेय में भी कार्यकारण आदि सम्बन्ध नहीं पाये जाते अपितु ज्ञाप्य ज्ञापक सम्बन्ध ही पाया जाता है।

बौद्ध ज्ञान और ज्ञेय में कार्य कारण सम्बन्ध मानते हैं उनका कहना है कि ज्ञान ज्ञेय से उत्पन्न होता है अतः ज्ञान कार्य है और उसका कारण ज्ञेय (पदार्थ) है किन्तु यह मान्यता सर्वथा प्रतीति विरुद्ध है। ज्ञानानुभव आत्मा में होता है अथवा इस प्रकार कहें कि अग्नि और उष्णतावत् आत्मा ज्ञान स्वरूप ही है ऐसा आत्मा से अपृथक्भूत ज्ञान पदार्थ से उत्पन्न होना सर्वथा असम्भव है।

ज्ञान आत्मा से ही उत्पन्न होता है ज्ञेय से नहीं, फिर भी प्रतिनियत ज्ञेय को जानना आवश्यक है, अर्थात् अमुक ज्ञान अमुक पदार्थ

143. ननु चासौ सहजयोग्यताऽनित्या, नित्या वा? न तावदनित्या; अनवस्थाप्रसङ्गात्–येन हि प्रसिद्धसम्बन्धेन 'अयम्' इत्यादिना शब्देनाप्रसिद्ध-सम्बन्धस्य घटादेः शब्दस्य सम्बन्धः क्रियते तस्याप्यन्येन प्रसिद्धसम्बन्धेन सम्बन्धस्तस्याप्यन्येनेति। नित्यत्वे चास्याः सिद्धं नित्यसम्बन्धाच्छब्दानां वस्तुप्रतिपत्तिहेतुत्वमिति मीमांसकाः;

को जान सकता है, अन्य को नहीं ऐसी प्रतिकर्म व्यवस्था ज्ञान की क्षयोपशम जन्य योग्यता के कारण हुआ करती है।

यहाँ पर शब्द और पदार्थ के योग्यता का कथन हो रहा है कि ज्ञान और ज्ञेय के समान ही शब्द और अर्थ में परस्पर में वाच्य वाचक सम्बन्ध होता है उस सम्बन्ध के कारण ही "घट" यह दो अक्षर वाला शब्द कंबुग्रीवादि से विशिष्ट पदार्थ को कहता है और यह कम्बु आदि आकार से विशिष्ट घट पदार्थ भी उक्त शब्द द्वारा अवश्य ही वाच्य होता है (कहने में आ जाता है) तथा शब्द द्वारा पदार्थ में बार बार संकेत भी किया जाता है कि यह मोल ग्रीवादि आकार वाला पदार्थ घट है इसको घट कहना, घट ऐसा होता है इत्यादि। इस प्रकार शब्द और अर्थ की सहज योग्यता और संकेत ग्रहण इन दो कारणों से शब्द द्वारा पदार्थ का बोध होता है।

इस तरह शब्द की योग्यता के होने पर संकेत होता है और संकेत से शब्दादिक वस्तु के प्रतीति में हेतु हो जाते हैं।

यथा मेर्वादयः सन्ति ॥101॥

सूत्रार्थ– जैसे मेरूपर्वत आदि पदार्थ हैं ऐसा कहते ही आगमोक्त मेरूपर्वत की प्रतीति हो जाया करती है।

143. **मीमांसक–** यह सहज योग्यता अनित्य है या नित्य? अनित्य है ऐसा तो कह नहीं सकते क्योंकि अनवस्था दूषण आता है। कैसे? वह बताते हैं–प्रसिद्ध सम्बन्ध वाले "यह" इत्यादि शब्द द्वारा अप्रसिद्ध सम्बन्धभूत घट आदि शब्द का सम्बन्ध किया जायगा, पुनः उस शब्द का भी किसी अन्य प्रसिद्ध सम्बन्ध वाले शब्द द्वारा सम्बन्ध

144. तेप्यतत्त्वज्ञाः; हस्तसंज्ञादिसम्बन्धवच्छब्दार्थसम्बन्धस्यानित्यत्वेप्यर्थ- प्रतिपत्तिहेतुत्वसम्भवात्। न खलु हस्तसंज्ञादीनां स्वार्थेन सम्बन्धो नित्यः, तेषामनित्यत्वे तदाश्रितसम्बन्धस्य नित्यत्वविरोधात्। न हि भित्तिव्यपाये तदाश्रितं चित्रं न व्यपतीत्यभिधातुं शक्यम्।

145. न चानित्यत्वेऽस्यार्थप्रतिपत्तिहेतुत्वं न दृष्टम्; प्रत्यक्षविरोधात्।

किया जाना और उसका भी अन्य द्वारा, (क्योंकि योग्यता अनित्य होने से नष्ट हो जाती है और उसको पुनः पुनः अन्य अन्य शब्द द्वारा सम्बद्ध करना पड़ता है)।

यदि इस सहज योग्यता को नित्य रूप स्वीकार करते हैं तो उस नित्य योग्यता का सम्बन्ध होने के कारण ही नित्य रूप शब्द पदार्थ का बोध कराने में हेतु होते हैं ऐसा स्वयमेव सिद्ध होता है।

144. **जैन–** यह कथन असत् है शब्द और अर्थ का सम्बन्ध अनित्य होते हुए भी हस्त संज्ञा आदि के सम्बन्ध के समान ये भी अर्थ की प्रतिपत्ति कराने में हेतु होते हैं अर्थात् हस्त के इशारे से, नेत्र के इशारे से जिस प्रकार अर्थ बोध होता है जो कि अनित्य है, उसी प्रकार शब्द और अर्थ का सम्बन्ध अनित्य होते हुए भी उसके द्वारा अर्थ बोध होता है।

हस्त संज्ञा (हाथ का इशारा) आदि का अपने अर्थ के साथ नित्य सम्बन्ध तो हो नहीं सकता क्योंकि स्वयं हस्तादि ही अनित्य हैं तो उनके आश्रय से होने वाला सम्बन्ध नित्य रूप किस प्रकार हो सकता है? भित्ति के नष्ट होने पर उसके आश्रित रहने वाला चित्र नष्ट नहीं होता ऐसा कहना तो अशक्य ही है।

अभिप्राय यह है कि स्वयं हस्त संज्ञादि अनित्य हैं अतः उसका अर्थ सम्बन्ध भी नष्ट होने वाला है, जैसे कि भित्ति नष्ट होती है तो उसका चित्र भी नष्ट होता है।

145. हस्त संज्ञा आदि अनित्य होने पर भी उससे अर्थ बोध नहीं होता हो ऐसी बात नहीं है क्योंकि ऐसा कहना प्रत्यक्ष से विरुद्ध

एवं शब्दार्थसम्बन्धेप्येतद्वाच्यम्-स हि न तावदनाश्रित:; नभोवदनाश्रितस्य सम्बन्धत्वाऽसम्भवात्। आश्रितश्चेत्किं तदाश्रयो नित्य:, अनित्यो वा? नित्यश्चेत्; कोयं नित्यत्वेनाभिप्रेतस्तदाश्रयो नाम? जाति:, व्यक्तिर्वा? न तावज्जाति:; तस्या: शब्दार्थत्वे प्रवृत्याद्यभावप्रतिपादनात्, निराकरिष्य माणत्वाच्च।

146. व्यक्तेस्तु तदाश्रयत्वे कथं नित्यत्वमनभ्युपगमात्तथाप्रतीत्य-भावाच्च। अनित्यत्वे च तदाश्रयत्वस्य सिद्धं तद्व्यपाये सम्बन्धस्यानित्यत्वं

पड़ता है– हम प्रत्यक्ष से देखते हैं हस्तादि के इशारे अनित्य रहते हैं तो भी अर्थ की प्रतिपत्ति होती है। इसी हस्त संज्ञा का न्याय शब्द और अर्थ के सम्बन्ध में लगाना चाहियें, शब्द और अर्थ का सम्बन्ध अनाश्रित तो हो नहीं सकता क्योंकि आकाश के समान अनाश्रित वस्तु का सम्बन्ध होना असम्भव है।

अब यदि यह शब्दार्थ सम्बन्ध आश्रित है तो प्रश्न होगा कि उसका आश्रय नित्य है या अनित्य है? शब्दार्थ सम्बन्ध का आश्रय नित्य है ऐसा कहे तो नित्यरूप से अभिप्रेत ऐसा यह शब्दार्थ सम्बन्ध का आश्रय कौन हो सकता है जाति (सामान्य) या व्यक्ति (विशेष)? वह आश्रय जाति रूप तो हो नहीं सकता, क्योंकि शब्द और अर्थ में जाति की प्रवृत्ति आदि नहीं होती ऐसा पहले सिद्ध हो चुका है तथा आगे चौथे परिच्छेद में (तृतीय भाग में) इस ज़ाति अर्थात् सामान्य का निराकरण भी करने वाले हैं।

146. शब्दार्थ के सम्बन्ध का आश्रय व्यक्ति है ऐसा दूसरा पक्ष माने तो उस सम्बन्ध को नित्य रूप किस प्रकार कह सकते हैं? क्योंकि आपने व्यक्ति को (विशेष को) नित्य माना ही नहीं और नित्यरूप से उसकी प्रतीति ही होती है। व्यक्ति अनित्य ही है अत: उसके आश्रित रहने वाला उक्त सम्बन्ध भी अनित्य सिद्ध होता है जैसे कि भित्ति के अनित्य होने से तदाश्रित चित्र भी अनित्य होता है। इस प्रकार शब्दार्थ सम्बन्ध अनित्य है ऐसा निश्चय हुआ। इसलिये परवादी का निम्न कथन असत् होता है कि–

भित्तिव्यपाये चित्रवत्। ततोऽयुक्तमुक्तम्–

नित्याः शब्दार्थसम्बन्धास्तत्राम्नाता महर्षिभिः।
सूत्राणां सानुतन्त्राणां भाष्याणां च प्रणेतृभिः।।[17] इति

147. सदृशपरिणामविशिष्टस्यार्थस्य शब्दस्य तदाश्रितसम्बन्धस्य चैकान्ततो नित्यत्वासम्भवात्। सर्वथा नित्यस्य वस्तुनः क्रमयौगपद्याभ्यामर्थक्रियासम्भवतोऽसत्त्वं चाऽश्वविषाणवत्। अनवस्थादूषणं चायुक्तमेव; 'अयम्' इत्यादेः शब्दस्यानादिपरम्परातोऽर्थमात्रे प्रसिद्धसम्बन्धत्वात्, तेनावगतसम्बन्धस्य घटादिशब्दस्य सङ्केतकरणात्।

148. नित्यसम्बन्धवादिनोपि चानवस्थादोषस्तुल्य एव–अनभिव्यक्तसम्बन्धस्य हि शब्दस्याभिव्यक्तसम्बन्धेन शब्देन सम्बन्धाभिव्यक्तिः कर्त्तव्या,

---

'महर्षियों ने शब्द और अर्थों के सम्बन्ध नित्यरूप स्वीकार किये हैं तथा सूत्र अनुतंत्र एवं भाष्यों का प्रणयन करने वाले पुरुषों ने भी शब्दार्थ सम्बन्ध को नित्य माना है।'

तथा सदृश परिणाम से विशिष्ट ऐसा अर्थ और शब्द के एवं उसके आश्रित रहने वाले सम्बन्ध के सर्वथा नित्यपना होना असम्भव ही है। क्योंकि सर्वथा नित्य वस्तु में क्रम से अथवा युगपत् अर्थक्रिया का होना अशक्य है और अर्थक्रिया के अभाव में उस वस्तु का असत्त्व ही हो जाता है, जैसे अश्वविशाखा में अर्थक्रिया न होने से उसका असत्त्व है। शब्दार्थ सम्बन्ध को अनित्य माने तो अनवस्था दोष आता है– ऐसा मीमांसक का कहना तो अयुक्त ही है, क्योंकि "अयम्" यह इत्यादि शब्द का अर्थमात्र में सम्बन्ध अनादि प्रवाह से चला आ रहा है, उस प्रसिद्ध सम्बन्ध द्वारा जिसका सम्बन्ध ज्ञात हुआ है ऐसे घट आदि शब्द में संकेत किया जाता है। अतः अनवस्था नहीं होती।

148. तथा शब्दार्थ में नित्य सम्बन्ध को स्वीकार करने वाले आप मीमांसकादि प्रवादी के यहाँ भी उक्त अनवस्था दोष समान रूप से संभावित है, कैसे? वह बताते हैं– शब्द को नित्य मानते हुए भी एवं

---

17. वाक्यपदीयम् 1/23

तस्याप्यन्येनाभिव्यक्तसम्बन्धेनेति। यदि पुनः कस्यचित्स्वत एव सम्बन्धाभिव्यक्तिः; अपरस्यापि सा तथैवास्तीति सङ्केतक्रिया व्यर्था। शब्दविभागाभ्युपगमे चालं सम्बन्धस्य नित्यत्वकल्पनया। कल्पने चाऽगृहीतसङ्केतस्याप्यतोऽर्थप्रतिपत्तिः स्यात्।

149. सङ्केतस्तस्य व्यञ्जकः; इत्यप्ययुक्तम्; नित्यस्य व्यङ्ग्यत्वायोगात्। नित्यं हि वस्तु यदि व्यक्तं व्यक्तमेव, अथाव्यक्तमप्य-

---

शब्दार्थ सम्बन्ध को नित्य मानते हुए आपने उसके अभिव्यक्त और अनभिव्यक्त भेद किये हैं अतः अनभिव्यक्त सम्बन्ध वाले शब्द का, जिसकी अभिव्यक्ति हो चुकी है– ऐसे शब्द के द्वारा सम्बन्ध की अभिव्यक्ति करनी होगी और उस पूर्व शब्द का भी किसी अन्य अभिव्यक्त सम्बन्ध वाले शब्द द्वारा सबंधाभिव्यक्त करना होगा।

इस अनवस्था को दूर करने के लिये किसी एक शब्द की सम्बन्धाभिव्यक्ति स्वतः ही होती है– ऐसा मानते हैं तो दूसरे शब्द की सम्बन्धाभिव्यक्ति भी स्वतः हो सकती है। इसलिये फिर उसमें संकेत करना व्यर्थ ही हो जाता है अर्थात् शब्दार्थ का सम्बन्ध स्वतः ही अभिव्यक्त होता है तो उसके लिये वृद्ध पुरुषादि के द्वारा "यह घट है" इत्यादि रूप से बार बार संकेत क्यों किया जाता है?

इस संकेत क्रिया से ही स्पष्ट होता है कि शब्दार्थ सम्बन्ध स्वतः अभिव्यक्त नहीं होता। यदि शब्दों में विभाग स्वीकार किया जाय कि 'अयम्' इत्यादि शब्द अभिव्यक्त सम्बन्ध वाला है और 'घटः' इत्यादि शब्द अनभिव्यक्त सम्बन्ध वाला है तो फिर सम्बन्ध को नित्य मानने की कल्पना ही व्यर्थ है। उस सम्बन्ध को यदि नित्य मानने का हठाग्रह हो तो संकेत ग्रहण के बिना भी शब्द से अर्थ की प्रतीति होती है। ऐसा मीमांसक को स्वीकार करना होगा।

149. शंका करते हुए मीमांसक का कहना है कि नित्य शब्द के सम्बन्ध को संकेत द्वारा व्यक्त किया जाता है अर्थात् संकेत उसका व्यंजक माना गया है?

इस शंका पर जैन कहते हैं कि ऐसा कहना ठीक नहीं है, नित्य

व्यक्तमेव, अभिन्नस्वभावत्वात्तस्य। शब्दाभिव्यक्तिपक्षनिक्षिप्तदोषानुषङ्गश्चात्रापि तुल्य एव।

150. किञ्च, सङ्केतः पुरुषाश्रयः, स चातीन्द्रियार्थज्ञानविकलतयान्यथापि वेदे सङ्केतं कुर्यादिति कथं न मिथ्यात्वलक्षणमस्य प्रामाण्यम्?

वस्तु व्यक्त करने योग्य नहीं होती, क्योंकि वह यदि व्यक्त है तो सदा व्यक्त ही रहेगी और अव्यक्त है तो सदा अव्यक्त ही रहगी, इसका भी कारण यह है कि नित्य वस्तु सदा एक अभिन्न स्वभाववाली होती है, तथा संकेत द्वारा सम्बन्ध की अभिव्यक्ति मानने के इस पक्ष में पहले के शब्दाभिव्यक्ति के पक्ष में दिये गये दूषण भी समान रूप से प्राप्त होते हैं।

150. किंच, संकेत पुरुष के आश्रित होता है और पुरुष अतीन्द्रिय ज्ञान से रहित होते हैं अतः ऐसे पुरुष द्वारा वेद में स्थित शब्दों का विपरीत अर्थ में भी संकेत किया जाना संभावित होने से इस वेदवाक्य में मिथ्यापन रूप अप्रामाण्य कैसे नहीं होगा? अर्थात् अवश्य ही होगा।

इस प्रकार आचार्य प्रभाचन्द्र ने अन्तिम आगम प्रमाण का जो विवेचन प्रमेयकमलमार्त्तण्ड ग्रन्थ में किया है तथा आर्यिका जिनमति जी ने हिन्दी अनुवाद किया है उसकी अपनी मति के अनुसार हिन्दी व्याख्या करने का यहाँ प्रयास किया गया है।

संदर्भ : टिप्पणी

1. णाणं होदि प्रमाणं–ति.प. 1/83
2. पाणिनी सूत्र–1/4/51
3. किसी भी वस्तु या पदार्थ को जानना एक कार्य है और यह कार्य अनेक कार्यों से उत्पन्न होता है, एक से नहीं। वो जो कारणों का समूह है उसे ही कारक साकल्य कहते हैं। नैयायिकों के अनुसार कारकसाकल्य से ही प्रमाण की उत्पत्ति होती है। जैन इसकी समीक्षा कर रहे हैं।
4. 'इन्द्रियप्रणालिकया बाह्यवस्तुपरागात् सामान्यविशेषात्मनोऽर्थस्य विशेषावधारणा-प्रधाना वृत्तिः प्रत्यक्षम्।'
5. साध्य के साथ जिसका अविनाभाव सम्बन्ध निश्चित है ऐसे हेतु से।
6. अर्थात् प्रमाण की जो उत्पादक सामग्री–इन्द्रियादिक है उसी सामग्री से।
7. 'उपक्रियते निवृत्तिः येन तत् उपकरणं'।

चतुर्थपरिच्छेदः
प्रमाणविषयविमर्शः

1. अथोक्तप्रकारं प्रमाणं किं निर्विषयम्, सविषयं वा? यदि निर्विषयम्; कथं प्रमाणं केशोण्डुकादिज्ञानवत्? अथ सविषयम्; कोस्य विषयः? इत्याशङ्क्य विषयविप्रतिपत्तिनिराकरणार्थं 'सामान्यविशेषात्मा' इत्याद्याह–

सामान्यविशेषात्मा तदर्थो विषयः॥1॥

चतुर्थपरिच्छेद
प्रमाण-विषय विमर्श

अभी तक आचार्य माणिक्यनन्दी ने प्रमाण का लक्षण "स्वापूर्वार्थव्यवसायात्मकं ज्ञानं प्रमाणम्" बताया तथा उस पर विभिन्न दार्शनिकों के विचारों की समीक्षा भी की।

1. अब यहाँ प्रश्न होता है कि वह प्रमाण निर्विषयी है अथवा सविषयी है? यदि निर्विषयी अर्थात् विषय रहित है [कुछ भी नहीं जानता है] तो वह प्रमाण कैसे कहलायेगा? अर्थात् नहीं कहला सकता, जैसे कि केशोण्डुकादि ज्ञान प्रमाण नहीं कहलाते हैं। यदि प्रमाण सविषयी है तो प्रश्न उठता है कि उसका क्या विषय है? इस प्रकार के प्रश्न को लेकर प्रमाण के विषय सम्बन्धी विवाद को दूर करने के लिए वह सामान्य विशेषात्मक है ऐसा आचार्य कहते हैं–

सामान्यविशेषात्मा तदर्थो विषयः॥1॥

सूत्रार्थ–सामान्य–विशेषात्मक पदार्थ प्रमाण का विषय है अर्थात्

तस्य प्रतिपादितप्रकारप्रमाणस्यार्थो विषयः। किंविशिष्टः? सामान्यविशेषात्मा। कुत एतत्?

पूर्वोत्तराकारपरिहारावाप्तिस्थितिलक्षणपरिणामेनार्थ-क्रियोपपत्तेश्च॥2॥

2. अनुवृत्तव्यावृत्तप्रत्ययगोचरत्वात्, यो हि यदाकारोल्लेखि-प्रत्ययगोचरः स तदात्मको दृष्टः यथा नीलाकारोल्लेखिप्रत्ययगोचरो

सामान्य और विशेष धर्मों से युक्त ऐसा जो पदार्थ है वही प्रमाण का विषय है, प्रमाण के द्वारा जानने योग्य पदार्थ है।

पदार्थ न केवल सामान्य रूप है न केवल विशेष रूप, बल्कि वह उभय रूप है। यह जैनदर्शन की स्पष्ट मान्यता है। वेदान्त एवं सांख्य दर्शन पदार्थ को सामान्य रूप मानते हैं। बौद्ध पदार्थ को विशेष रूप मानते हैं। न्याय-वैशेषिक दर्शन सामान्य को एक स्वतन्त्र पदार्थ मानते हैं तथा विशेष को भी एक स्वतन्त्र पदार्थ मानते हैं। इस प्रकार प्रमाण के द्वारा ग्राह्य पदार्थ के विषय में जो मतभेद हैं उसके निराकरण के लिए पदार्थ को 'सामान्यविशेषात्मा' कहा गया है। अब कहते हैं पूर्वोक्त कहे हुये प्रमाण का सामान्य विशेषात्मक पदार्थ ही विषय है यह बात किस प्रमाण से सिद्ध है? ऐसी आशंका को दूर करते हुए अगला सूत्र कहते हैं-

पूर्वोत्तराकारपरिहारावाप्ति
स्थितिलक्षणपरिणामेनार्थक्रियोपपत्तेश्च॥2॥

सूत्रार्थ- पदार्थों में अनुवृत्त व्यावृत्त प्रत्यय होते हैं एवं पूर्व आकार का त्याग और उत्तर आकार की प्राप्ति एवं अन्वयी द्रव्य रूप से ध्रुवत्व देखा जाता है इस तरह की परिणाम स्वरूप अर्थक्रिया देखी जाती है।

इस प्रकार उत्पाद, व्यय और ध्रौव्य रूप से होने वाली परिणाम स्वरूप अर्थ क्रिया का सद्भाव, पदार्थों को सामान्य विशेषात्मक सिद्ध करता है।

2. पदार्थों में सादृश्य को बतलाने वाला अनुवृत्त प्रत्यय है। जैसे

नीलस्वभावोर्थः, सामान्यविशेषाकारोल्लेख्यनुवृत्तव्यावृत्तप्रत्ययगोचरश्चाखिलो बाह्याध्यात्मिकप्रमेयोर्थः।

3. तस्मात्सामान्यविशेषात्मेति। न केवलमतो हेतोः स तदात्मा, अपि तु पूर्वोत्तराकारपरिहारावाप्तिस्थितिलक्षणपरिणामेनाऽर्थक्रियोपपत्तेश्च। 'सामान्यविशेषात्मा तदर्थः' इत्यभिसम्बन्धः।

कतिप्रकारकं सामान्यमित्याह

सामान्यं द्वेधा॥3॥

यह गौ है, यह भी गौ है इत्यादि अनेक पदार्थों में समानता का ज्ञान होने से तथा पृथक्पना बतलाने वाला व्यावृत्त प्रत्यय अर्थात् यह गौ श्याम है धवल नहीं है इत्यादि व्यावृत्त प्रतिभास होने से पदार्थों में सामान्य और विशेषात्मकपना सिद्ध होता है, जो जिस प्रकार से प्रतिभासित होता है वह उसी रूप का देखा जाता है, जैसे नीलाकार से प्रतिभासित होने के कारण नील स्वभाव वाला पदार्थ है ऐसा माना जाता है।

3. सामान्य आकार का उल्लेखी अनुवृत्त प्रत्यय और विशेष आकार का उल्लेखी व्यावृत्त प्रत्यय सम्पूर्ण बाह्य-अचेतन पदार्थ एवं अभ्यन्तर-चेतना पदार्थों में प्रतीत होता ही है। अतः वे चेतन अचेतन पदार्थ सामान्य विशेषात्मक सिद्ध होते हैं। पदार्थों को सामान्य विशेषात्मक सिद्ध करने के लिये अकेला अनुवृत्त व्यावृत्त प्रत्यय ही नहीं है, अपितु सूत्रोक्त पूर्व आकार का त्यागरूप व्यय, उत्तर आकार की प्राप्तिरूप उत्पाद और दोनों अवस्थाओं में अन्वय रूप में रहने वाला ध्रौव्य पदार्थों में पाया जाता है, इस तरह की परिणाम स्वरूप अर्थक्रिया का सद्भाव भी उनमें पाया जाता है। इन हेतुओं से पदार्थों की सामान्य विशेषात्मकता सिद्ध होती है।

अब पदार्थों का सामान्य धर्म कितने प्रकार का है वह बतलाते हैं-

सामान्यं द्वेधा ॥3॥

कथमिति चेत्

तिर्यगूद्र्ध्वताभेदात्॥4॥

तत्र तिर्यक्सामान्यस्वरूपं व्यक्तिनिष्ठतया सोदाहरणं प्रदर्शयति–

सदृशपरिणामस्तिर्यक् खण्डमुण्डादिषु गोत्ववत्॥5॥

तिर्यगूर्ध्वातोभेदात् ॥4॥

सूत्रार्थ– सामान्य के दो भेद हैं। तिर्यक् सामान्य और ऊर्ध्वता सामान्य।

हम जानते हैं कि अनेक वस्तुओं में एक सामान पाया जाने वाला धर्म तिर्यक् सामान्य कहलाता है, जैसे अनेक मनुष्यों में मनुष्यत्व समान रूप से विद्यमान रहता है, इसी तरह पटों में पटत्व, गायों में गोत्व, जीवों में जीवत्व इत्यादि समान या सदृश धर्म दिखाई देते हैं इसी को तिर्यक् सामान्य कहते हैं। इस सामान्य धर्म या स्वभाव के कारण ही हमें वस्तुओं में सादृश्य का प्रतिभास होता है। एक ही पदार्थ के उत्तरोतर जो परिणमन होते रहते हैं, उनमें उस पदार्थ का व्यापक रूप से जो रहना है वह उर्ध्वता सामान्य है, जैसे दही, छाछ, मक्खन, गोरस आदि परिणमन या पर्यायों में दूध का व्यापक रूप से रहना उर्ध्वता सामान्य है।

तिर्यक् सामान्य और उर्ध्वता सामान्य में यह अन्तर है कि तिर्यक् सामान्य तो अनेक पदार्थ या व्यक्तियों में पाया जाने वाला समान धर्म है और उर्ध्वता सामान्य क्रम से उत्तरोतर होने वाले पर्यायों में पदार्थ या द्रव्य का रहना है। अपने क्रमिक पर्यायों में एक अन्वयी द्रव्य जैसे दही, छाछ, मक्खन आदि रूप क्रमिक पर्यायों में दुग्ध गोरस का अस्तित्व उर्ध्वता सामान्य कहलाता है।

अब सूत्रकार स्वयं व्यक्तियों में निष्ठ रहने वाले इस तिर्यक् सामान्य का स्वरूप उदाहरण सहित प्रस्तुत करते हैं–

सदृशपरिणामस्तिर्यक् खण्डमुण्डादिषु गोत्ववत् ॥5॥

सूत्रार्थ– अनेक वस्तुओं में पाया जाने वाला जो सदृश परिणाम

4. ननु खण्डमुण्डादिव्यक्तिव्यतिरेकेणापरस्य भवत्कल्पितसामान्यस्याप्रतीतितो गगनाम्भोरुहवदसत्त्वादसाम्प्रतमेवेदं तल्लक्षणप्रणयनम्; इत्यप्यसमीचीनम्।

5. 'गौर्गौः' इत्याद्यबाधितप्रत्ययविषयस्य सामान्यस्याऽभावासिद्धेः। तथाविधस्याप्यस्यासत्त्वे विशेषस्याप्यसत्त्वप्रसङ्गः, तथाभूतप्रत्ययत्वव्यतिरेकेणापरस्य तद्व्यवस्थानिबन्धनस्यात्राप्यसत्त्वात्।

6. अबाधितप्रत्ययस्य च विषयव्यतिरेकेणापि सद्भावाभ्युपगमे

है उसे तिर्यक् सामान्य कहते हैं, जैसे खण्डी मुण्डी आदि गायों में गोत्वसास्नादि मानपना समान रूप से पाया जाता है, अनेक गायों में रहने वाला जो गोत्व है, उसी को तिर्यक् सामान्य कहते हैं।

4. यहाँ इस लक्षण पर बौद्ध आपत्ति करते हैं– खण्डी, मुण्डी आदि गायों को छोड़कर अन्य पृथक् आपके द्वारा कल्पित गोत्व सामान्य प्रतीति में नहीं आता है, अतः आकाश पुष्प के समान इस सामान्य का अभाव ही है, इसलिये आप यह जो सामान्य का लक्षण बता रहे हैं वह ठीक नहीं है।

5. **जैन–** आप बौद्धों की यह आपत्ति अयुक्त है क्योंकि यह गो है, यह गो है, इस प्रकार सभी गो व्यक्तियों में सामान्य का जो बोध हो रहा है वह बाधा रहित है अतः आप सामान्य धर्म का अभाव नहीं कर सकते हैं। अबाधितपने से सामान्य प्रतिभासित होने पर उसको नहीं माना जाय, उसका जबरदस्ती अभाव किया जाय तो फिर विशेष का भी अभाव मानना पड़ेगा? क्योंकि अबाधित प्रत्यय को छोड़कर दूसरा कोई ऐसा प्रमाण नहीं है कि जो विशेष को सिद्ध कर सके। अर्थात् विशेष भी अबाधित प्रतीति से ही सिद्ध होता है, सामान्य और विशेष दोनों की व्यवस्था निर्बाध प्रमाण पर ही निर्भर है।

6. बाधा रहित ऐसा जो प्रमाण है उसके विषय हुए बिना ही यदि विशेष या किसी तत्त्व का सद्भाव स्वीकार किया जायेगा तो फिर अबाधित ज्ञान से किसी भी वस्तु की व्यवस्था नहीं हो सकेगी। अनुगत आकार अर्थात् यह गौ है, यह गौ है– इत्यादि आकार रूप प्रतीति आती

ततो व्यवस्थाऽभावप्रसङ्गः। न चानुगताकारत्वं बुद्धेर्बाध्यते; सर्वत्र देशादावनुगतप्रतिभासस्याऽस्खलद्रूपस्य तथाभूतव्यवहारहेतोरुपलम्भात्।

7. अतो व्यावृत्ताकारानुभवानधिगतमनुगताकारमवभासन्त्यऽबाधित-रूपा बुद्धिः अनुभूयमानानुगताकारं वस्तुभूतं सामान्यं व्यवस्थापयति।

8. ननु विशेष्यव्यतिरेकेण नापरं सामान्यं बुद्धिभेदाभावात्। न च बुद्धिभेदमन्तरेण पदार्थभेदव्यवस्थाऽतिप्रसङ्गात्। तदुक्तम्–

है, वह किसी तरह बाधित भी नहीं होती है, सब जगह हमेशा ही अनुगताकार प्रतिभास अस्खलितपने से उस प्रकार के व्यवहार का निमित्त होता हुआ देखा गया है।

7. इसलिये यह निश्चय होता है कि व्यावृत्ताकार का अनुभव जिसमें नहीं है और अनुगताकार का अवभास जिसमें हो रहा है ऐसी अबाधित प्रतीति या बुद्धि अपने अनुभव में आ रहे अनुगत आकार का [समान धर्म– यह गो है, यह गो है–इत्यादि] वास्तविक निमित्त जो सामान्य है उसकी व्यवस्था करती है– अर्थात् अनुवृत्त प्रत्यय से सामान्य की सिद्धि होती ही है।

8. **शंका–** विशेष को छोड़कर पृथक् कोई सामान्य दिखाई नहीं देता है, क्योंकि बुद्धि या ज्ञान में तो कोई भेद उपलब्ध नहीं होता है कि यह सामान्य है और यह विशेष है। अर्थात् प्रतिभास में भिन्नता नहीं होने से सामान्य को नहीं मानना चाहिये। बुद्धि में भेद अर्थात् पृथक्-पृथक् प्रतिभास हुए बिना ही पदार्थों के भेदों की व्यवस्था करने लग जायेंगे तो अतिप्रसंग दोष प्राप्त होगा। कहा भी है कि–

"विशेष से पृथक् कोई भी सामान्य पृथक् होता तो बुद्धि में अभेद नहीं रहता, अर्थात् विशेष का प्रतिभास भिन्न होता और सामान्य का भिन्न, किन्तु ऐसा नहीं होता है। बुद्धि के आकार के भेद से ही [झलक की विभिन्नता ही] पदार्थ का भेद सिद्ध होता है"।

9. **समाधान–** यह कथन असुन्दर है, सामान्य और विशेष में

"न भेदाद्भिन्नमस्त्यन्यत्सामान्यं बुद्ध्यभेदतः।
बुद्ध्यात्कारस्य भेदेन पदार्थस्य विभिन्नता॥" इति;

9. तदप्यपेशलम्; सामान्यविशेषयोर्बुद्धिभेदस्य प्रतीतिसिद्धत्वात्। रूपरसादेस्तुल्यकालस्याभिन्नाश्रयवर्तिनोप्यत एव भेदप्रसिद्धेः।

10. एकेन्द्रिया- ध्यवसेयत्वाज्जातिव्यक्तयोरभेदे वातातपादावप्यभेद-प्रसङ्गः। तत्रापि हि प्रतिभासभेदान्नान्यो भेदव्यवस्थाहेतुः। स च सामान्यविशेषयोरप्यस्ति। सामान्यप्रतिभासो ह्यनुगताकारः, विशेषप्रतिभासस्तु व्यावृत्ताकारोऽनुभूयते।

बुद्धि का भेद तो प्रतीति सिद्ध है, इसी विषय का खुलासा करते हैं– रूप, रस इत्यादि गुण-धर्म एक ही काल में एक ही आश्रयभूत आम्र आदि पदार्थ में रहते हुए भी बुद्धि भेद के कारण ही भिन्न-भिन्न सिद्ध होते हैं, अर्थात् एक पदार्थ में एक साथ रहकर बुद्धि, प्रमाण या ज्ञान, उन रूप, रस आदि का पृथक् पृथक् प्रतिभास कराता है और इस पृथक् प्रतिभास के कारण ही रूप, रसादि की पृथक् पृथक् गुण रूप व्यवस्था हुआ करती है।

10. **शंका–** जाति और व्यक्ति अर्थात् सामान्य और विशेष ये दोनों ही ऐसे एक ही इन्द्रिय द्वारा जानने योग्य होते हैं [रूप और रस तो ऐसे एक ही इन्द्रियगम्य नहीं होते] अतः सामान्य और विशेष में भेद नहीं मानते हैं?

समाधान– इस तरह एक इन्द्रिय द्वारा गम्य होने मात्र से सामान्य और विशेष को एक रूप माना जाय तो वायु और आतप को भी एक रूप मानना पड़ेगा? क्योंकि ये दोनों भी एक ही स्पर्शनेन्द्रिय द्वारा गम्य होते हैं। वायु और आतप में भी प्रतिभास के विभिन्नता के कारण ही भेद सिद्ध होता है अर्थात् शीत स्पर्श के प्रतिभास से वायु और उष्म स्पर्श के प्रतिभास से आतप की सिद्धि होती है, अन्य किसी से तो इसमें भेद व्यवस्था नहीं होती है, इस प्रकार की प्रतिभास-भेद या बुद्धि-भेद की व्यवस्था तो सामान्य और विशेष में भी पायी जाती है। सामान्य का प्रतिभास यह गो है, यह गो है– इत्यादि अनुगताकार है, और विशेष का

11. किञ्च, अनुगतप्रत्ययस्य सामान्यमन्तरेणैव देशादिनियमेनोत्पत्तौ व्यावृत्तप्रत्ययस्यापि विशेषमन्तरेणैवोत्पत्तिः स्यात्। शक्यं हि वक्तुम्– अभेदाविशेषेप्येकमेव ब्रह्मादिरूपं प्रतिनियतानेकनीलाद्याभासनिबन्धनं भविष्यतीति किमपररूपादिस्वलक्षणपरिकल्पनया। ततो रूपादिप्रतिभासस्येवानुगतप्रतिभासस्याप्यालम्बनं वस्तुभूतं परिकल्पनीयम् इत्यस्ति वस्तुभूतं सामान्यम्।

क्षणभंगवादविमर्शः

परापरविवर्त्तव्यापिद्रव्यमूर्ध्वता मृदिव स्थासादिषु ॥6॥

प्रतिभास यह इससे भिन्न है, यह श्याम वर्ण गो है, शबल नहीं है– इत्यादि व्यावृत्ताकार अनुभव में आता है।

11. किञ्च, यदि सामान्य के बिना ही देशादि नियत रूप से अनुगत प्रत्यय का प्रादुर्भाव होता है तो विशेष के बिना ही व्यावृत्त प्रत्यय का प्रादुर्भाव होता है ऐसा स्वीकार करना पड़ेगा। कह सकते हैं कि सम्पूर्ण पदार्थों में अभेद का अविशेषपना (अद्वैत) होने पर भी एक परम ब्रह्मादि के निमित्त से ही प्रतिनियत– भिन्न भिन्न नील, पीत आदि अनेक तरह के प्रतिभास होते हैं अतः पृथक् पृथक् द्वैतरूप नील, पीत इत्यादि रूप स्वलक्षण भूत विशेष विशेष वस्तुओं की कल्पना करना व्यर्थ ही है? इस आपत्ति को दूर करने के लिये रूपादि के प्रतिभासों का कारण जैसे विभिन्न विशेष धर्म हुआ करते हैं और वे व्यावृत्त प्रत्यय के कारण हैं ऐसा आप मानते हैं वैसे ही सदृश प्रतिभासों का कारण सामान्य धर्म है और यही अनुगताकार प्रत्यय [गौ है, गौ है] का कारण है ऐसा मानना चाहिये। इस प्रकार वस्तुभूत सामान्य की सिद्धि होती है।

क्षणभंगवाद विमर्श

सामान्य का दूसरा भेद उर्ध्वता सामान्य है अब उसका लक्षण क्या है ऐसा प्रश्न होने पर सूत्र द्वारा उसका अबाधित लक्षण प्रस्तुत करते हैं–

परापरविवर्तव्यापिद्रव्यमूर्ध्वता मृदिव स्थासादिषु ॥6॥

सामान्यमित्यभिसम्बन्धः। तदेवोदाहरणद्वारेण स्पष्टयतिमृदिव स्थासादिषु।

12. ननु पूर्वोत्तरविवर्त्तव्यतिरेकेणापरस्य तद्व्यापिनो द्रव्यस्याप्रतीतितो-ऽसत्त्वात्कथं तल्लक्षणमूर्द्ध्वतासामान्यं सत्;

13. इत्यप्यसमीचीनम्। प्रत्यक्षत एवार्थानामन्वयिरूपप्रतीतेः प्रतिक्षणविशरारुतया स्वप्नेपि तत्र तेषां प्रतीत्यभावात्। यथैव पूर्वोत्तर-

---

सूत्रार्थ– पूर्व और उत्तर पर्यायों में व्याप्त होकर रहने वाला द्रव्य उर्ध्वता सामान्य कहलाता है जैसे स्थास, कोश, कूशल, घट आदि पर्यायों में मिट्टी नामा द्रव्य पाया जाता है वह अन्वयी द्रव्य ही उर्ध्वता सामान्य है।

भावार्थ– सामान्य के दो भेद हैं तिर्यक् सामान्य और ऊर्ध्वता सामान्य। अनेक द्रव्यों में जो सदृशता पायी जाती है वह तिर्यक् सामान्य कहलाता है, जैसे अनेक गायों में गोपना (गोपत्व) सदृश है। एक ही द्रव्य की पूर्व एवं उत्तरवर्ती जो अवस्था हुआ करती है, उन पर्यायों में द्रव्य रहता हुआ चला आता है वह द्रव्य के ही उर्ध्वता सामान्य नाम से कहा जाता है, इस द्रव्य सामान्य को ही आगे की पर्यायों का उपादान कारण कहते हैं, अर्थात् द्रव्य सामान्य को जैन उपादान कारण नाम से कहते हैं और इसी को नैयायिकादि परवादी समवायी कारण कहते हैं।

12. बौद्ध का कहना है कि पूर्वोतर पर्यायों में व्याप्त रहने वाला द्रव्य उर्ध्वता सामान्य है। ऐसा जैन मानते हैं, किन्तु पूर्वपर्यायों और उत्तरपर्यायों को छोड़कर अन्य कोई द्रव्य नामा पदार्थ उन पर्यायों में व्याप्त रहने वाला प्रतीत नहीं होता है अतः उसका सत्त्व नहीं है, फिर वह उर्ध्वता सामान्य का लक्षण किस प्रकार सत्य कहलायेगा?

13. **जैन–** इस शंका के समाधान में जैन कहते हैं कि यह कथन भी ठीक नहीं है। जगत् के सभी पदार्थों में अन्वय रूप की प्रतीति प्रत्यक्ष प्रमाण से ही हो रही है, उन पदार्थों में प्रतिक्षण नष्ट होना तो स्वप्न में भी प्रतीत नहीं होता है। जिस प्रकार पूर्वपर्याय और उत्तरपर्याय

विवर्त्तयोर्व्यावृत्तप्रत्ययादन्योन्यमभावः प्रतीतस्तथा मृदाद्यनुवृत्तप्रत्ययात्स्थितिरपि।

14. ननु कालत्रयानुयायित्वमेकस्य स्थितिः, तस्याश्चाऽक्रमेण प्रतीतौ युगपन्मरणावधि ग्रहणम्, क्रमेण प्रतीतौ न क्षणिका बुद्धिस्तथा तां प्रत्येतुं समर्था क्षणिकत्वात्;

15. इत्यप्ययुक्तम्; बुद्धेः क्षणिकत्वेपि प्रतिपत्तुरक्षणिकत्वात्। प्रत्यक्षादिसहायो ह्यात्मैवोत्पादव्ययध्रौव्यात्मकत्वं भावानां प्रतिपद्यते। यथैव हि घटकपालयोर्विनाशोत्पादौ प्रत्यक्षसहायोसौ प्रतिपद्यते तथा मृदादिरूपतया स्थितिमपि। न खलु घटादिसुखादीनां भेद एवावभासते न त्वेकत्वमित्यभिधातुं

इनमें व्यावृत्त रूप प्रतिभास होने से पूर्वपर्याय से उत्तरपर्याय भिन्न रूप प्रतीत होती है– उन दोनों का परस्पर में अभाव मालूम पड़ता है, उसी प्रकार उन्हीं पर्यायों में मिट्टी आदि द्रव्य का अन्वयीपना प्रतीत होता ही है, वह मिट्टी रूप स्थिति अनुवृत्त प्रत्यय का निमित्त है।

14. बौद्ध– द्रव्य रूप जो एक पदार्थ आपने माना है उसका तीनों कालों में अन्वय रूप से [यह मिट्टी है, वह मिट्टी है इत्यादि रूप से] रहना स्थिति कहलाती है। अब इस स्थिति का प्रतिभास आदि अक्रम से होता है तो एक साथ मरणकाल तक [अथवा विवक्षित घटादि का शुरू से आखिर तक] उसका ग्रहण होना चाहिये और यदि क्रम से प्रतिभासित होती है तो क्षणमात्र रहने वाला ज्ञान उस काल त्रयवर्ती स्थिति को जानने के लिये समर्थ नहीं हो सकता, क्योंकि वह क्षणिक है।

15. जैन– यह कथन ठीक नहीं है। ज्ञान या बुद्धि भले ही क्षणिक हो लेकिन जानने वाला आत्मा नित्य है, प्रत्यक्षादि प्रमाणों की सहायता लेकर यह आत्मा ही पदार्थों के उत्पाद-व्यय-ध्रौव्यपने को जानता है, देखा भी जाता है कि जिस प्रकार घट और कपाल रूप उत्पाद और व्यय को आत्मा प्रत्यक्षादि प्रमाण की सहायता लेकर जान लेता है, उसी प्रकार घट आदि की मिट्टी रूप स्थिति को भी जान लेता है। ऐसा कहना तो सम्भव नहीं है कि घट कपाल आदि बाह्य पदार्थ तथा सुख-दुःख आदि अंतरंग पदार्थ, इनका मात्र भेद ही प्रतीत होता है;

युक्तम्; क्षणक्षयानुमानोपन्यासस्यानर्थक्यप्रसङ्गात्। न ह्येकत्वप्रतीतिनिरासार्थो न क्षणक्षयप्रतिपत्त्यर्थः, तस्य प्रत्यक्षेणैव प्रतीत्यभ्युपगमात्।

16. न चानन्तरातीतानागतक्षणयोः प्रत्यक्षस्य प्रवृत्तौ स्मरणप्रत्यभिज्ञा-नुमानानां वैफल्यम्; तत्र तेषां साफल्यानभ्युपगमात्, अतिव्यवहिते तदङ्गीकरणात्।

17. न चाक्षणिकस्यात्मनोऽर्थग्राहकत्वे स्वगतबालवृद्धाद्यवस्थाना-मतीतानागतजन्मपरम्परायाः सकलभावपर्यायाणां चैकदैवोपलम्भप्रसङ्गः;

एकत्व प्रतीत नहीं होता, क्योंकि इस तरह कहने से तो क्षणक्षयीवाद को सिद्ध करने के लिये जो अनुमान उपस्थित [सर्वं क्षणिकं सत्वात्] किया जाता है वह व्यर्थ सिद्ध हो जायेगा। आप बौद्ध प्रत्येक वस्तु को क्षणिक सिद्ध करते हैं वह उसमें जो अनुमान प्रमाण प्रयुक्त होता है, वह एकत्व-स्थिति की प्रतीति का निराकरण करने के लिये ही प्रयुक्त होता है, न कि क्षणक्षय की प्रतीति के लिये प्रयुक्त होता है, आप स्वयं ही कहते हैं कि प्रत्येक वस्तु का क्षणिकपना प्रत्यक्ष प्रमाण से ही प्रतिभासित होता है।

16. यदि कोई शंका करे कि प्रत्यक्षादि की सहायता से आत्मा घट कपालादि रूप उत्पाद, व्यय एवं मिट्टी रूप स्थिति को जानता है तो अनन्तर अतीत क्षण और अनागत क्षणों में प्रत्यक्ष प्रमाण प्रवृत्त होता है ऐसा मानने पर उन अनन्तर [निकटवर्ती] अतीतादि के ग्राहक स्मृति, प्रत्यभिज्ञान, अनुमान प्रमाण से सब व्यर्थ ठहरेंगे? सो यह शंका ठीक नहीं। हम जैनों ने प्रत्यभिज्ञानादि प्रमाणों की अनन्तर अतीतादि क्षणों में प्रवृत्ति होना माना ही नहीं, प्रत्यभिज्ञानादिक तो अतिदूरवर्ती क्षणों में प्रवृत्त हुआ करते हैं।

17. यदि यहाँ पर कोई परवादी आशंका करे कि नित्य स्वभावी आत्मा यदि पदार्थों का ग्राहक माना जाता है तो स्वयं में होने वाली बाल वृद्ध आदि अवस्थायें और अतीत अनागत जन्मों की सुदीर्घ परम्परा की सकल भाव-पर्यायों का एक ही समय में प्रकट हो जाने का प्रसंग आता है, सो ऐसी बात नहीं है। आत्मा अकेला ग्राहक नहीं होता किन्तु ज्ञान की सहायता लेकर अर्थ ग्राहक होता है ऐसा माना गया है तथा ज्ञान की

ज्ञानसहायस्यैवार्थग्राहकत्वाभ्युपगमात्, तस्य च प्रतिबन्धकक्षयोपशमाऽनतिक्रमेण प्रादुर्भावान्नोक्तदोषानुषङ्गः।

18. न च द्रव्यग्रहणेऽतीताद्यवस्थानां ततोऽभिन्नत्वाद्ग्रहणप्रसङ्गः; अभिन्नत्वस्य ग्रहणं प्रत्यनङ्गत्वात्, अन्यथा ज्ञानादिक्षणानुभवे सच्चेतनादिवत् क्षणक्षयस्वर्गप्रापणशक्तयाद्यनुभवानुषङ्गः। तस्माद्यत्रैवास्य ज्ञानपर्यायप्रतिबन्धापायस्तत्रैव ग्राहकत्वनियमो नान्यत्रेत्यनवद्यम्–'आत्मा प्रत्यक्षसहायोऽनन्तरातीतानागतपर्याययोरेकत्वं प्रतिपद्यते' इति, स्मरणप्रत्यभिज्ञानसहायश्चातिव्यवहितपर्यायेष्वपि। तयोश्च प्रामाण्यं प्रागेव प्रसाधितम्।

उत्पत्ति भी प्रतिबन्धक कर्म [ज्ञानावरण] के क्षयोपशम का अतिक्रम किये बिना होती है अर्थात् जितना क्षयोपशम होता है उतनी ही भावपर्यायों को ज्ञान जान सकता है, अधिक को नहीं, अतः बाल, वृद्धादि अवस्थायें अथवा समस्त जन्म परम्परा को एक समय में ही जानने का प्रसंग नहीं आता है।

18. यह बात भी ध्यान देने योग्य है कि द्रव्य के ग्रहण होने से अतीतानागत सर्व ही अवस्थायें द्रव्य से अभिन्न होने के कारण ग्रहण हो जानी चाहिये ऐसा नहीं है, क्योंकि जो अभिन्न हो वह एक के ग्रहण से उसके साथ ग्रहण हो ही जाय– ऐसी बात नहीं है। यदि ऐसा मानेंगे तो ज्ञान आदि का अनुभव करते समय जैसे चैतन्य का अनुभव होता है, वैसे चैतन्य में अभिन्न रूप रहने वाला क्षणक्षयीपना, स्वर्गप्रापणशक्ति इत्यादि का अनुभव होना चाहिये। क्योंकि अभिन्न एक के ग्रहण में अन्य अभिन्नांश का ग्रहण होता ही है– ऐसा कहा है।

इस आपत्ति को दूर करने के लिये जहाँ पर जिस विषय में आत्मा के प्रतिबन्धक कर्म का अपाय हुआ है, मात्र उसी विषय में आत्मा ग्राहक बनता है, अन्य विषय में नहीं, इस प्रकार ग्राहकत्व का नियम स्वीकार करना चाहिये। अतः यह सिद्ध हुआ कि प्रत्यक्ष की सहायता लेकर यह आत्मा अनन्तरवर्ती अतीतानागत पर्यायों के एकत्व को जानता है और वही आत्मा प्रत्यभिज्ञान, स्मरण आदि की सहायता लेकर अत्यन्त व्यवहित पर्यायों में भी एकत्व [स्थिति] को जान लेता

अन्वय्यात्मसिद्धिः–

यथा च द्वेधा सामान्यं तथा–

विशेषश्च ॥7॥

चकारोऽपिशब्दार्थे। कथं तद्वैविध्यमित्याह–

पर्यायव्यतिरेकभेदात् ॥8॥

तत्र पर्यायस्वरूपं निरूपयति–

एकस्मिन्द्रव्ये क्रमभाविनः परिणामाः पर्यायाः आत्मनि हर्षविषादादिवत् ॥9॥

है, स्मरण, प्रत्यभिज्ञान ये दोनों प्रामाणिक ज्ञान हैं, इस बात को तो पूर्व में ही सिद्ध कर दिया है।

अन्वयी-आत्मसिद्धि

सामान्य के बाद अब यहाँ विशेष का भेद सहित विवेचन प्रस्तुत है–

विशेषश्च ॥7॥

सूत्रार्थ–जिस प्रकार सामान्य के दो भेद होते हैं वैसे ही विशेष के भी दो भेद हैं।

यहाँ सूत्र में आया चकार शब्द 'भी' अर्थ का वाचक है। उसी दो भेदों के नाम बताते हैं–

पर्यायव्यतिरेकभेदात् ॥8॥

सूत्रार्थ–पर्याय-विशेष और व्यतिरेक-विशेष इस तरह विशेष के दो भेद हैं।

इनमें से पर्यायविशेष का स्वरूप बतलाते हैं–

एकस्मिन् द्रव्ये क्रमभाविनः परिणामाः पर्यायाः आत्मनि हर्षविषादादिवत्॥9॥

अत्रोदाहरणमाह आत्मनि हर्षविषादादिवत्।

19. ननु हर्षादिविशेषव्यतिरेकेणात्मनोऽसत्त्वादयुक्तमिदमुदाहरणमित्यन्य:; सोप्यप्रेक्षापूर्वकारी; चित्रसंवेदनवदनेकाकारव्यापित्वे नात्मनः स्वसंवेदनप्रत्यक्षप्रसिद्धत्वात्। 'यद्यथा प्रतिभासते तत्तथैव व्यवहर्तव्यम् यथा वेद्याद्याकारात्मसंवेदनरूपतया प्रतिभासमानं संवेदनम्, सुखाद्यनेकाकारैकात्मतया प्रतिभासमानश्चात्मा इत्यनुमानप्रसिद्धत्वाच्च।

20. सुखदु:खादिपर्यायाणामन्योन्यमेकान्ततो भेदे च 'प्रागहं सुख्यासं सम्प्रति दु:खी वर्ते' इत्यनुसन्धानप्रत्ययो न स्यात्। तथाविधवासनाप्रबोधा-

---

सूत्रार्थ–एक द्रव्य में क्रम से होने वाले परिणामों को पर्याय विशेष कहते हैं, जैसे आत्मा में क्रमशः हर्ष और विषाद हुआ करते हैं।

19. **सौगत**– यहाँ बौद्ध शंका करते हैं कि हर्ष और विषाद आदि को छोड़कर दूसरा कोई आत्मा नामा पदार्थ नहीं है, अतः उसका उदाहरण देना अयुक्त है?

जैन– जैन इस शंका का समाधान करते हुए कहते हैं कि आपका यह कथन अविचारकपने का सूचक है। जिस प्रकार आप एक चित्र ज्ञान को अनेक नील पीत आदि आकारों में व्यापक मानते हैं वैसे आत्मा अनेक हर्षादि परिणामों में व्यापक रहता है– ऐसा मानना पड़ेगा, क्योंकि ऐसा स्वयं अपने को ही साक्षात् अनुभव में आता है। जो जैसा अनुभव में आता है उस वस्तु को वैसा ही कहना चाहिए। जिस तरह संवेदन (ज्ञान) वेद्य और वेदक आकार रूप में प्रतीत होता है तो उसे वैसा मानते हैं, उसी तरह आत्मा भी सुख तथा दुख आदि अनेक आकार से प्रतीत होता है अतः उसे वैसा मानना चाहिये। इस प्रकार अनुमान से आत्मा की सिद्धि होती है।

20. सुख-दु:ख आदि पर्याय परस्पर में एकान्त से भिन्न है, उनमें कोई व्यापक एक द्रव्य नहीं है– ऐसा माने तो "मैं पहले सुखी था, अब दु:खी हूँ" इस तरह अनुसंधानरूप ज्ञान नहीं होना चाहिए, किन्तु ऐसा होता है।

दनुसन्धानप्रत्ययोत्पत्तिः, इत्यप्यसत्यम्; अनुसन्धानवासना हि यद्यनुसन्धीयमान सुखादिभ्यो भिन्ना; तर्हि सन्तानान्तरसुखादिवत्स्वसन्तानेप्यनुसन्धानप्रत्ययं नोत्पादयेदविशेषात्। तदभिन्ना चेत्; तावद्धा भिद्येत। न खलु भिन्नादभिन्नमभिन्नं नामाऽतिप्रसङ्गात्। तथा तत्प्रबोधात्कथं सुखादिष्वेकमनुसन्धानज्ञानमुत्पद्येत? तेभ्यस्तस्याः कथञ्चिद्भेदे नाममात्रं भिद्येत अहमहमिकया स्वसंवेदनप्रत्यक्ष-प्रसिद्धस्यात्मनः सहक्रमभाविनो गुणपर्यायानात्मसात्कुर्वतो 'वासना' इति नामान्तरकरणात्।

बौद्ध– मैं पहले दुःखी था इत्यादि प्रकार की वैसी वासना प्रगट होने से ही अनुसन्धानात्मक ज्ञान पैदा होता है।

जैन– यह असत् है– अनुसन्धान को करने वाली उक्त वासना अनुसंधीयमान सुख दुःख आदि से भिन्न है कि अभिन्न? यदि भिन्न है तो जैसी वह वासना अन्य सन्तानों में सुखादि का अनुसंधान ज्ञान (प्रत्यभिज्ञान) पैदा नहीं कराती, वैसे ही अपने सन्तान में भी नहीं करा सकेगी। क्योंकि कोई विशेषता नहीं हैं, जैसे पर-सन्तानों से भिन्न है, वैसे ही स्व-सन्तान से भी भिन्न है।

यदि उस वासना को सुखादि से अभिन्न मानें, तो जितने सुखादि के भेद हैं उतने वासना के भेद मानने होंगे क्योंकि ऐसा हो नहीं सकता कि वासना उन सुखादि से अभिन्न हो और एक भी बनी रहे। यदि वासना अनेकों सुख दुःख आदि में अभिन्नपने से रहकर भी अपने एकत्व को भिन्न बनाये रख सकती है तो घट, पट, गृह आदि से अभिन्न जो उनके घटत्व आदि स्वरूप हैं, वे भी भिन्न मानने होंगे।

इस अतिप्रसंग को हटाने के लिए कहना होगा कि जितने सुखादि के भेद हैं उतने वासना के भेद हैं, इस तरह जब वासनायें अनेक हैं तो उनके प्रबोध से सुख दुःख आदि में एक अनुसन्धानात्मक ज्ञान किस प्रकार उत्पन्न होगा? क्योंकि वासना रूप कारण अनेक हैं तो उनसे होने वाला कार्य (ज्ञान) भी अनेक होना चाहिये?

यदि इस दोष को दूर करने के लिए सुख दुःख आदि से वासना को कथंचित् भेद रूप माना जाय तो आत्मा और वासना में नाममात्र का

21. क्रमवृत्तिसुखादीनामेक सन्ततिपतित्वेनानुसन्धाननिबन्धनत्वम्; इत्यपि तादृगेव; आत्मनः सन्ततिशब्देनाभिधानात्। तेषां कथञ्चिदेत्वाभावे नैकपुरुषसुखादिवदेकसन्ततिपतितत्वस्याप्ययोगात्। आत्मनोऽनभ्युपगमे च कृतनाशाकृताभ्यागमदोषानुषङ्गः। कर्तुर्निरन्वयनाशे हि कृतस्य कर्मणो नाशः कर्त्तुः फलानभिसम्बन्धात्, अकृताभ्यागमश्च अकर्त्तुरेव फलाभिसम्बन्धात्। ततस्तद्दोषपरिहारमिच्छतात्मानुगमोभ्युपगन्तव्यः। न चाप्रमाणकोयम्; तत्सद्भावावेदकयोः स्वसंवेदनानुमानयोः प्रतिपादनात्।

भेद रहा। "अहं" मैं इस प्रकार से जो अपने में प्रत्यक्ष प्रमाण द्वारा प्रसिद्ध है, तो सहभावी गुण एवं क्रमभावी पर्यायों को आत्मसात् (धारण) कर रहा है– ऐसे आत्मा के ही "वासना" ऐसा नामान्तर कर दिया है, और कुछ नहीं।

21. बौद्ध– क्रम से होने वाले सुख दुःख आदि का संतति रूप प्रमुख होना है वही अनुसन्धानात्मक ज्ञान का कारण है।

जैन– यह कथन भी पहले के समान है, यहाँ आत्मा को सन्तति" शब्द से कहा। जब तक उन सुख दुःख या हर्ष विषाद आदि पर्यायों के कथंचित् द्रव्यदृष्टि से एकपना नहीं मानते हैं तब तक अनेक पुरुषों के सुख दुःखादि में जैसे एकत्व का ज्ञान नहीं होता; वैसे ही एक पुरुष के सुखादि में भी एक सन्तति पतित्त्व से अनुसन्धान होना शक्य नहीं।

यदि आत्मा द्रव्य को नहीं माने तो कृत प्रवाश और अकृत अभ्यागम नामा दोष भी उपस्थित होता है। इसी का स्पष्टीकरण करते हैं– जब कर्ता का निरन्वय नाश हो जाता है तब उसके द्वारा किये हुए कर्म का भी नाश हो जायेगा फिर कर्ता को उसका फल कैसे मिलेगा? तथा जिसने कर्म को नहीं किया है उसको फल मिलेगा। अतः इस दोष को दूर करने के लिये आप बौद्धों को अनुगामी एक आत्मानामा द्रव्य को अवश्य स्वीकार करना चाहिये।

यह आत्मा अप्रामाणिक भी नहीं समझना, क्योंकि आत्मा को सिद्ध करने वाले स्वसंवेदन ज्ञान तथा अनुमान ज्ञान हैं, ऐसा प्रतिपादन

22. अहमेव ज्ञातवानहमेव वेद्मि' इत्यादेरेकप्रमातृविषयप्रत्यभिज्ञानस्य च सद्भावात्। तथा चोक्तं भट्टेन–

तस्मादुभयहानेन व्यावृत्त्यनुगमात्मकः।
पुरुषोभ्युपगन्तव्यः कुण्डलादिषु सर्पवत्।।[18]
तस्मात्तत्प्रत्यभिज्ञानात्सर्वलोकावधारितात् ।
नैरात्म्यवादबाधः स्यादिति सिद्धं समीहितम्।।[19] इति

23. अथ कथमतः प्रत्यभिज्ञानादात्मसिद्धिरिति चेत्? उच्यते– 'प्रमातृविषयं तत्' इत्यत्र तावदावयोरविवाद एव। स च प्रमाता भवन्नात्मा

कर दिया है।

22. आत्मा को सिद्ध करने वाला और भी ज्ञान है– मैंने ही जाना था, अभी मैं ही जान रहा हूँ, इत्यादि रूप से एक ही प्रमाता को विषय करने वाला प्रत्यभिज्ञान मौजूद है। भट्ट मीमांसक ने भी कहा है–

"आत्मद्रव्य में हर्ष-विषाद, सुख-दुःख आदि विवर्तों को सर्वथा भिन्न या अभिन्न मानते हैं तो बाधा आती है अर्थात् आत्म द्रव्य को एक अन्वयी न मानकर द्रव्य तथा पर्यायों को सर्वथा क्षणिक एवं पृथक्-पृथक् मानते हैं तो दोनों ही असिद्ध हो जाते हैं। अतः व्यावृत्त अनुवृत्त स्वरूप वाला पुरुष आत्मा नित्य है ऐसा स्वीकार करना चाहिए, जैसे कि सर्प एक स्थिर है और उसमें कुण्डलाकार होना लम्बा होना इत्यादि पर्यायें होती हैं अथवा सुवर्ण एक है और वही कड़ा, हार, कुण्डल आदि आकारों में क्रम क्रम से प्रवृत्त होता है"।।1।।

सम्पूर्ण लोक में प्रसिद्ध प्रत्यभिज्ञान द्वारा आत्मा की सिद्धि होने से बौद्ध का नैरात्म्यवाद बाधित होता है। अतः हमारा आत्मनित्यवाद सिद्ध होता है।।2।।

23. यदि कोई कहे कि प्रत्यभिज्ञान द्वारा आत्मा की सिद्धि कैसे होती है? इसे बतलाते हैं–प्रत्यभिज्ञान प्रमाता को विषय करता है– इस

---

18. मीमांसा श्लोकवार्तिक आत्मवाद श्लोक 28
19. मीमांसा श्लोकवार्तिक आत्मवाद श्लोक 136

भवेत्, ज्ञानं वा? न तावदुत्तरः पक्षः; 'अहं ज्ञातवानहमेव च साम्प्रतं जानामि' इत्येकप्रमातृपरामर्शेन ह्यहंबुद्धेरुपजायमानाया ज्ञानक्षणो विषयत्वेन कल्प्यमानोतीतो वा कल्प्येत, वर्तमानो वा, उभौ वा, सन्तानो वा प्रकारान्तरा-सम्भवात्?

24. तत्राद्यविकल्पे 'ज्ञातवान्' इत्ययमेवाकारावसायो युज्यते पूर्वं तेन ज्ञातत्वात्, 'सम्प्रति जानामि' इत्येतत्तु न युक्तम्, न ह्यसावतीतो ज्ञानक्षणो वर्त्तमानकाले वेत्ति पूर्वमेवास्य निरुद्धत्वात्।

25. द्वितीयपक्षे तु 'सम्प्रति जानामि' इत्येतद्युक्तं तस्येदानीं वेदकत्वात्, 'ज्ञातवान्' इत्याकारणग्रहणं तु न युक्तं प्रागस्यासम्भवात्।

26. अत एव न तृतीयोपि पक्षो युक्तः; न खलु वर्तमानातीताबुभौ

विषय में जैन तथा बौद्ध का विवाद नहीं है, अब यह देखना है कि वह प्रमाता कौन है? आत्मा है कि ज्ञान है? ज्ञान तो हो नहीं सकता, क्योंकि "मैंने जाना था, मैं ही जान रहा हूँ" इत्यादि रूप से एक प्रमाता का परामर्श जिसमें है ऐसे प्रत्यभिज्ञान द्वारा अहं (मैं) इस प्रकार की बुद्धि उत्पन्न होती है। वह यदि ज्ञान क्षण विषयक है तो कौनसा ज्ञान क्षण है? अतीत ज्ञान क्षण है, या वर्तमान है? अथवा दोनों है अथवा सन्तान है इनको छोड़कर अन्य कुछ तो हो नहीं सकता।

24. अहंबुद्धि अतीत ज्ञानक्षण को विषय करती है– ऐसा **प्रथम विकल्प** माने तो "जाना था" –इतना आकार ही निश्चित होना शक्य है, क्योंकि उसने पहले जाना है "अभी जान रहा हूँ"– इस आकार को जानना उसके लिए शक्य नहीं है, क्योंकि यह तो अतीत ज्ञान क्षण है, वह पहले ही नष्ट हो जाने से वर्तमान काल में नहीं जान रहा है।

25. **द्वितीय विकल्प**– वर्तमान ज्ञान क्षण उस जोड़रूप प्रतिभास को जानता है ऐसा मानना भी शक्य नहीं, वर्तमान ज्ञान क्षण केवल "अभी जान रहा हूँ" इतने को ही जानता है, "जाना था"– इस आकार को ग्रहण कर नहीं सकता, क्योंकि वह पहले नहीं था।

26. **तीसरा विकल्प है कि**– अतीत और वर्तमान दोनों

ज्ञानक्षणौ ज्ञान(त)वन्तौ, नापि जानीतः। किं तर्हि? एको ज्ञातवान् अन्यस्तु जानातीति।

27. चतुर्थपक्षोप्युक्तः; अतीतवर्त्तमानज्ञानक्षणव्यतिरेकेणान्यस्य सन्तानस्यासम्भवात्। कल्पितस्य सम्भवेपि न ज्ञातृत्वम्। न ह्यऽसौ ज्ञान(त)वान्पूर्वं नाप्यधुना जानाति, कल्पितत्वेनास्यऽवस्तुत्वात्। न चावस्तुनो ज्ञातृत्वं सम्भवति वस्तुधर्मत्वात्तस्य इति अतोऽन्यस्य प्रमातृत्वासम्भवादात्मैव प्रमाता सिद्ध्यति। इति सिद्धोऽतः प्रत्यभिज्ञानादात्मेति।

अथेदानीं व्यतिरेकलक्षणं विशेषं व्याचिख्यासुरर्थान्तरेत्याह–

ज्ञानक्षण उस जोड़रूप प्रतीति को विषय करते हैं– ऐसा भी नहीं बन पायेगा, क्योंकि वे दोनों न ज्ञात है (अतीत में) और न जान रहे (वर्त्तमान) किन्तु उन ज्ञानक्षणों में से एक तो "ज्ञातवान्–जाना था"। इस प्रकार को लिए हुए है, और दूसरा "जानाति–जान रहा है" इस आकार के लिए है।

27. **चौथा विकल्प–** सन्तान अहं बुद्धि को विषय करती है– ऐसा कहना भी अयुक्त है, क्योंकि अतीत और वर्तमान ज्ञान क्षण को छोड़कर अन्य सन्तान नामक ज्ञानक्षण नहीं है। काल्पनिक सन्तान मान लें तो वह ज्ञाता नहीं होगी। काल्पनिक सन्तान न पहले ज्ञातवान् है और न वर्त्तमान ज्ञाता है क्योंकि वह अवस्तुरूप है अवस्तु में ज्ञातृत्व सम्भव नहीं है, क्यों कि ज्ञातृत्व वस्तु का धर्म है। इस प्रकार अतीत आदि ज्ञानक्षण अहं बुद्धि विषय वाले सिद्ध नहीं है। अतीतादि क्षणों को छोड़कर अन्य प्रमाता बन नहीं सकता। अतः निश्चित होता है कि आत्मा ही प्रमाता है, और वह प्रत्यभिज्ञान द्वारा सिद्ध हो जाता है।

इस प्रकार यहाँ तक विशेष का प्रथम भेद पर्याय विशेष का विवेचन किया प्रसंगोपात्त आत्मा का अन्वयीपना अर्थात् आत्मद्रव्य कथंचित् द्रव्यदृष्टि से अपनी सुखादि पर्यायों से अभिन्न है और कथंचित् पर्यायदृष्टि से भिन्न भी है ऐसा सिद्ध किया, अब विशेष का द्वितीय भेद

अर्थान्तरगतो विसदृशपरिणामो व्यतिरेकः गोमहिषादिवत् ॥10॥

28. एकस्मादर्थात्सजातीयो विजातीयो वार्थोऽर्थान्तरम्, तद्गतो विसदृश-परिणामो व्यतिरेको गोमहिषादिवत्। यथा गोषु खण्डमुण्डादिलक्षणो विसदृशपरिणामः, महिषेषु विशालविसङ्कटत्वलक्षणः, गोमहिषेषु चान्योन्यम-साधारणस्वरूपलक्षण इति।

29. तावेवंप्रकारौ सामान्यविशेषावात्मा यस्यार्थस्याऽसौ तथोक्तः। स प्रमाणस्य विषयः न तु केवलं सामान्यं विशेषो वा, तस्य द्वितीयपरिच्छेदे

व्यतिरेक विशेष का व्याख्यान करते हैं-

अर्थांतरगतो विसदृशपरिणामोव्यतिरेको गो-महिषादिवत्॥10॥

सूत्रार्थ- विभिन्न पदार्थों में होने वाले विसदृश परिणाम को व्यतिरेक विशेष कहते हैं, जैसे गाय, भैंस आदि में होने वाली विसदृशता व्यतिरेक विशेष है।

28. एक कोई गाय आदि पदार्थ है उसे पदार्थ से न्यारा सजातीय गाय आदि पदार्थ हो चाहे विजातीय भैंस आदि पदार्थ से उन पदार्थों को अर्थान्तर कहते हैं, उनमें होने वाली विसदृशता या विलक्षणता ही व्यतिरेक विशेष कही जाती है, जैसे कि गाय भैंसादि में हुआ करती है अर्थात् उनके गो व्यक्तियों में यह खण्डी गाय या बैल है, यह मुण्ड है (जिसका पैर आदि खण्डित हो वह गो खण्ड कहलाती है तथा जिसका सींग टूटा हो वह मुण्ड कहलाती है) इत्यादि विसदृशता का परिणाम दिखायी देता है और भैंसों में यह बड़ी विशाल है, यह बहुत बड़े सींग वाली है इत्यादि विसदृशता पायी जाती है, तथा गाय और भैंस आदि पशुओं में परस्पर में जो असाधारण स्वरूप है वही व्यतिरेक विशेष कहलाता है।

29. इस प्रकार पूर्वोक्त सामान्य के दो भेद और यह विशेष के दो भेद ये सब पदार्थों में पाये जाते हैं। अतः जैन दर्शन की यह विशेषता

'विषयभेदात्प्रमाणभेद:' इति सौगतमतं प्रतिक्षिपता प्रतिक्षिप्तत्वात्। नाप्युभयं स्वतन्त्रम्, तथाभूतस्यास्याप्यप्रतिभासनात्।

है कि वह पदार्थ को न केवल सामान्य और न केवल विशेष अपितु सामान्य विशेषात्मक मानता है। सामान्य और विशेष है स्वरूप जिसका उसे सामान्य विशेषात्मक कहते हैं। यह सामान्य विशेषात्मक पदार्थ प्रमाण का विषय होता है; अकेला सामान्य या अकेला विशेष प्रमाण का विषय नहीं होता है प्रमाण अकेले सामान्यादि को विषय कैसे नहीं करता इस बात का विवेचन दूसरे अध्याय में प्रमेयभेदात् प्रमाणभेद: माननेवाले बौद्ध का खण्डन करते हुए हो चुका है अर्थात् सामान्य एक पृथक पदार्थ है और उसका ग्राहक अनुमान या विकल्प है तथा विशेष एक पृथक तथा वास्तविक कोई पदार्थ है और उसका ग्राहक प्रत्यक्ष प्रमाण है इत्यादि सौगतीय मत पहले ही खण्डित हो चुका है अत: निश्चित होता है कि प्रत्येक पदार्थ स्वयं सामान्य विशेषात्मक ही है।

कोई परवादी सामान्य और विशेष को एकत्र मानकर भी उन्हें स्वतन्त्र बतलाते हैं, जैन दर्शन के अनुसार वह भी गलत है, क्योंकि ऐसा प्रतिभास नहीं होता है।

इस प्रकार अन्वयी आत्मा सिद्धि विमर्श यहाँ सम्पन्न होता है।

पञ्चमपरिच्छेदः
प्रमाणफलविमर्शः

अथेदानीं फलविप्रतिपत्तिनिराकरणार्थमज्ञाननिवृत्तिरित्याद्याह–

अज्ञाननिवृत्तिर्हानोपादानोपेक्षाश्च फलम् ॥1॥

प्रमाणादभिन्नं भिन्नं च ॥2॥

पञ्चमपरिच्छेद
प्रमाण फलविमर्श

अब आचार्य यहाँ पर प्रमाण के फल पर विमर्श करते हैं। परीक्षामुख तथा प्रमेयरत्नमाला इन दोनों ग्रन्थों में प्रमाण के फल का प्रकरण पाँचवें परिच्छेद में दिया है; हमने भी यही किया है किन्तु प्रभाचन्द्राचार्य ने इसको चौथे परिच्छेद में ही लिया है। प्रमाण का विवेचन करते समय चार विषयों में विवाद होता है प्रमाण का स्वरूप लक्षण, प्रमाण की संख्या, प्रमाण का विषय और प्रमाण का फल इस तरह स्वरूप विप्रतिपत्ति, संख्या विप्रतिपत्ति, विषय विप्रतिपत्ति, फल विप्रतिपत्ति इन चार विवादों में से **प्रथम परिच्छेद** में स्वरूप विप्रतिपत्ति को दूर करते हुए प्रमाण का निर्दोष स्वरूप बताया है। **द्वितीय तृतीय परिच्छेद** में प्रमाण की संख्या को निश्चित करके संख्या विप्रतिपत्ति दूर की। **चतुर्थ परिच्छेद** में प्रमाण के विषय का नियम बनाकर विषय विप्रतिपत्ति को समाप्त किया। अब यहाँ परीक्षामुख ग्रन्थ की अपेक्षा **पाँचवें परिच्छेद** में अंतिम फल विप्रतिपत्ति का निराकरण करते हुए माणिक्यनंदी आचार्य कहते हैं–

अज्ञाननिवृत्तिर्हानोपादानोपेक्षाश्च फलम् ॥1॥

प्रमाणादभिन्नं भिन्नं च ॥2॥

1. द्विविधं हि प्रमाणस्य फलं ततो भिन्नम्, अभिन्नं च। तत्राज्ञाननिवृत्तिः प्रमाणादभिन्नं फलम्। ननु चाज्ञाननिवृत्तिः प्रमाणभूतज्ञानमेव, न तदेव तस्यैव कार्यं युक्तं विरोधात्, तत्कुतोसौ प्रमाणफलम्? इत्यनुपपन्नम्; यतोऽज्ञानमज्ञप्तिः स्वपररूपयोर्व्यामोहः, तस्य निवृत्तिर्यथावत्तद्रूपयोर्ज्ञप्तिः, प्रमाणधर्मत्वात् तत्कार्यतया न विरोधमध्यास्ते। स्वविषये हि स्वार्थस्वरूपे प्रमाणस्य व्यामोहविच्छेदाभावे निर्विकल्पकदर्शनात् सन्निकर्षाच्चाविशेष-प्रसङ्गतः प्रामाण्यं न स्यात्। न च धर्मधर्मिणोः सर्वथा भेदोऽभेदो वा; तद्भावविरोधानुषङ्गात् तदन्यतरवदर्थान्तरवच्च।

सूत्रार्थ– अज्ञान का दूर होना प्रमााण का फल है, तथा हेय पदार्थ में हेयत्व की (त्याग, छोड़ने की) बुद्धि होना, उपादेय में ग्रहण की बुद्धि होना और उपेक्षणीय वस्तु में उपेक्षा बुद्धि होना प्रमाण का फल है॥1॥

यह प्रमाण का फल प्रमाण से कथंचित् भिन्न है और कथंचित् अभिन्न भी है॥2॥

किसी भी वस्तु को जानने से तत्सम्बन्धी अज्ञान दूर होता है, यह प्रमाण का जानने का फल [लाभ] है, जिस वस्तु को जाना है उसमें यह मेरे लिए उपयोगी वस्तु है ऐसा जानना उपादेय बुद्धि कहलाती है, यह कार्य भी प्रमाण का होने से उसका फल कहलाता है। तथा हानिकारक पदार्थ में यह छोड़ने योग्य है ऐसी प्रतीति होना भी प्रमाण का फल है जो न उपयोगी है और न हानिकारक है ऐसे पदार्थों में उपेक्षाबुद्धि होना भी प्रमाण का ही कार्य है।

1. यह प्रमाण का फल प्रमाण से भिन्न होता है तथा अभिन्न भी होता है। जो अज्ञान की निवृत्ति होना रूप फल है वह तो प्रमाण से अभिन्न है।

शंका– अज्ञान निवृत्ति होना प्रमाणभूत ज्ञान ही है फिर उसे प्रमाण का कार्य कैसे कह सकते हैं? यदि कहेंगे तो विरुद्ध होगा, अतः प्रमाण का फल अज्ञान निवृत्ति है– ऐसा कहना किस तरह सिद्ध होगा?

2. अथाज्ञाननिवृत्तिर्ज्ञानमेवेत्यनयोः सामर्थ्यसिद्धत्वान्यथानुपपत्तेरभेदः; तन्न; अस्याऽविरुद्धत्वात्। सामर्थ्यसिद्धत्वं हि भेदे सत्येवोपलब्धं निमन्त्रणे

समाधान– यह शंका ठीक नहीं, अज्ञान जो होता है वह नहीं जानने रूप हुआ करता है। वह स्व-पर का व्यामोहरूप होता है। उसकी निवृत्ति होने पर जैसा का तैसा स्व-पर का जानना होता है। यह प्रमाण का धर्म है। अतः अज्ञान निवृत्ति प्रमाण का कार्य है [फल है]– ऐसा मानने में कोई विरोध नहीं है यदि प्रमाण अपने विषयभूत स्व-पर अर्थ के स्वरूप में होने वाला व्यामोह (अज्ञान विपर्यय आदि] दूर नहीं कर सकता है तो वह बौद्ध के निर्विकल्प दर्शन और वैशेषिक के सन्निकर्ष के समान होने से प्रमाणरूप नहीं होगा। अर्थात् निर्विकल्प दर्शन स्वविषयसम्बन्धी अज्ञान तथा व्यामोह को दूर नहीं करता, सन्निकर्ष भी अज्ञान को दूर नहीं करता, अतः अप्रमाण है।

यदि प्रमाण अज्ञान को दूर नहीं करेगा तो अप्रमाण हो जाएगा। अज्ञान निवृत्ति प्रमाण का स्वभाव या धर्म है, धर्म-धर्मी से सर्वथा भिन्न या अभिन्न नहीं होता, यदि धर्म-धर्मी का परस्पर में सर्वथा भेद अथवा अभेद स्वीकार करेंगे तो यह धर्म इसी धर्मी का है ऐसा तद्भाव नहीं हो सकेगा, जिस तरह केवल धर्म या धर्मी में तद्भाव नहीं बनता अथवा अर्थान्तरभूत दो पदार्थों का तद्भाव नहीं होता।

कहने का तात्पर्य धर्मी से धर्म सर्वथा अभिन्न माने तो दोनों में से एक ही रहेगा क्योंकि वे सर्वथा अभिन्न हैं एवं धर्मी से धर्म सर्वथा भिन्न माने तो इस धर्मी का यह धर्म है ऐसा कथन नहीं हो सकेगा।

2. **शंका–** अज्ञान निवृत्ति ज्ञान ही है इसलिये इनमें सामर्थ्य सिद्धत्व की अन्यथानुपपत्ति से अभेद ही सिद्ध होता है, अर्थात्– अज्ञाननिवृत्ति की अन्यथानुपपत्ति से ज्ञान सिद्धि और ज्ञान की अन्यथानुपपत्ति से अज्ञाननिवृत्ति की सिद्धि होती है। अतः इनमें अभेद है।

समाधान– ऐसा कहना गलत है। ज्ञान की सामर्थ्य से ही अज्ञान निवृत्ति की सिद्धि हो जाती है तो भी इनमें भेद मानना अविरुद्ध है। क्योंकि सामर्थ्य सिद्धपना भेद होने पर ही देखने में आता है जैसे

आकारणवत्। कथं चैवं वादिनो हेतावन्वयव्यतिरेकधर्मयोर्भेदः सिध्येत्? 'साध्यसद्भावेऽस्तित्वमेव हि साध्याभावे हेतोर्नास्तित्वम्' इत्यनयोरपि सामर्थ्यसिद्धत्वाविशेषात्।

3. न चानयोरभेदे कार्यकारणभावो विरुध्यते; अभेदस्य तद्भावाविरोधकत्वाज्जीवसुखादिवत्। साधकतमस्वभावं हि प्रमाणम् स्वपररूपयोर्ज्ञप्तिलक्षणामज्ञाननिवृत्तिं निर्वर्त्तयति तत्रान्येनास्या निर्वर्त्तनाभावात्। साधकतमस्वभावत्वं चास्य स्वपरग्रहणव्यापार एव तद्ग्रहणाभिमुख्यलक्षणः। तद्धि स्वकारण-

---

निमन्त्रण में आह्वान सामर्थ्य सिद्ध है।

दूसरी बात यह है कि यदि सामर्थ्य सिद्धत्व होने से अज्ञान निवृत्ति और ज्ञान इनको अभेदरूप ही मानेंगे तो आपके यहाँ हेतु में अन्वय धर्म और व्यतिरेक धर्म में भेद किस प्रकार सिद्ध होगा? अर्थात् नहीं होगा, क्योंकि साध्य के सद्भाव में होना ही हेतु का साध्य के अभाव में नहीं होना है, हेतु का साध्य में जो अस्तित्व है वही साध्य के अभाव में नास्तित्व है इस तरह ये दोनों सामर्थ्य सिद्ध हैं, कोई विशेषता नहीं होने से साध्य के होने पर होना अन्वयी हेतु है अथवा हेतु का अन्वय धर्म है और साध्य के नहीं होने पर नहीं होना व्यतिरेक है अथवा हेतु का व्यतिरेक धर्म है। इस तरह उस हेतु के अन्वय-व्यतिरेकरूप दो धर्म न मानकर अभेद स्वीकारना होगा।

3. प्रमाण और अज्ञान निवृत्तिरूप प्रनाण का फल इनमें कथंचित् अभेद मानने पर भी कार्य कारणपना विरुद्ध नहीं है अर्थात् प्रमाण कारण है और अज्ञान निवृत्ति उसका कार्य है ऐसा कार्य कारणभाव अभेद पक्ष में भी [प्रमाण से उसके फल को अभिन्न मानने पर भी] विरुद्ध नहीं पड़ता, अभेद का तद्भाव के साथ कोई विरोधकपना नहीं है। जैसे जीव और सुख में अभेद है फिर भी जीव का कार्य सुख है- ऐसा कार्यकारणभाव मानते हैं।

पदार्थों को जानने के लिए साधकतम स्वभाव ही प्रमाण है जो स्व पर को जानने रूप ज्ञप्ति लक्षण वाला है क्यों कि सन्निकर्षादि में

कलापादुपजायमानं स्वपरग्रहणव्यापारलक्षणोपयोगरूपं सत्स्वार्थव्यवसायरूपतया परिणमते इत्यभेदेऽप्यनयोः कार्यकारणभावाऽविरोधः।

4. नन्वेवमज्ञाननिवृत्तिरूपतयेव हानादिरूपतयाप्यस्य परिणमन-सम्भवात् तदप्यस्याऽभिन्नमेव फलं स्यात्; इत्यप्यसुन्दरम्; अज्ञाननिवृत्ति-लक्षणफलेनास्य व्यवधानसम्भवतो भिन्नत्वाविरोधात्। अत आह– हानोपादानोपेक्षाश्च प्रमाणाद्भिन्नं फलम्। अत्रापि कथञ्चिद्भेदो द्रष्टव्यः। सर्वथा भेदे प्रमाणफलव्यवहारविरोधात्। अमुमेवार्थं स्पष्टयन् यः प्रमिमीते इत्यादिना लौकिकेतरप्रतिपत्तिप्रसिद्धां प्रतीतिं दर्शयति–

वो शक्ति नहीं होती कि वह अज्ञान की निवृत्ति कर सके। इस प्रमाण का साधकतम स्वभाव तो स्व और पर को ग्रहण करने के व्यापार रूप स्व-पर को ग्रहण करने में अभिमुख होना है।

इस प्रकार के स्वभाव वाला प्रमाण अपने सामग्री से उत्पन्न होता हुआ स्व-पर को ग्रहण करना रूप व्यापार लक्षण से युक्त उपयोग रूप परिणमन करता है जो स्व-पर का निश्चयात्मक स्वरूप होता है [संशय, विपर्यय, अनध्यवसाय रहित सविकल्प से स्व और पर का निश्चय करता है] इस प्रकार प्रमाण और उसका फल इनमें कार्य कारण भाव का अविरोध है।

4. **शंका–** इस तरह आप अज्ञान निवृत्तिरूप फल को प्रमाण से अभिन्न मानते हैं तो हान उपादान और उपेक्षारूप फल को भी प्रमाण से अभिन्न मानना चाहिये? क्योंकि हानोपादानादिरूप से भी प्रमाण का परिणमन [कार्य] होता है।

समाधान– यह कहना ठीक नहीं है, प्रमाण से प्रथम तो अज्ञान निवृत्तिरूप फल होता है अनन्तर हानादि फल होते हैं, अज्ञान निवृत्तिरूप फल से व्यवधानित होकर ही हानोपादानादि फल उत्पन्न होते हैं, अतः इन हानादिको प्रमाण से कथंचित् भिन्न मानने में कोई विरोध नहीं आता है। इसीलिये प्रमाण से हान, उपादान उपेक्षा फल भिन्न है ऐसा कहा है। यह भिन्नता कथंचित् है, यदि हानादि फल को सर्वथा भिन्न मानेंगे तो यह प्रमाण का फल है– इस प्रकार से कह नहीं सकेंगे। अब आगे

यः प्रमिमीते स एव निवृत्ताज्ञानो
जहात्यादत्त उपेक्षते चेति प्रतीतेः ॥3॥

5. यः प्रतिपत्ता प्रमिमीते स्वार्थग्रहणपरिणानेन परिणमते स एव निवृत्ताज्ञानः स्वविषये व्यामोहविरहितो जहात्यभिप्रेतप्रयोजनाप्रसाधकमर्थम्, तत्प्रसाधकं त्वादत्ते, उभयप्रयोजनाऽप्रसाधकं तूपेक्षणीयमुपेक्षते चेति प्रतीतेः प्रमाणफलयोः कथञ्चिद्भेदाभेदव्यवस्था प्रतिपत्तव्या।

6. नन्वेवं प्रमातृप्रमाणफलानां भेदाभावात्प्रतीतिप्रसिद्धस्तद्व्यवस्था-विलोपः स्यात्; तदसाम्प्रतम्; कथञ्चिल्लक्षणभेदतस्तेषां भेदात्। आत्मनो

प्रमाण के फल के विषय में इसी भेदाभेद अर्थ को स्पष्ट करते हुए आचार्य सूत्र द्वारा लौकिक तथा शास्त्रज्ञ में प्रसिद्ध ऐसी प्रतीति को दिखाते हैं–

यः प्रमिमीते स एव निवृत्ताज्ञानो जहात्यादत्त उपेक्षते
चेति प्रतीतेः ॥3॥

सूत्रार्थ– जो जानता है वही अज्ञान रहित होता है एवं हेय को छोड़ता है, उपादेय को ग्रहण करता है, उपेक्षणीय पदार्थ में मध्यस्थ होता है– इस प्रकार सभी को प्रतिभासित होता है।

5. जो प्रमाता जानता है अर्थात् स्व पर ग्रहणरूप परिणाम से परिणमता है उसी का अज्ञान दूर होता है, व्यामोह [संशयादि] से रहित होता है, वही प्रमाता पुरुष अपने इच्छित प्रयोजन को सिद्ध नहीं करने वाले पदार्थ को छोड़ देता है और प्रयोजन को सिद्ध करने वाले को ग्रहण करता है। जो न प्रयोजन का साधक है और न असाधक है अर्थात् उपेक्षणीय है उस पदार्थ की उपेक्षा कर देता है, इस तरह तीन प्रकार से प्रमाता की प्रक्रिया प्रतीति में आती है, इसलिये प्रमाण से प्रमाण का फल कथंचित् भिन्न और कथंचित् अभिन्न होता है।

6. **शंका–** प्रमाण के विषय में इस तरह मानेंगे तो प्रमाता, प्रमाण और फल इनमें कुछ भी भेद नहीं रहेगा, फिर यह जगत् प्रसिद्ध प्रमाता आदि का व्यवहार समाप्त हो जायेगा।

हि पदार्थपरिच्छित्तौ साधकतमत्वेन व्याप्रियमाणं स्वरूपं प्रमाणं निर्व्यापारम्, व्यापारं तु क्रियोच्यते स्वातन्त्र्येण पुनर्व्याप्रियमाणं प्रमाता, इति कथञ्चित्तद्भेदः।

7. प्राक्तनपर्यायविशिष्टस्य कथञ्चिदवस्थितस्यैव बोधस्य परिच्छित्ति-विशेषरूपतयोत्पत्तेरभेद इति। साधनभेदाच्च तद्भेदः करणसाधनं हि प्रमाणं साधकतमस्वभावम्, कर्तृसाधनस्तु प्रमाता स्वतन्त्रस्वरूपः, भावसाधना तु क्रिया स्वार्थनिर्णीतिस्वभावा इति कथञ्चिद्भेदाभ्युपगमादेव कार्यकारण-भावस्याप्यविरोधः।

समाधान– यह शंका निर्मूल है प्रमाता आदि में लक्षण भिन्न भिन्न होने से कथंचित् भेद माना है पदार्थ के जानने में साधकतमत्व कारणरूप से परिणमित होता हुआ आत्मा का जो स्वरूप है उसे प्रमाण कहते हैं जो कि निर्व्यापाररूप है तथा जो व्यापार है जानन क्रिया है वह फल है। स्वतन्त्ररूप से जानन क्रिया में प्रवृत्त हुआ आत्मा प्रमाता है, इस तरह प्रमाण आदि में कथंचित् भेद माना गया है।

कहने का तात्पर्य यह है कि– आत्मा प्रमाता कहलाता है जो कर्ता है, आत्मा में ज्ञान है वह प्रमाण है, और जानना फल है। कभी-कभी प्रमाता और प्रमाण इनको भिन्न न करके प्रमाता जानता है ऐसा भी कहते हैं क्योंकि प्रमाता आत्मा और प्रमाण ज्ञान ये दोनों एक ही द्रव्य हैं केवल संज्ञा, लक्षणादि की अपेक्षा भेद है। इस तरह कर्ता और कारण को भेद करके तथा भेद न करके कथन करते हैं, "प्रमाता घटं जानाति" यहाँ पर कर्ता करण दोनों को पृथक् नहीं किया, प्रमाता प्रमाणेन घटं जानाति– इस तरह की प्रतीति या कथन करने पर आत्मा के ज्ञान को पृथक् करके आत्मा कर्ता और ज्ञान करण बनता है।

7. प्राक्तन (पूर्व) पर्याय से विशिष्ट तथा कथंचित् अवस्थित ऐसा जो ज्ञान है वही परिच्छिति विशेष अर्थात् फलरूप से उत्पन्न होता है। अतः प्रमाण और फल में अभेद भी स्वीकार किया है।

कर्त्तृसाधन आदि की अपेक्षा भी प्रमाता आदि में भेद होता है। साधकतम स्वभाव रूप कारण साधन होता है, इसमें प्रमाण करण बनता

8. यच्चोच्यते–आत्मव्यतिरिक्तक्रियाकारि प्रमाणं कारकत्वाद्वास्यादिवत्; तत्र कथञ्चिद्भेदे साध्ये सिद्धसाध्यता अज्ञाननिवृत्तेस्तद्धर्मतया हानादेश्च तत्कार्यतया प्रमाणात्कथञ्चिद्भेदाभ्युपगमात्।

9. सर्वथा भेदे तु साध्ये साध्यविकलो दृष्टान्तः, वास्यादिना हि काष्ठादेश्छिदा निरूप्यमाणा छेद्यद्रव्यानुप्रवेशलक्षणैवावतिष्ठते। स चानुप्रवेशो वास्यादेरात्मगत एव धर्मो नार्थान्तरम्।

है "प्रमीयते येन इति प्रमाणं"। कर्तृसाधन में यः प्रमिमीते सः प्रमाता–इस प्रकार स्वतन्त्र स्वरूप कर्ता की विवक्षा होती है।

भाव साधन में स्व-पर की निश्चयात्मक ज्ञप्तिक्रिया दिखायी जाती है "प्रमितिः प्रमाणं" यह फलस्वरूप है। इस तरह कथंचित् भेद स्वीकार करने से ही कार्य कारण भाव भी सिद्ध होता है कोई विरोध नहीं आता।

8. परवादी का कहना है कि आत्मा से पृथक् क्रिया को करने वाला प्रमाण होता है, क्योंकि यह कारक है जैसे वसूला आदि कारक होने से कर्ता पुरुष से पृथक् क्रिया को करते हैं, इस पर जैनाचार्यों का कहना है कि यदि आत्मा से प्रमाण को कथंचित् भिन्न सिद्ध करना है तो सिद्ध साध्यता है, क्योंकि हम जैन ने भी अज्ञान निवृत्ति को प्रनाण का धर्म माना है और हानादिक उसके [धर्म के] कार्य माने हैं, अतः प्रमाण से फल का या प्रमाता का कथंचित् भेद मानना इष्ट है।

9. यदि इन प्रमाणादि में सर्वथा भेद सिद्ध करेंगे तो उस साध्य में वसूले का दृष्टान्त साध्य विकल ठहरेगा। इसी को स्पष्ट करते हैं–वसूला आदि द्वारा काष्ठादि की जो छेदन क्रिया होती है उस क्रिया को देखते हैं तो वह छेद्यद्रव्य–काष्ठादि में अनुप्रविष्ट हुई ही सिद्ध होती है, वसूला लकड़ी में प्रवेश करके छेदता है। यह जो प्रवेश हुआ वह स्वयं वसूले का ही परिणमन या धर्म है अर्थान्तर नहीं। अतः शंकाकार का जो कहना था कि कर्ता आदि से करण पृथक्-भिन्न ही होना चाहिये, प्रमाता आदि से प्रमाण भिन्न ही होना चाहिये, यह कहना उसी के वसूले के दृष्टान्त द्वारा बाधित होता है।

10 ननु छिदा काष्ठस्था वास्यादिस्तु देवदत्तस्थ इत्यनयोर्भेद एव; इत्यप्यसुन्दरम्; सर्वथा भेदस्यैवमसिद्धेः, सत्त्वादिनाऽभेदस्यापि प्रतीतेः। न च 'सर्वथा करणाद्भिन्नैव क्रिया' इति नियमोस्ति; 'प्रदीपः स्वात्मनात्मानं प्रकाशयति' इत्यत्राभेदेनाप्यस्याः प्रतीतेः।

11. न खलु प्रदीपात्मा प्रदीपाद्भिन्नः; तस्याऽप्रदीपत्वप्रसङ्गात् पटवत्। प्रदीपे प्रदीपात्मनो भिन्नस्यापि समवायात्प्रदीपपत्वसिद्धिरिति चेत्; न; अप्रदीपेपि घटादौ प्रदीपत्वसमवायानुषङ्गात्।

---

10. **शंका–** छेदन क्रिया तो काष्ठ में हो रही और वसूला देवदत्त के हाथ में स्थित है इस तरह क्रिया और करण इनमें भेद ही रहता है?

समाधान– यह बात गलत है, इस तरह भी सर्वथा भेद सिद्ध नहीं होता, सत्व आदि धर्मों की अपेक्षा इन कारण और क्रिया में अभेद भी है। अर्थात् कर्ता देवदत्तादि करण वसूलादि एवं छेदन क्रिया ये सब अस्ति-सत्वरूप है, सत्वदृष्टि से इनमें कथंचित् अभेद भी है। तथा यह सर्वथा नियम है कि करण से क्रिया भिन्न ही है, "प्रदीपः स्वात्मना आत्मानं प्रकाशयति" इत्यादि स्थानों पर वह क्रिया करण से अपृथक् अभिन्न प्रतीत हो रही है। प्रदीप का जो प्रकाशरूप स्वभाव है वह प्रदीप से भिन्न नहीं है और यदि भिन्न हो तो प्रदीप-अप्रदीप बन जायेगा जैसे प्रदीप से पट पृथक् होने के कारण अप्रदीप है।

11. **शंका–** प्रदीप से प्रदीप का स्वरूप भिन्न है किन्तु समवाय से प्रदीप में प्रदीपत्व सिद्ध होता है?

समाधान– यह कथन उचित नहीं, इस तरह अप्रदीप रूप जो घट पट आदि पदार्थ हैं उनमें भी प्रदीपपने का समवाय होने का प्रसंग आता है। क्योंकि जैसे प्रदीपत्व आने से पहले प्रदीप अप्रदीपरूप है वैसे पट घट इत्यादि पदार्थ भी अप्रदीप हैं।

12. प्रत्यासत्तिविशेषात्प्रदीपात्मनः प्रदीप एव समवायो नान्यत्रेति चेत्; स कोऽन्योन्यत्र कथञ्चित्तादात्म्यात्। एतेन प्रकाशनक्रियाया अपि प्रदीपात्मकत्वं प्रतिपादितं प्रतिपत्तव्यम्। तस्यास्ततो भेदे प्रदीपस्याऽप्रकाश-कद्रव्यत्वानुषङ्गात्।

13. तत्रास्याः समवायान्नायं दोषः; इत्यप्यसमीचीनम्; अनन्त-रोक्ताऽशेषदोषानुषङ्गात्। तन्नानयोरात्यन्तिको भेदः।

---

12. **शंका–** प्रत्यासत्ति की विशेषता से प्रदीप में ही प्रदीपत्वस्वरूप का समवाय होता है अन्यत्र नहीं।

समाधान– वह प्रत्यासत्ति विशेष कौन है, कथंचित् तादात्म्य ही तो है? तादात्म्य को छोड़कर प्रत्यासत्ति विशेष कुछ भी नहीं है।

जिस प्रकार का स्वरूप प्रदीप से भिन्न नहीं है प्रदीप का प्रदीपपना या स्वरूप प्रदीपात्मक ही है ऐसा सिद्ध हुआ, इसी प्रकार प्रदीप की प्रकाशन क्रिया प्रदीप स्वरूप ही है ऐसा समझना चाहिये, यदि प्रकाशन क्रिया को प्रदीप से भिन्न माना जायेगा तो प्रदीप अप्रकाशन द्रव्य बनेगा।

13. **शंका–** प्रदीप का प्रकाशकत्व यद्यपि पृथक् है तो भी प्रदीप में उसका समवाय होने से कोई दोष नहीं आता।

समाधान– यह कथन भी अनुचित है, इसमें वही पूर्वोक्त दोष आते हैं, अर्थात् प्रदीप का प्रकाशत्व प्रदीप से भिन्न है तो उसका समवाय प्रदीप में होता है अन्यत्र नहीं होता ऐसा नियम नहीं बनता प्रकाशत्व का समवाय होने से पहले प्रदीप भी अप्रकाशरूप था और घट पटादि पदार्थ भी अप्रकाश स्वरूप थे, फिर प्रदीप में ही प्रकाशकत्व क्यों आया? घटादि में क्यों नहीं आया? इत्यादि शंकाओं का समाधान नहीं कर सकने से समवाय पक्ष की बात असत्य होती है। इस प्रकार प्रमाण और प्रमाण के फल में अत्यन्त भेद–सर्वथा भेद नानना सिद्ध नहीं होता।

14. नाप्यभेदः, तदऽव्यवस्थानुषङ्गात्। न खलु 'सारूप्यमस्य प्रमाणमधिगतिः फलम्' इति सर्वथा तादात्म्ये व्यवस्थापयितुं शक्यं विरोधात्।

15. ननु सर्वथाऽभेदेप्यनयोर्व्यावृत्तिभेदात्प्रमाणफलव्यवस्था घटते एव, अप्रमाणव्याावृत्त्या हि ज्ञानं प्रमाणमफलव्यावृत्त्या च फलम्; इत्यप्य-विचारितरमणीयम्; परमार्थतः स्वेष्टसिद्धिविरोधात्। न च स्वभावभेद-

---

14. प्रमाण और उसके फल में सर्वथा अत्यन्त अभेद भी नहीं है। क्योंकि सर्वथा अभेद माने तो इनकी व्यवस्था नहीं होगी कि यह प्रमाण है और यह उसका फल है। बौद्ध कहते हैं कि प्रमाण और उसके फल की व्यवस्था बन जायेगी, ज्ञान का पदार्थ के आकार होना प्रमाण है और उस पदार्थ को जानना प्रमाण का फल है। किन्तु वह भी ठीक बात नहीं। है उन दोनों में सर्वथा तादात्म्य अर्थात् अभेद मानने में उक्त व्यवस्था विरुद्ध पड़ती है। तादात्म्य एक ही वस्तुरूप होता है। उसमें यह प्रमाण है यह उसका फल है इत्यादि रूप व्यवस्था होना शक्य नहीं है।

15. यहाँ शंका उपस्थित होती है कि– प्रमाण और फल में सर्वथा अभेद होने पर भी व्यावृत्ति के भेद से प्रमाण फल की व्यवस्था घटित होती है– ज्ञान अप्रमाण की व्यावृत्ति से प्रमाण कहलाता है और अफल की व्यावृत्ति से फल कहलाता है।

समाधान बतलाते हुए आचार्य कहते हैं कि– यह कथन अविचारपूर्ण है, इस तरह व्यावृत्ति की कल्पना से भेद बतायेंगे तो अपना इष्ट वास्तविकरूप से सिद्ध नहीं होगा काल्पनिक ही सिद्ध होगा। अभिप्राय यह समझना कि बौद्ध प्रमाण और उसके फल में सर्वथा अभेद बतलाकर व्यावृत्ति से भेद स्थापित करना चाहते हैं, अप्रमाण की व्यावृत्ति प्रमाण है और अफल की व्यावृत्ति फल है ऐसा इनका कहना है किन्तु यह परमार्थभूत सिद्ध नहीं होता। अप्रमाण कौन सा पदार्थ है तथा उससे व्यावृत्त होना क्या है इत्यादि कुछ भी न बता सकते हैं और न सिद्ध ही होता है। तथा प्रमाण और फल में स्वभाव भेद सिद्ध हुए बिना केवल अन्य की व्यावृत्ति से भेद मानना अशक्य है इस विषय में साकार ज्ञानवाद के प्रकरण में बहुत कुछ कह दिया है। बौद्ध अप्रमाण की

मन्तरेणान्यव्यावृत्तिभेदोप्युपपद्यते इत्युक्तं सारूप्यविचारे। कथं चास्याऽप्रमाण-फलव्यावृत्त्या प्रमाणफलव्यवस्थावत् प्रमाणफलान्तरव्यावृत्त्याऽप्रमाणफल-

---

व्यावृत्ति से प्रमाण की और अफल की व्यावृत्ति से फल की व्यवस्था करते हैं, तो यदि इस विषय में विपरीत प्रतिपादन करें कि प्रमाणान्तर की व्यावृत्ति अप्रमाण कहलाता है और फलान्तर की व्यावृत्ति अफल कहलाता है तो इसका समाधान आपके पास कुछ भी नहीं है, अत: परमार्थभूत सत्य प्रमाण तथा फल को सिद्ध करना है तो इन दोनों में कथंचित् भेद है ऐसी प्रतीति सिद्ध व्यवस्था स्वीकार करना चाहिये अन्यथा प्रमाण तथा फल दोनों की भी व्यवस्था नहीं बन सकती ऐसा निश्चय हुआ।'

इस सम्पूर्ण प्रकरण का सार यह है कि प्रमाण का फल प्रमाण से भिन्न है कि अभिन्न है इस विषय में दार्शनिकों में विवाद है, नैयायिकादि उसको सर्वथा भिन्न मानते हैं, तो बौद्ध सर्वथा अभिन्न, किन्तु ये दोनों मत प्रतीति से बाधित होते हैं, प्रमाण का साक्षात् फल जो अज्ञान दूर होना है वह तो प्रमाण से अभिन्न है क्योंकि जो व्यक्ति जानता है उसी की अज्ञान निवृत्ति होती है ज्ञान और ज्ञान की ज्ञप्ति–जानन क्रिया ये भिन्न-भिन्न होती है।

यह जो कथन है कि कर्ता, करण और क्रिया ये सब पृथक्-पृथक् ही होने चाहिये जैसे देवदत्त कर्ता वसूलाकरण द्वारा काष्ठ को छेदता है, इसमें कर्ता करण और छेदन क्रिया पृथक्-पृथक् है, किन्तु ऐसी बात ज्ञान के विषय में नहीं हो सकती। यह नियम नहीं है कि कर्ता, करण आदि सर्वथा पृथक् पृथक् ही हो, प्रदीप कर्ता प्रकाशरूप करण द्वारा घट को प्रकाशित करता है, इसमें प्रदीप कर्ता से प्रकाश रूप करण पृथक् नहीं दिखता न कोई उसे पृथक् मानता ही है एवं प्रकाशन क्रिया भी भिन्न नहीं है प्रमाण और फल, वसूला और काष्ठ छेदन क्रिया के समान नहीं है अपितु प्रकाश और प्रकाशन क्रिया के समान अभिन्न है अत: प्रमाण से उसके फल को सर्वथा भिन्न मानने का हठाग्रह अज्ञान पूर्ण है।

व्यवस्थापि न स्यात्? ततः पारमार्थिके प्रमाणफले प्रतीतिसिद्धे कथञ्चिद्भिन्ने प्रतिपत्तव्ये प्रमाणफलव्यवस्थान्यथानुपपत्तेरिति स्थितम्।'

योऽनेकान्तपदं प्रवृद्धमतुलं स्वेष्टार्थसिद्धिप्रदम्,
प्राप्तोऽनन्तगुणोदयं निखिलविभिन्नःशेषतो निर्मलम्।

प्रमाण से उसके फल को सर्वथा अभिन्न बताने वाले बौद्ध के यहाँ भी बाधा आती है, क्योंकि प्रमाण और उसका फल सर्वथा अभिन्न है, अपृथक् है तो यह प्रमाण है और यह उसका फल है ऐसी व्यवस्था नहीं हो सकती। अतः सही मार्ग तो स्याद्वाद की शरण लेने पर ही मिलता है कि प्रमाण का फल प्रमाण से कथंचित् भिन्न और कथंचित् अभिन्न है लक्षण, प्रयोजन आदि की अपेक्षा तो भिन्न है, प्रमाण का लक्षण स्वपर को जानना है और अज्ञान दूर होना इत्यादि फल का लक्षण है।

हान, उपादान एवं उपेक्षा ये भी प्रमाण के फल हैं, जो पुरुष जानता है वही हान क्रिया को करता है अर्थात् प्रमाण द्वारा यह पदार्थ अनिष्टकारी है ऐसा जानकर उसे छोड़ देता है तथा उपादान क्रिया अर्थात् यह पदार्थ इष्ट है ऐसा जानकर उसे ग्रहण करता है, जो पदार्थ न इष्ट है और न अनिष्ट है उसकी उपेक्षा करता है– उसमें मध्यस्थता रखता है, यह सब उस प्रमाता पुरुष की ही क्रिया है। यह प्रमाण का फल परम्परा फल कहलाता है क्योंकि प्रथम फल तो उस वस्तु सम्बन्धी अज्ञान दूर होना है अज्ञान से निवृत्त होने पर उसे छोड़ना या ग्रहण करना आदि क्रमशः बाद में होता है।

इस प्रकार प्रमाण और फल में कथंचित् भेद और कथंचित् अभेद है ऐसा सिद्ध होता है। इस प्रकार विषय परिच्छेद नामा इस अध्याय में श्री प्रभाचन्द्राचार्य ने प्रमाण का विषय क्या है इसका बहुत विस्तृत विवेचन किया है अंत में यह फल का प्रकरण भी दिया है। अब यहाँ पर आचार्य प्रभाचन्द्र इस परिच्छेद को समाप्त करके अन्तिम आशीर्वादात्मक मंगल श्लोक प्रस्तुत करते हैं–

योऽनेकान्त पदं प्रवृद्धमतुलं स्वेष्टार्थसिद्धिप्रदम्।
प्राप्तोऽन्तगुणोदयं निखिलविभिन्नः शेषतो निर्मलम्॥

स श्रीमानखिलप्रमाणविषयो जीयाज्जनानन्दनः,
मिथ्यैकान्तमहान्धकाररहितः श्रीवर्द्धमानोदितः॥

इति श्रीप्रभाचन्द्रविरचिते प्रमेयकमलमार्त्तण्डे परीक्षामुखालङ्कारे पञ्चम परिच्छेदः॥श्रीः॥

स श्रीमानखिलप्रमाणविषयो जीयाज्जनानन्दनः।
मिथ्यैकान्तमहान्धकाररहितः श्रीवर्द्धमानोदितः॥

जो अनेकान्त पद को प्राप्त है ऐसा अखिल प्रमाण का विषय जयशील हो, कैसा है वह अनेकान्त पद! प्रबुद्धशाली एवं अतुल है तथा स्व अपने इष्ट अर्थ की सिद्धि को देने वाला है, अनन्त गुणों का जिसमें उदय है, पूर्णरूप से निर्मल है, जीवें को आनन्दित करने वाला है, मिथ्या एकान्तरूप महान् अन्धकार से रहेत है, श्री वर्द्धमान तीर्थंकर द्वारा प्रतिपादित है श्रीयुक्त ऐसा यह प्रमाण विषय जयवन्त वर्तो।

निखिलवित्–सर्वज्ञदेव जयशील हो! कैसे हैं सर्वज्ञदेव? जो अनेकान्त पद को प्राप्त हैं, कैसा है अनेकान्त पद? प्रवृद्ध, अतुल, स्वेष्टार्थसिद्धि का प्रदाता, अनन्त गुणों का जिसमें उदय पाया जाता है, पूर्णरूप से निर्मल है, श्रीमान्– श्रीयुक्त है, श्री अर्थात् अंतरंग लक्ष्मी अनन्त ज्ञानादि, बहिरंग लक्ष्मी समवशरणादि से युक्त है, जगत् के जीवों को आनन्दित करने वाले हैं, सम्पूर्ण प्रमाणों के विषयों को जानने वाले होने से अखिल प्रमाण विषय है, मिथ्या एकान्तरूपी महान् अंधकार से रहित है, एवं गुण विशिष्ट सर्वज्ञदेव सदा जयवन्त रहे। इति।

इति श्रीप्रभाचन्द्राचार्यविरचिते प्रमेयकमलमार्त्तण्डे
परीक्षामुखालंकारे पञ्चमपरिच्छेदः समाप्तः।

अथ षष्ठपरिच्छेदः

प्रमाणाभासविमर्शः

अथेदानीं तदाभासस्वरूपनिरूपणाय–

ततोऽन्यत्तदाभासम् ॥1॥

इत्याद्याह।

1. प्रतिपादितस्वरूपात्प्रमाणसंख्याप्रमेयफलाद्यदन्यत्तत्तदाभासमिति। तदेव तथाहीत्यादिना यथाक्रमं व्याचष्टे। तत्र प्रतिपादितस्वरूपात्स्वार्थव्यवसायात्मकप्रमाणादन्ये–

षष्ठ परिच्छेद

प्रमाणाभास स्वरूप विमर्श

अब यहाँ पर प्रमाणाभास, संख्याभास, विषयाभास और फलाभास का वर्णन करते हैं–

ततोऽन्यत्तदाभासम्॥1॥

सूत्रार्थ– पहले जिनका वर्णन किया था ऐसे प्रमाणों का तथा उनकी संख्या, विषय एवं फल इन चारों का जो स्वरूप बताया उससे विपरीत स्वरूप वाले प्रमाणाभास संख्याभास आदि हुआ करते हैं, अर्थात् प्रमाण का स्वरूप स्व–पर का निश्चय करना है इससे विपरीत स्वरूपवाला प्रमाणाभास कहलाता है।

1. प्रमाण की संख्या प्रमुख रूप से दो हैं इससे कम अधिक संख्या मानना संख्याभास है। प्रमाण का विषय सामान्य विशेषात्मक वस्तु है उसमें अकेला सामान्यादि को विषय बताना विषयाभास है। प्रमाण का फल प्रमाण से कथंचित् भिन्न तथा कथंचित् अभिन्न होता है उससे

अस्वसंविदितगृहीतार्थदर्शनसंशयादयः प्रमाणाभासाः ॥2॥

प्रवृत्तिविषयोपदर्शकत्वाभावात् ॥3॥

पुरुषान्तरपूर्वार्थगच्छत्तृणस्पर्शस्थाणुपुरुषादिज्ञानवत् ॥4॥

विपरीत सर्वथा भिन्न या अभिन्न मानना फलाभास है। इन्हीं को आगे क्रम से आचार्य श्री मणिक्यनन्दी सूत्र द्वारा प्रतिपादन करते हैं– सर्वप्रथम स्वार्थ व्यवसायात्मक प्रमाण से अन्य जो हो वह प्रमाणाभास है ऐसा प्रमाणाभास का लक्षण करते हुए कहते हैं–

अस्वसंविदिगृहीतार्थदर्शनसंशयादयः प्रमाणाभासाः॥2॥

स्वविषयोपदर्शकत्वाभावात् ॥3॥

सूत्रार्थ–अपने आपको नहीं जानने वाला ज्ञान, गृहीतग्राही ज्ञान, निर्विकल्प ज्ञान, संशय, विपर्यय, अनध्यवसाय इत्यादि प्रमाणाभास कहलाते हैं [असत् ज्ञान कहलाते हैं] क्योंकि ये सभी ज्ञान अपने विषय का प्रतिभास करने में असमर्थ है निर्णय कराने में भी असमर्थ है।

आगे इन्हीं का उदाहरण देते हैं–

पुरुषान्तरपूर्वार्थगच्छत्तृणस्पर्शस्थाणुपुरुषादिज्ञानवत् ॥4॥

सूत्रार्थ–अस्वसंविदित–अपने को नहीं जानने वाला ज्ञान अन्य पुरुष के ज्ञान के समान है, अर्थात्– जो स्वयं को नहीं जानता वह दूसरे व्यक्ति के ज्ञान के समान ही है, क्योंकि जैसे पराया ज्ञान हमारे को नहीं जानता वैसे हमारा ज्ञान भी हमें नहीं जानता, अतः इस तरह का ज्ञान प्रमाणाभास है।

गृहीत ग्राही– जाने हुए को जानने वाला ज्ञान पूर्वार्थ पहले जाने हुए वस्तु के ज्ञान के समान है, इस ज्ञान से अज्ञान निवृत्ति रूप फल नहीं होता क्योंकि उस वस्तु सम्बन्धी अज्ञान को पहले के ज्ञान ने ही दूर किया है। अतः यह भी प्रमाणाभास है।

निर्विकल्प दर्शन चलते हुए पुरुष के तृण स्पर्श के ज्ञान के समान अनिर्णयात्मक है, जैसे चलते हुए पुरुष के पैर में कुछ तृणादि का

चक्षूरसयोर्द्रव्ये संयुक्तसमवायवच्च ॥5॥

2. एतच्च सर्वं प्रमाणसामान्यलक्षणपरिच्छेदे विस्तरतोऽभिहितमिति

स्पर्श होता है किन्तु उस पुरुष का उस पर लक्ष्य नहीं होने से कुछ है, कुछ पैर में लगा है– इतना समझ वह पुरुष आगे बढ़ता है, उसको यह निर्णय नहीं होता कि यह किस वस्तु का स्पर्श हुआ है। इसी तरह बौद्ध जो निर्विकल्प दर्शन को ही प्रमाण मान बैठे हैं वह दर्शन वस्तु का निश्चय नहीं कर सकता अतः प्रमाणाभास है। संशय ज्ञान स्थाणु और पुरुष आदि में होने वाला जो चलित प्रतिभास है यह भी वस्तु बोध नहीं कराता अतः प्रमाणाभास है।

इन संशय विपर्यय और अनध्यवसाय को तो सभी ने प्रमाणाभास माना है।

चक्षूरसयोर्द्रव्ये संयुक्तसमवायवच्च ॥5॥

सूत्रार्थ–चक्षु और रस की द्रव्य में संयुक्त समवाय होने पर भी ज्ञान नहीं होता अर्थात् सन्निकर्ष को प्रमाण मानने वालों के मत में चक्षु और रस का सन्निकर्ष होना तो मानते हैं किन्तु वह सन्निकर्ष प्रमाणभूत नहीं है क्योंकि उस सन्निकर्ष द्वारा ज्ञान रस का ज्ञान नहीं होता। इसी प्रकार अस्वसंवेदित ज्ञान तथा सन्निकर्षादि भी प्रमाणभास है अर्थात् वैशेषिकादि परवादी सन्निकर्ष को [इन्द्रिय द्वारा वस्तु का स्पर्श होना] प्रमाण मानते हैं किन्तु वह प्रमाणभास है, क्योंकि यदि सन्निकर्ष छूना मात्र प्रमाण होता तो जैसे नेत्र द्वारा रूप का स्पर्श होकर रूप का ज्ञान होना मानते हैं वैसे जहाँ जिस द्रव्य में रूप है उसी में रस है अतः नेत्र और रूप का संयुक्त समवाय होकर नेत्र द्वारा रूप का ज्ञान होना मानते हैं, वैसे उसी रूप युक्त पदार्थ में रस होने से नेत्र का भी रस के साथ संयुक्त समवाय है किन्तु नेत्र द्वारा रस का ज्ञान तो होता ही नहीं, अतः निश्चय होता है कि सन्निकर्ष प्रमाण नहीं प्रमाणाभास है।

2. इन अस्वसंविदित आदि के विषय में पहले परिच्छेद में प्रमाण का सामान्य लक्षण करते समय विस्तारपूर्वक कहा जा चुका है

6/5

पुनर्नेहाभिधीयते। तथा

अब यहाँ पुनः नहीं कहते।

अब इस प्रकरण को सार रूप में देखने पर हम पाते हैं कि ज्ञान को अस्वसंविदित मानने वाले बहुत से दार्शनिक हैं, नैयायिक ज्ञान को अस्वसंविदित मानते हैं, इनका कहना है कि ज्ञान परपदार्थों को जानता है किन्तु स्वयं को नहीं, स्वयं को जानने के लिये तो अन्य ज्ञान चाहिये, इसीलिये नैयायिक को ज्ञानान्तर वैद्यज्ञानवादी कहते हैं, इस मत का प्रथम भाग में भलीभाँति खण्डन किया है और यह सिद्ध किया है कि ज्ञान स्व और पर दोनों को जानता है।

मीमांसक के दो भेद है– भाट्ट और प्रभाकर, इनमें से भाट्ट ज्ञान को सर्वथा परोक्ष मानता है, नैयायिक तो अन्य ज्ञान द्वारा ज्ञान का प्रत्यक्ष होना तो बताते हैं किन्तु भाट्ट एक कदम आगे बढ़ते हैं ये तो कहते हैं कि ज्ञान अन्य अन्य सभी वस्तुओं को जान सकता है किन्तु स्वयं हमेशा परोक्ष ही रहेगा, इसीलिये इन्हें परोक्षज्ञानवादी कहते हैं, यह मत भी नैयायिक के समान बाधित होने से पहले भाग में खण्डित हो चुका है।

प्रभाकर अपने भाई भाट्ट से एक कदम और भी आगे बढ़ते हैं, ये प्रतिपादन करते हैं कि ज्ञान और आत्मा ये दोनों भी परोक्ष हैं ज्ञान अपने को और अपने अधिकरणभूत आत्मा इनको कभी भी नहीं जान सकता अतः इन्हें आत्मपरोक्षवादी कहते हैं, इन नैयायिक आदि परवादी का यह अभिप्राय है कि प्रमाण, प्रमेय, प्रमाता और प्रमिति इन प्रमुख चार तत्त्वों में से प्रमाण या ज्ञान प्रमेय को तो जानता है और प्रमिति [जानना] उसका फल होने से उसे भी ज्ञान जान लेता है किन्तु प्रमाण अप्रमेय होने से स्वयं को कैसे जाने? नैयायिक ज्ञान को अन्य ज्ञान द्वारा प्रत्यक्ष होना बताते हैं किन्तु भाट्ट इसे सर्वथा परोक्ष बताते हैं, प्रभाकर प्रमाण करण और आत्मा कर्ता इन दोनों को ही परोक्ष–सर्वथा परोक्ष स्वीकार करते हैं, इनका मत साक्षात् बाधित होता है।

आत्मा और ज्ञान परोक्ष रहेंगे तो स्वयं को जो अनुभव सुख दुख

अवैशद्ये प्रत्यक्षं तदाभासं बौद्धस्याकस्माद्धूमदर्शनाद् वह्निविज्ञानवत् ॥6॥

3. विशदं प्रत्यक्षमित्युक्तं ततोन्यस्मिन्नऽवैशद्ये सति प्रत्यक्षं तदाभासं

होता है, पर वस्तु को जानकर हर्ष विवाद होता है वह हो नहीं सकता इत्यादि बहुत प्रकार से इन मतों का निरसन किया गया है। इस प्रकार नैयायिक, भाट्ट और प्रभाकर ये तीनों अस्वसंविदित ज्ञानवादी हैं, इनका स्वीकृत प्रमाण नहीं प्रमाणाभास है।

गृहीत ग्राही ज्ञान प्रमाणाभास इसलिये है कि जिस वस्तु को पहले ग्रहण कर चुके उसको जान लेने से कुछ प्रयोजन नहीं निकलता। निर्विकल्प दर्शन को प्रमाण मानने वाले बौद्ध हैं। उनका अभिमत ज्ञान वस्तु का निश्चायक नहीं होने से प्रमाणाभास की कोटि में आ जाता है। संशयादि ज्ञान को सभी मत वाले प्रमाणाभासरूप स्वीकार करते हैं। सन्निकर्ष को प्रमाण मानने वाले वैशेषिक का मत भी बाधित होता है प्रथम तो बात यह है इन्द्रिय और पदार्थ का स्पर्श सन्निकर्ष या छूना कोई प्रमाण या ज्ञान है नहीं। वह तो एक तरह का प्रमाण का कारण है, दूसरी बात हर इन्द्रियाँ पदार्थ को स्पर्श करके जानती ही नहीं। चक्षु और मन तो बिना स्पर्श किये ही जानते हैं इत्यादि इस विषय को पहले बतला चुके हैं।

प्रत्यक्षाभास

अवैशद्ये प्रत्यक्षं तदाभासं बौद्धस्याकस्माद्धूमदर्शनाद् वह्निविज्ञानवत् ॥6॥

सूत्रार्थ– अविशद ज्ञान को प्रत्यक्ष कहना प्रत्यक्षाभास है, जैसे अचानक धूम के दर्शन से होने वाले अग्नि के ज्ञान को बौद्ध प्रत्यक्ष मानते हैं वह प्रत्यक्षाभास।

3. पहले प्रत्यक्ष प्रमाण का लक्षण करते हुए **विशदं प्रत्यक्षम्** ऐसा कहा था, इस लक्षण से विपरीत अर्थात् अविशद–अस्पष्ट या अनिश्चायक ज्ञान प्रत्यक्ष नहीं किन्तु प्रत्यक्षाभास है, जैसे– जिस व्यक्ति को धूप और वाष्प का भेद मालूम नहीं है उस ज्ञान के अभाव में उसको निश्चयात्मक व्याप्ति ज्ञान भी नहीं होता कि जहाँ जहाँ धूम होता है वहाँ

बौद्धस्याकस्मिकधूमदर्शनाद्वह्निविज्ञानवत् इत्यप्युक्तं प्रपञ्चतः प्रत्यक्षपरिच्छेदे।

वैशद्येपि परोक्षं तदाभासं मीमांसकस्य करणज्ञानवत् ॥7॥

4. न हि करणज्ञानेऽव्यवधानेन प्रतिभासलक्षणं वैशद्यमसिद्धं स्वार्थयोः प्रतीत्यन्तरनिरपेक्षतया तत्र प्रतिभासनादित्युक्तं तत्रैव। तथानुभूतेर्थे तदित्याकारा स्मृतिरित्युक्तम्। अननुभूते–

वहाँ अग्नि अवश्य होती है, ऐसे व्याप्तिज्ञान के अभाव में यदि वह पुरुष अचानक ही धूम को देखे और यहाँ पर अग्नि है ऐसा समझे तो उसका वह ज्ञान प्रमाण नहीं कहलायेगा अपितु प्रमाणाभास ही कहलायेगा, क्योंकि उसे धूम और अग्नि के सम्बन्ध का निश्चय नहीं है, न वह धूम और वाष्प के भेद को जानता है।

इसी तरह बौद्ध का माना हुआ निर्विकल्प प्रत्यक्ष प्रमाण नहीं है किन्तु प्रत्यक्षाभास है, क्योंकि जैसे अकस्मात् होने वाले उस अग्नि ज्ञान को अनिश्चयात्मक होने से प्रमाणाभास माना जाता है वैसे ही निर्विकल्प दर्शन अनिश्चयात्मक होने से प्रत्यक्ष प्रमाणाभास है– ऐसा मानना चाहिये। इस विषय का प्रथम भाग में प्रत्यक्ष परिच्छेद में विस्तारपूर्वक कथन किया है।

परोक्षाभास

वैशद्येंपि परोक्षं तदाभासं मीमांसकस्य करणज्ञानवत् ॥7॥

सूत्रार्थ– विशद ज्ञान को भी परोक्ष मानना परोक्षाभास है, जैसे मीमांसक का करणज्ञान, अर्थात्– मीमांसक करणज्ञान को [जिसके द्वारा जाना जाय ऐसा ज्ञान स्वयं परोक्ष रहता है ऐसी मीमांसक की मान्यता है, तदनुसार] परोक्ष मानते हैं वह मानना परोक्षाभास है।

4. करण ज्ञान में अव्यवधानरूप से जानना रूप वैशद्य असिद्ध नहीं है, यह ज्ञान भी स्व और पर को बिना किसी अन्य प्रतीति की अपेक्षा किये प्रतिभासित करता है अतः प्रत्यक्ष है इसे परोक्ष मानना परोक्षाभास है। इस विषय का विवेचन पहले कर चुके हैं।

अनुभूत विषय में "वह" इस प्रकार की प्रतीति होना स्मरण प्रमाण कहलाता है यदि बिना अनुभूत किया पदार्थ हो तो–

अतस्मिंस्तदिति ज्ञानं स्मरणाभासं जिनदत्ते स देवदत्तो यथेति ॥8॥

5. तथैकत्वादिनिबन्धनं तदेवेदमित्यादि प्रत्यभिज्ञानमित्युक्तम्। तद्विपरीतं तु–

सदृशे तदेवेदं तस्मिन्नेव तेन सदृशं यमलकवदित्यादि प्रत्यभिज्ञानाभासम् ॥9॥

स्मृत्याभास

अतस्मिंस्तदिति ज्ञानं स्मरणाभासं जिनदत्ते स देवदत्तो यथेति॥8॥

सूत्रार्थ– जो वह नहीं है उसमें "वह" इस प्रकार की स्मृति होना स्मरणाभास है जिसे जिनदत्त का तो अनुभव किया था और स्मरण करता है "वह देवदत्त" इस प्रकार का प्रतिभास होना स्मृत्याभास है।

5. एक वस्तु में जो एकपना रहता है उसके निमित्त से होने वाला– उसका ग्राहक ज्ञान प्रत्यभिज्ञान होता है, तथा और भी प्रत्यभिज्ञान के भेद पहले बताये थे उनसे विपरीत जो ज्ञान हो वे प्रत्यभिज्ञानाभास है अर्थात् सदृश में एकत्व का और एकत्व में सदृश का ज्ञान होना प्रत्यभिज्ञानाभास है। आगे इसी को कहते हैं–

प्रत्यभिज्ञानाभास

सदृशे तदेवेदं तस्मिन्नेव तेन सदृशं यमलकवदित्यादि प्रत्यभिज्ञानाभासम् ॥9॥

सूत्रार्थ– सदृश वस्तु में कहना कि यह वही पुरुष [जिसे मैंने कल देखा था] है, और जो वही एक वस्तु है उसको कहना या उसमें प्रतीति होना कि यह उसके सदृश है तो वह क्रमशः एकत्व प्रत्यभिज्ञानाभास और सदृश प्रत्यभिज्ञानाभास है।

जैसे एक व्यक्ति के दो युगलिया[जुड़वा] पुत्र थे, मान लो एक का नाम रमेश और एक का नाम सुरेश था दोनों भाई बिलकुल समान थे, उन दोनों को पहले किसी ने देखा था किन्तु समानता होने के कारण कभी रमेश को देखकर उसमें यह वही सुरेश है जिसे पहले देखा था ऐसी प्रतीति करता है, तथा कभी वही एक सुरेश को देखकर भी कहता

असम्बन्धे तज्ज्ञानं तर्काभासम्, यावाँस्तत्पुत्रः स श्यामः इति यथा ॥10॥

6. व्याप्तिज्ञानं तर्क इत्युक्तम्। ततोन्यत्पुनः असम्बन्धे–अव्याप्तौ तज्ज्ञानं=व्याप्तिज्ञानं तर्काभासम्। यावाँस्तत्पुत्रः स श्याम इति यथा।

या समझता है कि यह सुरेश रमेश सदृश है इस तरह प्रत्यभिज्ञानाभास के उदाहरण समझने चाहिये।

तर्काभास

असम्बन्धे तज्ज्ञानं तर्काभासम्, यावांस्तत् पुत्रः स श्यामः इति यथा ॥10॥

सूत्रार्थ– जिसमें व्याप्ति सम्बन्ध नहीं है ऐसे असंबद्ध पदार्थ में सम्बन्ध का ज्ञान होना तर्काभास है, जैसे मैत्री का जो भी पुत्र है वह श्याम [काला] ही है इत्यादि।

6. व्याप्ति ज्ञान को तर्क कहते हैं ऐसा पहले बता दिया है, उस लक्षण से अन्य जो ज्ञान हो वह तर्काभास है, व्याप्ति ज्ञान का लक्षण बतलाते हुए कहा था कि "उपलंभानुपलंभनिमित्तं व्याप्तिज्ञान मूहः" उपलम्भ और अनुपलम्भ के निमित्त से व्याप्ति का ज्ञान होना तर्क प्रमाण है, जैसे जहाँ जहाँ धूम होता है वहाँ वहाँ अग्नि होती है, और जहाँ अग्नि नहीं होती वहाँ धूम भी नहीं होता इत्यादि।

इस प्रकार साध्य और साधन के अविनाभावपने का ज्ञान होना अर्थात् इस साध्य के बिना यह हेतु नहीं होता– इस हेतु का साध्य के साथ अविनाभावी सम्बन्ध है इसी तरह सम्बन्धयुक्त पदार्थ का ज्ञान तो तर्क है किन्तु जिसमें ऐसा अविनाभावी सम्बन्ध नहीं है, उनमें सम्बन्ध बताना तो तर्काभास ही है, जैसे किसी अज्ञानी ने अनुमान बताया कि यह मैत्री के गर्भ में स्थित जो बालक है वह काला होगा, क्योंकि वह मैत्री का पुत्र है, जो जो मैत्री का पुत्र होता है, वह काला ही होता है, जैसे वर्तमान में उसके और भी जो पुत्र है वे सब काले हैं।

इस अनुमान में मैत्री के पुत्र के साथ काले रंग का अविनाभाव सम्बन्ध जोड़ा है वह गलत है, यह जरूरी नहीं है कि किसी के वर्तमान

इदमनुमानाभासम् ॥11॥

7. साधनात्साध्यविज्ञानमनुमानमित्युक्तम्। तद्विपरीतं त्विदं वक्ष्यमाण-मनुमानाभासम्। पक्षहेतुदृष्टान्तपूर्वकश्चानुमानप्रयोगः प्रतिपादित इति। तत्रेत्यादिना यथाक्रमं पक्षाभासादीनुदाहरति।

तत्र अनिष्टादिः पक्षाभासः ॥12॥

तत्रानुमानाभासेऽनिष्टादिः पक्षाभासः। तत्र–

अनिष्टो मीमांसकस्यानित्यः शब्द इति ॥13॥

के पुत्र काले हैं अतः गर्भ में आया हुआ पुत्र भी काला ही हो। जो साधन अर्थात् हेतु साध्य के साथ अविनाभावी हो साध्य के बिना नहीं होता हो उसी को हेतु बनाना चाहिये ऐसे हेतु से ही अनुमान सही कहलाता है अन्यथा वह अनुमानाभास होता है और ऐसे अविनाभाव सम्बन्ध के नहीं होते हुए भी उसको मानना तर्काभास है।

अनुमानाभास

इदमनुमानाभासम् ॥11॥

सूत्रार्थ– अब यहाँ से अनुमानाभास प्रकरण शुरू होता है।

7. साधन से होने वाले साध्य के ज्ञान को अनुमान कहते हैं ऐसा अनुमान का लक्षण पहले कहा था इससे विपरीत ज्ञान को अनुमानाभास कहते हैं पक्ष हेतु, दृष्टांतपूर्वक अनुमान प्रयोग होता है ऐसा प्रतिपादन किया था। उन पक्ष आदि का जैसा स्वरूप बताया है उससे विपरीत स्वरूप वाले पक्ष आदि का प्रयोग करने से पक्षाभास आदि बनते हैं और इससे अनुमान भी अनुमानाभास बनते हैं अब क्रम से इनको कहते हैं–

पक्षाभास

तत्र अनिष्टादिः पक्षाभासः ॥12॥

सूत्रार्थ– अनिष्ट आदि को पक्ष बनाना पक्षाभास है, इष्ट, अबाधित और असिद्ध ऐसा साध्य होता है, साध्य जहाँ पर रहता है उसे पक्ष कहते हैं, जिस पक्ष में अनिष्टपना हो या बाधा हो अथवा सिद्ध हो वे सब पक्षाभास है।

स हि प्रतिवाद्यादिदर्शनात्कदाचिदाकुलितबुद्धिर्विस्मरन्ननभिप्रेतमपि पक्षं करोति।

तथा सिद्धः श्रावणः शब्दः ॥14॥

सिद्धः पक्षाभासः, यथा श्रावणः शब्द इति, वादिप्रतिवादि-नोस्तत्राऽविप्रतिपत्तेः। तथा–

बाधितः प्रत्यक्षानुमानागमलोकस्ववचनैः ॥15॥

अनिष्टो मीमांसकस्याऽनित्यः शब्द इति ॥13॥

सूत्रार्थ– मीमांसक शब्द को नित्य मानने का पक्ष रखते हैं किन्तु यदि कदाचित् वे पक्ष बनायें कि अनित्यः शब्दः कृतकत्वात् शब्द अनित्य है, क्योंकि वह किया हुआ है।

इस तरह शब्द को अनित्य बताना उन्हीं के लिये अनिष्ट हुआ, प्रतिवादी के मत को देखना आदि के निमित्त से कदाचित् आकुलित बुद्धि होकर वादी अपने पक्ष को विस्मृत कर अनिष्ट ऐसे परमत के पक्ष को करने लग जाता है।

तथा सिद्धः श्रावणः शब्दः ॥14॥

सूत्रार्थ– पक्ष में रहने वाला साध्य असिद्ध विशेषण वाला होना चाहिये उसे न समझकर कोई सिद्ध को ही पक्ष बनाये तो वह सिद्ध पक्षाभास कहलाता है, जैसे किसी ने पक्ष उपस्थित किया कि "श्रावणः शब्दः" शब्द श्रवणेन्द्रिय द्वारा ग्राह्य होता है, तब ऐसे समय पर वह पक्षाभास होगा क्योंकि शब्द श्रवणेन्द्रिय ग्राह्य होता है। ऐसा सभी को सिद्ध है। वादी प्रतिवादी का इसमें कोई विवाद नहीं है।

बाधितः प्रत्यक्षानुमानागमलोकस्ववचनैः ॥15॥

सूत्रार्थ– बाधित पक्ष पाँच प्रकार का है प्रत्यक्ष बाधित, अनुमान बाधित, आगमबाधित, लोकबाधित और स्ववचन बाधित।

जो भी पक्ष रखे वह अबाधित होना चाहिये– ऐसा पहले कहा था किन्तु उसे स्मरण नहीं करके कोई बाधित को पक्ष बनावे तो वह बाधित पक्षाभास है।

पक्षाभासो भवति।

तत्र प्रत्यक्षबाधितो यथा–

अनुष्णोग्निर्द्रव्यत्वाज्जलवत् ॥16॥

अनुमानबाधितो यथा–

अपरिणामी शब्दः कृतकत्वाद्घटवत् ॥17॥

8. तथाहि–'परिणामी शब्दोऽर्थक्रियाकारित्वात्कृतकत्वाद् घटवत्' इति अर्थक्रियाकारित्वादयो हि हेतवो घटे परिणामित्वे सत्येवोपलब्धाः, शब्देप्युपलभ्यमानाः परिणामित्वं प्रसाधयन्ति इति 'अपरिणामी शब्दः' इति पक्षस्यानुमानबाधा।।

अब इनके पाँच भेदों में से प्रत्यक्ष बाधित पक्षाभास का उदाहरण प्रस्तुत करते हुए कहते हैं–

अनुष्णोऽग्निर्द्रव्यत्वाज्जलवत् ॥16॥

सूत्रार्थ– अग्नि ठंडी है क्योंकि वह द्रव्य है, जैसे जल द्रव्य होने से ठंडा होता है इस प्रकार कहना प्रत्यक्ष बाधित है, क्योंकि साक्षात् ही अग्नि उष्ण सिद्ध हो रही है। अनुमान बाधित पक्षाभास का उदाहरण–

अपरिणामी शब्दः कृतकत्वात् घटवत् ॥17॥

सूत्रार्थ– शब्द अपरिणामी होता है, क्योंकि वह किया हुआ है, जैसे घट किया हुआ है ऐसा कहना अन्य अनुमान द्वारा बाधित होता है।

8. अब उसी अनुमान को बताते हैं– शब्द परिणामी है, क्योंकि वह अर्थ क्रिया को करने वाला है तथा किया हुआ है जैसे घट अर्थक्रियाकारी और कृतक होने से परिणामी होता है, इस प्रकार के अनुमान द्वारा पहले के शब्द के अपरिणामी बतलाने वाला अनुमान बाधा युक्त होता है, क्योंकि अर्थ क्रियाकारित्व आदि हेतु घटरूप उदाहरण में परिणामित्व के होने पर ही देखे जाते हैं अतः शब्द में यदि वे अर्थक्रियाकारित्व और कृतकत्व दिखाई देते हैं तो वे शब्द को परिणामीरूप सिद्ध कर देते हैं, इसलिये "अपरिणामी शब्दः" इत्यादि पक्ष में अनुमान से बाधा आती है।

आगमबाधितो यथा–

प्रेत्याऽसुखप्रदो धर्मः पुरुषाश्रितत्वादधर्मवदिति ॥18॥

9. आगमे हि धर्मस्याभ्युदयनिःश्रेयसहेतुत्वं तद्विपरीतत्वं चाधर्मस्य प्रतिपाद्यते। प्रामाण्यं चास्य प्रागेव प्रतिपादितम्।

लोकबाधितो यथा–

शुचि नरशिरःकपालं प्राण्यङ्गत्वाच्छङ्खशुक्तिवदिति ॥19॥

10. लोके हि प्राण्यङ्गत्वाविशेषेपि किञ्चिदपवित्रं किञ्चित्पवित्रं

आगम बाधित पक्षाभास का उदाहरण–

प्रेत्याऽसुखप्रदो धर्मः पुरुषाश्रितत्त्वादधर्मवत् इति ॥18॥

सूत्रार्थ– परलोक में धर्म दुःख को देने वाला है, क्योंकि वह पुरुष के आश्रित है, जैसे अधर्म पुरुष के आश्रित होने से दुःख को देने वाला होता है, इस तरह कहना आगम बाधित है।

9. आगम में तो धर्म को स्वर्ग और मोक्ष का कारण बताया है इससे उलटे जो अधर्म है उसे दुःखकारी नीच गति का कारण बताया है, अतः कोई धर्म को दुख का कारण कहे तो वह आगम बाधित पक्ष है। आगम प्रमाण किस प्रकार प्रामाणिक होता है इसका कथन पहले कर दिया है।

लोक बाधित पक्षाभास का उदाहरण–

शुचि नरशिरःकपालं प्राण्यंगत्वाच्छङ्खशुक्तिवत् इति ॥19॥

सूत्रार्थ– मृत मनुष्य का कपाल पवित्र है, क्योंकि वह प्राणी का अंग अवयव है, जैसे शंख, सीप आदि प्राणी के अंग होकर पवित्र माने गये हैं, इस तरह अनुमान प्रयुक्त करना लोक से बाधित है।

10. लोक में तो प्राणी का अवयव होते हुए भी किसी अंग को– अवयव को पवित्र और किसी को अपवित्र बताया है, क्योंकि ऐसा ही वस्तु का स्वभाव है। जैसे कि गाय से उत्पन्न होने की अपेक्षा दूध

च वस्तुस्वभावात्प्रसिद्धम्। यथा गोपिण्डोत्पन्नत्वाविशेषेपि वस्तुस्वभावतः किञ्चिद्दुग्धादि शुद्धं न गोमांसम्। यथा वा मणित्वाविशेषेपि कश्चिद्विषा-पहारादिप्रयोजनविधायी महामूल्योऽन्यस्तु तद्विपरीतो वस्तुस्वभाव इति।

स्ववचनबाधितो यथा–

माता मे वन्ध्या पुरुषसंयोगेप्यगर्भत्वात्प्रसिद्धवन्ध्यावत् ॥20॥

अथेदानीं पक्षाभासानन्तरं हेत्वाभासेत्यादिना हेत्वाभासानाह–

और मांस समान होते हुए भी दूध शुद्ध और माँस शुद्ध नहीं है, अथवा रत्न की अपेक्षा समानता होते हुए भी कोई रत्न विष बाधा को दूर करना इत्यादि कार्य में उपयोगी होने से महामूल्य होता है और कोई रत्न ऐसा इतना उपयोगी नहीं होता, इसी प्रकार का उनमें भिन्न-भिन्न स्वभाव है इसी तरह प्राणी के अंग होते हुए भी मृत मनुष्य की खोपड़ी अपवित्र है– छूने मात्र से सचेल स्नान करना होता है और शंख, सीप आदि के छूने से स्नान नहीं करना पड़ता अतः दोनों को समान बतलाना लोक बाधितं है।

स्ववचन बाधित पक्षाभास का उदाहरण–

माता मे वन्ध्या पुरुषसंयोगेप्यगर्भत्वात् प्रसिद्ध-वन्ध्यावत्॥20॥

सूत्रार्थ– मेरी माता वन्ध्या है, क्योंकि पुरुष का संयोग होने पर भी गर्भधारण नहीं करती, जैसे प्रसिद्ध वन्ध्या स्त्री गर्भधारण नहीं करती।

ऐसा किसी ने पक्ष कहा यह उसी के वचन से बाधित है मेरी माता और फिर वन्ध्या, यह होना अशक्य है यदि माता वन्ध्या होती तो आप कहाँ से होते?

इसी तरह प्रत्यक्ष बाधित आदि पक्ष को स्थापित करने से वह अनुमान गलत हो जाता है। अतः अनुमान का प्रयोग करते समय इष्ट, अबाधित और असिद्ध इन विशेषणों से युक्त ऐसे पक्ष का ही प्रयोग करना चाहिये अन्यथा पक्षाभास होने से अनुमान भी असत् ठहरता है। इस प्रकार नौ सूत्रों द्वारा पक्षाभास का वर्णन करके अब आगे अठारह

हेत्वाभासा असिद्धविरुद्धानैकान्तिकाऽकिञ्चित्कराः ॥21॥

11. साध्याविनाभावित्वेन निश्चितो हेतुरित्युक्तं प्राक्। तद्विपरीतास्तु हेत्वाभासः। के ते? असिद्धविरुद्धानैकान्तिकाऽकिञ्चित्कराः।

तत्रासिद्धस्य स्वरूपं निरूपयति–

असत्सत्तानिश्चयोऽसिद्धः इति ॥22॥

12. सत्ता च निश्चयश्च [सत्तानिश्चयौ] असन्तौ सत्तानिश्चयौ यस्य स तथोक्तः। तत्र–

अविद्यमानसत्ताकः परिणामी शब्दश्चाक्षुषत्वादिति ॥23॥

सूत्रों द्वारा हेत्वाभासों का वर्णन करते हैं–

हेत्वाभास

हेत्वाभासा असिद्धविरुद्धानैकान्तिकाऽकिञ्चित्कराः॥21॥

सूत्रार्थ– हेत्वाभास के चार भेद है असिद्ध, विरुद्ध, अनैकान्तिक और अकिञ्चित्कर।

11. साध्य के साथ जिसका अविनाभावी सम्बन्ध हो वह हेतु कहलाता है, ऐसा हेतु का लक्षण जिसमें न पाया जाय वह हेत्वाभास है उसके ये असिद्धादि चार भेद हैं।

उनमें से असिद्ध हेत्वाभास का निरूपण करते हैं–

असत्सत्तानिश्चयोऽसिद्धः ॥22॥

सूत्रार्थ– जो हेतु साध्य में मौजूद नहीं हो वह स्वरूपासिद्ध हेत्वाभास है तथा जिसका साध्य में रहना निश्चित न हो वह सन्दिग्धासिद्ध हेत्वाभास है, यानी पुरुष को जिस हेतु का साध्य के साथ होने वाला अविनाभाव मालूम न हो उसके प्रति हेतु का प्रयोग करना सन्दिग्धासिद्ध हेत्वाभास है।

12. "सत्ता च निश्चयश्च सत्तानिश्चयौ, असन्तौ सत्तानिश्चयौ यस्य असौ असत् सत्तानिश्चयः" इस प्रकार "असत् सत्तानिश्चयः" इस पद का विग्रह करके असिद्ध हेत्वाभास के दो भेद समझ लेने चाहिये।

अविद्यमानसत्ताकः परिणामी शब्दश्चाक्षुषत्वात् ॥23॥

कथमस्याऽसिद्धत्वमित्याह–

स्वरूपेणासिद्धत्वात् इति ॥24॥

13. चक्षुर्ज्ञानग्राह्यत्वं हि चाक्षुषत्वम्, तच्च शब्दे स्वरूपेणासत्त्वादसिद्धम्। पौद्गलिकत्वात्तत्सिद्धिः; इत्यप्यपेशलम्; तदविशेषेप्यनुद्भूतस्वभावस्यानुपलम्भसम्भवाज्जलकनकादिसंयुक्तानले भासुररूपोष्णस्पर्शवदित्युक्तं तत्पौद्गलिकत्वसिद्धिप्रघट्टके।

सूत्रार्थ– जिसको सत्ता विद्यमान नहीं हो वह असत् सत्ता या स्वरूपसिद्ध हेत्वाभास है, जैसे किसी ने अनुमान वाक्य कहा कि– शब्द परिणामी है, क्योंकि वह चाक्षुष है, नेत्र द्वारा ग्राह्य है तब वह यह अनुमान गलत है, शब्द चाक्षुष नहीं होता, शब्द में चाक्षुष धर्म स्वरूप से ही असिद्ध है इसी का खुलासा करते हैं–

स्वरूपेणासिद्धत्वात् ॥24॥

सूत्रार्थ– शब्द को चाक्षुष कहना स्वरूप से ही असिद्ध है।

13. चक्षु सम्बन्धी ज्ञान के द्वारा जो ग्रहण में आता है ऐसे रूप जो नील पीतादि हैं वे चाक्षुष हैं, ऐसा चाक्षुषपना शब्द का स्वरूप नहीं है अतः शब्द को चाक्षुष हेतु से परिणामी सिद्ध करना असिद्ध हेत्वाभास कहा जाता है कोई कहे कि शब्द भी पुद्गल है और चाक्षुष रूपादि धर्म भी पुद्गल है अतः पुद्गलपने की अपेक्षा समानता है, तथा शब्द को जब जैन लोग पौद्गलिक मानते हैं तब उसमें चाक्षुषपना होना जरूरी है, अतः चाक्षुष हेतु से शब्द को परिणामी सिद्ध करना कैसे गलत हो सकता है?

तब यह शंका ठीक नहीं, यद्यपि शब्द में पौद्गलिकपने की अपेक्षा चाक्षुष की अविशेषता है अर्थात् शब्द में चाक्षुष धर्म जो नीलादिरूप है वह रहता है किन्तु वह अनुद्भूत स्वभाव वाला है, इसलिये दिखायी नहीं देता, शब्द में रूप की अनुद्भूति उसी प्रकार की है कि जिस प्रकार की अनुद्भूति जल में संयुक्त हुए अग्नि की है अर्थात् जैसे वैशेषिकादि का कहना है कि जल अग्नि से संयुक्त होता है तब उस अग्नि का चमकीला रूप अनुद्भूत अप्रकट रहता है, इस

14. ये च विशेष्यासिद्धादयोऽसिद्धप्रकाराः परैरिष्टास्तेऽसत्सत्ताकत्व-लक्षणासिद्धप्रकारान्नार्थान्तरम्, तल्लक्षणभेदाभावात्। यथैव हि स्वरूपासिद्धस्य स्वरूपतोऽसत्त्वादसत्सत्ताकत्वलक्षणमसिद्धत्वं तथा विशेष्यासिद्धादीनामपि विशेष्यत्वादिस्वरूपतोऽसत्त्वात्तल्लक्षणमेवासिद्धत्वम्।

15. तत्र विशेष्यासिद्धो यथा–अनित्यः शब्दः सामान्यवत्त्वे सति चाक्षुषत्वात्।

विषय में शब्द को पौद्गलिक सिद्ध करते समय भली प्रकार से बता चुके हैं। मतलब यह हुआ कि शब्द को परिणमनशील सिद्ध करने के लिये यदि कोई अनुमान करे कि "परिणामी शब्दश्चाक्षुषत्वात्" तो यह स्वरूपसिद्ध हेत्वाभास वाला अनुमान है अर्थात् चाक्षुषत्वात् हेतु शब्द में नहीं है।

14. नैयायिकादि ने असिद्ध हेत्वाभास के विशेष्यासिद्ध, विशेषणसिद्ध इत्यादि अनेक भेद किये हैं उन सब प्रकार के हेत्वाभासों में असत् सत्तारूप असिद्ध हेत्वाभास का लक्षण घटित होने से इससे पृथक् सिद्ध नहीं होते, जिस प्रकार इस स्वरूपसिद्ध हेतु में स्वरूप से असत् होने के कारण असत् सत्तात्व लक्षण वाला असिद्धपना मौजूद है उसी प्रकार विशेष्यासिद्ध आदि हेत्वाभासों में भी विशेष्यादिस्वरूप से असत्पना होने से असत्सत्तात्व लक्षण मौजूद हैं, अतः वे असिद्ध हेत्वाभास में ही अन्तर्भूत है।

असिद्ध हेत्वाभास

अब यहाँ पर परवादी द्वारा मान्य इन विशेष्यासिद्ध आदि हेत्वाभासों का उदाहरण सहित कथन किया जाता है–

विशेष्यासिद्ध हेत्वाभास

15. जैसे किसी ने अनुमान प्रस्तुत किया कि शब्द अनित्य है [साध्य] क्योंकि सामान्यवान होकर चाक्षुष है [हेतु] सो इसमें चाक्षुष हेतुविशेष्य है और उसका विशेषण सामान्यवान है, चाक्षुषपनारूप विशेष्य शब्द में नहीं पाया जाता, अतः यह विशेष्यासिद्ध नाम का हेत्वाभास कहलाया।

16. विशेषणासिद्धो यथा–अनित्यः शब्दश्चाक्षुषत्वे सति सामान्यवत्त्वात्।

17. आश्रयासिद्धो यथा–अस्ति प्रधानं विश्वपरिणामित्वात्।

18. आश्रयैकदेशासिद्धो यथा–नित्याः परमाणुप्रधानात्मेश्वरा अकृतकत्वात्।

19. व्यर्थविशेष्यासिद्धो यथा–अनित्याः परमाणवः कृतकत्वे सति सामान्यवत्त्वात्।

विशेषणासिद्ध हेत्वाभास

16. शब्द अनित्य है, क्योंकि वह चाक्षुष होकर सामान्यवान् है, यहाँ चाक्षुष को विशेषण और सामान्यवान को विशेष्य बताया, शब्द चाक्षुष होता नहीं अतः यह विशेषण असिद्ध नामा हेत्वाभास बना।

आश्रयासिद्ध हेत्वाभास

17. सांख्याभिमत प्रधान तत्त्व है, क्योंकि वही विश्वरूप परिणमन कर गया है इस अनुमान का विश्व-परिणामित्व हेतु आश्रय से विहीन है, क्योंकि वास्तविकरूप से प्रधान तत्त्व की सिद्धि नहीं होती है।

आश्रयेकदेशासिद्ध हेत्वाभास

18. जिस हेतु का आश्रय एक देश असिद्ध हो उसका उदाहरण– परमाणु, प्रधान, आत्मा और ईश्वर ये चारों नित्य है, क्योंकि अकृत्रिम है। यहाँ जो अकृतकत्वात् हेतु है वह अपने पक्षभूत परमाणु आदि चारों में न रहकर परमाणु और आत्मा इन दो में ही रहता है क्योंकि प्रधान और ईश्वर नाम के कोई पदार्थ है नहीं, अतः यह हेतु आश्रय एक देश असिद्ध हेत्वाभास कहलाया [तथा परमाणु सर्वथा नित्य नहीं होने से अकृतकत्व हेतु अनुमान बाधित पक्ष वाला भी है]।

व्यर्थविशेष्यासिद्धो हेत्वाभास

19. जिसका विशेष्य व्यर्थ हो वह व्यर्थ विशेष्यासिद्ध हेत्वाभास है जैसे परमाणु अनित्य है, क्योंकि कृतक होकर सामान्यवान है, यह

20. व्यर्थविशेषणासिद्धो यथा–अनित्याः परमाणवः सामान्यवत्त्वे सति कृतकत्वात्। व्यर्थविशेष्यविशेषणश्चासावसिद्धश्चेति।

21. व्यधिकरणासिद्धो यथा–अनित्यः शब्दः पटस्य कृतकत्वात्। व्यधिकरणश्चासावसिद्धश्चेति। ननु शब्दे कृतकत्वमस्ति तत्कथमस्यासिद्धत्वम्? तदयुक्तम्; तस्य हेतुत्वेनाप्रतिपादितत्व त्। न चान्यत्र प्रतिपादितमन्यत्र

सामान्यवत्वात् ऐसा जो हेतु का विशेष्य भाग है वह व्यर्थ [बेकार] का है क्योंकि कृतक– किया हुआ इतने विशेषण से ही साध्य सिद्ध हो जाता है।

व्यर्थविशेषणासिद्ध हेत्वाभास

20.जिसका विशेषण व्यर्थ हो वह **व्यर्थविशेषणसिद्ध हेत्वाभास** है। जैसे– परमाणु अनित्य है, क्योंकि सामान्यवान होकर कृतक है यहाँ कृतकत्वरूप विशेष्य से ही साध्य [अनित्यपना] सिद्ध हो जाता है अतः सामान्यवान् विशेषण व्यर्थ ठहरता है। 'व्यर्थ है विशेष्य और विशेषण जिसके" ऐसा व्यर्थ विशेष्यासिद्धादि पदों का समास है।

व्यधिकरणासिद्ध हेत्वाभास

21. जहाँ हेतु और साध्य का अधिकरण भिन्न भिन्न हो वह **व्यधिकरण असिद्ध हेत्वाभास** कहलाता है, जैसे– शब्द अनित्य है, क्योंकि पट के कृतकपना है। यहाँ पट के कृतकपने से शब्द का अनित्यपना सिद्ध किया वह गलत है, अन्य का धर्म अन्य में नहीं होता, कोई कहे कि शब्द में भी तो कृतक धर्म होता है अतः उसे असिद्ध क्यों कहा जाय? सो बात अयुक्त है, शब्द से कृतकत्व है जरूर किन्तु उसको तो हेतु नहीं बनाया, अन्य जगह कही हुई बात अन्य जगह साध्यसिद्धि के लिये हेतु के उपस्थित करने मात्र से सर्वत्र सभी प्रकार के साध्यों की सिद्धि हो बैठेगी। अतः पट के कृतकत्व से शब्द से अनित्यपना सिद्ध करना अशक्य है, शब्द के कृतकत्व से ही शब्द में कृतकत्व सिद्ध हो सकता है अन्यथा व्यधिकरणासिद्ध नामा हेत्वाभास होगा।

सिद्धं भवत्यतिप्रसङ्गात्।

22. भागासिद्धो यथा–[अ]नित्यः शब्दः प्रयत्नानन्तरीयकत्वात्। व्यधिकरणासिद्धत्वं भागासिद्धत्वं च परप्रक्रियाप्रदर्शनमात्रं न वस्तुतो हेतुदोषः; व्यधिकरणस्यापि 'उदेष्यति शकटं कृत्तिकोदयात्, उपरि वृष्टो देवोऽधः पूरदर्शनात्' इत्यादेर्गमकत्वप्रतीतेः। अविनाभावनिबन्धनो हि गम्यगमकभावः, न तु व्यधिकरणाव्यधिकरणनिबन्धनः 'स श्यामस्तत्पुत्रत्वात्, धवलः प्रासादः काकस्य कार्ष्ण्यात्' इत्यादिवत्।

भागासिद्ध हेत्वाभास

22. जो पक्ष के एक भाग में असिद्ध हो उसे भागासिद्ध हेत्वाभास कहते हैं जैसे– शब्द अनित्य है क्योंकि प्रयत्न के अनन्तर होता है। पक्ष के एक भाग में रहे और एक भाग में न रहे उस हेतु को भागासिद्ध हेत्वाभास कहते हैं, यहाँ शब्द पक्ष है साध्य अनित्यत्व है और हेतु प्रयत्न के अनन्तर होना है, अतः संसार के सारे ही शब्द प्रयत्न के बाद ही हो ऐसी बात नहीं है, मेघध्वनि आदि बहुत से शब्द बिना प्रयत्न के भी होते हुए देखे जाते हैं, अतः पक्ष के एक भाग में–जो शब्द पुरुष द्वारा किये– बोले गये हैं उनमें तो प्रयत्नान्तरीयकत्व हेतु है और मेघध्वनि आदि शब्द में यह हेतु नहीं है इसलिये भागासिद्ध कहलाता है।

व्याधिकरणासिद्धत्व और भागासिद्धत्व- ये हेतु तो कोई वास्तविक हेत्वाभास नहीं है, ये तो नैयायिकादि परवादी की अपनी एक प्रक्रिया दिखाना मात्र है व्यधिकरणासिद्धत्व का लक्षण सिद्ध यह किया कि पक्ष का हेतु का भिन्न-भिन्न अधिकरण होना व्यधिकरणासिद्धत्व है तो यह बात गलत है, ऐसा हेतु हो सकता है कि उसका अधिकरण भिन्न हो और साध्य पक्ष का अधिकरण भिन्न है। जैसे एक मुहूर्त के बाद रोहिणी नक्षत्र का उदय होगा, क्योंकि कृतिका का नक्षत्र का उदय हो रहा है, इस अनुमान में रोहिणी का उदय होगा रूप साध्य और कृतिका का उदय हो चुका है यह हेतु इन दोनों का अधिकरण भिन्न-भिन्न, है फिर भी कृतिकोदय हेतु स्वसाध्य का गमक है, [सिद्ध करने वाला है] तथा ऊपर

23. न च व्यधिकरणस्यापि गमकत्वे अविद्यमानसत्ताकत्वलक्षणमसिद्धत्वं विरुध्यते; न हि पक्षेऽविद्यमानसत्ताकोऽसिद्धोऽभिप्रेतो गुरूणाम्। किं तर्हि? अविद्यमाना साध्येनासाध्येनोभयेन वाऽविनाभाविनी सत्ता यस्यासावसिद्ध इति।

के भाग में बरसात अवश्य हुई है, क्योंकि यहाँ निचले भाग में नदी में बाढ़ आयी है, यहाँ भी साध्य एवं हेतु का विभिन्न अधिकरण है तो भी इनमें गम्य गमक भाव बराबर पाया जाता है, वह उन दोनों के अविनाभावी सम्बन्ध के कारण होता है न कि व्यधिकरण अव्यधिकरण के कारण होता है, अर्थात् जहाँ व्यधिकरण हो वहाँ हेतु साध्य को सिद्ध न करे और जहाँ अव्यधिकरण हो वहाँ वह हेतु साध्य को सिद्ध कर दे ऐसी बात नहीं हैं, साध्य के साथ अविनाभाव होने के बाद तो चाहे वह व्यधिकरण रूप हो चाहे अव्यधिकरणरूप हो।

यदि व्यधिकरण अव्यधिकरण के निमित्त से गम्य गमक मानेंगे तो **"सः श्यामस्तत् पुत्रत्वात्"** उसका गर्भस्थ पुत्र काला होगा, क्योंकि उसका पुत्र है इत्यादि हेतु भी स्वसाध्य के गमक अर्थात् सिद्धि कारक बन जायेंगे? क्योंकि उनमें व्यधिकरण सिद्धत्व नहीं है तथा यह महल सफेद है, क्योंकि काक में कालापना है, यह हेतु व्यधिकरण होने मात्र से गमन नहीं है ऐसा मानना होगा? किन्तु ऐसी बात नहीं है, ये हेतु तो अविनाभाव सम्बन्ध के अभाव होने से ही सदोष है और स्वसाध्य के गमक नहीं हैं।

शंका– व्यधिकरणत्व हेतु को साध्य का गमक माना जाय तो जिसकी सत्ता अविद्यमान है उसे अविद्यमान सत्ता नाम का असिद्ध हेत्वाभास कहते हैं, इस प्रकार असिद्ध हेत्वाभास का लक्षण विरुद्ध होगा?

समाधान– ऐसी बात नहीं है, पक्ष में जिसकी सत्ता अविद्यमान हो वह असिद्ध हेत्वाभास है ऐसा असिद्ध हेत्वाभास का अर्थ करना आचार्य को इष्ट नहीं है, अर्थात् अविद्यमान सत्ताकः परिणामीशब्द

24. भागासिद्धस्याप्यविनाभावसद्भावाद्गमकत्वमेव। न खलु प्रयत्नान्तरीयकत्वमनित्यत्वमन्तरेण क्वापि दृश्यते। यावति च तत्प्रवर्त्तते तावतः शब्दस्यानित्यत्वं ततः प्रसिद्ध्यति, अन्यस्य त्वन्यतः कृतकत्वादेरिति।

इत्यादि रूप जो श्री माणिक्यनन्दी गुरुदेव ने सूत्र सूचना की है उसका अर्थ यह नहीं है कि जो हेतु पक्ष में मौजूद नहीं है वह असिद्ध हेत्वाभास है किन्तु उसका अर्थ तो यह है कि साध्य के साथ जिसका अविनाभाव न हो वह असिद्ध हेत्वाभास है तथा दृष्टान्त और साध्य में जिसकी मौजूदगी नहीं हो वह असिद्ध हेत्वाभास है।

24. भागासिद्ध नामका जो हेत्वाभास कहा वह भी गलत है, क्योंकि पक्ष के एक भाग में हेतु के असिद्ध होने पर भी साध्य का अविनाभावी होकर गमक हो सकता है, भागासिद्ध हेतु का उदाहरण दिया था कि "अनित्यः शब्दः प्रयत्नानन्तरीयकत्वात्" शब्द अनित्य है, क्योंकि वह प्रयत्न के अनन्तर पैदा होता है सो अनित्यत्व के बिना कोई भी वस्तु प्रयत्न से पैदा होती देखी नहीं जाती, अर्थात् प्रयत्नान्तरीयकत्वरूप हेतु अनित्यरूप साध्य का सदा अविनाभावी है, जो शब्द प्रयत्न से बनता है उसमें तो अनित्यपना प्रयत्न अनन्तरत्व हेतु से सिद्ध किया जाता है और जो शब्द प्रयत्न बिना होता है ऐसे मेघादि शब्द की अनित्यता को कृतकत्वादि हेतु से सिद्ध किया जाता है।

अथवा प्रयत्नानन्तरीयकत्व हेतु के प्रयोग से ही यह मालूम पड़ता है कि इस अनुमान में उसी शब्द को पक्ष बनाया है कि जो प्रयत्न के अनन्तर हुआ हो, इस तरह के पक्ष को बनाने से तो हेतु की उस पक्ष में सर्वत्र प्रवृति होगी ही फिर उसे भागासिद्ध कैसे कह सकते हैं?

आचार्य के कथन का तात्पर्य यह है कि– असिद्ध हेत्वाभास के दो भेद है स्वरूपसिद्ध और सन्दिग्धासिद्ध इनमें से स्वरूपसिद्ध हेतु वह है जिसका स्वरूप असिद्ध है नैयायिक के यहाँ इस हेतु के आठ भेद माने हैं, विशस्वसिद्ध, विशेषणसिद्ध, आश्रयसिद्ध, आश्रयैकदेशासिद्ध, व्यर्थविशेष्यासिद्ध, व्यर्थविशेषणसिद्ध, व्यधिकरणसिद्ध, भागासिद्ध। आश्रयैकदेशासिद्ध और भागासिद्ध में यह अंतर है कि– आश्रय एक देश

यद्वा–'प्रयत्नानन्तरीयकत्वहेतूपादानसामर्थ्यात्' प्रयत्नानन्तरीयक एव शब्दोत्र पक्षः। तत्र चास्य सर्वत्र प्रवृत्तेः कथं भागासिद्धत्वमिति?

अथेदानीं द्वितीयमसिद्धप्रकारं व्याचष्टे–

अविद्यमाननिश्चयो मुग्धबुद्धिं प्रत्यग्निरत्र धूमादिति ॥25॥

असिद्ध में हेतु तो सिद्ध रहता है किन्तु आश्रय का एक देश ही असिद्ध होता है, और भागासिद्ध में हेतु असिद्ध होता है और पक्ष या आश्रय का एक देश या भाग तो सिद्ध होता है।

पहले के छह भेदों के लिए तो जैनाचार्य ने इतना ही कहा कि ये छहों भेद स्वरूपसिद्ध हेत्वाभास से पृथक् सिद्ध नहीं होते, इनका लक्षण स्वरूपसिद्ध के समान ही है, जब तक लक्षण भेद नहीं होता तब तक वस्तु भेद नहीं माना जाता है।

व्यधिकरणसिद्ध के लिये समझाया है कि यह कोई दूषण नहीं है कि हेतु का अधिकरण साध्य या पक्ष से भिन्न होने से यह हेत्वाभास बन जाता हो अर्थात् साध्य पक्ष का अधिकरण और हेतु का अधिकरण विभिन्न हो सकता है जैसे कृतिकोदय नाना हेतु रोहिणी उदय नामापक्ष के आधार में नहीं रहकर साध्य का गमक ही है, अतः व्यधिकरण सिद्ध नामा कोई हेत्वाभास सिद्ध नहीं होता।

भागासिद्ध नामा हेत्वाभास भी साध्याविनाभावी हो तो अवश्य ही गमक होता है अर्थात् पक्ष के एक भाग मे रहे वह भागासिद्ध हेत्वाभास है ऐसा कहना भी अयोग्य है क्योंकि बहुत से इस तरह के हेतु होते हैं कि जो पक्ष के एक भाग में रहकर भी साध्य के साथ अविनाभावी सम्बन्ध होने के कारण सत्य हेतु कहलाते हैं– स्वसाध्य के गमक होते हैं अतः परवादी को ऐसे ऐसे हेत्वाभासों के भेद नहीं मानने चाहिये।

अब असिद्ध हेत्वाभास का दूसरा प्रकार बताते हैं–

अविद्यमाननिश्चयो मुग्धबुद्धिं प्रत्यग्निरत्र धूमात् ॥25॥

अर्थ– जिस हेतु का साध्य साधनभाव निश्चित नहीं किया गया ऐसे हेतु का प्रयोग करना सन्दिग्धासिद्ध हेत्वाभास है, अथवा जिस पुरुष

कुतोस्याविद्यमाननियततेत्याह–

तस्य बाष्पादिभावेन भूतसंघाते सन्देहात् ॥26॥

25. मुग्धबुद्धेर्बाष्पादिभावेन भूतसंघाते सन्देहात्। न खलु साध्यसाधनयोरव्युत्पन्नप्रज्ञः 'धूमादिरीदृशो वाष्पादिश्चेदृशः' इति विवेचयितुं समर्थः।

साङ्ख्यं प्रति परिणामी शब्दः कृतकत्वादिति ॥27॥

ने साध्य साध्यभाव का नियम नहीं जाना है उसके प्रति हेतुका प्रयोग करना सन्दिग्धासिद्ध है, जैसे मुग्धबुद्धि [अनुमान के साध्य-साधन को नहीं जानता हो अथवा अल्प बुद्धि वाला] के प्रति कहना कि–यहाँ पर अग्नि है क्योंकि धूम दिखाई दे रहा है।

आगे बता रहे हैं कि इस हेतु का निश्चय क्यों अविद्यमान है–

तस्य वाष्पादिभावेन भूतसंघाते संदेहात् ॥26॥

सूत्रार्थ– उस मुग्धबुद्धि पुरुष को अग्नि पर से उतारी हुई चावलादि की बटलोई को देखकर उसमें होने वाले वाष्प बाफ के देखने से अग्नि का सन्देह होना अतः अनिश्चित अविनाभाव वाले हेतु का अथवा अल्पज्ञ के प्रति हेतु का प्रयोग करना सन्दिग्धासिद्ध हेत्वाभास है।

तात्पर्य यह है कि चूल्हा पर पानी और चावल डालकर बटलोई को चढ़ाया, वहाँ बटलोई मिट्टी की है अतः पृथिवी, अग्नि, पानी ये तीनों है तथा हवा सर्वत्र है इस तरह भूत चतुष्टय का संघात स्वरूप उस बटलोई में पकते हुये चावल से बाफ निकलती है, बाफ और धूम कुछ सदृश होते हैं।

25. अब कोई अल्पज्ञ पुरुष है उसको किसी ने कहा कि यहाँ सामने अवश्य अग्नि है, क्योंकि धूम दिख रहा है उस वाक्य को सुनकर उक्त पुरुष सन्देह में पड़ जायगा क्योंकि वह साध्य साधन के भाव में प्रथम तो अव्युत्पन्न है तथा धूमादि तो इस तरह का होता है और वाष्प इस तरह का होता है ऐसा विवेचन करना उसके लिये अशक्य है।

सांख्यं प्रति परिणामी शब्दः कृतकत्वात् ॥27॥

चाविद्यमाननिश्चयः। कुत एतत्?

तेनाज्ञातत्वात् ॥28॥

26. न ह्यस्याविर्भावादन्यत् कारणव्यापारादसतो रूपस्यात्मलाभलक्षणं कृतकत्वं प्रसिद्धम्।

27. सन्दिग्धविशेष्यादयोप्यविद्यमाननिश्चयतालक्षणातिक्रमाभावान्नार्थान्तरम्। तत्र सन्दिग्धविशेष्यासिद्धो यथ–अद्यापि रागादियुक्तः कपिलः

सूत्रार्थ– सांख्य मतानुसारी शिष्य को कहना कि शब्द परिणामी है, क्योंकि कृतक किया हुआ है, अतः इस अनुमान के साध्य साधन भाव का निश्चय उस शिष्य को नहीं होने से उसके प्रति कृतकत्व हेतु संदिग्धासिद्ध है कैसे वह बताते हैं–

तेनाज्ञातत्त्वात् ॥28॥

सूत्रार्थ– सांख्यमतानुसारी शिष्य कृतकत्व हेतु और परिणामी साध्य इनके साध्य साधनभाव को नहीं जानता है।

26. सांख्य के यहाँ आविर्भाव तिरोभाव को छोड़कर अन्य कोई उत्पत्ति और विनाश नहीं माना जाता, आविर्भाव से पृथक् किसी कारण के व्यापार से कोई असत् स्वरूप पदार्थ का आत्मलाभ होना उत्पन्न हो जाना ऐसा कृतकपना सांख्य के यहाँ पर प्रसिद्ध नहीं है।

उनके यहाँ तो आविर्भाव-प्रकट होना ही उत्पन्न होना है और तिरोभाव होना ही नाश है, अमुक कारण से अनुक कार्य पैदा हुआ, मिट्टी ने घड़े को किया, कुम्हार ने घड़े को किया ऐसा उनके यहाँ नहीं माना है अतः ऐसे व्यक्ति को कोई कहे कि शब्द कृतक होने से परिणामी है, शब्द को उत्पन्न किया जाता है अतः वह परिणामी है इत्यादि।

27. यह कथन उस सांख्यमती शिष्य के प्रति संदिग्ध ही रहेगा।

इस संदिग्धासिद्ध हेत्वाभास के परवादी संदिग्धविशेष्य आदि अनेक भेद करते हैं किन्तु उन सबमें अविद्यमान निश्चयरूप लक्षण का

पुरुषत्वे सत्यद्याप्यनुत्पन्नतत्त्वज्ञानत्वात्। सन्दिग्धविशेषणासिद्धो यथा–अद्यापि रागादियुक्तः कपिलः सर्वदा तत्त्वज्ञानरहितत्वे सति पुरुषत्वात्। एते एवासिद्धभेदाः केचिदन्यतरासिद्धाः केचिदुभयासिद्धाः प्रतिपत्तव्याः।

28. ननु नास्त्यन्यतरासिद्धो हेत्वाभासः; तथाहि–परेणासिद्ध इत्युद्भाविते यदि वादी तत्साधकं प्रमाणं न प्रतिपादयति, तदा प्रमाणाभास-

---

अतिक्रम नहीं होने से कोई भिन्नपना नहीं है अर्थात् संदिग्धविशेष्य इत्यादि हेतु पृथक्‌रूप से सिद्ध नहीं होते। वे संदिग्धविशेष्यासिद्ध का उदाहरण इस प्रकार कहते हैं– कपिल नामा सांख्य का गुरु अभी भी राग मोहादि से युक्त है, क्योंकि पुरुष होकर उसे तत्त्व ज्ञान नहीं हुआ है।

संदिग्ध विशेषण असिद्ध हेत्वाभास का उदाहरण– कपिल अभी भी रागादिमान है, क्योंकि तत्त्वज्ञान रहित होकर पुरुष है। इन दोनों अनुमानों में पुरुषत्व और तत्त्वज्ञान रहितत्त्व क्रमशः विशेष्य और विशेषण है वह असिद्ध है। ये विशेष्यासिद्ध इत्यादि हेत्वाभास बतलाये हैं उनमें से कोई कोई हेत्वाभास ऐसे हैं कि वादी प्रतिवादियों में से किसी एक को असिद्ध है, तथा कोई-कोई ऐसे हैं कि दोनों को असिद्ध है।

28. **शंका–**वादी प्रतिवादियों में से एक के प्रति असिद्ध हो ऐसा कोई हेत्वाभास नहीं होता किन्तु जो भी हेतु असिद्ध होगा तो दोनों के प्रति भी असिद्ध होगा। इसी को बताते हैं–वादी प्रतिवादी विवाद कर रहे हैं उस समय प्रतिवादी ने वादी को कहा कि तुम्हारा कहा हुआ अनुमान का हेतु असिद्ध है, तब उस वाक्य को सुनकर वादी यदि अपने हेतु को सिद्ध करने वाला प्रमाण नहीं बताता है तो वह हेतु प्रमाणाभास के समान दोनों के लिए ही असिद्ध कहलायेगा, अर्थात् जैसे प्रमाणाभास दोनों को अमान्य है वैसे वह हेतु बनेगा, क्योंकि जिस वादी ने हेतु प्रयुक्त किया है उसने उसे सिद्ध नहीं किया।

यदि वह वादी अपने हेतु को सिद्ध करने वाले प्रमाण को उपस्थित करता है तो जो भी प्रमाण होगा वह पक्षपात रहित उभय मान्य

वदुभयोरसिद्धः। अथ प्रमाणं प्रतिपादयेत्; तर्हि प्रमाणस्यापक्षपातित्वादुभयोरप्यसौ सिद्धः। अन्यथा साध्यमप्यन्तरासिद्धं न कदाचित्सिद्ध्येदिति व्यर्थः प्रमाणोपन्यासः स्यात्; इत्यप्यसमीचीनम्; यतो वादिना प्रतिवादिना वा सभ्यसमक्षं स्वोपन्यस्तो हेतुः प्रमाणतो यावन्न परं प्रति साध्यते तावत्तं प्रत्यस्य प्रसिद्धेरभावात्कथं नान्यतरासिद्धता?

29. नन्वेवमप्यस्यासिद्धत्वं गौणमेव स्यादिति चेत्; एवमेतत्, प्रमाणतो हि सिद्धेरभावादसिद्धोसौ न तु स्वरूपतः। न खलु रत्नादिपदार्थ-

---

होगा अतः प्रमाण सिद्ध वह हेतु सिद्ध ही कहलायेगा। अपने हेतु को प्रमाण द्वारा सिद्ध करके दिखाने पर भी उसे असिद्ध माना जाय तो साध्य कभी भी सिद्ध नहीं होगा क्योंकि वह भी दोनों में से एक को असिद्ध रहता है, और इस तरह साध्य किसी प्रकार भी यदि सिद्ध नहीं होगा तो उसके लिए प्रमाण को उपस्थित करना व्यर्थ ही है। अभिप्राय यही हुआ कि वादी प्रतिवादी दोनों को असिद्ध ऐसा ही असिद्ध हेत्वाभास होता है; एक को असिद्ध और एक को सिद्ध ऐसा नहीं होता।

समाधान– यह कथन असमीचीन है– वाद करने में उद्युक्त वादी प्रतिवादी जब तक सभासदों के समक्ष अपने हेतु को प्रमाण से सिद्ध नहीं करते तब तक वह पर के लिये अप्रसिद्ध ही रहता है अतः हेतु अन्यतर असिद्ध कैसे नहीं हुआ? अवश्य हुआ। अर्थात् सभा में वादी अपना मत स्थापित करता है, अनुमान द्वारा स्वमत सिद्ध करता है उस समय प्रतिवादी को उसका अनुमान असिद्ध ही रहता है जब वह अपने अनुमानगत हेतु को उदाहरण आदि से सिद्ध करता है [प्रमाण से सिद्ध करता है] तभी उसको परवादी मानता है। अतः अन्यतर असिद्ध हेतु किस प्रकार नहीं होता? अर्थात् होता ही है।

29. **शंका–** इस तरह से हेतु को अन्यतर असिद्ध बताया जाय तो इसकी यह असिद्धता गौण कहलायेगी।

समाधान– ठीक तो है यह हेतु तब तक ही असिद्ध रहता है जब तक कि प्रमाण से उसे सिद्ध करके नहीं बताया जाता है, यह हेतु स्वरूप से असिद्ध नहीं रहता, परवादी की अपेक्षा से ही इसे असिद्ध

स्तत्त्वतोऽप्रतीयमानस्तावत्कालं मुख्यतस्तदाभासो भवतीति।

अथेदानीं विरुद्धहेत्वाभासस्य विपरीतस्येत्यादिना स्वरूपं दर्शयति–

विपरीतनिश्चिताविनाभावो विरुद्धः अपरिणामी शब्दः कृतकत्वात् ॥29॥

हेत्वाभास कहा है।

सारांश यह है कि जो वस्तु परवादी को मालूम नहीं है, अथवा जिस पदार्थ के विषय में किसी को जानकारी नहीं है तो उतने मात्र से वह वस्तु असत् है ऐसा नहीं माना जाता, रत्न अमृतादि पदार्थ किसी को अज्ञात है जब तक वे उसे प्रतीत नहीं होते तब तक क्या वे रत्नाभास आदि हो जाते हैं? अर्थात् नहीं होते, उसी प्रकार यह अन्यतर असिद्ध हेत्वाभास है, वादी प्रतिवादी आपस में एक दूसरे को अपना मत समझाते हैं तब तक उसके लिये असिद्ध रहता किन्तु वह स्वरूप से असिद्ध नहीं रहता। यहाँ तक यह बात निश्चित हुई कि वादी प्रतिवादियों में से किसी एक को जो हेतु असिद्ध होता है वह अन्यतर प्रसिद्ध हेत्वाभास है।

इस प्रकार असिद्ध हेत्वाभास के दो ही भेद होते हैं, नैयायिकादि के माने गये हेत्वाभास सभी पृथक वास्तविक नहीं है क्योंकि पृथक लक्षण वाले नहीं होने से इन्हीं दो हेत्वाभासों में अंतर्लीन है ऐसा सिद्ध हुआ।

विरुद्ध हेत्वाभास

अब इस समय विरुद्ध हेत्वाभास का कथन करते हैं–

विपरीतनिश्चिताविनाभावो विरुद्धः अपरिणामी शब्दः कृतकत्वात् ॥29॥

सूत्रार्थ– विपरीत अर्थात् साध्य से विपरीत जो विपक्ष है उसमें जिस हेतु का अविनाभाव निश्चित है वह हेतु हेत्वाभास कहलाता है, जैसे किसी ने कहा कि शब्द अपरिणामी है क्योंकि वह कृतक है, सो ऐसा कहना गलत है इस अनुमान का कृतकत्व हेतु साध्य जो अपरिणामी है उसमें न रहकर इससे विपरीत जो परिणामित्व है उसमें रहता है।

30. साध्यस्वरूपाद्विपरीतेन प्रत्यनीकेन निश्चितोऽविनाभावो यस्यासौ विरुद्धः। यथाऽपरिणामी शब्दः कृतकत्वदिति। कृतकत्वं हि पूर्वोत्तराकार-परिहारावाप्तिस्थितिलक्षणपरिणामेनैवाविनाभूतं बहिरन्तर्वा प्रतीतिविषयः सर्वथा नित्ये क्षणिके वा तदभावप्रतिपादनात्।

31. ये चाष्टौ विरुद्धभेदाः परैरिष्टास्तेप्येतल्लक्षणलक्षितत्वाविशेषतो-ऽत्रैवान्तर्भवन्तीत्युदाह्रियन्ते। सति सपक्षे चत्वारो विरुद्धाः। पक्षविपक्षव्यापकः सपक्षावृत्तिर्यथा-नित्यः शब्द उत्पत्तिधर्मकत्वात्। उत्पत्तिधर्मकत्वं हि पक्षीकृते

---

30. साध्य से विपरीत जो विपक्ष है उसके साथ है अविनाभाव जिसका उसे विरुद्ध हेत्वाभास कहते हैं, इस प्रकार "विपरीत निश्चिताविनाभावः" इस पद का विग्रह है। जैसे किसी ने कहा कि शब्द कृतक होने से अपरिणामी है, सो वह विरुद्ध है, क्योंकि कृतकत्व तो उसे कहते हैं जो पूर्व आकार का परिहार और उत्तर आकार की प्राप्ति एवं स्थितिरूप से परिणमन करता है, इस तरह के परिणमित्व के साथ ही कृतकत्व का अविनाभाव है, बहिरंग घट आदि पदार्थ, अन्तरंग आत्मादि पदार्थ में सभी कथंचित् इसी प्रकार से परिणामी होते हुए प्रतिभासित होते हैं, सर्वथा नित्य या सर्वथा क्षणिक में परिणमित्व सिद्ध नहीं होता, ऐसा हमने पहले ही प्रतिपादन कर दिया है।

31. इस विरुद्ध हेत्वाभास के नैयायिकादि परवादी आठ भेद मानते हैं, उनकी कोई पृथक्-पृथक् लक्षण भेद से सिद्धि नहीं होती है आठों का अन्तर्भाव एक में ही करके उनके उदाहरण बताते हैं–जिसका सपक्ष मौजूद रहता है ऐसे विरुद्ध हेत्वाभास के चार भेद होते हैं, तथा जिसमें सपक्ष नहीं होता ऐसे विरुद्ध हेत्वाभास के चार भेद होते हैं, उनमें से प्रथम ही सपक्ष वाले विरुद्ध हेत्वाभासों के क्रमशः दृष्टान्त देते हैं–जो हेतु पक्ष और विपक्ष में व्यापक हो और सपक्ष में न हो वह **प्रथम विरुद्ध हेत्वाभास** है, जैसे किसी ने अनुमान कहा कि शब्द [पक्ष] नित्य है [साध्य] क्योंकि यह उत्पत्ति धर्म वाला है। [हेतु] यहाँ उत्पत्ति धर्मकत्व हेतु पक्षभूत शब्द में रहता है, किन्तु आकाशादि सपक्ष के होते हुए भी उसमें नहीं रहता।

शब्दे प्रवर्त्तते, नित्यविपरीते चानित्ये घटादौ विपक्षे, नाकाशादौ सत्यपि सपक्षे इति।

32. विपक्षैकदेशवृत्तिः पक्षव्यापकः सपक्षावृत्तिश्च यथा–नित्यः शब्दः सामान्यवत्त्वे सत्यस्मदादिबाह्येन्द्रियप्रत्यक्षत्वात्। बाह्येन्द्रियग्रहणयोग्यतामात्रं हि बाह्येन्द्रियप्रत्यदक्षत्वमत्र विवक्षितम्, तेनास्य पक्षव्यापकत्वम्। विपक्षैकदेशव्यापकत्वं चानित्ये घटादौ भावात्सुखादौ चाभावात् सिद्धम्। सपक्षावृत्तित्वं चाकाशादौ नित्येऽवृत्तेः। सामान्ये वृत्तिस्तु 'सामान्यवत्त्वे सति' इति विशेषणाद्व्यवच्छिन्ना।

33. पक्षविपक्षैकदेशवृत्तिः सपक्षावृत्तिश्च यथा–सामान्यविशेषवती अस्मदादिबाह्याकरणप्रत्यक्षे वाग्मनसे नित्यत्वात्। नित्यत्वं हि पक्षैकदेशे

---

32. जो हेतु विपक्ष के एक देश में रहता है, पक्ष में व्यापक है सपक्ष में नहीं है वह **दूसरा विरुद्ध हेत्वाभास** है जैसे– शब्द नित्य है, क्योंकि सामान्यवान् होकर हमारे बाह्येन्द्रिय द्वारा ग्रहण करने योग्य होना इतना ही बाह्येन्द्रिय प्रत्यक्षत्व का अर्थ विवक्षित है, ऐसी बाह्येन्द्रिय प्रत्यक्षता पक्षभूत शब्द में रहती है यह बाह्येन्द्रिय प्रत्यक्षत्व हेतु विपक्ष के किसी देश में रहता है और किसी देश में नहीं, अर्थात् घटादि अनित्य विपक्षभूत वस्तु में बाह्येन्द्रिय से प्रत्यक्षत्व नहीं रहता अतः यह हेतु विपक्षैक देशवृत्ति वाला कहलाता है, आकाशादि नित्यभूत सपक्ष में बाह्येन्द्रिय प्रत्यक्षत्व नहीं रहने से सपक्ष असत्व कहा जाता है। सामान्यवत्वे सति इस विशेषण से सामान्य नामा पदार्थ में इस हेतु का रहना निषिद्ध होता है।

33. जो हेतु पक्ष और विपक्ष के मात्र एक देश में रहे तथा सपक्ष में न रहे वह **तीसरा विरुद्ध हेत्वाभास** है, जैसे– वचन और मन सामान्य विशेष वाले हैं एवं हमारे बाह्येन्द्रिय प्रत्यक्ष हैं, क्योंकि नित्य हैं, यहाँ नित्यत्व हेतु पक्ष का एक देश जो मन है उसमें तो रहता है [परवादी ने मन को नित्य माना है] और वचन रूप पक्ष में नहीं रहता तथा जो बाह्येन्द्रिय प्रत्यक्ष नहीं है ऐसे आकाशादि विपक्ष में यह नित्यत्व हेतु रहता है किन्तु सुखादि विपक्ष में नहीं रहता, इस तरह यह पक्ष के

मनसि वर्त्तते न वाचि, विपक्षे चास्मदादिबाह्यकरणाप्रत्यक्षे गगनादौ नित्यत्वं वर्त्तते न सुखादौ। सपक्षे च घटादावस्याऽवृत्तेः सपक्षावृत्तित्वम्। सामान्यस्य च सपक्षत्वं सामान्या(न्य) विशेषवत्त्वविशेषणाद्व्यवच्छिन्नम्। योगिबाह्यकरण-प्रत्यक्षस्य चाकाशादेरस्मदाद्यऽग्रहणादसपक्षत्वम्।

34. पक्षैकदेशवृत्तिः सपक्षावृत्तिर्विपक्षव्यापको यथा–नित्ये वाग्मनसे उत्पत्तिधर्मकत्वात्। उत्पत्तिधर्मकत्वं हि पक्षैकदेशे वाचि वर्त्तते न मनसि, सपक्षे चाकाशादौ नित्ये न वर्त्तते, विपक्षे च घटादौ सर्वत्र वर्त्तते इति।

35. तथाऽसति सपक्षे चत्वारो विरुद्धाः। पक्षविपक्षव्यापकोऽविद्यमान-सपक्षो यथा–आकाशविशेषगुणः शब्दः प्रमेयत्वात्। प्रमेयत्वं हि पक्षे शब्दे वर्तते। विपक्षे चानाकाशविशेषगुणे घटादौ, न तु सपक्षे तस्यैवाभावात्। न

एक देश में तथा विपक्ष के एक देश में रहने वाला कहा जाता है। घट आदि सपक्षभूत पदार्थ में यह हेतु नहीं रहने से सपक्ष आवृत्ति वाला है। यहाँ सामान्य को सपक्षपना नहीं है क्योंकि "सामान्य विशेषवान है" ऐसे विशेषण द्वारा सामान्यनामा पदार्थ का व्यवच्छेद किया है। योगिजन के बाह्येन्द्रिय से प्रत्यक्ष होने वाले आकाशादिक यहाँ सपक्ष नहीं हो सकते, क्योंकि वे हमारे द्वारा अग्राह्य हैं।

34. जो हेतु पक्ष के एक देश में रहता हो, सपक्ष आवृत्ति वाला हो, और विपक्ष में पूर्ण व्यापक हो वह **चौथा विरुद्ध हेत्वाभास** है जैसे– मन और वचन नित्य है, क्योंकि उत्पत्ति धर्म वाले हैं, यह उत्पत्ति धर्मत्व हेतु पक्ष के एकदेशभूत वचन में रहता है और एकदेशभूत मन में नहीं रहता। नित्य सपक्षभूत आकाशादि में नहीं रहता। तथा विपक्षभूत घट पटादि में सर्वत्र ही रहता है।

35. अब जिसका सपक्ष विद्यमान ही नहीं होता ऐसे विरुद्ध हेत्वाभास के चार भेद बतलाते हैं– जो हेतु पक्ष विपक्ष में व्यापक है और अविद्यमान है सपक्ष जिसका ऐसा है उस विरुद्ध हेत्वाभास का उदाहरण– जैसे शब्द आकाश का विशेष गुण है, क्योंकि वह प्रमेय है। यह प्रमेयत्व हेतु पक्षभूत शब्द में रहता है, जो आकाश का गुण नहीं है ऐसे घट आदि विपक्ष में भी रहता है, किन्तु सपक्ष में नहीं रहता, क्योंकि

ह्याकाशे शब्दादन्यो विशेषगुण: कश्चिदस्ति य: सपक्ष: स्यात्। परममहा-परिमाणादेरन्यत्रापि प्रवृत्तित: साधारणगुणत्वात्।

36. पक्षविपक्षैकदेशवृत्तिरविद्यमानसपक्षो यथा–सत्तासम्बन्धिन: षट् पदार्था उत्पत्तिमत्त्वात्। अत्र हि हेतु: पक्षीकृतषट्पदार्थैकदेशे अनित्यद्रव्यगुणकर्मण्येव वर्त्तते न नित्यद्रव्यादौ। विपक्षे चासत्तासम्बन्धिनि प्रागभावाद्येकदेशे प्रध्वंसाभावे वर्त्तते न तु प्रागभावादौ। सपक्षस्य चासम्भवादेव तत्रास्यावृत्ति: सिद्धा।

37. पक्षव्यापको विपक्षैकदेशवृत्तिरविद्यमानसपक्षो यथा–आकाश-विशेषगुण: शब्दो बाह्येन्द्रियग्राह्यत्वात्। अयं हि हेतु: पक्षीकृते शब्दे वर्त्तते। विपक्षस्य चानाकाशविशेषगुणस्यैकदेशेरूपादौ वर्त्तते, न तु सुखादौ। सपक्षस्य

इसका सपक्ष होता ही नहीं इसका भी कारण यह है कि आकाश में शब्द को छोड़कर कोई भी विशेष गुण नहीं होता जो उसका सपक्ष बने! बल्कि महा परिमाणादि गुण रहते तो हैं किन्तु वे आत्मादि अन्य द्रव्य में भी रहते हैं अत: सामान्य गुण रूप ही कहलाते हैं विशेष गुणरूप नहीं।

36. जो हेतु पक्ष और विपक्ष के एक देश में रहता है तथा सपक्ष जिसका नहीं है वह दूसरा विरुद्ध हेत्वाभास है जैसे– द्रव्य, गुण आदि छहों पदार्थ सत्ता सम्बन्ध वाले होते हैं, क्योंकि उत्पत्तिमान है, इस अनुमान में जो उत्पत्तिमत्व हेतु है वह पक्ष में लिये छहों पदार्थों में न रहकर एक देश में– अर्थात् अनित्यद्रव्य तथा गुण एवं कर्म में मात्र रहता है, नित्य द्रव्यादि अन्य पदार्थों में नहीं रहता। विपक्ष जो असत्ता सम्बन्धी है, ऐसे चार प्रकार के अभावों में न रहकर सिर्फ एक देश जो प्रध्वंसाभाव उसी में उत्पत्तियत्व हेतु रहता है अन्य प्रागभाव आदि तीन प्रकार के भावों में नहीं रहता। इस हेतु का सपक्ष नहीं होने में उसमें रहना असिद्ध ही है।

37. जो हेतु पक्ष में पूर्णतया व्यापक हो विपक्ष के एक देश में रहता है एवं अविद्यमान सपक्षभूत है वह तीसरा विरुद्ध हेत्वाभास है जैसे– शब्द आकाश का विशेष गुण है, क्योंकि बाह्येन्द्रिय प्रत्यक्ष है, यह

चासम्भवादेव तत्रास्याऽवृत्तिः सिद्धा।

38. पक्षैकदेशवृत्तिर्विपक्षव्यापकोऽविद्यमानसपक्षो यथा–नित्यंवाङ्-मनसे कार्यत्वात्। कार्यत्वं हि पक्षस्यैकदेशे वाचि वर्त्तते न मनसि। विपक्षे चानित्ये घटादौ सर्वत्र प्रवर्त्तते सपक्षे चावृत्तिस्तस्याभावात्सुप्रसिद्धा।

अथानैकान्तिकः कीदृश इत्याह–

विपक्षेप्यविरुद्धवृत्तिरनैकान्तिकः ॥30॥

39. न केवलं पक्षसपक्षेऽपि तु विपक्षेपीत्यपिशब्दार्थः। एकस्मिन्नन्ते नियतो ह्यैकान्तिकस्तद्विपरीतोऽनैकान्तिकः सव्यभिचार इत्यर्थः। कः पुनरयं

बाह्येन्द्रिय प्रत्यक्षत्व हेतु पक्षरूप शब्द में रहता है, अनाकाश के विशेषगुणभूत रूपरसादि विपक्ष एक देश में तो है किन्तु सुखादि विपक्ष में नहीं है अतः विपक्षैक देशवृत्ति कहलाया, सपक्ष का असत्व होने से उसमें रहना निषिद्ध है ही।

38. जो हेतु पक्ष के एक देश में रहता है और विपक्ष में पूर्ण व्यापक रहता है एवं अविद्यमान सपक्ष वाला है वह चौथा विरुद्ध हेत्वाभास है, जैसे वचन और मन नित्य है, क्योंकि ये कार्यरूप है, यह कार्यत्व हेतु पक्ष के एक देशभूत वचन में तो रहता है और मन में नहीं रहता, अनित्य घटादि विपक्ष में सर्वत्र रहता है, सपक्ष के अभाव होने से उसमें रहना असम्भव है ही।

इस प्रकार जिसका सपक्ष नहीं होता ऐसे विरुद्ध हेत्वाभास के चार भेद और पहले जो सपक्ष वाले चार भेद बताये वे सब मिलकर आठ हुए इनका प्रतिपादन नैयायिकादि परवादी कहते हैं किन्तु ये सबके सब विशेष लक्षण के अभाव में कुछ भी महत्त्व नहीं रखते हैं।

अनैकान्तिक हेत्वाभास

अब अनैकान्तिक हेत्वाभास का वर्णन करते हैं–

विपक्षेप्यविरुद्धवृत्तिरनैकान्तिकः ॥30॥

सूत्रार्थ– जो हेतु विपक्ष में भी अविरुद्ध रूप से रहता हो वह अनैकान्तिक हेत्वाभास है।

39. केवल पक्ष सपक्ष में ही नहीं अपितु विपक्ष में भी जो हेतु

व्यभिचारो नाम? पक्षसपक्षान्यवृत्तित्वम्। यः खलु पक्षसपक्षवृत्तित्वे सत्यन्यत्र वर्त्तते स व्यभिचारी प्रसिद्धः। यथा लोके पक्षसपक्षविपक्षवर्ती कश्चित्पुरुषस्तथा चायमनैकान्तिकत्वेनाभिमतो हेतुरिति। स च द्वेधा निश्चितवृत्तिः शङ्कित-वृत्तिश्चेति। तत्र–

निश्चितवृत्तिर्यथाऽनित्यः शब्दः प्रमेयत्वाद् घटवदिति ॥31॥

कथमित्याह–

आकाशे नित्येप्यस्य सम्भवादिति ॥32॥

चला जाय वह अनैकान्तिक [व्यभिचारी] कहलाता है ऐसा सूत्रस्थ अपि शब्द का अर्थ है। एक धर्म में जो नियत है वह ऐकान्तिक है और जो ऐकान्तिक नहीं वह अनैकान्तिक कहा जाता है, **"एकस्मिन् अन्ते [धर्मे] नियतः स ऐकान्तिक [इकण प्रत्यय] न ऐकान्तिकः असौ अनैकान्तिकः"** इस प्रकार अनैकान्तिक पद का विग्रह है। अर्थ यह हुआ कि जो विपक्ष से व्यभिचरित होता है वह अनैकान्तिक हेत्वाभास कहलाता है।

कोई पूछे कि व्यभिचार किसे कहते हैं? तो इसका उत्तर यह है कि पक्ष सपक्ष और विपक्ष में रहना व्यभिचार है, जो हेतु पक्ष और सपक्ष में रहते हुए अन्य विपक्ष में भी जाता है वह व्यभिचारी हेतु होता है, जैसे लोक में भी प्रसिद्ध है कि जो कोई पुरुष अपने पक्ष में तथा सपक्ष में बोलता है और विपक्ष में भी बोलने लग जाता है अर्थात् तीनों में मिला रहता है उसे व्यभिचारी (दोगला) कहते हैं ऐसा ही यह हेतु अनैकान्तिकरूप माना गया है। इसके दो भेद हैं निश्चितवृत्ति और शंकितवृत्ति। निश्चितवृत्ति अनैकान्तिक का उदाहरण–

निश्चितवृत्तिर्यथानित्यः शब्दः प्रमेयत्वात् घटवत् ॥31॥

सूत्रार्थ– जो निश्चित रूप से विपक्ष में जाता हो वह हेतु निश्चित वृत्ति अनैकान्तिक हेत्वाभास है जैसे– शब्द अनित्य है, क्योंकि वह प्रमेय है, जिस प्रकार घट प्रमेय होने से अनित्य है।

यह हेतु व्यभिचरित कैसे होता है उसे यहां बताते हैं–

शङ्कितवृत्तिस्तु नास्ति सर्वज्ञो वक्तृत्वादिति ॥33॥

कुतोऽयं शङ्कितवृत्तिरित्याह–

सर्वज्ञत्वेन वक्तृत्वाविरोधात् ॥34॥

40. एतच्च सर्वज्ञसिद्धिप्रस्तावे प्रपञ्चितमिति नेहोच्यते। पराभ्युपगतश्च पक्षत्रयव्यापकाद्यनैकान्तिकप्रपञ्च एतल्लक्षणलक्षितत्वाविशेषान्नातोऽर्था–

आकाशे नित्येप्यस्य सम्भवात् ॥32॥

सूत्रार्थ– यह प्रमेयत्व नित्य आकाश में भी रहता है अतः व्यभिचरित है। शंकितवृत्ति अनैकान्तिक का उदाहरण–

शंकितवृत्तिस्तु नास्ति सर्वज्ञो वक्तृत्वात् ॥33॥

सूत्रार्थ– जिसका विपक्ष में जाना संशयास्पद हो वह शंकित वृत्ति अनैकान्तिक है जैसे-- सर्वज्ञ नहीं है, क्योंकि वह बोलता है।

वह वक्तृत्व हेतु शंकित वृत्ति हेत्वाभास क्यों हुआ उसे बताते हैं–

सर्वज्ञत्वेन वक्तृत्वाविरोधात् ॥34॥

सूत्रार्थ– सर्वज्ञ के साथ वक्तृत्व का कोई विरोध नहीं है।

अर्थात् जो सर्वज्ञ हो वह बोले नहीं ऐसा कोई नियम नहीं, अतः सर्वज्ञ का नास्तिपना वक्तृत्व हेतु द्वारा सिद्ध नहीं होता, वक्तृत्व तो सर्वज्ञ हो चाहे असर्वज्ञ हो दोनों प्रकार के पुरुषों में पाया जाना सम्भव है।

40. इस विषय में सर्वज्ञ सिद्धि प्रकरण में [दूसरे भाग में] विस्तारपूर्वक कह दिया है, अब यहाँ नहीं कहते। नैयायिकादि ने इस अनैकान्तिक हेत्वाभास के पक्ष त्रय व्यापक आदि अनेक [आठ] भेद किये हैं किन्तु उन सबमें यही एक लक्षण "विपक्ष में अविरुद्धरूप में रहना पाया जाता है अतः इस अनैकान्तिक से पृथक् सिद्ध नहीं होते, सभी में विपक्ष के एक देश में या पूरे विपक्ष में अविरुद्ध से रहना सम्भव है।

अब इन्हीं नैयायिकादि के अनैकान्तिक हेत्वाभासों के उदाहरण दिये जाते हैं।

न्तरम्, सर्वत्र विपक्षस्यैकदेशे सर्वत्र वा विपक्षे वृत्त्या विपक्षेप्यविरुद्धवृत्तित्व-लक्षणसम्भवादित्युदाह्रियते।

41. पक्षत्रयव्यापको यथा–अनित्यः शब्दः प्रमेयत्वात्। पक्षे सपक्षे विपक्षे चास्य सर्वत्र प्रवृत्तेः पक्षत्रयव्यापकः।

42. सपक्षविपक्षैकदेशवृत्तिर्यथा-नित्यः शब्दोऽमूर्त्तत्वात्। अमूर्त्तत्वं हि पक्षीकृते शब्दे सर्वत्र वर्त्तते। सपक्षैकदेशे चाकाशादौ वर्त्तते, न परमाणुषु। विपक्षैकदेशे च सुखादौ वर्त्तते न घटादाविति।

43. पक्षपक्षव्यापको विपक्षैकदेशवृत्तिर्यथा-गौरयं विषाणित्वात्। विषाणित्वं हि पक्षीकृते पिण्डे वर्त्तते, सपक्षे च गोत्वधर्माध्यासिते सर्वत्र व्यक्तिविशेषे, विपक्षस्य चागोरूपस्यैकदेशे महिष्यादौ वर्त्तते न तु मनुष्यादाविति।

प्रथम अनैकान्तिक हेत्वाभास

41. पक्ष विपक्ष सपक्ष तीनों में व्याप्त रहने वाला प्रथम अनैकान्तिक हेत्वाभास है, जैसे– शब्द अनित्य है, क्योंकि प्रमेय है, यह प्रमेय पक्ष शब्द में, सपक्ष घट आदि में और विपक्ष आकाशादि में सर्वत्र ही रहता है, अतः इसे पक्ष त्रय व्यापक कहते हैं।

द्वितीय अनैकान्तिक हेत्वाभास

42. जो सपक्ष तथा विपक्ष के एक देश में रहे वह दूसरा अनैकान्तिक हेत्वाभास है, जैसे– शब्द नित्य है, क्योंकि वह अमूर्त्त है, यह अमूर्त्तत्व हेतु पक्षीकृत शब्द में पूर्ण रूप से व्यापक है, सपक्ष के एक देश आकाशादि में तो रहता है परमाणु में नहीं रहता, विपक्ष के भी एक देश स्वरूप सुखादि में रहता है और घटादि विपक्ष में नहीं रहता।

तृतीय अनैकान्तिक हेत्वाभास

43. पक्ष और सपक्ष में तो व्यापक हो विपक्ष के एक देश में रहे वह तीसरा अनैकान्तिक हेत्वाभास है, जैसे– यह पशु तो बैल है क्योंकि सींग वाला है यह विषाणित्व [सींगवालापन] हेतु पक्षभूत बैल में रहता है, जिसमें गोत्व पाया जाता है ऐसे अन्य सब सपक्षभूत गो व्यक्तियों में रहता है, विपक्षभूत गोत्व से रहित अगोरूप भैंस आदि

44. पक्षविपक्षव्यापकः सपक्षैकदेशवृत्तिर्यथा–अगौरयं विषाणित्वात्। अयं हि हेतुः पक्षीकृतेऽगोपिण्डे वर्त्तते। अगोत्वविपक्षे च गोव्यक्तिविशेषे सर्वत्र, सपक्षस्य चागोरूपस्यैकदेशे महिष्यादौ वर्तते न तु मनुष्यादाविति।

45. पक्षत्रयैकदेशवृत्तिर्यथा–अनित्ये वाग्मनसेऽमूर्त्तत्वात्। अमूर्त्तत्वं हि पक्षस्यैकदेशे वाचि वर्त्तते न मनसि सपक्षस्य चैकदेशे सुखादौ न घटादौ, विपक्षस्य चाकाशादेर्नित्यस्यैकदेशे गगनादौ न परमाणुष्विति।

किसी किसी में वह विषाणित्व पाया जाता है और अगौरूप अन्य विपक्ष जो मनुष्यादि हैं उनमें नहीं पाया जाता, अतः त्रिपक्षैक देशवृत्ति अनैकान्तिक है।

चतुर्थ अनैकान्तिक हेत्वाभास

44. पक्ष विपक्ष में व्यापक और सपक्ष के एक देश में रहे वह चौथा अनैकान्तिक हेत्वाभास है, जैसे– यह पशु अगे है गो नहीं, क्योंकि यह विषाणी है, यह विषाणित्व हेतु पक्षीकृत अगो पिंड में रहता है, [सींग वाले पशु विशेष में] अगोत्व का विपक्ष जो गो व्यक्ति विशेष है उनमें सर्वत्र रहता है। [यहाँ सामने उपस्थित एक पशु को तो पक्ष बनाया है जो कि अगो है। गो व्यक्ति विशेष जो खण्ड मुण्ड आदि संपूर्ण गो व्यक्तियाँ है उन सभी को विपक्ष में लिया है] इस हेतु का सपक्ष अगो है अतः अगोरूप भैंस आदि किसी सपक्ष में तो वह विषाणित्व हेतु रहता है और मनुष्यादि अगो सपक्ष में नहीं रहता, अतः अपक्षैक देशवृत्ति कहलाया।

पञ्चम अनैकान्तिक हेत्वाभास

45. पक्ष सपक्ष विपक्ष तीनों के एकदेश में रहे वह पाँचवा अनैकान्तिक हेत्वाभास है, जैसे– वचन और मन अनित्य है, क्योंकि अमूर्त्त है, यह अमूर्त्तत्व हेतु पक्ष के एकदेश वचन में रहता है (परवादी की अपेक्षा वचन अमूर्त्त है) मन में नहीं। सपक्ष में एकदेश सुखादि में रहता है घटादि में नहीं, इसी तरह विपक्ष जो यहाँ नित्य है उस नित्यभूत आकाशादि विपक्ष में अमूर्त्तत्व रहता है और परमाणुरूप विपक्ष में नहीं रहता अतः पक्षत्रय एकदेश वृत्ति कहा जाता है।

46. पक्षसपक्षैकदेशवृत्तिर्विपक्षव्यापको यथा–द्रव्याणि दिक्काल-मनांस्यमूर्तत्वात्। अमूर्तत्वं हि पक्षस्यैकदेशे दिक्काले वर्तते न मनसि, सपक्षस्य द्रव्यरूपस्यैकदेशे आत्मादौ वर्तते न घटादौ, विपक्षे चाद्रव्यरूपे गुणादौ सर्वत्रेति।

47. पक्षविपक्षैकदेशवृत्तिः सपक्षव्यापको यथा–अद्रव्याणि दिक्काल-मनांस्यमूर्तत्वात्। अत्रापि प्राक्तनमेव व्याख्यानम् अद्रव्यरूपस्य गुणादेस्तु सपक्षतेति विशेषः।

षष्ठ अनैकान्तिक हेत्वाभास

46. पक्ष और सपक्ष के एकदेश में रहे और विपक्ष में व्यापक हो वह छठा अनैकान्तिक हेत्वाभास है, जैसे– दिशाकाल और मन ये सब द्रव्य हैं, क्योंकि ये अमूर्त्त हैं, यहाँ अमूर्त्तत्व हेतुपक्ष का एकदेश जो दिशा और काल है उनमें तो रहता है और शेष एकदेश मन में नहीं रहता। सपक्ष का एकदेश जो द्रव्यरूप आत्मा आदि है उनमें सर्वत्र रहता है यहां यह जानना जरूरी है कि नैयायिकादि परवादी के यहाँ मूर्त्तत्व अमूर्त्तत्व का लक्षण इस प्रकार है–"इयत्ता अवच्छित्रयोगित्वं मूर्त्तत्वं" "इतना है" इस प्रकार जिसका माप हो सके वह मूर्त्तत्व कहलाता है, इससे विपरीत जिसका इतनापना-परिणाम न हो सके वह अमूर्त्तत्व कहलाता है, इस लक्षण के अनुसार सभी गुण–रूप, रस, गंधादिक भी अमूर्त्त ठहरते हैं, किन्तु यह लक्षण सर्वथा प्रत्यक्ष बाधित है अस्तु, इसी लक्षण के अनुसार यहाँ सभी गुणों को अमूर्त्त कहा।

सप्तम अनैकान्तिक हेत्वाभास

47. पक्ष और विपक्ष के एकदेश में और सपक्ष में सर्वत्र व्यापक हो वहाँ सातवाँ अनैकान्तिक हेत्वाभास है, जैसे– दिशा, काल और मन अद्रव्य हैं– द्रव्य नहीं कहलाते, क्योंकि ये अमूर्त्त है। यहाँ पर भी पहले कहे हुए छठवें हेत्वाभास के समान सब व्याख्यान घटित करना चाहिये, इतनी विशेषता है कि अद्रव्यरूप जो गुणादिक है वे यहां सपक्ष कहलायेंगे। इसका खुलासा करते हैं "दिशा काल और मन ये अद्रव्य है" यह तो पक्ष है इसमें अमूर्त्तत्व हेतु दिशा काल रूप पक्ष के एक देश

48. सपक्षविपक्षव्यापकः पक्षैकदेशवृत्तिर्यथा-पृथिव्यप्तेजोवाय्वकाशान्यनित्यान्यगन्धवत्त्वात्। अगन्धवत्त्वं हि पृथिवीतोऽन्यत्र पक्षैकदेशे वर्तते न तु पृथिव्याम्, सपक्षे चानित्ये गुणे कर्मणि च, विपक्षेचात्मादौ नित्ये सर्वत्र वर्तत इति।

अथेदानीमकिञ्चित्करस्वरूपं सिद्ध इत्यादिना व्याचष्टे-

सिद्धे प्रत्यक्षादिबाधिते च साध्ये हेतुरकिञ्चित्करः ॥35॥

सिद्धे निर्णीते प्रमाणान्तरात्साध्ये प्रत्यक्षादिबाधिते च हेतुर्न किञ्चित्-

---

में तो है और एक देश जो मन है उसमें नहीं है। विपक्ष यहाँ द्रव्य है सो किसी द्रव्यरूप विपक्ष में तो अमूर्त्तत्व है और किसी में नहीं, इस तरह पक्ष और विपक्ष के एकदेश में अमूर्त्तत्व हेतु रहा। इस हेतु का सपक्ष गुणादि है उसमें सर्वत्र व्यापक है।

अष्टम अनैकान्तिक हेत्वाभास

48. जो हेतु सपक्ष और विपक्ष में व्यापक हो और पक्ष के एकदेश में रहे वह आठवाँ अनैकान्तिक हेत्वाभास है, जैसे- पृथ्वी, जल, अग्नि, वायु, आकाश ये पदार्थ अनित्य हैं क्योंकि ये अगन्धवान है। अगन्धवानत्व हेतु पृथ्वी को छोड़कर अन्य जल आदि पदार्थों में तो रहता है किन्तु पृथिवी में नहीं रहता। सपक्ष जो अनित्य गुण और कर्म है उनमें व्यापक है और आत्मा आदि नित्यरूप विपक्ष में भी सर्वत्र व्याप्त है। इस तरह नैयायिकादि के यहाँ हेत्वाभासों का वर्णन है, असिद्ध के आठ भेद विरुद्ध के आठ भेद और अनैकान्तिक आठ भेद ये अपने-अपने असिद्ध आदि में ही लीन हैं क्योंकि इसमें कुछ भी लक्षण भेद नहीं है। अतः इस तरह भेद करना गलत है।

अकिञ्चित्कर हेत्वाभास

अब यहाँ पर श्री आचार्य माणिक्यनन्दी अकिञ्चित्कर हेत्वाभास का स्वरूप बतलाते हैं-

सिद्धे प्रत्यक्षादिबाधिते च साध्ये हेतुरकिञ्चित्करः ॥35॥

सूत्रार्थ- जो प्रमाण प्रसिद्ध साध्य हो अथवा प्रत्यक्षादि प्रमाण से बाधित साध्य हो ऐसे साध्य के लिये प्रयुक्त हुआ हेतु अकिञ्चित्कर

करोतीत्यकिञ्चित्करोऽनर्थकः।

यथा श्रावणः शब्दः शब्दत्वादिति ॥36॥

न ह्यसौ स्वसाध्यं साधयति, तस्याध्यक्षादेव प्रसिद्धेः। नापि साध्यान्तरम्; तत्रावृत्तेरित्यत आह–

किञ्चिदकरणात् ॥37॥

प्रत्यक्षादिबाधिते च साध्येऽकिञ्चित्करोसौ–

अनुष्णोऽग्निर्द्रव्यत्वादित्यादौ यथा किंचित्कर्त्तुमशक्यत्वात् ॥38॥

कहलाता है।

जो साध्य पहले ही किसी अन्य प्रमाण से सिद्ध हो चुका हो, या किसी प्रत्यक्षादि से जिसमें बाधा आती हो ऐसे वस्तु को साध्य बनाकर उसमें जो हेतु दिया जाय तो वह अकिंचित्कर माना जाता है, न किंचित् करोति इति अकिचित्करः अनर्थकः ऐसा व्युत्पत्यर्थ है। इसका उदाहरण देते हुए अगला सूत्र कहते हैं–

यथा श्रावणः शब्दः शब्दत्वात् ॥36॥

सूत्रार्थ– जैसे किसी ने कहा कि शब्द कर्णेन्द्रिय का विषय है, क्योंकि वह शब्दरूप है।

यहाँ शब्दत्व हेतु स्वसाध्य को [श्रावणत्व का] कुछ भी सिद्ध नहीं करता, क्योंकि साध्य प्रत्यक्ष सिद्ध है अर्थात् शब्द कर्ण से प्रत्यक्ष सुनायी दे रहा है, उसे क्या कहना कि ये कर्ण से सुनायी देने वाला है? अन्य साध्य को भी सिद्ध नहीं करता, क्योंकि उसमें नहीं है, इसी को कहते हैं–

किञ्चिदकरणात् ॥37॥

सूत्रार्थ– यह शब्दत्व हेतु कुछ भी नहीं करता है। प्रत्यक्षादि से बाधित जो साध्य है उसमें भी यह हेतु कुछ नहीं करता ऐसा बतलाते है–

यथा अनुष्णोग्निर्द्रव्यत्वादित्यादौ किंचित् कर्त्तुमशक्यत्वात् ॥38॥

कुतोस्याऽकिञ्चित्करत्वमित्याह-किञ्चित्कर्तुमशक्यत्वात्।

49. ननु प्रसिद्धः प्रत्यक्षानुमानागमलोकस्ववचनैश्च बाधितः पक्षाभासः प्रतिपादितः। तद्दोषेणैव चास्य दुष्टत्वात् पृथगकिञ्चित्कराभिधान-मनर्थकमित्याशङ्क्य लक्षण एवेत्यादिना प्रतिविधत्ते-

लक्षण एवासौ दोषो व्युत्पन्नप्रयोगस्य पक्षदोषेणैव दुष्टत्वात् ॥39॥

50. लक्षणे लक्षणव्युत्पादनशास्त्रे एवासावकिञ्चित्करत्वलक्षणो दोषो विनेयव्युत्पत्त्यर्थं व्युत्पाद्यते, न तु व्युत्पन्नानां प्रयोगकाले। कुत

सूत्रार्थ- जैसे किसी ने अनुमान वाक्य का प्रयोग किया कि अग्नि ठंडी होती है, क्योंकि वह द्रव्यरूप है, जिस प्रकार जल द्रव्य होने से ठंडा रहता है। तब साध्य में दिया हुआ यह द्रव्यत्व हेतु कुछ नहीं कर सकता अर्थात् अग्नि को ठंडा सिद्ध नहीं कर सकता, क्योंकि अग्नि तो प्रत्यक्ष से उष्ण सिद्ध है।

49. **शंका-** प्रत्यक्ष, अनुमान, आगम, लोक और स्ववचन इनमें बाधित जो पक्ष हो वह सब पक्षाभास है ऐसा पहले ही बता चुके हैं, उस पक्ष के दोष के कारण ही यह अकिंचित्कर हेतु हेत्वाभास बना है, अतः इस हेत्वाभास को पृथक्रूप से कहना व्यर्थ है?

इसी शंका को ध्यान में रखकर आगे सूत्र को कहते हैं-

लक्षण एवासौ दोषो व्युत्पन्न-प्रयोगस्य पक्षदोषेणैव दुष्टत्वात् ॥39॥

अर्थ- लक्षण को बतलाने वाले हेतु के लक्षण शास्त्र में ही इस अकिंचित्कर हेत्वाभास को गिनाया है, जो व्यक्ति अनुमान के प्रयोग करने में कुशल है व्युत्पन्नमति है वह तो पक्ष के दोष के कारण ही इस हेतु को दुष्ट हुआ मान लेता है।

50. हेतु के लक्षण बतलाने वाले शास्त्र में इस अकिंचित्कर लक्षण वाला दोष बता दिया है, इसका कारण यह है कि शिष्यों को पहले से ही व्युत्पन्न-अनुमान प्रयोग में प्रवीण करना है अतः उनको

एतदित्याहव्युत्पन्नप्रयोगस्य पक्षदोषेणैव दृष्टत्वात्।

51. अथेदानीं दृष्टान्ताभासप्रतिपादनार्थं दृष्टान्तेत्याद्युपक्रमते। दृष्टान्तो ह्यन्वयव्यतिरेकभेदाद्द्विधेत्युक्तम्। तद्विपरीतस्तदाभासोपि तद्भेदाद्द्विधैव द्रष्टव्यः। तत्र–

दृष्टान्ताभासा अन्वये असिद्धसाध्यसाधनोभयाः ॥40॥

अपौरुषेयः शब्दोऽमूर्तत्वादिन्द्रियसुख-परमाणु-घटवदिति ॥41॥

समझाया है कि इस तरह के हेतु का प्रयोग नहीं करना इस तरह का पक्ष नहीं बनाना, किन्तु जो व्युत्पन्नमति बन चुके हैं और वाद में उपस्थित हुए हैं उनके लिये यह हेत्वाभास का लक्षण नहीं कहा। इसका भी कारण यह है कि व्युत्पन्न पुरुष यदि ऐसा अनुमान प्रयोग करेंगे तो उन्हें वही रोका जायेगा और कहा जायेगा कि आपका यह पक्ष ठीक नहीं है, इस पक्ष के दोष से अर्थात् पक्षाभास के प्रयोग से ही हेतु दूषित हुआ इत्यादि, अतः कोई वाद कुशल पुरुष भी यदि किसी आकुलता आदि कारणवश इस तरह का सदोष अनुमान प्रयोग कर बैठे तो उसे पक्ष के दोष से ही दूषित ठहराया जाता है। इस प्रकार यहाँ तक हेत्वाभास का वर्णन किया।

दृष्टान्ताभास

51. अब इस समय दृष्टान्ताभास का प्रतिपादन करते हैं, दृष्टान्त के अन्वय दृष्टान्त और व्यतिरेक दृष्टान्त इस प्रकार दो भेद पहले बताये थे, अतः दृष्टान्ताभास भी दो प्रकार का है उसमें पहले अन्वय दृष्टान्तभास को कहते हैं–

दृष्टान्ताभासा अन्वये असिद्धसाध्यसाधनोभयाः ॥40॥

सूत्रार्थ– अन्वय– जहाँ जहाँ साधन [धूम] होता है वहाँ वहाँ साध्य [अग्नि] होता है, इस प्रकार की व्याप्ति दिखलाकर दृष्टान्त दिया जाता है, इस दृष्टांत में यदि साध्य न हो या साधन न हो अथवा उभय– दोनों नहीं हो, वे सबके सब अन्वय दृष्टांताभास है, इसका उदाहरण देते हैं–

52. इन्द्रियसुखे हि साधनममूर्त्तत्वमस्ति, साध्यं त्वपौरुषेयत्वं नास्ति पौरुषेयत्वात्तस्य। परमाणुषु तु साध्यमपौरुषेयत्वमस्ति, साधनं त्वमूर्तत्वं नास्ति मूर्तत्वात्तेषाम्। घटे तूभयमपि पौरुषेयत्वान्मूर्तत्वाच्चास्येति। न केवलमेत एवान्वये दृष्टान्ताभासाः किन्तु–

विपरीतान्वयश्च यदपौरुषेयं तदमूर्त्तम् ॥42॥

53. विपरीतोऽन्वयो व्याप्तिप्रदर्शनं यस्मिन्निति। यथा यदपौरुषेयं तदमूर्तमिति। 'यदमूर्तं तदपौरुषेयम्' इति हि साध्येन व्याप्ते साधने प्रदर्शनीये

अपौरुषेयः शब्दोऽमूर्त्तत्वादिन्द्रियसुख-परमाणु-घटवत् ॥41॥

सूत्रार्थ– शब्द अपौरुषेय है, क्योंकि वह अमूर्त्त है, जैसे इंद्रिय सुख अमूर्त्त होने से अपौरुषेय है, अथवा परमाणु अमूर्त्त होने से अपौरुषेय है, इस प्रकार किसी ने अनुमान का प्रयोग किया इसमें शब्द को अपौरुषेय सिद्ध करने के लिये अमूर्त्तत्व हेतु दिया है और दृष्टान्त तीन दिये हैं, उनमें प्रथम दृष्टान्त इन्द्रिय सुख का है।

52. इन्द्रिय सुख में अमूर्त्तत्व हेतु [साधन] तो है किन्तु साध्य जो अपौरुषेय है वह नहीं, क्योंकि इंद्रिय सुख पुरुषकृत ही है अतः यह दृष्टान्त साध्य विकल ठहरता है। दूसरा दृष्टान्त परमाणु का है, इसमें साध्य अपौरुषेत्व तो है किन्तु साधन–अमूर्त्तत्व नहीं है अतः यह दृष्टान्त साधन विकल कहलाया। तीसरा दृष्टान्त घट का है, इसमें साध्य साधन अपौरुषेय और अमूर्त्तत्व दोनों ही नहीं है, घट तो पौरुषेय और मूर्त्त है अतः घट दृष्टान्त उभय विकल है। अन्य अन्वय दृष्टान्ताभास को बतलाते हुए अगला सूत्र कहते हैं–

विपरीतान्वयश्च यदपौरुषेयं तदमूर्त्तम् ॥42॥

सूत्रार्थ– जिस दृष्टान्त में विपरीत अन्वय दिखाया जाता है वह भी दृष्टान्तभास कहलाता है, जैसे कहना कि जो अपौरुषेय होता है वह अमूर्त्त होता है।

53. विपरीत रूप से अन्वय व्यप्ति है जिसमें उसे विपरीतान्वय

कुतश्चिद्व्यामोहात् 'यद्पौरुषेयं तदमूर्तम्' इति प्रदर्शयति। न चैवं प्रदर्शनीयम्–

विद्युदादिनाऽतिप्रसङ्गादिति।।43।।

विद्युद्वनकुसुमादौ ह्यऽपौरुषेयत्वेप्यमूर्तत्वं नास्तीति। व्यतिरेके दृष्टान्ताभासा:–

व्यतिरेके असिद्धतद्व्यतिरेका: परमाण्विन्द्रियसुखाकाशवत् ।।44।।

कहते हैं, इस प्रकार विपरीतान्वय शब्द का विग्रह है। जो अमूर्त्त है वह अपौरुषेय होता है ऐसा सही अन्वय दिखाना चाहिए अर्थात् साध्य के साथ साधन की व्याप्ति बतलानी थी अत: किसी व्यामोह के कारण उलटा अन्वय कर बैठता है कि जो अपौरुषेय है वह अमूर्त्त होता है। ऐसा कहना ठीक क्यों नहीं इस बात को इस सूत्र में कहते हैं–

विद्युदादिनाऽतिप्रसंगात् ।।43।।

सूत्रार्थ– यदि जो अपौरुषेय है वह अमूर्त्त होता है ऐसा निश्चय करेंगे तो विद्युत-बिजली आदि पदार्थ के साथ अतिप्रसंग प्राप्त होगा।

अर्थात् विद्युत, वन के पुष्प, इत्यादि पदार्थ अपौरुषेय तो अवश्य है [किसी मनुष्य द्वारा निर्मित नहीं है] किन्तु अमूर्त्त नहीं हैं, इसीलिये विपरीत अन्वय दिखाना दृष्टान्ताभास है। जो अमूर्त्त है वह अपौरुषेय होता है ऐसा कहना तो घटित होता है किन्तु इससे विपरीत कहना घटित नहीं होता, अत: दृष्टान्त देते समय वादी प्रतिवादी को चाहिए कि वे विपरीत अन्वय न करें और न साध्य आदि से रहित ऐसे दृष्टान्त को उपस्थित करें।

अब व्यतिरेक में दृष्टान्ताभास किस प्रकार होते हैं यह बताते हैं–

व्यतिरेके असिद्ध तद् व्यतिरेका: परमण्विन्द्रियसुखाकाशवत् ।।44।।

सूत्रार्थ– जिस दृष्टान्त में साध्य के व्यतिरेक की व्याप्ति न हो

6/44

54. असिद्धतद्व्यतिरेका:—असिद्धस्तेषां साध्यसाधनोभयानां व्यतिरेको [व्या]वृत्तिर्येषु ते तथोक्ता:। यथाऽपौरुषेय: शब्दोऽमूर्तत्वादित्युक्त्वा यन्नापौरुषेयं तन्नामूर्त्तं परमाण्विन्द्रियसुखाकाशवदिति व्यतिरेकमाह। परमाणुभ्यो ह्यमूर्तत्वव्यावृत्तावप्यऽपौरुषेयत्वं न व्यावृत्तमपौरुषेयत्वात्तेषाम्। इन्द्रियसुखे त्वपौरुषेयत्वव्यावृत्तावप्यमूर्त्तत्वं न व्यावृत्तममूर्त्तत्वात्तस्य। आकाशे तूभयं न व्यावृत्तमपौरुषेयत्वादमूर्त्तत्वाच्चास्येति। न केवलमेत एव व्यतिरेके दृष्टान्ताभासा: किन्तु—

या साधन की अथवा दोनों के व्यतिरेक की व्याप्ति सिद्ध नहीं हो वह व्यतिरेक दृष्टान्ताभास है।

54. व्यतिरेक दृष्टान्ताभास के तीन भेद होते हैं— साध्य व्यतिरेक रहित, साधन व्यतिरेक रहित तथा उभय साध्य साधन व्यतिरेक रहित। असिद्ध है साध्य साधन और उभय का व्यतिरेक जिनमें उनको कहते हैं असिद्ध तद् व्यतिरेक, इस तरह "असिद्ध तद् व्यतिरेका:" इस पद का समास विग्रह है।

अब क्रमश: इनका उदाहरण प्रस्तुत करते हैं— शब्द अपौरुषेय है, क्योंकि वह अमूर्त्त है इस प्रकार साध्य और हेतु को कहकर व्यतिरेक दृष्टान्त बताया कि जो अपौरुषेय नहीं है वह अमूर्त्त भी नहीं होता जिस प्रकार परमाणु, इन्द्रिय सुख तथा आकाश अपौरुषेय नहीं होने से अमूर्त्त नहीं होते, सो ये तीनों ही दृष्टान्त गलत है।

इसका विवेचन इस प्रकार है—परमाणुओं से अमूर्त्तत्व तो व्यावृत होता है [परमाणु में अमूर्त्तत्व नहीं होने से] किन्तु अपौरुषेयत्व व्यावृत्त नहीं होता, क्योंकि परमाणु अपौरुषेय ही हुआ करते हैं। दूसरा दृष्टान्त इन्द्रिय सुख का दिया इसमें अपौरुषेय की व्यावृत्ति तो है किन्तु अमूर्त्त की व्यावृत्ति नहीं हो सकती, क्योंकि इन्द्रिय सुख अमूर्त्त ही है। तीसरा दृष्टान्त आकाश का है, आकाश में न अपौरुषेय की व्यावृत्ति हो सकती है और न अमूर्त्तत्व की व्यावृत्ति हो सकती है, आकाश तो अपौरुषेय भी है और अमूर्त्त भी है अत: आकाश को दृष्टान्त साध्य साधन दोनों के

विपरीतव्यतिरेकश्च यन्नामूर्त्तं तन्नापौरुषेयम् ॥45॥

55. विपरीतो व्यतिरेको व्यावृत्तिप्रदर्शनं यस्येति। यथा यन्नामूर्त्तं

व्यतिरेक से रहित ऐसा व्यतिरेक दृष्टान्ताभास कहा जाता है। व्यतिरेक दृष्टान्ताभास का और भी उदाहरण देते हैं।

विपरीतव्यतिरेकश्च यन्नामूर्त्तं तन्नापौरुषेयम् ॥45॥

सूत्रार्थ– विपरीत–उल्टा व्यतिरेक बतलाते हुए व्यतिरेक दृष्टान्त देना भी व्यतिरेक दृष्टान्ताभास है। जैसे– जो अमूर्त्त नहीं है वह अपौरुषेय नहीं होता।

55. विपरीत है व्यतिरेक अर्थात् व्यावृत्ति का दिखाना जिसमें उसे कहते हैं विपरीत व्यतिरेक, इस प्रकार विपरीत व्यतिरेक शब्द का विग्रह समझना। वह विपरीत इस प्रकार होता है कि "जो अमृत नहीं है वह अपौरुषेय नहीं होता" यहाँ व्यतिरेक तो ऐसा करना चाहिये था कि साध्य के हटने पर साधन का हटाना दिखाया जाय अर्थात् जो अपौरुषेय नहीं है वह अमूर्त्त नहीं होता, इसी प्रकार कहने से ही व्यतिरेक व्याप्ति सही होती है, क्योंकि साध्य-साधन का इसी तरह का अविनाभाव होता है।

इस प्रकरण को सारांश में इस प्रकार समझेंगे कि– शब्द अपौरुषेय है, क्योंकि वह अमूर्त्त है। इस प्रकार किसी मीमांसकादि ने अनुमान वाक्य कहा, फिर व्यतिरेक व्याप्ति दिखाते हुए दृष्टान्त दिया कि "जो जो अमूर्त्त नहीं है वह वह अपौरुषेय नहीं होता, जैसे परमाणु तथा इन्द्रिय सुख और आकाश अमूर्त्त नहीं होने से अपौरुषेय नहीं है" अतः इस तरह किसी व्यामोह वश उलटा व्यतिरेक और उलटा ही दृष्टान्त दें तो वह व्यतिरेक दृष्टान्ताभास कहलाता है। यदि सिर्फ दृष्टान्त ही साध्य साधन के व्यतिरेक से रहित है तो वह व्यतिरेक दृष्टांताभास है और यदि मात्र व्यतिरेक व्याप्ति उलटी दिखायी तो भी वह दृष्टान्ताभास कहलाता है।

अनुमान में साध्य और साधन ये दो प्रमुख पदार्थ होते हैं, साध्य

तन्नापौरुषेयमिति। 'यन्नापौरुषेयं तन्नामूर्तम्' इति हि साध्यव्यतिरेके साधनव्यतिरेकः प्रदर्शनीयस्तथैव प्रतिबन्धादिति।

तो वह कहलाता है जिसे सिद्ध करना है, और जिनके द्वारा वह सिद्ध किया जाय उसे साधन कहते हैं, साध्य के साथ साधन का अविनाभाव सम्बन्ध तो होता है किन्तु साधन के साथ साध्य का अविनाभाव होना जरूरी नहीं है। अतः पंचावयवरूप अनुमान प्रयोग करते समय यह नियम लक्ष्य में रखकर वाक्य रचना करनी होगी अन्यथा गलत होगा जैसे– शब्द अपौरुषेय (साध्य) है। क्योंकि वह अमूर्त्त (साधन) है यहाँ अपौरुषेय साध्य को अमूर्त्तरूप साधनसिद्ध कर रहा है अतः अपौरुषेय के साथ अमूर्त्त का अविनाभाव तो है किन्तु अमूर्त्त के साथ अपौरुषेय का अविनाभाव नहीं है।

बिजली आदि पदार्थ अमूर्त्त न होकर भी अपौरुषेय है, अतः ऐसा व्यतिरेक नहीं दिखा सकते कि जहाँ जहाँ अमूर्त्त नहीं होता वहाँ वहाँ अपौरुषेय नहीं होता।

पहले अन्वय दृष्टान्ताभास में भी यही बात कही थी कि अन्वय यदि उल्टा दिखाया जाय तो वह दृष्टान्ताभास बनता है जैसे किसी ने कहा कि जो अपौरुषेय होता है वह अमूर्त्त होता है अतः गलत ठहरता है, जो अपौरुषेय हो वह अमूर्त्त ही हो ऐसा नियम नहीं है, इसलिये अनुमान प्रयोग में अन्वय व्याप्ति तथा व्यतिरेक व्याप्ति को सही दिखाना चाहिए अन्यथा दृष्टान्ताभास बनेंगे। अन्वय या व्यतिरेक दृष्टान्त देते समय यह लक्ष्य अवश्य देखे कि कही साध्य या साधन अथवा दोनों से विकल रहित ऐसा दृष्टान्त–उदाहरण तो प्रस्तुत नहीं कर रहे! यदि इस बात का लक्ष्य नहीं रखा जायगा तो वे सब दृष्टान्ताभास बनते जायेंगे।

दृष्टान्त में साध्य न रहे अथवा साध्य होकर भी यदि साधन रहे तो भी वह दृष्टांताभास ही कहलायेगा, इसीलिये दृष्टान्त शब्द की निरुक्ति है कि "दृष्टौ साध्य साधन रूप धर्मौं [अंतौ] यस्मिन् स दृष्टान्तः" देखे जाते हैं साध्य साधन के धर्म जिसमें वह दृष्टान्त है।

अनुमान के कितने अंग या अवयव होते हैं इस विषय की चर्चा

अव्युत्पन्नव्युत्पादनार्थं पञ्चावयवोपि प्रयोगः प्राक् प्रतिपादितस्त-त्प्रयोगाभासः कीदृश इत्याह–

बालप्रयोगाभासः पञ्चावयवेषु कियद्धीनता ॥46॥

यथाग्निमानयं देशो धूमवत्त्वात्,
यदित्थं तदित्थं यथा महानस इति ॥47॥

करते हुए तीसरे परिच्छेद में कहा गया था कि जो पुरुष अव्युत्पन्न है–अनुमान वाक्य के विषय में अजान है उसके लिये अनुमान में पाँच अवयव भी प्रयुक्त होते हैं अन्यथा दो ही प्रमुख अवयव होते हैं इत्यादि, सो अब प्रश्न होता है कि उस अव्युत्पन्न-पुरुष के प्रति किस प्रकार का अनुमान प्रयोग प्रयोगाभास कहलायेगा? इसी का समाधान अगले सूत्र द्वारा करते हैं–

बालप्रयोगाभास

बालप्रयोगाभासः पञ्चावयवेषु कियद्धीनता ॥46॥

अर्थ– बाल प्रयोग पाँच अवयव सहित होना था उसमें कमी करना बाल प्रयोगाभास है, जैसे यहाँ अग्नि है [1. साध्य] क्योंकि धूम है [2. हेतु] जहाँ धूम होता है वह अग्नि अवश्य होती है जैसे रसोईघर [3. दृष्टान्त] यहाँ पर भी धूम है [4. उपनय] अतः अवश्य ही अग्नि है [5. निगमन] ये अनुमान के पाँच अवयव है इनमें से एक या दो आदि अवयव प्रयुक्त नहीं होना बालप्रयोगाभास है।

यथा अग्निमानयं देशो धूमवत्वात् यदित्थं तदित्थं यथा महानसः ॥47॥

सूत्रार्थ– स्वयं माणिक्यनन्दी आचार्य प्रयोग करके बतला रहे हैं कि– यदि कोई पुरुष अव्युत्पन्न व्यक्ति के लिये अनुमान के पाँच अवयव न बतलाकर तीन ही बताता है तो वह बाल प्रयोगाभास कहलायेगा अर्थात्– यह प्रदेश अग्नि सहित है, क्योंकि धूम दिखायी दे रहा है जो इस तरह धूम सहित होता है वह अग्निमान होता है, जैसे रसोईघर । इस अनुमान में तीन ही अवयव हैं आगे के उपनय और नियमन ये दो अवयव नहीं बताये। अतः यह बालप्रयोगाभास है।

धूमवांश्चायमिति वा ॥48॥

56. यो ह्यव्युत्पन्नप्रज्ञोऽनुमानप्रयोगे पञ्चावयवे गृहीतसङ्केतः स उपनयनिगमनरहितस्य निगमनरहितस्य वानुमानप्रयोगस्य तदाभासतां मन्यते। न केवलं कियद्धीनतैव बालप्रयोगाभासः किन्तु तद्विपर्ययश्च—तेषामवयवानां विपर्ययस्तत्प्रयोगाभासो यथा—

तस्मादग्निमान् धूमवांश्चायमिति ॥49॥

स ह्युपनयपूर्वकं निगमनप्रयोगं साध्यप्रतिपत्त्यङ्गं मन्यते, नान्यथा।

धूमवांश्चायम् इति वा ॥48॥

सूत्रार्थ— अथवा उपर्युक्त अनुमान में चौथा अवयव जोड़ना अर्थात् "यह प्रदेश भी धूम वाला है" ऐसे उपनय युक्त चार अवयव वाला अनुमान प्रयोग करना भी बाल प्रयोगाभास कहा जाता है।

56. जो पुरुष अव्युत्पन्न बुद्धि है, जिसको सिखाया हुआ है कि अनुमान में पाँच अवयव होते हैं, सो ऐसे पुरुष के प्रति उपनय और निगमन रहित अनुमान प्रयोग करना अथवा निगमन रहित अनुमान प्रयोग करना ये सब बाल प्रयोगाभास है।

आगे यह बताते हैं कि कम अवयव बताना मात्र बाल प्रयोगाभास नहीं है किन्तु और कारण से अर्थात् विपरीत क्रम से कहने के निमित्त से भी बाल प्रयोगाभास होता है, जैसे—

तस्मादग्निमान् धूमवांश्चायमिति ॥49॥

सूत्रार्थ— अतः अग्निमान है, यह भी धूमवान है।

इस प्रकार पहले निगमन और पीछे उपनय का प्रयोग करना भी बाल प्रयोगाभास है। जिनके मत में पंचावयवी अनुमान माना है अथवा जो अव्युत्पन्न है वह उपनय पूर्वक निगमन का प्रयोग होने को ही साध्य सिद्धि का कारण मानता है, इससे विपरीत निगमनपूर्वक उपनय के प्रयोग को साध्य-सिद्धि का कारण नहीं मानता अतः विपरीत क्रम से प्रयोग करना बाल प्रयोगाभास होता है। इसका भी कारण यह है कि—

कुत एतदित्याह–

स्पष्टतया प्रकृतप्रतिपत्तेरयोगात् ॥50॥

57. स्पष्टतया प्रकृतस्य साध्यस्य प्रतिपत्तेरयोगात्। यो हि यथा गृहीतसङ्केतः स तथैव वाक्यप्रयोगात्प्रकृतमर्थं प्रतिपद्येत नान्यथा लोकवत्। यस्तु सर्वप्रकारेण वाक्यप्रयोगे व्युत्पन्नप्रज्ञः स यथा यथा वाक्यप्रयुज्यते तथा तथा प्रकृतमर्थं प्रतिपद्येतः लोके सर्वभाषाप्रवीणपुरुषवत्। तथा च न तं प्रत्यनन्तरोक्तः कश्चित्प्रयोगाभास इति।

स्पष्टतया प्रकृतप्रतिपत्तेरयोगात् ॥50॥

सूत्रार्थ– निगमन को पहले और उपनय को पीछे कहने से स्पष्ट रूप से अनुमान ज्ञान नहीं हो पाता।

प्रकृत जो अग्नि आदि साध्य हैं उसका ज्ञान विपरीत क्रम से कहने के कारण नहीं हो सकता, बात यह है कि जिस पुरुष को जिस प्रकार से संकेत बताया है वह पुरुष उसी प्रकार से वाक्य प्रयोग करे तो प्रकृत अर्थ को समझ सकता है अन्यथा नहीं, जैसे लोक व्यवहार में हम देखते हैं कि जिस बालक आदि को जिस पुस्तक आदि वस्तु में जिस शब्द द्वारा प्रयोग करे बताया हो वह बालकादि उसी शब्द द्वारा उस वस्तु को जानता है, अन्यथा नहीं।

यह तो अव्युत्पन्न पुरुष की बात है, किन्तु जो पुरुष व्युत्पन्न बुद्धि है सब प्रकार के वाक्यों के प्रयोग करने, समझने में कुशल है, वह तो जिस प्रकार का वाक्य प्रयुक्त करो उसको उसी उसी प्रकार से जल्दी समझ जाता है, जैसे कोई पुरुष संपूर्ण भाषाओं में प्रवीण है तो वह जिस किसी प्रकार से वचन या वाक्य हो तुरन्त उसका अर्थ समझ जाता है।

इस तरह यदि अनुमान प्रयोग में जो व्युत्पन्न है उसके लिये कैसा भी अनुमान बताओ वह तुरन्त समझ जाता है, उस व्युत्पन्न मति पुरुष को कोई भी प्रयोग बाल प्रयोगाभास नहीं कहलायेगा। क्योंकि वह हर तरह से समझ सकता है।

अथेदानीमागमाभासप्ररूपणार्थमाह–

रागद्वेषमोहाक्रान्तपुरुषवचनाज्जातमागमाभासम् ॥51॥

58. रागाक्रान्तो हि पुरुषः क्रीडावशीकृतचित्तो विनोदार्थं वस्तु किञ्चिदप्राप्नुवन्माणवकैरपि सह क्रीडाभिलाषेणेदं वाक्यमुच्चारयति–

यथा नद्यास्तीरे मोदकराशयः सन्ति धावध्वं माणवका इति ॥52॥

59. तथा क्वचित्कार्ये व्यासक्तचित्तो माणवकैः कदर्थितो द्वेषाक्रान्तो–प्यात्मीयस्थानात्तदुच्चाटनाभिलाषेणेदमेव वाक्यमुच्चारयति। मोहाक्रान्तस्तु

आगमाभास

आगे आचार्य आगमाभास का प्ररूपण करते हैं–

रागद्वेषमोहाक्रान्तपुरुषवचनाज्जातमागमाभासम् ॥51॥

सूत्रार्थ– राग से युक्त अथवा द्वेष मोहादि से युक्त जो पुरुष है ऐसे पुरुष के वचन के निमित्त से जो ज्ञान होता है वह आगमाभास कहलाता है।

58. रागादि से आक्रान्त व्यक्ति कभी क्रीड़ा कौतुहल के वश होकर विनोद के लिये [मनोरंजन के लिये] कुछ वस्तु को जब नहीं पाता तब बालकों के साथ भी क्रीड़ा की अभिलाषा से इस तरह बोलता है कि–

यथा नद्यास्तीरे मोदकराशयः सन्ति धावध्वं माणवकाः ॥52॥

सूत्रार्थ– हे बालकों! दौड़ो-दौड़ो नदी के किनारे बहुत से मोदक लड्डुओं के ढेर लगे हैं।

इस तरह बालकों के साथ मनोरंजन करते हुए कोई बात करे तो वे वचन आगमाभास कहलाते हैं, क्योंकि इनमें सत्यता नहीं है।

59. कभी-कभी जब कोई व्यक्ति किसी कार्य में लगा रहता है उस समय बालक उसे परेशान करते हैं तो वह बालकों से पीड़ित हो क्रोध-द्वेष में आकर अपने स्थान से बालकों को भगाने के लिये इस तरह के वचन बोलता है।

मोह-मिथ्यात्व से आक्रान्त हुआ पुरुष जो कि परवादी सांख्यादि

साांख्यादिः—

अङ्गुल्यग्रे हस्तियूथशतमास्ते इति च ॥53॥

उच्चारयति। न खल्वज्ञानमहामहीधराक्रान्तः। पुरुषो यथावद्वस्तु विवेचयितुं समर्थः।

ननु चैवंविधपुरुषवचनोद्भूतं ज्ञानं कस्मादागमाभासमित्याह—

विसंवादात् ॥54॥

60. प्रतिपन्नार्थविचलनं हि विसंवादो विपरीतार्थोपस्थापकप्रमाणावसेयः। स चात्रास्तीत्यागमाभासता।

हैं वे जो वचन बोलते है वे वचन आगमाभास हैं आगे उसका उदाहरण देते हैं—

अंगुल्यग्रे हस्तियूथशतमास्ते इति च॥53॥

सूत्रार्थ— अंगुली के अग्रभाग पर हाथियों के सैकड़ों समूह रहते हैं, इत्यादि वचन एवं तत्सम्बन्धी ज्ञान सभी आगमाभास है।

इस तरह के वचन आगमाभास इसलिये कहे जाते हैं कि इस तरह का वचनालाप अज्ञानरूपी बड़े भारी पर्वत से आक्रान्त हुए पुरुष ही बोला करते हैं, उनके द्वारा अज्ञान होने के कारण वास्तविक वस्तु तत्त्व का विवेचन नहीं हो सकता।

शंका— इस तरह मोहादि से आक्रान्त पुरुष के वचन से उत्पन्न हुआ ज्ञान आगमाभास क्यों कहा जाता है?

विसंवादात् ॥54॥

सूत्रार्थ— रागी मोही पुरुष के वचन विसंवाद कराते हैं अतः आगमाभास है।

60. जो प्रमाण प्रतिपन्न पदार्थ है उससे विचलित होना विसंवाद कहलाता है अर्थात् विपरीत अर्थ को उपस्थित करने वाला प्रमाण ही विसंवादक है, ऐसा विसंवाद रागी मोही पुरुषों के वचन से उत्पन्न हुए

अथेदानीं संख्याभासोपदर्शनार्थमाह–

प्रत्यक्षमेवैकं प्रमाणमित्यादि संख्याभासम् ॥55॥

कस्मादित्याह–

ज्ञान में पाया जाता है अतः ऐसे वचन से उत्पन्न हुआ ज्ञान आगमाभासरूप सिद्ध होता है।

यहां समझाने योग्य बात यह है कि– आगम प्रमाण का लक्षण "आप्त पुरुष सर्वज्ञ वीतरागी पुरुषों के वचन के निमित्त से अर्थात् उनके वचनों को सुनकर या पढ़कर जो पदार्थ का वास्तविक ज्ञान होता है उनको आगमप्रमाण कहते हैं– ऐसा तीसरे परिच्छेद में कहा था। यहां इतना समझना है कि उस लक्षण से विपरीत लक्षण वाला जो ज्ञान है वह सब आगमाभास है, जो आप्त पुरुष नही है राग द्वेष अथवा मोहयुक्त है उसके वचन प्रामाणिक नहीं होते हैं अतः उन वचनों को सुनकर होने वाला ज्ञान भी प्रामाणिक नहीं होता, रागी पुरुष मनोरंजनादि के लिये जो वचन बोलता, है उससे जो ज्ञान होता है वह आगमाभास है तथा द्वेषी पुरुष द्वेषवश जो कुछ कहता है उससे जो ज्ञान होता है वह आगमाभास है, मोह का अर्थ मिथ्यात्व है, मिथ्यात्व के उदय से आक्रान्त पुरुष के वचन तो सर्वथा विपरीत ज्ञान के कारण होने से आगमाभास ही हैं, सांख्य, नैयायिक, वैशेषिक, बौद्ध, चार्वाक, मीमांसक आदि जितने भी मत हैं उन मतों के जो वचन अर्थात् ग्रन्थ हैं वे सभी विपरीत ज्ञान के कारण होने से आगमाभास कहे जाते हैं

संख्याभास

अब प्रमाण की संख्या सम्बन्धी जो विपरीतता है अर्थात् प्रमाण की संख्या कम या अधिक रूप से मानन संख्याभास है ऐसा कहते हैं–

प्रत्यक्षमेवैकं प्रमाणमित्यादि सख्याभासम् ॥55॥

सूत्रार्थ– प्रत्यक्षरूप एक ही प्रमाण है, इत्यादि रूप मानना संख्याभास है।

लोकायतिकस्य प्रत्यक्षतः परलोकादिनिषेधस्य परबुद्ध्या-देश्चासिद्धेः अतद्विषयत्वात् ॥56॥

कुतोऽसिद्धिरित्याह–अतद्विषयत्वात्। यथा चाध्यक्षस्य परलोकादि-निषेधादिरविषयस्तथा विस्तरतो द्वितीयपरिच्छेदे प्रतिपादितम्।

अमुमेवार्थं समर्थयमानः सौगतादिपरिकल्पितां च संख्यां निराकुर्वाणः सौगतेत्याद्याह–

सौगतसांख्ययौगप्राभाकरजैमिनीयानां प्रत्यक्षानुमानागमोप-मानार्थापत्त्यभावैः एकैकाधिकैः व्याप्तिवत् ॥57॥

लौकायितकस्य प्रत्यक्षतः परलोकादिनिषेधस्य परबुद्ध्यादेश्चासिद्धेः अतद्विषयत्वात् ॥56॥

सूत्रार्थ– लोकायित जो चार्वाक है वह एक प्रत्यक्ष मात्र को प्रमाण मानता है, यह एक प्रमाण संख्या ठीक नहीं है, क्योंकि एक प्रत्यक्ष से परलोक का निषेध करना, पर जीवों में ज्ञानादि को सिद्ध करना इत्यादि कार्य नहीं हो सकता।

इसका भी कारण यह है कि प्रत्यक्ष प्रमाण परलोकादि को जानता ही नहीं उस ज्ञान की प्रवृत्ति परलोकादि परोक्ष वस्तु में न होकर केवल घट पट आदि प्रत्यक्ष वस्तु में ही हुआ करती हैं। चार्वाक एक ही प्रमाण मानते हैं, किन्तु उधर परलोकादि का निषेध करते हैं, सो परलोक नहीं है, सर्वज्ञ नहीं है, इत्यादि विषयों का निषेध करना अनुमानादि के अभाव में कैसे शक्य होगा? अर्थात् नहीं हो सकता, अतः एक एक प्रत्यक्ष मात्र को मानना संख्याभास है। प्रत्यक्ष का विषय परलोक आदि पदार्थ नहीं हो सकते प्रत्यक्ष प्रमाण द्वारा परलोक का निषेध करना अशक्य है।

आगे इसी का समर्थन करते हुए बौद्ध आदि परवादी द्वारा परिकल्पित प्रमाण संख्या का निराकरण करते हैं–

सौगत-सांख्य-योग-प्राभाकर-जैमिनीयानां प्रत्यक्षानुमाना-गमोपमानार्थापत्त्यभावैः एकैकाधिकैः व्याप्तिवत् ॥57॥

61. यथैव हि सौगतसांख्ययौगप्राभाकरजैनिनीयानां मते प्रत्यक्षानुमानागमोपमानार्थापत्त्यभावैः प्रमाणैरेकैकाधिकैर्व्याप्तिर्न। सिध्यत्यतद्विषयत्वात् तथा प्रकृतमपि। प्रयोगः—यद्यस्याऽविषयो न ततस्तत्सिद्धिः यथा प्रत्यक्षानुमानाद्यविषयो व्याप्तिर्न ततः सिद्धिसौधशिखरमारोहति, अविषयश्च परलोकनिषेधादिः प्रत्यक्षस्येति।

सूत्रार्थ– जिस प्रकार सौगत, सांख्य, योग, प्राभाकर, जैमिनी के मत में क्रमशः प्रत्यक्ष और अनुमानों द्वारा, प्रत्यक्ष-अनुमान-आगमों द्वारा, प्रत्यक्षादि में एक अधिक उपमा द्वारा, प्रत्यक्षादि में एक अधिक अर्थापत्ति और उन्हीं में एक अधिक अभाव प्रमाण द्वारा व्याप्ति ज्ञान का विषय ग्रहण नहीं होने से उन मतों की दो तीन आदि प्रमाण संख्या बाधित होती है। उसी प्रकार चार्वाक की एक प्रमाण संख्या बाधित होती है।

चार्वाक एक प्रत्यक्ष प्रमाण मानते हैं किन्तु एक प्रत्यक्ष प्रमाण द्वारा उसी चार्वाक का इष्ट सिद्धान्त जो परलोक का खंडन करना आदि है वह किया ही नहीं जा सकता, क्योंकि प्रत्यक्ष का विषय परलोकादि नहीं है। प्रत्यक्ष प्रमाण उसको जान नहीं सकता।

61. इसी प्रकार सौगत प्रत्यक्ष और अनुमान ऐसे दो प्रमाण माने हैं किन्तु इन दो प्रमाणों द्वारा तर्क का विषय जो व्याप्ति है [जहाँ जहाँ धूम होता है वहाँ वहाँ अग्नि होती है इत्यादि] उसका ग्रहण नहीं होता अतः दो संख्या मानने पर भी इष्ट मत की सिद्धि नहीं हो सकती।

प्रत्यक्ष अनुमान और आगम ऐसे तीन प्रमाण सांख्य मानते हैं। प्रत्यक्ष, अनुमान, आगम और उपमान ऐसे चार प्रमाण योग [नैयायिक-वैशेषिक] मानते हैं, प्रत्यक्ष, अनुमान, आगम, उपमा और अर्थापत्ति ऐसे पाँच प्रमाण प्रभाकर मानते हैं। प्रत्यक्ष, अनुमान, आगम, उपमा, अर्थापत्ति और अभाव ऐसे छह प्रमाण जैमिनी [मीमांसक] मानते हैं किन्तु इन प्रमाणों द्वारा व्याप्ति का ग्रहण नहीं होता क्योंकि उन प्रत्यक्षादि छह प्रमाणों में से किसी भी प्रमाण का विषय व्याप्ति है ही नहीं, व्याप्ति का ग्रहण करते हुए बिना अनुमान आदि प्रमाणों की सिद्धि हो नहीं सकती–ऐसा परोक्ष प्रमाण का वर्णन करते हुए सिद्ध कर चुके हैं।

62. मा भूत्प्रत्यक्षस्य तद्विषयत्वमनुमानादेस्तु भविष्यतीत्याह–

अनुमानादेस्तद्विषयत्वे प्रमाणान्तरत्वम् ॥58॥

चार्वाकं प्रति। सौगतादीन्प्रति–

यहाँ कहने का अभिप्राय यह है कि जैसे बौद्ध आदि के इष्ट प्रमाण संख्या द्वारा व्याप्तिरूप विषय ग्रहण नहीं होता अतः उनकी संख्या सिद्ध नहीं होती वैसे ही चार्वाक के एक प्रत्यक्ष प्रमाण द्वारा परलोक निषेधादि नहीं होने से वह एक संख्या बाधित होती है।

अनुमान सिद्ध बात है कि– जो जिसका अविषय है वह उसके द्वारा सिद्ध नहीं होता, जैसे प्रत्यक्ष अनुमान आदि का व्याप्ति अविषय होने से उनके द्वारा सिद्धि रूपी प्रसाद शिखर का आरोहण नहीं कर सकती अर्थात् प्रत्यक्ष अनुमानादि से व्याप्ति की सिद्धि नहीं होती, परलोक निषेध आदि प्रत्यक्ष प्रमाण का अविषय है ही अतः वह प्रत्यक्ष द्वारा सिद्ध नहीं किया जा सकता।

इस प्रकार चार्वाक, बौद्ध आदि सभी परवादियों के यहाँ जो-जो प्रमाण संख्या मानी है वह सब ही संख्याभास है, वास्तविक प्रमाण संख्या नहीं है– ऐसा निश्चय हुआ है।

62. अब यहाँ कोई शंका करे कि परलोक निषेधादिक प्रत्यक्ष प्रमाण का विषय भले ही मत हो किन्तु अनुमान प्रमाण का विषय तो वह होगा ही? इस शंका का समाधान करते हुए अगला सूत्र कहते हैं–

अनुमानादेस्तद् विषयत्वे प्रमाणान्तरत्वम् ॥58॥

सूत्रार्थ– चार्वाक यदि अनुमानादि द्वारा परलोक निषेध आदि कार्य होना स्वीकार करे, अर्थात् परलोक निषेध इत्यादि अनुमान का विषय है ऐसा माने तो उस अनुमान को प्रमाणभूत स्वीकार करना होगा, और इस तरह प्रत्यक्ष से अन्य भी प्रमाण है। ऐसा स्वीकार करने से उस मत की प्रमाण संख्या खण्डित होती ही है।

जैसे बौद्ध मत की संख्या खण्डित होती है–

तर्कस्येव व्याप्तिगोचरत्वे प्रमाणान्तरत्वम्
अप्रमाणस्य अव्यवस्थापकत्वात् ॥59॥

कुत एतदित्याह अप्रमाणस्याव्यवस्थापकत्वात्।

प्रतिभासादिभेदस्य च भेदकत्वादिति ॥60॥

तर्कस्येव व्याप्तिगोचरत्वे प्रमाणान्तरत्वम्
अप्रमाणस्याव्यवस्थापकत्वात् ॥59॥

सूत्रार्थ– बौद्ध यदि व्याप्ति को तर्क प्रमाण विषय करता है- ऐसा माने अर्थात् तर्क प्रमाण द्वारा व्याप्ति का [साध्य साधन का अविनाभाव] ग्रहण होता है– ऐसा माने तो उस तर्क प्रमाण को प्रत्यक्षादि से पृथक् स्वीकार करना ही होगा और ऐसा मानने पर उन बौद्धों की दो प्रमाण संख्या कहाँ रही? अर्थात् नहीं रहती।

यदि उस तर्क को स्वीकार करके अप्रमाण बताया जाय तो उस अप्रमाणभूत तर्क द्वारा व्याप्ति की सिद्धि हो नहीं सकती क्योंकि जो अप्रमाण होता है वह वस्तु व्यवस्था नहीं कर सकता ऐसा सर्वमान्य नियम है।

प्रतिभासादिभेदस्य च भेदकत्वात् ॥60॥

सूत्रार्थ– कोई कहे कि अनुमान या तर्क आदि को प्रामाणिक तो मान लें किन्तु उन ज्ञानों का अन्तर्भाव तो प्रत्यक्षादि में ही हो जायेगा? अतः इस कथन पर आचार्य कहते हैं कि प्रतिभास में भेद होने से पृथक् पृथक् प्रतीति आने से ही तो प्रमाणों में भेद स्थापित किया जाता है।

जिस-जिस प्रतीति या ज्ञान से पृथक् पृथक् रूप से झलक आती है उस उस ज्ञान को भिन्न भिन्न प्रमाणरूप से स्वीकार करते हैं, प्रत्यक्षादि की प्रतीति से तर्क ज्ञान की प्रतीति पृथक या विलक्षण है क्योंकि प्रत्यक्षादि से व्याप्ति का ग्रहण नहीं होकर तर्क ज्ञान से व्याप्ति का ग्रहण होता है इसी से सिद्ध होता है कि तर्क भी एक पृथक् प्रमाण हैं, जैसे कि प्रत्यक्षादि ज्ञान विलक्षण प्रतीति वाले होने से पृथक्-पृथक् प्रमाण हैं। प्रत्यक्ष प्रमाण, अनुमान प्रमाण, तर्क प्रमाण इत्यादि प्रमाणों में विभिन्न प्रतिभास है। इन प्रमाणों की सामग्री भी विभिन्न है इत्यादि

प्रतिपादितश्चायं प्रतिभासभेदः सामग्रीभेदश्चाध्यक्षादीनां प्रपञ्चतस्त-

---

विषयों को पहले "तद्द्वेधा" इस सूत्र का विवेचन करते समय कह चुके हैं।

यहां आचार्य के कहने का अभिप्राय यह है कि– प्रत्यक्ष और परोक्ष इस प्रकार दो मुख्य प्रमाण हैं ऐसा पहले सिद्ध कर आये हैं, प्रत्यक्ष प्रमाण के सांव्यवहारिक प्रत्यक्ष और पारमार्थिक प्रत्यक्ष इस प्रकार दो भेद हैं। इन दो में "विशदं प्रत्यक्षं" ऐसा प्रत्यक्ष का लक्षण पाया जाता है अतः ये कथंचित् लक्षण अभेद की अपेक्षा एक भी है।

परोक्ष प्रमाण के स्मृति, प्रत्यभिज्ञान, तर्क, अनुमान और आगम ऐसे पाँच भेद है। इन सभी में परोक्षमितरत्, अविशदं परोक्षम्, ऐसा लक्षण सुघटित होता है, अतः इसमें कथंचित् अभेद भी है। प्रत्यक्ष प्रमाण में पारमार्थिक प्रत्यक्ष की सामग्री अखिल आवरण कर्मों का नाश होना है और सांव्यावहारिक प्रत्यक्ष की सामग्री इन्द्रियाँ तथा मन है, अन्तरंग में आवरण कर्म का क्षयोपशम होना है।

परोक्ष ज्ञान में, स्मृति में कारण प्रत्यक्ष प्रमाण तथा तदावरण कर्म का क्षयोपशम है, प्रत्यभिज्ञान में प्रत्यक्ष तथा स्मृति एवं तदावरण कर्म का क्षयोपशम– इस प्रकार कारण हैं। ऐसे ही तर्क आदि प्रमाणों के कारण अर्थात् सामग्री समझ लेना चाहिये। इस तरह विभिन्न सामग्री के होने से प्रत्यक्ष तथा परोक्ष प्रमाणों में एवं इनके प्रभेदों में विभिन्नता आया करती है।

प्रतिभास का भेद भी इनमें दिखायी देता है, प्रत्यक्ष का प्रतिभास विशद-स्पष्ट है और परोक्ष का अविशद-अस्पष्ट है। ऐसे ही इनके सांव्यवहारिक या अनुमानादि में कथंचित् विभिन्न विभिन्न प्रतिभास होते हैं, अतः इन ज्ञानों को भिन्न भिन्न प्रमाणरूप माना है। जैन से अन्य परवादी जो चार्वाक बौद्ध आदि हैं उनके यहाँ प्रमाण संख्या सही सिद्ध नहीं होती क्योंकि प्रथम तो वे लोग प्रमाण का लक्षण गलत करते हैं। दूसरी बात इनके माने गये एक दो आदि प्रमाण द्वारा इन्हीं का इष्ट सिद्धान्त सिद्ध नहीं हो पाता, चार्वाक को परलोक का निषेध करना इष्ट है किन्तु वह प्रत्यक्ष से नहीं हो सकता, ऐसे ही बौद्ध को अनुमान प्रमाण

द्द्वेधेत्यत्रेत्युपरम्यते।

अथेदानीं विषयाभासप्ररूपणार्थं विषयेत्याद्युपक्रमते–

विषयाभासः सामान्यं विशेषे द्वयं वा स्वतन्त्रम् ॥61॥

मानना इष्ट है किन्तु अनुमान तभी सिद्ध हो सकता है जब उस अनुमान में स्थित जो साध्य साधन का अविनाभाव है उनको जानने वाला तर्क ज्ञान स्वीकार किया जाय।

यदि चार्वाक आदि कहे कि हम अनुमान को मानकर उनका अन्तर्भाव प्रत्यक्षादि में ही कर लेंगे? तव यह बात गलत है क्योंकि जब इस तर्कादि ज्ञान में प्रतिभास विभिन्न हो रहा है तो उसे अवश्य ही पृथक् प्रमाणरूप से स्वीकार करना होगा अन्यथा इन चार्वाक आदि का इष्ट कार्य सिद्ध नहीं हो सकता। इस प्रकार परवादियों की प्रमाण गणना सही नहीं है ऐसा निश्चित होता है।

विषयाभास

अब इस समय विषयाभास का वर्णन करते हैं–

विषयाभासः सामान्यं विशेषो द्वयं वा स्वतन्त्रम् ॥61॥

सूत्रार्थ– प्रमाण का विषय "सामान्यविशेषात्मा तदर्थो विषयः" इस प्रकार बतलाया था इससे विपरीत अकेला सामान्य अथवा अकेला विशेष या सामान्य और विशेष दोनों स्वतन्त्ररूप से प्रमाण के विषय हैं ऐसा कहना विषयाभास है।

सत्ताद्वैतवादी [ब्रह्माद्वैतवादी आदि] प्रमाण का विषय सामान्य है, ऐसा कहते हैं–अर्थात् प्रमाण मात्र सामान्य को जानता है सामान्य को छोड़कर अन्य पदार्थ ही नहीं है अतः प्रमाण अन्य को कैसे जानेगा?– इस प्रकार इन सत्ताद्वैतवादियों की मान्यता है। बौद्ध प्रमाण का विषय केवल विशेष है ऐसा बताते हैं। नैयायिक-वैशेषिक प्रमाण का विषय सामान्य और विशेष मानते तो हैं किन्तु इन दोनों का अस्तित्व सर्वथा पृथक् पृथक् बतलाते हैं। वे सामान्य सर्वथा एक स्वतन्त्र पदार्थ है और

विषयाभासा:–सामान्यं यथा सत्ताद्वैतवादिन:। केवलं विशेषो वा यथा सौगतस्य। द्वयं वा स्वतन्त्रं यथा यौगस्य। कुतोस्य विषयाभासतेत्याह–

तथाऽप्रतिभासनात् कार्याकरणाच्च ॥62॥

स ह्येवंविधोर्थ: स्वयमसमर्थ: समर्थो वा कार्यं कुर्यात्? तावत्प्रथम: पक्ष:;

विशेष सर्वथा पृथक् एक स्वतन्त्र पदार्थ है– ऐसा मानते हैं। ये सभी विषय असत् हैं, इस प्रकार के विषय को ग्रहण करने वाला प्रमाण नहीं होता है। प्रमाण तो सामान्य और विशेष दोनों जिसके अभिन्न अंग हैं ऐसे पदार्थ को विषय करता है अत: एक एक को विषय मानना विषयाभास है। आगे इसी को बताते हैं–

तथाऽप्रतिभासनात् कार्याकरणाच्च ॥62॥

सूत्रार्थ– सामान्य और विशेष ये दोनों स्वतंत्र पदार्थ हैं अथवा एक सामान्य मात्र ही जगत् में पदार्थ है, या एक विशेष नामा पदार्थ ही वास्तविक है। सामान्य तो काल्पनिक है।

ऐसा प्रतीत नहीं होता, प्रतीति में तो सामान्य विशेषात्मक एक वस्तु आती है, देखिये– गाय में गोत्व सामान्य और कृष्ण शुक्ल आदि विशेष क्या भिन्न-भिन्न प्रतिभासित होते हैं? नहीं होते, संसार भर का कोई भी पदार्थ हो वह सामान्य विशेषात्मक ही रहेगा– ऐसा अटल नियम है और यह नियम भी कोई जबरदस्ती स्थापित नहीं किया है किन्तु इसी प्रकार की प्रतीति आने से प्रतीति के आधार पर ही स्थापित हुआ है।

सामान्य विशेषात्मक ही पदार्थ है पृथक् पृथक् दो नहीं है। ऐसा मानने का कारण यह भी है कि अकेला सामान्य या अकेला विशेष कोई भी कार्य नहीं कर सकता है। हम जैन सत्ताद्वैतवादी आदि परवादियों से प्रश्न करते हैं कि अकेला स्वतन्त्र ऐसा यह सामान्य या विशेष यदि कार्य करता है तो स्वयं समर्थ होकर करता है या असमर्थ होकर करता है? स्वयं असमर्थ होकर तो कार्य कर नहीं सकते, क्योंकि–

स्वयमसमर्थस्याऽकारकत्वात् पूर्ववत् ॥63॥

सूत्रार्थ– जो स्वयं असमर्थ है वह कार्य कर नहीं सकता जैसे

स्वयमसमर्थस्याकारकत्वात्पूर्ववत् ।।63।।

एतश्च सर्वं विषयपरिच्छेदे विस्तारतोभिहितमिति नेहाभिधीयते।

नापि द्वितीयः पक्षः;

समर्थस्य करणे सर्वदोत्पत्तिरनपेक्षत्वात् ।।64।।

परापेक्षणे परिणामित्वमन्यथा तदभावादिति ।।65।।

अथेदानीं फलाभासं प्ररूपयन्नाह–

पहले नहीं करता था, अर्थात् पदार्थ जो भी कार्य करते हैं उसमें वे किसी अन्य की अपेक्षा रखते हैं या नहीं? यदि रखते हैं तो जब अन्य सहकारी कारण मिला तब पदार्थ ने कार्य को किया ऐसा अर्थ हुआ?

किन्तु ऐसा परवादी मान नहीं सकते क्योंकि उनके यहाँ प्रत्येक पदार्थ को या तो सर्वथा परिणामी परिवर्तनशील माना है या सर्वथा अपरिणमनशील माना है, यदि मान लिया जाये कि पदार्थ सर्वथा अपरिणामी है तथा स्वयं असमर्थ है, परकी अपेक्षा लेकर कार्य करता है तो ऐसा मानना अशक्य है, क्योंकि जो अपरिणामी है उसको पर की सहायता हो तब भी जैसा का तैसा है और पर की सहायता जब नहीं है तब भी जैसा का तैसा पूर्ववत् है इस विषय को प्रमाण-विषय परिच्छेद में विस्तारपूर्वक कह दिया है। अतः यहाँ नहीं कहते हैं। दूसरा पक्ष-सामान्यादि अकेला स्वतन्त्र पदार्थ स्वयं समर्थ होकर कार्य को करता है ऐसा मानना भी गलत है, क्योंकि

समर्थस्य करणे सर्वदोत्पत्तिरनपेक्षत्वात् ।।64।।

सूत्रार्थ– जो समर्थ होकर कार्य करता है तो हमेशा ही कार्य की उत्पत्ति होना चाहिये? क्योंकि उसे अन्य कारण की अपेक्षा है नहीं।

यह सर्वसम्मत बात है कि जो समर्थ है किसी की अपेक्षा नहीं रखता है उसका कार्य रुकता नहीं, चलता ही रहता है।

परापेक्षणे परिणमित्वमन्यथा तदभावादिति ।।65।।

सूत्रार्थ– यदि वह समर्थ पदार्थ पर की अपेक्षा रखता है– ऐसा माना जाय तो वह निश्चित ही परिवर्तनशील पदार्थ ठहरेगा। क्योंकि

फलाभासं प्रमाणादभिन्नं भिन्नमेव वा॥66॥

कुतोस्य फलाभासतेत्याह–

अभेदे तद्व्यवहारानुपपत्तेः ॥67॥

न खलु सर्वथा तयोरभेदे 'इदं प्रमाणमिदं फलम्' इति व्यवहारः शक्यः प्रवर्त्तयितुम्।

ननु व्यावृत्त्या तयोः कल्पना भविष्यतीत्याह–

परिवर्तन के हुए बिना ऐसा कह नहीं सकते कि पहले कार्य को नहीं किया था पर सहायक कारण मिलने पर कार्य किया इत्यादि। इस प्रकार सर्वथा पृथक्-पृथक् सामान्य और विशेष की मान्यता कथमपि सिद्ध नहीं होती है।

फलाभास

अब यहाँ फलाभास का वर्णन करते हैं–

फलाभासं प्रमाणादभिन्नं भिन्नमेव वा ॥66॥

सूत्रार्थ–प्रमाण से प्रमाण का फल सर्वथा भिन्न ही है अथवा सर्वथा अभिन्न ही है ऐसा मानना फलाभास है। इसे फलाभास किस कारण से कहते हैं, वह बताते हैं–

अभेदे तद्व्यवहारानुपपत्तेः ॥67॥

सूत्रार्थ– यदि प्रमाण से प्रमाण का फल सर्वथा अभिन्न ही है ऐसा स्वीकार किया जाय तो यह प्रमाण है और यह इसका फल है ऐसा व्यवहार बन नहीं सकता। क्योंकि अभेद में इस तरह का कथन होना अशक्य है।

यहाँ कोई बौद्ध अनुयायी शिष्य प्रश्न करता है कि प्रमाण और फल में अभेद होने पर भी व्यावृत्ति द्वारा यह प्रमाण का फल है ऐसा व्यवहार हो जाता है। इसमें क्या दोष है?

व्यावृत्त्यापि न तत्कल्पना फलान्तराद्व्यावृत्त्याऽफलत्व-प्रसङ्गात् ॥68॥

प्रमाणान्तराद्व्यावृत्तौ वाऽप्रमाणत्वस्येति ॥69॥

व्यावृत्त्यापि न तत् कल्पना फलान्तराद् व्यावृत्याऽफलत्वप्रसङ्गात् ॥68॥

अर्थ– पूर्वोक्त प्रश्न का उत्तर देते हैं कि व्यावृत्ति-अफल की व्यावृत्ति फल है इस प्रकार की व्यावृत्ति से भी प्रमाण के फल की व्यवस्था नहीं होती, क्योंकि जैसे विवक्षित किसी प्रमाण का फल अफल से व्यावृत है वैसे अन्य फल से भी व्यावृत्त होगा, और जब उसको फलान्तर से व्यावृत्ति करने के लिये बैठेंगे तब वह अफलरूप ही सिद्ध होगा?

यहाँ समझने योग्य यह है कि बौद्धमत में शब्द का अर्थ अन्यापोह किया है जैसे गो शब्द है यह गो अर्थ को नहीं कहता किन्तु अगो की व्यावृत्ति– अगो का अभाव है– ऐसा कहता है, इस विषय पर अपोहवाद नामा प्रकरण में बहुत कुछ कह आये हैं और इस व्यावृत्ति या अन्यापोह मत का खण्डन कर आये हैं, यहाँ पर इतना समझना कि फल शब्द का अर्थ अफल व्यावृत्ति है।

ऐसा करते हैं तो उसका घूम फिरकर यह अर्थ निकलता है कि फल विशेष से व्यावृत्त होना, अतः ऐसा अर्थ करना गलत है।

प्रमाणान्तरात् व्यावृत्तौवाऽप्रमाणत्वस्येति ॥69॥

अर्थ– तथा शब्द का अर्थ अन्य व्यावृत्तिरूप होने से बौद्ध फल शब्द का अर्थ अफल व्यावृत्ति [अफल नहीं होना] करते हैं तो जब अफल शब्द का अर्थ करना हो तो क्या करेंगे? अफल की व्यावृत्ति ही तो करेंगे? जैसे कि प्रमाण की व्यावृत्ति अप्रमाण है– ऐसा अर्थ करते हैं? किन्तु ऐसा अर्थ करना अयुक्त है।

प्रमाण से प्रमाण का फल सर्वथा अभिन्न या सर्वथा भिन्न नहीं होता इत्यादि रूप से अभी चौथे परिच्छेद में विस्तारपूर्वक कह आये हैं, यहाँ पुनः नहीं कहते।

एतच्च फलपरीक्षायां प्रपञ्चितमिति पुनर्नेह प्रपञ्च्यते।

तस्माद्वास्तवो भेदः ॥70॥

प्रमाणफलयोस्तद्व्यवहारान्यथानुपपत्तेरिति प्रेक्षादक्षैः प्रतिपत्तव्यम्।

अस्तु तर्हि सर्वथा तयोर्भेद इत्याशङ्कापनोदार्थमाह–

भेदे त्वात्मान्तरवत्तदनुपपत्तिः(त्तेः) ॥71॥

तस्माद् वास्तवो भेदः॥70॥

सूत्रार्थ– व्यावृत्ति या कल्पना मात्र से प्रमाण और फल में भेद है ऐसा कहना सिद्ध नहीं होता, अतः इनमें जो भेद है वह वास्तविक है काल्पनिक नहीं। ऐसा स्वीकार करना चाहिए।

यदि इस तरह न माने तो प्रमाण और फल में जो भेद व्यवहार देखा जाता है कि यह प्रमाण है और यह उसका फल है, इत्यादि व्यवहार बनता नहीं, इस प्रकार प्रेक्षावान् पुरुषों को प्रमाण एवं फल के विषय को समझना चाहिए।

यहाँ पर कोई कहे कि प्रमाण और फल में आप जैन वास्तविक भेद स्वीकार करते हैं, सो सर्वथा ही भेद मानना इष्ट है क्या?

भेदे त्वात्मान्तरवत् तदनुपपत्तेः ॥71॥

सूत्रार्थ– उपयुक्त शंका का समाधान करते हुए कहते हैं कि प्रमाण और फल में भेद है किन्तु इसका मतलब यह नहीं करना कि सर्वथा भेद है, सर्वथा भेद और वास्तविक भेद इन शब्दों के अन्तर है, सर्वथा भेद का अर्थ तो भिन्न पृथक् वस्तु रूप होता है और वास्तव भेद का अर्थ काल्पनिक भेद नहीं है लक्षण भेद आदि से भेद है– ऐसा होता है। यदि प्रमाण और फल में सर्वथा भेद माने तो अन्य आत्मा का फल जैसे हमारे से भिन्न है वैसे हमारा स्वयं का फल भी हमारे से भिन्न ठहरेगा, फिर यह प्रमाण हमारा है इसका फल यह है इत्यादि व्यपदेश नहीं होगा क्योंकि वह तो हमारे आत्मा से एवं प्रमाण से सर्वथा भिन्न है।

समवायेऽतिप्रसङ्गः ॥72॥

इत्यप्युक्तं तत्रैव।

समवायेऽतिप्रसंगः ॥72॥

सूत्रार्थ– समवाय सम्बन्ध के मानने पर अतिप्रसङ्ग आता है।

यहाँ कोई कहे कि प्रमाण से उसका फल है तो सर्वथा पृथक्, किन्तु इन दोनों का समवाय हो जाने से यह इस प्रमाण का फल है ऐसा व्यवहार बन जाता है? यह बात असत् है, समवाय जब स्वयं पृथक् है तो इस प्रमाण में इस फल को समवेत करना है, अन्य प्रमाण में या आकाशादि में नहीं, इत्यादि रूप विवेक समवाय द्वारा होना अशक्य है भिन्न समवाय तो हर किसी प्रमाण के साथ हर किसी प्रमाण के फल को समवेत कर सकता है, इस तरह का अतिप्रसंग होने के कारण प्रमाण और फल में सर्वथा भेद नहीं मानना चाहिये। समवाय किसी गुण गुणी आदि का सम्बन्ध नहीं कराता, कार्य कारण का सम्बन्ध नहीं कराता इत्यादि, इस विषय में समवाय विचार नामा प्रकरण में कह आये हैं। यहाँ अधिक नहीं कहते। इस प्रकार, प्रमाणाभास, संख्याभास, विषयाभास, और फलाभास इन चारों का वर्णन पूर्ण हुआ।

॥तदाभास प्रकरण समाप्त॥

जयपराजयविमर्शः

अथेदानीं प्रतिपन्नप्रमाणतदाभासस्वरूपाणां विनेयानां प्रमाणतदाभासा-वित्यादिना फलमादर्शयति-

प्रमाण-तदाभासौ दुष्टतयोद्भावितौ परिहृतापरिहृतदोषौ वादिनः साधन-तदाभासौ प्रतिवादिनो दूषण-भूषणे च ॥73॥

63. प्रतिपादितस्वरूपौ हि प्रमाणतदाभासौ यथावत्प्रतिपन्नाप्रतिपन्न-स्वरूपौ जयेतरव्यवस्थाया निबन्धनं भवतः। तथाहि-चतुरङ्गवादमुररीकृत्य विज्ञातप्रमाणतदाभासस्वरूपेण वादिना सम्यक्प्रमाणे स्वपक्षसाधनायोपन्यस्ते

जय-पराजय विमर्श

अब जिन्होंने प्रमाण और प्रमाणाभास का स्वरूप जाना है ऐसे शिष्यों को प्रमाण और प्रमाणाभास जानने का फल क्या है वह बताते हैं-

प्रमाण-तदाभासौ दुष्टतयोद्भावितौ परिहृताऽपरिहृतदोषौ वादिनः साधन-तदाभासौ प्रतिवादिनो दूषण-भूषणे च ॥73॥

63. प्रमाण और प्रमाणाभास का स्वरूप बता चुके हैं, यदि इनका स्वरूप भली प्रकार जाना हुआ है तो वाद में जय होती है और यदि नहीं जाना हुआ है तो पराजय होती है।

सूत्रार्थ- वादी के द्वारा प्ररूपित किये प्रमाण और प्रमाणाभास, प्रतिवादी के द्वारा दोष रूप से प्रगट किये जाने पर वादी से परिहार दोष वाले रहते हैं, तो वे वादी के लिए साधन हैं और दोषों का परिहार नहीं कर पाता है तो साधनाभास है, और प्रतिवादी के लिए यही क्रमशः दूषण और भूषण है।

अविज्ञाततत्स्वरूपेण तु तदाभासे। प्रतिवादिना वाऽनिश्चिततत्वस्वरूपेण दुष्टतया सम्यक्प्रमाणेपि तदाभासतोद्भाविता। निश्चिततत्स्वरूपेण तु तदाभासे

वाद के चार अंग हैं- सभ्य, सभापति, वादी और प्रतिवादी- इनमें जो वादी है [सभा में पहली बार अपना पक्ष उपस्थित करने वाला पुरुष] वह यदि प्रमाण और प्रमाणाभास का स्वरूप जाना हुआ है तो स्वपक्ष की सिद्धि के लिये सत्यप्रमाण उपस्थित करता है और यदि उन प्रमाणादिका स्वरूप नहीं जाना हुआ है तो वह असत्य प्रमाण अर्थात् प्रमाणाभास को उपस्थित करता है, अब सामने जो प्रतिवादी बैठा है वह यदि प्रमाणादि का स्वरूप नहीं जानता है तो वादी के सत्य प्रमाण को भी दुष्टता से यह तो प्रमाणाभास है- ऐसा दोषोद्भावन करता है, और कोई अन्य प्रतिवादी यदि है तो वह प्रमाण आदि का स्वरूप जानने वाला होने से वादी के असत्य प्रमाण में ही तदाभासता "तुमने यह प्रमाणाभास उपस्थित किया" ऐसा दोषोद्भावन करता है।

अब यदि वादी उस दोषोद्भावन को हटाता है तो उसके पक्ष का साधन होता है और प्रतिवाद को दूषण प्राप्त होता है और कदाचित् वादी अपने ऊपर दिये हुए दोषोद्भावन को नहीं हटाता तब तो उसके पक्ष का साधन नहीं हो पाता और प्रतिवादी को भूषण प्राप्त होता है [अर्थात् प्रतिवादी ने दोषोद्भावन किया था वह ठीक है ऐसा निर्णय होता है]।

यहां आचार्य कहना चाहते हैं कि- वस्तुत्व का स्वरूप बतलाने वाला सम्यग्ज्ञान स्वरूप प्रमाण होता है। प्रमाण के बल से ही जगत् के जितने भी पदार्थ हैं उनका बोध होता है। जो सम्यग्ज्ञान नहीं है उससे वस्तु स्वरूप का निर्णय नहीं होता है। जिन पुरुषों का ज्ञान आवरण कर्म से रहित होता है वे ही पूर्णरूप से वस्तु तत्त्व को जान सकते हैं।

वर्तमान में ऐसा ज्ञान और ज्ञान के धारी उपलब्ध नहीं हैं अतः वस्तु के स्वरूप में विविध मत वालों में परस्पर में अपने अपने मत की सिद्धि के लिये वाद हुआ करते थे। यहाँ पर उसी वाद के विषय में कथन हो।

वाद के चार अंग का स्वरूप इस प्रकार है-

वादी-जो सभा में सबसे पहले अपना पक्ष उपस्थित करता है,

तदाभासतोद्भाविता। एवं तौ प्रमाणतदाभासौ दुष्टतयोद्भावितौ परिहृतापरिहृतदोषौ वादिनः साधनतदाभासौ, प्रतिवादिनो दूषणभूषणे च भवतः।

प्रतिवादी– जो वादी के पक्ष को असिद्ध करने का प्रयत्न करता है, **सभ्य**– वाद को सुनने देखने वाले एवं प्रश्न कर्ता मध्यस्थ लोग **सभापति**–वाद में कलह नहीं होने देना, दोनों पक्षों को जानने वाला एवं जय पराजय का निर्णय देने वाला सज्जन पुरुष।

वादी और प्रतिवादी वे ही होने चाहिये जो प्रमाण और प्रमाणाभास का स्वरूप भली प्रकार से जानते हों, अपने अपने मत में निष्णात हों, एवं अनुमान प्रयोग में अत्यन्त निपुण हों, क्योंकि वाद में अनुमान प्रमाण द्वारा ही प्रायः स्वपक्ष को सिद्ध किया जाता है।

वादी प्रमाण और प्रमाणाभास को अच्छी तरह जानता हो तो अपने पक्ष को सिद्ध करने के लिये सत्य प्रमाण उपस्थित करता है, प्रतिवादी यदि न्याय करने के लिये सत्य प्रमाण उपस्थित करता है, प्रतिवादी यदि न्याय के क्रम का उल्लंघन नहीं करता और उस प्रमाण के स्वरूप को जानने वाला होता है तो उस सत्य प्रमाण में कोई दूषण नहीं दे पाता और इस तरह वादी का पक्ष सिद्ध हो जाता है तथा आगे भी प्रतिवादी यदि कुछ प्रश्नोत्तर नहीं कर पाता तो वादी की जय भी हो जाती है तथा वादी यदि प्रमाणादि को ठीक से नहीं जानता तो स्वपक्ष को सिद्ध करने के लिये प्रमाणाभास असत्य प्रमाण उपस्थित करता है तब प्रतिवादी उसके प्रमाण को सदोष बता देता है।

अब यदि वादी उस दोष को दूर कर देता है तो ठीक है अन्यथा उसका पक्ष असिद्ध होकर आगे उसकी पराजय भी हो जाती है। कभी ऐसा भी होता है कि वादी सत्य प्रमाण उपस्थित करता है तो भी प्रतिवादी उसको पराजित करने के लिये उस प्रमाण को दूषित ठहराता है। तब वादी उस दोष का यदि परिहार कर पाता है तो ठीक वरना पराभव होने की संभावना है।

कभी ऐसा भी होता है कि वादी द्वारा सही प्रमाण युक्त पक्ष उपस्थित किया है तो भी प्रतिवादी अपने मत की अपेक्षा या वचन चातुर्य

64. ननु चतुरङ्गवादमुररीकृत्येत्याद्ययुक्तमुक्तम्; वादस्याविजिगीषु-विषयत्वेन चतुरङ्गत्वासम्भवात्। न खलु वादो विजिगीषतोर्वर्त्तते तत्त्वाध्यवसाय-संरक्षणार्थरहितत्वात्। यस्तु विजिगीषतोर्नासौ तथा सिद्धः यथा जल्पो वितण्डा च, तथा च वादः, तस्मान्न विजिगीषतोरिति। न हि वादस्तत्त्वाध्यवसायसंरक्षणार्थो भवति; जल्पवितण्डयोरेव तत्त्वात्। तदुक्तम्-

---

से उस प्रमाण को सदोष बताता है। ऐसे अवसर पर भी वादी यदि उस दोष का परिहार करने में असमर्थ हो जाता है तो भी वादी का पराजय होना सम्भव है। इस विवेचन से स्पष्ट होता है कि अपने पक्ष के ऊपर, प्रमाण के ऊपर प्रतिवादी द्वारा दिये गये दोषों का निराकरण कर सकना ही विजय का हेतु है।

जैन के द्वारा वाद का लक्षण सुनकर यौग अपना मत उपस्थित करते हैं-

64. **योग**- वाद के चार अंग होते हैं इत्यादि जो अभी जैन ने कहा वह अयुक्त है। वाद में जीतने की इच्छा नहीं होने के कारण सभ्य आदि चार अंगों की वहाँ संभावना नहीं है। विजय पाने की इच्छा है जिन्हें ऐसे वादी प्रतिवादियों के बीच में वाद नहीं चलता, क्योंकि वाद तत्त्वाध्यवसाय का संरक्षण नहीं करता, जो विजिगीषुओं के बीच में होता है वह ऐसा नहीं होता, जैसे जल्प और वितंडा में तत्त्वाध्यवसाय संरक्षण होने से वे विजिगीषु पुरुषों में चलते हैं, वाद ऐसा तत्त्वाध्यवसाय का संरक्षण तो करता नहीं अतः विजिगीषु पुरुषों के बीच में नहीं होता।

इस प्रकार पंचावयवी अनुमान द्वारा यह सिद्ध हुआ कि वाद के चार अंग नहीं होते और न उसको विजिगीषु पुरुष करते हैं। यहाँ कोई कहे कि वाद भी तत्त्वाध्यवसाय के संरक्षण के लिये होता है ऐसा माना जाय? सो यह कथन ठीक नहीं। जल्प और वितंडा से ही तत्त्व संरक्षण हो सकता है, अन्य से नहीं। कहा भी है- जैसे बीज और अंकुरों की सुरक्षा के लिये काटों की बाड़ लगायी जाती है, वैसे तत्त्वाध्यवसाय के संरक्षण हेतु जल्प और वितंडा किये जाते हैं।

"तत्त्वाध्यवसायसंरक्षणार्थं जल्पवितण्डे बीजप्ररोहसंरक्षणार्थं कंटक-शाखावरणवत्"[20] इति।

65. तदप्यसमीचीनम्; वादस्याविजिगीषुविषयत्वासिद्धेः। तथाहि–वादो नाविजिगीषुविषयो निग्रहस्थानवत्त्वात् जल्पवितण्डावत्। न चास्य निग्रह स्थानवत्त्वमसिद्धम्; 'सिद्धान्ताविरुद्धः' इत्यनेनापसिद्धान्तः, 'पञ्चवयवोपपन्नः' इत्यत्र पञ्चग्रहणात् न्यूनाधिके, अवयवोपपन्नग्रहणाद्धेत्वाभासपञ्चकं चेत्यष्टनिग्रहस्थानानां वादे नियमप्रतिपादनात्।

---

65. **जैन–** यह कथन ठीक नहीं है, वाद को जो आपने विजिगीषु पुरुषों का विषय नहीं माना वह बात असिद्ध है, देखिये–अनुमान प्रसिद्ध बात है कि– वाद अविजिगीषु पुरुषों का विषय नहीं होता, क्योंकि वह निग्रह स्थानों से युक्त है, जैसे जल्प वितंडा निग्रहस्थान युक्त होने से अविजिगीषु पुरुषों के विषय नहीं हैं। वाद निग्रहस्थान युक्त नहीं हैं यह तो बात है नहीं, क्योंकि आप यौग के यहाँ वाद का जो लक्षण पाया जाता है उससे सिद्ध होता है कि वाद में आठ निग्रहस्थान होते हैं, अर्थात् **'प्रमाणतर्कसाधनोपालंभः सिद्धान्ताविरुद्धः पंचावयवोपपन्नः, पक्ष प्रतिपक्षपरिग्रहो वादः"** ऐसा वाद का लक्षण आपके यहाँ माना है, इस लक्षण से रहित यदि कोई वाद का प्रयोग करे तो निग्रहस्थान का पात्र बनता है।

सिद्धान्त अविरुद्ध वाद न हो तो अपसिद्धान्त नाम का निग्रहस्थान होता है, अनुमान के पाँच अवयव ही होने चाहिये ऐसा वाद का लक्षण था। उन पाँच अवयवों से कम या अधिक अवयव प्रयुक्त होते हैं तो क्रमशः न्यून और अधिक ऐसे दो निग्रह स्थानों का भागी बनता है एवं पाँच हेत्वाभासों में से जो हेत्वाभास युक्त वाद का प्रयोग होगा वह वह निग्रहस्थान आयेगा इस तरह पाँच हेत्वाभासों के निमित्त से पाँच निग्रहस्थान होते हैं ऐसा यौग के यहाँ बताया गया है अतः जल्प और वितंडा के समान वाद भी निग्रहस्थान युक्त होने से विजिगीषुओं के बीच में होता है ऐसा सिद्ध होता है।

---

20. न्यायसूत्र 4/2/50

66. ननु वादे सतामप्येषां निग्रहबुध्योद्भावनाभावान्न विजिगीषास्ति। तदुक्तम्–"तर्कशब्देन भूतपूर्वगतिन्यायेन वीतरागकथात्वज्ञापनादुद्भावन-नियमोपलभ्यते" तेन सिद्धान्ताविरुद्धः पञ्चावयवोपपन्न इति चोत्तरपदयोः समस्तनिग्रहस्थानाद्युपलक्षणार्थत्वाद्वादेऽप्रमाणबुद्ध्या परेण छलजातिनिग्रहस्थानानि प्रयुक्तानि न निग्रहबुध्योद्भाव्यन्ते किन्तु निवारणबुध्या। तत्त्वज्ञानायावयोः प्रवृत्तिर्न च साधनाभासो दूषणाभासो वा तद्धेतुः। अतो न तत्प्रयोगो युक्त इति।

---

66. **यौग–** यद्यपि उपर्युक्त निग्रहस्थान वाद में भी होते हैं किन्तु उनको परवादी का निग्रह हो जाय इस बुद्धि से प्रकट नहीं किया जाता। अतः इस वाद में विजिगीषा [जीतने की इच्छा] नहीं होती। कहा भी है वाद का लक्षण करते समय तर्क शब्द आया है वह भूतपूर्व गति न्याय से वीतराग कथा का ज्ञापक है अतः वाद में निग्रह स्थान किस प्रकार से प्रकट किये जाते हैं उसका नियम मालूम पड़ता है, बात यह है कि "यहाँ पर यही अर्थ लगाना होगा अन्य नहीं" इत्यादि रूप से विचार करने को तर्क कहते हैं।

जब वादी प्रतिवादी व्याख्यान कर रहे हों तब उनका जो विचार चलता है उसमें वीतरागत्व रहता है। ऐसे ही वाद काल में भी वीतरागत्व रहता है वाद काल की वीतरागता तर्क शब्द से ही मालूम पड़ती है, मतलब यह है कि व्याख्यान-उपदेश के समय और वाद के समय वदी प्रतिवादी वीतराग भाव से तत्त्व का प्रतिपादन करते हैं, हार-जीत की भावना से नहीं- ऐसा नियम है।

प्रमाणतर्क साधनोपाम्भ सहित वाद होता है इस पद से तथा सिद्धान्त अविरुद्ध, पंचावयवोपपन्न इन उत्तर पदों से सारे ही निग्रहस्थान संगृहीत होते हैं इन निग्रहस्थानों का प्रयोग पर का निग्रह करने की बुद्धि से नहीं होता किन्तु निवारण बुद्धि से होता है तथा उपलक्षण से जाति, छल आदि का प्रयोग भी निग्रह बुद्धि से न होकर निवास बुद्धि से होता है ऐसा नियम है, जब वाद में वादी प्रतिवादी प्रवृत होते हैं तब उनका परस्पर में निर्णय रहता है कि अपने दोनों की जो वचनालाप की प्रवृत्ति

67. तदप्यसाम्प्रतम्; जल्पवितण्डयोरपि तथोद्भावननियमप्रसङ्गात्। तयोस्तत्त्वाध्यवसायसंरक्षणाय स्वयमभ्युपगमात्। तस्य च छलजातिनिग्रहस्थानैः कर्त्तुमशक्यत्वात्। परस्य तूष्णींभावार्थं जल्पवितण्डयोश्छलाद्युद्भावनमिति चेत्; न; तथा परस्य तूष्णींभावाभावादऽसदुत्तराणामानन्त्यात्।

68. [न च] तत्त्वाध्यवसायसंरक्षणार्थत्वरहितत्वं च वादेऽसिद्धम्;

हो रही है वह तत्त्व ज्ञान के लिये हो रही है, न कि एक दूसरे के साधनाभास का दूषणाभास को बतलाने [या हार जीत कराने] के लिये हो रही है, इत्यादि। इतने विवेचन से निश्चित हो जाता है कि वाद काल में निग्रहस्थानों का प्रयोग निग्रह बुद्धि से करना युक्त नहीं।

67. **जैन**– यह कथन ठीक नहीं है। यदि वाद में निग्रहस्थान आदि का प्रयोग निग्रह बुद्धि से न करके निवारण बुद्धि से किया जाता है ऐसा मानते हैं तो जल्प और वितंडा में भी इन निग्रह स्थानादि का निवारण बुद्धि से प्रयोग होता है ऐसा मानना चाहिए। आप स्वयं जल्प और वितंडा को तत्त्वाध्यवसाय के संरक्षण के लिये मानते हैं, कहने का अभिप्राय यही है कि तत्त्वज्ञान के लिये वाद किया जाता है ऐसा आप योग ने अभी कहा था सो यही तत्त्वज्ञान के लिए जल्प और वितंडा भी होते हैं, तत्त्वज्ञान और तत्त्वाध्यवासाय संरक्षण इनमें कोई विशेष अन्तर नहीं है तथा तत्त्वाध्यवसाय का जो संरक्षण होता है वह छल, जाति और निग्रह स्थानों द्वारा करना अशक्य भी है।

योग– तत्त्वाध्यवसाय का संरक्षण तो छलादि द्वारा नहीं हो पाता किन्तु जल्प और वितण्डा में उनका उद्भावन इसलिये होता है कि परवादी चुप हो जायें।

जैन– ऐसा करने पर भी परवादी चुप नहीं रह सकता, क्योंकि असत् उत्तर तो अनन्त हो सकते हैं। असत्य प्रश्नोत्तरी की क्या गणना? योग ने जो कहा था कि वाद तत्त्वाध्यवसाय का संरक्षण नहीं करता इत्यादि, सो बात असिद्ध है, उलटे वाद ही उसका संरक्षण करने में समर्थ होता है।

68. हम सिद्ध करके बताते हैं–तत्त्वाध्यवसाय का रक्षणवाद

तस्यैव तत्संरक्षणार्थत्वोपपत्तेः। तथाहि–वाद एव तत्त्वाध्यवसायसंरक्षणार्थः, प्रमाणतर्कसाधनोपालम्भत्वे सिद्धान्ताविरुद्धत्वे पञ्चावयवोपपन्नत्वे च सति पक्षप्रतिपक्षपरिग्रहवत्त्वात्, यस्तु न तथा स न तथा यथाक्रोशादिः, तथा च वादः, तस्मात्तत्वाध्यवसायसंरक्षणार्थ इति।

69. न चायमसिद्धो हेतुः; "प्रमाणतर्कसाधनोपालम्भः सिद्धान्ताविरुद्धः पञ्चावयवोपपन्नः पक्षप्रतिपक्षपरिग्रहो वादः"[21] इत्यभिधानात्। 'पक्षप्रतिपक्ष-परिग्रहवत्त्वात्' इत्युच्यमाने जल्पोपि तथा स्यादित्यवधारणविरोधः, तत्परिहारार्थं प्रमाणतर्कसाधनोपालम्भत्वविशेषणम्। न हि जल्पे तदस्ति, "यथोक्तोपपन्न-श्छलजातिनिग्रहस्थानसाधनोपालम्भो जल्पः।"[22] इत्यभिधानात्। नापि वितण्डा

द्वारा ही हो सकता है जल्प और वितंडा द्वारा नहीं, क्योंकि वाद चार विशेषणों से भरपूर है अर्थात् प्रमाण तर्क, स्वपक्ष साधन, परपक्षउपालम्भ देने में समर्थ वाद ही है यह सिद्धान्त से अविरुद्ध रहता है, तथा अनुमान के पाँच अवयवों से युक्त होकर पक्ष प्रतिपक्ष के ग्रहण से भी युक्त है जो इतने गुणों से युक्त नहीं होता वह तत्त्वाध्यवसाय का रक्षण भी नहीं करता, जैसे आक्रोश गाली वगैरह के वचन तत्त्व का संरक्षण नहीं करते। वेद प्रमाण, तर्क इत्यादि से युक्त है अतः तत्त्वाध्यवसाय का संरक्षण करने के लिये होता है।

69. यह प्रमाण तर्क साधनोपालम्भत्व इत्यादि से युक्त जो हेतु है वह असिद्ध नहीं समझना, आप योग का सूत्र है कि **"प्रमाणतर्क-साधनोपालंभः सिद्धांताविरुद्धः पंचावयवोपपन्नः पक्षप्रतिपक्षपरिग्रहो वादः"** अर्थात् वाद प्रमाण, तर्क, साधनोपालम्भ इत्यादि विशेषण युक्त होता है ऐसा इस सूत्र में निर्देश पाया जाता है, यदि इस सूत्र में "पक्षप्रतिपक्षपरिग्रहवत्व" इतना ही हेतु देते अर्थात् वाद का इतना लक्षण करते तो जल्प भी इस प्रकार का होने से उसमें यह लक्षण चला जाता और यह अवधारण नहीं हो पाती कि केवल वाद ही इस लक्षण वाला है। इस दोष का परिहार करने के लिये प्रमाण तर्क साधनोपालंभयुक्त

21. न्यायसूत्र 1/2/1
22. न्यायसूत्र 1/2/2

तथानुषज्यते; जल्पस्यैव वितण्डारूपत्वात्, "स प्रतिपक्षस्थापनाहीनो वितण्डा।"[23] इत्यभिधानात्।

70. नापि वितण्डा तथानुषज्यते; जल्पस्यैव वितण्डारूपत्वात्, "स प्रतिपक्षस्थापनाहीनो वितण्डा।"[24] इति वचनात्। स यथोक्तो जल्पः प्रतिपक्षस्थापनाहीनतया विशेषितो वितण्डात्वं प्रतिपद्यते। वैतण्डिकस्य च स्वपक्ष एव साधनवादिपक्षापेक्षया प्रतिपक्षो हस्तिप्रतिहस्तिन्यायेन। तस्मिन्प्रतिपक्षे वैतण्डिको हि न साधनं वक्ति। केवलं परपक्षनिराकरणायैव प्रवर्त्तते इति व्याख्यानात्।

वाद होता है ऐसा वाद का विशेषण दिया है, जल्प में यह विशेषण आगे होने पर भी आगे सिद्धान्त अविरुद्ध आदि विशेषण नहीं पाये जाते, जल्प का लक्षण तो इतना ही है कि– **"यथोक्तोपपन्नछलजाति निग्रहस्थान साधनोपाम्भो जल्पः"** अर्थात् प्रमाण तर्क आदि से युक्त एवं छल जाति निग्रहस्थान साधन उपालंभ से युक्त ऐसा जल्प होता है, अतः वाद का लक्षण जल्प में नहीं जाता और इसी वजह से हेतु व्यभिचरित नहीं होता।

70. वितंडा भी तत्त्वाध्यवसाय संरक्षण नहीं करता, क्योंकि वितंडा जल्प के समान ही है "सप्रतिपक्षस्थापनाहीनो वितंडा" जल्प के लक्षण में प्रतिपक्ष की स्थापना से रहित लक्षण कर दें तो वितंडा का स्वरूप बन जाता है। जिसमें प्रतिपक्ष की स्थापना नहीं हो ऐसा जल्प ही वितंडापने को प्राप्त होता है। वितंडा को करने वाला वैतंडिक का जो स्वपक्ष है वही प्रतिवादी की अपेक्षा प्रतिपक्ष बन जाता है, जैसे कि हाथी ही अन्य हाथी की अपेक्षा प्रति हाथी कहा जाता है। इस प्रकार वैतंडिक जो सामने वाले पुरुष नें पक्ष रखा है उसमें दूषण मात्र देता है किन्तु अपना पक्ष रखकर उसकी सिद्धि के लिए कुछ हेतु प्रस्तुत नहीं करता, केवल पर पक्ष का निराकरण करने में ही लगा रहता है।

कहने का अभिप्राय यही है कि जल्प और वितंडा में यही

---

23. न्यायसूत्र 1/2/2
24. न्यायसूत्र 1/2/3

71. पक्षप्रतिपक्षौ च वस्तुधर्मवेकाधिकरणौ विरुद्धावेककालावनव-सितौ। वस्तुधर्माविति वस्तुविशेषौ वस्तुनः। सामान्येनाधिगत्वाद्वि-शेषतोऽनधिगतत्वाच्च विशेषावगमनिमित्तो विचारः। एकाधिकरणाविति, नानाधिकरणौ विचारं न प्रयोजयत उभयोःप्रमाणोपपत्तेः; तद्यथा–अनित्या बुद्धिर्नित्य आत्मेति। अविरुद्धावप्येवं विचारं न प्रयोजयतः, तद्यथा-क्रियावद्-द्रव्यं गुणवच्चेति। एककालाविति, भिन्नकालयोर्विचाराप्रयोजकत्वं प्रमाणोपपत्तेः,

---

अन्तर है कि जल्प में तो पक्ष प्रतिपक्ष दोनों रहते हैं किन्तु वितंडा में प्रतिपक्ष नहीं रहता, इस प्रकार आप यौग के यहाँ जल्प और वितंडा के विषय में व्याख्यान पाया जाता है।

71. अब यहाँ पर यह देखना है कि पक्ष और प्रतिपक्ष किसे कहते हैं, "वस्तुधर्मौ, एकाधिकरणौ, विरुद्धौ, एक कालौ, अनवसितौ पक्ष- प्रतिपक्षौ" वस्तु के धर्म हो, एक अधिकरणभूत हो, विरुद्ध हो, एक काल की अपेक्षा लिये हो और अनिश्चित हो वे पक्ष प्रतिपक्ष कहलाते हैं।

इसको स्पष्ट करते हैं–वस्तु के विशेष धर्म पक्ष-प्रतिपक्ष बनाये जाते हैं क्योंकि सामान्य से जो जाना है और विशेष रूप से नहीं जाना है उसी विशेष को जानने के लिये विचार [वाद विवाद] प्रवृत्त होता है, तथा वे दो वस्तु धर्म एक ही अधिकरण में विवक्षित हो तो विचार चलता है, नाना अधिकरण में स्थित धर्मो के विषय में विचार की जरूरत ही नहीं, क्योंकि नाना अधिकरण में तो वे प्रमाण सिद्ध ही रहते हैं जैसे बुद्धि अनित्य है और आत्मा नित्य है ऐसा किसी ने कहा तो इसमें विचार-विवाद नहीं होता वे नित्य अनित्य तो अपने अपने स्थान में हैं।

किन्तु जहाँ एक ही आधार में दो विशेषों के विषय में विचार चलता हो कि इन दोनों में से यहाँ कौन होगा? जैसे उदाहरण के रूप में शब्द में एक व्यक्ति तो नित्य धर्म मानता है और एक व्यक्ति अनित्य धर्म, तब विचार प्रवृत्त होगा, पक्ष प्रतिपक्ष रखा जायेगा, एक कहेगा शब्द में नित्यत्व और दूसरा कहेगा शब्द में अनित्यत्व है।

यदि वे दो धर्म परस्पर में विरुद्ध न हो तो भी विचार का कोई

यथा क्रियावद्रव्यं निष्क्रियं च कालभेदे सति। तथाऽवसितौ विचारं न प्रयोजयत:; निश्चयोत्तरकालं विवादाभावादित्यनवसितौ तौ निर्दिष्टौ। एवंविशेषणौ धर्मौ पक्षप्रतिपक्षौ। तयो: परिग्रह इत्थंभावनियम: 'एवंधर्मायं धर्मी नैवंधर्मा' इति च। तत: प्रमाणतर्कसाधनोपलम्भत्वविशेषणस्य पक्षप्रतिपक्षपरिग्रहस्य जल्पवितण्डयोरसम्भवात् सिद्धं वादस्यैव तत्त्वाध्यवसायसंरक्षणार्थत्वं लाभपूजाख्यातिवत्।

प्रयोजन नहीं रहता, जैसे द्रव्य क्रियावान होता है और गुणवान भी होता है तब क्रिया और गुण का विरोध नहीं होने से यहाँ विचार की जरूरत नहीं।

वे दो धर्म एक काल में विवक्षित हो तो विचार होगा, भिन्नकाल में विचार की आवश्यकता नहीं रहती, भिन्नकाल में तो वे धर्म एकाधार में रह सकते हैं, जैसे (यौग मत की अपेक्षा) काल भेद से द्रव्य में सक्रियत्व और निष्क्रियत्व रह जाता है।

जिन धर्मों का निश्चय हो चुका है उनमें विचार करने का प्रयोजन नहीं रहता, क्योंकि निश्चय होने के बाद विवाद नहीं होता अत: अनवसित-अनिश्चित धर्मों के विषय में विचार करने के लिये पक्ष प्रतिपक्ष स्थापित किये जाते हैं। एक कहता है कि इस प्रकार के धर्म से युक्त ही धर्मी होता है तो दूसरा व्यक्ति प्रतिवादी कहता है कि नहीं, इस प्रकार के धर्म से युक्त नहीं होता इत्यादि।

इस प्रकार प्रमाण, तर्क साधन, उपलम्भादि विशेषण वाले पक्ष प्रतिपक्ष का ग्रहण जल्प और वितंडा में नहीं होता ऐसा सिद्ध होता है केवल वाद में ही इस प्रकार के विशेषण वाले पक्षादि होते हैं और वह वाद ही तत्त्वाध्यवसाय के संरक्षण के लिए होता है [किया जाता है] ऐसा सिद्ध हुआ, जिस प्रकार वाद से ख्याति पूजा लाभ की प्राप्ति होती है उसी प्रकार तत्त्वाध्यवसाय का रक्षण भी होता है ऐसा मानना चाहिये।

इस संपूर्ण चर्चा को यहाँ हम इस प्रकार समझने का प्रयास करेंगे। जैसे– यौग का कहना है कि वाद में अपने-अपने तत्त्व के

निश्चय का रक्षण नहीं हो सकता। तत्त्व का संरक्षण तो जल्प और वितंडा से होता है। तब आचार्य प्रभाचन्द्र उनको समझा रहे हैं कि आपके यहाँ जो वाद आदि का लक्षण किया है उससे सिद्ध होता है कि वाद से ही तत्त्व संरक्षण होता है, जल्प और वितंडा से नहीं, वितंडा में तो प्रतिपक्ष की स्थापना ही नहीं होती, तथा इन दोनों में सिद्धान्त अविरुद्धता भी नहीं, वाद में ऐसा नहीं होता. वाद करने वाले पुरुष अपने-अपने पक्ष की स्थापना करते हैं तथा उनका वाद प्रमाण, तर्क आदि से युक्त होता है एवं सिद्धान्त से अविरुद्ध भी होता है।

सभा के मध्य में वादी प्रतिवादी जो अपना-अपना पक्ष उपस्थित करते हैं उसके विषय में चर्चा करते हुए आचार्य प्रभाचन्द्र ने कहा है कि तब तक ही पदार्थ के गुण धर्म के बारे में विवाद या मतभेद होता है जब तक अपनी अपनी मान्यता सिद्ध करने के लिये सभापति के समक्ष वादी प्रतिवादी उपस्थित होकर उस पदार्थ के गुण धर्म के विषय में अपना अपना पक्ष रखते हैं। जैसे एक पुरुष को शब्द को नित्य सिद्ध करना है और एक पुरुष को उसी शब्द को अनित्य सिद्ध करना है, पक्ष प्रतिपक्ष दोनों का अधिकरण वही शब्द है। नित्य और अनित्य परस्पर विरुद्ध हैं इसीलिये उन पुरुषों के मध्य में विवाद खड़ा हुआ है। यदि अविरुद्ध धर्म होते तो विवाद या विचार करने की जरूरत नहीं होती, तथा ये दोनों धर्म नित्य अनित्य एक साथ एक वस्तु मानने की बात आती है तब विवाद पड़ता है तथा उन धर्मों का एक वस्तु में यदि पहले से निश्चय हो चुका है तो भी विवाद नहीं होता। अनिश्चित गुण धर्म में ही विवाद होता है।

इस प्रकार पक्ष प्रतिपक्ष का स्वरूप भली प्रकार से जानकर ही वादी प्रतिवादी सभा में उपस्थित होते हैं और ऐसे पक्ष प्रतिपक्ष आदि के विषय में जानकर पुरुष ही वाद करके तत्त्व निश्चय का संरक्षण कर सकते हैं, जल्प और वितंडा में यह सब सम्भव नहीं, क्योंकि न इनमें इतने सुनिश्चित नियम रहते हैं और न इनको करने वाले पुरुष ऐसी क्षमता को घेरते हैं। इस प्रकार प्रभाचन्द्राचार्य ने उन्हीं यौग के सिद्धान्त

72. तत्त्वस्याध्यवसायो हि निश्चयस्तस्य संरक्षणं न्यायबलान्निखिलबाधकनिराकरणम्, न पुनस्तत्र बाधकमुद्भावयतो यथाकथञ्चिन्निर्मुखीकरणं लकुटचपेटादिभिस्तन्न्यक्करणस्यापि तत्त्वाध्यवसायसंरक्षणार्थत्वानुषङ्गात्। न च जल्पवितण्डाभ्यां निखिलबाधकनिराकरणम्। छलजात्युपक्रमपरतया ताभ्यां

के अनुसार यह सिद्ध किया है कि जल्प और वितंडा से तत्त्व संरक्षण नहीं होता, अपितु वाद से ही होता है।

72. "तत्त्वाध्यवसाय संरक्षण" इस शब्द के अर्थ पर विचार करते हैं–तत्त्व का अध्यवसाय अर्थात् निश्चय होना उसका संरक्षण करना अर्थात् हमने जो तत्त्व का निर्णय किया हुआ है उसमें कोई बाधा करे तो उस सम्पूर्ण बाधा को न्याय बल से दूर करना, इस तरह तत्त्वाध्यवसाय संरक्षण का अर्थ है। तत्त्व निश्चय का संरक्षण, बाधा देने वाले पुरुष का मुख जैसा बने वैसा वाद करना नहीं है, अर्थात् अपने पक्ष में प्रतिवादी ने बाधक प्रमाण उपस्थित किया हो तो उसका न्यायपूर्वक निराकरण करना तो ठीक है किन्तु निराकरण का मतलब यह नहीं है कि प्रतिवादी का मुख चाहे जैसे भी बंद कर दें। ऐसा करने से कोई तत्त्व निश्चय का संरक्षण नहीं होता।

यदि प्रतिवादी का मुख बंद करने से ही इष्ट सिद्ध होता है तो लाठी चपेटा आदि से भी प्रतिवादी का मुख बंद कर सकते हैं और तत्त्व संरक्षण कर सकते हैं? किन्तु ऐसा नहीं होता है। कोई कहे कि जल्प और वितंडा से तो सम्पूर्ण बाधाओं का निराकरण हो सकता है, तब यह बात गलत है। जल्प और वितंडा में तो न्यायपूर्वक निराकरण नहीं होता किन्तु छल और जाति के प्रस्ताव से बाधा का निराकरण करते हैं। इस तरह के निराकरण करने से तो संशय और विपर्यय पैदा होता है। जल्प और वितण्डा में प्रवृत्त हुए पुरुष प्रतिवादी के मुख को बंद करने में ही लगे रहते हैं।

यदि कदाचित् उनके तत्त्व-अध्यवसाय हो तो भी प्राश्निक लोगों का संशय या विपर्यय हो जाता है कि क्या इस वैतंडिक को तत्त्वाध्यवसाय है या नहीं? अथवा मालूम पड़ता है कि इसे तत्त्व का निश्चय हुआ ही

संशयस्य विपर्ययस्य वा जननात्। तत्त्वाध्यवसाये सत्यपि हि परनिर्मुखीकरणे प्रवृत्तौ प्राश्निकास्तत्र संशेरते विपर्ययस्यन्ति वा–'किमस्य तत्त्वाध्यवसायोस्ति किं वा नास्तीति, नास्त्येवेति वा' परनिर्मुखीकरणमात्रे तत्त्वाध्यवसायरहितस्यापि प्रवृत्त्युपलम्भात् तत्त्वोपप्लववादिवत् तथा चाख्यातिरेवास्य प्रेक्षावत्सु स्यादिति कुतः पूजा लाभो वा!

73. ततः सिद्धश्चतुरङ्गो वादः स्वाभिप्रेतार्थव्यवस्थापनफलत्वाद्वाद–त्वाद्वा लोकप्रख्यातवादवत्। एकाङ्गस्यापि वैकल्ये प्रस्तुतार्थाऽपरिसमाप्तेः। तथा हि। अहङ्कारग्रहग्रस्तानां मर्यादातिक्रमेण प्रवर्तमानानां शक्तित्रयसमन्वितौ–दासीन्यादिगुणोपेतसभापतिमन्तरेण

नहीं इत्यादि। बात यह है कि परवादी की जुबान बंद कर देना उसे निरुत्तर करना इत्यादि कार्य को करना तो जिसे तत्त्वाध्यवसाय नहीं हुआ ऐसा पुरुष भी कर सकता है अतः प्राश्निक महाशयों को संदेहादि होंगे कि तत्त्वोपल्लवादी के समान यह वादी तत्त्व निश्चय रहित दिखाई दे रहा है इत्यादि। जब इस तरह वादी केवल परवादी को निर्मुख करने में प्रवृत्ति करेगा तो बुद्धिमान पुरुषों में उसकी अप्रसिद्धि ही होगी। फिर ख्याति और लाभ कहाँ से होंगे? अर्थात् नहीं हो सकते।

73. इस प्रकार जो शुरू में हम जैन ने कहा था कि चतुरंगवाद होता है, अतः वह सिद्ध हुआ, बाद के चार अंग होते हैं यही अपने इच्छित तत्त्व की व्यवस्था करता है सच्चा वरदपना तो इसी में है। जैसे कि लोक प्रसिद्ध वाद में वादपना या तत्त्व व्यवस्था होने से चतुरंगता होती है। यह निश्चित समझना कि यदि वाद में एक अंग भी नहीं रहेगा तो वह प्रस्तुत अर्थ जो तत्त्वाध्यवसाय संरक्षण है उसे पूर्ण नहीं कर सकता।

अब आगे वाद के चार अंग सिद्ध करते हैं, सबसे पहले सभापति को देखे, वाद सभा में जब वादी प्रतिवादी अहंकार से ग्रस्त होकर मर्यादा का उल्लंघन करने लग जाते है तब उनको प्रभुत्व शक्ति, उत्साह, शक्ति और मन्त्र शक्ति ऐसी तीन शक्तियों से युक्त उदासीनता, पापभीरुता गुणों से युक्त ऐसे सभापति के बिना कौन रोक सकता है?

अपक्षपतिताः प्राज्ञाः सिद्धान्तद्वयवेदिनः।

असद्वादनिषेद्धारः प्राश्निकाः प्रग्रहा इव।

इत्येवंविधप्राश्निकांश्च विना को नाम नियामकः स्यात्? प्रमाण-तदाभासपरिज्ञानसामर्थ्योपेतवादिप्रतिवादिभ्यां च विना कथं वादः प्रवर्तेत?

तथा अपक्षपाती, प्राज्ञ, वादी प्रतिवादी दोनों के सिद्धान्त को जानने वाले असत्यवाद का निषेध करने वाले ऐसे प्राश्निक-सभ्य हुआ करते हैं जो बैलगाड़ी को चलाने वाले गाड़ीवान जैसे बैलों को नियन्त्रण में रखते हैं वैसे ही वे वादी प्रतिवादी को नियन्त्रण में रखते हैं उनको मर्यादा का उल्लंघन नहीं करने देते। प्रमाण और प्रमाणाभास के स्वरूप को जानने वाले वादी-प्रतिवादी के बिना तो वाद ही कैसा? इस प्रकार निश्चित होता है कि वाद के चार अंग होते हैं।

अथ सप्तमपरिच्छेदः

नयविमर्शः

प्राचां वाचाममृततटिनीपूरकर्पूरकल्यान्,
बन्धान(न्म)न्दा नवकुकवयो नूतनीकुर्वते ये।
तेऽयस्काराः सुभटमुकुटोत्पाटिपाण्डित्यभाजम्,
भित्त्वा खड्गं विदधति नवं पश्य कुण्ठं कुठारम्॥

ननूक्तं प्रमाणेतरयोर्लक्षणमक्षूणं नचेतरयोस्तु लक्षणं नोक्तम्, तच्चावश्यं वक्तव्यम्, तदवचने विनेयानां नाऽविकला व्युत्पत्तिः स्यात् इत्याशङ्कमानं प्रत्याह–

सम्भवदन्यद्विचारणीयम्'॥1॥

सप्तम परिच्छेद

नय विवेचन

यहाँ पर कोई विनीत शिष्य प्रश्न करता है कि आचार्य मणिक्यनन्दी ने प्रमाण और प्रमाणभासें को निर्दोष लक्षण प्रतिपादित कर दिया किन्तु नय और नयभासों का लक्षण अभी तक नहीं कहा उसको अवश्य कहना चाहिए, क्योंकि उसके न कहने पर शिष्यों को पूर्ण ज्ञान नहीं होगा? इस प्रकार शंका करने वाले शिष्य के प्रति आचार्य कहते हैं–

सम्भवदन्यद् विचारणीयम्॥1॥

सूत्रार्थ– अन्य जो नयादि है उसका भी विचार कर लेना चाहिए। सम्भवद् पद का अर्थ है विद्यमान पूर्व में कहे हुए प्रमाण और

सम्भवद्विद्यमानं कश्चितात्प्रमाणतदाभासलक्षणादन्यत् नयनयाभासयो-र्लक्षणं विचारणीयं नयनिष्ठैर्दिग्मात्रप्रदर्शनपरत्वादस्य प्रयासस्येति। तल्लक्षणं च सामान्यतो विशेषतश्च सम्भवतीति तथैव तद्व्युत्पाद्यते।

1. तत्राऽनिराकृतप्रतिपक्षो वस्त्वंशग्राही ज्ञातुरभिप्रायो **नयः।** निराकृतप्रतिपक्षस्तु **नयाभासः।** इत्यनयोः सामान्यलक्षणम्। स च द्वेधा द्रव्यार्थिक-पर्यायार्थिकविकल्पात्। द्रव्यमेवार्थो विषयो यस्यारित स **द्रव्यार्थिकः।** पर्याय एवार्थो यस्यास्त्यसौ **पर्यायार्थिकः।** इति नयविशेषलक्षणम्। तत्राद्यो नैगमसङ्ग्रहव्यवहारविकल्पात् त्रिविधः। द्वितीयस्तु ऋजुसूत्रशब्दसमभिरूढैवं-

---

प्रमाणाभासों के जो लक्षण हैं उनसे अन्य जो नय और नयभासों के लक्षण हैं उनका विचार नयों के ज्ञाता पुरुषों को करना चाहिये, क्योंकि इस परीक्षामुख ग्रन्थ में दिग्मात्र अतिसंक्षेप में कथन है।

अब प्रभाचन्द्र आचार्य नयों का विवेचन करते हैं- नय का लक्षण सामान्य और विशेष रूप में हुआ करता है। अतः उसी रूप में प्रतिपादन किया जाता है।

नय का सामान्य लक्षण-

1. प्रतिपक्ष का निराकरण नहीं करने वाला एवं वस्तु के अंश का ग्रहण वाला ऐसा जो ज्ञाता पुरुष का अभिप्राय है वह नय कहलाता है।

नयाभास का लक्षण-

जो प्रतिपक्ष का निराकरण करता है वह नयाभास है। इस प्रकार नय और नयाभास का यह सामान्य लक्षण है। नय मूल में दो भेद वाला है द्रव्यार्थिकनय और पर्यायार्थिक नय। द्रव्य ही जिसका विषय है वह द्रव्यार्थिक नय है और पर्याय ही जिसका विषय है वह पर्यायार्थिकनय है। यह नय का विशेष लक्षण हुआ। द्रव्यार्थिकनय के नैगम, संग्रह, व्यवहार ऐसे तीन भेद हैं। पर्यायार्थिकनय के चार भेद हैं- ऋजुसूत्र, शब्द समभिरूढ और एवंभूत।

भूतविकल्पाच्चतुर्विधः।

2. तत्रानिष्पन्नार्थसङ्कल्पमात्रग्राही **नैगमः**। निगमो हि सङ्कल्पः, तत्र भवस्तत्प्रयोजनो वा नैगमः। यथा कश्चित्पुरुषो गृहीतकुठारो गच्छन् 'किमर्थं भवान्गच्छति' इति पृष्टः सन्नाह–'प्रस्थमानेतुम्' इति। एधोदकाद्याहरणे वा व्याप्रियमाणः 'किं करोति भवान्' इति पृष्टः प्राह–'ओदनं पचामि' इति। न चासौ प्रस्थपर्याय ओदनपर्यायो वा निष्पन्नस्तन्निष्पत्तये सङ्कल्पनात्रे प्रस्थादिव्यवहारात्। यद्वा नैकङ्गमो नैगमो धर्मधर्मिणोर्गुणप्रधानभावेन

नैगम नय का लक्षण

जो पदार्थ अभी बना नहीं है उसके संकल्प मात्र को जो ग्रहण करता है वह नैगम नय है। निगम कहते हैं संकल्प को, उसमें जो हो वह नैगम अथवा निगम अर्थात् संकल्प जिसका प्रयोजन है वह नैगम कहलाता है।

जैसे कोई पुरुष हाथ में कुठार लेकर जा रहा है उसको पूछा कि आप कहाँ जा रहे हैं तब वह कहता है प्रस्थ [करीब एक किलो धान्य जिससे मापा जाय ऐसा काष्ठ का बर्तन विशेष] लाने को जा रहा हूँ। अथवा लकड़ी, जल आदि को एकत्रित करने वाले पुरुष को पूछा आप क्या कर रहे हो? तो वह कहता है "भात पका रहा हूँ।" किन्तु इस प्रकार का कथन करते समय प्रस्थ पर्याय निष्पन्न नहीं है, केवल उसके निष्पन्न करने का संकल्प है। उसमें ही प्रस्थादि का व्यवहार किया गया है। अथवा नैगम शब्द का दूसरा अर्थ भी है वह इस प्रकार–"न एकं गमः नैगमः" जो एक को ही ग्रहण न करे अर्थात् धर्म और धर्मी को गौण और मुख्य भाव से विषय करे वह नैगम नय है। जैसे– जीवन का गुण सुख है अथवा सुख जीव का गुण है, यहाँ जीव अप्रधान है, विशेषता होने से, और विशेष्य होने से सुख प्रधान है। सुखी जीव, इत्यादि में तो जीव प्रधान है सुखादि प्रधान नहीं, क्योंकि यहाँ सुखादि विशेषरूप है।

धर्म और धर्मी को गौण और प्रधान भात्र से एक साथ विषय

विषयीकरणात्। 'जीवगुणः सुखम्' इत्यत्र हि जीवस्याप्राधान्यं विशेषणत्वात्, सुखस्य तु प्राधान्यं विशेष(ष्य)त्वात्। 'सुखी जीवः' इत्यादौ तु जीवस्य प्राधान्यं न सुखादेर्विपर्ययात्। न चास्यैवं प्रमाणात्मकत्वानुषङ्गः; धर्मधर्मिणोः प्राधान्येनात्र ज्ञप्तेरसम्भवात्। तयोरन्यतर एव हि नैगमनयेन प्रधानतयानुभूयते। प्राधान्येन द्रव्यपर्यायद्वयात्मकं चार्थमनुभवद्विज्ञानं प्रमाणं प्रतिपत्तव्यं नान्यदिति।

सर्वथानयोरर्थान्तरत्वाभिसन्धिस्तु **नैगमाभासः**। धर्मधर्मिणोः सर्वथा-र्थान्तरत्वे धर्मिणि धर्माणां वृत्तिविरोधस्य प्रतिपादितत्वादिति।

3. स्वजात्यविरोधेनैकध्यमुपनीयार्थानाक्रान्तभेदानं समस्तग्रहणात्**संग्रहः**। स च परोऽपरश्च। तत्र परः सकलभावानां सदात्मनैकत्वमभिप्रैति। 'सर्वमेकं सदविशेषात्' इत्युक्ते हि 'सत्' इतिवाग्विज्ञानानुवृत्तिलिङ्गानुमितसत्तात्मक-त्वेनैकत्वमशेषार्थानां संगृह्यते। निराकृताऽशेषविशेषस्तु सत्ताऽद्वैताभिप्रायस्तदाभासो

कर लेने से इस नय को प्रमाणरूप होने का प्रसंग नहीं होगा, क्योंकि इस नय में धर्म और धर्मी को प्रधान भाव से जानने की शक्ति नहीं है। धर्म धर्मी में से कोई एक ही नैगम नय द्वारा प्रधानता से ज्ञात होता है। इससे विपरीत प्रमाण द्वारा तो धर्म धर्मी द्रव्य पर्यायात्मक वस्तुत्व प्रधानता से ज्ञात होता है, अर्थात् धर्म धर्मी दोनों को एक साथ जानने वाला विज्ञान ही प्रमाण है। संशयरूप जानने वाला प्रमाण नहीं ऐसा समझना चाहिए।

नैगमाभास–

धर्म और धर्मी में सर्वथा भेद है ऐसा अभिप्राय नैगमाभास कहलाता है। धर्म और धर्मी को यदि सर्वथा पृथक् माना जायगा तो धर्मी में धर्मों का रहना विरुद्ध पड़ता है, इसका पहले कथन कर आये हैं।

संग्रह नय का लक्षण–

स्वजाति जो सत् रूप है उसके अविरोध से इस प्रकार को प्राप्त कर, जिसमें विशेष अन्तर्भूत है, उनको पूर्णरूप से ग्रहण करे वह संग्रह नय कहलाता है। उसके दो भेद हैं– परसंग्रह नय और अपरसंग्रह नय।

7/1

दृष्टेष्टबाधनात्। तथाऽपरः संग्रहो द्रव्यत्वेनाशेषद्रव्याणामेकत्वमभिप्रैति। 'द्रव्यम्' इत्युक्ते ह्यतीतानागतवर्तमानकालवर्त्तिविवक्षिताविवक्षितपर्यायद्रवणशीलानां जीवाजीवतद्भेदप्रभेदानामेकत्वेन संग्रहः। तथा 'घटः' इत्युक्ते निखिलघट-व्यक्तीनां घटत्वेनैकत्वसंग्रहः।

परसंग्रह नय–

सकल पदार्थों की सत् सामान्य की अपेक्षा एकरूप इष्ट करने वाला परसंग्रह नय है। जैसे किसी ने "सत्" एक रूप है सत्पने की समानता होने से" ऐसा कहा। इसमें "सत्" यह पद सत् शब्द, सत् का विज्ञान एवं सत् का अनुवृत्त प्रत्यय अर्थात् इदं सत् यह सत् है यह भी सत् है इन लिंगों से सम्पूर्ण पदार्थों का सत्तात्मक एकपना ग्रहण होता है अर्थात् सत् कहने से सत् शब्द, सत् का ज्ञान एवं सत् पदार्थ इन सबका संग्रह हो जाता है अथवा सत् ऐसा कहने पर सत् इस प्रकार के वचन और विज्ञान की अनुवृत्तिरूप लिंग से अनुमित सत्ता के आधारभूत सब पदार्थों का सामान्यरूप से संग्रह करना संग्रह नय का विषय है। जो विशेष का निराकरण करता है वह पर संग्रहाभास है, क्योंकि सर्वधा अद्वैत या अभेद मानना प्रत्यक्ष एवं परोक्ष प्रमाण से बाधित है।

अपरसंग्रह नय–

द्रव्य है ऐसा कहने पर द्रव्यपने की अपेक्षा सम्पूर्ण द्रव्यों में एकत्व स्थापित करना अपर संग्रह नय कहलाता है क्योंकि द्रव्य कहने पर अतीत अनागत एवं वर्तमान कालवर्ती विवक्षित तथा अविवक्षित पर्यायों से द्रवण (परिवर्तन) स्वभाव वाले जीव अजीव एवं उनके भेद अभेदों का एक रूप से संग्रह होता है, तथा घट है, ऐसा कहने पर सम्पूर्ण घट व्यक्तियों को घटपने से एकत्व होने के कारण संग्रह हो जाता है।

संग्रहाभास

सामान्य और विशेषों को सर्वथा पृथक् मानने का अभिप्राय [योग] अपर संग्रहाभास है एवं उन सामान्य विशेषों को सर्वथा अपृथक् मानने का अभिप्राय [मीमांसक] संग्रहाभास है, क्योंकि सर्वथा भिन्न या

सामान्यविशेषाणां सर्वथार्थान्तरत्वाभिप्रायोऽनर्थान्तरत्वाभिप्रायो वाऽपर**सङ्ग्रहाभासः**, प्रतीतिविरोधादिति।

4. सङ्ग्रहगृहीतार्थानां विधिपूर्वकमवहरणं विभजनं भेदेन प्ररूपणं **व्यवहारः**। परसंग्रहेण हि सद्धर्माधारतया सर्वमेकत्वेन 'सत्' इति संगृहीतम्। व्यवहारस्तु तद्विभागमभिप्रैति। यत्सत्तद्रव्यं पर्यायो वा। तथैवापरः सङ्ग्रहः सर्वद्रव्याणि 'द्रव्यम्' इति, सर्व पर्यायांश्च 'पर्यायः' इति संगृह्णाति। व्यवहारस्तु तद्विभागमभिप्रैति-यद्द्रव्यं तज्जीवादि षड्विधम्, यः पर्यायः स द्विविधः सह भावी क्रमभावी च। इत्यपरसङ्ग्रहव्यवहारप्रपञ्चः प्रागृजुसूत्रात्परसङ्ग्रहादुत्तरः प्रतिपत्तव्यः, सर्वस्य वस्तुनः कथञ्चित्सामान्य

सर्वथा अभिन्न रूप सामान्य विशेषों की प्रतीति नहीं होती।

व्यवहार नय का लक्षण–

संग्रह नय द्वारा ग्रहण किये हुए पदार्थों में विधिपूर्वक विभाग करना–भेद रूप से प्ररूपण करना व्यवहार नय है, पर संग्रहनय से सत् धर्म [स्वभाव] के आधार से सबको एक रूप से सत् है ऐसा ग्रहण किया था अब उसमें व्यवहार नय विभाग चाहता है– जो सत् है वह द्रव्य है अथवा पर्याय है, इत्यादि विभाजन करता है। तथा अपर संग्रहनय ने सब द्रव्यों को द्रव्य पद से संगृहीत किया अथवा सब पर्यायों को पर्याय पद से संगृहीत किया था उसमें व्यवहार विभाग मानता है कि जो द्रव्य है वह जीव आदि रूप छह प्रकार का है, जो पर्याय है वह दो प्रकार की है सहभावी और क्रमभावी।

इस प्रकार से द्रव्य और पर्याय का विभाग विस्तार करने से इसको नैगमनयत्व के प्रसंग होने की आशंका भी नहीं करना, क्योंकि व्यवहार नय संग्रह के विषय में विभाग करता है किन्तु नैगम नय तो गौण मुख्यता से उभय को [सामान्य विशेष या द्रव्य पर्याय] विषय करता है।

व्यवहाराभास का लक्षण–

जो केवल कल्पनामात्र से आरोपित द्रव्य पर्यायों में विभाग

विशेषात्मकत्वसम्भवात्। न चास्यैवं नैगमत्वानुषङ्गः; सङ्ग्रहविषयप्रविभाग-परत्वात्, नैगमस्य तु गुणप्रधानभूतोभयविषयत्वात्।

यः पुनः कल्पनारोपितद्रव्यपर्यायप्रविभागमभिप्रैति स **व्यवहाराभासः**, प्रमाणबाधितत्वात्। न हि कल्पनारोपित एव द्रव्यादिप्रविभागः; स्वार्थक्रिया-हेतुत्वाभावप्रसङ्गाद्गगनाम्भोजवत्। व्यवहारस्य चाऽसत्यत्वे तदानुकूल्येन प्रमाणानां प्रमाणता न स्यात्। अन्यथा स्वप्नादिविभ्रमानुकूल्येनापि तेषां तत्प्रसङ्गः। उक्तं च–

व्यवहारानुकूल्यात्तु प्रमाणानां प्रमाणता।
नान्यथा बाध्यमानानां ज्ञानानां तत्प्रसङ्गतः।।[25] इति।

करता है वह व्यवहाराभास है क्योंकि वह प्रमाण बाधित है। द्रव्यादि का विभाग काल्पनिक मात्र नहीं है यदि ऐसा मानें तो अर्थ क्रिया का अभाव होगा, जैसे कि गगन पुष्प में अर्थ क्रिया नहीं होती। तथा द्रव्य पर्याय का विभाग परक इस व्यवहार को असत्य मानने पर उसके अनुकूलता से आने वाली प्रमाणों की प्रमाणता का भी भंग हो जाएगा। तथा द्रव्यादि का विभाग सर्वथा कल्पना मात्र है और उसका विषय करने वाले व्यवहार द्वारा प्रमाणों की प्रमाणता होती है–ऐसा मानें तो स्वप्न आदि का विभ्रमरूप विभाग परक ज्ञान से भी प्रमाणों की प्रमाणता होने लगेगी। कहा भी है–

व्यवहार के अनुकूलता से प्रमाणों की प्रमापता सिद्ध होती है, व्यवहार की अनुकूलता का जहाँ अभाव है वहाँ प्रमाणता सिद्ध नहीं होती, यदि ऐसा न माने तो बाधित ज्ञानों में प्रमाणता का प्रसंग आयेगा।।1।।

कहने का तात्पर्य यह है कि– पदार्थ द्रव्य पर्यायात्मक है। द्रव्य और पर्याय में सर्वथा भेद या सर्वथा अभेद मानना असत् है। जो प्रवादी सर्वथा अभेद मानकर उनमें लोक व्यवहारार्थ कल्पना मात्र से विभाग करते हैं उनके यहाँ अर्थ क्रिया का अभाव होगा अर्थात् यदि द्रव्य से पर्याय सर्वथा अभिन्न है तो पर्याय का जो कार्य [अर्थ क्रिया] दृष्टिगोचर

---

25. लघीयस्त्रय कारिका 7०

5. ऋजु प्राञ्जलं वर्तमानक्षणमात्रं सूत्रयतीत्यृ**जुसूत्रः** 'सुखक्षणः सम्प्रत्यस्ति' इत्यादि। द्रव्यस्य सतोप्यनर्पणात्, अतीतानागतक्षणयोश्च विनष्टानुत्पन्नत्वेनासम्भवात्। न चैवं लोकव्यवहारविलोपप्रसङ्गः; नयस्याऽस्यैवं विषयमात्रप्ररूपणात्। लोकव्यवहारस्तु सकलनयसमूहसाध्य इति।

हो रहा है वह नहीं हो सकेगा, जीवद्रव्य की वर्तमान की जो मनुष्य पर्याय है उसकी जो मनुष्यपने से साक्षात् अर्थ क्रिया प्रतीत होती है वह नही हो सकेगी। पुद्गल परमाणुओं के पिंड स्वरूप स्कन्ध की जो अर्थ क्रियाये हैं [दृष्टिगोचर होना, उठाने धरने में आ सकना, स्थूल रूप होना, प्रकाश या अन्धकार स्वरूप होना इत्यादि] वे भी समाप्त होगी, केवल कल्पना मात्र में कोई अर्थ क्रिया [वस्तु का उपयोग में आना] नहीं होती है जैसे स्वप्न में स्थित काल्पनिक पदार्थ में अर्थ क्रिया नहीं होती।

अतः संग्रह नय द्वारा गृहीत पदार्थों में भेद या विभाग को करने वाला व्यवहार नय सत्य एवं उसका विषय जो भेद रूप है वह भी पारमार्थिक है। जो लोक व्यवहार में क्रियाकारी है अर्थात् जिन पदार्थों के द्वारा लोक का जप, तप, स्वाध्याय, ध्यानरूप, धर्म और मोक्ष पुरुषार्थ एवं स्नान भोजन, व्यापार आदि काम तथा अर्थ पुरुषार्थ सम्पन्न हों वे भेदाभेदात्मक पदार्थ वास्तविक ही हैं और उनको विषय करने वाला व्यवहार नय भी वास्तविक है क्योंकि नयरूप ज्ञान ही चाहे प्रमाणरूप ज्ञान हो उसमें प्रमाणता तभी स्वीकृत होती है जब उनके विषयभूत पदार्थ व्यवहार के उपयोगी या अर्थ क्रिया वाले हो।

5. ऋजुसूत्रनय का लक्षण–

ऋजु स्पष्टरूप वर्तमान मात्र क्षण को, पर्याय को जानने वाला ऋजुसूत्रनय है। जैसे इस समय सुख पर्याय इत्यादि। यहाँ अतीतादि द्रव्य सत् है किन्तु उसकी अपेक्षा नहीं है, क्योंकि वर्तमान पर्याय में अतीत पर्याय तो नष्ट हो चुकने से असम्भव है और अनागत पर्याय अभी उत्पन्न ही नहीं हुई है। इस तरह वर्तमान मात्र को विषय करने से लोक व्यवहार के लोप की आशंका भी नहीं करनी चाहिए, यहाँ केवल इस नय का विषय बताता है। लोक व्यवहार तो सकल नयों के समुदाय से

यस्तु बहिरन्तर्वा द्रव्यं सर्वथा प्रतिक्षिपत्यखिलार्थानां प्रतिक्षणं क्षणिकत्वाभिमानात् स **तदाभासः**, प्रतीत्यतिक्रमात्। बाधविधुरा हि प्रत्यभिज्ञानादिप्रतीतिर्बहिरन्तश्चैकं द्रव्यं पूर्वोत्तरविवर्त्तवर्त्ति प्रसाधयतीत्युक्त-मूर्द्धतासामान्यसिद्धिप्रस्तावे। प्रतिक्षणं क्षणिकत्वं च तत्रैव प्रतिव्यूढमिति।

6. कालकारकलिङ्गसंख्यासाधनोपग्रहभेदाद्भिन्नमर्थं शपतीति **शब्दो नयः** शब्दप्रधानत्वात्। ततोऽपास्तं वैयाकरणानां मतम्। ते हि "धातुसम्बन्धे प्रत्ययाः"[26] इति सूत्रमारभ्य 'विश्वदृश्वाऽस्य पुत्रो भविता' इत्यत्र कालभेदेप्येकं

सम्पन्न होता है।

ऋजुसूत्राभास का लक्षण–

जो अन्तस्तत्त्व आत्मा और बहिस्तत्त्व अजीवरूप पुद्गलादि का सर्वथा निराकरण करता है अर्थात् द्रव्य का निराकरण कर केवल पर्याय को ग्रहण करता है, सम्पूर्ण पदार्थों को प्रतिक्षण के अभिमान से सर्वथा क्षणिक ही मानता है वह अभिप्राय ऋजुसूत्राभास है। क्योंकि इसमें प्रतीति का उल्लंघन है। प्रतीति में आता है कि निर्बाध प्रत्यभिज्ञान प्रमाण अंतरंग द्रव्य और बहिरंग द्रव्य को पूर्व व उत्तर पर्याय युक्त सिद्ध करते हैं, इसका विवेचन उर्ध्वतासामान्य की सिद्धि करते समय हो चुका है। तथा उसी प्रसंग में प्रतिक्षण के वस्तु के क्षणिकत्व का भी निरसन कर दिया है।

6. शब्दनय का लक्षण–

काल, कारक, लिंग, संख्या, साधन और उपग्रह के भेद से जो भिन्न अर्थ को कहता है वह शब्दनय है इसमें शब्द ही प्रधान है। इस नय से शब्द भेद से अर्थ भेद नहीं करने वाले वैयाकरणों के मत का निरसन होता है वैयाकरण पंडित "धातुसम्बन्धे प्रत्ययाः" इस व्याकरण सूत्र का प्रारम्भ कर "विश्व दृश्वा अस्य पुत्रो भविता" जिसने विश्व को देख लिया है ऐसा पुत्र इसके होगा, इस तरह काल भेद में भी एक पदार्थ मानते हैं। जो विश्व को देख चुका है वह इसके पुत्र होगा, ऐसा

26. पाणिनि व्याकरण 3/4/1

पदार्थमादृता:–यो विश्वं द्रक्ष्यति सोस्य पुत्रो भविता' इति, भविष्यत्काले-नातीतकालस्याऽभेदाभिधानात् तथा व्यवहारोपलम्भात्। तच्चानुपपन्नम्; कालभेदेप्यर्थस्याऽभेदेऽतिप्रसङ्गात्, रावणशङ्खचक्रवर्तिशब्दयोरप्यतीता-नागतार्थगोचरयोरेकार्थतापत्तेः। अथानयोर्भिन्नविषयत्वान्नैकार्थता; 'विश्वदृश्वा भविता' इत्यनयोरप्यसौ मा भूत्तत एव। न खलु 'विश्वं दृष्टवान्=विश्वदृश्वा' इति शब्दस्य योऽर्थोतीतकाल:, स 'भविता' इति शब्दस्यानागतकालो युक्त:; पुत्रस्य भाविनोऽतीतत्वविरोधात्। अतीतकालस्याप्यनागतत्वा-ध्यारोपादेकार्थत्वे तु न परमार्थत: कालभेदेप्यभिन्नार्थव्यवस्था स्यात्।

7. तथा 'करोति क्रियते' इति कर्तृकर्मकारकभेदेप्यभिन्नमर्थं त एवाद्रियन्ते। 'य: करोति किञ्चित् स एव क्रियते केनचित्' इति प्रतीतेः।

जो कहा है इसमें भविष्यत् काल से अतीतकाल का अभेद कर दिया है। उस प्रकार का व्यवहार उपलब्ध होता है। किन्तु शब्दनय से यह अयुक्त है। काल भेद होते हुए भी यदि अर्थ में भेद न माना जाय तो अतिप्रसंग होगा, फिर तो अतीत और अनागत अर्थ के गोचर हो रहे रावण और शंख चक्रवर्ती शब्दों के भी एकार्थपना प्राप्त होगा।

यदि कहा जाय कि रावण और शंख चक्रवर्ती ये दो शब्द भिन्न भिन्न विषय वाले हैं अत: उनमें एकार्थपना नहीं हो सकता तो विश्वदृश्वा और भविता इन दो शब्दों में एकार्थपना नहीं होना चाहिए। क्योंकि ये दो शब्द भी भिन्न भिन्न विषय वाले हैं। देखिये "विश्वं दृष्टवान् इति विश्वदृश्वा" ऐसा विश्वदृश्वा शब्द का जो अर्थ अतीत काल है वह "भविता" इस शब्द का अनागत काल मानना युक्त नहीं है। जब पुत्र होना भावी है तब उसमें अतीतपना कैसे हो सकता है। अतीतकाल का अनागत में अध्यारोप करने से एकार्थपना बन जाता है यदि ऐसा कहो तो काल भेद होने पर भी अभिन्न अर्थ की व्यवस्था मानना पारमार्थिक नहीं रहा, काल्पनिक ही रहा।

7. तथा करोति क्रियते इनमें कर्तृकारक और कर्मकारक की अपेक्षा भेद होने पर भी वैयाकरण लोग इनका अभिन्न अर्थ ही करते हैं, जो करता है वही किसी द्वारा किया जाता है ऐसी दोनों कारकों में

तदप्यसाम्प्रतम्; 'देवदत्तः कटं करोति' इत्यत्रापि कर्तृकर्मणोर्देवदत्तकटयोरभेद-प्रसङ्गात्।

8. तथा, 'पुष्यस्तारका' इत्यत्र लिङ्गभेदेपि नक्षत्रार्थमेकमेवाद्रियन्ते, लिङ्गमशिष्यं लोकाश्रयत्वात्तस्य; इत्यसङ्गतम्; 'पटः कुटी' इत्यत्राप्येक-त्वानुषङ्गात्।

9. तथा, 'आपोऽम्भः' इत्यत्र संख्याभेदेप्येकमर्थं जलाख्यं मन्यन्ते, संख्याभेदस्याऽभेदकत्वाद्गुर्वादिवत्। तदप्ययुक्तम्; 'पटस्तन्तवः' इत्यत्राप्येक-त्वानुषङ्गात्।

10. तथा 'एहि मन्ये रथेन यास्यासि न हि यास्यसि यातस्ते पिता' इति साधनभेदेप्यर्थाऽभेदमाद्रियन्ते "प्रहासे मन्यवाचि युष्मन्मन्यते-

---

उन्होंने अभेद प्रतीति मानी है किन्तु वह ठीक नहीं यदि कर्तृकारक और कर्मकारक में अभेद माना जाय तो "देवदत्तः कटं करोति" इस वाक्य में स्थित देवदत्त कर्ता और कट कर्म इन दोनों में अभेद मानना पड़ेगा।

8. तथा पुष्पः तारकाः इन पदों में पुलिंग स्त्रीलिंग का भेद होने पर भी व्याकरण पंडित इनका नक्षत्र रूप एक ही अर्थ ग्रहण करते हैं। वे कहते हैं कि लिंग अशिष्य है–अनुशासित नहीं है, लोक के आश्रित है अर्थात् लिंग नियमित न होकर व्यवहारानुसार परिवर्तनशील है किन्तु यह असंगत है, लिंग को इस तरह माने तो पटः और कुटी इनमें भी एकत्व बन बैठेगा।

9. तथा "आपः अम्भः" इन दो शब्दों में संख्या भेद रूप बहुवचन और एक वचन का भेद होने पर भी वे इनका जल रूप एक अर्थ मानते हैं। वे कहते हैं कि संख्या भेद होने से अर्थ भेद होना जरूरी नहीं है जैसे गुरुः ऐसा पद एक संख्या रूप है किन्तु सामान्य रूप से यह सभी गुरुओं का द्योतक है अथवा कभी बहुसन्मान की अपेक्षा एक गुरु व्यक्ति को "गुरवः" इस बहुसंख्यात पद से कहा जाता है। सो वैयाकरण का यह कथन भी अयुक्त है।

10. तथा "ऐहि मन्येरथेन यास्यसि न हि यास्यसि यातस्ते पिता" [आओ तुम मानते होंगे कि मैं रथ से जाऊँगा किन्तु नहीं जा

ऽस्मदेकवच्च"[27] इत्यभिधानात्। तदप्यपेशलम्; 'अहं पचामि त्वं पचसि' इत्यत्राप्येकार्थत्वप्रसङ्गात्।

11. तथा, 'सन्तिष्ठते प्रतिष्ठते' इत्यत्रोपग्रहभेदेप्यर्थाभेदं प्रतिपद्यन्ते उपसर्गस्य धात्वर्थमात्रोद्द्योतकत्वात्। तदप्यचारु; 'सन्तिष्ठते प्रतिष्ठते' इत्यत्रापि स्थितिगतिक्रिययोरभेदप्रसङ्गात्। ततः कालादिभेदाद्भिन्न एवार्थः शब्दस्य। तथाहि-विवादापन्नो विभिन्नकालादिशब्दो विभिन्नार्थप्रतिपादको

सकते क्योंकि उससे तो तुम्हारे पिता गये। ऐसा एहि इत्यादि संस्कृत पदों का अर्थ व्याकरणाचार्य करते हैं किन्तु व्याकरण के सर्वसमान्य नियमानुसार इन पदों का अर्थ-आओ मैं मानता हूँ, रथ से जाओगे किन्तु नहीं जा सकोगे क्योंकि उससे तुम्हारे पिता गए- इस प्रकार होता है] यहाँ साधन भेद मध्यमपुरुष उत्तमपुरुष आदि का भेद होने पर भी अभेद है क्योंकि हंसी मजाक में मध्यम पुरुष और उत्तम पुरुष में एकत्व मानकर प्रयोग करना इष्ट है, ऐसा वे लोग कहते हैं किन्तु यह ठीक नहीं, इस तरह तो 'अहं पचामि, त्वं पचसि' आदि में भी एकार्थपना स्वीकार करना होगा।

11. तथा संतिष्ठते प्रतिष्ठते इन पदों में उपसर्ग का भेद होने पर भी अर्थ का अभेद मानते हैं क्योंकि उपसर्ग धातुओं के अर्थ का मात्र द्योतक है, इस प्रकार का कथन भी असत् है, संतिष्ठते प्रतिष्ठते इन शब्दों में जो स्थिति और गति क्रिया है इनमें भी अभेद का प्रसंग होगा। इसलिये निश्चित होता है कि काल, कारक आदि के भिन्न होने पर शब्द का भिन्न ही अर्थ होता है।

विवाद में स्थित विभिन्न कालादि शब्द विभिन्न अर्थ का प्रतिपादक है क्योंकि वह विभिन्न कालादि शब्दत्व रूप है, जैसे कि अन्य अन्य विभिन्न शब्द भिन्न भिन्न अर्थों के प्रतिपादक हुआ करते हैं, मतलब यह है कि जैसे रावण और शंख चक्रवर्ती शब्द क्रमशः अतीत और आगामीकाल में स्थित भिन्न-भिन्न दो पदार्थों के वाचक हैं वैसे ही विश्वदृश्वा और भविता ये दो अतीत और आगामी काल में

---

27. जैनेन्द्रव्याकरण 1/2/153

विभिन्नकालादिशब्दत्वात् तथाविधान्यशब्दवत्। नन्वेवं लोकव्यवहारविरोधः स्यादिति चेत्; विरुध्यतामसौ तत्त्वं तु मीमांस्यते, न हि भेषजमातुरेच्छानुवर्ति।

13. नानार्थान्समेत्याभिमुख्येन रूढः समभिरूढः। शब्दनयो हि पर्यायशब्दभेदान्नार्थभेदमभिप्रैति कालादिभेदत एवार्थभेदाभिप्रायात्। अयं तु पर्यायभेदेनाप्यर्थभेदमभिप्रैति। तथाहि–'इन्द्रः शक्रः पुरन्दरः' इत्याद्याः शब्दा

स्थित व्यक्ति के वाचक होने चाहिये, ऐसे ही कारक आदि में समझना। यहाँ पर कोई शंका करे कि इस तरह माने तो लोक व्यवहार में विरोध होगा? सो विरोध होने दो। यहाँ तो तत्त्व का विचार किया जा रहा है, तत्त्व व्यवस्था कोई लोकानुसार नहीं होती, यथा औषधि रोगी की इच्छानुसार नहीं होती है।

समभिरूढ़नय का लक्षण–

नाना अर्थों का आश्रय लेकर मुख्यता से रूढ़ होना अर्थात् पर्यायभेद से पदार्थ में नानापन स्वीकारना समभिरूढ़नय कहलाता है। शब्दनय पर्यायवाची शब्दों के भिन्न होने पर भी पदार्थों में भेद नहीं मानता, वह तो काल कारक आदि का भेद होने पर ही पदार्थ में भेद करता है किन्तु यह समभिरूढ़नय पयार्यवाची शब्द के भिन्न होने पर ही अर्थ में भेद करता है।

इसी बात को उदाहरण द्वारा बताते हैं– इन्द्रः शक्रः पुरन्दरः इत्यादि शब्द हैं इनमें लिंगादि का भेद न होने से अर्थात् एक पुल्लिंग स्वरूप होने से शब्द नय की अपेक्षा भेद नहीं है। ये सब एकार्थवाची हैं। किन्तु समभिरूढ़ नय उक्त शब्द विभिन्न होने से उनका अर्थ भी विभिन्न स्वीकारता है जैसे कि वाजी और वारण ये दो शब्द होने से इनका अर्थ क्रमशः अश्व और हाथी है। मतलब यह है कि इस नय की दृष्टि में पर्यायवाची शब्द नहीं हो सकते। एक पदार्थ को अनेक नामों द्वारा कहना अशक्य है। यह तो जितने शब्द हैं उतने ही भिन्न अर्थवान् पदार्थ स्वीकार करेगा, शक और इन्द्र एक पदार्थ के वाचक नहीं हैं अपितु शकनात् शकः जो समर्थ है वह शक है एवं इन्द्रनात् इन्द्रः जो ऐश्वर्य युक्त है वह इन्द्र है ऐसा प्रत्येक पद का भिन्न ही अर्थ है इस

विभिन्नार्थगोचरा विभिन्नशब्दत्वाद्वाजिवारणशब्दवदिति।

14. एवमित्थं विवक्षितक्रियापरिणामप्रकारेण भूतं परिणतमर्थं योभिप्रैति स एवम्भूतो नयः।

15. समभिरूढो हि शकनक्रियायां सत्यामसत्यां च देवराजार्थस्य शक्रव्यपदेशमभिप्रैति, पशोर्गमनक्रियायां सत्यामसत्यां च गोव्यपदेशवत्, तथा रूढेः सद्भावात्, अयं तु शकनक्रियापरिणतिक्षणे एव शक्रमभिप्रैति न पूजनाभिषेचनक्षणे, अतिप्रसङ्गात्।

16. न चैवंभूतनयाभिप्रायेण कश्चिदक्रियाशब्दोस्ति, 'गौरश्वः' इति जातिशब्दाभिमतानामपि क्रियाशब्दत्वात्, 'गच्छतीति गौराशुगाम्यश्वः'

तरह समभिरूढनय का अभिप्राय है।

एवंभूतनय का लक्षण–

एवं–इस प्रकार विवक्षित किया परिणाम के प्रकार से भूतं परिणत हुए अर्थ को जो इष्ट करे अर्थात् क्रिया का आश्रय लेकर भेद स्थापित करे वह एवंभूतनय है।

15. समभिरूढ नय देवराज [इन्द्र] नाम के पदार्थ में शकन क्रिया होने पर तथा नहीं होने पर भी उक्त देवराज की शक संज्ञा स्वीकारता है जैसे कि पशु विशेष में गमन क्रिया हो या न हो तो भी उसमें गो संज्ञा होती है वैसी रूढि होने के कारण, किन्तु यह एवंभूतनय शकन क्रिया से परिणत क्षण में ही शक्र नाम धरता है, जिस समय उक्त देवराज पूजन या अभिषेक क्रिया में परिणत है उस समय शक नाम नहीं धरता है, अतिप्रसंग होने से।

16. इस एवंभूतनय की अपेक्षा देखा जाय तो कोई शब्द क्रिया रहित या बिना क्रिया का नहीं है, गौः अश्वः इत्यादि जाति वाचक माने गये शब्द भी इस नय की दृष्टि में क्रिया शब्द हैं, जैसे गच्छति इति गौः, आशुगामी अश्वः, जो चलती है वह गो है, जो शीघ्र गमन करे वह अश्व है इत्यादि। तथा शुक्लः नीलः इत्यादि गुणवाचक शब्द भी क्रियावाचक ही हैं, जैसे कि शुचिभवनात् शुक्लः नीलनात् नीलः शुचि होने से शुक्ल

इति। 'शुक्लो नील:' इति गुणशब्दा अपि क्रियाशब्दा एव, 'शुचिभवनाच्छुक्लो नीलनान्नील:' इति। 'देवदत्तो यज्ञदत्त:' इति यदृच्छाशब्दा अपि क्रियाशब्दा एव, 'देवा एनं देयासु:' इति देवदत्त:, 'यज्ञे एन देयात्' इति यज्ञदत्त:। तथा संयोगिसमवायिद्रव्यशब्दा: क्रियाशब्दा: एव, दण्डोस्यास्तीति दण्डी, विषाणमस्यास्तीति विषाणीति। पञ्चतयी तु शब्दानां प्रवृत्तिर्व्यवहारमात्रान्न निश्चयात्।

17. एवमेते शब्दसमभिरूढैवम्भूतनया: सापेक्षा: सम्यग्, अन्योन्यमनपेक्षास्तु मिथ्येति प्रतिपत्तव्यम्। एतेषु न नयेषु ऋजुसूत्रान्ताश्चत्वारोर्थप्रधाना: शेषास्तु त्रय: शब्दप्रधाना: प्रत्येतव्या:।

है, नील क्रिया से परिणत नील है इत्यादि। देवदत्त:, यज्ञदत्त: इत्यादि यद्वच्छा शब्द [इच्छानुसार प्रवृत्त हुए शब्द] भी एवंभूतनय की दृष्टि में क्रियावाचक ही हैं।

देवा: एनं देवासु: इति देवदत्त: यज्ञे एनं देयात् इति यज्ञदत्त:, देवगण इसको देवे, देवों ने इसको दिया है वह देवदत्त कहलाता है और यज्ञ में इसको देना वह यज्ञदत्त कहलाता है। तथा संयोगी समवायी द्रव्यवाचक शब्द भी क्रियावाचक है, जैसे दण्ड जिसके है वह दंडी है, विषाण [सींग] जिसके है वह विषाणी है। जाति, क्रिया, गुण, यदृच्छा और सम्बन्ध इस प्रकार पाँच प्रकार की शब्दों की प्रवृत्ति जो मानी है वह केवल व्यवहार रूप है निश्चय से नहीं। अर्थात् उपर्युक्त उदाहरणों से एवंभूतनय की दृष्टि से निश्चित किया कि कोई भी शब्द फिर उसे व्यवहार से जातिवाचक कहो या गुणवाचक कहो सबके सब शब्द क्रियावाचक ही हैं– क्रिया के द्योतक ही हैं।

17. ये शब्दनय, समभिरूढनय और एवंभूतनय परस्पर में सापेक्ष हैं तो सम्यग्नय कहलाते हैं यदि परस्पर में निरपेक्ष है तो मिथ्यानय कहलाते हैं– ऐसा समझना चाहिये। [नैगमादि सातो नय परस्पर सापेक्ष होने पर ही सम्यग्नय है अन्यथा मिथ्यानय हैं] इन सात नयों में नैगम, संग्रह व्यवहार और ऋजुसूत्र ये चार नय अर्थ प्रधान नय हैं और शेष तीन शब्द, समभिरूढ और एवंभूतनय शब्द प्रधान नय

18. कः पुनरत्र बहुविषयो नयः को वाल्पविषयः कश्चात्र कारणभूतः कार्यभूतो वेति चेत्? 'पूर्वः पूर्वो बहुविषयः कारणभूतश्च परः परोल्पविषयः कार्यभूतश्च' इति ब्रूमः। संग्रहाद्धि नैगमो बहुविषयो भावाऽभावविषयत्वात्, यथैव हि सति सङ्कल्पस्तथाऽसत्यपि, सङ्ग्रहस्तु ततोल्पविषयः सन्मात्रगोचरत्वात्, तत्पूर्वकत्वाच्च तत्कार्यः। संग्रहाद्व्यवहारोपि तत्पूर्वकः सद्विशेषावबोधकत्वादल्पविषय एव। व्यवहारात्कालत्रितयवृत्त्यर्थ-

कहलाते हैं।

18. प्रश्न– इन नयों में कौन सा नय बहुविषय वाला है और कौन सा नय अल्पविषय वाला है, तथा कौन सा नय कारणभूत और कौन सा नय कार्यभूत है?

समाधान– पूर्व पूर्व का नय बहुविषय वाला है एवं कारणभूत है, तथा आगे-आगे का नय अल्पविषय वाला है एवं कार्यभूत है। संग्रह से नैगम बहुत विषय वाला है क्योंकि नैगम सद्भाव और अभाव दोनों को विषय करता है, अर्थात् विद्यमान वस्तु में जैसे संकल्प सम्भव है वैसे अविद्यमान वस्तु में भी सम्भव है, इस नैगम से संग्रहनय अल्पविषय वाला है, क्योंकि यह सन्मात्र-सद्भावमात्र को जानता है। तथा नैगमपूर्वक होने से संग्रहनय उसका कार्य है।

व्यवहार भी संग्रहपूर्वक होने से कार्य है एवं विशेष सत् का अवबोधक होने से अल्पविषयवाला है। व्यवहार तीनकालवर्ती अर्थ का ग्राहक है उस पूर्वक ऋजुसूत्र होता है अतः ऋजुसूत्र उसका कार्य है एवं केवल वर्त्तमान अर्थ का ग्राहक होने से अल्पविषयवाला है।

ऋजुसूत्रनय कारक आदि का भेद होने पर भी अभिन्न अर्थ को ग्रहण करता है, और शब्दनय कारकादि के भेद होने पर अर्थ में भेद ग्रहण करता है। अतः ऋजुसूत्र से शब्दनय अल्प विषयवाला है तथा ऋजुसूत्रपूर्वक होने से शब्दनय उसका कार्य है। शब्दनय पर्यायवाची शब्द या पर्याय के भिन्न होने पर भी उनमें अर्थभेद नहीं करता किन्तु समभिरूढ़नय पर्याय के भिन्न होने पर अर्थ में भेद करता है अतः शब्दनय से समभिरूढ़नय अल्पविषयवाला है एवं तत्पूर्वक होने से

गोचरात् ऋजुसूत्रोपि तत्पूर्वको वर्तमानार्थगोचरतयाल्पविषय एव। कारकादि-भेदेनाऽभिन्नमर्थं प्रतिपद्यमानादृजुसूत्रतः तत्पूर्वकः शब्दनयोप्यल्पविषय एव तद्विपरीतार्थगोचरत्वात्। शब्दनयात्पर्यायभेदेनार्थभेदं प्रतिपद्यमानात् तद्विपर्ययात् तत्पूर्वकः समभिरूढोप्यल्पविषय एव। समभिरूढतश्च क्रियाभेदेनाऽभिन्नमर्थं प्रतियतः तद्विपर्ययात् तत्पूर्वक एवम्भूतोप्यल्पविषय एवेति।

19. नन्वेते नयाः किमेकस्मिन्विषयेऽविशेषेण प्रवर्त्तन्ते, किं वा विशेषोस्तीति? अत्रोच्यते–यत्रोत्तरोत्तरो नयोऽर्थांशे प्रवर्त्तते तत्र पूर्वः पूर्वोपि नयो वर्त्तते एव, यथा सहस्रेऽष्टशती तस्यां वा पञ्चशतीत्यादौ पूर्वसंख्योत्तर-संख्यायामविरोधतो वर्त्तते। यत्र तु पूर्वः पूर्वो नयः प्रवर्त्तते तत्रोत्तरोत्तरो नयो न प्रवर्त्तते; पञ्चशत्यादावऽष्टशत्यादिवत्। एवं नयार्थे प्रमाणस्यापि सांशवस्तुवेदिनो वृत्तिरविरुद्धा, न तु प्रमाणार्थे नयानां वस्त्वंशमात्रवेदिनामिति।

उसका कार्य है। समभिरूढ़नय क्रिया का भेद होने पर भी अर्थ में भेद नहीं करता किन्तु एवंभूत क्रियाभेद होने पर अवश्य अर्थ भेद करता है अतः समभिरूढ़ से एवंभूत अल्पविषयवाला है तथा तत्पूर्वक होने से कार्य है। इस प्रकार नैगमादियों का विषय और कारण कार्यभाव समझना चाहिये।

19. **शंका–** ये सात नय एक विषय में समान रूप से प्रवृत्त होते हैं अथवा कुछ विशेषता है?

समाधान– विशेषता है, वस्तु के जिस अंश में आगे-आगे का नय प्रवृत्त होता है उस अंश में पूर्व पूर्व का नय प्रवृत्त होता ही है, जैसे कि हजार संख्या में आठ सौ की संख्या रहती है एवं आठ सौ में पाँच सौ रहते हैं, पूर्व संख्या में उत्तर संख्या रहने का अवरोध है। किन्तु जिस वस्तु अंश में पूर्व-पूर्व के नय प्रवृत्त हैं उस अंग में उत्तर उत्तर का नय प्रवृत्त नहीं हो पाता, जैसे कि पाँचसौ की संख्या में आठसौ संख्या नहीं रहती है। इसी तरह अविरुद्ध है, किन्तु एक अंशमात्र को ग्रहण करने वाले नयों की प्रमाण के विषय में प्रवृत्ति नहीं हो सकती है। जैसे पाँच सौ में आठ सौ नहीं रहते हैं।

सप्तभङ्गविमर्शः

20. कथं पुनर्नयसप्तभङ्ग्याः प्रवृत्तिरिति चेत्? 'प्रतिपर्यायं वस्तुन्येकत्राविरोधेन विधिप्रतिषेधकल्पनायाः' इति ब्रूमः। तथाहि–सङ्कल्पमात्र-ग्राहिणो नैगमस्याश्रयणाद्विधिकल्पना, प्रस्थादिकं कल्पनामात्रम्–'प्रस्थादि स्यादस्ति' इति। संग्रहाश्रयणात्तु प्रतिषेधकल्पना; न प्रस्थादि सङ्कल्पमात्रम्-प्रस्थादिसन्मात्रस्य तथाप्रतीतेरसतः प्रतीतिविरोधादिति। व्यवहाराश्रयणाद्वा द्रव्यस्य पर्यायस्य वा प्रस्थादिप्रतीतिः तद्विपरीतस्याऽसतः सतो वा प्रत्येतुमशक्तेः। ऋजुसूत्राश्रयणाद्वा पर्यायमात्रस्य प्रस्थादित्वेन प्रतीतिः, अन्यथा प्रतीत्यनुपपत्तेः। शब्दाश्रयणाद्वा कालादिभिन्नस्यार्थस्य प्रस्थादित्वम्, अन्यथातिप्रसङ्गात्।

सप्तभङ्ग-विमर्श

20. प्रश्न होता है कि नयों के सप्तभंगों की प्रवृत्ति किस प्रकार होती है? इसके समाधान में आचार्य प्रभाचन्द्र कहते हैं कि एक वस्तु में अविरोधरूप से प्रति पर्याय के आश्रय से विधि और निषेध की कल्पना स्वरूप सप्तभङ्गी है या सप्तभङ्गी की प्रवृत्ति है।

इसी बात को और अधिक स्पष्ट करते हुये आचार्य प्रभाचन्द्र समझाते हैं कि 'संकल्प मात्र को ग्रहण करने वाले नैगम नय के आश्रय से विधि (अस्ति) की कल्पना करना, कल्पना में स्थित जो प्रस्थ (माप विशेष) है उसको 'प्रस्थादि स्याद् अस्ति' ऐसा कहना और संग्रह का आश्रय लेकर प्रतिषेध (नास्ति) की कल्पना करना, जैसे प्रस्थादि नहीं है ऐसा कहना।

संग्रह कहेगा कि प्रस्थादि संकल्प मात्र नहीं होता, क्योंकि सत् रूप प्रस्थादि में प्रस्थपने की प्रतीति होगी। असत् की प्रतीति होने में विरोध है। इस प्रकार नैगम द्वारा गृहीत जो विधिरूप संकल्प में स्थित

समभिरूढाश्रयणाद्वा पर्यायभेदेन भिन्नस्यार्थस्य प्रस्थादित्वम्; अन्यथाऽति-प्रसङ्गात्। एवंभूताश्रयणाद्वा प्रस्थादिक्रियापरिणतस्यैवार्थस्य प्रस्थादित्वं नान्यस्य' अतिप्रसङ्गादिति। तथा स्यादुभयं क्रमार्पितोभयनयार्पणात्। स्यादवक्तव्यं

प्रस्थादि हैं वह संग्रह नय की अपेक्षा निषिद्ध होता है। अथवा नैगम के संकल्पमात्र रूप प्रस्थादि का निषेध व्यवहार से भी होता है, क्योंकि व्यवहारनय भी द्रव्यप्रस्थादि या पर्यायप्रस्थादि का विधायक है।

इससे विपरीत संकल्पमात्र में स्थित प्रस्थादि फिर चाहे वे आगामी समय में सत्‌रूप हों या असत् रूप हों ऐसे प्रस्थादि का विधायक व्यवहार नहीं हो सकता। नैगम के प्रस्थादि का ऋजुसूत्रनय द्वारा ग्रहण नहीं होता क्योंकि यह पर्याय मात्र के प्रस्थादि को प्रस्थपने से प्रतिपादन करता है अतः नैगम के प्रस्थादि का वह निषेध (नास्ति) ही करेगा। अर्थात् प्रस्थ पर्याय से जो रहित है उसकी प्रतीति इस नय से नहीं हो सकती।

शब्दनय भी कालादि के भेद से भिन्न अर्थरूप जो प्रस्थादि है उसी को प्रस्थपने से कथन करता है अन्यथा अतिप्रसंग होगा।

समभिरूढ़नय का आश्रय लेने पर भी नैगम के प्रस्थादि में प्रतिषेध कल्पना होती है, क्योंकि समभिरूढ़ पर्याय के भेद से भिन्न अर्थरूप को ही प्रस्थादि स्वीकार करेगा अन्यथा अतिप्रसङ्ग होगा।

एवंभूत का आश्रय लेकर भी सङ्कल्परूप प्रस्थादि में प्रतिषेध कल्पना होती है, क्योंकि यह नय भी प्रस्थ की मापने की जो क्रिया है उस क्रिया में परिणत प्रस्थ को ही प्रस्थपने से स्वीकार करता है, सङ्कल्पस्थित प्रस्थ का प्रस्थपना स्वीकार नहीं करता, अन्यथा अति प्रसङ्ग होगा।

इस प्रकार नैगमनय द्वारा गृहीत प्रस्थादि विधिरूप है और अन्य छह नयों में से किसी एक नय का आश्रय लेने पर उक्त प्रस्थादि प्रतिषेध रूप है अतः प्रस्थादि स्यादस्ति, प्रस्थादि स्यान्नास्ति, ये दो भंग हुए, तथा क्रम से अर्पित उभयनय की अपेक्षा प्रस्थादि स्याद् उभय रूप हैं [अस्तिनास्ति रूप] युगपत् उभयनय की अपेक्षा स्याद् प्रस्थादि अवक्तव्य

सहार्पितोभयनयाश्रयणात्। एवमवक्तव्योत्तराः शेषास्त्रयो भङ्गा यथायोग्मुदाहार्याः।

21. ननु चोदाहृता नयसप्तभङ्गी। प्रमाणसप्तभङ्गीतस्तु तस्याः किङ्कृतो विशेष इति चेत्? 'सकलविकलादेशकृतः' इति ब्रूमः। विकलादेशस्वभावा हि नयसप्तभङ्गी वस्त्वंशमात्रप्ररूपकत्वात्। सकलादेशस्वभावा तु प्रमाणसप्तभङ्गी यथावद्वस्तुरूपप्ररूपकत्वात्। तथा हि–स्यादस्ति जीवादिवस्तु

हैं। इसी तरह अवक्तव्य रूप शेष तीन भंगों का कथन करना चाहिए। वे इस प्रकार हैं–नैगम और अक्रम की अपेक्षा लेने पर प्रस्थादि स्यात् अस्ति अवक्तव्य है। संग्रह आदि में से किसी एक नय की अपेक्षा और अक्रम की अपेक्षा लेने पर प्रस्थादि स्यात् नास्ति अवक्तव्य है। नैगम तथा संग्रहादि में से एक एवं अक्रम की अपेक्षा लेने पर प्रस्थादि स्यात् अस्ति नास्ति अवक्तव्य हैं।

21. पुनः शंका करते हैं कि नय सप्तभङ्गी का प्रतिपादन तो हुआ किन्तु प्रमाण सप्तभङ्गी और नय सप्तभङ्गी में क्या विशेषता है? अथवा भेद या अन्तर है?

इस शंका का समाधान करते हुए आचार्य प्रभाचन्द्र कहते हैं कि सकलादेश और विकलादेश की अपेक्षा विशेषता या भेद है। वस्तु के अंशमात्र का प्ररूपक होने से नयसप्तभङ्गी विकलादेश स्वभाव वाली है और यथावत् वस्तु स्वरूप (पूर्णवस्तु) की प्ररूपक होने से प्रमाणसप्तभङ्गी सकलादेश स्वभाव वाली है। ऊपर नयसप्तभङ्गी के उदाहरण दिये थे अब यहाँ प्रमाण सप्तभङ्गी का उदाहरण प्रस्तुत करते हैं–

1. स्वद्रव्य क्षेत्रकाल भाव की अपेक्षा स्यात् अस्ति जीवादि वस्तु।

2. परद्रव्य क्षेत्र काल भाव की अपेक्षा स्यात् नास्ति जीवादि वस्तु।

3. क्रमार्पित स्वद्रव्यादि एवं परद्रव्यादि की अपेक्षा स्यात् अस्ति-नास्ति जीवादि वस्तु।

स्वद्रव्यादिचतुष्टयापेक्षया। स्यान्नास्ति परद्रव्यादिचतुष्टयापेक्षया। स्यादुभयं क्रमार्पितद्वयापेक्षया। स्यादवक्तव्यं सहार्पितद्वयापेक्षया। एवमवक्तव्योत्तरास्त्रयो भङ्गाः प्रतिपत्तव्याः।

22. कस्मात्पुनर्नयवाक्ये प्रमाणवाक्ये वा सप्तैव भङ्गाः सम्भवन्तीति चेत्? प्रतिपाद्यप्रश्नानां तावतामेव सम्भवात्। प्रश्नवशादेव हि सप्तभङ्गीनियमः। सप्तविध एव प्रश्नोपि कुत इति चेत्? सप्तविधजिज्ञासासम्भवात्। सापि सप्तधा कुत इति चेत्? सप्तधा संशयोत्पत्तेः। सोपि सप्तधा कथमिति चेत्? तद्विषयवस्तुधर्मस्य सप्तविधत्वात्। तथा हि-सत्त्वं तावद्वस्तुधर्मः;

---

4. सह अर्पित स्वपरद्रव्यादि की अपेक्षा स्यात् अवक्तव्य जीवादि वस्तु।

5. परद्रव्यादि और अक्रम की अपेक्षा स्यात् जीवादि वस्तु नास्ति अवक्तव्य।

6. स्वद्रव्यादि और परद्रव्यादि तथा अक्रम की अपेक्षा स्यात् जीवादिवस्तु अस्ति नास्ति अवक्तव्य।

इस प्रकार प्रमाण सप्तभङ्गी को समझना चाहिए।

22. पुनः प्रश्न होता है कि नयवाक्य और प्रमाणवाक्य में सात ही भंग क्यों होते हैं? उसका समाधान देते हुये आचार्य प्रभाचन्द्र कहते हैं कि प्रतिपाद्यभूत जो शिष्यादि हैं उनके प्रश्न सात ही होने से प्रमाण वाक्य तथा नय वाक्य में सात ही भंग होते हैं। प्रश्न के वश से सप्तभङ्गी का नियम प्रसिद्ध है।

प्रश्न– प्रतिपाद्यों के सात ही प्रश्न क्यों हैं?

उत्तर– सात प्रकार से जानने की इच्छा होने के कारण सात ही प्रकार के प्रश्न होते हैं।

प्रश्न– जानने की इच्छा भी सात प्रकार की ही क्यों है?

उत्तर– सात प्रकार का संशय होने के कारण सात जिज्ञासा हैं।

प्रश्न– संशय भी सात प्रकार का ही क्यों होता है?

तदनभ्युपगमे वस्तुनो वस्तुत्वायोगात् खरशृङ्गवत्। तथा कथञ्चिदसत्त्वं तद्धर्म एव; स्वरूपादिभिरिव पररूपादिभिरप्यस्याऽसत्त्वानिष्टौ प्रतिनियत-स्वरूपाऽसम्भवाद्वस्तुप्रतिनियमविरोधः स्यात्। एतेन क्रमार्पितोभयत्वादीनां वस्तुधर्मत्वं प्रतिपादितं प्रतिपत्तव्यम्। तदभावे क्रमेण सदसत्त्वविकल्पशब्द-व्यवहारविरोधात्, सहाऽवक्तव्यत्वोपलक्षितोत्तरधर्मत्रयविकल्पस्य शब्द-व्यवहारस्य चासत्त्वप्रसङ्गात्। न चामी व्यवहारा निर्विषया एव; वस्तुप्रतिपत्ति-प्रवृत्तिप्राप्तिनिश्चयात् तथाविधरूपादिव्यवहारवत्।

उत्तर– संशय विषयक वस्तु के धर्म सात प्रकार के होने से संशय भी सात प्रकार का होता है।

इसी बात को और अधिक स्पष्ट करते हैं– 'अस्तित्व वस्तु का धर्म है। यदि इस अस्तित्व को वस्तु का धर्म न माना जाय तो वस्तु का वस्तुत्व ही समाप्त होगा– गधे के सींग की तरह। तथा वस्तु का नास्तित्व धर्म भी कथञ्चित् है क्योंकि यदि वस्तु में नास्तित्व धर्म न मानें तो उस वस्तु का प्रतिनियत स्वरूप असम्भव होगा, अर्थात् जैसे स्वरूपादि की अपेक्षा नास्तित्व धर्म अनिष्ट है वैसे पर रूपादि की अपेक्षा भी नास्तित्व धर्म को अनिष्ट किया जाय तो प्रतिनियत स्वरूप न रहने से वस्तु का प्रतिनियत ही विघटित होगा। जैसे वस्तु में अस्ति और नास्ति धर्म सिद्ध होते हैं वैसे क्रमार्पित उभयत्व आदि शेष धर्म भी वस्तु धर्म रूप है ऐसा प्रतिपादन हुआ समझना। अर्थात् स्यात् अवक्तव्य, स्यात् अस्ति अवक्तव्य आदि धर्म भी वस्तु में हैं।

अस्ति-नास्ति का अभाव करें तो क्रम से सत्त्व और असत्त्व शब्द का व्यवहार विरुद्ध होगा। तथा युगपत् की अपेक्षा अवक्तव्य आदि से उपलक्षित स्यात् अवक्तव्य एवं उत्तर के तीन धर्म रूप शब्द व्यवहार भी समाप्त होगा।

स्यात् अस्ति नास्ति, स्याद् अवक्तव्य आदि व्यवहार निर्विषय-विषय रहित काल्पनिक भी नहीं कहे जा सकते, क्योंकि इन शब्द व्यवहारों से वस्तु की प्रतिपत्ति (ज्ञान) वस्तु की प्रवृत्ति (वस्तु को लेने आदि के लिए प्रवृत्त होना) एवं वस्तु की प्राप्ति होती है। जैसे कि अन्यत्र प्रतिपत्ति

23. ननु च प्रथमद्वितीयधर्मवत् प्रथमतृतीयादिधर्माणां क्रमेतरार्पितानां धर्मान्तरत्वसिद्धेर्न सप्तविधधर्मनियमः सिद्ध्येत्; इत्यप्यसुन्दरम्; क्रमार्पितयोः प्रथमतृतीयधर्मयोः धर्मान्तरत्वेनाऽप्रतीतेः, सत्त्वद्वयस्यासम्भवाद्विवक्षितस्वरूपादिना सत्त्वस्यैकत्वात्। तदन्यस्वरूपादिना सत्त्वस्य द्वितीयस्य सम्भवे विशेषादेशात् तत्प्रतिपक्षभूतासत्त्वस्याप्यपरस्य सम्भवादपरधर्मसप्तकसिद्धिः(द्धेः) सप्त-भङ्ग्यन्तरसिद्धितो न कश्चिदुपालम्भः। एतेन द्वितीयतृतोयधर्मयोः क्रमार्पितयो-

---

प्रवृत्ति आदि का व्यवहार होता है। यदि अन्यत्र शब्दादि से होने वाला व्यवहार भी निर्विषयी माना जायेगा तो सम्पूर्ण प्रत्यक्षादि से होने वाला व्यवहार भी लुप्त होगा और फिर किसी के भी इष्ट तत्त्व की व्यवस्था नहीं हो सकेगी।

23. **प्रश्न–** प्रथम (अस्ति) और द्वितीय (नास्ति) धर्म के समान प्रथम और तृतीय आदि धर्मों को क्रम तथा अक्रम से अर्पित करने पर अन्य-अन्य धर्म भी बन सकते हैं अतः सात ही प्रकार का धर्म है ऐसा नियम असिद्ध है।

उत्तर– यह कथन असत् है, क्रम से अर्पित प्रथम और तृतीय धर्म धर्मान्तररूप अर्थात् पृथक् धर्म रूप प्रतीत नहीं होते। एक ही वस्तु में दो सत्त्व धर्म असम्भव हैं। केवल विवक्षित स्वरूपादि की अपेक्षा एक ही सत्त्वधर्म सम्भव है। अर्थात् विवक्षित एक मनुष्य वस्तु में स्वद्रव्य क्षेत्र काल और भाव की अपेक्षा एक ही सत्त्व या अस्तित्व है दूसरा सत्त्व नहीं है। यदि उससे अन्य स्वरूपादि की अपेक्षा दूसरा सत्त्व सम्भावित किया जाय अर्थात् उस मनुष्य पर्यायभूत वस्तु से अन्य जो देवादिपर्यायभूत वस्तु है उसके स्वद्रव्यादि की अपेक्षा दूसरा सत्त्व पर्याय विशेष के आदेश से सम्भावित किया जाय तो उस द्वितीय सत्त्व के प्रतिपक्षभूत जो असत्त्व है वह भी दूसरा सम्भावित होगा और इस तरह एक अपरधर्मवाली न्यारी सप्तभङ्गी सिद्ध हो जायेगी, इस प्रकार की सप्तभंगान्तर मानने में कोई दोष या उलाहना नहीं है। जैसे प्रथम और तृतीय धर्म को धर्मान्तरपना सिद्ध नहीं होता और न सप्तभंग से अधिक भंग सिद्ध होते हैं वैसे ही द्वितीय और तृतीय धर्म को क्रम से अर्पित करने में

धर्मान्तरत्वमप्रातीतिकं व्याख्यानम्। कथमेवं प्रथमचतुर्थयोर्द्वितीयचतुर्थयोस्तृतीय-चतुर्थयोश्च सहितयोर्धर्मान्तरत्वं स्यादिति चेत्? चतुर्थेऽवक्तव्यत्वधर्म्मे सत्त्वासत्त्वयोरपरामर्शात्। न खलु सहार्पितयोस्तयोरवक्तव्यशब्देनाभिधानम्। किं तर्हि? तथार्पितयोस्तयोः सर्वथा वक्तुमशक्तेरवक्तव्यत्त्वस्य धर्मान्तरस्य तेन प्रतिपादनमिष्यते। न च तेन सहितस्य सत्त्वस्यासत्त्वस्योभयस्य वाऽप्रतीति-धर्मान्तरत्वासिद्धिर्वा; प्रथमे भङ्गे सत्त्वस्य प्रधानभावेन प्रतीतेः, द्वितीये

धर्मान्तरपना सिद्ध नहीं होता ऐसा निश्चय करना चाहिए।

प्रश्न– यदि इस रीति से धर्मान्तरपना सम्भव नहीं है तो प्रथम के साथ चतुर्थ का संयोग करने पर स्यात् अस्ति अवक्तव्य एवं द्वितीय के साथ चतुर्थ का संयोग कर स्यात् नास्ति अवक्तव्य, तृतीय के साथ चतुर्थ का संयोग कर स्यात् अस्ति नास्ति अवक्तव्य को धर्मान्तरपना कैसे माना जा सकता है?

उत्तर– अवक्तव्य नाम के चौथे धर्म में सत्त्व और असत्त्व का परामर्श नहीं होने से उक्त धर्मान्तरपना बन जाता है। युगपत् अर्पित उन सत्त्व असत्त्व का अवक्तव्य शब्द द्वारा कथन नहीं होता अपितु उक्त रीति से अर्पित हुए उन सत्त्व असत्त्व को सर्वथा कहना अशक्य है इस रूप अवक्तव्य नामा जो धर्मान्तर है उसका अवक्तव्य शब्द द्वारा प्रतिपादन होता है। उस अवक्तव्य सहित सत्त्व की या असत्त्व अथवा उभय की प्रतीति नहीं होती हो अथवा यह अवक्तव्य पृथक् धर्मरूप सिद्धि नहीं होता हो वह भी बात नहीं है।

देखिये–प्रथम भंग में (स्यात् अस्ति) सत्त्वप्रधान भाव से प्रतीत होता है, द्वितीय भंग से (स्यात् नास्ति) असत्व प्रधान भाव से प्रतीत होता है, तृतीय भङ्ग में (स्यात् अस्ति नास्ति) क्रम से अर्पित सत्त्व असत्त्व प्रधानता से प्रतीत होता है, चतुर्थ भङ्ग में (स्यात् अवक्तव्य) अवक्तव्य धर्म प्रधानता से प्रतीत होता है, पञ्चम भङ्ग में (स्यात् अस्ति अवक्तव्य) सत्त्व सहित अवक्तव्य मुख्यता से प्रतिभासित होता है, षष्ठ भङ्ग में (स्यात् नास्ति अवक्तव्य) असत्त्व सहित अवक्तव्य मुख्यता से ज्ञात होता

त्वसत्त्वस्य, तृतीये क्रमार्पितयोः सत्त्वासत्त्वयोः, चतुर्थे त्ववक्तव्यत्वस्य, पञ्चमे सत्त्वसहितस्य, षष्ठे पुनरसत्त्वोपेतस्य, सप्तमे क्रमे क्रमवत्तदुभय-युक्तस्य सकलजनैः सुप्रतीतत्वात्।

24. ननु चावक्तव्यत्वस्य धर्मान्तरत्वे वस्तुनि वक्तव्यत्वस्याष्टमस्य धर्मान्तरस्य भावात्कथं सप्तविध एव धर्मः सप्तभङ्गीविषयः स्यात्? इत्यप्य-पेशलम्; सत्त्वादिभिरभिधीयमानतया वक्तव्यत्त्वस्य प्रसिद्धेः, सामान्येन वक्तव्यत्वस्यापि विशेषेण वक्तव्यतायामवस्थानात्। भवतु वा वक्तव्यत्वा-

---

है, और अन्तिम सप्तभङ्ग में (स्यात् अस्ति नास्ति अवक्तव्य) क्रम से उभय युक्त अवक्तव्य प्रतिभासित होता है।

इस प्रकार यह सर्वजन प्रसिद्ध प्रतीति है अर्थात् सप्तभङ्गी के ज्ञाता इन भङ्गों में इसी तरह प्रतीति होना स्वीकार करते हैं।

24. **प्रश्न–** यदि अवक्तव्य को वस्तु में पृथक् धर्मरूप स्वीकार किया जाता है तो वक्तव्यत्व नाम का आठवां धर्मान्तर भी वस्तु में हो सकता है फिर वस्तु में सप्तभङ्गी के विषयभूत सात प्रकार के ही धर्म हैं ऐसा किस प्रकार सिद्ध हो सकेगा?

समाधान– यह शंका व्यर्थ की है, जब वस्तु सत्त्व आदि धर्मों द्वारा कहने में आने से वक्तव्य हो रही है तो वक्तव्य की सिद्धि तो हो चुकती है। सामान्य से वक्तव्यपने का भी विशेष से वक्तव्यपना बन जाता है। अथवा दूसरी तरह से वक्तव्य और अवक्तव्य नाम के दो पृथक् धर्म मानते हैं तब सत्त्व और असत्त्व के समान इन वक्तव्य और अवक्तव्य को क्रम से विधि और प्रतिषेध करके अन्य सप्तभङ्गी की प्रवृत्ति हो जायेगी अतः सप्तभङ्गी के विषयभूत सात प्रकार के धर्मों का नियम विघटित नहीं होता अर्थात् आठवां धर्म मानने आदि का प्रसङ्ग नहीं आता। इस प्रकार एक वस्तु में सात प्रकार के धर्म ही सिद्ध होते हैं और उनके सिद्ध होने पर उनके विषय रूप संशय सात प्रकार का, उसके निमित्त से होने वाली जिज्ञासा सात प्रकार की एवं उसके निमित्त से होने वाला प्रश्न सात प्रकार का सिद्ध हो जाता है।

वक्तव्यत्वयोर्धर्मयोः प्रसिद्धिः तथाप्याभ्यां विधिप्रतिषेधकल्पनाविषयाभ्यां सत्त्वासत्त्वाभ्यामिव सप्तभङ्ग्यन्तरस्य प्रवृत्तेर्न तद्विषयसप्तविधधर्मनियमव्याघातः, यतस्तद्विषयः संशयः सप्तधैव न स्यात् तद्धेतुर्जिज्ञासा वा तन्निमित्तः प्रश्नो वा वस्तुन्येकत्र सप्तविधवाक्यनियमहेतुः। इत्युपपन्नेयम्-प्रश्नवशादेक-वस्तुन्यविरोधेन विधिप्रतिषेधकल्पना सप्तभङ्गी। 'अविरोधेन' इत्यभिधानात् प्रत्यक्षादिविरुद्धविधिप्रतिषेधकल्पनायाः सप्तभङ्गीरूपता प्रत्युक्ता, 'एकवस्तुनि' इत्यभिधानाच्च अनेकवस्त्वाश्रयविधिप्रतिषेधकल्पनाया इति।

परीक्षामुखमादर्शं हेयोपादेयतत्त्वयोः
संविदे मादृशो बालः परीक्षादक्षवद्व्यधाम् ॥1॥

इसलिए एक वस्तु में सात प्रकार के वाक्यों का नियम है। और इसी प्रकार 'प्रश्नवशात् एकवस्तुनि अविरोधेन विधिप्रतिषेधकल्पना सप्तभङ्गी' प्रश्न के वश से एक वस्तु में विरोध न करते हुये विधि और प्रतिषेध की कल्पना करना सप्तभङ्गी है। यह सप्तभङ्गी का लक्षण निर्दोष सिद्ध हुआ।

सप्तभङ्गी के लक्षण में अविरोधेन-विरोध नहीं करते हुए यह पद है उससे प्रत्यक्षादि प्रमाण से बाधित या विरुद्ध जो विधि और प्रतिषेध की कल्पना है वह सप्तभङ्गी नहीं कहलाती है। एक वस्तुनि-एक वस्तु में इस पद से अनेक पृथक्-पृथक् वस्तुओं का आश्रय लेकर विधि और प्रतिषेध की कल्पना करना मना होता है अर्थात् एक ही वस्तु में विधि आदि को लेकर सप्तभंग किये जाते हैं अनेक वस्तुओं का आश्रय लेकर नहीं।

अब श्री माणिक्यनन्दी आचार्य अपने द्वारा प्रारम्भ किया गया परीक्षामुख ग्रन्थ है उसके निर्वहन की सूचना एवं लघुता करते हुए अन्तिम श्लोक द्वारा उपसंहार करते हैं-

परीक्षामुखमादर्शं हेयोपादेयतत्त्वयोः।
संविदे मादृशो बालः परीक्षादक्षवद्व्यधाम् ॥1॥

श्लोकार्थ- हेय और उपादेय तत्त्व के ज्ञान के लिए आदर्श

25. परीक्षा तर्कः, परि समन्तादशेषविशेषत ईक्षणं यत्रार्थानामिति व्युत्पत्तेः। तस्या मुखं तद्व्युत्पत्तौ प्रवेशार्थिनां प्रवेशद्वारं शास्त्रमिदं व्यधामहं विहितवानस्मि।

26. पुनस्तद्विशेषणमादर्शमित्याद्याह। आदर्शधर्मसद्भावादिदमप्यादर्शः। यथैव ह्यादर्शः शरीरालङ्कारार्थिनां तन्मुखमण्डनादिकं विरूपकं हेयत्वेन सुरूपकं चोपादेयत्वेन सुस्पष्टमादर्शयति तथेदमपि शास्त्रं हेयोपादेयतत्त्वे तथात्वेन प्रस्पष्टमादर्शयतीत्यादर्श इत्यभिधीयते।

27. तदीदृशं शास्त्रं किमर्थं विहितवान् भवानित्याह। संविदे। कस्येत्याह मादृशः। कीदृशो भवान् यत्सदृशस्य संवित्त्यर्थं शास्त्रमिदमारभ्यते इत्याह–बालः। एतदुक्तं भवति–यो मत्सदृशोऽल्पप्रज्ञस्तस्य हेयोपादेयतत्त्वसंविदे

(दर्पण) के समान इस परीक्षामुख ग्रन्थ को मेरे जैसे बालक ने परीक्षा दक्ष के समान रचना की है।

25. तर्क को परीक्षा कहते हैं, परि–समन्तात् सब ओर से विशेषतया अर्थों का जहाँ 'ईक्षणं' देखना हो उसे परीक्षा–परि–ईक्षा–परीक्षा कहते हैं। उस परीक्षा का मुख अर्थात् परीक्षा को जानने के लिए उसमें प्रवेश करने के इच्छुक पुरुषों के लिए मुख–प्रवेशद्वार सदृश है ऐसे इस शास्त्र को मैंने 'व्यधाम्' रचा है।

26. इस परीक्षा मुख शास्त्र का विशेषण कहते हैं– आदर्श अर्थात् दर्पण उसके धर्म का सद्भाव होने से यह ग्रन्थ आदर्श कहलाता है अर्थात् जिस प्रकार आदर्श शरीर को अलंकृत करने के इच्छुक जनों को उनके मुख के सजावट में जो विरूपक (कुरूप) है उसको हेयरूप से और सुरूपक है उसको उपादेयरूप से साफ स्पष्ट दिखा देता है उसी प्रकार यह परीक्षामुख शास्त्र भी हेय और उपादेयतत्त्व को स्पष्ट दिखा देता है इसलिए इसे आदर्श कहते हैं।

27. इस प्रकार के शास्त्र को आपने किसलिये रचा? ऐसे प्रश्न के उत्तर में कहते हैं 'संविदे' सुज्ञान के लिये रचा है। किसके ज्ञान के लिये तो 'मादृशः' मुझ जैसे के ज्ञान के लिये। आप कैसे हैं जिससे कि

शास्त्रमिदमारभ्यते इति। किंवत्? परीक्षादक्षवत्। यथा परीक्षादक्षो महाप्रज्ञः स्वसदृशशिष्यव्युत्पादनार्थं विशिष्टं शास्त्रं विदधाति तथाहमपीदं विहितवानिति।

28. ननु चाल्पप्रज्ञस्य कथं परीक्षादक्षवत् प्रारब्धैवंविधविशिष्ट-शास्त्रनिर्वहणं तस्मिन्वा कथमल्पप्रज्ञत्वं परस्परविरोधात्? इत्यप्यचोद्यम्; औद्धत्यपरिहारमात्रस्यैवैवमात्मनो ग्रन्थकृता प्रदर्शनात्। विशिष्टप्रज्ञासद्भावस्तु विशिष्टशास्त्रलक्षणकार्योपलम्भादेवास्याऽवसीयते। न खलु विशिष्टं कार्यमविशिष्टादेव कारणात् प्रादुर्भावमर्हत्यतिप्रसङ्गात्। मादृशोऽवाल इत्यत्र नञ् वा द्रष्टव्यः। तेनायमर्थः–यो मत्सदृशोऽबालोऽनल्पप्रज्ञस्तस्य हेयोपादेयतत्त्वसंविदे शास्त्रमिदमहं विहितवान्। यथा परीक्षादक्षः परीक्षादक्षार्थं विशिष्टशास्त्रं विदधातीति।

29. ननु चानल्पप्रज्ञस्य तत्संवित्तेर्भवत इव स्वतः सम्भवात्तं प्रति शास्त्रविधानं व्यर्थमेव; इत्यप्यसुन्दरम्; तद्ग्रहणेऽनल्पप्रज्ञासद्भावस्य विशिष्य विवक्षितत्वात्। यथा ह्यहं तत्करणेऽनल्पप्रज्ञस्तज्ज्ञस्तथा तद्ग्रहणे योऽनल्पप्रज्ञस्तं

अपने समान वाले के ज्ञानार्थ आपने यह शास्त्र रचा है तो 'बालः' अर्थात् जो मेरे जैसा अल्पज्ञानी है उसके हेयोपादेय तत्त्वों के ज्ञानार्थ यह शास्त्र प्रारम्भ हुआ। परीक्षा दक्ष के समान, जैसे परीक्षा में दक्ष अर्थात् चतुर अकलंक देव आदि महाप्रज्ञ पुरुष अपने सदृश शिष्यों को व्युत्पत्तिमान बनाने हेतु विशिष्ट शास्त्र रचते हैं वैसे मैंने भी इस शास्त्र को रचा है।

28. **प्रश्न**– अल्पज्ञ पुरुष परीक्षा में दक्ष पुरुष के समान इस प्रकार का विशिष्ट शास्त्र रचना का प्रारम्भ एवं निर्वहण कैसे कर सकता है? यदि करता है तो उसमें अल्पज्ञपना कैसे हो सकता है दोनों परस्पर में विरुद्ध हैं?

29. **उत्तर**– यह शंका ठीक नहीं, यहाँ पर केवल अपनी धृष्टता का परिहार ही ग्रन्थकार ने किया है, अर्थात् प्राज्ञ होते हुए भी लघुता मात्र प्रदर्शित की है विशिष्ट शास्त्र रचनारूप कार्य के करने से ही ग्रन्थकार का प्राज्ञपना निश्चित होता है। विशिष्ट कार्य अविशिष्टकारण से तो हो नहीं सकता अन्यथा अतिप्रसंग होगा। अथवा श्लोक में जो

प्रतीदं शास्त्रं विहितम्।

30. यस्तु शास्त्रान्तरद्वारेणावगतहेयोपादेयस्वरूपो न तं प्रतीत्यर्थ इति।

इति श्रीप्रभाचन्द्रविरचिते प्रमेयकमलमार्त्तण्डे
परीक्षामुखालङ्कारे सप्तमपरिच्छेदः समाप्तः।

"मादृशो बालः" पद है उनमें मादृशोऽबालः ऐसा नञ् समासान्त पद मानकर इस तरह अर्थ कर सकते हैं कि जो मेरे समान अबाल-महान् बुद्धिशाली हैं उनके हेयोपादेयतत्त्व ज्ञानार्थ इस शास्त्र को मैंने रचा है। जैसे परीक्षादक्ष पुरुष परीक्षा में दक्ष कराने के लिए विशिष्ट शास्त्र रचते हैं।

प्रश्न– महाप्राज्ञ पुरुष तो आपके समान स्वतः ही उक्त तत्त्वज्ञान युक्त होते हैं अतः उनके लिये शास्त्र रचना व्यर्थ ही है?

उत्तर– ऐसा नहीं कहना, इस शास्त्र के ग्रहण, [वाचन आदि] में महाप्रज्ञा का सद्भाव विवक्षित है, अर्थात् जैसे मैं शास्त्र करने में प्राज्ञ हूँ और हेयोपादेयतत्त्व का ज्ञाता हूँ वैसे इन तत्त्वों के ग्रहण में अथवा इस ग्रन्थ के वाचनादि में जो प्राज्ञ पुरुष हैं उनके प्रति यह शास्त्र रचा गया है।

30. जो शास्त्रान्तर से हेयोपादेय तत्त्वों को जान चुका है उनके प्रति इस ग्रंथ को नहीं रचा है।

इस प्रकार माणिक्यनन्दी आचार्य द्वारा विरचित परीक्षामुख नामक ग्रन्थ के अलंकार स्वरूप प्रमेयकमलमार्त्तण्ड नामक टीका ग्रन्थ में षष्ठ परिच्छेद जो कि श्री प्रभाचन्द्र आचार्य द्वारा रचित है, तथा हमारे अनुसार सप्तम परिच्छेद समाप्त हुआ।

ग्रन्थ प्रशस्ति

यहाँ प्रमेयकमलमार्त्तण्ड ग्रन्थ के कर्त्ता श्रीप्रभाचन्द्राचार्य अंतिम प्रशस्ति वाक्य कहते हैं–

गम्भीरं निखिलार्थगोचरमलं शिष्यप्रबोधप्रदम्,
यद्व्यक्तं पदमद्वितीयमखिलं माणिक्यनन्दिप्रभोः।
तद्व्याख्यातमदो यथावगमतः किञ्चिन्मया लेशतः,
स्थेयाच्छुद्धधियां मनोरतिगृहे चन्द्रार्कताराविधि ॥१॥

मोहध्वान्तविनाशनो निखिलतो विज्ञानशुद्धिप्रदः,
मेयानन्तनभोविसर्पणपटुर्वस्तूक्तिभाभासुरः।
शिष्याब्जप्रतिबोधनः समुदितो योऽद्रेः परीक्षामुखात्,
जीयात्सोत्र निबन्ध एष सुचिरं मार्त्तण्डतुल्योऽमलः ॥२॥

गुरुः श्रीनन्दिमाणिक्यो नन्दिताशेषसज्जनः।
नन्दताद्दुरितैकान्तरजाजैनमतार्णवः ॥३॥

श्रीपद्मनन्दिसैद्धान्तशिष्योऽनेकगुणालयः।
प्रभाचन्द्रश्चिरं जीयाद्रत्ननन्दिपदे रतः ॥४॥

॥ इति भद्रं भूयात् ॥

श्रीभोजदेवराज्ये श्रीमद्धारानिवासिना परापरपरमेष्ठिपदप्रणामार्जितामल-पुण्यनिराकृतनिखिलमलकलंकेन श्रीमत्प्रभाचन्द्रपण्डितेन निखिलप्रमाणप्रमेय-स्वरूपोद्द्योतपरीक्षामुखपदमिदं विवृतमिति ॥

(इति श्रीप्रभाचन्द्रविरचितः प्रमेयकमलमार्त्तण्डः समाप्तः)

॥ शुभं भूयात् ॥

श्लोकार्थ – श्रीमाणिक्यनन्दी आचार्य ने जो अद्वितीय पद रूप शास्त्र रचा, कैसा है वह? गंभीर अर्थवाला, सम्पूर्ण

पदार्थों का प्रतिपादक, शिष्यों को प्रबोध देने में समर्थ, एवं सुस्पष्ट है, उसका व्याख्यान मैंने अपने अल्प बुद्धि के अनुसार किञ्चित् किया है, यह व्याख्यान ग्रन्थ विशुद्ध बुद्धि वाले महापुरुषों के मनोगृह में जब तक सूर्य चन्द्र है तब तक स्थिर रहे ।।१।।

इस प्रकार माणिक्यनन्दी आचार्य के सूत्र ग्रन्थ के प्रशंसारूप अर्थ को कहकर प्रभाचन्द्राचार्य अपने टीका ग्रन्थ प्रमेयकमलमार्त्तण्ड की तुलना लोक प्रसिद्ध मार्त्तण्ड से [सूर्य से] करते हैं–जो पूर्ण रूप से मोह रूप अंधकार का नाश करने वाला है, विज्ञान की शुद्धि को देने वाला है, प्रमेय [ज्ञेय पदार्थ] रूप अनंत आकाश में फैलने में चतुर है, वस्तु के कथनरूप कांति प्रताप से भासुर है, शिष्यरूपी कमलों को विकसित करने वाला है, परीक्षा मुख रूपी उदयाचल से उदित हुआ है, अमल है, ऐसा यह मार्त्तण्ड के तुल्य प्रमेयकमलमार्त्तण्ड निबंध चिरकाल तक इस वसुन्धरा पर जयवंत रहे ।।२।।

प्रसन्न कर दिया है अशेष सज्जनों को जिन्होंने एवं मिथ्या एकान्तरूप रज को नष्ट करने के लिये जैनमत के सागर स्वरूप है ऐसे गुरुदेव श्री माणिक्यनन्दी आचार्य वृद्धि को प्राप्त हों।।३।।

श्री पद्मनन्दी सैद्धान्ति के शिष्य, अनेक गुणों के मन्दिर, माणिक्यनन्दी आचार्य के चरणकमल में आसक्त ऐसे प्रभाचन्द्र चिरकाल तक जयवंत वर्त्ते ।।४।।

श्री भोजदेव राजा के राज्य में धारा नगरी के निवासी, पर अपर परमेष्ठी [पर परमेष्ठी अर्हन्त सिद्ध, अपर परमेष्ठी आचार्य उपाध्याय और साधगुण] के चरणकमलों को नमस्कार करने से अर्जित हुए निर्मल पुण्य द्वारा नष्ट कर दिया है सम्पूर्ण पापमलरूप कलंक को जिन्होंने ऐसे श्री प्रभाचन्द्र पंडित [आचार्य] द्वारा विरचित निखिल प्रमाण और प्रमेयों के स्वरूप को प्रकाशित करने वाला परीक्षामुख सूत्र का यह विवरण है।

इस प्रकार श्री प्रभाचन्द्र विरचित प्रमेयकमलमार्त्तण्ड नामक यह ग्रन्थ पूर्ण हुआ।

परिशिष्ट-1

शब्दकोश

न्यायशास्त्र के कुछ अपने विशिष्ट पारिभाषिक शब्द हैं, जिनका अर्थबोध अत्यन्त आवश्यक है। यहाँ प्रमेयकमलमार्त्तण्ड में प्रयुक्त जैन न्याय के कुछ पारिभाषिक शब्दों तथा उनके अर्थों को पूर्व प्रकाशित ग्रन्थों के आधार से संकलित करने का प्रयास किया गया है। न्यायशास्त्रों के अध्येताओं तथा जिज्ञासुओं के लाभार्थ यह संक्षिप्त संकलन प्रस्तुत है।

अंडज – अंडे से उत्पन्न होने वाले को अंडज कहते हैं।

अकिंचिज्ञ – किंचित न जानकर अशेष को जानने वाले सर्वज्ञ को अकिंचिज्ञ कहते हैं।

अकृतसमयध्वनि – जिसमें संकेत नहीं किया है ऐसी ध्वनि को अकृतसमयध्वनि कहते हैं।

अकृष्टप्रभव – बिना बोये उगे धान्य तृण आदि।

अक्रमानेकांत – गुणों को अक्रम अनेकांत कहते हैं। द्रव्य गुणों की अक्रम अर्थात् युगपत्वृत्ति होती है।

अतीन्द्रिय – चक्षु आदि पाँचों इन्द्रियों द्वारा जो ग्रहण करने में नहीं आये वे पदार्थ अतीन्द्रिय कहलाते हैं।

आत्मख्याति – अपनी ख्याति [विपर्यय ज्ञान में अपना ही

आकार रहता है। ऐसा विज्ञानाद्वैतवादी कहते हैं।

अगौण – मुख्य या प्रधान को अगौण कहते हैं।

अत्यन्ताभाव – एक द्रव्य का दूसरे द्रव्य रूप कभी भी नहीं होना, सर्वथा पृथक् रहना अत्यन्ताभाव कहलाता है।

अर्थकारणवाद – ज्ञान पदार्थ से उत्पन्न होता है- ऐसा नैयायिक तथा बौद्ध मानते हैं। इसको अर्थकारणवाद कहते हैं।

अर्थक्रिया – वस्तु का कार्य में आ सकना, जैसे घट की अर्थक्रिया जलधारण है।

अर्थजिज्ञासा – पदार्थों को जानने की इच्छा होना।

अर्थप्राकट्य – पदार्थ का प्रगट होना–जानना।

अर्थसंवित् – पदार्थ के ज्ञान को अर्थसंवित् कहते हैं।

अदुष्टकारणारब्धत्व – निर्दोष कारणों से उत्पन्न होने वाला ज्ञान।

अद्वैत – दो या दो प्रकार के पदार्थों का नहीं होना।

अदृश्यानुपलम्भ – नेत्र के अगोचर पदार्थ का नहीं होना।

अदृष्ट – भाग्य, कर्म, पुण्य इत्यादि अदृष्ट शब्द के अनेक अर्थ हैं। वैशेषिक इस अदृष्ट को आत्मा का गुण मानते हैं।

अनतिशयव्यावृत्ति – अतिशय रहितपने का हट जाना अर्थात् अतिशय आना।

अनधिगतार्थग्राही – कभी भी नहीं जाने हुये पदार्थ को जानने

वाला ज्ञान।

अननुविद्ध – सम्बद्ध या व्याप्त नहीं रहना।

अनवस्था – जो मूल तत्त्व का ही नाश करती है वह अनवस्था कहलाती है, किन्तु जहाँ वस्तु के अनन्तपने के कारण या बुद्धि की असमर्थता के कारण जानना न हो सके वहाँ अनवस्था नहीं मानी जाती है। मतलब जहाँ पर सिद्ध करने योग्य वस्तु या धर्म को सिद्ध नहीं कर सके और आगे आगे अपेक्षा तथा प्रश्न या आकांक्षा बढ़ती ही जाय, कहीं पर रुकना नहीं हो, वह अनवस्था नामक दोष कहा जाता है।

अनाधेय -- जिसका आरोपण नहीं किया जा सकता उसे अनाधेय कहते हैं।

अनुगत प्रत्यय – यह गो है यह गो है। ऐसे सदृशाकार ज्ञान को अनुगत प्रत्यय कहते हैं।

अनुमान – साधन से होने वाले साध्य के ज्ञान को अनुमान कहते हैं, अर्थात् किसी एक चिह्न या कार्य को देखकर उससे संबंधित पदार्थ का अवबोध कराने वाला ज्ञान अनुमान कहलाता है। जैसे दूर से पर्वत पर धुआं निकलता देखा, "इस पर्वत पर अग्नि है, क्योंकि धूम दिखायी दे रहा है" इत्यादि स्वरूप वाला जो ज्ञान होता है वह अनुमान या अनुमान प्रमाण कहलाता है।

अनुविद्ध – सम्बद्ध या व्याप्त को अनुविद्ध कहते हैं।

अनुपलम्भ – अप्राप्त होना या उपलब्ध नहीं होने को अनुपलंभ कहते हैं।

अनुमेय – अनुमान के द्वारा जानने योग्य पदार्थ को अनुमेय कहते हैं।

अनुसन्धान – जोड़ को अनुसंधान कहते हैं।

अनुवृत्त प्रत्यय – सदृश वस्तुओं में 'गौ–गौ' इत्यादि प्रकार की समानता का अवबोध होना।

अनेकान्त – जिसमें अनेक धर्म (स्वभाव या गुण) पाये जाते हैं उसको अनेकांत कहते हैं। एक वस्तु में वस्तुपने को निपजाने वाली परस्पर विरुद्ध दो शक्तियों का एक साथ प्रकाशित होना 'अनेकान्त' है। जैन प्रत्येक पदार्थ को अनेक धर्म रूप मानते हैं अतः इस मत को अनेकान्त मत भी कहते हैं।

अनैकान्तिक – इस नाम का एक हेतु का दोष भी माना गया है, अथवा जो कथन व्यभिचरित होता है उसे भी अनैकान्तिक कहते हैं।

अन्तर्व्याप्ति – हेतु का केवल पक्ष में ही व्याप्त रहना अन्तर्व्याप्ति कहलाती है।

अन्धसर्पबिलप्रवेश न्याय–अन्धा सर्प चींटी आदि के कारण बिल से निकलकर इधर उधर घूमता है और पुनः उसी बिल में प्रविष्ट होता है, वैसे ही जैनेतर प्रवादी अनेकान्तमय सिद्धान्त को प्रथम तो मानते नहीं, किन्तु घूम-फिर

कर अन्य प्रकार से उसी को स्वीकृत कर लेते हैं उसे अन्धसर्पबिलप्रवेश न्याय कहते हैं।

अनन्वय – हेतु की साध्य के साथ व्याप्ति नहीं होना।

अन्यथानुपपत्ति – साध्य के बिना साधन का नहीं होना, अथवा इसके बिना यह काम नहीं हो सकता, जैसे बरसात के बिना नदी में बाढ़ नहीं आना इत्यादि।

अन्यादृश – अन्य तरह का।

अविद्धकर्ण – नहीं छेदा गया है कर्ण जिसका उस व्यक्ति को अविद्धकर्ण कहते हैं। यौग मत के एक ग्रन्थकार का नाम अविद्ध कर्ण है।

अन्यापोह – अन्य का अपोह अर्थात् व्यावर्त्तन या निषेध।

अन्योन्याश्रय – जहाँ पर दो वस्तु या धर्मों की सिद्धि एक दूसरे के आश्रय से हो वह अन्योन्याश्रय या इतरेतराश्रय दोष कहलाता है।

अन्वयव्याप्ति – जहाँ जहाँ साधन-धूमादि हेतु हैं वहाँ वहाँ साध्य- अग्नि आदिक हैं, ऐसी साध्य और साधन की व्याप्ति होना।

अन्वय निश्चय – अन्वयव्याप्ति का निर्णय होना।

अन्वय-व्यतिरेक – साध्य के होने पर साधन का होना अन्वय है, साध्य के अभाव में साधन का नहीं

होना व्यतिरेक है।

अन्विताभिधानवाद – वाक्य में स्थित पद सर्वथा वाक्यार्थ से अन्वित (सम्बद्ध) ही रहते हैं ऐसा प्रभाकर का (मीमांसक का एक भेद) मत है।

अपनीति – हटाना

अपवर्ग – मोक्ष।

अप्रेतप्रतिबन्धकत्व – प्रतिबन्धक (रुकावट) से रहित होना।

अपोहवाद – गो आदि संपूर्ण शब्द अर्थ के वाचक न होकर केवल अन्य के निषेधक हैं। ऐसी बौद्ध की मान्यता है।

अपौरुषेय – पुरुष प्रयत्न से रहित को अपौरुषेय कहते हैं।

अप्रयोजक हेतु – सपक्ष में व्यापक और पक्ष से व्यावृत्त होने वाला उपाधियुक्त अप्रयोजक हेतु कहलाता है।

अप्रहेय – जिसका स्फोट नहीं कर सकते।

अबाधितविषयत्व – अनुमान में स्थित हेतु बाधा रहित पक्ष वाला या साध्य वाला होना अबाधित विषयत्व है।

अभिधीयमान – कहने में आ रहा अर्थ या शब्द अभिधीयमान कहलाता है।

अभिहितान्वयवाद – वाक्य में स्थित प्रत्येक पद वाक्य के अर्थ को कहता है- ऐसा भाट्ट मानता है।

अभ्युदय – इस लोक सम्बन्धी तथा देवगति सम्बन्धी

सुख एवं वैभव को अभ्युदय कहते हैं।

अरिष्ट – शकुन को अरिष्ट कहते हैं तथा अपशकुन को भी अरिष्ट कहते हैं।

अविचारक ज्ञान – विचार रहित निर्विकल्प ज्ञान।

अव्युत्पन्न – अजानकार, अनुमानादि के विषय में अज्ञानी।

अशेषार्थ गोचरत्व – परमार्थ प्रत्यक्ष प्रमाण अशेष (संपूर्ण) पदार्थों को विषय करता है, इसको अशेषार्थ गोचरत्व कहते हैं।

अश्वविषाण – घोड़े के सींग (नहीं होते हैं)

असत् प्रतिपक्षत्व – तुल्य बलवाला अन्य हेतु जिसके पक्ष को बाधित नहीं करता उस हेतु को असत् प्रतिपक्षत्व गुण वाला हेतु कहते हैं।

असाधारण अनैकान्तिक – जो सपक्ष और विपक्ष दोनों से व्यावृत्त हो वह असाधारण अनैकान्तिक नामा सदोष हेतु है, यह हेत्वाभास यौग ने स्वीकार किया है।

अस्मर्यमाण कर्तृत्व – कर्त्ता का स्मरण नहीं होना अस्मर्यमाण कर्तृत्व कहलाता है।

अहंकार – गर्व को अहंकार कहते हैं। सांख्य का कहना है कि प्रधानतत्त्व से महान् (बुद्धि) और महान् से अहंकार आविर्भूत होता है।

अहंप्रत्यय – "मैं" इस प्रकार का अपना अनुभव या ज्ञान होना।

अश्रुतकाव्य – जिस काव्य को सुना न हो।

आलोककारणवाद – आलोक अर्थात् प्रकाश ज्ञान का कारण है- ऐसा नैयायिक मानते हैं।

आवरण – ढकने वाला वस्त्र या कर्म आदि पदार्थ।

आवारक – शब्द को एक विशिष्ट वायु रोकती है उसे आवारक कहते हैं- ऐसा मीमांसक मानते हैं।

इतरेतराभाव – एक स्वभाव या गुण, धर्म, अथवा पर्याय की अन्य स्वभावादि से भिन्नता दिखलाना इतरेतराभाव कहलाता है।

इन्द्रियवृत्ति – चक्षु आदि इन्द्रियों का अपने विषयों की ओर प्रवृत्त होना इन्द्रियवृत्ति है और वही प्रमाण है- ऐसा सांख्य कहते हैं।

इष्ट प्रयोजन – ग्रंथ में कथित विषय इष्ट होना।

ईश्वरवाद – नैयायिक वैशेषिक, सांख्यादि प्रवादीगण ईश्वर कर्तृत्व को मानते हैं, इनका कहना है कि जगत् के यावन्मात्र पदार्थ ईश्वर द्वारा निर्मित हैं, वह सर्व शक्तिमान् सर्वज्ञ सर्वदर्शी हैं इत्यादि।

उत्तंभकमणि – अग्नि को दीप्त कराने वाला कोई रत्न विशेष।

उद्भूतवृत्ति – प्रगट होना।

उद्योतकर – न्यायदर्शन के मान्य ग्रन्थकार का नाम।

उदात्त – उच्चस्वर से बोलने योग्य शब्द। ऊँचे विचार को भी उदात्त कहते हैं।

उदंचन – जल सींचने का पात्रविशेष।

उपलंभ – प्राप्त या उपलब्ध को उपलंभ कहते हैं।

उभयसिद्ध धर्मी – प्रमाण तथा विकल्प द्वारा सिद्ध धर्मी (पक्ष) को उभयसिद्ध धर्मी कहते हैं।

ऊह – अर्थात् तर्क प्रमाण।

कामला – पीलिया रोग को कामला कहते हैं।

कर्क – सफेद घोड़ा।

क्रमानेकान्त – क्रमिक अनेकान्त को क्रमानेकान्त कहते हैं। जैसे द्रव्य में पर्यायें क्रम से होती हैं तो उसे क्रमानेकान्त कहते हैं।

कारककारण – कार्य को करने वाले कारण को कारककारण कहते हैं।

कारकसाकल्य – कर्ता, कर्म आदि कारकों की पूर्णता होना कारकसाकल्य कहलाता है। नैयायिक ज्ञान की उत्पत्ति में सहायक जो भी सामग्री है, उसको कारकसाकल्य कहते हैं और उसी को प्रमाण मानते हैं।

कालात्ययापदिष्ट – प्रत्यक्षादि प्रमाण से बाधित हेतु को कालात्ययापदिष्ट हेत्वाभास कहते हैं।

किंचिज्ञ – अल्पज्ञानी।

कुमारिल – मीमांसक मत के ग्रन्थकार।

ख – आकाश, तथा लोप को ख कहते हैं।

खपुष्प – आकाश का पुष्प (नहीं होना)

खरविषाण – गधे के सींग (नही होते)

खररटित – गधे का चिल्लाना, रेंकना खर रटित कहलाता है।

गमक हेतु – साध्य को सिद्ध करने वाला हेतु।

गम्यमान – ज्ञात हो रहा अर्थ।

गोत्रस्खलन – मुख से कुछ अन्य कहना चाहते हुए भी कुछ अन्य नामादि का उच्चारण हो जाना गोत्रस्खलन कहलाता है।

गृहीतग्राही – जानी हुई वस्तु को जानने वाले ज्ञान को गृहीतग्राही कहते हैं।

ग्राह्य-ग्राहक – ग्रहण करने योग्य पदार्थ ग्राह्य और ग्रहण करने वाला पदार्थ ग्राहक कहलाता है।

चक्रक दोष – जहाँ तीन धर्मों का सिद्ध होना परस्पर में अधीन हो, अर्थात् एक असिद्ध धर्म या वस्तु से दूसरे धर्म आदि की सिद्धि करना और उस दूसरे असिद्ध धर्मादि से तीसरे धर्म या वस्तु की सिद्धि करने का प्रयास करना, पुनश्च उस तीसरे धर्मादि से प्रथम नंबर के धर्म या वस्तु को सिद्ध करना, इस प्रकार तीनों का परस्पर में चक्कर लगते रहना, एक की भी सिद्धि नहीं होना चक्रक दोष हैं।

चर्यामार्ग – जैन साधु आहारार्थ निकलते हैं उस विधि को चर्यामार्ग कहते हैं।

चक्षुसन्निकर्षवाद – नेत्र पदार्थों को छूकर ही जानते हैं, सभी इन्द्रियों के समान यह भी इन्द्रिय है अत: नेत्र भी पदार्थ का स्पर्श करके उसको जानते हैं, यह चक्षुसन्निकर्षवाद कहलाता है, यह मान्यता नैयायिक की है।

चित्रज्ञान – अनेक आकार जिसमें प्रतीत हो रहे उस ज्ञान को चित्रज्ञान कहते हैं।

चित्राद्वैत – ज्ञान में जो अनेक आकार प्रतिभासित होते हैं वे ही सत्य हैं, बाह्य में दिखायी देने वाले अनेक आकार वाले पदार्थ तो मात्र काल्पनिक हैं। ऐसा बौद्धों के चार सम्प्रदायों में से योगाचार बौद्ध का कहना है। यही चित्राद्वैत कहलाता है। चित्र–नाना आकारयुक्त एक अद्वैत रूप ज्ञान मात्र तत्त्व है और कुछ भी नहीं है–ऐसा मानना चित्राद्वैतवाद है।

चैतन्य प्रभव प्राणादि– चैतन्य के निमित्त से होने वाले श्वासादिप्राण।

जन्य-जनक – उत्पन्न करने योग्य पदार्थ को जन्य और उत्पन्न करने वाले को जनक कहते हैं।

जाति – न्यायग्रन्थ में सामान्य को या सामान्यधर्म को जाति कहते हैं। जन्य का नाम भी जाति है, तथा माता पक्ष की सन्तान परम्परा को जाति कहते हैं।

जैमिनि – मीमांसक मत के मान्य ग्रन्थकार।

ज्ञातृव्यापार – ज्ञाता की क्रिया को ज्ञातृव्यापार कहते हैं।

ज्ञानांतरवेद्य ज्ञानवाद – ज्ञान स्वयं को नहीं जानता उसको जानने के लिये अन्य ज्ञान की आवश्यकता रहती है, ऐसी नैयायिक की मान्यता है।

तदुत्पत्ति – ज्ञान पदार्थ से उत्पन्न होता है–ऐसा बौद्ध मानते हैं, तत्–पदार्थ से उत्पत्ति-ज्ञान की उत्पत्ति होना तदुत्पत्ति कहलाती है।

तदाकार – ज्ञान का पदार्थ के आकार को धारण करना, यह भी बौद्ध मान्यता है।

तर्क प्रमाणवाद – जहाँ जहाँ साधन (हेतु) होता है वहाँ वहाँ साध्य अवश्य होता है इत्यादि रूप से साध्य साधन को सर्वोपसंहार से ज्ञात करने वाला ज्ञान तर्क प्रमाण कहलाता है। इसी को तर्क प्रमाणवाद कहते हैं।

ज्ञेय-ज्ञायक – जानने योग्य पदार्थ ज्ञेय कहलाते हैं और जानने वाला आत्मा ज्ञायक या ज्ञाता कहलाता है।

तद्व्यवसाय – उसी पदार्थ को जानना जिससे कि ज्ञान उत्पन्न हुआ है और जिसके आकार को धारण किये हुए है, वह तदव्यवसाय कहलाता है, यह सब बौद्ध मान्यता है।

तथोपपत्ति – साध्य के होने पर साधन का होना। उस तरह से होना या उस प्रकार की बात घटित होना भी तथोपपत्ति कहलाती है।

तादात्म्य सम्बन्ध – द्रव्यों का अपने गुणों के साथ अनादि से जो मिलना है–स्वतः ही उस रूप रहना, एवं पर्याय के साथ मर्यादित काल के लिये अभेद रूप से रहता है– ऐसे अभिन्न सम्बन्ध को तादात्म्य सम्बन्ध कहते हैं। (अर्थात् वस्तु में गुण स्वतः ही पहले से रहते हैं–ऐसा जैन का अखंड सिद्धान्त है। वस्तु प्रथम क्षण में गुण रहित होती है और द्वितीय क्षण में समवाय से उसमें गुण आते हैं ऐसा नैयायिक वैशेषिक मानते हैं, जैन ऐसा नहीं मानते हैं।)

तादात्विक – उस काल का, तत्काल का।

त्रिगुणात्मक – तीन गुण वाला, प्रधान तत्त्व में सत्त्व रज और तम ऐसे तीन गुण होते हैं ऐसा सांख्य मानते हैं।

त्रिदश – देव।

त्रैरूप्यवाद – बौद्ध हेतु के तीन अंग या गुण मानते हैं–पक्षधर्म, सपक्षसत्त्व और विपक्ष व्यावृत्ति, इसी को त्रैरुप्यवाद कहते हैं।

दृष्टेष्ट विरुद्ध वाक् – दृष्ट–प्रत्यक्ष और इष्ट अर्थात् परोक्ष इन दोनों प्रमाणों से विरुद्ध वचन को दृष्टेष्ट विरुद्ध वाक् कहते हैं।

द्रव्य वाक्य – शब्द रूप वचन रचना एवं लिखित रचना को द्रव्य वाक्य कहते हैं।

दीर्घशष्कुली भक्षण – बड़ी कचौड़ी का खाना।

द्विचन्द्र वेदन – एक ही चन्द्र में दो चन्द्र का प्रतिभास होना।

द्वैत – दो या दो प्रकार की वस्तुओं का होना।

धारावाहिक ज्ञान – एक ही वस्तु का एक सरीखा ज्ञान लगातार होते रहना, जैसे यह घट है, यह घट है, इस प्रकार एक पदार्थ का उल्लेख करने वाला ज्ञान।

धर्म – पुण्य/धर्म द्रव्य/सच्चे शाश्वत सुख में धरने वाला धर्म।

निर्जरा – कर्मों का एक देश क्षय होना या झड़ जाना निर्जरा कहलाती है।

निरवयव – अवयव रहित।

निवर्त्तमान – नास्ति रूप से प्रतिभासित होने वाला ज्ञान। लौटता हुआ।

निरन्वय – मूल से समाप्त होना।

निःश्रेयस – मोक्ष या मुक्ति।

नैरात्म्यभावना – चित्त सन्तान का निरन्वय नाश होता है अर्थात् मोक्ष में आत्मा नष्ट होता है, ऐसा बौद्ध का कहना है, जगत के यावन्मात्र विवाद तथा संकल्प विकल्प आत्मा मूलक है अतः आत्मा का आस्तित्व ही स्वीकार नहीं करना चाहिये ऐसा माध्यमिक आदि बौद्ध का कहना है। इसी भावना को नैरात्म्य भावना कहते हैं।

निर्विकल्प प्रत्यक्ष – नाम, जाति आदि के निश्चय से रहित जो

ज्ञान है वही प्रत्यक्ष प्रमाण है ऐसा बौद्ध कहते हैं।

निषेधव्याधार – निषेध करने योग्य घट पट आदि पदार्थ हैं उनका जो आधार हो उसे निषेध्याधार कहते हैं।

निषेधृ – अमुक वस्तु नहीं है इस प्रकार निषेध करने वाला ज्ञान।

पक्ष – साध्य के आधार को पक्ष कहते हैं।

परघात – जिस कर्म के उदय से पर के घात करने वाले शरीर के अवयव बने उस कर्म को परघात नाम कर्म कहते हैं।

परम प्रकर्ष – उत्कृष्ट रूप से वृद्धि।

परमौदारिक – सप्त धातु रहित अरिहन्त का शरीर।

परिच्छेद – जानने योग्य।

परिशोधक – विषय का शोधन करने वाला ज्ञान परिशोधक कहलाता है।

परोक्ष प्रमाण – अस्पष्ट ज्ञान।

परोक्षज्ञानवाद – ज्ञान सर्वथा परोक्ष रहता है अर्थात् स्वयं या अन्य ज्ञान के द्वारा बिलकुल ही जानने में नहीं आ सकता ऐसा मीमांसक मानते हैं अत: ये परोक्षज्ञानवादी या ज्ञानपरोक्षवादी कहलाते हैं।

पर्युदास – पर्युदास नाम का अभाव उसको कहते हैं जो एक का अभाव बताते हुए भी साथ ही अन्य सदृश वस्तु का अस्तित्व सिद्ध

कर रहा हो।

पर्युदासप्रतिषेध – किसी अपेक्षा से निषेध या भावान्तर स्वभाव वाले अभाव को पर्युदास कहते हैं।

पाँचरूप्यवाद – नैयायिक हेतु के पाँच गुण मानते हैं–पक्ष धर्म, सपक्ष सत्त्व, विपक्ष व्यावृत्ति, अबाधित विषय और असत्प्रतिपक्षत्व।

पुरुष – सांख्य क 25 वां तत्व, यह चेतन है। इस को सांख्य अकर्ता एवं ज्ञान शून्य मानते हैं।

पूर्ववदाद्यनुमान त्रैविध्यनिरास– नैयायिक अनुमान के तीन प्रकार मानते हैं–पूर्ववत्, शेषवत् और सामान्यतोदृष्ट, इस मान्यता का जैन ने निरसन किया है।

पौरुषेय – पुरुषकृत।

प्रकरणसमहेत्वाभास – वादी प्रतिवादी दोनों के पक्ष का हेतु समान रूप से स्वसाध्य का साधक होना अर्थात् तुल्य बल वाला होना प्रकरणसम नामक हेत्वाभास है, इसको यौग मानते हैं।

प्रकृति – सांख्य के प्रधान का दूसरा नाम प्रकृति है। प्रकृति का अर्थ स्वभाव भी है।

प्रक्षालिताशुचिमोदक परित्यागन्याय– कोई भिक्षु आदि मार्ग से मोदक (लड्डू) ले जा रहा था हाथ से मोदक नाली में गिरा उसको लोभ वश

पहले तो उठाकर धो लिया किन्तु पीछे ग्लानि तथा लोक की हँसी के कारण उसको छोड़ दिया उसी प्रकार पहले किसी बात को स्वीकार करके पीछे भयादि के कारण उसको छोड़ देना "प्रक्षालिताशुचिमोदकपरित्यागन्याय" कहलाता है।

प्रज्ञाकर गुप्त – बौद्ध ग्रन्थकार।

प्रतिज्ञा – धर्म और धर्मी अर्थात् साध्य और पक्ष को कहना प्रतिज्ञा कहलाती है। व्रत या नियम आदि के लेने को भी प्रतिज्ञा कहते हैं।

प्रतिपाद्य-प्रतिपादक – समझाने योग्य विषय अथवा जिसको समझाया जाता है उन पदार्थ या शिष्यादि को प्रतिपाद्य कहते हैं, तथा समझाने वाला व्यक्ति-गुरु आदिक या उनके वचन प्रतिपादक कहलाते हैं।

प्रतिबन्ध – अविनाभाव सम्बन्ध का दूसरा नाम प्रतिबन्ध है।

प्रतिबन्धक – रोकने वाला।

प्रतिबंधक मणि – अग्नि की दाहक शक्ति को रोकने वाला रत्न विशेष।

प्रतियोगी – भूतल में (आदि में) स्थित कोई वस्तु विशेष जिसको पहले उस स्थान पर देखा है।

प्रतिविहित – खंडित।

प्रत्यक्ष प्रमाण – विशद-स्पष्ट ज्ञान को प्रत्यक्ष प्रमाण कहते हैं।

प्रत्यक्ष पृष्ठ भावी विकल्प ज्ञान– निर्विकल्प प्रत्यक्ष ज्ञान के पीछे विकल्प ज्ञान उत्पन्न होता है ऐसा बौद्ध मानते हैं।

प्रत्यभिज्ञान प्रामाण्यवाद– जोड़ रूप प्रत्यभिज्ञान को इस प्रकरण में प्रमाणभूत सिद्ध किया है।

प्रत्यवाय – विघ्न।

प्रत्यासत्ति – निकटता को प्रत्यासत्ति या प्रत्यासन्न कहते हैं।

प्रधान – सांख्य मत का एक तत्त्व, प्रमुख को भी प्रधान कहते हैं।

प्रधान या प्रकृति – सांख्य द्वारा मान्य एक तत्त्व, जो कि अचेतन है, इसी के इन्द्रियादि 24 भेद हैं।

प्रध्वंसा – जिसके होने पर नियम से कार्य का नाश होता है, वह प्रध्वंस कहलाता है, जैसे घट रूप कार्य का नाश करके कपाल बनता है, मिट्टी रूप द्रव्य का अनन्तर परिणाम घट था उस घट का उत्तर परिणाम कपाल है, यह घट कार्य का प्रध्वंस है।

प्रमाण – अपने को और पर को निर्णय रूप से जानने वाले ज्ञान को प्रमाण कहते हैं, अथवा सम्यग्ज्ञान को प्रमाण कहते हैं।

प्रमाणपंचकाभाव – प्रत्यक्ष, अनुमान, अर्थापत्ति, उपमान और आगम- इन पाँच प्रमाणों को मीमांसक

		विधि-यानी अस्तित्व साधक मानते हैं इनका अभाव प्रमाणपंचकाभाव कहा जाता है।
प्रमाण सिद्ध धर्मी	–	प्रत्यक्ष प्रमाण से पक्ष के सिद्ध रहने को प्रमाण सिद्ध धर्मी कहते हैं।
प्रमाण संप्लव	–	एक ही विषय में अनेक ज्ञानों को जानने के लिये प्रवृत्ति होना प्रमाण संप्लव कहलाता है।
प्रमाता	–	जानने वाला आत्मा।
प्रमिति	–	प्रतिभास या जानना।
प्रमेय	–	प्रमाण के द्वारा जानने योग्य पदार्थ।
प्रभाकर	–	मीमांसक के एक भेद स्वरूप प्रभाकर नामा ग्रन्थकार के अभिप्राय को मानने वाले प्रभाकर कहलाते हैं।
प्रवर्त्तमान	–	अस्तित्व रूप से प्रवृत्ति करने वाला प्रमाण।
प्रशस्तमति	–	यौग मत का ग्रन्थकार।
प्रकृतिकर्तृत्ववाद	–	सांख्य का कहना है कि प्रकृति नाम का जड़ तत्त्व जगत का कर्त्ता है।
प्रसज्य	–	सर्वथा अभाव या तुच्छाभाव को प्रसज्य अभाव कहते हैं।
प्रसज्य प्रतिषेध	–	सर्वथा निषेध या अभाव को प्रसज्य प्रतिषेध कहते हैं।
प्रसंग साधन	–	अन्य वादी द्वारा इष्ट पक्ष में उन्हीं के लिये अनिष्ट का प्रसंग उपस्थित करना प्रसंग साधन कहलाता है।

प्रागभाव	–	जिसके अभाव होने पर नियम से कार्य की उत्पत्ति हो। जैसे मिट्टी आदि में घटादि कार्य का अभाव रहना, प्राग् पहले अभावरूप रहना प्रागभाव है। जैसे घट के पूर्व स्थास आदि रूप मिट्टी का रहना है वह घट का प्रागभाव कहलाता है।
प्रेक्षावान्	–	बुद्धिमान्।
बला तैल	–	सर्व शब्दों को श्रवण की शक्ति को उत्पन्न करने वाला तेल।
बहिर्व्याप्ति	–	जिस हेतु की पक्ष और सपक्ष दोनों में व्याप्ति हो वह बहिर्व्याप्तिक हेतु कहलाता है।
बाधाविरह	–	बाधा क नहीं होना।
बुद्धिमद्धेतुक	–	बुद्धिमान कारण से होने वाला।
बुभुक्षा	–	भोजन की वांछा।
ब्रह्माद्वैत	–	विश्व के सम्पूर्ण पदार्थ एक ब्रह्म स्वरूप हैं, अन्य कुछ भी नहीं है, जो कुछ घट, जीव आदि पदार्थ दिखाई देते हैं वे सब ब्रह्म के ही विवर्त हैं ऐसा ब्रह्माद्वैतवादी की मान्यता है।
भावनाज्ञान	–	किसी एक विषय में मन के तल्लीन होने से उसके सामने नहीं होते हुए भी प्रत्यक्षवत् प्रतिभास होने को भावना ज्ञान कहते हैं।
भाव वाक्य	–	वचन द्वारा अन्तरंग में होने वाला ज्ञान।

भाट्ट – मीमांसक का एक प्रभेद–भट्ट नाम के ग्रन्थकार के सिद्धान्त को मानने वाला।

भूतचैतन्यवाद – पृथ्वी, जल, अग्नि और वायु– इन चार पदार्थों से आत्मा या चैतन्य उत्पन्न होता है– ऐसा चार्वाक का कहना है। इसी मत को भूतचैतन्यवाद कहते हैं।

भूयोदर्शन – किसी वस्तु का पुनः दिखाई देना।

महान् – प्रकृति तत्त्व से महान् (बुद्धि) उत्पन्न होता है ऐसा सांख्य मानते हैं।

महानस – रसोई घर

महाभूत – पृथिवी, जल, अग्नि, वायु और आकाश इनको महाभूत कहते हैं, इनके सूक्ष्म महाभूत तथा स्थूल महाभूत ऐसे दो भेद हैं।

युगपज्ज्ञानानुत्पत्ति – एक साथ अनेक ज्ञानों का नहीं होना।

योगज धर्म – प्राणायाम, ध्यानादि के अभ्यास से आत्मा में ज्ञानादि गुणों का अतिशय होना।

रजत प्रत्यय – चाँदी का प्रतिभास होना।

रथ्या पुरुष – पागल, गली में भ्रमण करने वाला।

लघुवृत्ति – शीघ्रता से होना।

लक्षित लक्षणा – लक्षितेन (सामान्येन–ज्ञातेन) लक्षणा–विशेष प्रतिपत्ति, अर्थात् सामान्य के ज्ञात होने से उसके द्वारा विशेष का निश्चय होना लक्षित लक्षणा कहलाती है।

लिंग	–	हेतु को लिंग कहते हैं। चिह्न को भी लिंग कहते हैं।
लिंग-लिंगी सम्बन्ध	–	साधन और साध्य का सम्बन्ध।
लिंगी	–	अनुमान को लिंगी कहते हैं, जिसमें चिह्न हो वह पदार्थ लिंगी कहलाता है।
वाच्य-वाचक	–	कहने योग्य पदार्थ को वाच्य और कहने वाले शब्द को वाचक कहते हैं।
वादी-प्रतिवादी	–	वाद विवाद में जो पुरुष पहले अपना पक्ष उपस्थित करता है उसे वादी और उसके विरुद्ध पक्ष रखने वाला प्रतिवादी कहलाता है।
वासना	–	संस्कार, आसक्ति
विकल्पसिद्धधर्मी	–	जो धर्मी अर्थात् पक्ष प्रत्यक्ष से सिद्ध न हो उसे विकल्पसिद्ध धर्मी कहते हैं।
विकल्प ज्ञान	–	यह घट है इत्यादि साकार को विकल्प ज्ञान कहते हैं।
विधातृ	–	"यह वस्तु मौजूद है" इस प्रकार अस्ति रूप वस्तु का जो ज्ञान होता है उस ज्ञान को विधातृ या विधायक ज्ञान कहते हैं।
विनष्टाक्ष	–	नष्ट हो गई हैं आँखें जिसकी उसे विनष्टाक्ष कहते हैं।
विपक्ष	–	जहाँ साध्य नहीं रहता उस स्थान को विपक्ष कहते हैं, प्रतिपक्ष को भी विपक्ष कहते हैं।

विप्रकृष्ट – दूर,

विपाकान्त – फल देने तक रहने वाला (कर्म)

विवर्त – पर्याय को विवर्त कहते हैं।

विवर्त्त – पर्याय, अवस्था।

विशद विकल्प – "यह घट है" इत्यादि रूप से स्पष्ट निश्चय होना।

विषयाकारधारित्व – घट आदि पदार्थ ज्ञान के विषय कहलाते हैं, उनके आकारों को ज्ञान अपने में धारण करता है ऐसा बौद्ध मानते हैं, इसी को विषयाकारधारित्व कहते हैं।

विज्ञानाद्वैतवाद – जगत के सम्पूर्ण पदार्थ ज्ञानरूप ही हैं, ज्ञान को छोड़कर दूसरा कोई भी पदार्थ नहीं है ऐसा बौद्ध कहते हैं, इसी को विज्ञानाद्वैतवाद कहते हैं।

वेद अपौरुषेयवाद – वेद को अपौरुषेय अर्थात् किसी भी पुरुषादि द्वारा रचा नहीं है ऐसा मीमांसक आदि परवादी मानते हैं उसको वेदापौरुषेयवाद कहते हैं।

व्यक्ति – विशेष भेद-प्रभेद

विपर्यय – विपरीत

व्यतिरिक्त – पृथक् या भिन्न।

व्यतिरेक निश्चय – व्यतिरेक व्याप्ति का निश्चय या निर्णय होना।

व्यतिरेक व्याप्ति – जहाँ जहाँ अग्नि आदि साध्य नहीं हैं वहाँ वहाँ धूम आदि साधन भी नहीं हैं,

इस प्रकार साध्य के अभाव में साधन के अभाव का अविनाभाव होना या दिखलाना व्यतिरेक व्याप्ति कहलाती है।

व्यधिकरणासिद्ध हेत्वाभास– साध्य और हेतु का अधिकरण भिन्न-भिन्न होना व्यधिकरणासिद्ध हेत्वाभास कहलाता है।

व्यंजककारण – वस्तु को प्रगट या प्रकाशित करने वाला कारण व्यंजककारण कहलाता है।

व्यंजकध्वनि – व्यंजकध्वनि नामा कोई एक पदार्थ है वह शब्द को प्रगट करता है ऐसा शब्द नित्यवादी मीमांसक आदि का कहना है।

व्यवच्छेद्य-व्यवच्छेदक – पृथक् करने योग्य अथवा जानने योग्य पदार्थ को व्यवच्छेद्य कहते हैं और पृथक् करने वाले अथवा जानने वाले को व्यवच्छेदक कहते हैं।

व्यवस्था – विशिष्ट स्थिति का जो कारण है उसे व्यवस्था कहते हैं।

व्यवसाय – ज्ञान में वस्तु का निश्चायकपना होना व्यवसाय कहलाता है।

व्याचिख्या – कहने की इच्छा

व्याप्य-व्यापक – जो उस विवक्षित वस्तु में है और अन्यत्र भी है वह व्यापक कहलाता है, और जो उसी एक विवक्षित में ही है वह व्याप्य कहा जाता है, जैसे वृक्ष यह व्यापक है और नीम, आम आदि व्याप्य हैं।

व्यावृत्तप्रत्यय – यह इससे भिन्न है इत्यादि आकार वाले ज्ञान को व्यावृत्तप्रत्यय कहते हैं।

व्युत्पन्नप्रतिपतृ – अनुमान व्याकरण या अन्य किसी विषय में प्रवीण पुरुष को व्युत्पन्नप्रतिपतृ कहते हैं।

व्यंग्यव्यञ्जक – प्रगट करने योग्य पदार्थ व्यंग्य कहलाते हैं, और प्रगट करने वाला व्यञ्जक कहलाता है।

शब्द नित्यत्ववाद – शब्द आकाश गुण है एवं वह सर्वथा नित्य एक और व्यापक ऐसा मीमांसक आदि मानते हैं।

शब्दाद्वैत – संपूर्ण पदार्थ तथा उनका ज्ञान शब्दमय है, शब्दब्रह्म से निर्मित है, शब्द को छोड़कर अन्य कुछ भी नहीं है ऐसा भर्तृहरि आदि परवादी का कहना है।

शक्यानुष्ठान – ग्रन्थ में जिसका प्रतिपादन किया जायेगा उसको समझना तथा आचरण में लाना शक्य है ऐसा बताना शक्यानुष्ठान कहलाता है।

शाबलेय – चितकबरी गाय आदि पशु।

शून्याद्वैत – चेतन-अचेतन कोई भी पदार्थ नहीं है सब शून्यस्वरूप हैं–ऐसा बौद्ध के एक मत माध्यमिक का कहना है, इसी को शून्याद्वैत कहते हैं।

सकल व्याप्ति – पक्ष और सपक्ष दोनों में हेतु की व्याप्ति

रहना सकल व्याप्ति कहलाती है।

सर्ग – रचना, उत्पत्ति।

सत्तासमवाय – वस्तु की सत्ता अर्थात् अस्तित्व समवाय नामा किसी अन्य पदार्थ से होता है ऐसा सत्तासमवाय मानने वाले नैयायिकादि प्रवादी कहते हैं।

सत्कार्यवाद – सांख्य प्रत्येक कार्य को कारण में सदा से मौजूद है ऐसा मानते हैं, इस मान्यता को सत्कार्यवाद कहते हैं, इनका कहना है कि बीज में अंकुर, मिट्टी में घट इत्यादि पहले से ही रहते हैं।

सदसद् वर्ग – सद् वर्ग-सद्भाव रूप पदार्थों का समूह, असद् वर्ग-अभाव रूप पदार्थों का समूह इन दोनों को सदसद् वर्ग कहते हैं।

सदुपलंभ प्रमाण पंचक –अस्तित्व को ग्रहण करने वाले प्रत्यक्ष, अनुमान, आगम, उपमा और अर्थापत्ति ये पाँच प्रमाण हैं ऐसा मीमांसक आदि मानते हैं, इनका कहना है कि प्रत्यक्षादि प्रमाण केवल सत् या अस्तित्व को ही जान सकते हैं असत् या अभाव को नहीं।

सन्दिग्धव्यतिरेक – हेतु का विपक्ष में व्यतिरेक अर्थात् नहीं रहना संशयास्पद हो तो उस हेतु को सन्दिग्ध व्यतिरेक कहते हैं।

सन्निकर्ष – पदार्थ के छूने को सन्निकर्ष कहते हैं। चक्षु आदि सभी इन्द्रियाँ पदार्थों को छूकर

ज्ञान कराती हैं– ऐसा वैशेषिक का कहना है। इन्द्रियों द्वारा पदार्थों का जो छूना है वह सन्निकर्ष है और वही प्रमाण है ऐसा वैशेषिक के प्रमाण का लक्षण है।

सपक्ष – पक्ष के समान साध्य धर्म जिसमें रहे उसको सपक्ष कहते हैं।

समर्थ स्वभाव – जिसमें स्वयं समर्थ स्वभाव हो।

समवशरण – अर्हंत तीर्थंकर भगवान की धर्मोपदेश की सभा जिसमें असंख्य भव्य प्राणियों को मोक्षमार्ग का उपदेश एवं शरण मिलती है।

समवाय – वैशेषिक छह पदार्थ मानते हैं उन छह पदार्थों में समवाय एक पदार्थ है।

समवाय सम्बन्ध – द्रव्य का अपने गुणों के साथ जो सम्बन्ध है वह समवाय संबंध है, द्रव्यों को गुणों से पृथक् नहीं होने देना उसका काम है द्रव्यों की उत्पत्ति प्रथम क्षण में निर्गुण हुआ करती है और द्वितीय क्षण में उसमें समवाय नामा पदार्थ गुणों को सम्बन्धित कर देता है ऐसी वैशेषिक की मान्यता है।

समवायी – आत्मा आदि द्रव्य, जिनमें समवाय आकर गुणों को जोड़ देता है वे द्रव्य समवायी कहे जाते हैं।

समवेत – द्रव्यों में जो गुण जोड़े गये हैं वे गुण समवेत कहलाते हैं।

समारोप व्यवच्छेद – संशय, विपर्यय और अनध्यवसाय को समारोप कहते हैं इनको दूर करने वाले प्रमाण को समारोप व्यवच्छेद कहते हैं।

सम्प्रदाय विच्छेद – परम्परा का विच्छेद-नष्ट होना।

सर्वज्ञत्ववाद – सर्वज्ञ को मीमांसक नहीं मानते उस मान्यता का इस सर्वज्ञत्ववाद प्रकरण में खण्डन किया है।

सर्वाक्षेप – पूर्ण रूप से स्वीकार।

सव्येतर गोविषाण – गाय के दांये बांये सींग।

सहज योग्यता – स्वभाव से होने वाली योग्यता को सहज योग्यता कहते हैं।

साकार ज्ञानवाद – ज्ञान पदार्थ के आकार होता है, जो साकार ज्ञान है वही प्रमाणभूत है– ऐसा बौद्ध कहते हैं।

सात्मक – आत्मा सहित शरीर को सात्मक कहते हैं।

साध्यधर्मी – अनुमान द्वारा जिसको सिद्ध करना है उसको साध्य तथा उस साध्य के रहने के स्थान को धर्मी कहते हैं।

सान्वयचित्तसंतान – यह चित्त है, यह चित्त है इस प्रकार के अन्वय सहित चित्त अर्थात् चैतन्य की परंपरा को सान्वयचित्त सन्तान कहते हैं।

सारूप्य – बौद्ध ग्रन्थ में सदृश या समानाकार को सारूप्य नाम से कहा जाता है।

सिद्धसाध्यता – जो प्रसिद्ध है उसको साध्य बनाना सिद्ध

साध्यता नाम का दोष है।

सुनिश्चितासम्भव बाधक प्रमाण– जिसमें नियम से बाधक प्रमाण संभव न हो उस प्रमाण को सुनिश्चित असंभव बाधक प्रमाण कहते हैं।

सन्तान – बौद्ध प्रत्येक वस्तु को क्षण भंगुर मानते हैं, अर्थात् वस्तु प्रतिक्षण नष्ट होती है किन्तु तत्सम तत्काल दूसरी प्रादुर्भूत होती है उसी को संतान कहते हैं। व्यवहार में अपने पुत्र पुत्रियों को भी सन्तान कहते हैं।

सम्बन्धाभिधेय – ग्रन्थ में वर्णन करने योग्य जो विषय हैं उनका सम्बन्ध बतलाना।

संवर – कर्मों का आना रुकना संवर कहलाता है।

संवाद – विवक्षित प्रमाण का समर्थन करने वाला प्रमाण संवाद कहलाता है।

संवाद प्रत्यय – अपने पूर्ववर्ती ज्ञान का समर्थन करने वाला ज्ञान।

संवेदन प्रभव संस्कार– ज्ञान से उत्पन्न होने वाला संस्कार।

संयोग-सम्बन्ध – दो पदार्थों का या द्रव्यों का मिलना।

संज्ञा संज्ञि सम्बन्ध – नाम और नाम वाले पदार्थ के सम्बन्ध को संज्ञा संज्ञि सम्बन्ध कहते हैं।

स्मृतिप्रमोष – स्मृति का नहीं होना, नष्ट होना स्मृतिप्रमोष है, प्रभाकर (मीमांसक) विपर्यय ज्ञान को स्मृतिप्रमोषरूप मानते हैं।

स्फोटवाद – गो, घट आदि शब्द द्वारा तद् वाच्य पदार्थ

का ज्ञान नहीं होता किन्तु निरवयव एक व्यापक स्फोट नामा अमूर्त्त वस्तु द्वारा गो आदि पदार्थों का ज्ञान होता है, व्यंजक-ध्वनि आदि से उस स्फोट की अभिव्यक्ति होती है और उसमें अर्थ बोध होता है ऐसा भर्तृहरि आदि वैयाकरणों का पक्ष है उसका इस प्रकरण में खंडन किया है।

स्मृतिप्रामाण्यवाद – स्मरण ज्ञान को इस प्रकरण में प्रमाणभूत सिद्ध किया है।

स्वरूप परिपोष – स्वरूप को पुष्ट करना।

स्वार्थातिलंघन – अपने विषय का उल्लंघन।

हेतु – साध्य के साथ जिसका अविनाभाव सम्बन्ध है उसे हेतु कहते हैं। कारण को या निमित्त को भी हेतु कहते हैं।

हेत्वाभास – जिसका साध्य के साथ अविनाभावी सम्बन्ध नहीं है वह हेत्वाभास है। उसके असिद्ध, विरुद्ध, अनैकान्तिक और अकिञ्चित्कर- ऐसे चार भेद हैं।

परिशिष्ट-2

परीक्षामुखसूत्रपाठः

॥ प्रथमः परिच्छेदः॥

प्रमाणादर्थसंसिद्धिस्तदाभासाद्विपर्ययः।

इति वक्ष्ये तयोर्लक्ष्म सिद्धमल्पं लघीयसः॥1॥

1. स्वापूर्वार्थव्यवसायात्मकं ज्ञानं प्रमाणम्।
2. हिताहितप्राप्तिपरिहारसमर्थं हि प्रमाणं ततो ज्ञानमेव तत्।
3. तन्निश्चयात्मकं समारोपविरुद्धत्वादनुमानवत्।
4. अनिश्चितोऽपूर्वार्थः।
5. दृष्टोऽपि समारोपात्तादृक्।
6. स्वोन्मुखतया प्रतिभासनं स्वस्य व्यवसायः।
7. अर्थस्येव तदुन्मुखतया।
8. घटमहमात्मना वेद्मि।
9. कर्मवत्कर्तृकरणक्रियाप्रतीतेः।
10. शब्दानुच्चारणेऽपि स्वस्यानुभवनमर्थवत्।
11. को वा तत्प्रतिभासिनमर्थमध्यक्षमिच्छंस्तदेव तथा नेच्छेत्।
12. प्रदीपवत्।
13. तत्प्रामाण्यं स्वतः परतश्चेति।

॥ द्वितीयः परिच्छेदः॥

1. तद्द्वेधा।

2. प्रत्यक्षेतरभेदात्।

3. विशदं प्रत्यक्षम्।

4. प्रतीत्यन्तराव्यवधानेन विशेषवत्तया वां प्रतिभासनं वैशद्यम्।

5. इन्द्रियानिन्द्रियनिमित्तं देशतः सांव्यवहारिकम्।

6. नार्थालोकौ कारणं परिच्छेद्यत्वात्तमोवत्।

7. तदन्वयव्यतिरेकानुविधानाभावाच्च केशोण्डुकज्ञानवन्नक्तञ्चरज्ञानवच्च।

8. अतज्जन्यमपि तत्प्रकाशकं प्रदीपवत्।

9. स्वावरणक्षयोपशमलक्षणयोग्यतया हि प्रतिनियतमर्थं व्यवस्थापयति।

10. कारणस्य च परिच्छेद्यत्वे करणादिना व्यभिचारः।

11. सामग्रीविशेषविश्लेषिताखिलावरणमतीन्द्रियमशेषतो मुख्यम्।

12. सावरणत्वे करणजन्यत्वे च प्रतिबन्धसम्भवात्।

॥ तृतीयः परिच्छेदः॥[1]

1. परोक्षमितरत्।

2. प्रत्यक्षादिनिमित्तं स्मृतिप्रत्यभिज्ञानतर्कानुमानागमभेदम्।

3. संस्कारोद्‌बोधनिबन्धना तदित्याकारा स्मृतिः।

4. स देवदत्तो यथा।

5. दर्शनस्मरणकारणकं सङ्कलनं प्रत्यभिज्ञानम्। तदेवेदं तत्सदृशं तद्विलक्षणं तत्प्रतियोगीत्यादि।

6. यथा स एवायं देवदत्तः।

7. गोसदृशो गवयः।

---

1. तृतीय परिच्छेद में परीक्षामुख में उपरोक्त 6 से 10 सूत्र तक एक ही छठे सूत्र में गर्भित है।

8. गोविलक्षणो महिषः।

9. इदमस्माद् दूरम्।

10. वृक्षोऽयमित्यादि।

11. उपलम्भानुपलम्भनिमित्तं व्याप्तिज्ञानमूहः।

12. इदमस्मिन्सत्येव भवत्यसति न भवत्येवेति च।

13. यथाऽग्नावेव धूमस्तदभावे न भवत्येवेति च।

14. साधनात्साध्यविज्ञानमनुमानम्।

15. साध्याविनाभावित्वेन निश्चितो हेतुः।

16. सहक्रमभावनियमोऽविनाभावः।

17. सहचारिणोर्व्याप्यव्यापकयोश्च सहभावः।

18. पूर्वोत्तरचारिणोः कार्यकारणयोश्च क्रमभावः।

19. तर्कात्तन्निर्णयः।

20. इष्टमबाधितमसिद्धं साध्यम्।

21. सन्दिग्धविपर्यस्ताव्युत्पन्नानां साध्यत्वं यथा स्यादित्यसिद्धपदम्।

22. अनिष्टाध्यक्षादिबाधितयोः साध्यत्वं मा भूदितीष्टाबाधितवचनम्।

23. न चासिद्धवदिष्टं प्रतिवादिनः।

24. प्रत्यायनाय हीच्छा वक्तुरेव।

25. साध्यं धर्मः क्वचित्तद्विशिष्टो वा धर्मी।

26. पक्ष इति यावत्।

27. प्रसिद्धो धर्मी।

28. विकल्पसिद्धे तस्मिन्सत्तेतरे साध्ये।

29. अस्ति सर्वज्ञो नास्ति खरविषाणम्।

30. प्रमाणोभयसिद्धे तु साध्यधर्मविशिष्टता।

31. अग्निमानयं देशः परिणामी शब्द इति यथा।

32. व्याप्तौ तु साध्यं धर्म एव।

33. अन्यथा तदघटनात्।

34. साध्यधर्माधारसन्देहापनोदाय गम्यमानस्यापि पक्षस्य वचनम्।

35. साध्यधर्मिणि साधनधर्मावबोधनाय पक्षधर्मोपसंहारवत्।

36. को वा त्रिधा हेतुमुक्त्वा समर्थयमानो न पक्षयति।

37. एतद्द्वयमेवानुमानाङ्गं नोदाहरणम्।

38. न हि तत्साध्यप्रतिपत्त्यङ्गं तत्र यथोक्तहेतोरेव व्यापारात्।

39. तदविभावनिश्चयार्थं वा विपक्षे बाधकादेव तत्सिद्धेः।

40. व्यक्तिरूपं च निदर्शनं सामान्येन तु व्याप्तिस्तत्रापि तद्विप्रतिपत्ता-वनवस्थानं स्यात् दृष्टान्तान्तरापेक्षणात्।

41. नापि व्याप्तिस्मरणार्थं तथाविधहेतुप्रयोगादेव तत्स्मृतेः।

42. तत्परमभिधीयमानं साध्यधर्मिणि साध्यसाधने सन्देहयति।

43. कुतोऽन्यथोपनयनिगमने।

44. न च ते तदङ्गे, साध्यधर्मिणि हेतुसाध्ययोर्वचनादेवासंशयात्।

45. समर्थनं वा वरं हेतुरूपमनुमानावयवो वाऽस्तु साध्ये तदुपयोगात्।

46. बालव्युत्पत्त्यर्थं तत्त्रयोपगमे शास्त्र एवासौ न वादेऽनुपयोगात्।

47. दृष्टान्तो द्वेधा, अन्वयव्यतिरेकभेदात्।

48. साध्यव्याप्तं साधनं यत्र प्रदर्श्यते सोऽन्वयदृष्टान्तः।

49. साध्याभावे साधनाभावो यत्र कथ्यते स व्यतिरेकदृष्टान्तः।

50. हेतोरुपसंहार उपनयः।

51. प्रतिज्ञायास्तु निगमनम्।

52. तदनुमानं द्वेधा।

53. स्वार्थपरार्थभेदात्।

54. स्वार्थमुक्तलक्षणम्।

55. परार्थं तु तदर्थपरामर्शिवचनाज्जातम्।

56. तद्वचनमपि तद्धेतुत्वात्।

57. स हेतुर्द्वेधोपलब्ध्यनुपलब्धिभेदात्।

58. उपलब्धिर्विधिप्रतिषेधयोरनुपलब्धिश्च।

59. अविरुद्धोपलब्धिर्विधौ षोढा व्याप्यकार्यकारणपूर्वोत्तरसहचरभेदात्।

60. रसादेकसामग्र्यनुमानेन रूपानुमानमिच्छद्भिरिष्टमेव किञ्चित्कारणं हेतुर्यत्र सामर्थ्याप्रतिबन्धकारणान्तरावैकल्ये।

61. न च पूर्वोत्तरचारिणोस्तादात्म्यं तदुत्पत्तिर्वा कालव्यवधाने तदनुपलब्धेः।

62. भाव्यतीतयोर्मरणजाग्रद्बोधयोरपि नारिष्टोद्बोधो प्रति हेतुत्वम्।

63. तद्व्यापाराश्रितं हि तद्भावभावित्वम्।

64. सहचारिणोरपि परस्परपरिहारेणावस्थानात्सहोत्पादाच्च।

65. परिणामी शब्दः, कृतकत्वात्, य एवं स एवं दृष्टो यथा घटः, कृतकश्चायम्, तस्मात्परिणामी, यस्तु न परिणामी स न कृतको दृष्टो यथा बन्ध्यास्तनन्धयः, कृतकश्चायम्, तस्मात्परिणामी।

66. अस्त्यत्र देहिनि बुद्धिर्व्याहारादेः।

67. अस्त्यत्र छाया छत्रात्।

68. उदेष्यति शकटं कृत्तिकोदयात्।

69. उदगाद्भरणिः प्राक्तत एव।

70. अस्त्यत्र मातुलिङ्गे रूपं रसात्।

71. विरुद्धतदुपलब्धिः प्रतिषेधे तथा।

72. नास्त्यत्र शीतस्पर्श औष्णात्।

73. नास्त्यत्र शीतस्पर्शो धूमात्।

74. नास्मिन् शरीरिणि सुखमस्ति हृदयशल्यात्।

75. नोदेष्यति मुहूर्तान्ते शकटं रेवत्युदयात्।

76. नोदगाद्भरणिर्मुहूर्तात्पूर्वं पुष्योदयात्।

77. नास्त्यत्र भित्तौ परभागाभावोऽर्वाग्भागदर्शनात्।

78. अविरुद्धानुपलब्धिः प्रतिषेधे सप्तधा स्वभावव्यापककार्यकारण-पूर्वोत्तरसहचरानुपलम्भभेदात्।

79. नास्त्यत्र भूतले घटोऽनुपलब्धेः।

80. नास्त्यत्र शिंशपा वृक्षानुपलब्धेः।

81. नास्त्यत्राप्रतिबद्धसामर्थ्योऽग्निर्धूमानुपलब्धेः।

82. नास्त्यत्र धूमोऽनग्नेः।

83. न भविष्यति मुहूर्तान्ते शकटं कृत्तिकोदयानुपलब्धेः।

84. नोदगाद्भरणिर्मुहूर्तात्प्राक् तत एत।

85. नास्त्यत्र समतुलायामुन्नामो नामानुपलब्धेः।

86. विरुद्धानुपलब्धिर्विधौ त्रेधा विरुद्धकार्यकारणस्वभावानुपलब्धिभेदात्।

87. यथाऽस्मिन्प्राणिनि व्याधिविशेषोऽस्ति निरामयचेष्टानुपलब्धेः।

88. अस्त्यत्र देहिनि दुःखमिष्टसंयोगाभावात्।

89. अनेकान्तात्मकं वस्त्वेकान्तस्वरूपानुपलब्धेः।

90. परम्परया सम्भवत्साधनमत्रैवान्तर्भावनीयम्।

91. अभूदत्र चक्रे शिवकः स्थासात्।

92. कार्यकार्यमविरुद्धकार्योपलब्धौ।

93. नास्त्यत्र गुहायां मृगक्रीडनं मृगारिसंशब्दनात् कारणविरुद्धकार्यं विरुद्धकार्योपलब्धौ यथा।

94. व्युत्पन्नप्रयोगस्तु तथोपपत्त्याऽन्यथानुपपत्त्यैव वा।

95. अग्निमानयं देशस्तथैव धूमवत्त्वोपपत्तेर्धूमवत्त्वान्यथानुपपत्तेर्वा।

96. हेतुप्रयोगो हि यथा व्याप्तिग्रहणं विधीयते सा च तावन्मात्रेण व्युत्पन्नैरवधार्यते।

97. तावता च साध्यसिद्धिः।

98. तेन पक्षस्तदाधारसूचनायोक्तः।

99. आप्तवचनादिनिबन्धनमर्थज्ञानमागमः।

100. सहजयोग्यतासङ्केतवशाद्धि शब्दादयो वस्तुप्रतिपत्तिहेतवः।

101. यथा मेर्वादयः सन्ति।

।।चतुर्थः परिच्छेदः।।

1. सामान्यविशेषात्मा तदर्थो विषयः।

2. अनुवृत्तव्यावृत्तप्रत्ययगोचरत्वात्पूर्वोत्तराकारपरिहारावाप्तिस्थितिलक्षण-परिणामेनार्थक्रियोपपत्तेश्च।

3. सामान्यं द्वेधा, तिर्यगूर्ध्वताभेदात्।

4. सदृशपरिणामस्तिर्यक्, खण्डमुण्डादिषु गोत्ववत्।

5. परापरविवर्त्तव्यापिद्रव्यमूर्ध्वता मृदिव स्थासादिषु।

6. विशेषश्च।

7. पर्यायव्यतिरेकभेदात्।

8. एकस्मिन्द्रव्ये क्रमभाविनः परिणामाः पर्याया आत्मनि हर्षविषादादिवत्।

9. अर्थान्तरगतो विसदृशपरिणामो व्यतिरेको गोमहिषादिवत्।

।। पञ्चमः परिच्छेदः।।

1. अज्ञाननिवृत्तिर्हानोपादानोपेक्षाश्च फलम्।

2. प्रमाणादभिन्नं भिन्नञ्च।

3. यः प्रमिमीते स एव निवृत्ताज्ञानो जहात्यादत्त उपेक्षते चेति प्रतीतेः।

।। षष्ठः परिच्छेदः।।

1. ततोऽन्यत्तदाभासम्।

2. अस्वसंविदितगृहीतार्थदर्शनसंशयादयः प्रमाणाभासाः।

3. स्वविषयोपदर्शकत्वाभावात्।

4. पुरुषान्तरपूर्वार्थगच्छत्तृणस्पर्शस्थाणुपुरुषादिज्ञानवत्।

5. चक्षूरसयोर्द्रव्ये संयुक्तसमवायवच्च।

6. अवैशद्ये प्रत्यक्षं तदाभासं बौद्धस्याकस्माद्धूमदर्शनाद्वह्निविज्ञानवत्।

7. वैशद्येऽपि परोक्षं तदाभासं मीमांसकस्य करणज्ञानवत्।

8. अतस्मिंस्तदिति ज्ञानं स्मरणाभासम्, जिनदत्ते स देवदत्तो यथा।

9. सदृशे तदेवेदं तस्मिन्नेव तेन सदृशं यमलकवदित्यादि प्रत्यभिज्ञानाभासम्।

10. असम्बद्धे तज्ज्ञानं तर्काभासम्, यावाँस्तत्पुत्रः स श्यामो यथा।

11. इदमनुमानाभासम्।

12. तत्रानिष्टादिः पक्षाभासः।

13. अनिष्टो मीमांसकस्यानित्यः शब्दः।

14. सिद्धः श्रावणः शब्दः।

15. बाधितः प्रत्यक्षानुमानागमलोकस्ववचनैः।

16. अनुष्णोऽग्निर्द्रव्यत्वाज्जलवत्।

17. अपरिणामी शब्दः कृतकत्वात् घटवत्।

18. प्रेत्यासुखप्रदो धर्मः पुरुषाश्रितत्त्वादधर्मवत्।

19. शुचि नरशिरःकपालं प्राण्यङ्गत्वाच्छङ्खशुक्तिवत्।

20. माता मे वन्ध्या पुरुषसंयोगेऽप्यगर्भत्वात्प्रसिद्धवन्ध्यावत्।

21. हेत्वाभासा असिद्धविरुद्धानैकान्तिकाकिञ्चित्कराः।

22. असत्सत्तानिश्चयोऽसिद्धः।

23. अविद्यमानसत्ताकः परिणामी शब्दश्चाक्षुषत्वात्।

24. स्वरूपेणासत्त्वात्।

25. अविद्यमाननिश्चयो मुग्धबुद्धिं प्रत्यग्निरत्र धूमात्।

26. तस्य वाष्पादिभावेन भूतसङ्घाते सन्देहात्।

27. सांख्यं प्रति परिणामी शब्दः कृतकत्वात्।

28. तेनाज्ञातत्त्वात्।

29. विपरीतनिश्चताविनाभावो विरुद्धोऽपरिणामी शब्दः कृतकत्वात्।

30. विपक्षेऽप्यविरुद्धवृत्तिरनैकान्तिकः।

31. निश्चितवृत्तिरनित्यः शब्दः प्रमेयत्वात् घटवत्।

32. आकाशे नित्येऽप्यस्य निश्चयात्।

33. शङ्कितवृत्तिस्तु नास्ति सर्वज्ञो वक्तृत्वात्।

34. सर्वज्ञत्वेन वक्तृत्वाविरोधात्।

35. सिद्धे प्रत्यक्षादिबाधिते च साध्ये हेतुरकिञ्चित्करः।

36. सिद्धः श्रावणः शब्दः शब्दत्वात्।

37. किञ्चिदकरणात्।

38. यथाऽनुष्णोऽग्निर्द्रव्यत्वादित्यादौ किञ्चित्कर्तुमशक्यत्वात्।

39. लक्षण एवासौ दोषो व्युत्पन्नप्रयोगस्य पक्षदोषेणैव दुष्टत्वात्।

40. दृष्टान्ताभासा अन्वयेऽसिद्धसाध्यसाधनोभयाः।

41. अपौरुषेयः शब्दोऽमूर्तत्वादिन्द्रियसुखपरमाणुघटवत्।

42. विपरीतान्वयश्च यदपौरुषेयं तदमूर्तम्।

43. विद्युदादिनाऽतिप्रसङ्गात्।

44. व्यतिरेकेऽसिद्धतद्व्यतिरेकाः परमाण्विन्द्रियसुखाकाशवत्।

45. विपरीतव्यतिरेकश्च यन्नामूर्तं तन्नापौरुषेयम्।

46. बालप्रयोगाभासः पञ्चावयवेषु कियद्धीनता।

47. अग्निमानयं देशो धूमवत्त्वात् यदित्थं तदित्थं यथा महानस इति।

48. धूमवांश्चायमिति वा।

49. तस्मादग्निमान् धूमवांश्चायमिति।

50. स्पष्टतया प्रकृतप्रतिपत्तेरयोगात्।

51. रागद्वेषामोहाक्रान्तपुरुषवचनाज्जातमागमाभासम्।

52. यथा नद्यास्तीरे मोदकराशयः सन्ति धावध्वं माणवकाः।

53. अङ्गुल्यग्रे हस्तियूथशतमास्त इति च।

54. विसंवादात्।

55. प्रत्यक्षमेवैकं प्रमाणमित्यादि संख्याभासम्।

56. लौकायतिकस्य प्रत्यक्षतः परलोकादिनिषेधस्य परबुद्ध्यादेश्चासिद्धेरतद्विषयत्वात्।

57. सौगतसांख्ययौगप्राभाकरजैमिनीयानां प्रत्यक्षानुमानागमोपमानार्थापत्त्यभावैरेकैकाधिकैर्व्याप्तिवत्।

58. अनुमानादेस्तद्विषयत्वे प्रमाणान्तरत्वम्।

59. तर्कस्येव व्याप्तिगोचरत्वे प्रमाणान्तरत्वम् अप्रमाणस्याव्यवस्थापकत्वात्।

60. प्रतिभासभेदस्य च भेदकत्वात्।

61. विषयाभासः सामान्यं विशेषो द्वयं वा स्वतन्त्रम्।

62. तथाऽप्रतिभासनात्कार्याकरणाच्च।

63. समर्थस्य करणे सर्वदोत्पत्तिरनपेक्षत्वात्।

64. परापेक्षणे परिणामित्वमन्यथा तदभावात्।

65. स्वयमसमर्थस्य अकारकत्वात्पूर्ववत्।

66. फलाभासं प्रमाणादभिन्नं भिन्नमेव वा।

67. अभेदे तद्व्यवहारानुपपत्तेः।

68. व्यावृत्त्याऽपि न तत्कल्पना फलान्तराव्यावृत्त्याऽफलत्वप्रसङ्गात्।

69. प्रमाणान्तराद् व्यावृत्त्येवाप्रमाणत्वस्य।

70. तस्माद्वास्तवो भेदः।

71. भेदे त्वात्मान्तरवत्तदनुपपत्तेः।

72. समवायेऽतिप्रसङ्गः।

73. प्रमाणतदाभासौ दुष्टतयोद्भावितौ परिहृतापरिहृतदोषौ वादिनः साधनतदाभासौ प्रतिवादिनो दूषणभूषणे च।

74. संभवदन्यद्विचारणीयम्।

परीक्षामुखमादर्शं हेयोपादेयतत्त्वयोः।
संविदे मादृशो बालः परीक्षादक्षवद्व्यधाम्॥1॥

इति परीक्षामुखसूत्रं समाप्तम्॥

सन्दर्भ ग्रन्थ

1. शाबरभाष्यम्, प्रकाशक- आनन्दाश्रम, पूना
2. वाक्यपदीयम्, प्रकाशक- चौखम्बा सीरिज, काशी
3. मीमांसाश्लोकवार्तिकम्- चौखम्बा सीरिज, काशी
4. प्रमाणवार्तिकम्, सम्पादक- भिक्षु राहुलसांकृत्यायन
5. प्रमाणवार्तिकस्वोपज्ञवृत्तिः- भिक्षु राहुलसांकृत्यायन
6. न्यायसूत्रम्, प्रकाशक- चौखम्बा सीरिज, काशी
7. लघीयस्त्रयम्, प्रकाशक- सिंधी जैन सीरिज, कलकत्ता
8. पाणिनीव्याकरणम्, प्रकाशक- निर्णयसागर प्रेस, मुम्बई
9. जैनेन्द्रव्याकरणम्, प्रकाशक- जैनसिद्धान्त प्र.संस्था, कलकत्ता

Die Rechtsprechung und das Schrifttum in Reichssteuersachen

Herausgegeben von

Geheimem Rat Dr. R. Kloß,
Reichsfinanzrat in München.

II. Band 1921.

1921
München, Berlin und Leipzig
J. Schweitzer Verlag (Arthur Sellier).

Druck von Dr. F. P. Datterer & Cie., München-Freising.

Vorwort.

Der vorliegende Band weist für das volle Kalenderjahr 1920 zu 46 Reichssteuergesetzen die Entscheidungen der obersten Gerichtshöfe, die Verwaltungsanordnungen des Reichsministers der Finanzen und das in den Fachzeitschriften und in Einzelschriften enthaltene Schrifttum nach. Unter den Entscheidungen überwiegen naturgemäß die des Reichsfinanzhofs; außer denen, die in der amtlichen Sammlung der Entscheidungen und Gutachten des Reichsfinanzhofs oder sonst in der Fachpresse veröffentlicht sind, enthält das Buch auch eine Reihe nicht veröffentlichter Entscheidungen von Bedeutung.

Für die Reihenfolge der behandelten Gesetze ist die alphabetische Ordnung, bezogen auf die üblichen Abkürzungen der Gesetzesüberschriften, beibehalten worden.

Das Sachregister, das in dankenswerter Weise Herr Amtmann Bethmann in München zusammengestellt hat, bezieht sich sowohl auf den I. wie auf den II. Band; auch jedem der späteren Bände, die in Jahresfristen erscheinen werden, soll ein alle früheren Bände mitumfassendes Sachregister beigegeben werden.

München, im April 1921.

Dr. Kloß.

Inhaltsverzeichnis.

Abkürzungen.

AStR.	=	Allgemeine Steuerrundschau.
AM.	=	Amtliche Mitteilungen des Reichsschatzamtes.
BA.	=	Bankarchiv.
BayOBK.	=	Bayerische Oberberufungskommission.
BlBayFW.	=	Blätter für bayerisches Finanzwesen.
DJZ.	=	Deutsche Juristenzeitung.
DStBl.	=	Deutsches Steuerblatt.
DStZ.	=	Deutsche Steuerzeitung.
E.	=	Entscheidungen.
HoldhM.	=	Holdheims Monatschrift
IndMitt.	=	Mitteilungen der Steuerauskunftsstelle des Reichsverbands der Deutschen Industrie.
JW.	=	Juristische Wochenschrift
LZ.	=	Leipziger Zeitschrift.
MittWüFM.	=	Mitteilungen des Württembergischen Finanzministeriums.
NStR.	=	Neue Steuerrundschau.
PrFMBl.	=	Preußisches Finanzministerialblatt.
OVG.	=	Oberverwaltungsgericht.
Recht	=	Das Recht.
RFH.	=	Reichsfinanzhof.
RGBl.	=	Reichsgesetzblatt.
RG.	=	Reichsgericht-Zivilsachen
RGSt.	=	Reichsgericht-Strafsachen.
RStBl.	=	Reichssteuerblatt.
S.	=	Sammlung der Entscheidungen und Gutachten des Reichsfinanzhofs.
StA.	=	Steuerarchiv.
Verbst.	=	Vermögen, Bilanz, Steuern.
VGH.	=	Verwaltungsgerichtshof.
WarnRspr.	=	Warneyer, Die Rechtsprechung des Reichsgerichts auf dem Gebiete des Zivilrechts.
ZschrfZollw.	=	Zeitschrift für Zollwesen.

Die Abkürzungen der Steuergesetze ergeben sich aus dem Inhaltsverzeichnis.

1.
Allgemeines.

I. Literatur.

1. Steuerrecht im Allgemeinen.

Ball, Einführung in das Steuerrecht (J. Bensheimer, Mannheim 1920). — *Buck*, Steuerlehrbuch. 3. A. (Industrie-Verlag Späth u. Linde, Berlin 1921). — *Decke*, Die neuen Reichssteuern (B. G. Teubner, Leipzig 1920). *Hirschberg*, Steuerschlüssel 2. A. (C. Heymann Verlag, Berlin 1920). — *Geiler*, Einführung in das jetzige Steuerrecht (J. Bensheimer, Mannheim 1920). — *Haussmann*, Grundriss der gesamten neuen Steuergesetzgebung. (Industrie-Verlag Späth u. Linde, Berlin 1920). I. Finanzrechtliche Bestimmungen der Reichsverfassung. — *Humar*, Die neue Steuergesetzgebung Heft 1/6 (Südd. Zeitschriften-Verlag, München 1920). — *Hinz*, Überblick über das Zoll- und Steuerrecht des besetzten Rheinlandes. DStZ. 9, 93. — *Mayer*, G., Reichsfinanzgesetzgebung 1918. 2 Bd. (J. Guttentag, Berlin 1919). — *Stahl*, Die neuen Steuern (Frankfurter Societäts-Druckerei, Frankfurt a. M. 1920) — *Stölzle*, Was muss man in der Schweiz von den deutschen Steuergesetzen wissen? 2 Bd. (Polygraph. Institut AG. Zürich 1920). — *Strutz*, Grundbegriffe des Steuerwesens (Frz. Vahlen, Berlin 1918).

2. Steuerstrafrecht.

Hoeniger u. Erk, Kriegssteuerstrafrecht (W. Kohlhammer, Stuttgart 1918) — *Juliusberger*, Steuerstrafrecht (Jurist. Verlagsbuchh. Dr. Frensdorff, Berlin 1919).

3. Direkte Steuern.

Kahn, Otto, Direkte Steuern (J. Schweitzer Verlag, München 1919). — *Strutz*, Die Abzugsfähigkeit von Steuern bei der Veranlagung zu den direkten Reichs- und Landessteuern. ZStFr. I, 1920, Heft 11. — *Strutz*, Der Haus- und Grundbesitz in den Kriegs- und Vermögenssteuern. ZStFr. I, 1920, Heft 5. — *K. Becker*, Können die den freien Berufen gewidmeten Gegenstände zu den Vermögenssteuern herangezogen werden? NStR. 1920, 325. — Desgl. *Marcuse*. NStR. 1920, 326. — *Westendorf*, Die Besteuerung ausländischer Vermögenswerte bei den Einkommens- und Vermögenssteuern. ZStFr. I, 1920, Heft 10.

4. Besteuerung der Gesellschaften.

Beuck, Steuerl. zweckmäss. Gesellschaftsformen. (Industrie-Verlag Späth u. Linde, Berlin 1921). — *Hachenburg*, Die Vermögenszuwachssteuer und die G. m. b. H. (W. Moeser, Berlin 1917). — *Lion*, Auflösung und Umwandlung von Aktiengesellschaften und Gesellschaften m. b. H. aus Steuergründen. ZStFr. I, 1920, Heft 2 (offene Handelsgesellschaft mit Beteiligung mehrerer stiller Gesellschafter, Kommanditgesellschaft mit Beteiligung zahlreicher Kommanditisten, G. m. b. H. mit Beteiligung mehrerer stiller Gesellschafter). — *Pereles*, Die Besteuerung der G. m. b. H. (Dr. Schmidt, Köln 1918).

5. Bilanzrecht.

Berliner, Bewertung des Vermögens f. d. Bilanz (Hahn'sche Buchh., Hannover 1920). — Fürnrohr, Bilanzbewertung und Steuerpflicht nach bayer. Landes- u. Reichssteuerrecht (J. Schweitzer Verlag, München 1919). — Gerstmann, Wie macht man seine Bilanz? 3 A. (C Haber, Berlin 1920). — Gerstner, Bilanzanalyse. 4. A. (Haude u. Spener, Berlin 1919). — Hiemann, Bilanzen. 5. A. (Poeschel, Stuttgart 1921). — Leitner, Bilanztechnik und Bilanzkritik. 4. A. (Verein. wissenschaftlicher Verleger, Berlin 1920). — Moos, Die Steuerbilanz. (Industrieverlag Späth u. Linde, Berlin 1920). — Osbahr. Die Bilanz vom Standpunkt der Unternehmung. (Haude u. Spener, Berlin 1920). — Passow, Bilanzen d. priv. u. öffentl. Unternehmungen. 2. A. 2 Bde. (B. G. Teubner, Leipzig 1918/19). — Porzig, Technik d. Bücher- u. Bilanzrevision. 3. A. (Muth'sche Verl.-Buchh., Stuttgart 1920). — Rehm, Die Bilanzen d. A.-G. usw. 2. A. 1914. (J. Schweitzer Verlag, München). — Reisch-Kreibig, Bilanz und Steuern. 3. A. 2 Bde. (Manz, Wien 1917). — Rosendorff, Die Bilanz als Grundlage der Besteuerung. (Industrie-Verlag Späth u. Linde, Berlin 1920). — Schär, Buchhaltung u. Bilanz. 3. A. (J. Springer, Berlin 1919). Vgl. im übrigen zu § 16 KrStG. 1916 u. zu § 5 VermZKrAbgG.

6. Bewertung.

Blattau, Bewertung d. ländl. Grundstücke u. Güter für d. Veranlagung d. Steuern. (Industrieverlag Späth u. Linde, Berlin 1920). — Goedecke, Sachwert u. Ertragswert nebst Baukontierung u. Abschreibung von Werken mit Betriebsnetzen. (R. Oldenbourg, München 1917). — Grossmann, Selbstkosten u. Gewinnberechnung d. ehrbaren Handels. 4. A. (Verlags-Gesellschaft m. b. H., Hannover 1920). — Heinrich, Wertproblem i. d. Besteuerung vom Mehrgewinn, Mehreinkommen u. Vermögenszuwachs. (Dr. F. P. Datterer & Cie., Freising 1920). — Moser, Abschreibungen u. Steuern. 2. A. (Industrieverlag Späth u. Linde. Berlin 1920). — Rosendorff, Die stillen Reserven d. A.-G., ihre rechtl. Zulässigkeit usw. u. steuerl. Behandlung. 2. A. (Frz. Vahlen, Berlin 1917). — Rosendorff, Das Steuerrecht d. stillen Reserven. (Frz. Vahlen, Berlin 1918). Vgl. im übrigen zu § 137 AO., § 16 KrStG. 1916 und zu § 5 VermZKrAbgG.

7. Finanzierung.

Schmalenbach, Finanzierungen. 2. A. (G. A. Glöckner, Leipzig 1921). — Wolf u. Birkenbihl, Die Praxis d. Finanzierung. 5. A. (O. Liebmann, Berlin 1920).

8. Schenkungen im Allgemeinen.

Konietzko, Vermögensübertragungen an Abkömmlinge. IndMitt. 1920, 134 (deren Besteuerung nach dem BesStG., KrAbgG. 1918, VermZKrAbgG. 1919, ErbStG. 1919, RNOG.). — Lewin, Die Behandlung der in Rentenform gewährten Ausstattung von Kindern in der Reichssteuergesetzgebung. ZStFr. II, 1920, 129. — Lion, Vermögensübertragungen und Schenkungen an Kinder aus Steuergründen. ZStFr. I, 1920, Heft 1. — Wassertrüdinger, Schenkungen von Vermögensbestandteilen an Kinder und Verwandte. DStBl. 2, 387 (allgemeine steuerliche Wirkungen). Vgl. im übrigen zu § 40 ErbStG. 1919.

9. Einzelnes.

Ball, Steuerrechtliche Nebenwirkungen. DStZ. 9, 98. — Bühler, Technik und Durchführbarkeit der neuen Reichssteuergesetze. DJZ. 1920, 675. — Eckstein, Studien zur Lehre vom steuerbaren Vermögen. NStR. 1920, 257 (Beginn und Verlust der Vermögenseigenschaft, Gemeinschaftsverhältnisse, Ungewissheit und Bedingung), 280 (Vermögensgegenstand und Rechtsform; Vermögen und Vermögensvertrag). — Jacoby, Privatrechtliche Bestimmungen in den neuen Steuergesetzen. JW. 1920, 522. — Wassertrüdinger, Die Berücksichtigung der persönlichen Verhältnisse in den Reichssteuergesetzen. ZStFr. I, 1920, 157, 171.

II. Rechtssätze allgemeinen Inhalts.

1. Als Tag der Verkündung eines Reichsgesetzes ist in allen Fällen der Tag anzusehen, an dem das das Gesetz enthaltende Stück des Reichsgesetzblatts in der Reichshauptstadt ausgegeben ist. RFH. 15. Sept. 20 S. 3, 288.
2. Rechtsvorgänge, an die das Gesetz eine Steuerpflicht knüpft, sind ohne Rücksicht auf die ihnen etwa wegen Sittenwidrigkeit innewohnende Nichtigkeit mindestens dann steuerpflichtig, wenn ihre Rechtswirkungen nicht rückgängig gemacht worden sind. RFH. 28. April u. 7. Juli 20 S. 3, 173, 176 = DStZ. 9, 116 = NStR 1920, 263.

   Dazu Kloss, DStZ. 9, 88. — Lurje, Der Einfluss der unerlaubten Tätigkeit insbesondere des unsittlichen Erwerbs und der unsittlichen Leistung auf die Steuerpflicht. NStR. 1920, 30. Vgl. auch zu § 35 RStempG.
3. Der mittelbare Besitz kann ohne Mitwirkung des mittelbaren Besitzers vom unmittelbaren Besitzer nicht auf einen anderen übertragen werden. RFH. 24. März 20 S. 2, 243.
4. Die Rechtsbegriffe des bürgerlichen Rechts haben grundsätzlich auch für das Steuerrecht Geltung, falls dieses selbst nicht besondere Bestimmung über die Bedeutung und Tragweite der Begriffe getroffen hat. RFH. 16. Sept. 19 (S. 1, 205; vgl. Bd. I S. 44 Nr. 1) auch DStBl. 3, 35.

2.
Reichsabgabenordnung
vom 13. Dezember 1919 (RGBl. S. 1993).
(AO.)

Lit. *Kloss, Die Reichsabgabenordnung. Kurzgefasste systematische Darstellung des allgemeinen Steuerrechts und des Steuerprozesses unter Verwertung der Ergebnisse der Rechtsprechung des Reichsfinanzhofs (Hermann Sack, Berlin 1921). — Derselbe bei Marcuse, Das neue Reichssteuerrecht (ebenda 1920) S. 7 f.*

Erläuterte Ausgaben von Buck-Lucas, 2. A. (Industrie-Verlag Späth u Linde, Berlin 1920). — Beuck (Otto Elsner, Berlin 1920). — Jacobi, (Frz. Vahlen, Berlin 1920). — Rüde-Mühe-Hauser (J. Hess, Stuttgart 1921). — Trautvetter (J. Schweitzer Verlag, München 1920).

Hummel, Bemerkungen zur Reichsabgabenordnung. ZschrfZollw. 1920, 132, 149. — Karger, Wechselbeziehungen zwischen Steuer- und sonstigem Recht. DStBl. 9, 150 (nicht rechtsfähige Vereine, Verzicht auf Pflichtteilsanspruch, Steuerersparung bei Errichtung von Gesellschaften, Einwirkung des ErbStG. und des RNOG. [§ 52] auf alte Testamente, Depotzwang). — Lucas, Die RAbgO. v. 13. Dez. 19. Ihr Aufbau und ihre wichtigsten Bestimmungen. DStZ. 8, 224.

1. Abrechnungsverkehr zwischen der Reichshauptkasse und den Landeskassen. RFM. 13. Jan 20, RStBl. 1920, 124.
2. Verordnung über die Veröffentlichung von Ausführungsbestimmungen auf dem Gebiete des Steuerrechts. RFM. 15. April 20, RStBl. 1920, 255.

Einleitende Vorschriften.

§ 4.

Lit. *Roth, Der Steueranspruch nach Treu und Glauben. NStR. 1920, 100. — Strutz, Rechtssicherheit und Rechtsschutz nach der RAbgO. DStZ. 8, 217.*

1. Bei der Auslegung von Steuergesetzen und bei Ergänzung von Lücken ist jedes subjektive Ermessen ausgeschlossen. Die Regel zur Entscheidung des Einzelfalls ist den leitenden Gedanken des geltenden Rechtes, wie es sich als einheitliches Ganzes entwickelt hat, zu entnehmen. Alle Interessen sind zu berücksichtigen, und ein möglichst gerechter und verständiger Ausgleich ist zu erstreben. **RFH.** 26 Nov. 20 II A 326/20 S. 4, 48.
2. § 4 kann auch auf Steuergesetze angewendet werden, die bei seinem Inkrafttreten bereits in Geltung waren. **RFH.** 24. Nov. 20 IV a A 20/20 S. 4, 40.
3. Stellungnahme des **RFH.** nach bisherigem Recht: Zweifellose Absicht des Gesetzgebers verlangt berichtigende Auslegung gegenüber dem Wortlaut. Urt. v. 9. Juni 20 II A 368/19 S. 3, 98 (vgl. zu § 4 UStG. 1918 unter Nr. 4, 10). Abw: Urt. v. 28. Okt. 19 I A 138/19 S. 1, 285 (klarer Wortlaut maßgebend).

Vgl. ferner zu § 23 Abs. 2 UStG. 1919 unter Nr. 5.

§ 5.

Lit. *Bendix, Die Gefahren der Reichsabgabenordnung vom 13. Dez. 19 für die Rechtsanwaltschaft. StA. 1920, 126. Vgl. auch zu § 90. — Kahn, Otto, Steuerersparung und Steuerumgehung (Steuerschriften-Verlag, München 1920). — Rosendorff, Steuerersparung, Steuerumgehung, Steuerhinterziehung (Industrie-Verlag Späth u. Linde, Berlin 1920). — Marcuse, Gründungen und Umgründungen. NStR 1920, 15. — Rosendorff, Die „G. m. b. H. & Co.“ = Kommanditgesellschaft. DStZ 9, 61. Vgl. auch zu § 4. — Rütgers, G. m. b. H. & Co., Kommanditgesellschaft. IndMitt. 1920, 27. — Vossen, Etwas vom „Freien Kindesvermögen“. ZStFr. II, 1920, 6.*

1. § 5 ergreift nicht Fälle, in denen der Steueranspruch bereits vor Inkrafttreten der Reichsabgabenordnung entstanden ist. **RFH.** 16. Juli 20 S. 3, 212 = RStBl. 1920, 466.

Erster Teil: Behörden.

Erster Abschnitt: Einleitende Vorschriften.

Lit. *Friedrichs, Die Verfassung der reichseigenen Finanzbehörden. NStR. 1920, 97, 109, 133.*

§ 10.

Lit. *Finger, Steuerpflicht u. Schweigepflicht. ZStFr. II, 1920, 49.*

Zweiter Abschnitt: Landesfinanzämter.

§ 13.

Abs. 2.

Lit. *Kloss, Erfolgreiche Rechtsmittel gegen Entscheidungen, die auf richtiger Anwendung des geltenden Rechts beruhen. NStR. 1920, 313.*

1. Rechtliche Bedeutung der Anweisung. Die Versagung stempelfreier Abstempelung durch das Landesfinanzamt nach § 36 Abs. 2 der AusfBest. z. RStempG. ist (nach der preußischen Rechtsmittelverordnung) nicht selbständig mit Rechtsmitteln anfechtbar. Dem ordentlichen mit dem Einspruch beginnenden Rechtsmittelzug unterliegt vielmehr die auf jener Anordnung beruhende Stempelabforderung des Hauptzollamts. Daran wird nichts dadurch geändert, daß das Hauptzollamt in seiner Einspruchsentscheidung an jene Anordnung gebunden ist. Die Einspruchsentscheidung unterliegt weiterhin der Berufung. **RFH.** 15. Okt. 1920 II A 252/20 (nicht veröffentlicht).

Dritter Abschnitt: Finanzämter.

§ 22.

1. Die Entschädigung der Gemeinden für die Mitwirkung bei der Erhebung von Reichsabgaben wird nach dem in der Gemeinde wirklich aufgekommenen und verrechneten Reinertrage berechnet und gewährt. RFM. 10. März 20, RStBl. 1920, 206.

Abs. 2.

§ 24.

Lit. Westendorf, Ermittlungsrecht und Ermittlungspflicht des Finanzamts. ZStFr. II, 1920, 24. (Verwertung der Tarifverträge.)

Abs. 1.

§ 25.

1. Verordnung über die Bildung der Ausschüsse bei den Finanzämtern und ihr Verfahren. Vom 25. Mai 20 III 12107 (RGBl. 1118). RStBl. 1920, 301.

Abs. 2.

2. Bedeutung der AusfBest.; vgl. zu § 13 Abs. 2.

Vierter Abschnitt: Reichsfinanzhof.

Abs. 2.

§ 32.

1. Verordnung über die Spruchtätigkeit des Reichsfinanzhofs für den hamburgischen Zuschlag zur Grunderwerbsteuer. RFM. 27. April 20, RStBl. 1920, 255.

§ 44.

1. Allgemeine Verfügung über den Bezug der vom Reichsfinanzhof herausgegebenen Sammlung der Entscheidungen und Gutachten des Reichsfinanzhofs durch Finanzbehörden. RFM. 7. April 20, RStBl. 1920, 233.

§ 46.

1. Die Abweichung von einer in einer veröffentlichten Entscheidung vertretenen Rechtsauffassung, die nicht unmittelbar die entschiedene Rechtsfrage betraf, hat den Senat nicht veranlaßt, den großen Senat anzurufen. **RFH.** 22. Okt. 20 S. 3, 301.

Zweiter Teil: Besteuerung.

Erster Abschnitt: Allgemeine Vorschriften.

Erster Titel: Vorschriften zum Verfahren.

II. Fristen.

§ 64.

1. a) Wird die Rechtsbeschwerde beim Reichsfinanzhof eingereicht (§ 234 Abs. 1 Satz 5), so ist für die Frage, ob der letzte Tag der Frist ein staatlich anerkannter allgemeiner Feiertag ist, das in München geltende Recht maßgebend.
b) „Peter und Paul" ist in München ein staatlich anerkannter allgemeiner Feiertag. **RFH.** 29. Sept. 20 III A 76/20 (nicht veröffentlicht).

§ 67.

1. Ein Fehler im Verfahren liegt nicht vor, wenn die Behörde Tatsachen unbeachtet läßt, die nach der Beschlußfassung, wenn auch noch vor der Zustellung des Bescheids, zu ihrer Kenntnis gelangt sind. **RFH.** 6. Juli 20 S. 3, 178.

§ 69.

1. Die im § 69 Abs. 2, 4 vorgeschriebene Frist von zwei Wochen beginnt nach Ablauf des Tages, an dem der Einleger des Rechtsmittels von der Versäumung der Rechtsmittelfrist Kenntnis oder Gelegenheit erhält, sich diese Kenntnis zu verschaffen. RFH. 2. Juli 20 S. 3, 226.
2. Macht die Entscheidung der Vorinstanz nicht ersichtlich, ob die Frage der Bewilligung der Nachsicht wegen Versäumung einer Rechtsmittelfrist auch ohne Antrag im Sinne des § 69 Abs. 4 und des § 6 geprüft worden ist, so kann hierin unter besonderen Umständen ein Verfahrensmangel im Sinne des § 267 liegen. RFH. 16. Juli 20 S. 3, 195 = RStBl. 1920, 432.

III. Verfügungen.

§ 78.

1. Rückwirkende Kraft; vgl. zu § 446 unter Nr. 1.

Zweiter Titel: Sachliche Vorschriften.

I. Der Steueranspruch.

1. Entstehung, Fälligkeit.

§ 80.

Lit. *Arlt, Steuerrechtlicher Eigentümer. DStBl. 2, 323.*

§ 81.

Abs. 1.

Lit. *Jacobi, Steueranspruch, Steuerschuld, Veranlagbarkeit. ZStFr. II, 1920, 121. — Lucas, Zur Frage der Entstehung der Steuerschuld bei direkten Steuern. DStBl. 2, 502. — Berliner, Steuerschulden in der Bilanz. DStZ. 8, 251. — Koeppel, Zur RAbgO. BA. 19, 127 (Abzugsfähigkeit von Steuerreserven).*

1. Entstehung der Steuerschuld bei der bayer. Einkommensteuer. BayOVG. 14. Febr. 19 BlBayFW. 20, 71.
2. Entstehung der Besitzsteuerpflicht vgl. zu § 28 BesStG. unter Nr. 1.

Abs. 5.

Lit. *Kloss, Erbschaftssteuer vom Nachlasse Verschollener. NStR. 1920, 85. — Lindt, Unstimmigkeiten im neuen Steuerrecht, AllgStR. 1920, 54 (§ 2 ErbStAB. im Widerspruch mit § 81 Abs. 5 RAbgO.).*

§ 82.

1. § 82 ist nach § 1 EinfVO. vom 18. Dez. 19 auch dann anzuwenden, wenn ein Steuerbescheid zwar vor dem Inkrafttreten der Reichsabgabenordnung erlassen, das Verfahren über die Berufung zu diesem Zeitpunkt aber noch nicht zum Abschluß gebracht ist. RFH. 12. Mai 20 S. 2, 343.

2. Geschäftsführung, Vertretung, Vollmacht, Haftung.

Lit. *Koeppel, Zur RAbgO. BA. 19, 127 (Anwendung der §§ 84 ff. auf Banken).*

§ 86.

Lit. *Kleemann, Die Steuerpflicht bei Sammelunternehmen. DStBl 3, 3. — Kloss, Juristische Personen des Steuerrechts. NStR. 1920, 37. — Miller, Das Reichssteuerrecht und die Gewerbebetriebe. AStR. 1920, 165 (Einzelkaufleute und Gesellschaften als Steuerträger).*

§ 90.

Lit. *Friedländer, Reichsabgabenordnung und Rechtsanwaltsordnung. JW. 1920, 520. — Westendorf, Rechtsanwalt und Finanzamt. ZStFr. II, 1920, 11. — Wassertrüdinger, Inwieweit ist die Steuerumgehung im Sinne des § 5 RAbgO. und die Beratung dafür strafbar? ZStFr. II, 1920, 107.*

§ 93.

Lit. *Kirstaedter, Die günstigere Stellung der Gläubiger einer offenen Handelsgesellschaft gegenüber den Steuergläubigern der Gesellschafter. ZStFr. II, 1920, 179 (Steuerschulden nur gegenüber dem Gesellschafter beitreibbar).*

1. Wegen der Kohlensteuerpflichtigkeit der Gesellschaften des bürgerl. Rechts und der Haftung ihrer Gesellschafter vgl. zu § 3 KohStG. unter Nr. 2.

§ 100.

1. Uebernahme der Steuerschuld durch privatrechtliche Erklärung; vgl. zu § 31 ErbStG. 1906 unter Nr. 2.

§ 101.

Lit. *Ernst, Beginn und Erlöschen der dinglichen Haftung aus § 101 AO. bei den Getränkesteuern. ZschrfZollw. 1920, 145.*

3. Zahlung, Stundung, Erlaß Sicherheitsleistung.

§ 103.

1. Zulässigkeit der Aufrechnung nach früherem Recht vgl. zu § 110 RStempG. unter Nr. 3.

§ 105.

1. Allgemeine Verfügung über die Anhörung von Berufsvertretungen vor der Ablehnung von Stundungsgesuchen. RFM. 31. Mai 20, RStBl. 1920, 331.

§ 106.

1. Berücksichtigung der persönlichen Verhältnisse eines Steuerschuldners bei der Einziehung des Steuerbetrages nach Ablehnung eines Erlasses aus Billigkeitsgründen. RFM. 29. März 20, RStBl. 1920, 253.

§ 108.

Lit. *Köhler*, *Die Steuerfreiheiten der deutschen Spar-Prämienanleihe NStR. 1920, 284 (zum Ges. v. 29. Aug. 19 RGBl. 1491).*

4. Verjährung (§§ 120—126).

Lit. *Bendix*, *Die Verjährung des Steueranspruches nach der Reichsabgabenordnung vom 13. Dez. 19. NStR. 1920, 135.*

II. Erstattungs- und Vergütungsansprüche.

§ 127.

1. Ein zu Unrecht eingehobener Abgabebetrag ist dem zu erstatten, der ihn bezahlt hat. (Entschieden in einem vor dem 23. Dez. 19 liegenden Rechtsfall). **RFH.** 21. Jan. 20 DStZ. 8, 28.

§ 128.

1. Es ist nicht Sache der Rechtsmittelbehörden, bei der Aufhebung von Steuerbescheiden zugleich über die Rückzahlung der etwa gezahlten oder beigetriebenen Steuer zu erkennen. Das Recht auf Rückzahlung ist nach § 128 der Reichsabgabenordnung zu verfolgen. **RFH.** 26. Nov. 20 II A 326/20 S. 4, 48.
2. Vgl. auch zu § 217 AO.

Zweiter Abschnitt: Wertermittlung.

Erster Titel: Allgemeine Vorschriften.

1. Ueber Wertermittlung vgl. auch unter Allgemeines I 6 S. 2, zu §§ 28 ff. BesStG., zu § 18 RNOG., zu § 5 VermZKrAbgG.
2. Ueber Bilanzfragen vgl. insbes. zu § 16 KrStG. 1916.

§ 137.

Lit. *Haussmann*, *Bewertungs- und Abschreibungsgrundsätze nach den Steuergesetzen. DStZ. 9, 31.* — *Wünschmann*, *Die Bedeutung der Reichssteuergesetze für die kaufmännische Buchführung. DStZ. 9, 163.* — *Ball*, *Streifzüge in die Reichsabgabenordnung. NStR. 1920, 245.* — *Eisner*, *Die steuerliche Bewertung des Warenlagers. NStR. 1920, 320* — *Lion*, *Die Rentabilität bei der Bewertung des Betriebsvermögens. ZStFr. II, 1920, 53.* — *E. Zimmermann*, *Die Bewertung des Betriebsvermögens für die Reichssteuer. ZStFr. II, 1920, 65.*

§ 141.

Lit. *Wassertrüdinger*, *Die Bewertung der aufgerufenen Wertpapiere bei der Reichsvermögenssteuer. ZStFr. II, 1920, 83.*

§ 143.

Lit. *Hirschfeld*, *Steuerliche Behandlung der Valutaschulden. IndMitt. 1920, 70.* — *Lion*, *Valutaverlust und Steuer. ZStFr. II, 1290, 8. Vgl. auch zu § 18 RNOG.*

Dritter Abschnitt: Ermittlung und Festsetzung der Steuer.

Erster Titel: Pflichten des Steuerpflichtigen und anderer Personen.

I. Allgemeine Vorschriften.

§ 165.

Lit. Koeppel, Zur RAbgO. BA. 19, 128 (Verschleierte Konten). Vgl. auch zu § 189.

II. Pflichten der Steuerpflichtigen.

§ 168.

Lit. Ueber Notopfererklärung vgl. zu § 28 RNOG.

1. Wer als Steuerpflichtiger in Anspruch genommen wird, hat nach §§ 168, 169, 173 auf alle Fragen Auskunft zu erteilen, deren Beantwortung nach vernünftigem Ermessen der Behörde für die Ermittlung der Steuer von Bedeutung sein kann. Dies gilt auch, wenn wegen der Steuerpflicht in rechtlicher oder in tatsächlicher Beziehung Zweifel obwalten und diese Zweifel nicht so gewichtig sind, daß ihre Lösung nicht — ohne dem Pflichtigen Unbilliges zuzumuten — auf das wegen der Steuerfestsetzung vorgesehene Rechtsmittelverfahren verschoben werden kann. Im Rechtsbeschwerdeverfahren (§ 283) ist nur zu prüfen, ob die Behörde die Grenzen des ihr zustehenden vernünftigen Ermessens eingehalten hat. **RFH.** 9. Okt 20 S. 3, 296 = RStR. 1920, 322.
2. Verpflichtung zur Abgabe einer Steuererklärung auch bei Bestreiten der Steuerpflicht. **RFH.** 6. Okt. 20 AStR. 1920, 188.
3. Ueber die Bindung des Steuerpflichtigen an die Steuererklärung vgl. zu § 53 BesStG.

§ 169.

1. Die Vorschrift des § 169 AO., die neben § 22 VermZKrAbgG. die Verpflichtung zur Abgabe einer Steuererklärung regelt, läßt eine Nachprüfung ihrer richtigen Anwendung im Rechtsbeschwerdeverfahren in der Richtung zu, ob das Finanzamt nicht unter Mißbrauch seines Ermessens die Möglichkeit einer Steuerpflicht unter Umständen angenommen hat, unter denen eine Steuerpflicht als ausgeschlossen zu erachten ist.

   Die Anordnung des Finanzamts, eine Steuererklärung einzureichen, muß als im Rahmen des Gesetzes getroffen betrachtet werden, wenn gewisse Umstände für die Unterstellung einer subjektiven Steuerpflicht sprechen. **RFH.** 5. Nov. 20 III A 119/20 S. 4, 38.
2. Vgl. ferner zu § 168.

§ 170.

Abs. 2.

1. Als Rechtsmittel gegen einen im Steuerbescheide (§ 36 UStG.) auferlegten Zuschlag zur Steuer gemäss § 170 Abs. 2 AO. kommt nur das Beschwerdeverfahren nach § 281 AO. in Frage. **RFM. 12. April 20**, RStBl. 1920, 279.
2. Ueber die Bedeutung der Zuschläge vgl. **RFH.** 15. Okt. 20 S. 3, 330.

§ 173.

1. Vgl. zu § 168 unter Nr. 1.

III. Pflichten anderer Personen zu Auskunft, Einsichtgewährung und Gutachten.

1. Allgemeine Auskunfts- und Anzeigepflichten nach der Reichsabgabenordnung. RFM. 1. Juli 20, RStBl. 1920, 377.

§ 178.

Lit. *Koeppel, Zur RAbgO. BA. 19, 129 (Anwendung der §§ 178ff. auf Banken).*

IV. Anzeigepflichten.

§ 189.

Lit. *Gröhn, Der Kampf um das Bankgeheimnis. NStR. 1920, 289. — Hummel, Die Stellung der preussischen Sparkassen in der Reichsabgabenordnung. NStR. 1920, 301. — Walther, Die Auskunftspflicht der Banken. Verbst. 1, 67. — Vgl. auch zu § 165.*

1. Verordnung über Erleichterungen der Anzeigepflicht nach § 189 der Reichsabgabenordnung vom 27. Jan. 20, RGBl. 126, RStBl. 1920, 107.
2. Inkrafttreten in den besetzten rheinischen Gebieten. RFM. 6. April 20, RStBl. 1920, 201.
3. Verlängerung der Frist zur Einreichung der Kundenverzeichnisse. RFM. 25. Aug. 20, RStBl. 1920, 495.
4. Zuleitung von Karten aus den Kundenverzeichnissen (§ 189 AO.) an die zuständigen Finanzämter. RFM. 23. März 20, RStBl. 289.

V. Beistandspflicht der Behörden und berufsständischen Vertretungen.

§ 191.

Lit. *Volk. Zur Rechtshilfe in Zoll- und Steuerstrafsachen. Zschrf.-Zollw. 1920, 1, 33, 49, 81.*

1. Notare haben in Schriftstücke usw. Einsicht zu gewähren, sollen aber nicht angehalten werden, sie an Amtsstelle vorzulegen. RFM. 7. Febr. 20, RStBl. 1920, 168.

VI. Steueraufsicht.

§ 200.

Lit. *(Rechtsanwälte betr.) vgl. zu § 90.*

VII. Zwangsmittel und Sicherungsgelder.

§ 202.

Lit. *Hummel, Die Geldstrafe des § 202 AO. NStR. 1920, 277.*

1. Rechtsbeschwerde bei Ordnungsstrafen vgl. zu § 283 unter Nr. 1.

Zweiter Titel: Ermittlungs- und Festsetzungsverfahren.

§ 208.

Lit. **Mrozek**, *Die Erhebung des Buchbeweises nach der Reichsabgabenordnung. DStBl. 2, 493.*

§ 209.

1. Keine Feststellungen gegen den Steuerpflichtigen auf Grund einseitiger Erklärungen Dritter, deren Interessen denen des Steuerpflichtigen zuwiderlaufen. **RFH.** 12. Juli 19 DStBl. 2, 357 (früheres Recht).

§ 210.

Lit. **Meusel**, *Der Schätzungsbescheid. DStZ. 9, 69.*

§ 211.

1. Inhalt des Erbschaftssteuerbescheids vgl. zu § 45 ErbStG. 1906.

§ 212.

Lit. **Ball**, *Streifzüge in die Reichsabgabenordnung II. NStR. 1920, 265 (Rechtskraft, Nachveranlagung).*

Abs. 2.

1. Erbschaftssteuerbescheide werden durch bloßen Ablauf der Beschwerdefrist dem Steuerfiskus gegenüber nicht rechtskräftig (altes Recht). **RFH.** 26. Nov. 1919 II A 217/19 (nicht veröffentlicht).

Abs. 4.

2. Im Sinne von § 212 Abs. 4 der Reichsabgabenordnung betreffen die beiden höchstrichterlichen Entscheidungen den gleichen Tatbestand, wenn in beiden zur Entscheidung gestellt gewesenen Fällen sowohl die Tatumstände erfüllt sind, die die eine Entscheidung zur Verneinung, wie die Tatumstände, die die andere Entscheidung zur Bejahung der Steuerpflicht geführt haben. **RFH.** 5. Nov. 20 II A 204/20 S. 4, 20.
3. Nachveranlagung der Umsatzsteuer von 1918 vgl. zu § 29 UStG. 1918 unter Nr. 1.

Vierter Abschnitt: Rechtsmittel.

Lit. **Friedrichs**, *Die Rechtsmittel in Reichsabgabesachen. NStR. 1920, 149.* — **Gerstmann u. Zschucke**, *Steuerreklamationen. 3. A. 2 Bde. (C. Haber, Berlin 1920).*

Erster Titel: Zulässigkeit der Rechtsmittel.

§ 217.

Lit. **Ball**, *Streifzüge in die Reichsabgabenordnung. NStR. 1920, 245 (Verbrauchsabgabe, Vergütungsanspruch).*

1. Die Kohlensteuer ist eine Verbrauchsabgabe im Sinne von § 217 AO. **RFH.** 30. Juni 20 S 3, 160.

§ 218.

1. Gegen eine Entscheidung, die die Veranlagungskommission trotz sachlicher Unzuständigkeit erlassen hat, ist die Berufung zulässig. Die Berufungsinstanz hat die Entscheidung aufzuheben, ohne in der Sache selbst zu entscheiden. **RFH.** 3. Jan. 20 S. 2, 125.

§ 220.

Abs. 1.

1. Steuerbescheid. Die vom Finanzamt an den Weinhändler gerichtete Verfügung über Ablehnung steuerfreier Abschreibung nach der Absendung zugrunde gegangenen Weins kann auch dann als Steuerbescheid im Sinne des § 220 Abs. 1 angesehen werden, wenn der Steuerbetrag und der Zeitpunkt seiner Entrichtung in der Verfügung nicht ausdrücklich genannt waren. **RFH.** 16. Juni 20 S. 3, 207.
2. — Vorläufiger Erbschaftssteuerbescheid vgl. zu § 45 ErbStG. 1906 unter Nr. 1.
3. — Der Stempelprüfungsbeamte kann nicht Entscheidungen erlassen, die im Berufungsverfahren anzufechten sind. **RFH.** 28. April 20 S. 2, 315 = RStBl. 1920, 433 = RStR. 1920, 226.

Abs. 2.

4. Die Festsetzung des Braurechtsfußes gemäß § 3 BraurechtsO. vom 11. März 19 (RZBl. S. 42) ist als Feststellungsbescheid anzusehen, der für die Bemessung künftiger Steueransprüche bindend ist. **RFH.** 19. Mai 20 S. 3, 93.
5. Rechtsmittelzug bei Versagung stempelfreier Abstempelung nach § 36 Abs. 2 AusfBest. zum RStempG. vgl. zu § 13 unter Nr. 1.
6. Der Bescheid eines Finanzamts (Hauptzollamts), in dem die Behörde ihrer Meinung darüber Ausdruck gibt, wie in Zukunft der § 11 Ziff. 2 des Weinsteuergesetzes auszulegen ist, kann nicht als für die Bemessung künftiger Steueransprüche bindender Feststellungsbescheid im Sinne des § 220 Abs. 2 angesehen werden. **RFH.** 24. Nov. 20 IV a A 33/20 S. 4, 60.

§ 221.

1. Der Steuerpflichtige hat keinen Beschwerdegrund, wenn seinem Berufungsantrag auf Freistellung stattgegeben worden ist. PrOVG. 9. Febr 18 StSt. 18, 425 (altes Recht).
2. Eine Beschwerde gegen eine dem ursprünglichen Antrag stattgebende Entscheidung ist zulässig, wenn sich der Beschwerdeführer trotz dieser Entscheidung noch wegen nachträglich eingetretener Umstände benachteiligt erachtet. **RFH.** 14. Juli 20 III A 12/20 (nicht veröffentlicht).
3. Wegen der Beschwer vgl. auch zu § 273 unter Nr. 1.
4. Anfechtung von Rechtsmittelentscheidungen. § 221 gilt auch für die Anfechtung von Rechtsmittelentscheidungen, in denen über einen Steuerbescheid entschieden ist. **RFH.** 22. Okt. 20 II A 202/20 (nicht veröffentlicht).
5. — Eine Rechtsmittelentscheidung kann wegen des Kostenpunkts allein nicht angefochten werden. **RFH.** 21. Mai 20 S. 3, 38.

§ 223.

1. § 223 gilt nur für Erstattungs- und Vergütungsansprüche, die dem Steuerpflichtigen kraft Gesetzes zustehen; in den anderen Fällen kommt, falls die Steuerfestsetzung rechtskräftig geworden ist, nur Erstattung im Billigkeitswege in Frage. RFH. 9. Juli 20 S. 3, 179 = RStBl. 1920, 437.
2. Der im § 28 Abs. 2 UStG. 1918 gegebene Vergütungsanspruch ist im ordentlichen Rechtsmittelzuge nach § 223 AO. verfolgbar. RFH. 23. April 20 S. 2, 271 = RStR. 1920, 226. Ebenso RFH. 5. Mai 20 RStBl. 1920, 366.
3. Ein Antrag auf Erstattung von Steuern, der vor Ablauf der Frist gestellt wird, die für die Anfechtung des zugrunde liegenden Steuerbescheides läuft, ist im Zweifel nicht als Geltendmachung eines Erstattungsanspruchs sondern als Einspruch (Anfechtung) gegen den Steuerbescheid zu behandeln. RFH. 9. Juli 20 S. 3, 179.
4. Fehlen des Rechtsgrundes. Liegt infolge der Nichteinlegung eines zugelassenen Rechtsmittels eine rechtskräftige Steuerforderung und somit ein begründeter Steueranspruch vor, so ist für einen Erstattungsanspruch aus Rechtsgründen, weil die Steuer zu Unrecht erhoben sei, kein Raum. RFH. 10. Nov. 20 II A 249/20 (nicht veröffentlicht).
5. — Das RStempG. kennt keine allgemeine Vorschrift, wonach die Erstattung zu Unrecht verwandter Stempelbeträge aus Rechtsgründen, d. h. mit den vor den Finanzgerichten verfolgbaren Rechtsmitteln, beansprucht werden könnte. RFH. 9. Juli 20 S. 3, 180.
6. — Rechtsbeschwerde ist bei Ablehnung des Antrags auf Erstattung von Wechselstempel nicht gegeben. RFH. 13. Okt. 20 RStR. 1920, 324.

§ 225.

1. Wegen der Beschwer vgl. zu § 273 unter Nr. 1.
2. Die Bezahlung der Stempelschuld eines anderen berechtigt nicht dazu, die dem anderen zustehenden Rechtsmittel einzulegen. RFH. 22. Okt. 20 II A 202/20 (nicht veröffentlicht).
3. Das Landesfinanzamt ist weder grundsätzlich noch ausnahmsweise in der Uebergangszeit zur Einlegung einer Rechtsbeschwerde befugt. RFH. 25. Juni 20 S. 3, 131 = RStBl 1920, 629.
4. Der Stempelprüfungsbeamte ist zur Einlegung von Rechtsmitteln in Reichsstempelsachen nicht befugt. RFH. 26. Mai 20 S. 3, 43.
5. Vgl. auch zu § 221 unter Nr. 1 u. 2.

§ 226.

Abs. 1.

1. Befugt zur Einlegung eines Rechtsmittels gegen eine Entscheidung über die Höhe des von einer aus dem Ausland eingeführten Ware zu entrichtenden Zolles ist der Empfänger der Ware auch dann, wenn die Entscheidung nicht gegen ihn selbst, sondern gegen den Spediteur ergangen war, der für ihn die Verzollung besorgte. RFH. 2. Juli 20 S. 3, 226.

Abs. 2.

2. Beteiligung nach Einlegung eines Rechtsmittels steht nicht einem Anschluß an dieses Rechtsmittel gleich. RFH. 25. Juni 20 S. 3, 131 = RStBl. 1920, 629.

§ 227.

Lit. *Kaufmann*, *Die ordentlichen Gerichte in der RAbgO. Recht 1920, 82.*

Zweiter Titel: Allgemeine Vorschriften über das Verfahren.

§ 228.

1. Finanzgericht und Finanzamt können nach Aufhebung einer angefochtenen Entscheidung und Rückverweisung durch den Reichsfinanzhof in ihrem neuen Bescheide zum Nachteil des Beschwerdeführers entscheiden. **RFH.** 25. Juni 20 S 3, 150 = RStBl. 1920, 629.
2. Findet der Reichsfinanzhof bei rechtlicher Nachprüfung, daß eine Steuer in vollem Umfang zu Unrecht gefordert wird, so kann er die Steuerfestsetzung, auch wenn mit der Rechtsbeschwerde nur eine Ermäßigung gefordert wird, ganz aufheben. **RFH.** 23. Juni 20 II A 356/19 (nicht veröffentlicht).

§ 234.

Abs. 1.

1. Wegen der Bedeutung des Ortes der (zulässigen) Einreichung für den Fristenlauf bei Feiertagen vgl. zu § 64 Nr. 1 a

Abs. 2.

2. Eine mit Vorbehalt eingelegte Beschwerde ist nicht unzulässig, wenn mit der Vorbehaltserklärung die Zurücknahme der Beschwerde in Aussicht gestellt wird für den Fall, daß in einer mit der Beschwerdesache zusammenhängenden Sache auf eingelegte Beschwerde eine Entscheidung ergangen sein wird. **RFH.** 14. Juli 20 III A 12/20 (nicht veröffentlicht).

§ 236.

Lit. *Kloss*, *Inhalt der Rechtsmittelentscheidung nach der AO. NStR. 1920, 174.*

1. Das Fehlen einer Verfahrensvoraussetzung, wie der sachlichen Zuständigkeit der Finanzgerichte, der Wahrung des Instanzenzugs, ist auch ohne Mängelrüge von Amts wegen zu prüfen.

   Beim Fehlen einer Verfahrensvoraussetzung ist das Rechtsmittel nur dann als unzulässig zu verwerfen, wenn der Mangel in der erkennenden Instanz eingetreten ist. Insoweit, als er auch schon in den früheren Instanzen vorgelegen hat, sind die früheren Entscheidungen und das Vorverfahren ohne Eingehen auf den streitigen Steueranspruch selbst aufzuheben. **RFH.** 28. April 20 S. 2, 315 = RStBl. 1920, 433 = NStR. 1920, 226.
2. — Darin, daß es das Finanzamt unterlassen hat, nach Abweisung eines Vergütungsanspruchs aus § 20 UStG. 1919 über das hiergegen eingelegte Rechtsmittel eine Einspruchsentscheidung abzugeben und statt dessen das Landesfinanzamt als Berufungsstelle entschieden hat, liegt ein Mangel einer wesentlichen Voraussetzung des Verfahrens, der ohne Verfahrensrüge zur Aufhebung der Berufungsentscheidung zwingt. **RFH.** 6. Okt. 20 RStBl. 1920, 623.

3. Wird durch allgemeine Anordnung nachträglich eine Behörde für zuständig erklärt, die vorher unzuständig war, so bleibt es dabei, weil es einen übertriebenen und unfruchtbaren Formalismus bedeuten würde, wenn eine Behörde für unzuständig erklärt würde, die dann nach der neuen Vorschrift wieder entscheiden müßte. RFH. 7. Okt. 20 III A 71/20 (nicht veröffentlicht).

§ 237.

1. Die Zurücknahme eines Rechtsmittels gegen eine Veranlagung macht diese rechtskräftig und ist unwiderruflich. RFH. 16. Sept. 19 JW. 1920, 462 — früheres Recht — (*mit Besprechung von Marcuse*).
2. Ein Rechtsmittel kann gegenüber den Stellen zurückgenommen werden, bei denen es nach § 234 angebracht werden kann. RFH. 5. Nov. 20 II B 3/20 (nicht veröffentlicht).
3. Kosten der Zurücknahme vgl. zu § 286 unter Nr. 2 u. 3 und § 289 unter Nr. 2.

§ 242.

1. Die Berufungsentscheidung muß die Berechnungsgrundlagen für die Abgabe enthalten. PrOVG. 7. Dez. 18 StStS. 18, 424 (altes Recht).

§ 243.

1. Umfang der Uebertragung der Entscheidung im Kostenpunkt; vgl. zu § 288 unter Nr. 1.

Dritter Titel: Berufungsverfahren.

I. Der Einspruch.

§ 244.

1. Ein Gesuch, die Steuer aus Billigkeitsgründen niederzuschlagen, ist kein Einspruch. RFH. 5. Mai 20 II A 148/20 (nicht veröffentlicht).
2. Vgl. auch zu § 276 unter Nr. 1.

II. Berufung.

§ 264.

1. Ist die Berufung gegen den „Besitz- und Kriegssteuerbescheid" gerichtet, so darf sich die Berufungsentscheidung nicht auf die Kriegssteuer beschränken, auch wenn der Steuerpflichtige besitzsteuerfrei veranlagt worden ist. PrOVG. 23. Febr. 18 StStS. 18, 422 (altes Recht).

III. Rechtsbeschwerde.

§ 267.

1. Allgemeines. Die Rechtsbeschwerde wegen der Schätzung des Wertes von Geschäftsanteilen an einer G. m. b. H. ist nur insoweit gegeben, als ein Beschwerdegrund nach § 267 behauptet wird. RFH. 2. Juli 20 III A 44/20 S. 4, 35.
2. — Die Auslegung von Willenserklärungen liegt im wesentlichen auf rein tatsächlichem Gebiete, die mit der Rechtsbeschwerde nicht angefochten werden kann. RFH. 13. Okt. 20 III A 22/19 (nicht veröffentlicht).

3. Verstoß wider den klaren Inhalt der Akten vgl. zu § 10 RFHG. unter Nr. 1.
4. — Ein Verstoß gegen den klaren Inhalt der Akten kann nur angenommen werden, wenn der Tatbestand in einer unbestrittenen und unbestreitbaren Tatsache besteht und die Vorinstanz diese Tatsache bei Anwendung des Rechtes auf den Tatbestand nicht gewürdigt hat, nicht aber dann, wenn der Tatbestand selbst erst auf Grund einer Tatsachenwürdigung festgestellt werden muß und die Vorinstanz bei dieser Würdigung eine Tatsache nicht oder nicht so bewertet hat, als der Beschwerdeführer es für richtig erachtet. RFH. 30. Juni 20 II A 179/20 (nicht veröffentlicht).
5. Wesentlicher Verfahrensmangel. Hat die Vorinstanz ihrer Entscheidung ein unzureichend begründetes Sachverständigengutachten zugrunde gelegt, so ist darin ein wesentlicher Mangel des Verfahrens zu erblicken, der im Falle seiner Rüge in der Rechtsbeschwerde zur Aufhebung der angefochtenen Entscheidung führt. RFH. 16. Juli 20 I A 94/20 (nicht veröffentlicht).
6. — Unterlassene Prüfung der Frage der Nachsichtserteilung vgl. zu § 69 unter Nr. 2.
7. — Auf Rechtsirrtum oder auf einer tatsächlich unrichtigen Vorhaltung der Steuerbehörde beruhende Anerkenntnisse dürfen nicht gegen den Steuerpflichtigen verwertet werden.

Ein Anerkenntnis bestimmter Tatsachen liegt überhaupt nicht vor, wenn der Steuerpflichtige sich nur bereit erklärt hat, einen bestimmten Betrag an Steuer zu bezahlen. PrOVG. 8. Juni 18 StStS. 18, 427 (altes Recht).

§ 270.

1. Allgemeine Verfügung über die Behandlung der Rechtsbeschwerden. RFM. 19. März 20, RStBl. 1920, 233.

§ 273.

1. a) Ein Rechtsmittel kann nur einlegen, wer durch die angefochtene Verfügung, d. h. durch das in der Entscheidung zusammengefaßte Ergebnis, beschwert ist. Das gleiche gilt für die Stellung des Antrags auf mündliche Verhandlung im Falle des § 273 Abs. 2 Satz 2 der Reichsabgabenordnung.

   b) Hat ein Beteiligter nach § 273 Abs. 1 mündliche Verhandlung beantragt, und will der Senat ohne mündliche Verhandlung erkennen, so muß er, auch wenn er zugunsten dessen, der die mündliche Verhandlung beantragt hat, erkennen will, zunächst einen Bescheid erlassen, der dem durch den Bescheid beschwerten Beteiligten das Recht gibt, nach § 273 Abs. 2 Satz 2 die mündliche Verhandlung zu beantragen. RFH. 5. Nov. 20 II A 257/20 S. 4, 172.

§ 275.

1. Treffen die zur Begründung der Rechtsbeschwerde geltend gemachten Gründe zwar zu, stellt sich aber die angefochtene Entscheidung trotzdem nach dem Inhalt der Akten als richtig dar, so ist die Rechtsbeschwerde als unbegründet zurückzuweisen. RFH. 9. April 20 S. 3, 30.

2. Der Senat hat angenommen, daß er, wenn er eine in der Vorentscheidung fehlende tatsächliche Feststellung treffen kann, nicht genötigt ist, auf Aufhebung der Vorentscheidung und Entscheidung in der Sache selbst zu erkennen, sondern daß er auf Zurückweisung der Rechtsbeschwerde erkennen kann. **RFH.** 2. Juni 20 II A 80/20 (nicht veröffentlicht).
3. Ueber das Fehlen von Verfahrensvoraussetzungen vgl. zu § 236 unter Nr. 1, 2.

§ 276.

1. Ist ein Gesuch, die Steuer aus Billigkeitsgründen niederzuschlagen, als Einspruch im Berufungsverfahren behandelt worden, so hat der Reichsfinanzhof auf die Rechtsbeschwerde die Sache an das Finanzamt zur Behandlung als Niederschlagungsgesuch zurückzuverweisen, auch wenn insoweit keine Rüge vorliegt. **RFH.** 5. Mai 20 II A 148/20 (nicht veröffentlicht).

Fünfter Titel: Beschwerdeverfahren.

§ 283.

1. Gegen die Verhängung einer Ordnungsstrafe nach § 202 ist, soweit nicht die Ausnahme des § 283 Abs. 2 Satz 2 zutrifft, eine Rechtsbeschwerde nicht zulässig. **RFH.** 2. Juni 20 S. 3, 63.

Sechster Titel: Beschlußverfahren.

§ 284.

1. Verfahren bei Zurücknahme der Beschwerde im Beschlußverfahren vgl. zu § 286 unter Nr. 3, Kosten vgl. zu § 289 unter Nr. 1.

Siebenter Titel: Kosten.

§ 285.

Lit. *Kloss, Kostenpflicht und Kostenerstattung im Steuerprozess. DStZ. 9, 227. — Krüger, Die Kostenentscheidung und -festsetzung im Rechtsmittelverfahren nach der Reichsabgabenordnung. NStR. 1920, 314.*

§ 286.

Abs. 1.

1. Den Steuerpflichtigen treffen die Kosten der vom Finanzamt eingelegten Rechtsbeschwerde selbst dann nicht, wenn daraufhin die angefochtene Berufungsentscheidung aufgehoben und auf Zurückweisung der vom Steuerpflichtigen eingelegten Berufung erkannt wird; dagegen fallen ihm solchenfalls die Kosten des Verfahrens über die Berufung zur Last. **RFH.** 10. Nov. 20 II A 214/20 S. 4, 153.
2. Zurücknahme des Rechtsmittels. Im Falle der Zurücknahme der Rechtsbeschwerde ist die Sache unter Auferlegung der Kosten des Verfahrens nach Maßgabe der gesetzlichen Vorschriften durch Urteil für erledigt zu erklären. **RFH.** 23. April 20 II A 57/20 (nicht veröffentlicht).

3. Im **B e s c h l u ß v e r f a h r e n** vor dem Reichsfinanzhof ist bei Zurücknahme einer Beschwerde die Sache für erledigt zu erklären und über die Kosten zu entscheiden. **RFH.** 6. Okt. 20 S. 3, 279 = RStBl. 1920, 677.

Abs. 3.

§ 288.

1. Die **U e b e r t r a g u n g** der **E n t s c h e i d u n g** über die Kosten der höheren Instanz an die Vorinstanz umfaßt nicht die Uebertragung der Entscheidung darüber, ob im Verfahren vor der höheren Instanz die Zuziehung eines Bevollmächtigten notwendig war. **RFH.** 21. Mai 20 S. 3, 38.

§ 289.

Lit. *Lehmer, Die Kostenvorschriften der Reichsabgabenordnung vom 13. Dezember 1919 (RGBl. S. 1993). BlBayFW. 1920, 60.*

Abs. 2.

1. Im Beschlußverfahren nach § 284 sind die Gebühren für die Beschwerde nach den für die Rechtsbeschwerde geltenden Grundsätzen zu berechnen. **RFH.** 6. Okt. 20 S. 3, 279 = RStBl. 1920, 677.

Abs. 3.

2. Die Erledigung des Verfahrens infolge der Zurückziehung der Rechtsbeschwerde vor Beratung der Sache ist als ein zur Ermäßigung der Gebühren geeigneter Fall anzusehen. **RFH.** 31. März 20 II A 75/20 (nicht veröffentlicht).
3. Die Ermäßigung der Gebühren kann nur von der Behörde bewilligt werden, die über das Rechtsmittel zu befinden hat, und nur in der Entscheidung, die über das Rechtsmittel ergeht. **RFH.** 21. Sept. 20 I A 128/20 (nicht veröffentlicht). Abweichend Nr. 5.
4. Die im § 289 vorgesehene Ermäßigung der Gebühr kann in dem Beschluß über das Rechtsmittel ausgesprochen werden. **RFH.** 6. Okt. 20 S. 3, 279 = RStBl. 1920, 677.
5. Die Rechtsmittelbehörde kann die Gebühr auch noch nach Erlaß des Urteils über das Rechtsmittel ermäßigen. **RFH.** 30. Okt. 20 S. 3, 315

Fünfter Abschnitt: Beitreibung.

Erster Titel: Allgemeine Vorschriften.

§ 315.

1. Erlass des Reichsministers der Finanzen über die Kosten des Mahn- und Beitreibungsverfahrens während der Uebergangszeit. **RFM.** 28. Aug. 20, RStBl. 1920, 543.

Vierter Titel: Sicherungsverfahren.

§ 351.

Abs. 1 Satz 1.

1. Die Verlegung eines Geschäftsbetriebs in das Saargebiet kann als Arrestgrund in Betracht kommen. **RFH.** 7. Okt. 20 III A 71/20 (nicht veröffentlicht).

2. Eine Arrestanordnung auf Grund eines Sicherheitsbescheids nach § 11 StFlG. ist nicht zulässig, wenn der Sicherheitsbescheid vollstreckbar ist. **RFH.** 24. Sept. 20 I A 180/20 S. 4, 3 = AStR. 1920, 187.

Abs. 1 Satz 3.

3. Die Arrestanordnung ist wirksam, wenn sich ihr Inhalt auf die im § 351 aufgestellten Erfordernisse beschränkt, wenn es auch wünschenswert ist, daß darüber hinaus noch weitere Angaben gemacht werden. **RFH.** 7. Okt. 20 III A 71/20 (nicht veröffentlicht).

Abs. 1 Satz 4.

4. Die Rechtsbeständigkeit eines Sicherheitsbescheids kann nicht in dem Rechtsmittelverfahren gegen eine auf Grund des Sicherheitsbescheids erlassene Arrestanordnung angegriffen werden. **RFH.** 24. Sept. 20 I A 180/20 S. 4, 3 = AStR. 1920, 187.

5. Fehlt es an einem für die Entscheidung über die Beschwerde zuständigen Finanzgerichte, so ist die Arrestanordnung dadurch nicht ausgeschlossen. **RFH.** 7. Okt. 20 III A 71/20 (nicht veröffentlicht).

Dritter Teil: Strafrecht und Strafverfahren.

Erster Abschnitt: Strafrecht.

Lit. *Proskauer, Steuerzuwiderhandlung, Steuerhinterziehung, Steuergefährdung und Steuerhehlerei. JW. 1920, 732. — Noest, Was ist strafbare Steuerhinterziehung? (Industrieverlag Späth u. Linde, Berlin 1919).*

§ 366.

Lit. (Rechtsanwälte betr.) vgl. zu § 90.

Zweiter Abschnitt: Strafverfahren.

Zweiter Titel: Verwaltungsstrafverfahren.

§ 387.

Lit. Gilbert, Zur Auslegung des § 387 RAbgO. NStR. 1920, 176 (behandelt auch § 158 VZollG.).

§ 388.

Lit. vgl. zu §§ 5 u. 90.

Dritter Titel: Gerichtliches Verfahren (§§ 426—442).

1. Zuständigkeit des Reichsministers der Finanzen zum Erlass der nach § 435 festgesetzten Freiheitsstrafen. RFM. 20. Aug. 20, RStBl. 1920, 517.

Uebergangs- und Schlußvorschriften.

§ 444.

Lit. Lorenz, Die Uebergangsvorschriften der Reichsabgabenordnung. ZStFr. II, 1920, 59. Im übrigen vgl. zur EVAO. §§ 13, 16.

1. Durch § 444 Abs. 3 ist dem Reichsminister der Finanzen auch die Befugnis erteilt, Ueberleitungsverfügungen mit rückwirkender Kraft zu erlassen. Demgemäß kann er bestimmen, daß das Verfahren vor einer Behörde, die unzuständigerweise an Stelle des noch nicht errichteten Finanzgerichts entschieden hat, gültig sein soll. **RFH.** 7. Okt. 20 III A 71/20 (nicht veröffentlicht).

§ 446.

1. Rückwirkende Kraft des § 78 tritt ein, wenn Anerkennung, Genehmigung usw. vor dem Inkrafttreten, Widerruf nach Inkrafttreten des Gesetzes erfolgt ist, nicht auch wenn der Widerruf zeitlich vor dem Inkrafttreten liegt. **RFH.** 30. Juni 20 II A 56/20 (nicht veröffentlicht).
2. Vgl. auch zu § 5 unter Nr. 1.

§ 450.

1. **In Doppelsteuersachen, auf die sich die Reichsabgabenordnung nicht bezieht, gelten die bisherigen Verfahrensvorschriften allgemein weiter, insbesondere §§ 64 bis 66 RFHO. RFH. 27. Febr. 20 S. 2, 234.**

§ 456.

1. **Arrestanordnung auf Grund des Sicherheitsbescheids: vgl. zu § 351 unter Nr. 2.**

3.

Ausgleichsbesteuerungsgesetz

vom 12. Juni 1920 (RGBl. 1920 S. 1195).

(A u s g l B e s t G.)

Lit. Erläuterte Ausgaben: Decke (Vereinig. w. Verleger, Berlin 1920). — Heilfron (J. Bensheimer, Mannheim 1920). — Kaufmann, Grundriss II. Teil S. 35 (Späth u. Linde, Berlin 1920). — Lehmann (H. Sack, Berlin 1920). — Schwarzenberger (C. Heymann, Berlin 1920).

Ferner Heinzmann u. Meyer, Auslandsforderung, Auslandsschuld und Abrechnung nach dem Friedensvertrag und Reichsausgleichsgesetze (Industrieverlag Späth u. Linde, Berlin 1920). — Erler, Das Ausgleichsbesteuerungsgesetz. DStZ. 9, 59. — Lusensky, Das Ausgleichsbesteuerungsgesetz. BA. 19, 199. — Ruksa, Das Ausgleichsbesteuerungsgesetz. ZStFr. II, 1920, 142. — Sternberg, Bilanzfragen zum Ausgleichsbesteuerungsgesetz. NStR. 1920, 208.

1. Bekanntmachung über die Geltung des Gesetzes über die steuerliche Behandlung der im Reichsausgleichsgesetze und im Enteignungsgesetze geregelten Ansprüche und Verbindlichkeiten (Ausgleichsbesteuerungsgesetz) in den besetzten rheinischen Gebieten. RFM. 24. Juli 20, RStBl. 1920, 581.

§ 2.

Lit. Lehmann, Die materiellen Abrechnungsgrundsätze des Reichsausgleichsgesetzes unter Berücksichtigung des Ausgleichsbesteuerungsgesetzes. NStR. 1920, 206.

§ 6.

1. Beschleunigte Zustimmung zur Auszahlung der Vorschüsse (§ 6 Abs. 5 des Ausgleichsbesteuerungsgesetzes). RFM. 30. Sept. 20, RStBl. 1920, 581.

§ 7.

Lit. Evers, Die beschränkte Steuerpflicht des § 7 des Ausgleichsbesteuerungsgesetzes. NStR. 1920, 242.

§ 8.

Lit. Eingabe des Reichsverbandes der deutschen Industrie betr. den Erlass von Ausführungsbestimmungen zu § 8. IndMitt. 1920, 175.

4.

Besitzsteuergesetz

vom 3. Juli 1913 (RGBl. S. 524).

(BesStG.)

Lit. Erläuterte Ausgaben von Buck, 2. A. (Schwann, Düsseldorf 1919). — Glaser (Rossberg, Leipzig 1917). — Köppe (J. Schweitzer Verlag, München 1917). — Rheinstrom (C. H. Beck, München 1916).

Steuerpflicht.

§ 2.

1. Der Vorerbe ist für Besitzsteuer und Kriegsabgabe 1918 als Eigentümer, nicht als Nießbraucher der Erbschaft zu behandeln. **RFH.** 17. Febr. 20 S. 2, 158 = RStR. 1920, 167.

§ 4.

Abs. 1.

1. Die aus dem Landwirtschafts- oder Gewerbebetriebe herrührenden Gelder, die bei einer Bank oder Kasse kurzfristig angelegt werden, insbesondere Kontokorrentguthaben, sind zwar nach ihrer Art Vermögensstücke, wie sie im § 6 Nr. 4 aufgeführt sind. Sie sind aber in der Regel als noch dem Betriebe gewidmet zum Betriebsvermögen zu rechnen, wenn nicht besondere Umstände die Annahme rechtfertigen, daß sie nicht mehr bestimmt sind, zur Bestreitung der im Betrieb erwachsenden Ausgaben verwendet zu werden. Auf zum Betriebsvermögen gehörende Vermögensteile findet § 6 Nr. 4 keine Anwendung. **RFH.** 9. März 20 S. 2, 246 = IndMitt. 1920, 129 = RStR. 1920, 203.
2. Der Verlagswert von Zeitungen ist dem Endvermögen (Betriebsvermögen) nicht hinzuzurechnen. PrOVG. 25. Jan. 19 (DStZ. 8, 85, vgl. Bd. I S. 1 Nr. 1) auch abgedruckt DStBl. 2, 647.
3. Rechtsnatur der persönlichen Apothekerkonzessionen in Mecklenburg. Werterhöhung des Betriebsvermögens einer Apotheke durch fortgesetzte Verleihung der Konzession an den Erwerber. **RFH.** 9. März 20 S. 2, 306 = RStR. 1920, 202.

§ 5.

Lit. Reinach, Ist Vermögen, das von deutschen Firmen Unternehmungen in besetzten Gebieten gewidmet worden ist, ausländisches Betriebsvermögen? AStR. 1920, 23.

§ 6.

Abs. 1.

1. Ein vererbliches Recht an ihren Hufen steht den mecklenburgischen Bauern, soweit sie dieselben auf Grund der sogenannten bäuerlichen oder

schlechten Leihe innehaben, nicht zu. Der Bewertung des Rechtes sind zugrunde zu legen die Vorschriften des § 38 über die Bewertung lebenslänglicher Nutzungen. **RFH.** 27. April 20 S. 3, 81.

2. Eingetragene Gebrauchsmuster gehören als selbständige Rechte zum Kapitalvermögen des Berechtigten. PrOVG. 22. Juni 18 StStS. 18, 289.

3. Persönliche Apothekerkonzession vgl. zu § 4 unter Nr. 3.

Nr. 2.

4. Sind Wertpapiere, die einen Kurswert haben, verbrannt, so tritt an deren Stelle der Anspruch gegen den Schuldner auf Aushändigung von Ersatzstücken, womit auch das Recht auf Weiterbezug der Zinsen verbunden ist. Der Wert dieses Anspruchs. der zum Kapitalvermögen gehört, muß selbständig ermittelt werden. PrOVG. 26. Juni 18 StStS. 18, 406.

5. Behandlung eines in Ansehung der Zahlung des Kaufpreises noch nicht erfüllten Grundstückskaufes bei der Veranlagung zur Besitzsteuer. BayOVK. 14. Febr. 19 BlBayFW. 20, 71.

6. Unsittliche Geschäfte. Behandlung von Forderungen, die aus einem den guten Sitten zuwiderlaufenden Geschäft (Wucher) herrühren. RGStr. 25. Nov. 19 E. 54, 68, 73 = DStBl. 2, 602 = LZ. 1920, 658.

Nr. 4.

7. Größere Bestände. Zum Vermögen im Sinne des § 6 Nr. 4 gehören auch die aus den laufenden Jahreseinkünften vorhandenen Bestände, soweit sie nicht zur Bestreitung der laufenden Ausgaben für drei Monate dienen. PrOVG. 26. April 19 (AM. 1919, 255 = BA. 19, 33; vgl. Bd. I S. 2 Nr. 4) auch abgedruckt AStR. 1920, 9.

8. Dreimonatsabzug. Die Bestimmung im § 6 über den Abzug der laufenden Ausgaben für drei Monate bezieht sich nur auf die Feststellung von Kapitalvermögen. PrOVG. 29. Mai 18 StStS. 18, 298.

9. — Die drei Monate sind das auf den Stichtag (§ 18) folgende Vierteljahr, also für die erste Veranlagung der Zeitraum vom 1. Januar bis 31. März 1917. Zur Deckung der Ausgaben in diesem Zeitraume sind in erster Linie die in der gleichen Zeit sicher zu erwartenden Einnahmen bestimmt. Hierbei können aber landwirtschaftliche wie gewerbliche Einnahmen nur insoweit berücksichtigt werden, als sie für den landwirtschaftlichen oder gewerblichen Betrieb nicht mehr in Betracht kommen, ebenso wie auf der anderen Seite die landwirtschaftlichen und gewerblichen Ausgaben auszuscheiden haben, weil sie mit den Privateinnahmen des Unternehmers in keinem wirtschaftlichen Zusammenhange stehen, die Privateinnahmen also nicht zu ihrer Bestreitung „dienen". Erst soweit die privaten laufenden Ausgaben durch die laufenden privaten Einnahmen nicht ausgeglichen werden, „dienen" zu ihrer Bestreitung die Bank- und sonstigen Guthaben und aus den laufenden Jahreseinnahmen vorhandenen Bestände, dürfen also von diesen abgesetzt werden. PrOVG. 28. Sept. 18 StStS. 18, 299.

Dazu Berliner, Der Dreimonatsabzug der Gewerbetreibenden. DStZ. 9, 123.

10. — Umstände, die bei einem Gewerbetreibenden die Annahme ausschließen, daß seine zum Kapitalvermögen gehörigen Bankguthaben zur Bestreitung der laufenden Ausgaben für drei Monate dienten. PrOVG. 9. Nov. 18 StStS. 18, 302.

Nr. 5.

11. Ein Hebungsrecht, das für die Uebertragung eines eingetragenen Gebrauchsmusters eingeräumt wird, ist eine Gegenleistung für die Hingabe eines Vermögenswerts im Sinne des § 6 Nr. 5. PrOVG. 22. Juni 18 StSt. 18, 289.
12. Ist einem Kinde eine Rente zur Ausstattung versprochen, die das den Vermögensverhältnissen des Vaters entsprechende Maß nicht übersteigt, so gehört ihr Kapitalwert ebensowenig nach § 6 Nr. 5 zum Kapitalvermögen des Berechtigten wie nach § 10 Abs. 1 zu den abzugsfähigen Schulden des Verpflichteten. PrOVG. 25. Sept. 18 StSt. 18, 304.

§ 9.

1. Lehns- und Allodialvermögen sind für Besitz- und Kriegssteuer als einheitliches Gesamtvermögen des Steuerpflichtigen zu behandeln. Der Vermögenszuwachs des Erblassers ist für § 3 KrStG. auf seine Erben und Lehnsnachfolger nach dem Verhältnis zu verteilen, in dem dieses Gesamtvermögen von Todes wegen auf sie übergegangen ist. **RFH.** 9. April 20 S. 2, 291 = RStBl. 1920, 335 = RStR. 1920, 224.

§ 10.

Abs. 1.

1. Gehaltsvorschüsse sind Darlehen. Ein durch den Krieg verursachter Schaden an Möbeln und Hausrat ist nicht abzugsfähig. PrOVG. 9. März 18 StSt. 18, 305.
2. Steuerschulden. Steuerschulden, die am 31. Dez. 16 noch nicht bestanden haben, sind nicht abzugsfähig. PrOVG. 30 April 19 StA. 1920, 48.
3. — Die Kriegssteuer wird erst mit der Veranlagung und Zustellung des Veranlagungsbescheids an den Steuerpflichtigen eine Schuld, welche vom Aktivvermögen abgesetzt werden kann. PrOVG. 28. Sept. 18 StSt. 18, 317.
4. Eine Straf- und Kostenschuld wird erst mit der Rechtskraft der Verurteilung eine nach § 10 abzugsfähige Schuld; die Kosten der Verteidigung werden es erst, wenn sie vom Verteidiger verdient worden sind. PrOVG. 9. Nov. 18 StSt. 18, 314.
5. Zinsschulden gehören nicht zu den abzugsfähigen Kapitalschulden. PrOVG. 15. Jan. 19 StA. 1920, 110.

Abs. 2.

6. Haushaltungsschulden. Noch unbezahlte Kosten für Verbesserungen in der Wohnung sind Haushaltungsschulden, die nach § 10 Abs. 2 nicht abzugsfähig sind. PrOVG. 1. Mai 18 StSt. 18, 322.
7. — Mietschulden gehören zu den Haushaltungsschulden. Laufende Haushaltungskosten sind solche, die in dem Jahre, das am Veranlagungsstichtage (31. Dez. 16) endigt, entstanden sind. Haushaltungsschulden, die in früheren Jahren entstanden sind, sind abzugsfähig. **RFH.** 24. Febr. 20 S. 2, 253 = RStBl. 1920, 333 = RStR. 1920, 202 = ZStFr. II, 1920, 151.
8. — Rückstände an Steuern und Umlagen sind keine Haushaltungsschulden. BayOVG. 14. Febr. 19 BlBayFW. 20, 71.
9. — Staats-, Gemeinde-, Kirchen- und Ergänzungssteuern für das letzte Jahr vor dem Veranlagungszeitraume gehören zu den Haushaltungsschulden, die nach § 10 Abs. 2 nicht abzugsfähig sind. PrOVG. 1. Mai 18 StSt. 18, 321.

Abs. 1.

§ 11.

1. Wohnsitz und dauernder Aufenthalt nach § 11 Abs. 1 I Nr. 2. RFH. 17. Febr. 20 S. 2, 193 = ZStFr. II, 1920, 168 = RStR. 1920, 167.

2. — Das wesentliche Begriffsmerkmal des Aufenthalts ist körperliche Anwesenheit. Nur ausnahmsweise kann trotz Abwesenheit Fortdauer des dauernden Aufenthalts angenommen werden. RFH. 26. März 20 ZStFr. II, 1920, 200.

3. — Eintritt ins Heer als Endpunkt des dauernden Aufenthalts im Ausland. RFH. 26. März 20 RStR. 1920, 202.

4. Ausländer, die ihren deutschen Wohnsitz in der Zeit zwischen dem 31. Dez. 17 und dem Erlaß des Kriegsabgabegesetzes 1918 aufgegeben haben, unterliegen der Kriegsabgabe für das Rechnungsjahr 1918. RFH. 14. Okt. 19 I A 212/19 (nicht veröffentlicht).

§ 14.

1. Ein dauerndes Getrenntleben der Ehegatten i. S. von § 14 ist nur dann anzunehmen, wenn die Tatsache des völligen Getrenntseins — wie im ehelichen Leben, so im Haushalt und in der Wirtschaftsführung — in der erkennbaren Absicht, die Trennung vorzunehmen und diesen Zustand für längere Zeit festzuhalten, herbeigeführt worden ist. SächsOVG. 21. März 18 Jahrb. 25, 23.

2. Fortgesetzte Gütergemeinschaft. Bei der fortgesetzten Gütergemeinschaft nach dem ehelichen Güterrecht in der Provinz Westfalen ist das Nießbrauchsrecht des überlebenden Ehegatten am Kindervermögen kein selbständiges Recht i. S. des § 6 Nr. 1. Das steuerpflichtige Gesamtgut ist zunächst so zu ermitteln, wie wenn es einer Einzelperson gehörte; erst sein Nettobetrag ist auf die Beteiligten zu verteilen. PrOVG. 9. Febr. 18 StSt. 18, 297.

3. — Bei der fortgesetzten Gütergemeinschaft nach dem Gesetze vom 16. April 1860, betreffend das eheliche Güterrecht in der Provinz Westfalen und in den Kreisen Rees, Essen und Duisburg, ist der Anteil am gütergemeinschaftlichen Vermögen, der infolge des Todes eines Abkömmlings innerhalb des Veranlagungszeitraums nach § 16 Abs. 3 jenes Gesetzes den übrigen Abkömmlingen zuwächst, von der Besitzsteuer nicht befreit. PrOVG. 7. Dez. 18 StSt. 18, 364.

Lit. Buck, *Die steuerliche Behandlung der fortgesetzten Gütergemeinschaft nach bürgerlichem Recht und rheinisch-westfälischem Güterrecht. DStZ. 9, 176.*

4. Feststellung des Anfangsvermögens bei Eheschließung während des Veranlagungsabschnitts vgl. zu § 20 unter Nr. 10.

§ 15.

1. Die Besitzsteuerfreiheit des Ehegattenerwerbes findet ihre Grenze an der Höhe des Nachlasses. PrOVG. 10. Jan. 19 DJZ. 1920, 662.

Feststellung des Vermögenszuwachses, Veranlagungs- und Erhebungszeitraum.

§ 19.

1. Behandlung des Wegfalls einer auf dem Anfangsvermögen ruhenden Last. RFH. 28. Okt. 19 S. 2, 55 = ZStFr. II, 1920, 30.

§ 20.

1. Rechtskräftige Veranlagung zum Wehrbeitrag. Das nach dem Wehrbeitragsgesetze festgestellte Vermögen gilt nur dann als Anfangsvermögen, wenn es rechtskräftig festgestellt ist. PrOVG. 11. Mai 18 StStS. 18, 367.

2. — Für die Veranlagung zur Besitzsteuer 1916 und zur Kriegssteuer 1916 ist das bei der Wehrbeitragsveranlagung rechtskräftig festgestellte Vermögen als Anfangsvermögen zugrunde zu legen. Eine Bestrafung wegen Hinterziehung des Wehrbeitrags ohne gleichzeitige Neuveranlagung ist ohne Bedeutung. RFH. 14. Okt. 20 RStBl 1920, 679.

3. — Das für den Wehrbeitrag rechtskräftig festgestellte Vermögen gilt auch dann als Anfangsvermögen, wenn bei Anwendung des § 28 Abs. 2 der Zuwachs aus vier Wirtschafts- oder Rechnungsjahren erfaßt wird. PrOVG. 11. Mai 18 StStS. 18, 369.

4. — Unter dem nach dem Wehrbeitragsgesetze festgestellten Vermögen i. S. des § 20 ist das auf volle Tausende nach unten abgerundete Vermögen zu verstehen. PrOVG 1. Mai 18 StStS. 18, 322.

5. — Durch die auch für die Kriegssteuer geltende Vorschrift des § 20, wonach als Wert des steuerbaren Vermögens am 1. Januar 1914 das nach dem Wehrbeitragsgesetze festgestellte Vermögen gilt, ist die unwiderlegliche Rechtsvermutung aufgestellt, daß das rechtskräftig festgestellte Wehrbeitragsvermögen sowohl nach seinem Bestand als auch nach seinem Werte richtig festgestellt ist, ohne daß etwa darauf Rücksicht zu nehmen wäre, daß bei der Bewertung von Grundstücken der Ertragswert oder der meist über diesen hinausgehende gemeine Wert (Verkaufswert) zugrunde gelegt ist. RFH. 9. April 20 S. 3, 29.

6. Fehlen der Wehrbeitragsveranlagung. Wird der zum Wehrbeitrage veranlagte Erblasser des Steuerpflichtigen nachträglich unter Feststellung eines Todestages, der vor dem für den Wehrbeitrag maßgebenden Stichtage liegt, für tot erklärt, so wird damit seine Veranlagung zum Wehrbeitrag unwirksam. Der Steuerpflichtige kann deshalb jene Veranlagung nicht für die Berechnung seines Anfangsvermögens geltend machen, vielmehr bleibt hierfür allein seine eigene Veranlagung zum Wehrbeitrage maßgebend, wenn auch hierbei das ererbte Vermögen noch nicht berücksichtigt sein konnte. PrOVG. 1. Mai 18 StStS. 18, 371.

7. — Bei dem Erwerb eines Grundstücks vor dem 1. Januar 1914 gilt, falls ein Veranlagungs- oder Feststellungsbescheid für den Wehrbeitrag nicht erteilt worden ist, der Wert des Grundstücks, wie er nach dem Wehrbeitragsgesetz anzusetzen gewesen wäre, als Betrag der bis dahin entstandenen Gestehungskosten. PrOVG. 28. Sept. 18 StStS. 18, 394.

8. — Die von der Veranlagungsbehörde gemäß § 39 WehrbG. nach Prüfung der Angaben in der Vermögenserklärung zu den Steuerakten getroffene Feststellung ist für die Veranlagung zur Besitz- und Kriegssteuer 1916 auch dann zugrunde zu legen, wenn diese Vermögensfeststellung bei der Wehrbeitragsveranlagung zur Erteilung eines Veranlagungs- oder Feststellungsbescheides (§ 47 WehrbG.) nicht geführt hat. War diese Feststellung dem Steuerpflichtigen nicht durch einen seiner Anfechtung unterworfenen, der Rechtskraft fähigen Bescheid bekanntgegeben, so steht ihm bei der Veranlagung zur Besitz- oder Kriegssteuer das Recht zu, die Feststellung des Anfangsvermögens anzufechten (§ 2 KrStG. vom 21. Juni 1916 und § 55 BesStG. vom 13. Juli 1913). **RFH.** 11. Dez. 19 S. 2, 92 = DStBl. 3, 32 = RStBl. 1920, 113.

9. — Ist der Steuerpflichtige nur zum Wehrbeitrage vom Einkommen veranlagt worden, so hindert die Rechtskraft des Wehrbeitragsbescheids nicht die Anfechtung der in den Akten der Steuerbehörde getroffenen Feststellung seines Vermögens für den 31. Dezember 1913 im Besitz- und Kriegssteuerveranlagungsverfahren. **RFH.** 9. März 20 S. 2, 306 = RStR. 1920, 202.

10. Feststellung des Anfangsvermögens bei Eheleuten, die nach dem 31. Dez. 13 geheiratet haben. Rechtsgültigkeit des § 26 der AusfBest. zum BesStG. Anfechtbarkeit der auf Grund dieser Vorschrift erfolgenden Neufeststellungen. Erfolgt die Neufeststellung nach den Grundsätzen des Wehrbeitrags- oder des Besitzsteuergesetzes? **RFH.** 28. Okt. 19 S. 2, 55 = RStBl. 1920, 17 = ZStFr. II, 1920, 30 = RStR. 1920, 82.

Wertermittlung.

§ 28.

Abs. 1.

1. Für die Frage der Besitzsteuerpflicht ist nicht der Beginn des Erhebungszeitraums, sondern das Ende des vorausgehenden Veranlagungszeitraums maßgebend.

Mit dem Erleben des Stichtages werden die subjektiven und objektiven Voraussetzungen der Steuerpflicht erfüllt. Die Steuerpflicht erlischt nicht, wenn der Tod eines Steuerpflichtigen nach dem Stichtag eingetreten ist, vielmehr ist die durch Eintritt der Steuerpflicht begründete Veranlagbarkeit vererblich. Für die Haftung der Erben gilt der im § 2058 BGB. aufgestellte Grundsatz der gesamtschuldnerischen Verbindlichkeit. **RFH.** 16. Dez. 19 S. 2, 110 = RStBl. 1920, 109 = RStR. 1920, 118 = DStBl. 3, 29 = JW. 1920, 460 *(mit Besprechung von Herzfelder)*.

Abs. 2.

2. Bilanz. Hat der Steuerpflichtige nach § 28 Abs. 2 verlangt, daß das in einem Betriebe mit regelmäßigen jährlichen Abschlüssen angelegte Vermögen nach dem Bestand und Werte am Schlusse des letzten Wirtschaftsjahrs festgestellt werde, so kann er diese Erklärung nicht mehr zurücknehmen. PrOVG. 30. Okt. 18 StStS. 18, 389.

3. — Bei Einzelpersonen ist die Bewertung eines Betriebs in den Bilanzen nur dann maßgebend, wenn sie den gemeinen Wert ausweist. **RFH.** 10. Febr. 19 RStR. 1920, 167.

4. — Für die Feststellung des bei der Besitzsteuer- und Kriegssteuerveranlagung einem Gesellschafter anteilig zuzurechnenden Betriebsvermögens einer offenen Handelsgesellschaft ist der gemeine Wert (Verkaufswert) maßgebend. Die nach handelsrechtlicher Vorschrift aufgestellte ordentliche Jahresbilanz bildet nicht ohne weiteres eine geeignete Grundlage für die Bewertung. In § 28 Abs. 2 BesStG. ist nur bestimmt, daß für Betriebe mit regelmäßigen jährlichen Abschlüssen der Vermögensfeststellung der Vermögens stand am Schlusse des Bilanzjahres zugrunde gelegt werden kann, nicht aber, daß für die Vermögens bewertung die Grundsätze des Kaufmanns maßgebend sein sollen. Auf den gemeinen Wert (Verkaufswert) eines gewerblichen Unternehmens sind auch die voraussichtliche Gestaltung der künftigen Rentabilität und die Entwicklungsaussichten von Einfluß. (Rücklagen für Ueberführung in die Friedenswirtschaft.) RFH. 13. Jan. 20 S. 2, 188 = DStZ. 9, 15 = ZStFr. II, 1920, 117 = DJZ. 1920, 581 = StA. 1920, 137.

5. — Auch bei Bewertung des Betriebsvermögens des Einzelkaufmanns sind steuerfreie Abschreibungen auf die Gesamtaktiven zulässig. RFH. 16. März 20 ZStFr. II 1920, 118.

Abs. 3.

6. Die Abrundung auf volle Tausende nach unten erfolgt bei der Feststellung des Anfangs- und des Endvermögens, nicht erst beim Zuwachse. PrOVG. 9. Febr. 18 StStS. 18, 324.

7. Abrundung der Besitzsteuer. RFM. 16. Nov. 20, RStBl. 1920, 680.

§ 29.

1. Der Grundstückswert am 31. Dez. 16 läßt sich aus dem für den Wehrbeitrag festgestellten Grundstückswerte vom 31. Dez. 13 nicht herleiten, weil es sich um zwei völlig verschiedene Wertarten handelt, nämlich bei ersterem um den gemeinen Wert, Verkaufswert, bei letzterem aber um den Ertragswert. PrOVG. 20. März 18 StStS. 18, 393.

2. Die nach §§ 28 ff. erforderliche Bewertung von im Auslande erworbenen Vermögensteilen des Steuerpflichtigen hat in Geld deutscher Reichswährung als dem alleinigen für das Deutsche Reich rechtlich anerkannten Wertmesser und Wertträger zu erfolgen. Die in den Auslandsdevisenkursen zum Ausdruck kommende Entwertung des deutschen Geldes kann dabei nicht berücksichtigt werden. SächsOVG. 22. Aug. 18 Jahrb. 25, 104.

3. Bewertung von Verlagsrechten bei der Besitz- und Kriegssteuer. BayOVK. 25. Okt. 18 Mitt. 1920, 29.

4. Versteigerung als Wertmesser. RFH. 4. Juli 19 (S. 1, 157; vgl. Bd. I S. 6 Nr. 4) auch DStZ. 8, 257.

5. Für die Bewertung der im Endvermögen enthaltenen Grundstücke ist nicht ohne weiteres der bei der Wehrbeitragsveranlagung angenommene Wert (unter Berücksichtigung von Abschreibungen) maßgebend, wenn nicht Einsetzung der Gestehungskosten beantragt ist. RFH. 20. Juli 20 RStR. 1920, 187.

§ 30.

Lit. Arlt, *Die Erfordernisse des Antrags auf Bewertung nach den Gestehungskosten bei Grundstücken. ZStFr. II, 1920, 4.* — Glatzer,

*Wertverminderung der Grundstücke gegenüber dem Gestehungskostenwerte. StA. 1920, 149 — **Mrozek**, Die Einstellung von Werten an Stelle der wirklichen Aufwendungen in der Berechnung der Gestehungskosten nach dem Besitzsteuerrecht DStBl. 2, 539. — **Zitzlaff**, Berücksichtigung von Wertminderungen bei Berechnung der Gestehungskosten. DStZ. 9, 70.*

1. Gestehungskosten. Die Berufungsentscheidung muß erkennen lassen, ob die Bewertung der Grundstücke zum gemeinen Werte oder zu den Gestehungskosten erfolgt ist.

   Der gemeine Wert ist nach den in dieser Beziehung für die Ergänzungssteuer aufgestellten Grundsätzen zu ermitteln.

   Trotz der Verfügung des Finanzministers vom 28. Nov. 17 darf die Bewertung zu den Gestehungskosten nur eintreten, wenn ein darauf gerichteter Wille des Steuerpflichtigen zum Ausdrucke gekommen ist. Ein bloßes Sichüberbürdetfühlen genügt hierzu nicht. PrOVG. 13. März 18 StStS. 18, 390.
2. — Ist die Veranlagung zum Wehrbeitrage zu Recht unterblieben, so kann nur der Wert des Grundstücks, wie er sich nach den Vorschriften des Wehrbeitragsgesetzes am 31. Dez. 13 stellte, in die Berechnung der Gestehungskosten als Betrag der bis zum 1. Jan. 14 entstandenen Gestehungskosten eingestellt werden. Hierbei ist der Steuerpflichtige an den im Wehrbeitragsverfahren gestellten Antrag, den gemeinen Wert des Grundstücks zugrunde zu legen, nicht gebunden. PrOVG. 25. Mai 18 StStS. 18, 397.
3. Wertminderung. Bei der Ermittelung der durch Verschlechterung entstandenen Wertverminderung, die gemäß § 30 Abs. 2 letzter Satz von den Gestehungskosten abzusetzen ist, dürfen Veränderungen der allgemeinen Konjunktur nach keiner Richtung hin berücksichtigt werden.

   Werden Bestandteile des Grundstücks oder seines Inventars abgängig und läßt sich feststellen, mit welchen Anschaffungskosten diese Gegenstände bei der Berechnung der Gestehungskosten angesetzt waren, so sind diese Anschaffungskosten als Wertverminderung von den Gestehungskosten abzusetzen.

   In allen sonstigen Fällen läßt sich die abzugsfähige Wertverringerung nur durch Schätzung ermitteln. PrOVG. 22. Juni 18 StStS. 18, 400.
4. — Bewertung eines zum Betriebsvermögen gehörigen Grundstücks, dessen Gestehungskostenwert beantragt ist. Berücksichtigung der Abnützung des Gebäudes. PrOVG. 2. Okt. 19 DStBl. 2, 347 = DJZ. 1920, 722.
5. — Gestehungskosten; Wertminderung seit 1. Jan. 14. PrOVG. 2. Okt. 19 StA. 1920, 163; 24. Okt. 19 StA. 1920, 163; PrOVG. 31. März 20 StA. 1920, 163.
6. — Wertminderungen sind auch Verschlechterungen des Grund und Bodens infolge mangelhafter Bestellung. PrOVG. 24. Okt. 19 DStBl. 2, 414.

§ 31.

Abs. 5.

1. Voraussetzung für den Ausschluß des Steuerpflichtigen mit seinem später gestellten Antrag, das Grundstück nach den Gestehungskosten zu bewerten, ist eine rechtswirksame Zustellung des Besitzsteuer-Veranlagungs- oder Feststellungsbescheids. PrOVG. 23. Febr. 18 StStS. 18, 422.

§ 35.

Lit. Eckstein, Nicht volleinbezahlte Aktien und deren steuerpflichtiger Wert. AStR. 1920, 67.

1. Verfahren. Daß die Steuerbehörde nach § 35 verpflichtet sein soll, die dort aufgeführten Vermögensstücke durch mehrere Sachverständige schätzen zu lassen, ist nicht als Wille des Gesetzgebers zu unterstellen. **RFH.** 2. Juli 20 III A 44/20 S. 4, 35 = AStR. 1920, 187.
2. Berücksichtigung der Zukunftsaussichten eines Unternehmens bei der Schätzung des Wertes im Sinne von § 35 Satz 2. **RFH.** 30. April 20 S. 3, 35 = DStZ. 9, 148 = IndMitt. 1920, 186.
3. In der Vergangenheit erzielte Gewinne. Der für die Bewertung von Aktien ohne Börsenkurs, Kuxen usw. heranzuziehende Zeitraum der Vergangenheit ist nach freiem Ermessen zu bestimmen. Der Zeitraum der Vergangenheit muß bei fachkundiger Prüfung geeignet erscheinen, danach den gemeinen Wert der Aktien nach den Verhältnissen der betreffenden Industrie zu ermitteln. PrOVG. 27. April 18 StStS. 18, 408.
4. — Bei der Ausmittelung des maßgebenden gemeinen Wertes von Anteilen an einer Gesellschaft m. b. H. sind zwar auch die in der Vergangenheit erzielten Gewinne zu berücksichtigen, die daraufhin angewandte Berechnungsart darf aber nicht zur Ermittelung eines Ertragswerts anstatt des gemeinen Wertes führen. PrOVG. 8. Juni 18 StStS. 18, 410 = StA. 1919, 9 = AStR. 1919, 117 (vgl. Bd. I S. 7 Nr. 1).
5. — Der Gesetzgeber hat nicht näher vorgeschrieben, wieweit bei der Bewertung der Geschäftsanteile an einer G. m. b. H. auf die in der Vergangenheit ausgeschütteten Gewinnanteile Rücksicht zu nehmen sei. **RFH.** 2. Juli 20 III A 44/20 S. 4, 35 = AStR. 1920, 187.

§ 36.

Lit. Loeb, Eine Lücke im Besitzsteuergesetz. DStBl. 9, 149 (betrifft Forderungen auf Grund von Art. 297 i Fr.-Vertr. wegen Liquidation ausländischen Grund- und Betriebsvermögens).

Abs. 1.

1. Behauptet der Steuerpflichtige einen vom Nennwert abweichenden niedrigeren Wert einer Hypothekenforderung, so hat er seine Behauptung tatsächlich zu begründen und der Steuerbehörde gegenüber zu beweisen. PrOVG. 13. April 18 StStS. 18, 413.
2. Steuerschulden sind, sofern sie überhaupt abzugsfähig sind, mit dem Nennwert anzusetzen, wenn nicht besondere Umstände die Veranschlagung nach einem vom Nennwert abweichenden höheren oder geringeren Werte begründen. PrOVG. 13. Nov. 18 StStS. 18, 416.
3. Soweit es sich bei dem Konkurse des Steuerpflichtigen um nicht bevorrechtigte Konkursforderungen handelt, deren spätere Herabsetzung durch Zwangsvergleich bereits am Stichtage (§§ 18, 28 BesStG.) mit hinreichender Bestimmtheit vorausgesehen werden konnte, ist damit ein Umstand gegeben, der bei dem Steuerpflichtigen den Ansatz der entsprechenden Schulden zu einem von dem Nennwert abweichenden geringeren Betrage rechtfertigt. PrOVG. 4. Dez. 18 StStS. 18, 347.

4. Tatsachen, welche der Steuerpflichtige zum Nachweise der Unbeitreibbarkeit einer Forderung geltend gemacht hat, muß die Steuerbehörde, wenn sie den Nachweis nicht als geführt erachtet, noch daraufhin prüfen, ob jene etwa die Veranschlagung der Forderung zu einem vom Nennwert abweichenden geringeren Werte begründen. PrOVG. 7. Dez. 18 StSt. 18, 414.
5. Bewertung von Forderungen aus Wuchergeschäften. RGStr. 25. Nov. 19 E. 54, 68.

Abs. 2.

6. Die Versicherungssumme aus einer ausschließlich auf das Ableben des Versicherten abgestellten Lebensversicherung wird mit dem Ableben des Versicherten fällig. Daran ändert auch der Umstand nichts, daß für die Auszahlung der Versicherungssumme der (urkundliche) Nachweis über das Ableben des Versicherten erforderlich ist und dieser Nachweis erst später beigebracht werden kann. **RFH.** 14. Okt. 19 S. 2, 35 = JW. 1920, 796 *(mit Besprechung von Görres).*
7. Wenn die Dauer eines Rentenrechts außer auf die Lebenszeit des Berechtigten auch auf einen bestimmten Zeitraum beschränkt ist, so ist für die Feststellung seines Vermögenswerts diejenige der beiden Bestimmungsmethoden anzuwenden, nach der sich der niedrigste Kapitalwert ergibt. **RFH.** 17. Jan. 20 S. 2, 195 = RStR. 1920, 167 = ZStFr. II, 1920, 136.

§ 37.

Abs. 1.

1. Die Vorschrift im § 13 V PrErgStG., wonach bei Nutzungen oder Leistungen, die ihrem Betrag oder ihrem Geldwerte nach nicht feststehen, der Geldwert des im letzten Leistungsjahr entrichteten Betrags, und wenn eine volle Jahresleistung noch nicht stattgefunden hat, der Geldwert des mutmaßlich für das laufende Jahr zu entrichtenden Betrags zugrunde zu legen ist, gilt auch für die Besitzsteuer. PrOVG. 2. Okt. 18 StSt. 18, 404.
2. Voraussetzungen, unter denen Nutzungen und Leistungen von unbestimmter Dauer mit einem höheren als dem zwölfeinhalbfachen Jahresbetrage zu bewerten sind. **RFH.** 3. Febr. 20 S. 2, 151 = RStR. 1920, 139 = ZStFr. II, 1920, 151 *(mit Besprechung von Strutz).*

§ 44.

1. Ist bei der Verheiratung einer Tochter die Einrichtung ihres Haushalts von der Rückkehr des Ehemanns aus dem Felde abhängig gemacht, so begründet die gesetzliche Aussteuerpflicht des Vaters für diesen nur eine aufschiebend bedingte Last, die nach §§ 42, 44 nicht abzugsfähig ist. PrOVG. 10. April 18 StSt. 18, 417.
2. Voraussetzung für die Abzugsfähigkeit von Lasten im Sinne des § 44 ist das Bestehen einer rechtlichen Verpflichtung zur Leistung. RGStr. 23. Sept. 19 E. 54, 53 = RStBl. 1920, 5.

Besitzsteuererklärung.

§ 53.

Lit. Kahn-Blum, Anleitung zur Besitzsteuererklärung (J. Schweitzer Verlag, München 1920).

1. Inwieweit ist der Steuerpflichtige an seine Angaben in der Steuererklärung gebunden? **RFH.** 11. Dez. 19 S. 2, 92.

Fälligkeit der Steuer.

§ 70.

1. Stundung der Besitzsteuer nach § 63 Abs. 3 BesStAusfBest. und der Kriegssteuer nach § 2 KrStAusfBest. RFM. 10. Nov. 20, RStBl. 1920, 680.

§ 74.

Abs. 1.

1. Der Tod des Steuerpflichtigen nach dem Stichtage, dem 31. Dez. 16, aber vor erfolgter Veranlagung, hindert nicht deren Vornahme den Erben gegenüber. PrOVG. 16. Okt. 18 StS. 18, 418.

Abs. 2.

2. Ist innerhalb des Veranlagungszeitraums ein Ehegatte gestorben, dessen Vermögen bei der Wehrbeitragsveranlagung mit dem des anderen Ehegatten zusammengerechnet war, so ist sowohl für die Besitzsteuer wie für die Kriegssteuer das Anfangsvermögen jedes der beiden Ehegatten ohne Rücksicht auf die bei der Wehrbeitragsveranlagung erfolgte Vermögensfeststellung zu ermitteln. PrOVG. 18. Dez. 19 DStBl. 2, 467.

Strafvorschriften.

§ 76.

1. Die Vergehen gegen § 76 BesStG. und §§ 33, 34 KrStG. 1916 treffen nicht in Tateinheit zusammen. RGStr. 25. Nov. 19 E. 54, 75 (vgl. auch Bd. I S. 8 Nr. 1).

5.

Gesetz über die Veranlagung der Besitzsteuer zum 31. Dezember 1919

vom 30. April 1920 (RGBl. S. 875).

(BesStG. 1920.)

Lit. Koppe, Die Veranlagung zur Besitzsteuer zum 31. Dez. 19. DStZ. 9, 43.

1. Bekanntmachung, betr. die Geltung des Gesetzes vom 30. April 1920 über die Veranlagung der Besitzsteuer zum 31. Dezember 1919 in den besetzten rheinischen Gebieten. RFM. 12. Aug. 20, RStBl. 1920, 439.

§ 1.

Lit. Friesecke, Der Abzug des besitzsteuerpflichtigen Zuwachses nach der Besitzsteuernovelle. DStZ. 9, 205.

6.

Biersteuergesetz

vom 26. Juli 1918 (RGBl. S. 863).

(BierStG.)

§ 4.

1. Wenn § 3 BraurechtsO. anordnet, daß der Braurechtsfuß nicht unmittelbar nach Maßgabe des durchschnittlichen Bierabsatzes in den Kalenderjahren 1912 und 1913, sondern nach dem damaligen Malzverbrauch und dem durchschnittlichen Ausbeuteverhältnisse festzusetzen ist, so sind damit die dem Bundesrate durch § 4 Abs. 1 Satz 2 BierStG. vom 26. Juli 18 gezogenen Schranken nicht überschritten. RFH. 19. Mai 20 S. 3, 92.
2. Braurechtsordnung; Begriff der Ausbeute; Ermittlung des Schwunds. RFH. 23. Juni 20 RStR. 1920, 323.

7.

Branntweinsteuergesetz

vom 15. Juli 1909 (RGBl. S. 661).

(BranntwStG.)

§ 3.

1. Die Entscheidung der obersten Landesfinanzbehörde, durch die der Erlaß von Branntweinsteuer aus Billigkeitsgründen abgelehnt wird, schließt auch in sich die Entscheidung, daß die Steuerforderung nach den geltenden Bestimmungen begründet ist. RFH. 10. Nov. 20 IV a A 16/20 S. 4, 17.

8.

Doppelsteuergesetz

vom 22. März 1909 (RGBl. S. 332).

(DStG.)

Lit. *Erler, Doppelsteuergesetz (Industrieverlag Späth u. Linde, Berlin 1918).*

§ 1.

1. Die Absicht der dauernden Beibehaltung einer Wohnung ist nicht anzunehmen, wenn die Aufgabe der auf ein Jahr gemieteten Wohnung und der Wegzug schon vor Ablauf der Mietzeit in Aussicht genommen und eine Verlängerung des Aufenthalts der Familie nur für den äußersten Fall der Einberufung des Pflichtigen in den Heeresdienst geplant war. RFH. 27. Febr. 20 S. 2, 234 = RStR. 1920, 156.

§ 3.

Abs. 2.

1. Betriebsstätten sind die Transformatorenstationen und die Fernleitungen elektrischer Ueberlandszentralen. SächsOVG. 24. Jan. 18 (Jahrb. 24, 269 = JW. 1919, 62; vgl. Bd. I S. 14 Nr. 17) auch DStBl. 2, 359.

Abs. 3.

2. Einfluß der Kriegswirtschaft auf die anteilige Besteuerung eines gewerblichen Unternehmens in Baden und Bayern, die bisher nach dem Maßstabe der an den einzelnen Betriebsstätten gezahlten Gehälter und Löhne vorgenommen worden war. BayOVG. 31. Jan. 19 Mitt. 1920, 46.

9.
Verordnung zur Einführung der Reichsabgabenordnung
vom 18. Dezember 1919 (RGBl. S. 2101).
(EVAO.)

1. Inkrafttreten der Reichsabgabenordnung und der Verordnung zu ihrer Einführung. Inhaltsangabe RStBl. 1920, 1.
2. Allgemeine Verfügung über das Inkrafttreten der Reichsabgabenordnung für den Bereich der Steuern vom Einkommen und vom Vermögen, einschliesslich der Erbschaftssteuer, für den Bereich der Umsatzsteuer und der Verkehrssteuern. (Stempelsteuern, Grunderwerbsteuer, Besteuerung des Personen- und Güterverkehrs.) RFM. 12. Febr. 20, RStBl. 1920, 99.
3. Besondere Verfügung über das Inkrafttreten der Reichsabgabenordnung für den Bereich der Erbschaftssteuer. RFM. 12. Febr. 20, RStBl. 1920, 106.
4. Bekanntmachung über die Geltung der Reichsabgabenordnung in den besetzten rheinischen Gebieten. RFM. 24. März 20, RStBl. 1920, 205.
5. Verordnung zur Einführung der Reichsabgabenordnung im Bezirke des Landesfinanzamts Unterelbe vom 1. März 20. RStBl. 1920, 167.

Artikel I. Grundsätzliche Regelung.

§ 1.

1. Vgl. zu § 82 AO. unter Nr. 1.

Artikel IV. Verfahren.

§ 12.

1. Eine Entscheidung des preuß. Finanzministers, die er als oberste Landesfinanzbehörde in einer Branntweinsteuersache getroffen hat, gilt als unanfechtbar i. S. der Abgabenordnung. RFH. 10. Nov. 20 IV a A 16/20 S. 4, 17.

Anhängige Steuersachen.

§ 13.

Lit. *Lucas, der Einfluss der RAbgO. auf die prozessuale Abwicklung anhängiger Steuersachen. DStZ. 8, 267. — Vgl. auch zu § 16 EVAO. u. zu § 444 AO.*

§ 14.

1. **Verordnung über die Bildung der Ausschüsse bei den Finanzämtern und ihr Verfahren. RFM. 25. Mai 20, RGBl. S. 1118.**
2. **Verordnung über die Geltung der Verordnung über die Bildung der Ausschüsse bei den Finanzämtern und ihr Verfahren vom 25. Mai 20 (RGBl. S. 1118) in den besetzten rheinischen Gebieten. RFM. Bek. vom 22. Juli 20, RStBl. 1920, 399.**

3. Verordnung über die Durchführung der Steuerverfahren bis zur Bildung von Ausschüssen und Finanzgerichten nach der Reichsabgabenordnung vom 12. Aug. 20, RStBl. 1920, 495.

§ 16.

Lit. Evers, *Einwirkung der RAbgO. auf anhängige und anhängig werdende Rechtsmittelverfahren in Steuersachen. NStR. 1920, 73.*

1. Ob ein Rechtsmittelverfahren dem Verfahren auf Einspruch, Berufung, Anfechtung oder Rechtsbeschwerde nach der Abgabenordnung entspricht, ist i. S. von § 16 danach zu entscheiden, welches Rechtsverfahren im einzelnen Falle tatsächlich eingeschlagen worden ist, nicht welches Verfahren hätte eingeschlagen werden müssen. RFH. 30. Juni 20 S. 3, 160.
2. Eine Beschwerde, die sich gegen eine vom preuß. Finanzminister als oberste Landesfinanzbehörde auf dem Gebiete der Branntweinsteuer getroffene Entscheidung richtet, kann nach § 16 der Einführungsverordnung zur Reichsabgabenordnung nicht übergeleitet werden. RFH. 10. Nov. 20 IV a A 16/20 S. 4, 17.

§ 19.

Abs. 4.

1. V. v. 12. Aug. 20; vgl. zu § 14.
2. Die Vorschrift des § 19 Abs. 4 gilt nur für zur Zeit des Inkrafttretens der Reichsabgabenordnung bereits anhängige Sachen. Sie bezieht sich nur auf das Rechtsmittel der Berufung und die der Berufung i. S. der Reichsabgabenordnung entsprechenden Rechtsmittel, nicht auch auf Beschwerden. RFH. 20. Okt. 20 S. 3, 310.
3. Die gegen den Arrest zugelassene Beschwerde ist ein der Berufung entsprechendes Rechtsmittel i. S. von § 19 Abs. 4 in Verbindung mit der Verordnung des Reichsministers der Finanzen vom 12. Aug. 20 (RGBl. S. 1621). RFH. 7. Okt. 20 III A 71/20 (nicht veröffentlicht).

§ 20.

1. V. v. 12. Aug. 20; vgl. zu § 14.
2. Die Verordnung des Reichsministers der Finanzen vom 12. Aug. 20 (RGBl. S. 1621) ist auch auf einen Tatbestand anzuwenden, der vor ihrem Erlaß liegt, soweit solcher noch der Nachprüfung untersteht. RFH. 6. Okt. 20 S. 3, 335.
3. Wo Finanzgerichte noch nicht errichtet sind, ist die Entscheidung der Berufungskommission usw. nach dem den § 19 ergänzenden § 20 hinsichtlich der gegen sie zugelassenen Rechtsmittel so anzusehen, als ob sie von einem Finanzgericht erlassen worden wäre. RFH. 20. Mai 20 S. 3, 110 = RStBl. 1920, 431.

§ 22.

Abs. 1 c.

1. Für das Verfahren in den beim Inkrafttreten der Reichsabgabenordnung bereits anhängigen Rechtsbeschwerdesachen gelten noch Reichsfinanzhofgesetz und Reichsfinanzhofordnung fort. RFH. 3. Jan. 20 S. 2, 124.
2. Die Zuständigkeit des württembergischen Finanzministeriums zur Entscheidung über Beschwerden in Reichssteuersachen ist mit dem 1. Okt. 19 weggefallen. An diesem Tage anhängige Beschwerden sind nach § 22 Abs. 1 c an den Reichsfinanzhof abzugeben. RFH. 30. April 20 S. 3, 35.

10.
Einkommensteuergesetz
vom 29. März 1920 (RGBl. S. 359),

abgeändert durch Gesetz zur ergänzenden Regelung des Steuerabzuges vom Arbeitslohne vom 21. Juli 1920 (RGBl. S. 1463).

(EinkStG.)

Lit. *Erläuterte Ausgaben von Erler-Koppe, 3. A. (Industrieverlag Späth u. Linde, Berlin 1921). — Noest (Industrieverlag Späth u. Linde, Berlin 1920). — Strutz, Handausg. (O. Liebmann, Berlin 1920). — Zimmermann-Mühe (J. Hess, Stuttgart 1920).*

Ferner Chase, Steuertafel zur Reichseinkommensteuer. 2. A. (Deutscher Steuerschriften-Verlag, München 1920). — Eckstein-Buchwieser, Bilanz und Reichseinkommensteuer. (J. Schweitzer Verlag, München 1920). — Hartmann, Wie hoch ist meine Einkommensteuer? (C. H. Beck, München 1920). — Homburger, Das neue Einkommensteuergesetz, gemeinv. Darst. (H. Sack, Berlin 1920). — Maatz, Kaufm. Bilanz und steuerbares Einkommen. 6. A. (C. Heymann, Berlin 1921). — Noest, Die neuen Reichssteuern Heft 6 (Industrieverlag Späth u. Linde, Berlin 1920).

1. Bekanntmachung über die Geltung des Einkommensteuergesetzes, des Gesetzes zur Durchführung des Einkommensteuergesetzes, des Kapitalertragsteuergesetzes, des Körperschaftssteuergesetzes und des Landessteuergesetzes in den besetzten rheinischen Gebieten. RFM. 27. Mai 20, RStBl. 1920, 305.

§ 1.

Lit. *Marcuse, Das neue Reichssteuerrecht (H. Sack, Berlin 1920), S. 257. — Maatz, Die Reichseinkommensteuer und die Körperschaftssteuer im Verhältnis zur bisherigen preussischen Einkommensteuer. StA. 1920, 221, 250, 269. — Kennerknecht, Selbständige und gemeinsame Veranlagung nach dem bayerischen und dem Reichseinkommensteuergesetz. AStR. 1920, 162. — Potthast, Welche Wirkungen üben Einkommensteuer, Kriegsabgabe und Reichsnotopfer aufeinander aus? DStBl. 2, 451.*

Steuerbares Einkommen.

§ 4.

Lit. *Ball, Gesamtschema des Einkommensteuerbegriffs früher und jetzt. DStBl. 2, 546. — Roth, Der neue Einkommensbegriff. NStR. 1920, 205. — Kloss, Einkommen aus sittenwidriger Tätigkeit. DStZ. 9, 88.*

Nr. 1.

§ 9.

Lit. *Führlbeck, Steuerpflicht der Reichs-, Landes- und Gemeindebeamten. AStR. 1920, 69.*

§ 11.

Lit. *Delbrück, Bezugsrechte und Steuerpflicht. DStZ. 9, 202. — Hopmann, Gelegenheitsgewinne und die Reichseinkommensteuer. Verbst. 1, 69. — Konietzko, Einkommensteuerpflicht der Gewinne aus einzelnen Veräusserungsgeschäften. DStZ. 8, 273. — Koppe, Einkommensteuerpflicht der Fusionsgewinne. (Fusion oder Interessengemeinschaft?) DStBl. 9, 152. — Lotz, Ueberraschende Neuerungen in der Reichseinkommensteuer. StA. 1920, 157 (sonstige Einnahmen, Abzüge). — Marcuse, Die Beseitigung der Durchschnittsrechnung im Entwurf zum Reichseinkommensteuergesetz. NStR. 1, 86 (beschäftigt sich insbes. mit der Versteuerung unrealisierter Konjunkturgewinne). — Moos, Zur Einkommenbesteuerung von Gelegenheitsgewinnen und -verlusten. DStZ. 9, 203. — Oechelhäuser, Ueber die Versteuerung von Kursgewinnen nach dem Reichseinkommensteuergesetz vom 29. März 20. StA. 1920, 151.*

§ 12.

Lit. *Krapf, Die Ausstattung und ihre steuerliche Behandlung. Verbst. 1, 13. — Marcuse, Ausstattung, Aussteuer, Mitgift. JW. 1920, 99. — Führlbeck, Steuerpflicht militärischer Versorgungsgebühren. AStR. 1920, 101.*

§ 13.

Lit. *Lewin, Zur Abzugsfähigkeit von Ausgaben für die Fahrt zwischen Wohnung und Arbeitsstätte, nach bisherigem preussischen Einkommensteuerrecht und dem Entwurf eines Reichseinkommensteuergesetzes. ZStFr. II, 1920, 45. — Meyer, Einkommensteuergesetz § 13 Abs. 7. Errichtung eines „Wohltätigkeitskontos" in der Buchführung. AStR. 1920, 87.*

§ 16.

Lit. *Delbrück, Haushaltsbesteuerung und Existenzminimum im Reichseinkommensteuergesetz. StA. 1920, 154.*

§ 17.

Lit. *Kennerknecht, Das Kinderprivileg nach dem bayerischen und dem Reichseinkommensteuergesetz. AStR. 1920, 133.*

Steuertarif.

§ 26.

Lit. *Roth, Die Bemessung von Unterhalts- und anderen Renten im Hinblick auf die Verteilung der Einkommensteuerlast. JW. 1920, 770.*

Veranlagung.

§ 29.

Lit. *Marcuse, Die Beseitigung der Durchschnittsberechnung im Entwurfe zum Reichseinkommensteuergesetz. NStR. 1920, 86.*

Ermittlung des steuerbaren Einkommens.

§ 33.

Lit. *Wünschmann, Der steuerbare Geschäftsgewinn des Buchkaufmannes. NStR. 1920, 281. — Fürnrohr, Die kaufmännischen Abschreibungen und der Reichseinkommensteuergesetzentwurf. DStZ. 8, 255.*

Entrichtung der Steuer.

§ 42.

1. **Erhebung von Verzugszinsen von rückständiger Einkommensteuer im Rechnungsjahr 1920. RFM. 14. Okt. 20, RStBl. 1920, 589.**

§ 44.

Lit. *Erler, Die Erstattung der Kapitalertragsteuer nach § 44 Abs. 4 des REinkStG. DStZ. 9, 89 (weite Auslegung des Wortes „gegebenenfalls"). — Glaser, Die lex Blunk zum Schutze der Kleinrentner. NStR. 1920, 181. — Kirstaedter, Die Anrechnung der Kapitalertragsteuer auf die Einkommensteuer. ZStFr. II, 1920, 146. — Entgegnung dazu: Bötzow, Zur Anrechnung der Kapitalertragsteuer auf die Reichseinkommensteuer. ZStFr. II, 1920, 170. — Meisel, Anrechnung der Kapitalertragsteuer. Verbst. 1, 68. — Pfafferoth, Anrechnung der Kapitalertragsteuer auf die Einkommensteuer. DStZ. 9, 174.*

§ 45.

Lit. *Baum, Zur Neuregelung des Lohnabzugs. DStZ. 9, 103 (behandelt die minderjährigen Steuerpflichtigen, die der Haushaltung eines anderen Steuerpflichtigen angehören [§ 20 letzter Absatz]). — Hey, Tabellen zum neuen Steuerabzug. (J. Hess, Stuttgart 1920). — Jacobi II, Eine Gleichung. NStR. 1920, 286 (betrifft die Uebernahme des Steuerabzugs durch den Arbeitgeber). — Jacobsohn, Die Berücksichtigung des Steuerabzugs vom Arbeitslohn im Prozess und in der Zwangsvollstreckung, JW. 1920, 771. — Herrmann, Abzug vom Arbeitslohn. Eine kritische Studie zu den bisher darüber ergangenen Bestimmungen. NStR. 1920, 253. — Koppe, Lohnabzug bei Reichseinkommensteuer. 3. A. (Industrieverlag Späth u. Linde, Berlin 1920). — Koppe, Der Steuerabzug vom Arbeitslohn. DStZ. 9, 55. — Koppe, Die neuen Bestimmungen über den Lohnabzug. DStZ. 9, 113. — Karger, Welche Rechtslage ergibt sich für den Arbeitgeber bei Unterlassung des Lohnabzugs? DStZ. 9, 244. —*

Karger, Einfluss der Staatsangehörigkeit und des Beschäftigungsortes auf die Steuerabzugspflicht. DStZ. 9, 244. — *Krombach, Zum Steuerabzug am Arbeitslohn. Wer muss sich 10 % seines Arbeitseinkommens abziehen lassen?* IndMitt. 1920, 99. — *Mrozek, Unterliegen die Bezüge der Gesellschafter-Geschäftsführer einer Gesellschaft m. b. H. dem Steuerabzuge gemäss §§ 45 ff. EinkStG.?* DStBl. 3, 15. — *Oertmann, Lohnaufrechnung und Lohnpfändung beim Steuerabzug.* DStZ. 9, 111. — *Reinemer, Der neue Steuerabzug. Tabellen.* (Bayer. Kommunalschriftenverlag, München 1920). — *Schlosser, Handhabung des 10 %igen Lohnabzugs.* 2. A. (O. Elsner, Berlin 1920). — *Waldecker, Der Steuerabzug vom Lohn.* DStZ. 9, 112 (Naturalbezüge, Anrechnung). — *Waldecker, Wieder einmal der Steuerabzug vom Lohn.* DStZ. 9, 243 (Weitläufigkeiten). — *Wichmann, Die innere Organisation des Lohnabzuges.* DStZ. 9, 214. — *Sind Weihnachtsgratifikationen vom Lohnabzug befreit?* DStZ. 9, 244.

1. Verordnung über das Inkrafttreten der Vorschriften der §§ 45 bis 52 EinkStG. vom 29. März 20 (RGBl. S. 359). RFM. 21. Mai 20, RStBl. 1920, 307.
2. Bestimmungen über die vorläufige Erhebung der Einkommensteuer durch Abzug vom Arbeitslohn für das Rechnungsjahr 1920 (1. April 20 bis 31. März 21) vom 21. Mai 20, RStBl. 1920, 307.
3. Bekanntmachung über die Geltung des Gesetzes zur ergänzenden Regelung des Steuerabzuges vom Arbeitslohn vom 21. Juli 20, der Verordnung über die vorläufige Erhebung der Einkommensteuer für das Rechnungsjahr 1920 und der Verordnung über das Inkrafttreten der Vorschriften der §§ 45 bis 52 EinkStG. in den besetzten rheinischen Gebieten. RFM. Bek. v. 12. Aug. 20, RStBl. 1920, 451.
4. Erleichterungen bei Ausführung des Steuerabzugs vom Arbeitslohn. RFM. 25. Aug. 20, RStBl. 1920, 545.
5. Ergänzende Bestimmungen über die Anrechnung der Natural- und sonstigen Sachbezüge beim Steuerabzug vom Arbeitslohn vom 23. Juni 20, RStBl. 1920, 339.
6. Zuwendungen, die ohne rechtliche Verpflichtung früheren Bediensteten usw. und ihren Angehörigen gewährt werden, unterliegen nicht den Bestimmungen vom 21. Mai 20 über die vorläufige Erhebung der Einkommensteuer durch Abzug vom Arbeitslohn. RFM. 19. Juni 20, RStBl. 1920, 340.
7. Erhebung der Einkommensteuer durch Abzug vom Arbeitslohn bei Zwischenmeistern. RFM. 19. Juni 20, RStBl. 1920, 340.
8. Steuerliche Behandlung der Zwischenmeister bei dem Steuerabzugsverfahren. RFM. 12. Okt. 20, RStBl. 1920, 577.
9. Unmittelbare Einzahlung des einbehaltenen Betrags bei dem Steuerabzugsverfahren. RFM. 13. Okt. 20, RStBl. 1920, 578.

§ 51.

Lit. Koppe, Sind Bezüge der Aufsichtsräte und Vorstandsmitglieder von Aktiengesellschaften vom Steuerabzug befreit? DStZ. 9, 213. — *Loskant, Unterliegen die Ruhegehälter, Witwen- und Waisenpensionen, welche Privatkassen auszahlen, dem Steuerabzug?* DStZ. 9, 113.

Strafvorschriften, Uebergangs- und Schlußvorschriften.

§ 56.

Lit. *Michels, Unklarheiten in den Steuerbegünstigungen der deutschen Sparprämienanleihe von 1919. DJZ. 1920, 450.*

§ 58.

Lit. *Gruber, Einige Fragen zum Reichseinkommensteuergesetz. Verbst. 1, 26; 2, 51 (vorl. Steuerbescheid, Steueranforderungsschreiben). — Kossmann, Das Einkommen des Jahres 1920 und seine Besteuerung. IndMitt. 1920, 137. — Hornauer, Die vorläufigen Steueranforderungsschreiben. IndMitt. 1920, 15. — Marcuse, Das neue Reichseinkommensteuergesetz. Uebergangsfragen NStR. 1920, 157, 167. — Theobald, Die zweimalige Besteuerung des Einkommens 1920. DStZ. 9, 64.*

1. Verordnung über die vorläufige Erhebung der Einkommensteuer für das Rechnungsjahr 1920. RFM. 20. April 20, RStBl. 1920, 261.
2. Buch- und kassenmässige Behandlung der vorläufig zu erhebenden Einkommensteuer für das Rechnungsjahr 1920. RFM. 20. Aug. 20, RStBl. 1920, 521.
3. Verordnung zur Ueberleitung der Gesetzgebung im Bereiche der Einkommensteuer vom 10. Mai 20, abgeändert durch VO. vom 20. Aug. 20 (RGBl. S. 914 u. 1579).
4. Bekanntmachung über die Geltung der Verordnung zur Ueberleitung der Gesetzgebung im Bereiche der Einkommensteuer vom 10. Mai 20 (RGBl. S. 914) in den besetzten rheinischen Gebieten. RFM. 12. Juli 20, RStBl. 1920, 381.
5. Verordnung über die Aenderung der Verordnung zur Ueberleitung der Gesetzgebung im Bereiche der Einkommensteuer. RFM. 20. Aug. 20, RStBl. 1920, 501.

11.
Erbschaftssteuergesetz
vom 3. Juni 1906 (RGBl. S. 654), abgeändert durch Gesetz vom 3. Juli 1913 (RGBl. S. 521).

(ErbStG. 1906.)

Gegenstand der Erbschaftssteuer.

§ 1.

Abs. 1.

1. Ist dem Erben letztwillig die Errichtung einer Stiftung auferlegt und hat der Erblasser selbst Personen benannt, denen die Stiftung Renten zu gewähren hat, so liegt hinsichtlich dieser weder ein Erwerb von Todes wegen im Sinne des Abs. 1, noch ein Erwerb im Sinne des Abs. 2 Nr. 2 des § 1 ErbStG. 1906 vor. RFH. 28. Juli 20 S. 3, 221.
2. Was ein an einem Nachlaßgrundstück wiederkaufsberechtigter Miterbe für Aufgabe des Wiederkaufsrechts vergleichsweise von den andern Miterben erhält, bekommt er nicht als Erbbeteiligter. RFH. 3. Dez. 19 DStBl. 2, 471.
3. a) Eine letztwillige Verfügung, durch die der Testamentsvollstrecker für seine Mühewaltung zum Erben eingesetzt wird, stellt nicht notwendig eine Erbeinsetzung unter einer Auflage dar.
   b) Im Falle zu a) liegt eine erbschaftssteuerpflichtige Zuwendung insoweit vor, als nach dem Willen des Erblassers anzunehmen ist, daß der Bedachte dasjenige, was ihm über das Maß einer angemessenen Gegenleistung für die Führung des Amtes eines Testamentsvollstreckers zugewendet ist, als Erbe bekommen solle. RFH. 18. März 20 S. 2, 221.

Abs. 2.

4. Auflage. Wenn ein Erblasser in seinem Testament dem Erben oder einem Dritten den Auftrag gibt, eine bestimmte Geldsumme aus seinem Nachlasse an mildtätige und gemeinnützige Anstalten und Vereine und an bedürftige physische Personen nach Auswahl des Beauftragten zu verteilen, so liegt nicht die Zuwendung einer Reihe einzelner Vermächtnisse im Sinne des § 2151 Abs. 1 vor, der das Vorhandensein eines beschränkten, leicht übersehbaren Personenkreises, aus welchem der oder die Vermächtnisnehmer auszuwählen sind, zur Voraussetzung hat, sondern die Anordnung einer Auflage gemäß §§ 2192, 2193 Abs. 1 BGB. Diese Auflage ist auf Stiftung eines Zweckvermögens gerichtet. RG. 13. Mai 19 E. 96, 15.
5. — Eine letztwillige Anordnung, daß der nach Vereinigung verschiedener Vermächtnisse verbleibende Rest zu wohltätigen Zwecken verwendet werden soll, stellt kein Vermächtnis, sondern eine Auflage dar. RG. 4. Dez. 19 Recht 1920 Nr. 1531.

6. — Bei einem Erwerbe, der infolge Vollziehung einer letztwillig angeordneten Auflage erlangt wird (§ 1 Abs. 2 Nr. 2), kommt im Gegensatze zu § 1 Abs. 1, der den Rechtserwerb betrifft, nur tatsächlicher Erwerb in Frage. **RFH.** 28. Juli 20 S. 3, 221.

§ 3.

Nr. 2.

1. Im Sinne von § 3 Nr. 2 ist als Todesfall, der Anlaß zum Erwerbe der Bezüge aus Familienstiftungen gibt, auch der Tod des Begründers einer solchen Stiftung anzusehen. **RFH.** 9. Juni 20 S. 3, 111 = RStBl. 1920, 385.

Räumliche Herrschaft des Gesetzes.

§ 5.

Abs. 2.

1. Die Vorschrift des § 5 Abs. 2 bezieht sich nur auf spätere Vererbungen der Bezüge aus Familienstiftungen. Sie steht der Versteuerung der Bezüge des erstmalig Berechtigten nicht entgegen. **RFH.** 9. Juni 20 S. 3, 111

§ 6.

Abs. 2.

1. Gewöhnlicher Aufenthalt in einem deutschen Bundesstaat im Sinne des § 6 Abs. 2 setzt voraus, daß der Erblasser mit einer gewissen Regelmäßigkeit das Gebiet des Deutschen Reichs zu seinem Aufenthalte gewählt hat oder daß er nicht nur von vornherein vorübergehend darin sich aufzuhalten beabsichtigte. **RFH.** 4. Juni 20 S. 3, 49.

Abs. 3.

2. Der Inhalt des einschlagenden ausländischen Rechtes ist im Falle des § 6 Abs. 3 von Amts wegen zu erforschen. **RFH.** 4. Juni 20 S. 3, 49.

§ 9.

1. Eine zu den Passiven des Nachlasses gehörige Lombarddarlehensschuld, für die zu den Aktiven des Nachlasses gehörige und einen steuerpflichtigen Teil des Erwerbes bildende Kriegsanleihe verpfändet ist, muß sowohl bei dem steuerfreien wie bei dem steuerpflichtigen Teile verhältnismäßig in Abzug gebracht werden. **RFH.** 17. Sept. 20 S. 3, 270.

Befreiungen.

§ 11.

Nr. 3.

1. § 11 Nr. 3, wonach die Befreiung von einer Schuld von der Erbschaftssteuer dann frei bleibt, wenn der Schenker sie mit Rücksicht auf eine Notlage des Schuldners angeordnet hat usw., findet auch Anwendung, wenn eine juristische Person etwas von Todes wegen erwirbt oder geschenkt erhält. Bei einer Aktiengesellschaft ist eine Notlage jedenfalls dann vorhanden, wenn der von einer Bilanz ausgewiesene Verlust die Hälfte des Grundkapitals erreicht, da für diesen Fall die Gefahr für das Fortbestehen der Gesellschaft gesetzlich anerkannt ist. **RG.** 16. April 20 E. 98, 323.

Nr. 4g.

2. Unter Sachen im Sinne der Befreiungsvorschrift des § 11 Nr. 4g sind nur körperliche Gegenstände zu verstehen. RFH. 17. Dez. 19 S. 2, 50 = RStBl. 1920, 187.

Nr. 5.

3. Die Befreiungsvorschrift in § 11 Nr. 5 ist auf Zuwendungen Dritter an eine bestehende Familienstiftung nicht anzuwenden. RFS. 12. Nov. 19 (S. 1, 283, vgl. Bd. I S. 21 Nr. 10) auch RStBl. 1920, 151.

§ 12.

Abs. 1 Nr. 3.

1. Der Zweck einer Zuwendung ist einheitlich zu beurteilen, auch wenn die Erträgnisse einer uneigentlichen Stiftung in verschiedenen Perioden verschiedenen Zwecken dienstbar gemacht werden sollen. RFH. 14. Nov. 19 II A 278/19 (nicht veröffentlicht).

Abs. 5.

2. Durch den Reichsfinanzhof kann nicht nur die Sicherung des Verwendungszwecks, sondern auch die Frage, ob eine steuerbegünstigte Zuwendung nicht auf einzelne Familien oder bestimmte Formen beschränkt ist, nachgeprüft werden. RFH. 17. Sept. 19 II A 144/19 (nicht veröffentlicht).

§ 15.

Abs. 1.

1. Was als Grundstück anzusehen ist, das dauernd land- oder forstwirtschaftlichen Zwecken zu dienen bestimmt ist, richtet sich objektiv nach den äußeren Umständen, die von einem ordentlichen Wirt bei seiner Entschließung über die weitere zweckmäßigste wirtschaftliche Ausnützung des bisher land- oder forstwirtschaftlich genutzten Grundstücks für absehbare Zeit in Berücksichtigung gezogen werden würden. RFH. 3. Okt. 19 (S. 1, 199 = AM. 1919, 386; vgl. Bd. I S. 23 Nr. 1) auch DStBl. 2, 357.

Ermittlung des Wertes der Masse.

§ 18.

1. Die Steuerpflichtigkeit von Renten, welche mehreren Personen zeitlich nacheinander letztwillig ausgesetzt sind, wird weder in § 17 noch in § 19 noch in § 27, sondern allein in §§ 18, 21 geregelt. RFH. 12. Nov. 19 S. 2, 1 = JW. 1920, 415 (vgl. zu § 19).
2. § 18 Abs. 2 findet keine Anwendung, wenn das Nutzungsrecht dadurch erlischt, daß der nutzungsberechtigte Erbe des mit der Nutzung Belasteten wird. RFH. 26. Nov. 19 S. 2, 8 = JW. 1920, 414 (*mit Besprechung von R. Becher*).

§ 19.

1. § 19 regelt nicht den Fall, daß Renten mehreren Personen zeitlich nacheinander ausgesetzt sind. RFH. 12. Nov. 19 S. 2, 1 = JW. 1920, 415 (*mit Besprechung von Philipsborn*).

Bedingter Erwerb.

§ 21.

1. Zu dem Vermögen, dessen Besteuerung § 21 regelt, gehören Renten, welche erst von dem Tode einer Person an zu laufen bestimmt sind. **RFH.** 12. Nov. 19 S. 2, 1 = JW. 1920, 415.

Bedingte Belastung.

§ 22.

Abs. 3.

1. Erkennt der Erbe eine Nachlaßverbindlichkeit zwar gegenüber der Erbschaftssteuerverwaltung an, nicht aber gegenüber dem Gläubiger, so liegt eine zweifelhafte Last im Sinne des § 22 Abs. 3 vor. **RFH.** 18. Febr. 20 II A 130/19 (nicht veröffentlicht).

Unsichere Rechte.

§ 24.

1. Gehören zu einem Nachlasse ungewisse oder unsichere Rechte und andere zur sofortigen Wertermittlung nicht geeignete Gegenstände, so kann das Erbschaftssteueramt erst, nachdem eine Einigung mit dem Steuerpflichtigen über ihren Wert vergeblich versucht ist, nach § 24 einen vorläufigen Erbschaftssteuerbescheid erlassen. **RFH.** 19. März 20 S. 2, 225 = RStBl. 1920, 325.

Erwerb von Vermögen ohne die Nutzung.

§ 27.

Abs. 1.

1. § 27 Abs. 1 ist unanwendbar, wenn die Nacherbschaft unter einer aufschiebenden Bedingung angeordnet worden ist. **RFH.** 9. Juli 20 S. 3, 164 = JW. 1920, 853 *(mit Besprechung von Breit).*
2. Eine Rente, die nach dem Tode des zuerst Bezugsberechtigten an eine andere Person fallen soll, enthält kein Vor- und Nachvermächtnis. **RFH.** 12. Nov. 19 S. 2, 1 = JW. 1920, 415.

Berechnung der Erbschaftssteuer.

§ 28.

Abs. 1.

1. Bei gleichzeitigem Anfall eines Fideikommißvermögens und Erwerb des Allodialvermögens ist die Erbschaftssteuer aus der Summe beider Vermögen und nicht für jedes gesondert zu berechnen. **RFH.** 5. Nov. 19 (S. 1, 258; vgl. Bd. I S. 26 Nr. 2) auch abgedruckt RStBl. 1920, 59 = DStBl. 3, 43.

§ 29.

Abs. 1.

1. Eine Auflage kann bei Berechnung der Bereicherung des Bedachten von der Zuwendung nur abgesetzt werden, wenn sie tatsächlich bewirkt worden ist. **RFH.** 24. Sept. 20 II A 20/20 (nicht veröffentlicht).

Abs. 2.

2. § 29 Abs. 2 greift nicht nur im Zeitpunkt des Todes des Erblassers Platz, sondern auch bei späteren Ereignissen, die auf die Steuerpflicht von Einfluß sind, z. B. Erlöschen eines Nießbrauchs infolge Beerbung des Nießbrauchsbelasteten durch den Nießbrauchsberechtigten (§ 18 Abs. 2). **RFH.** 14. Nov. 19 S. 2, 8 = RStBl. 1920, 187.

Abs. 3.

3. Die in einer dem Oberlandesgerichtspräsidenten eingereichten formlosen Erklärung übernommene Verpflichtung zur Gewährung des standesgemäßen Lebensunterhalts an einen Referendar während der Dauer seines juristischen Vorbereitungsdienstes ist im Falle des Ablebens des Verpflichteten bei Berechnung der Erbschaftssteuer als Nachlaßverbindlichkeit nicht zu berücksichtigen. **RFH.** 22. Okt. 20 II A 184/19 S. 4, 13.

Haftung für die Erbschaftssteuer.

§ 31.

1. Erbrecht. § 2306 Abs. 1 Satz 1 BGB. setzt voraus, daß die Quote, zu der der Pflichtteilsberechtigte als Erbe berufen ist, nicht höher ist als die Hälfte seines gesetzlichen Erbteils. **RFH.** 2. Juni 20 S. 3, 63.
2. Die bürgerlich-rechtliche Uebernahme einer Steuerschuld berechtigt die Steuerbehörde nicht, gegen den Uebernehmer einen Steuerbescheid zu erlassen. **RFH.** 14. Nov. 19 DStBl. 2, 417.

Erbschaftssteuerbescheid.

§ 45.

1. Teilerbschaftssteuerbescheide sind auf Grund des § 45 Abs. 1 jederzeit zulässig, sofern nur ein Teil des Nachlasses feststeht. **RFH.** 19. März 20 S. 2, 225.
2. Eine äußerlich sich als Erbschaftssteuerbescheid gebende Entscheidung kann als ein solcher nicht angesehen werden, wenn in ihm weitere Nachprüfung nach Beibringung weiteren tatsächlichen Materials in Aussicht gestellt wird. **RFH.** 21. Mai 20 II A 110/20 (nicht veröffentlicht).

Verjährung der Erbschaftssteuer.

§ 54.

1. Die Verjährung wird nur durch einen gegenüber dem Steuerpflichtigen ergangenen Erbschaftssteuerbescheid unterbrochen, und zwar nur in Höhe des in ihm ziffernmäßig geltend gemachten Anspruchs. **RFH.** 14. Jan. 19 RStBl. 1920, 407.

Schenkungen unter Lebenden.

§ 55.

Abs. 1.

1. Schenkungen sind nicht ungültig oder steuerfrei, weil zwischen der Schenkerin und dem Beschenkten ein unerlaubtes Liebesverhältnis besteht. Wenn ein Rechtsvorgang Gegenstand der Besteuerung ist, müssen im übrigen die daran Beteiligten seine steuerlichen Folgen auch bei Nichtigkeit des Geschäfts mindestens so lange gegen sich gelten lassen, als die Wirkungen des Verkehrsakts nicht rückgängig gemacht sind. **RFH.** 5. Mai 20 RStBl. 1920, 557.
2. In der Hingabe eines zinslosen Darlehens liegt an sich keine Schenkung, wohl aber kann hierin unter Umständen eine verdeckte Schenkung liegen. **RFH.** 30. Juni 20 II A 191/20 (nicht veröffentlicht).

§ 56.

Abs. 2.

1. Wenn Aufsichtsratsmitglieder einer Aktiengesellschaft auf die ihnen satzungsgemäß zustehende Vergütung verzichten, um die Aktiengesellschaft von den aus § 240 Abs. 1 HGB. sich ergebenden Pflichten zu befreien, so liegt hierin Schenkung, unter Umständen aber entsprungen aus einer auf den Anstand zu nehmenden Rücksicht. RG. 16. April 20 E. 98, 323.
2. Notlage bei juristischen Personen vgl. zu § 11 unter Nr. 1.

12.

Erbschaftssteuergesetz

vom 10. September 1919 (RGBl. S. 1543).

(ErbStG. 1919.)

Lit. *Erläuterte Ausgaben von* ***Finger*** *(Frz. Vahlen, Berlin 1920). —* ***Henckel*** *(Vereinig. wissenschaftl. Verleger, Berlin 1920). —* ***Marcuse****, 2. A. (Industrieverlag Späth u. Linde, Berlin 1920). —* ***Mirre*** *(J. Bensheimer, Mannheim 1920). —* ***Noest*** *(Industrieverlag Späth u. Linde, Berlin 1919). —* ***E. Zimmermann-Mühe*** *(J. Hess, Stuttgart 1920). —* ***F. W. R. Zimmermann*** *(J. Schweitzer Verlag, München 1921).*

Ferner ***Eckstein****, Erbschafts- und Schenkungssteuer. (J. Bensheimer, Mannheim 1920). —* ***Haussmann-Cleeves****, Grundriss. I. Teil. S. 36 (Späth u Linde, Berlin 1920). —* ***Herbertz****, Erbschaftssteuer u. Bürgerl. Gesetzbuch. (Industrieverlag Späth u. Linde, Berlin 1920). —* ***Finger****, Erbschaftssteuer und nähere Angehörige. Steuer-Einzelschr. (J. Guttentag, Berlin). Heft 2. —* ***Roth*** *bei* ***Marcuse****, Das neue Reichssteuerrecht. (Herm. Sack, Berlin 1920) S. 113. —* ***F. W. R. Zimmermann****, Die neue Erbschaftsbesteuerung in Deutschland. ZStFr. I, 1920, Heft 9. —* ***Breit****, Kritische Streifzüge in das neue Erbschaftssteuerrecht. NStR. 1920, 61 (Nachlasssteuer, Durchstaffelung und Freigrenze; nicht steuerbarer Hausrat; nicht steuerbare Haushaltungsgegenstände und Kleidungsstücke); NStR. 1920, 79 (Die vergessenen Eltern; Vorerbschaft und Nacherbschaft); NStR. 1920, 104 (Sondervergütung für Gatten- und Kinderanfälle); NStR. 1920, 123 (Anrechnung bei beerbter Ehe, Vor- und Nacherbschaft, Familienprivileg des § 39). —* ***Karger****, Prüfung alter Testamente im Hinblick auf die Erbschaftssteuer. DStZ. 9, 86. —* ***Lion****, Aenderung und Errichtung von Testamenten im Hinblick auf die Erbschaftssteuer. ZStFr. II, 1920, 2. —* ***Mirre****, Das Berliner Testament und die Erbschaftssteuer. ZStFr. II, 1920, 201. —* ***Roth****, Das neue Erbschaftssteuergesetz unter besonderer Berücksichtigung des Kinder- und Gattenerbes. NStR. 1920, 38, 56. —* ***Talmon-Gros****, Einfluss der Familienverhältnisse auf Umfang und Höhe der Erbschaftssteuer nach dem Gesetze vom 10. September 1919. StA. 1920, 176, 199.*

Erster Teil: Steuerpflicht.

Erster Abschnitt: Nachlaßsteuer.

§ 6.

Lit. ***Lion****, Unterliegen Lebensversicherungen der Erbschaftssteuer? ZStFr. II, 1920, 6. —* ***F. W. R. Zimmermann****, Die Lebensversicherungen unter dem Erbschaftssteuergesetz 1919. ZStFr. II, 1920, 124. Vgl. auch zu § 20. —* ***F. W. R. Zimmermann****, Die Behandlung des Mobiliarbesitzes als Teil des Kapitalvermögens nach dem Erbschaftssteuergesetz 1919. ZschrfZollw. 1920, 179.*

§ 7.

Lit. *Marcus*, *Die Erbschaftssteuer vom Mobiliarnachlass, insbesondere vom Hausrate. DStZ. 9, 200.*

§ 9.

Lit. *Ball*, *Steuerersparung durch Steuerversicherung. NStR. 1920, 185.* — *Fürnrohr*, *Erbschaftssteuerversicherungen. DStZ. 9, 47.* — *Philipsborn*, *Erbschaftssteuerversicherung und Erbanfallsteuer. DStZ. 9, 132 (hält die Ausdehnung der Begünstigung auf die Erbanfallsteuer für unzulässig).*

1. Auch sogenannte Erlebensfall-Versicherungen können unter § 9 fallen. RFM. 26. Okt. 20, RStBl. 1920, 609.

§ 12.

Lit. *Pagenkopf*, *Zur Besteuerung des Ehegattenerbes. DStZ. 9, 125.* — *Wassermann*, *Eheliches Güterrecht und Erbschaftssteuergesetz. IndMitt. 1920, 10.*

§ 18.

Lit. *Haarhaus*, *Ein Weg der Erbschaftssteuerersparnis bei beerbter Ehe. DStBl. 9, 149.*

§ 19.

Abs. 2.

1. Banken und ähnliche Geldinstitute haben auch an Barguthaben eines Erblassers Gewahrsam i. S. des § 19 Abs. 2 Satz 2 und des § 59 Abs. 1. RFH. G. 25. Juni 20 S. 3, 246.
   Dazu BA. 19, 303, ferner *Marcus*, *Die Anmeldung von Barguthaben bei Todesfällen. DStZ. 9, 236.*

Zweiter Abschnitt: Erbanfallsteuer.

§ 20.

Lit. *Roth*, *Die erbschaftssteuerliche Behandlung der Anfälle aus Lebensversicherungen des Erblassers zugunsten eines Dritten. NStR. 1920, 130. Vgl. auch zu § 6.*

§ 23.

Lit. *Konietzko*, *Ersparnisse bei der Erbanfallsteuer durch Einsetzung von Vor- und Nacherben. IndMitt. 1920, 124.* — *Marcus*, *Berechnung der Erbschaftssteuer bei der Einsetzung von Nacherben nach dem ErbStG. v. 10. Sept. 19 (sog. Berliner Testament). DStZ. 8, 274.* — *Philipsborn*, *Nacherbeinsetzungen und gemeinschaftliche Testamente im neuen Erbschaftssteuergesetz. ZStFr. II, 1920, 122.*

§ 24.

Lit. *Bartholomäus, Unterliegt der Auslandsdeutsche der Erbanfallsteuerpflicht? DStBl. 2, 455.*

§ 25.

Abs. 2.

1. Das Bestehen eines gesetzlichen Nutzungsrechts hat auf die erbschaftssteuerliche Behandlung einer Nießbrauchszuwendung an den Nutzungsberechtigten keinen Einfluß. **RFH.** G. 28. Juli 20 S. 3, 249 = RStBl. 1920, 503.

§ 28.

Abs. 3.

1. Jeder Erwerb, der vor dem 1. April 1935 anfällt, hat Anspruch auf die Steuerermäßigug des § 28 Abs. 3. Demnach ermäßigt sich die Steuer für Erwerbsanfälle in der Zeit vom 1. April 1934 bis 31. März 1935 um 1 vom Hundert, in der Zeit vom 1. April 1933 bis 31. März 1934 um 2 vom Hundert des tarifmäßigen Satzes usw. **RFH.** G. 10. März 20 S. 2, 325 = RStBl. 1920, 269.
2. Keine Anwendung des § 28 Abs. 3 auf Fälle des § 35. Vgl. zu § 35 unter Nr. 1.

§ 33.

Nr. 4 a.

1. Die Anwendung des § 33 Nr. 4 a wird nicht dadurch ausgeschlossen, daß die gebrechliche Person zur Zeit des Anfalls noch im Kindesalter steht. **RFH.** 28. Juli 20 S. 3, 223.

§ 34.

Lit. *Marcus, Steuerermässigung zugunsten minderjähriger Abkömmlinge nach dem neuen Erbschaftssteuergesetze. DStZ. 9, 87.*

§ 35.

1. § 28 Abs. 3 gilt nicht für die Fälle des § 35. **RFH.** 24. Sept. 20 S. 3, 264 = RStBl. 1920, 637.

§ 37.

Lit. *Breit, Das Steuerprivileg der Schwiegermutter. JW. 1920, 125. — F. W. R. Zimmermann, Die Steuerfreiheit nach § 37 des Erbschaftssteuergesetzes 1919. ZStFr. II, 1920, 162, 195.*

§ 38.

Lit. *Seligsohn, Die Zusammenrechnung mehrerer Zuwendungen im ErbStG. DJZ. 1920, 224. Dagegen Firger, DJZ. 1920, 301; Friedleben, Recht 1920, 97. — Wünschmann, Die Zusammenrechnung nach § 38 des ErbStG. DStBl. 2, 395.*

Dritter Abschnitt: Schenkungssteuer.

§ 40.

Lit. *Finger, Die Schenkungssteuer nach dem Erbschaftssteuergesetz vom 10. Sept. 19. ZStFr. I, 1920 Heft 18. — Wünschmann, Erbschafts- oder Schenkungssteuer. JW. 1920, 93 (behandelt die steuerlich günstigeren Formen der Zuwendungen der einen oder anderen Art). — Mirre, Zuwendungen aus dem Ausland und Schenkungssteuer. DStZ. 9, 194. — Breit, Steuerfreie Schenkungen zugunsten minderjähriger Abkömmlinge. NStR. 1920, 295 (Schenkungen von 50000 M. an neugeborne Enkel hält Verf. für steuerfrei). — Appel, Gütergemeinschaft und Schenkungssteuer. ZStFr. II, 1920, 113. — Breit, Berliner Testament und Erbschaftssteuergesetz. NStR. 1920, 77 (Schenkungssteuerpflicht der Vereinbarung der Gütergemeinschaft?). — Fürnrohr, Unterliegen Aenderungen des ehelichen Güterrechts der Schenkungssteuer? DStZ. 9, 170. Dazu Huchzermeyer II, Können an der neuen Erbschaftssteuer Ersparnisse durch Eheverträge oder durch letztwillige Verfügungen (Testamente) erzielt werden? DStZ. 9, 125. — Marcuse, Einiges aus dem Erbschaftssteuergesetz. NStR. 1920, 184 (behandelt insbes. Ausstattungen und Vereinbarungen der Gütergemeinschaft unter dem Gesichtspunkt der Schenkung). — Rombach, Unterliegt die Begründung der allgemeinen Gütergemeinschaft der Schenkungssteuer? Recht 1920, 165. — Rombach, Unterliegt die Einführung der allgemeinen Gütergemeinschaft der Schenkungssteuer? ZStFr. II, 1920, 112. — Roth, Schenkungssteuerpflicht gütergemeinschaftlicher Eheverträge? NStR. 1920, 268. — Talmon-Gros, Einfluss der Familienverhältnisse auf Umfang und Höhe der Erbschaftssteuer nach dem Gesetz vom 10. Sept. 19. StA. 1920, 224 (betr. Schenkungssteuer). — Wünschmann, Unterliegt der Verzicht auf ehemännliche und elterliche Nutzniessung der Schenkungssteuer? JW. 1920, 125. — Bühler, Ausstattung und Vermögensübergabe an Kinder nach dem ErbStG. vom 10. Sept. 19. JW. 1920, 98. — Fürnrohr, Ist ein Ausstattungsrentenversprechen schenkungssteuerpflichtig? DStBl. 2, 531. — Krapf, Die Ausstattung und ihre steuerliche Behandlung. Verbst. 1, 10. — Krapf, Zur Schenkungspflicht der Ausstattungen. NStR. 1920, 328. — Marcuse, Ausstattung, Aussteuer, Mitgift. JW. 1920, 99. — Pagenkopf, Der Begriff der Ausstattung im Sinne des § 1624 BGB. im Steuerrecht. DJZ. 1920, 228; dazu Finger, DJZ. 1920, 302 (betrifft fortlaufende Zuschüsse). — F. W. R. Zimmermann, Die Ausstattung nach § 40 Abs. 3 des Erbschaftssteuergesetzes 1919. ZStFr. II, 1920, 42.*

§ 42.

Abs. 1 Nr. 2.

1. Die Befreiungsvorschrift des § 42 Abs. 1 Nr. 2 greift nicht Platz, wenn der Grund für die Zuwendung nicht, wie vorgegeben, in der Ausbildung des Bedachten, sondern in einer Vorwegnahme des Erbganges bestand. RFH. 28. Juli 20 S. 3, 223.

Abs. 1 Nr. 4.

2. Schenkungssteuererlass für Zuwendungen zur Beschaffung neuer Kirchenglocken. RFM. 4. Febr. 20, RStBl. 1920, 187.
3. Schenkungssteuererlass für Zuwendungen zur Beschaffung neuer Orgelprospektpfeifen. RFM. 18. Aug. 20, RStBl. 1920, 505.

Zweiter Teil: Veranlagung und Erhebung der Steuern.

§ 50.

Lit. *Lorenz, Die Versteuerung von Renten und Nutzungen nach dem Erbschaftssteuergesetz vom 10. Sept. 19. ZStFr. II, 1920, 114.*

§ 52.

Lit. *Kaufmann, Steuerfreie Vermächtnisse. JW. 1920, 548. — Mirre, Ueber die Behandlung des steuerfreien Vermächtnisses in § 52 ErbStG. ZStFr II, 1920, 185. — Riedinger, Steuerfreie Vermächtnisse. DStZ. 8, 206. Entgegnung: Kloss, DStZ. 8, 228 (Berichtigung S. 261).*

§ 56.

1. Für die den Versicherungsunternehmungen nach § 56 Abs. 2 und § 60 obliegenden Verpflichtungen ist die Fassung der Begünstigungsklausel des Versicherungsvertrags ohne Belang. RFM. 13. Okt. 20, RStBl. 1920, 609.

§ 58.

1. Auszug aus der im Einverständnis mit dem Reichsminister der Finanzen ergangenen Allgemeinen Verfügung des Preussischen Justizministers vom 31. Dez. 19 zum Erbschaftssteuergesetze vom 10. Sept. 19 I a 1577. RStBl. 1920, 185 (betrifft die Mitteilungen seitens der Behörden usw. in der Uebergangszeit).
2. Widerspruch mit § 81 Abs. 5 AO. Vgl. zu § 81 AO. unter Lit.

§ 59.

Lit. *Eberstadt, Die Bedeutung des § 59 Abs. 1 ErbStG. JW. 1920, 96. — Meyer, Erbschaftssteuergesetz und Kreditinstitute. NStR. 1920, 43. — Spangenberg, Die Sperrung von Bankguthaben des Erblassers. Verbst. 1, 66.*

1. Die Anzeigepflicht nach § 59 Abs. 1 erstreckt sich auch auf Barguthaben des Erblassers. RFM. 15. Febr. 20, RStBl. 1920, 188. Vgl. dazu zu § 19 unter Nr. 1.
2. Behandlung von Barguthaben nach § 59 Abs. 1 des Erbschaftssteuergesetzes vom 10. Sept. 19. RFM. 22. Sept. 20, RStBl. 1920, 583.

§ 60.

1. Vgl. zu § 56 unter Nr. 1.

§ 62.

Lit. *Lieber, Der Einfluss von Urteilen und Vergleichen auf die Erbschaftssteuer. NStR. 1920, 69.*

Dritter Teil: Strafvorschriften, Uebergangs- und Schlußvorschriften.

§ 72.

Lit. *Fuchs*, *Eine Frage aus dem Erbschaftssteuergesetz. NStR. 1920, 174 (behandelt einen Uebergangsfall: Tod des Vorerben vor dem 1. Sept. 20, Tod des Nacherben nach dem 31. Aug. 20). — Philipsborn, Uebergangs- und Rückwirkungsfragen bei Nacherbfolge und Schenkungen nach dem neuen ErbStG. JW. 1920, 124. — Wünschmann, Die Besteuerung der Schenkungen vor dem 1. Sept. 19 nach dem Erbschaftssteuergesetz vom 10. Sept. 19. DStBl. 2, 534, 633. — F. W. R. Zimmermann, Die allgemeine Abgrenzung der Gültigkeit der neuen und der bisherigen Gesetzgebung gegeneinander nach dem Erbschaftssteuergesetz vom 10. Sept. 19. ZStFr. II, 1920, 17.*

13.

Gesetz über den Friedensschluß zwischen Deutschland und den alliierten und assoziierten Mächten vom 16. Juli 1919 (RGBl. S. 687).

(FrVertr.)

Lit. Friedensvertrag und Steuerpflicht. NStR. 1920, 2. — Haase, Der Einfluss des Friedensvertrags auf die Personalsteuerpflicht der Bewohner der abgetretenen Gebiete. ZStFr. II, 1920, 137. — Wiemann, Der Friedensvertrag und seine steuerlichen Wirkungen. StA. 1920, 245. — Westendorf, Die steuerliche Behandlung der zurückgekehrten Auslandsdeutschen und der Deutschen in den abzutretenden Gebieten. ZStFr. I, 1920, Heft 14.

1. Daß infolge der im Friedensvertrage vorgesehenen Gebietsabtretungen an Polen die zur Entscheidung über einen Umsatzsteueranspruch aus der Zeit vor dem Friedensschlusse berufenen Vorinstanzen weggefallen sind, berührt die Zuständigkeit des Reichsfinanzhofs zur Entscheidung über eine gegen Entscheidungen dieser Vorinstanzen eingelegte Rechtsbeschwerde nicht. RFH. 31. März 20 S. 2, 257 = DStZ. 9, 49 = DJZ. 1920, 523 = NStR. 1920, 191 = JW. 1920, 575 (*mit Besprechung von Haase*).

Art. 91.

Lit. Samulon, Die Steuerpflicht der Personen, die aus dem an Polen abgetretenen Gebiet zurückgewandert oder dort verblieben sind. ZStFr. II, 1920, 192.

1. Art. 91 und 278 des Friedensvertrages begründen für frühere Deutsche, die schon vor dem Inkrafttreten des Vertrags die polnische Staatsangehörigkeit erworben haben, nicht die Freiheit von der Sicherheitsleistung aus dem Steuerfluchtgesetze. RFH. 14. Mai 20 S. 3, 61 = RStBl. 1920, 397 = BA. 20, 65.
2. Vgl. auch zu § 2 StFlErgG. S. 139.

Art. 269.

1. Wirksamkeit des Art. 269 Abs. 1. RFH. 2. Juli 20 S. 3, 226.

Art. 278.

Lit. Honig, Die steuerliche Rechtslage der Ostdeutschen. DStBl. 9, 141.

1. Die Begünstigung des Art. 278 des Friedensvertrags bezieht sich nur auf die Angehörigen der alliierten und assoziierten Mächte. Danzig gehört nicht zu diesen Mächten. RFH. 22. Jan. 20 RStBl. 1920, 201 = DStBl. 3, 37.

Buchstabe i. **Art. 297.**

Loeb; vgl. zu § 36 BesStG. S. 31.

Buchstabe j.

Lit. *Rukser, Das Steuerprivileg der Ententeangehörigen. ZStFr. II, 1920, 127.*

Anhang §§ 11—15. **Art. 303.**

Lit. *Sternberg, Bewertung der Lebensversicherungsforderungen bei Berechnung des Reichsnotopfers und der Abgabe vom Vermögenszuwachs. NStR. 1920, 111.*

14.

Gesetz über die Zahlung der Zölle in Gold

vom 21. Juli 1919 (RGBl. S. 1361).

(GoldZG.)

§ 1.

1. Das Gesetz gilt auch für den nach § 48 ZündwStG. vom 10. Sept. 19 zu erhebenden Nachzoll. RFH. 2. Juli 20 S. 3, 156 = NStR. 1920, 274.

15.

Grunderwerbsteuergesetz

vom 12. September 1919 (RGBl. S. 1617), abgeändert durch die Reichsabgabenordnung vom 13. Dezember 1919 (RGBl. S. 1993).

(GrEStG.)

Lit. Erläuterte Ausgaben von Hs. Berolzheimer (C. H. Beck, München 1920). — Boethke-Bergschmidt 2. A. (C. Heymann Verlag, Berlin 1920). — Hagelberg (C. Haber, Berlin 1920). — Lindemann (Vereinig. w. Verleger, Berlin 1919). — Lion (Frz. Vahlen, Berlin 1920). — Ott (J. Hess, Stuttgart 1920). — Rohde (Industrieverlag Späth u. Linde, Berlin 1920).

Ferner R. Becher, Zum neuen Grunderwerbsteuergesetz. NStR. 1920, 4, 17, 31. — Herzfeld bei Marcuse, Das neue Reichssteuerrecht. (Hermann Sack, Berlin 1920) S. 151. — Haussmann-Cleeves, Grundriss (Industrieverlag Späth u. Linde, Berlin 1920) I S. 53. — Kloss, Grundstückübertragungsstempel und Grunderwerbsteuer. Eine vergleichende Darstellung. IndMitt. 1920, 30.

§ 3.

Lit. Görres, Die Besteuerung von Personenvereinigungen nach dem Grunderwerbsteuergesetz. IndMitt. 1920, 122. — Ott, Grunderwerbsteuer. JW. 1920, 739 (behandelt Gemeinschaften). — Lindemann, Streitfragen bei Anwendung des Grunderwerbsteuergesetzes. JW. 1920, 86.

§ 5.

Lit. Lindemann, Die Besteuerung der Abtretung der Rechte aus dem Meistgebote nach dem Grunderwerbsteuergesetz. ZStFr. II, 1920, 165 (behandelt die Besteuerung des Zwischengeschäfts). — Derselbe, Vgl. zu § 3. — Lion, Eine Erleichterung des Grundstücksverkehrs durch die neue Grunderwerbsteuer. ZStFr. II, 1920, 10. — Ott, Zweifelsfragen bei der Versteuerung des Veräusserungsgeschäfts. § 5 GrEStG. NStR. 1920, 220. — Stillschweig, Die Grunderwerbsteuer in der Zwangsversteigerung. JW. 1920, 88.

§ 6.

Lit. Weinbach, Die Grunderwerbsteuer bei eigentumähnlichen Verhältnissen (insbes. erweitertem Niessbrauch). ZStFr. II, 1920, 10. — Konietzko, Grunderwerbsteuer bei Erlangung der Aktienmehrheit. ZStFr. II, 1920, 115.

§ 8.

1. Anwendbarkeit des § 23 des Gesetzes, betreffend die Sozialisierung der Elektrizitätswirtschaft vom 31. Dez. 19 für das Gebiet der Grunderwerbsteuer. RFM. 26. Juli 20, RStBl. 1920, 463.

§ 14.

Lit. Stillschweig, Die Grunderwerbsteuer in der Zwangsversteigerung. JW. 1920, 88.

§ 15.

Lit. Herzfeld, Die Grunderwerbsteuer beim Besitzwechsel von Gesellschaftsgrundstücken. NStR. 1920, 53. — Lion, Einbringung von Grundstücken in eine offene Handels- oder Kommanditgesellschaft nach dem Grunderwerbsteuergesetz. ZStFr. II, 1920, 11. — Rohde, Aenderung des Grunderwerbsteuergesetzes. DStZ. 8, 277. Vgl. auch zu § 3.

§ 21.

Lit. Appel, Kriegsbeschädigte und Grunderwerbsteuer. ZStFr. II, 1920, 145. — Ott, Die Steuerberechnung bei der Beteiligung von steuerbefreiten Kriegsbeschädigten oder Kriegerwitwen. DStBl. 2, 579.

§ 23.

1. Vgl. auch zu § 8.

§ 24.

Lit. Lindemann, Grunderwerbsteuer und Justizbehörden. Recht 1920, 5. — Lindemann, Die Grundbuchsperre nach § 24 des Grunderwerbsteuergesetzes in der Uebergangszeit. ZStFr. II, 1920, 22. — Lindemann, Beschlüsse des Kammergerichts zu § 24 GrEStG. ZStFr. II, 1920, 149.

1. Erleichtertes Verfahren bei Ausstellung der Bescheinigung nach § 24 GrEStG. RFM. 26. Mai 20, RStBl. 1920, 321.
2. § 24 gilt auch, wenn die Umschreibung des Grundstücks vor dem 30. Sept. 19 angeordnet, aber noch nicht erfolgt war. KG. 27. Nov. 19 ZStFr. I, 1920, 63.
3. Die Bescheinigung der Steuerstelle ist nicht erforderlich, wenn das schuldrechtliche Veräußerungsgeschäft vor dem 1. Okt. 19 geschlossen ist. KG. 18. u. 23. Dez. 19 Recht 1920 Nr. 1060.
4. Anwendung des § 24 auch bei Erwerb von Todes wegen. OLG. Dresden 30. April 20 LZ. 1920, 724.
5. Ueber die Steuerpflichtigkeit eines Erwerbs von Todes wegen hat nicht das Grundbuchamt, sondern die Steuerstelle zu entscheiden. OLG. Dresden 30. April 20 Recht 1920 Nr. 3230.

§ 35.

1. Erlass der Grunderwerbsteuer beim Erwerb von Grundstücken durch Personen, die infolge des Krieges ihren Grundbesitz in abgetretenen Gebieten des Deutschen Reiches verloren haben oder aufgeben mussten. RFM. 15. Jan. 20, RStBl. 1920, 149.

§ 37.

Lit. *Both, Das Grunderwerbsteuergesetz in der Uebergangszeit. DJZ. 1920, 457. — Lindemann, Das Verhältnis der Grunderwerbsteuer zum preuss. Landesstempelgesetz. ZStFr. II, 1920, 9.*

Abs. 1 u. 2.

1. Einwirkung des § 37 Abs. 2 auf die Vorschriften des Reichsstempelgesetzes. RFM. 3. März 20, RStBl. 1920, 237.
2. Abstellung bei Anwendung des § 37 GrEStG. hervorgetretener Härten. RFM. 26. Mai 20, RStBl. 1920, 321.

Abs. 4.

3. Die Gebühr für Uebereignung eines Grundstücks nach § 117 des weimarischen Gerichtskostengesetzes vom 25. Aug. 09 ist keine Abgabe von Grundstücksübertragungen nach § 37 Abs. 2, 4. RFH. 2. Juni 20 II A 40/20 (nicht veröffentlicht).

Abs. 5.

4. Liegt einer nach § 4 steuerpflichtigen Eintragung einer Rechtsänderung in das Grundbuch ein vor dem 1. Juni 19 abgeschlossenes Veräußerungsgeschäft zugrunde, so sind die bisherigen Gesetze ohne Rücksicht darauf maßgebend, ob das Veräußerungsgeschäft nach diesen Gesetzen abgabepflichtig war oder nicht. RFH. 19. Nov. 20 II A 232/20 S. 4, 45.

16.

Kapitalertragsteuergesetz

vom 29. März 1920 (RGBl. S. 345).

(KapEStG.)

Lit. *Erläuterte Ausgaben von* *Dalberg* *(C. Heymann Verlag, Berlin 1920/21).* — *Fink* *(Heinrich, Dresden 1921).* — *Hermann-Wester* *(J. Bensheimer, Mannheim 1921).* — *Noest* *(Industrieverlag Späth u. Linde, Berlin 1920).* — *Rohde, 2. A.* *(Industrieverlag Späth u. Linde, Berlin 1920).* — *Stölzle* *(Vereinig. wissensch. Verleger, Berlin 1920).*

Ferner Glaser, Das Kapitalertragsteuergesetz. StA. 1920, 104. — Glaser bei Marcuse, Das neue Reichssteuerrecht (Herm. Sack, Berlin 1920), S. 345. — Glaser, Zur Praxis des Kapitalertragsteuergesetzes. NStR. 1920, 171 (behandelt die vorl. AusfAnw. vom 29. März 20). — Koeppel, Zum Kapitalertragsteuergesetz. BA. 20, 4, 39, 59 (Habenzinsen, Depositalzinsen, defektive Stückzinsen, Konsortium, Agio, Bezugsrechte, Verhältnis zu § 76 RStempG., zum StFlG., Währungskonto, ausgeloste Papiere, Stückzinsen, Gratisaktien, Aufgeld, Unterlassen des Abschlusses der Konten, Ausländer). — Marquardt, Kapitalertragsteuergesetz vom 29. März 20. ZStFr. II, 1920, 140. — Zarden, Das Kapitalertragsteuergesetz. DJZ. 1920, 423.

1. Vorläufige Vollzugsanweisung zum Kapitalertragsteuergesetze vom 29. März 20. RFM. 31. März 20, RStBl. 1920, 219.
2. Steuerliche Behandlung des Saarbeckengebiets nach dem Kapitalertragsteuergesetz vom 29. März 20. RFM. 31. Juli 20, RStBl. 1920, 523.

§ 2.

Lit. *Bode, Aus der Praxis des Kapitalertragsteuergesetzes. NStR. 1920, 332 (behandelt die Bezugsrechte der Aktionäre bei Kapitalserhöhungen). — Sternberg, Zwei Fragen zum Entwurfe des Kapitalertragsteuergesetzes. NStR. 1920, 90 (Einkommen aus Grundvermögen). — Creutznacher, Die Einlagezinsen und Kapitalertragsteuer bei der offenen Handelsgesellschaft und der Kommanditgesellschaft. Verbst. 1, 13. — Hegemann, Unterliegen Zinsen, die bei Vorausbezahlung des Kaufspreises vom Verkäufer an den Käufer bis zum Fälligkeitstage erstattet werden, der Kapitalertragsteuer? DStZ. 9, 204. — Heims, Anzahlungen und Kapitalertragsteuer. IndMitt. 1920, 202. — Hirschwald, Das Einkommen als stiller Gesellschafter unterliegt nicht der Kapitalertragsteuer. IndMitt. 1920, 140. — Dagegen Spiess, Unterliegt der Gewinn aus der Beteiligung als stiller Gesellschafter der Kapitalertragsteuer? IndMitt. 1920, 200. — Dazu wiederum Hirschwald, Keine Kapitalertragsteuerpflicht des nichtgarantierten Gewinnes des stillen Gesellschafters. IndMitt. 1920, 221. — Köhler, Die Sicherheitsleistung im Prozesse und die Kapitalertragsteuer. NStR. 1920, 332. —*

Kulzer, Kapitalertragsteuer auf Stückzinsen bei Aktienausgabe. BA. 20, 50. — Rohde, Kapitalertragsteuer und Schatzwechsel. DStZ. 9, 124. — Simon, Die Kapitalertragsteuerfreiheit von Zinsen auf Kaufpreisvorschüsse und Sconti. IndMitt. 1920, 179. — Sternberg, Zwei Fragen zum Entwurfe des Kapitalertragsteuergesetzes. NStR. 1920, 129 (Einkommen aus Zinsen). — Wassertrüdinger, Die Steuerpflicht der Einlegezinsen bei der offenen Handelsgesellschaft. DStZ. 9, 97. — Wollstadt, Unterliegen Zinsen, die bei Vorauszahlung des Kaufpreises vom Verkäufer an den Käufer bis zum Fälligkeitstage erstattet werden, der Kapitalertragsteuer? DStZ. 9, 173.

Abs. 1 I 1.

Die Kapitalertragsteuer bei Zinsen und Gewinnbezügen der Mitglieder offener Handelsgesellschaften und stiller Gesellschaften. Eine Stellungnahme des Reichsfinanzministeriums. DStZ. 9, 231.

Abs. 1 I 3.

1. Die Steuerpflicht aus § 2 Abs. 1 Nr. I 3 erfaßt auch die Prämienreserven der Leibrentenversicherungen, die mit Versicherungsgesellschaften der im § 2 Abs. 1 Nr. I 3 bezeichneten Art abgeschlossen sind. RFH. 5. Nov. 20 S. 3, 338.

Abs. 1 I 4.

2. Berechnung der Kapitalertragsteuer von Sparkassenzinsen. RFM. 15. Okt. 20, RStBl. 1920, 633.
3. Kapitalertragsteuer für vereinbarte Zinsen. RFM. 23. Juli 20, RStBl. 1920, 457.

§ 3.

1. Verordnung zur erleichterten Durchführung der Steuerbefreiungen im § 3. RFM. 29. Aug. 20, RStBl. 1920, 593.
2. Berichtigung der Verordnung vom 29. Aug. 20 zur erleichterten Durchführung der Steuerbefreiungen im § 3. RFM. 27. Sept. 20, RStBl. 1920, 551.

   Dazu Ziegler, Aus der Praxis des Kapitalertragsteuergesetzes. NStR. 1920, 182.

Abs. 1 Nr. 2 a.

3. Die Erträge der von der Reichspostverwaltung in Wertpapieren und Schuldbuchforderungen angelegten Postscheckguthaben sind nicht auf Grund § 3 Abs. 1 Ziff. 2 a von der Kapitalertragsteuer zu befreien. RFH. 21. Okt. 20 S. 3, 311.

Abs. 1 Nr. 3.

Lit. Kapitalertragsteuergesetz und Bankgewerbe. BA. 19, 161.

4. Die Begriffsbestimmung der öffentlichen Sparkasse im Sinne von § 3 Abs. 1 Nr. 1 ist die gleiche wie nach T Nr. 10 RStempG. 1918. RFH. 5. Nov. 20 S. 4, 24.

Abs. 1 Nr. 8.

Lit. Wünschmann, Kapitalertragsteuer, wenn der Schuldner die gleiche Person ist? NStR. 1920, 269.

Abs. 1 Nr. 9.

Lit. *Blümich, Berücksichtigung der zu Kriegsanleihezwecken aufgenommenen Darlehen bei der Kapitalertragsteuer. StA. 1920, 173. — Kless, Der § 3 Nr. 9 des Kapitalertragsteuergesetzes vom 29. März 20 in der Praxis. NStR. 1920, 318.*

Abs. 1 Nr. 10.

Lit. *Koeppel, Die Befreiung der Schachtelgesellschaften von der Kapitalertragsteuer. DStZ. 9, 231.*

Abs. 3.

Lit. *Guba, Zur Frage der Erstattung der Kapitalertragsteuer. NStR. 1920, 247.*

5. Erlass über die Erstattung der Kapitalertragsteuer an Rentner mit steuerfreiem Einkommen. RFM. 17. Juli 20, RStBl. 1920, 383.

§ 4.

Abs. 4.

Lit. *Sammelunternehmungen. Vgl. zu § 86 AO.*

Abs. 6.

1. Die Befreiung nach § 3 kann regelmäßig nicht durch einen allgemeinen Befreiungsantrag, sondern nur in der Weise geltend gemacht werden, daß aus einem der gesetzlichen Befreiungsgründe die Erstattung bestimmter nachweislich entrichteter Steuerbeträge verlangt wird. RFH. 5. Nov. 20 I A 193/20 S. 4, 24.

§ 14.

Lit. *Pariser, Berechnung der Kapitalertragsteuer für die Uebergangszeit. IndMitt. 1920, 142.*

17.

Gesetz gegen die Kapitalflucht

vom 8. September 1919 (RGBl. S. 1540).

(KapFlG.)

1. Bekanntmachung über die Geltung der Verordnung über Massnahmen gegen die Kapitalabwanderung in das Saarbeckengebiet vom 27. April 20 (RGBl. S. 843). Vom 15. Juni 20, RStBl. S. 367.
2. Verordnung über die Verlängerung der Geltungsdauer des Gesetzes gegen die Kapitalflucht vom 8. Sept. 19. Vom 28. Sept. 20 (RGBl. S. 1688).

§ 8.

Lit. *Kiessel, Zwei Redaktionsfehler im Gesetz und den Verordnungen gegen die Kapitalflucht. DJZ. 1920, 458 (Notwendigkeit gesetzlicher Verlängerung der Geltungsdauer des Gesetzes und der Verordnungen vom 24. Okt. 19 und vom 14. Jan. 20).*

18.
Verordnung über Maßnahmen gegen die Kapitalflucht
vom 24. Oktober 1919 (RGBl. S. 1820).
(KapFlV. I.)

Lit. Glatzer, Eine Vorbotin der Reichsabgabenordnung. StA. 1920, 8.

1. Ungültigkeit der V. LG. Berlin, DStZ. 9, 150. *Dazu: Karger, DStZ. 9, 149 und AStR. 1920, 1, auch HoldhM. 1919, 156; ferner Reinach, Ist die Verordnung vom 24. Okt. 19 über Massnahmen gegen die Kapitalflucht rechtsgültig? AStR. 1920, 1. — Zedermann, Depotzwang und Kapitalflucht. NStR. 1920, 88. — Lewin, Gelten die Vorschriften der Verordnung gegen die Kapitalflucht vom 24. Okt. 19 auch für Niederlassungen ausländischer Banken im Gebiete des Deutschen Reiches? DStBl. 2, 290.*

19.
Zweite Verordnung über Maßnahmen gegen die Kapitalflucht
vom 14. Januar 1920 (RGBl. S. 50).
(KapFlV. II.)

§ 1.

1. Das Landesfinanzamt kann einer Bank den geschäftsmäßigen Betrieb von Depot- und Depositengeschäften nach § 1 Abs. 1, § 12 der zweiten Verordnung über Maßnahmen gegen die Kapitalflucht vom 14. Jan. 20 in Verbindung mit § 8 der betreffenden ersten Verordnung vom 24. Okt. 19 erst untersagen, wenn die Voraussetzungen in Abs. 1 dieses § 8 erfüllt sind, insbesondere also eine Verurteilung der Bankleitung wegen vorsätzlicher Zuwiderhandlung vorausgegangen ist. RFH. 21. Sept. 20 S. 3, 298 = NStR. 1920, 334.

20.

Kohlensteuergesetz

vom 8. April 1917 (RGBl. S. 340),

in seiner Gültigkeit verlängert bis 31. März 1921 (G. v. 31. Juli 1920, RGBl. S. 1481).

(KohStG.)

Lit. *Erläuterte Ausgaben: Raumer u. Moll, 2. A. (C. Heymann, Berlin 1919). — Zedermann u. Morenhoven (Industrieverlag Späth u. Linde, Berlin 1917).*

§ 1.

1. Die Kohlensteuer ist eine Verbrauchsabgabe; vgl. zu § 217 AO. unter Nr. 1.

§ 3.

Abs. 1.

1. Bei Lieferungen der am Syndikate beteiligten Zechen an das Rheinisch-Westfälische Kohlensyndikat und bei Verkäufen durch dieses Syndikat ist unter der Herrschaft des Syndikatsvertrags vom 14. Sept. 15 nicht die Lieferung der syndizierten Zechen an das Syndikat sondern der Verkauf durch das Syndikat kohlensteuerpflichtig. Die syndizierten Zechen können entsprechend ihrer Beteiligung am Erlös auf Zahlung der Steuer in Anspruch genommen werden. RFH. 21. Juli 20 S. 3, 231 = IndMitt. 1920, 145 = DJZ. 1920, 720 = NStR. 1920, 311.
2. Der Senat hält an der Entscheidung vom 21. Juli 20 (unter Nr. 1) fest, daß bei den Kohlenverkäufen des Rheinisch-Westfälischen Kohlensyndikats die Verkäufe des Syndikats kohlensteuerpflichtig sind. Ein kohlensteuerpflichtiger Verkauf im Sinne des § 3 Abs. 1 liegt auch dann vor, wenn derjenige, der die Kohle liefert, durch einen Angestellten zwar für seine Rechnung, aber im eigenen Namen verkauft.

   Gesellschaften des bürgerlichen Rechtes können als solche kohlensteuerpflichtig sein. Die einzelnen Gesellschafter haften für die Kohlensteuer in der Regel als Gesamtschuldner. RFH. 29. Sept. 20 II A 258/20 (nicht veröffentlicht).

§ 5.

Abs. 1.

1. Die Befreiungsvorschrift im § 5 Abs. 1 greift auch Platz für Kohlen, die das Werk von anderer Seite bezogen hat.

   Beim Tagebau umfaßt der steuerfreie Bergwerksbetrieb die Abraumarbeiten und ähnliche der Förderung ausschließlich dienende Verrichtungen selbst insoweit, als sie der eigentlichen Förderung zeitlich vorangehen. RFH. 29. Okt. 19 (S. 1, 254; vgl. Bd. I S. 39 Nr. 1) auch Ind.-Mitt. 1920, 17 = NStR. 1920, 94 = DJZ. 1920, 316 = DStBl. 2, 605.

2. Zum Betriebe des Bergwerkes im Sinne des § 5 Abs. 1 gehört nicht der Betrieb einer dem Bergwerkseigentümer gehörigen Ziegelei, in der dieser den von seinen Grundstücken gewonnenen Ton zu Ziegeln verarbeitet, die ausschließlich zum Grubenausbau in seinem Bergwerk Verwendung finden. RFH. 29 Sept. 20 S. 3, 276.
3. Wird gewonnene elektrische Arbeit außer zu steuerfreien Zwecken auch zu nicht steuerfreien Zwecken verwertet oder an Dritte abgegeben, so darf der von der Steuervergütung zu kürzende Betrag nicht nach den für alle Bergwerke durchschnittlich errechneten Sätzen, sondern nur nach den tatsächlichen Verhältnissen des steuerpflichtigen Bergwerks ermittelt werden. RFH. 26. Nov. 19 S. 2, 43 = IndMitt. 1920, 90.

Abs. 2.

4. Die Steuerbefreiung des § 5 Abs. 2 findet auch auf Hausbrandkohlen Anwendung, die den Arbeitern und Angestellten eines mit dem Bergwerk verbundenen Kokereibetriebs sowie deren Witwen und den Invaliden gewährt werden. RFH. 4. Febr. 20 S. 2, 143 = DJZ. 1920, 469 = IndMitt. 1920, 90 = NStR. 1920, 141.

§ 8.

Lit. *Saberesky, Kohlensteuer und Kohlenausfuhrgebühr.* *NStR. 1920, 186.*

Abs. 1.

1. Ein Vertrag, wonach ein Zechenbesitzer einen Teil der Förderung einer Zeche auf Jahre hinaus gegen Erstattung der Selbstkosten und einmalige Zahlung einer bedeutenden, zum Ausbau dieser Zeche zu verwendenden Summe zu liefern hat, kann ein Kaufvertrag im Sinne des § 8 Abs. 1 sein. Bei der Ermittlung des Entgelts nach § 8 Abs. 1 Satz 2 ist zu beachten, daß die einmalige Zahlung im voraus geleistet wird. RFH. 28. Juli 20 S. 3, 237.
2. Kein Steuerabzug. Von dem Verkaufspreise für Kohle kann bei der Steuerberechnung nach §§ 6, 8 die nach altenburgischem Rechte erhobene Förderabgabe selbst dann nicht gekürzt werden, wenn sie den Abnehmern gesondert in Rechnung gestellt wird. RFH. 9./21. Mai 19 (S. 1 B, 38 = PrZBl. 1919, 194; vgl. Bd. I S. 39 Nr. 3) auch abgedruckt AStR. 1920, 89 = ZschrfZollw. 1920, 29.
3. — Die in den Kohlenverkaufspreis eingerechnete Umsatzsteuer darf bei Berechnung der Kohlensteuer von dem Verkaufspreis nicht in Abzug gebracht werden. RFH. 17. Sept. 19 (S. 1, 176 = DStZ. 8, 179 = DJZ. 1919, 1025; vgl. Bd. I S. 39 Nr. 1) auch ZschrfZollw. 1920, 47 = JW. 1920, 160 *(mit Besprechung von Heinemann)* = NStR. 1920, 142.
4. Zinsen von einer fälligen Kaufschuld sind nicht als ein neben dem Verkaufspreis gewährter Vorteil im Sinne des § 8 Abs. 1 Satz 2 KohStG. anzuziehen. RFH. 16. April 20 S. 2, 282 = IndMitt. 1920, 168 = NStR. 1920, 227.

Abs. 2.

5. Ueber Syndikate vgl. zu § 3 unter Nr. 1.

§ 10.

Abs. 1.

1. Wenn der angegebene Verkaufspreis im Sinne des § 10 Abs. 1 nicht zutreffend ist, ist zunächst der zutreffende Verkaufspreis zu ermitteln und zu prüfen, ob dieser im Mißverhältnisse zu den sonst ab Grube erzielten Preisen steht. Ob ein Mißverhältnis im Sinne des § 10 Abs. 1 vorliegt, ist nach der Zeit des Abschlusses zu prüfen; die wirtschaftlichen Verhältnisse, unter deren Einwirkung der Vertrag geschlossen ist, sind zu berücksichtigen. **RFH.** 28. Juli 20 S. 3, 237 = IndMitt. 1920, 169.

§ 11.

Abs. 2.

1. Gegen einen Bescheid über den Wert der Kohle ist die Rechtsbeschwerde nicht zulässig. **RFH.** 26. Nov. 19 S. 2, 43 (früheres Recht).
2. Jetzt anders: Soweit § 11 den Rechtsweg im ordentlichen Rechtsmittelverfahren einschränkt, ist er durch die §§ 451, 217, 219 AO. aufgehoben. **RFH.** 28. Juli 20 S. 3, 237 = IndMitt. 1920, 169.

§ 12.

1. Aus Rechtsgründen kann ein Erstattungsanspruch nicht darauf gestützt werden, daß die Bezahlung einer versteuerten Kohlensendung unterblieben ist.

   Erstattungsansprüche aus § 59 AusfBest. zum KohStG. sind nur im Verwaltungswege verfolgbar. **RFH.** 24. Sept. 20 S. 3, 278.

21.
Körperschaftssteuergesetz
vom 30. März 1920 (RGBl. S. 393).

(KörpStG.)

Lit. *Erläuterte Ausgaben von* ***Geiler*** *(J. Bensheimer, Mannheim 1921).* — ***Rosendorff*** *(Industrieverlag Späth u. Linde, Berlin 1921).*

Ferner: ***Blankenburg****, Die Körperschaftssteuer, insbes. der Erwerbsgesellschaften. BA. 19, 151.* — ***Dirr****, Der Entwurf eines Körperschaftssteuergesetzes. DJZ. 1920, 185.* — ***Friedmann****, Der Entwurf des Körperschaftssteuergesetzes. NStR. 1920, 63.* — ***Heiss****, Das Körperschaftssteuergesetz. NStR. 1920, 159.* — ***Homburger*** *bei Marcuse, Das neue Reichssteuerrecht (Herm. Sack, Berlin 1920), S. 311.* — ***Isay****, Das neue Steuerrecht der Berggewerkschaften und Bohrgesellschaften. Steuerr. Einzelschriften (Verein. wissensch. Verleger, Berlin u. Leipzig 1920), Heft 4.* — ***Rosendorff****, Das Körperschaftssteuergesetz. DStZ. 9, 41.* — ***Müller****, Die geplante Nichtabzugsfähigkeit der Körperschaftssteuer der Erwerbsgesellschaften. IndMitt. 1920, 24.* — ***Noest****, Die neuen Reichssteuern, Heft 8 (Industrieverlag Späth u. Linde, Berlin 1920).*

§ 1.

Lit. ***Beuck****, Umwandlung von Gesellschaftsformen aus steuerlichen Gründen. DStZ. 9, 197.* — ***Sienz****, Die Gesellschaften im neuen Einkommensteuerrecht. DStZ. 9, 91.* — ***Böttcher****, Die Gesellschaften im neuen Einkommensteuerrecht. Kritische Bemerkungen zu dem Aufsatz von Dr. Sienz. DStZ. 9, 177.* — ***Oppenheim****, Zum Steuerproblem der G. m. b. H. DStZ. 9, 226.* — ***Hachenburg****, Die „G. m. b. H. & Co." und ihre steuerrechtliche Bedeutung. DStZ. 9, 29.*

§ 2.

Nr. 4.

Lit. *Sammelunternehmungen. Vgl. zu § 86 AO.*

§ 12.

Lit. ***Pariser****, Die Berechnung der Körperschaftssteuer. IndMitt. 1920, 83.* — ***Müller****, Die Berechnung der Körperschaftssteuer bei Erwerbsgesellschaften. DStZ. 9, 130.*

22.

Gesetz über eine außerordentliche Kriegsabgabe für das Rechnungsjahr 1918

vom 26. Juli 1918 (RGBl. S. 964).

(KrAbgG. 1918.)

Lit. *Erläuterte Ausgaben von Buck (Schwann, Düsseldorf 1919). — Erler (Rossberg, Leipzig 1918). — Friedländer (J. Guttentag, Berlin 1918). — Kahn u. Blum (J. Schweitzer Verlag, München 1918). — Koppe-Varnhagen (Industrieverlag Späth u. Linde, Berlin 1918). — Rheinstrom (C. H. Beck, München 1918). — Stier-Somlo (Frz. Vahlen, Berlin 1918). — E. Zimmermann (J. Hess, Stuttgart 1918).*

Ferner Haase, Die Geltung der Kriegsabgabengesetze für die abgetretenen Gebiete. DStZ. 8, 244. — Lion, Welche Anträge sind erforderlich, um für die Kriegsabgabe die zulässigen Erleichterungen zu erlangen? ZStFr. II, 1920, Heft 2. — Marcuse, Das neue Reichssteuerrecht (Herm. Sack, Berlin 1920) S. 207.

Im Allgemeinen wird auf die zum KrStG. 1916 gegebenen Entscheidungen verwiesen.

Abgabepflicht der Einzelpersonen.

§ 1.

1. Ausländer, die am 31. Dez. 1917 einen Wohnsitz in Deutschland hatten, sind nach dem KrAbgG. 1918 vom 26. Juli 18 auch dann steuerpflichtig, wenn sie ihren inländischen Wohnsitz vor Inkrafttreten dieses Gesetzes aufgegeben hatten. **RFH.** 14. Okt. 19 RStBl. 1920, 47 = DStBl. 2, 294.
2. Jeder Ausländer, der am Stichtage für die Kriegsabgabe 1918 nach § 11 BesStG. besitzsteuerpflichtig sein würde, ist auch nach § 1 KrAbgG. 1918 kriegssteuerpflichtig. **RFH.** 28. April 20 RStBl. 1920, 443 = RStR. 1920, 239.
3. Kriegsabgabepflicht der Auslandsdeutschen, die bei Kriegsausbruch nach Deutschland kamen.

   Dehnte sich der unter den Zwangsverhältnissen gewählte Aufenthalt in Deutschland mehrere Jahre aus, ohne daß am Stichtag, 31. Dez. 17, das Ende überhaupt vorausgesehen werden konnte, so kann die Abwesenheit des Flüchtlings vom bisherigen ausländischen Wohnort nicht mehr als eine vorübergehende Unterbrechung des ausländischen Aufenthalts angesehen werden und es kann für die Frage des Aufenthalts dem Rückkehrwillen keine ausschlaggebende Bedeutung beigemessen werden. **RFH.** 3. Febr. 20 S. 2, 165.

§ 2.

1. Der Kriegsabgabe nach dem Kriegsabgabegesetz 1918 ist auch das Mehreinkommen der Personen unterworfen, die nach dem 31. Dez. 17, aber vor dem Inkrafttreten des Gesetzes gestorben sind. RFH. 27. Febr. 20 S. 2, 213 = ZStFr. II, 1920, 166 = RStR. 1920, 179.

§ 4.

Abs. 1.

1. Begriff der allgemeinen landesgesetzlichen Jahresveranlagung zur Einkommensteuer i. S. von § 4. RFH. 6. Nov. 19 [S. 1, 267, vgl. Bd. I S. 40 Nr. 1] auch RStBl. 1920, 21 = DStBl. 2, 413.

Abs. 3.

2. Wenn keine drei Jahresveranlagungen vorliegen, ist für das Antragsrecht des Steuerpflichtigen auf Zugrundelegung des durchschnittlichen Friedenseinkommens nach Abs. 3 des § 4 kein Raum. RFH. 6. Nov. 19 [S. 1, 267; vgl. Bd. I S. 40 Nr. 2] auch DStBl. 2, 413 = RStBl. 1920, 21.
3. Die Vorschrift des § 4 Abs. 3 stellt sich als eine Ausnahme von der gesetzlichen Regel des Abs. 1 dar und ist nur anwendbar, wenn tatsächlich drei inländische Jahresveranlagungen i. S. des Abs. 1 vorliegen. RFH. 9. Dez. 19 S. 2, 86 = RStBl. 1920, 47 = RStR. 1920, 107 = DStZ. 9, 13.
4. Friedenseinkommen und Kriegseinkommen nach §§ 4 und 8 in Preußen (dreijähriger Durchschnitt). RFH. 29. Sept. 20 S. 4, 97 = RStR. 1920, 187.

§ 5.

1. Wenn das von dem Abgabepflichtigen nachgewiesene Einkommen, das er im Jahre 1913 oder im Durchschnitt der Jahre 1911, 1912, 1913 tatsächlich bezogen hat, 5 vom Hundert des bei Eintritt der Steuerpflicht vorhandenen Vermögens übersteigt, so ist es als Friedenseinkommen zu berücksichtigen, auch wenn es ganz im Ausland erworben oder dort veranlagt war. RFH. 1. Juli 19 [S. 1, 165 = DStBl. 2, 103; vgl. Bd. I S. 40 Nr. 1] auch DStZ. 8, 258 = DJZ. 1920, 237 = RStR. 1920, 90.

§ 6.

1. Einkommen der Abkömmlinge aus den beim Wehrbeitrag angerechneten Gesamtgutsanteilen im Falle der fortgesetzten Gütergemeinschaft. RFM. 22. Okt. 20, RStBl. 1920, 631.
2. Feststellung des Friedenseinkommens bei einem auf den Friedensstichtag frei veranlagten Steuerpflichtigen, der nach dem Stichtag Einkommen aus privilegiertem Vermögen i. S. von § 3 Abs. 1 Nr. 1—3 KrStG. erlangt hat. RFH. 23. April 20 S. 2, 344.
3. a) Unter Vermögen i. S. des § 6 ist das im Besitzsteuergesetz umschriebene steuerbare Vermögen zu verstehen. b) Zu diesem Vermögen kann auch das von Todes wegen auf den Abgabepflichtigen übergegangene Recht auf Nutzung eines Pachtgrundstücks gehören. c) Der Wert eines solchen Pachtrechts bemißt sich nach dem Unterschiede zwischen dem Pachtzins, den der Abgabepflichtige vom Eintritt in das Pachtverhältnis ab bis zum Pacht-

ende tatsächlich zu entrichten hat, und dem Pachtzins, den er bei Abschluß eines neuen Pachtvertrages unter den veränderten Verhältnissen für den gleichen Zeitraum zu entrichten hätte. RFH. 16. Juni 20 S. 3, 182.

4. Erlangt ein Minderjähriger innerhalb des Veranlagungszeitraums durch Erbanfall Vermögen, an dem der Inhaber der elterlichen Gewalt die Nutznießung hat, so kann dieser verlangen, daß seinem Friedenseinkommen 5 % des Vermögenswertes zugerechnet werden. RFH. 7. Okt. 20 S. 4, 1 = DJZ. 1920, 916 = DStZ. 9, 240.

5. Voraussetzung für die Anwendung des § 6 ist, daß nach dem maßgebenden Stichtag Vermögen angefallen ist, dessen Nutzung zu einem Einkommen für den Abgabepflichtigen führt.

Der Vermögensanfall braucht nicht zugunsten des Abgabepflichtigen eingetreten zu sein; es genügt, wenn der Abgabepflichtige im Zusammenhange mit dem einem Dritten angefallenen Vermögen Bezieher des Einkommens daraus wird.

Ein solcher Vermögensanfall liegt nicht vor, wenn durch Vertrag unter Lebenden eine Erhöhung des Gewinnanteils des einen Teilhabers einer offenen Handelsgesellschaft für den Fall und vom Zeitpunkt des Todes des anderen Gesellschafters ab verabredet ist.

In dem Wegfall eines Nutznießungsrechts liegt der Fortfall einer Belastung; dagegen kann darin weder der Erwerb eines Vermögens noch die Erlangung von Einkommen durch Erbanfall oder einen anderen Anfall i. S. von § 3 Abs. 1 Nr. 1 bis 3 KrStG. 1916 erblickt werden. RFH. 8. Aug. 19 [S. 1, 184, 188 = DStBl. 2, 99, 103; vgl. Bd. I S. 41 Nr. 1] auch DStZ. 8, 259 = DJZ. 1920, 237 = StA. 1920, 17.

6. Renten. Kommt für die Zurechnung zum Friedenseinkommen ein Rentenrecht in Frage, so ist nicht der Jahresbetrag der Rente, sondern ein Betrag von 5 % des kapitalisierten Rentenwerts zuzurechnen. Der hiervon abweichende § 6 Abs. 1 Satz 2 KrAbgG. 1919 hat keine rückwirkende Kraft. RFH. 22. Oktober 20 III A 92/20 (nicht veröffentlicht).

7. — Ist dem Abgabepflichtigen nach dem für die Friedensveranlagung maßgebenden Stichtag ein Rentenvermächtnis angefallen, so ist dem Friedenseinkommen ein Betrag von 5 vom Hundert des nach § 38 BesStG. zu berechnenden Wertes des Rentenbezugsrechtes hinzuzurechnen. Als Friedenseinkommen gilt in Preußen nicht das ziffermäßig ermittelte Einkommen, sondern gemäß § 10 Abs. 1 KrAbgG. 1918 das niedrigste Einkommen der Steuerstufe, in welcher der Abgabepflichtige zur Landeseinkommensteuer veranlagt ist. RFH. 5. Nov. 20 III A 65/20 S. 4, 7.

8. Unrichtig ist es, die 5 % dem tatsächlichen Einkommen zuzurechnen und erst von dem Gesamtbetrag das niedrigste Stufeneinkommen zugrunde zu legen (in Preußen). RFH. 5. Nov. 20 III A 115/20 S. 4, 22.

9. Ist dem Steuerpflichtigen im Wege des Erbganges ein Vermögen zugefallen, an dem einem anderen der Nießbrauch zur Hälfte zusteht, so ist die Hinzurechnung nur in Höhe von 5 % der Vermögenshälfte zulässig, nicht aber in Höhe von 5 % des ganzen Vermögenswerts unter Abzug des Nießbrauchkapitalwerts. RFH. 5. Nov. 20 III A 115/20 S. 4, 22.

10. Unbegründet ist das Verlangen, dem Friedenseinkommen den Betrag des Einkommens hinzuzurechnen, das das angeblich nach dem Beginne des Krieges ererbte Vermögen tatsächlich erbracht hat.

Wegen Ausübung eines aus dem Nachlaß angefallenen Optionsrechtes, in Ausübung dessen der Erwerb eines Unternehmens durch Rechtsgeschäft unter Lebenden erfolgt, kann keine Hinzurechnung zum Friedenseinkommen verlangt werden. Das Optionsrecht erschöpft sich durch Erwerb des Geschäfts; Einkommen wird daraus nicht erzielt. Das Einkommen fließt vielmehr aus dem durch Rechtsgeschäft unter Lebenden erworbenen Vermögen. Solches Einkommen ist durch § 6 nicht bevorzugt. RFH. 11. Nov. 19 DStBl. 2, 470.

11. Das Verlangen, dem Friedenseinkommen 5 vom Hundert des ererbten Vermögens hinzuzurechnen, muß spätestens im Rechtsmittelverfahren, solange die Berücksichtigung neuer Tatsachen und Beweismittel noch zulässig ist, gestellt werden. RFH. 9. April 20 S. 2, 297.

§ 7.

Lit. A. L., Die steuerliche Vorausbelastung des Einzelkaufmanns gegenüber den Gesellschaften (juristischen Personen) bei der Kriegsabgabe vom Mehreinkommen. AStR. 1920, 129.

1. Der Betrag von 10 000 Mk. soll der Mindestbetrag sein, der als Friedenseinkommen einschließlich etwaiger Zurechnungen nach § 6 anzusetzen ist. RFH. 14. Okt. 19 DStBl. 2, 295.

§ 8.

1. Nach § 8 gilt als Kriegseinkommen das steuerpflichtige Jahreseinkommen, mit dem der Steuerpflichtige bei der Jahresveranlagung für das Rechnungsjahr 1918 veranlagt worden ist. Irgendwelche Zuschläge zu diesem Einkommen oder Abzüge davon für die Zwecke der Feststellung der Kriegsabgabe sind ausgeschlossen. RFH. 30. Sept. u. 17. Okt. 19 DStBl. 2, 295.
2. Der nach dem hamburgischen EinkStG. von der Besteuerung ausgeschlossene Gewinnanteil aus Beteiligung an einer G. m. b. H. bleibt auch für die Kriegsabgabe 1918 außer Betracht. RFH. 30. Sept. 19 JW. 1920, 796 (*mit Besprechung von Görres*).
3. Die Ermächtigung nach § 8 Satz 2 erstreckt sich nur auf den Erlaß allgemeiner Anordnungen, nicht auf solche Anordnungen für Einzelfälle. RFH. 14. Okt. 20 III A 97/20 (nicht veröffentlicht).
4. Eine gemäß § 8 Satz 2 von einer obersten Landesfinanzbehörde erlassene Bestimmung ergreift sämtliche Einkommen, die in ihrem Geltungsgebiet veranlagt worden sind, auch wenn sie nach § 8 AusfBest. mit Einkommensteilen zusammenzurechnen sind, die der Besteuerung in anderen Ländern unterliegen. RFH. 6. Okt. 20 III A 87/20 S. 3, 35.

§ 9.

1. Unter § 9 fallen auch die Offiziere, Sanitäts- und Veterinäroffiziere der Reserve und der Landwehr, die seither zur Disposition gestellten oder verabschiedeten, im Kriege aber wieder verwendeten Offiziere, Sanitäts- und Veterinäroffiziere und oberen Militärbeamten, sowie die vorübergehend in Stellen von oberen Militärbeamten verwendeten Personen.

RFH. G. 14. Jan. 19 [S. 1 B, 27 = AM. 1919, 41 = StA. 1919, 147 = JW. 1919, 746 (*mit Besprechung von* ***Marcuse***); vgl. Bd. I S. 41 Nr. 1] auch abgedruckt DStBl. 2, 298.

§ 10.

Abs. 1.

1. In Preußen findet eine rechtskräftige Feststellung des steuerpflichtigen Einkommens bei der Einkommensteuerveranlagung i. S. des § 10 Abs. 1 nicht statt. Nach § 41 PrEinkStG. wird nur der Steuersatz festgestellt. **RFH.** 14. Okt. 19 DStBl. 2, 295.

Abs. 2.

2. Die Ermäßigung der Einkommensteuer auf Grund eines nach § 63 PrEinkStG. gestellten Antrags ist keine Berichtigung der maßgebenden Jahresveranlagung i. S. von § 10 Abs. 2. **RFH.** 7. Okt. 19 [S. 1, 244 = DJZ. 1920, 154; vgl. Bd. 1 S. 41 Nr. 1] auch DStBl. 2, 352 = DStZ. 8, 258.
3. Eine „Berichtigung" der landesgesetzlichen Jahresveranlagung im Sinne des § 10 Abs. 2 KrAbgG. 1918 liegt nur vor, wenn bei richtiger Beurteilung der Sachlage die Veranlagung von Anfang an schon für den Stichtag, für den die Jahresveranlagung zu erfolgen hatte, in der Weise hätte erfolgen müssen, wie es durch die sie abändernde Entscheidung geschieht. Daher ist eine Ermäßigung nach § 64 PrEinkStG. keine Berichtigung i. S. des § 10 Abs. 2 KrAbgG. 1918. **RFH.** 16. Dez. 19 ZStFr. II, 1920, 136.
4. Wird die auf den Ehemann veranlagte Einkommensteuer nach dessen Tode in Abgang gestellt (§ 64 PrEinkStG.) und von dem Tage ab die Witwe neuveranlagt, so liegt hierin keine Berichtigung der veranlagten Steuer des Ehemanns. **RFH.** 14. Okt. 19 [S. 1, 247; vgl. Bd. I S. 41 Nr. 2] auch DStBl. 2, 353 = DStZ. 8, 258.
5. Eine Erhöhung oder Minderung des Steuersatzes in dem Falle des Art. 9 Abs. 1 des badischen Einkommensteuergesetzes in der Fassung vom 27. Mai 1910 (BadGVBl. 1910 S. 217 ff.) ist keine Berichtigung i. S. des § 10 Abs. 2 KrAbgG. 1918, auch dann nicht, wenn sie mit Rückwirkung vom Beginne des Steuerjahrs ab oder von einem noch früheren Zeitpunkt ab erfolgt. **RFH.** 29. Sept. 20 III A 4/19 (nicht veröffentlicht).
6. Die erste Veranlagung eines Kriegsabgabepflichtigen zur Kriegsabgabe ist von der Rechtskraft der Landeseinkommensteuer unabhängig. Sobald die erste Rechtsmittelentscheidung ergangen ist, ist eine Berichtigung i. S. des § 10 Satz 2 herbeigeführt. Dem Abgabepflichtigen steht ein Recht auf Aussetzung des Veranlagungsverfahrens bis zur Entscheidung desjenigen Verfahrens, mit welchem eine Aenderung der landesrechtlichen Einkommensteuerveranlagung erstrebt wird, nicht zu. Es steht dem Abgabepflichtigen frei, auf Grund des § 10 Abs. 2 eine Aenderung seiner Kriegsabgabeveranlagung zu verlangen, falls seine Landeseinkommensteuerveranlagung eine Aenderung erfährt. **RFH.** 18. Nov. 19 S. 2, 105 = RStBl. 1920, 48 = DStBl. 3, 35.

§ 14.

1. a) § 14 ist nicht eine reine Erhebungsvorschrift.
   b) Berechnung der Mehreinnahmen nach § 14 bei Dividenden, die zufolge des § 19 Abs. 4 SächsEinkStG. nur zum Teil in das Kriegseinkommen eingerechnet sind.

c) Berechnung der unerhoben zu lassenden Kriegsabgabe. RFH. 28. Mai 20 S. 3, 115 = RStBl. 1920, 443 = ZStFr. II, 1920, 148 (*mit Besprechung von Strutz*).

2. a) Der Senat hält an der in dem Urteil vom 28. Mai 20 (Nr. 1) vertretenen Auffassung fest, daß jedenfalls dann, wenn der Antrag auf Anwendung der Wohltat des § 14 im Veranlagungs- und Rechtsmittelverfahren gestellt wird, hierüber auch von den Rechtsmittelinstanzen im engeren Sinne zu entscheiden ist.
b) Für die Anwendung des § 14 genügt es, daß nachweislich eine Mehreinnahme aus Geschäftsanteilen einer G. m. b. H. in dem veranlagten Kriegseinkommen des Abgabepflichtigen enthalten ist. Nicht erforderlich ist, daß die Mehreinnahme aus einer noch im Betriebe befindlichen G. m. b. H. herrührt und daß sie unmittelbar in dem der Veranlagung des Kriegseinkommens (§ 8) vorausgegangenen Jahre ganz oder zum Teil erzielt sein müßte. RFH. 6. Okt. 20 III A 24/20 S. 4, 66.

§ 15.

1. Der Veranlagung für die Kriegsabgabe 1918 zugrunde zu legen ist die auf den 31. Dez. 16 auf Grund des § 55 BesStG. von der Veranlagungsbehörde in ihren Akten erfolgte Feststellung des Vermögens des Steuerpflichtigen, auch wenn ihm weder ein Besitzsteuer- noch Feststellungs- noch Kriegssteuerbescheid auf den 31. Dez. 16 erteilt worden ist. Er kann diese Vermögensfeststellung mit den Rechtsmitteln gegen die Veranlagung zur Kriegsabgabe 1918 (§ 35) anfechten, es sei denn, daß ihm auf den 31. Dez. 16 auf Grund des § 65 Abs. 1 BesStG. ein rechtskräftiger Besitzsteuer- oder Feststellungsbescheid erteilt ist. RFH. 23. Sept. 19 [S. 1, 223 = DJZ. 1920, 154; vgl. Bd. I S. 42 Nr. 1] auch DStZ. 9, 13 = DStBl. 2, 299, 512.
2. In den Fällen, in denen nicht nach §§ 16, 17 des Gesetzes eine Neufeststellung des Vermögens auf den 31. Dez. 17 stattzufinden hat, ist die Abgabe vom Vermögen nach dem Vermögen zu berechnen, das für die Besitzsteuer auf den 31. Dez. 16 festgestellt worden ist. Einwendungen des Inhalts, daß diese Vermögensfeststellung unrichtig sei, sind jedenfalls dann nicht mehr zulässig, wenn aus Anlaß der Besitzsteuerveranlagung ein Steuerbescheid ergangen ist. RFH. 9. Sept. 19 I A 145/19 (nicht veröffentlicht).
3. Ein zu Unrecht ergangener, aber rechtskräftig gewordener Feststellungsbescheid auf den 31. Dez. 16 bleibt für das KrAbgG. 1918 maßgebend. RFH. 17. Juni 20 S. 2, 205 = RStR. 1920, 178.
4. Ist dem Kriegsabgabepflichtigen seinerzeit ein Besitz- oder Feststellungsbescheid nicht zugegangen, so hindert § 15 KrAbgG. 1918 ihn nicht, im Wege der Rechtsmittel gegen den Kriegsabgabebescheid eine anderweite Vermögensfeststellung zu betreiben. RFH. 17. Febr. 20 JW. 1920, 794 (*mit Besprechung von Frankenburger*) = ZStFr. II, 1920, 152 (*mit Besprechung von Strutz*).

§ 17.

1. Als Vermögensminderung i. S. des § 17 kommt nur der tatsächliche Vermögensverlust, nicht der rechnerische Unterschied zwischen der für Ende 1916 fälschlich festgestellten Steuer und der Summe, die hätte festgestellt werden sollen, in Betracht. RFH. 17. Jan. 20 S. 2, 205.

Abgabepflicht der Gesellschaften.

§ 21.

Abs. 2.

1. Abrundung nur beim Unterschiedsbetrag zwischen Friedensgewinn und Geschäftsgewinn. RFH. 21. Juni 20 RStR. 1920, 252.

§ 22.

Vgl. im allgemeinen zu §§ 16, 17 KrStG. 1916.

Abs. 1.

1. Wenn bei der Kriegsabgabeveranlagung für 1918 als Friedensgewinn der gleiche Betrag wie bei der Kriegssteuer für 1916 angesetzt wurde, so kann den im Rechtsmittelweg erhobenen Einwendungen gegen die Berechnung des Friedensgewinns nicht der Hinweis auf die Rechtskraft der Kriegssteuerveranlagung für 1916 entgegengesetzt werden, sondern es ist zu prüfen, ob die Berechnung des Friedensgewinns den Vorschriften in §§ 16, 17 KrStG. 1916 entspricht. [RFH. 27. Mai 19 S. 1, 172 = AM. 1919, 333 = DStZ. 8, 154; vgl. Bd. I S. 42 Nr. 1] auch JW. 1920, 312 (*mit Besprechung von Fürnrohr*).

Abs. 2.

Lit. *Müller, Die Kriegsabgabepflicht der Aufsichtsratstantiemen. IndMitt. 1920, 51. — Müller, Die Nichtabzugsfähigkeit der Aufsichtsratstantiemen bei der Kriegsabgabe vom Mehrgewinn. IndMitt. 1920, 124.*

2. Vergütungen der Aufsichtsratsmitglieder, die erst von der Höhe des Bilanzreingewinns und dessen Festsetzung durch die Gesellschafterversammlung abhängig sind, dürfen bei Berechnung der Kriegsabgabe 1918 weder von dem Geschäftsgewinn der Kriegsgeschäftsjahre noch der Friedensgeschäftsjahre abgesetzt werden. RFH. 27. Nov. 19 S. 2, 101 = RStR. 1920, 93 = DStZ. 9, 12.
3. — Nichtabzugsfähigkeit der Tantieme an Aufsichtsratsmitglieder nach § 22 Abs. 2. RFH. 3. Febr. 20 StA. 1920, 138.
4. — Eine Vergütung der Aufsichtsratsmitglieder, welche nur beim Vorhandensein eines entsprechend hohen Reingewinns zahlbar ist, darf vom Geschäftsgewinne nicht abgesetzt werden, auch wenn sie nicht nach diesem bemessen ist. RFH. 26. März 20 S. 2, 247 = IndMitt. 1920, 130 = RStR. 1920, 225.

Abs. 3.

5. Abzugsfähigkeit der Geschäftsführerbezüge bei Identität der Geschäftsführer und Gesellschafter einer G. m. b. H. RFH. 21. Okt. 19 JW. 1920, 510 (*mit Besprechung von Hachenburg*).
6. — Vgl. auch RFH. 26. Juli 19 S. 2, 183 und zu § 16 KrStG. 1916 unter Nr. 40 ff.
7. — Sind Gesellschafter zu Geschäftsführern einer G. m. b. H. bestellt, so sind Gewinnanteile, die auf Grund eines Dienstvertrags an sie gezahlt werden, insoweit nicht als Betriebskosten abzugsfähig, als nachgewiesen wird, daß ein Teilbetrag in auffallendem Mißverhältnisse zur Leistung der Geschäftsführer steht und deshalb nicht als Entgelt dieser Leistung

angesehen werden kann. Die in solchem Falle teilweise vorliegende verdeckte Gewinnverteilung muß aber kla: erkennbar sein und kann nicht schon dadurch erwiesen werden, daß die Steuerbehörde feststellt, die Gesellschaft hätte sich die Dienste auch billiger verschaffen können. RFH. 26. März 20 S. 2, 266 = ZStFr. II, 1920, 134.

8. — Zum Geschäftsführer oder Prokuristen im Gesellschaftsvertrag bestellter Gesellschafter übt in der Regel sein Amt kraft Dienstvertrags aus. RFH. 14. Juli 20 NStR. 1920, 252.

9. — Verdiente Gehälter geschäftsführender Gesellschafter die im Geschäftsjahr ihrer Fälligkeit wegen schlechten Geschäftsganges unbezahlt blieben und in einem späteren Geschäftsjahr nachgezahlt werden, gehören nicht zu den abzugsfähigen Betriebskosten des Zahlungsjahres. RFH. 9. April 20 S. 2, 276 = IndMitt. 1920, 130 = NStR. 1920, 202.

§ 24.

Vgl. im Allgemeinen zu § 16 KrStG. 1916.

Abs. 1.

1. Die Vorschrift im § 18 Abs. 1 AusfBest. zum KrAbgG. 1918 hat nur insoweit Rechtsgültigkeit, als sie dem Gesetz entspricht. Der an die Genossen ausgezahlte Teil des Reingewinns gilt daher nicht in allen Fällen nicht als Geschäftsgewinn, sondern nur dann, wenn er als eine „Rückvergütung auf den Kaufpreis der von den Genossen bezogenen Waren" anzusehen ist. RFH. 14. Juli 20 S. 3, 192 = NStR. 1920, 275 (vgl. zu § 16 KrStG. 1916 unter Nr. 54, 55).

Abs. 2.

2. Für die Kriegsabgabe 1918 ist der Abzug der im 4. Geschäftsjahre bezahlten Kriegssteuern 1916 stets unzulässig, wenn ihre Zahlung den Geschäftsgewinn gemindert hat. Das ist nicht der Fall, wenn sie einer Sonderrücklage aus einem früheren Geschäftsjahr entnommen ist. RFH. 31. Okt. 19 S. 2, 53 = RStBl. 1920, 24 = JW. 1920, 312 = DStBl. 3, 37.
3. Nach § 24 Abs. 2 ist die im vierten Kriegsgeschäftsjahre bezahlte und auf Unkosten verbuchte Kriegssteuer den Geschäftsgewinne dieses Geschäftsjahres hinzuzurechnen. RFH. 16. März 20 S. 2, 274 = IndMitt. 1920, 130.
4. Nichtabzug der Kriegsabgabe vom Geschäftsgewinn. RFH. 2. März 20 ZStFr. II, 1920, 134.
5. Dem Bilanzgewinn eines Kriegsgeschäftsjahres ist die in ihm tatsächlich gezahlte Kriegssteuer hinzuzurechnen, auch wenn später im Rechtsmittelverfahren die Kriegssteuer herabgesetzt worden ist. RFH. 12. Nov. 20 I A 236/19 S. 4, 56.
6. Der 20%ige Zuschlag zur Kriegssteuer nach dem Gesetze vom 9. April 17 bildet einen Teil der Kriegssteuer im Sinne des § 24 Abs. 2 KrAbgG. 1918, nicht aber der Zuschlag zur Kriegssteuer, der wegen nicht rechtzeitiger Abgabe der Kriegssteuererklärung (§ 25 Abs. 2 KrStG. 1916, § 54 Abs. 2 BesStG.) festgesetzt ist. RFH. 15. Okt. 20 S. 3, 330 = DStZ. 9, 239.

Abs. 3.

7. Begriff und Wesen der Unterbilanz im Sinne von § 24 Abs. 1; Abzugsfähigkeit bei Berechnung des Mindergewinns nach § 25. Be-

handlung des Verlustvortrags. RFH. 17. Okt. 19 S. 2, 77 = NStR. 1920, 117 = DStZ. 9, 13 = DJZ. 1920, 468 = IndMitt. 1920, 189 = JW. 1920, 508 *(mit Besprechung von Görres)* = AStR. 1920, 180.

Dazu Hauser, Ausserordentliche Kriegsabgaben der Gesellschaften. Unterbilanz und Mindergewinn. AStR. 1920, 97.

8. Beschließt eine Gesellschaft gleichzeitig mit der Genehmigung der Bilanz des dritten Kriegsgeschäftsjahrs die Deckung des ausgewiesenen Bilanzverlustes aus einem vorhandenen Reservefonds, so ist sie nicht mit einer Unterbilanz in das vierte Kriegsgeschäftsjahr eingetreten. RFH. 23. März 20 S. 2, 261 = IndMitt. 1920, 130 = NStR. 1920, 201.
9. Eine Unterbilanz im Sinne des § 24 Abs. 3 ist nicht schon dann vorhanden, wenn ein Jahresverlust vorliegt, der aus den Reserven gedeckt werden kann. Vielmehr ist hierzu erforderlich, daß das Grundkapital selbst ganz oder zum Teil verloren ist. RFH. 20. Okt. 20 S. 3, 333 = DStZ. 9, 239 = IndMitt. 1920, 234 = AStR. 1920, 189.

§ 25.

1. Behandlung des Mindergewinns vgl. zu § 24 unter Nr. 7.
2. Mehrfache Berücksichtigung desselben Verlustes als Mindergewinn. RFH. 21. Juni 20 NStR. 1920, 240.
3. Bei Anwendung des § 25 ist, wenn die drei ersten Kriegsgeschäftsjahre die Zeit von 36 Monaten umfassen, deren Gesamtergebnis nicht dem einfachen, auf ein Jahr berechneten Betrage des Friedensgewinns (durchschnittlichen früheren Geschäftsgewinns), sondern dem Betrage gegenüberzustellen, der auf eine Zeitdauer von 36 Monaten trifft. RFH. 12. Juni 19 (S. 1, 111; vgl. Bd. I S. 43 Nr. 1) auch abgedruckt JW. 1920, 671.
4. Wird der Mindergewinn früherer Kriegsgeschäftsjahre durch Gegenüberstellung des nach § 17 Abs. 3 KrStG. 1916 zum Mindestbetrage von sechs vom Hundert des eingezahlten Grund- oder Stammkapitals berechneten Friedensgewinnes mit dem Geschäftsgewinne früherer Kriegsgeschäftsjahre ermittelt, so darf nur dasjenige Grund- oder Stammkapital bei der Berechnung berücksichtigt werden, das am Schlusse des letzten dieser früheren Kriegsgeschäftsjahre bereits eingezahlt war. RFH. 14. Juli 20 S. 3, 252 = NStR. 1920, 298.

§ 26.

1. Im Sinne des § 26 ist eine Aktiengesellschaft nicht schon durch den Generalversammlungsbeschluß über die Veräußerung des Vermögens im ganzen aufgelöst, sondern erst mit Beendigung des Liquidationsverfahrens. Die Liquidation wird durch eine vor Ablauf des Sperrjahrs erfolgende Ausschüttung des Vermögens nicht beendet. RFH. 14. Juli 20 S. 3, 196 = IndMitt. 1920, 210 = NStR. 1920, 252.

Gemeinsame Vorschriften.

§ 32.

1. § 30 AusfBest. enthält nur eine Erhebungsvorschrift. RFH. 22. Juni 20 NStR. 1920, 275.

§ 36.

1. Die Steuerpflicht der Ehefrau eines hamburgischen Steuerpflichtigen ist während ihrer Ehe erloschen und wird erst nach der Auflösung der Ehe durch den Tod des Ehemannes neu begründet. Hat die Ehe an dem für die letzte Friedensveranlagung maßgebenden Stichtage noch bestanden, so ist bei der Veranlagung der Ehefrau zur Kriegsabgabe 1918, wenn die Ehe inzwischen aufgelöst worden ist, nach § 5 des Gesetzes über eine außerordentliche Kriegsabgabe für das Rechnungsjahr 1918 zu verfahren. RFH. 31. Okt. 19 (S. 1, 232; vgl. Bd. I S. 43 Nr. 3) auch RStBl. 1920, 7.

Schlußvorschriften.

§ 43.

Lit. *Görres, Nachträgliche Berichtigung des beim Wehrbeitrag festgestellten Anfangsvermögens. DStZ. 8, 249.*

23.

Gesetz über eine außerordentliche Kriegsabgabe für das Rechnungsjahr 1919

vom 10. September 1919 (RGBl. S. 1567).

(KrAbgG. 1919.)

Lit. *Erläuterte Ausgaben von R. Becher u. Liebes (H. Sack, Berlin 1919). — Decke (Korn, Breslau 1919). — Kahn-Blum (J. Schweitzer Verlag, München 1920). — Kuhn (C. Heymann, Berlin 1920). — Noest (Industrieverlag Späth u. Linde, Berlin 1919). — Rheinstrom u. Reinach (C. H. Beck, München 1920). — Stier-Somlo (Frz. Vahlen, Berlin 1920). — Strutz, Kriegsabgabe 1919 und Vermögenszuwachssteuer in Schiffers Komm. Bd. I (O. Liebmann, Berlin 1920).*

Ferner: Erler, Die Kriegsabgabegesetze vom 10. Sept. 19. DStBl. 2, 268. — Haussmann-Cleeves, Grundriss I. Teil S. 13 (Industrieverlag Späth u. Linde, Berlin 1920). — Noest, Die neuen Reichssteuern, Heft 2 (Industrieverlag Späth u. Linde, Berlin 1921). — Strutz, Der Abschluss der Kriegsgewinnbesteuerung durch das Kriegsabgabe- und Vermögenszuwachsabgabegesetz vom 10. Sept. 19. JW. 1920, 17, 103.

§ 23.

Lit. *Krokisius, Erläuterung des § 23 Abs. 3 des Gesetzes über eine ausserordentliche Kriegsabgabe für das Rechnungsjahr 1919. StA. 1920, 108.*

§ 25.

1. **Bekanntgabe der Annahmestellen zur Annahme von Kriegsanleihestücken an Zahlungs Statt auf die Kriegsabgaben nach den Kriegsabgabegesetzen vom 10. Sept. 19, RFM. 8. u. 21. Aug. 20. RStBl. 1920, 178, 519.**

§ 32.

Lit. *Hummel, Was ist unter den nachweislich selbstgezeichneten Kriegsanleihen im Sinne der Kriegssteuergesetze zu verstehen? NStR. 1920, 292.*

24.

Kriegssteuergesetz

vom 21. Juni 1916 (RGBl. S. 561).

(KrStG. 1916.)

Lit. *Erläuterte Ausgaben von* ***Koppe-Varnhagen***, *4. A. (Industrieverlag Späth u. Linde, Berlin 1917).* — ***Mrozek*** *(J. Guttentag, Berlin 1916)* — ***Norden u. Friedländer***, *2. A. (J. Guttentag, Berlin 1917).* — ***Rheinstrom u. Blum*** *(C. H. Beck, München 1916).* — ***Stier-Somlo***, *2. A. (Frz. Vahlen, Berlin 1917).* — ***E. Zimmermann*** *(J. Hess, Stuttgart 1916).* — *Ferner:* ***Schwarz***, *Die Kriegssteuer von 1916. System. Darstellg. (J. Schweitzer Verlag, München 1916).*

Steuerpflicht der Einzelpersonen.

§ 1.

1. Die in völkerrechtlichen Verträgen des Reichs vor Erlaß der Kriegssteuergesetze getroffene Bestimmung, daß die Angehörigen des Vertragsstaats im Deutschen Reiche von Kriegskontributionen oder von Lasten, welche zu Kriegszwecken oder infolge anderer außergewöhnlicher Umstände auferlegt werden, befreit bleiben sollten, schließt die Veranlagung dieser Ausländer zu den Kriegsabgaben 1916 und 1918 nicht aus. RFH. 27. April 20 S. 3, 11.
2. Für einen Ausländer, der seinen Wohnsitz in Deutschland im Dezember 1915 aufgegeben und im Januar 1916 das Reichsgebiet verlassen hat, ist die Steuerpflicht nicht begründet. OLG. Hamburg 5. Dez. 19 Recht 1920 Nr. 2095.
3. Kriegsabgabepflicht der in Deutschland wohnenden Griechen. RFH. 30. April 20 RStR. 1920, 201.

§ 2.

1. Nach § 2 KrStG. in Verbindung mit § 20 BesStG. hat als kriegssteuerpflichtiges Anfangsvermögen das nach dem Wehrbeitragsgesetze rechtskräftig festgestellte Vermögen zu gelten. Ist die Veranlagung zum Wehrbeitrag unterblieben, so ist, sofern eine Verpflichtung des Steuerpflichtigen zur Abgabe einer Vermögenserklärung gemäß § 36 Abs. 1 WehrbG. gegeben sein sollte, vor der Veranlagung zur Kriegssteuer zunächst das Wehrbeitragsverfahren durchzuführen. RFH. 28. Okt. 19 (S. 1, 270 = AM. 1919, 396; vgl. Bd. I S. 44 Nr. 3) auch DJZ. 1920 237 = DStZ. 8, 252.

2. Der der Kriegssteuer unterliegende Vermögenszuwachs ist unabhängig von der bei der Besitzsteuerveranlagung getroffenen Feststellung zu ermitteln. PrOVG. 8. Febr. 19 StA. 1920, 109.
3. Nach § 2 KrStG. 1916 kommen die vom BesStG. abweichenden Bestimmungen der §§ 3 bis 7 nur in Anwendung für die in § 9 Abs. 1 Nr. 1 geregelte Abgabe vom Vermögenszuwachs. Nach § 9 Abs. 1 Nr. 2 aber ist für die Abgabe von dem im wesentlichen erhalten gebliebenen Vermögen das „nach dem Besitzsteuergesetze für den 31. Dez. 16 festgestellte Vermögen“ maßgebend. SächsOVG. 13. Juni 18 Jahrb. 25, 105.
4. Bei Berechnung des abgabepflichtigen Vermögenszuwachses im Sinne des KrStG. 1916 sind auch Konkursquoten als steuerpflichtiges Vermögen zu behandeln. BayOVK. 31. Jan. 19 BlBayFW. 20, 62.
5. Unsittlicher Erwerb. Für die Berechnung des Vermögenszuwachses ist es ohne Belang, daß Vermögen und Zuwachs durch strafbare Handlungen, insbesondere durch Wuchergeschäfte, entstanden sind. PrOVG. 9. Nov. 18 StStS. 18, 314.
6. — Bei der das Vermögen ohne Rücksicht auf seinen Ursprung ergreifenden Kriegssteuer hat die etwaige Herkunft des Vermögens aus sittenwidrigen Geschäften keine Bedeutung. RGSt. 23. Sept. 19 E. 54, 52.

§ 3.

1. Der Betrag, um den sich der Kapitalwert einer Unterhaltsverpflichtung am Ende des Veranlagungszeitraums gegenüber dem bei dessen Beginn infolge des vorgerückten Alters des Berechtigten verringert hat, gehört nicht zu den Erwerbungen, die nach § 3 von dem nach den Vorschriften des Besitzsteuergesetzes festgestellten Endvermögen abzuziehen sind. PrOVG. 2. Okt. 18 StStS. 18, 330.

Abs. 1 Nr. 1.

2. Maßgebender Zeitpunkt. Der Nachlaß ist mit dem Tode des Erblassers angefallen, auch wenn er unter eine Nachlaßverwaltung gestellt worden ist. **RFH.** 23. Juni 20 S. 4, 30 = AStR. 1920, 189.
3. — Durch Erbanfall erworben ist der Vermögensbetrag, der sich aus der vorschriftsmäßigen Bewertung des Nachlaßvermögens in dem Zeitpunkte des Erbanfalls ergibt, auch wenn die zum Nachlasse gehörigen Gegenstände im Endvermögen nicht mehr vorhanden sind. Sind sie aber vorhanden, so darf auch eine bis zum Ablaufe des Veranlagungszeitraums eingetretene Wertveränderung nicht berücksichtigt werden, weil diese dann mit auf den Erbanfall zurückzuführen ist. Wenn dagegen der Erbanfall vor Beginn des Veranlagungszeitraums eingetreten war, so liegt der Grund für die Wertveränderung jener Gegenstände nur in den gesetzlichen Bewertungsvorschriften. PrOVG. 22 März 18 StStS. 18, 334.
4. — Gehört zu dem im Veranlagungszeitraume durch Erbanfall aus dem Nachlaß eines Verstorbenen erworbenen Vermögen ein Grundstück, das noch vor dem für die Veranlagung zur Kriegssteuer maßgebenden Stichtag (31. Dez. 16) auf Grund einer Erbauseinandersetzung an einen Miterben zu einem höheren Uebernahmepreise veräußert worden ist, als der Ertragswert bei der Wehrbeitragsveranlagung des Erblassers berechnet war, so hat der das Grundstück mitveräußernde Erbe den Vermögenszuwachs zu versteuern, der dadurch eingetreten ist, daß er mit entsprechend mehr Vermögenswerten beliefert worden ist, als er erhalten hätte, wenn in der Erbaus-

einanderſetzung nur der der Wehrbeitragsveranlagung zugrunde gelegte Wert (Ertrags- oder gemeiner Wert) als Uebernahmepreis vereinbart worden wäre. RFH. 9. April 20 S. 3, 29 = RStBl. 1920, 401 = RStR. 1920, 201.

5. Nachträgliche Veränderung. Unter einem Erbanfall gemäß § 3 Abſ. 1 Nr. 1 iſt der Erbanfall im Sinne von § 1942 BGB. zu verſtehen, der mit dem Erbfall unmittelbar kraft Geſetzes eintritt. Ein Gewinn, der beim nachträglichen Verkaufe eines im Erbauseinanderſetzungsverfahren einem Miterben bereits übereigneten Grundſtücks erzielt wird, iſt nicht durch einen Erbanfall im Sinne des § 3 Abſ. 1 Nr. 1 erlangt. RFH. 28. Okt. 19 [S. 1, 284 = AM. 1919, 398; vgl. Bd. I S. 45 Nr. 3] auch abgedruckt RStR. 1920, 82.

6. — Für die Berechnung des Betrags an ererbtem Vermögen, der gemäß § 3 Nr. 1 vom beſitzſteuerpflichtigen Vermögen abzuſetzen iſt, kommt es auf die Verwendung des durch Erbgang erworbenen Vermögens nicht an. PrOVG. 28. Sept. 18 StStS. 18, 338.

7. — Der nach § 3 Nr. 1 von dem beſitzſteuerpflichtigen Vermögen abzuſetzende Betrag eines durch Erbanfall erworbenen Vermögens vermindert ſich bei einem Miterben nicht dadurch, daß dieſem bei der Teilung des Nachlaſſes eine Nachlaßforderung gegen ihn auf ſein Erbteil angerechnet worden iſt. PrOVG. 27. April 18 StStS. 18, 337.

8. Verteilung des Zuwachſes auf Erben und Lehnsnachfolger; vgl. zu § 9 BeſStG. unter Nr. 1.

9. Kein Erwerb von Todes wegen. Die Ausführung einer teſtamentariſchen Teilungsanordnung iſt ein Geſchäft unter Lebenden und begründet deshalb keinen Abzug von dem nach den Vorſchriften des Beſitzſteuergeſetzes feſtgeſtellten Vermögen gemäß § 3 Nr. 1. PrOVG. 17. April 18 StStS. 18, 326.

10. — Der Erwerb einer Rente, die auf einer Fideikommißſtiftung laſtet, ſtellt keinen Fideikommißanfall im Sinne des § 3 Nr. 1 dar; ebenſowenig handelt ſich hierbei um eine Erwerbung „auf andere Weiſe aus dem Nachlaß eines Verſtorbenen von Todes wegen“. PrOVG. 3. Juli 18 StStS. 18, 309.

11. — Der Kapitalwert einer Unterhaltsverpflichtung oder einer Rentenpflicht oder eines Altenteils (Leibzucht), die während des Veranlagungszeitraums infolge des Todes des Berechtigten weggefallen ſind, gehört nicht zu den Erwerbungen aus dem Nachlaß eines Verſtorbenen von Todes wegen und iſt deshalb nach § 3 Nr. 1 von dem nach den Vorſchriften des Beſitzſteuergeſetzes feſtgeſtellten Endvermögen nicht abzugsfähig. PrOVG. 28. Sept. 18 StStS. 18, 328 [auch JW. 1919, 337; vgl. Bd. I S. 45 Nr. 5].

12. — Zu dem durch Erbanfall oder auf andere Weiſe aus dem Nachlaß eines Verſtorbenen von Todes wegen erworbenen Vermögen im Sinne des § 3 Nr. 1 gehört bei fortgeſetzter Gütergemeinſchaft weder der Anteil des Abkömmlings an dem gemäß § 1485 BGB. in das Geſamtgut fließenden Vermögenserwerbe des überlebenden Ehegatten noch der dem Abkömmling nach § 1490 BGB. zuwachſende Anteil eines verſtorbenen Abkömmlings am Geſamtgut. RFH. 16. Sept. 19 DStBl. 3, 35.

Abſ. 1 Nr. 2.

Lit. *Mrozek, Der Abzug der Kapitalauszahlung aus einer Verſicherung nach dem KrStG. DStBl. 2, 393.*

Abs. 1 Nr. 3.

13. Schenkung: Begriff. RGSt. 23. Sept. 19 E. 54, 49.
14. — Schenkungen des Vaters an sein minderjähriges Kind unterfallen dem § 181 BGB. und bedürfen der Genehmigung des Vertretenen. Genehmigung des Kindes durch einen Pfleger hat rückwirkende Kraft. PrOVG. 26. April 19 DJZ. 1920, 918.
15. — Einzahlungen des Vaters auf das Sparkassenbuch des Kindes. PrOVG. 26. April 19 DJZ. 1920, 919.
16. — Hatte sich der Schenker bei einer vor dem Veranlagungszeitraume liegenden Schenkung den lebenslänglichen Nießbrauch an dem übereigneten Kapitale vorbehalten, so bildet den Gegenstand der Schenkung nur das mit dem Nießbrauche belastete Kapital. Der Wegfall des Nießbrauchs infolge des Ablebens des Berechtigten im Veranlagungszeitraume bildet dann nicht erst die rechtliche Erfüllung des Schenkungsversprechens, so daß für den Beschenkten ein vom Endvermögen zu kürzender Erwerb durch Schenkung (§ 3 Nr. 3) nicht in Frage kommt; vielmehr handelt es sich um eine Tatsache, die nur für die Bewertung des betreffenden Kapitals in Betracht kommt. PrOVG. 26. Juni 18 StStS. 18, 331.
17. Ohne Gegenleistung erhaltene Zuwendungen. Darunter fallen freiwillige Leistungen an einen früheren Angestellten während seiner Einberufung zum Heere. SächsOVG. 25. Juli 18 Jahrb. 25, 112.
18. — Eine Zuwendung im Sinne von § 3 Nr. 3, 4 ist jede Absonderung von Vermögensstücken aus dem Vermögensbereiche des Zuwendenden unter gleichzeitiger Ueberweisung an einen anderen Rechtsträger zu dessen Verfügungsbefugnis; als solcher ist auch ein nicht rechtsfähiger Verein anzusehen. PrOVG. 27. Sept. 19 DStBl. 2, 291.
19. — Zum Begriff der ohne entsprechende Gegenleistung erhaltenen Zuwendung im Sinne von § 3 Nr. 3. **RFH.** 28. Okt. 19 [S. 1, 284; vgl. Bd. I S. 46 Nr. 15] auch DStZ. 8, 258 = NStR. 1920, 82 = DStBl. 2, 469.
20. — Ein sogenannter Uebergabevertrag ist ein entgeltliches Geschäft unter Lebenden, bei dem die von dem Uebernehmer versprochene Gegenleistung dem Werte des übergebenen Anwesens nicht entspricht. Hat ein Steuerpflichtiger auf Grund eines solchen Vertrags im Veranlagungszeitraum ein Grundstück erworben, so ist nach § 3 Nr. 3 der Unterschied des Grundstückswerts zur Zeit der Uebergabe und der Gegenleistung als ein durch eine Zuwendung ohne entsprechende Gegenleistung erworbener Vermögensbetrag von dem nach dem Besitzsteuergesetze festgestellten Endvermögen abzuziehen. PrOVG. 25. Sept. 18 StStS. 18, 342.
21. — Insbes. Ausstattung. Eine entsprechende Gegenleistung ist nur eine solche, die dem hingegebenen Vermögenswert entspricht und ihm wenigstens in der Vorstellung der Beteiligten gleichwertig ist. Eine nicht auf dem vermögensrechtlichen Gebiete liegende Gegenleistung, insbesondere eine Eheschließung, läßt sich aber überhaupt nicht mit einem Vermögenswerte vergleichen. Deshalb ist die einer Tochter bei ihrer Verheiratung gewährte Ausstattung ohne Schenkungseigenschaft (§ 1624 BGB.) regelmäßig eine Zuwendung ohne entsprechende Gegenleistung im Sinne des § 3 Nr. 3 KrStG. PrOVG. 25. Sept. 18 StStS. 18, 354.

Lit. Krapf, Sind bei der Vermögenszuwachssteuer 1919 Beträge, die Eltern ihren Kindern im Veranlagungszeitraum als Ausstattung im

Sinne vom § 1624 BGB. gegeben haben, dem Endvermögen der Kinder hinzuzurechnen? DStZ. 9, 71. — Pagenkopf, Der Begriff der Ausstattung im Sinne des § 1624 BGB. im Steuerrecht. DJZ. 1920, 228.

22. Nicht abzugsfähiger Erwerb. Zu den Vermögensübergaben im Sinne von § 3 Nr. 3 und § 4 Abs. 1 gehört der Uebergang des Nachlasses auf die Kinder wegen der im Testamente vorgesehenen Wiederverheiratung ihrer Mutter nicht, da es sich hierbei um eine Vermögensverschiebung handelt, die auf Grund der testamentarischen Willenserklärung des Vaters als Folge der Wiederverheiratung von Rechts wegen, also auf Grund eines gesetzlichen Anspruchs der Kinder, eingetreten ist. PrOVG. 10. April 18 StStS. 18, 358.

23. — Lotteriegewinne gehören nicht zu denjenigen Beträgen, die nach § 3 von dem nach dem Besitzsteuergesetz festgestellteu Vermögen abzuziehen sind. SächsOVG. 25. April 18 Jahrb. 25, 24.

24. — Ebenso PrOVG. 16. Nov. 18 StStS. 18, 346; vgl. auch Bd. I S. 45 unter Nr. 11.

25. — Hatte eine Gemeindebehörde beschlossen, allen ihren Angestellten ohne Unterschied des militärischen Dienstgrades während des Krieges die Stellenbezüge unverändert fortzubezahlen, so stellen diese nicht zu einem Teilbetrag eine ohne entsprechende Gegenleistung erhaltene Zuwendung im Sinne des § 3 Nr. 8 dar, vielmehr haben sie im vollen Umfange die gleiche rechtliche Natur von Gehaltsbezügen. PrOVG. 11. Mai 18 StStS. 18, 344. Zuwendungen an frühere Angestellte vgl. unter Nr. 17.

26. — Zuwendungen an Beamten- und Arbeiterkassen: vgl. auch zu § 4 unter Nr. 7.

27. — Ein im Zwangsvergleiche bewilligter Forderungsnachlaß der Gläubiger ist regelmäßig weder eine Schenkung noch eine sonstige ohne entsprechende Gegenleistung erfolgende Vermögensübergabe. PrOVG. 4. Dez. 18 StStS. 18, 347.

Abs. 1 Nr. 4.

28. Eine Umwandlung von nichtsteuerbarem in steuerbares Vermögen liegt nicht vor, wenn bei der Veräußerung eines Geschäfts ein besonderer Erlös für die Kundschaft erzielt worden ist. **RFH.** 27. Nov. 19 S. 2, 118 = RStBl. 1920, 115 = DStZ. 9, 12 = DJZ. 1920, 468 = IndMitt. 1920, 89 = DStBl. 2, 514.

29. Das Recht eines Gesellschafters, der Gesellschaft während der im Vertrag bestimmten Zeitdauer anzugehören und die Gewinnanteile zu beziehen, ist ein Ausfluß oder Bestandteil des Gesellschafterrechts überhaupt. Wenn daher ein Steuerpflichtiger, der einer offenen Handelsgesellschaft am 31. Dez. 13 als Teilhaber angehörte, bei seinem Austritt vor der vertragsmäßigen Zeit eine Abfindung erhält, findet hinsichtlich dieser § 3 Nr. 4 keine Anwendung. **RFH.** 16. März 20 S. 2, 250.

30. Entgeltlicher Verzicht auf ein Recht ist keine Veräußerung im Sinne von § 3 Nr. 4. **RFH.** 30. April 20 RStR. 1920, 240.

31. Schadenersatz. Unter die Vorschrift des § 3 Nr. 4, wonach Vermögensbeträge, die nachweislich aus der Veräußerung von nichtsteuerbarem Vermögen innerhalb des Veranlagungszeitraums herrühren, vom besitzsteuerpflichtigen Vermögen abzusetzen sind, fallen auch ausgezahlte

Beträge aus Schadensversicherungen sowie staatliche Entschädigungen für Vernichtung von Hausrat durch feindliche Gewalt. PrOVG. 2. Okt. 18 StStS. 18, 351 = DJZ. 1920, 470.

32. — Bei einem staatlichen Forstbeamten gehören die zur Ausübung des Dienstes bestimmten Gegenstände zum nichtsteuerbaren Vermögen, dagegen die dem landwirtschaftlichen Betriebe gewidmeten Gegenstände zum steuerbaren Betriebsvermögen. Daher keine Umwandlung nichtsteuerbares Vermögens in steuerbares bei Ersatz des Schadens, der einem Oberförster durch kriegerische Maßnahmen an vernichteten Pferden, Vieh und Wagen entstanden ist. PrOVG. 18. Dez. 19 DJZ. 1920, 919 = DStBl. 2, 412.

33. — Fuhrwerk eines Arztes gehört zum nichtsteuerbaren Vermögen. PrOVG. 2. Okt. 18 StStS. 18, 349.

Abs. 2.

34. § 3 Abs. 2 macht keinen Unterschied, ob und in welchem Maße einem in einem Testamente Bedachten ein Anteil an dem Vermögenszuwachse des Erblassers gebührt. Nach seinem klaren Wortlaute sind alle Bedachten schlechthin, also auch Vermächtnisnehmer, nach Verhältnis des ihnen Zugedachten heranzuziehen. PrOVG. 25. Sept. 18 StStS. 18, 340.

35. Bei der Ermittlung des abgabepflichtigen Vermögenszuwachses des Erblassers im Sinne des § 3 Abs. 2 sind Wertpapiere ohne Rücksicht auf einen bis zum Todestag erwachsenen, aber noch nicht fälligen Zinsanspruch anzusetzen. PrOVG. 27. Sept. 19 RStBl. 1920, 43.

§ 4.

Lit. Mrozek, Anrechnung von Schenkungen des Erblassers beim Erben. DStBl. 2, 582.

Abs. 1.

1. Ueber Schenkungen, Zuwendungen und Vermögensübergaben vgl. zu § 3 unter Nr. 13 ff.
2. Für die Zurechnung nach § 4 Abs. 1 ist es ohne Belang, ob die Schenkungen aus dem Stammvermögen, aus einem ererbten Vermögen oder aus laufenden Einkünften gemacht worden sind. PrOVG. 28. Sept. 18 StStS. 18, 338.
3. Ist der gesamte für die spätere Ausbildung in Aussicht genommene Betrag in einer Summe auf die Kinder übertragen, so handelt es nur um eine einmalige Zuwendung, nicht um eine fortlaufende im Sinne des § 4. Unter den Begriff „fortlaufende Zuwendungen" sollen solche Zuwendungen nicht fallen, die wegen ihre Höhe nicht mehr als laufende Ausgaben des Zuwendenden angesehen werden können. PrOVG. 2. Okt. 18 StStS. 18, 353.
4. Eine Zuwendung auf Grund eines gesetzlichen Anspruchs des Bedachten im Sinne des § 4 ist die Ausstattung nicht, wohl aber die Aussteuer, die der Vater oder die Mutter einer Tochter im Falle der Verheiratung nach § 1620 BGB. zu gewähren hat. PrOVG. 25. Sept. 18 StStS. 18, 354.
5. Zu den üblichen Gelegenheitsgeschenken gehören nicht Vermögenszuwendungen, die der Großvater am Tauftag einem Enkel gewährt, um ihm den standesgemäßen Unterhalt und standesgemäße Ausbildung zusichern.

Behandlung eines das Maß des üblichen übersteigenden Gelegenheitsgeschenkes. RFH. 16. April 20 S. 2, 294 = RStBl. 1920, 336 = RStR. 1920, 201.

6. Mildtätiger Zweck. Ein solcher liegt vor, wenn durch dessen Erreichung entweder eine gewisse wirtschaftliche Bedrängnis, die nicht unbedingt eine wirtschaftliche Notlage zu sein braucht, nach bestimmter Richtung eine Linderung oder Milderung erfahren oder anderen nicht auf wirtschaftlichem Gebiete liegenden ethischen Bedürfnissen helfen gedient werden soll. PrOVG. 27. Sept. 19 DStBl. 2, 291.

7. — Zuwendungen an nicht rechtsfähige Arbeiter- und Beamtenpensionskassen des eigenen Betriebes als Zuwendungen zu mildtätigen Zwecken im Sinne des § 4. PrOVG. 27. Sept. 19 RStBl. 1920, 44. Vgl. auch zu § 3 unter Nr. 13 ff.

§ 5.

1. Der § 5 bezieht sich seinem Zweckgedanken sowie seiner Fassung nach nur auf die unbeschränkte Steuerpflicht. PrOVG. 2. Okt. 18 StStS. 18, 361.

§ 8.

Abs. 1.

1. Unter Vermögen im Sinne des § 8 Abs. 1 ist das Endvermögen zu verstehen, welches schon nach § 3 gekürzt ist. PrOVG. 2. Okt. 18 StStS. 18, 372.

§ 9.

Abs. 1 Nr. 2.

1. Die Rechtskraft des für den 31. Dez. 16 ergangenen Besitzsteuerfeststellungsbescheids steht einer anderweitigen Feststellung des für die Kriegssteuer 1916 zugrunde zu legenden Vermögens nicht entgegen. RFH. 27. April 20 S. 3, 81.

2. Die Abgabe vom Vermögen nach § 9 Abs. 1 Nr. 2 wird neben der Abgabe vom Zuwachse (Nr. 1) erhoben. PrOVG. 9. Febr. 18 StStS. 18, 374. Ebenso SächsOVG. 25. April 18 Jahrb. 25, 26.

3. Bei der Berechnung des abgabepflichtigen Vermögensteils gemäß § 9 Abs. 1 Nr. 2 ist von dem nach dem BesStG. für den 31. Dez. 16 festgestellten, auf volle Tausende nach unten abgerundeten Vermögen auszugehen. PrOVG. 26. Juni 18 StStS. 18, 380.

4. Unter dem der Besitzsteuer unterliegenden Endvermögen im Sinne des § 9 Abs. 1 Nr. 2 ist im Falle des § 13 Abs. 2 BesStG. nur der die steuerfreie Grenze des Endvermögens übersteigende Zuwachs zu verstehen. PrOVG. 23. Febr. 18 StStS. 18, 382.

5. Für die Abgabe gemäß § 9 Abs. 1 Nr. 2 KrStG. gilt als Endvermögen das nach dem BesStG. für den 31. Dez. 16 festgestellte Vermögen, also ohne die Ab- und Zurechnungen nach §§ 3 bis 6 KrStG. PrOVG. 26. Jan. 18 StStS. 18, 376. Vgl. auch zu § 2 unter Nr. 3.

Abs. 2.

6. Steuerfreiheit nur, wenn das Vermögen ohne Zurechnungen nach §§ 3 bis 6 20000 Mk. nicht übersteigt. PrOVG. 26. Jan. 18 StStS. 18, 376.

§ 10.

1. Wenn der Anteil des Gesellschafters am abgabepflichtigen Mehrgewinne der G. m. b. H. größer ist als der Vermögenszuwachs des Gesellschafters, bleibt die Hälfte der Kriegsabgabe des letzteren unerhoben, weil auf den Teil seines Anteils am Mehrgewinne der G. m. b. H., der seinen Vermögenszuwachs übersteigt, von seiner Kriegsabgabe nichts entfällt. Sächs.OVG. 25. Juli 18 Jahrb. 25, 114.
2. Die Vorschrift im § 10, daß bei Steuerpflichtigen, die Gesellschafter einer inländischen Gesellschaft m. b. H. sind, unter Umständen ein Teil des Abgabebetrags unerhoben bleibt, ist eine Erhebungsvorschrift und kann deshalb nicht im Wege der ordentlichen Rechtsmittel, sondern nur mit der Beschwerde im Verwaltungswege geltend gemacht werden. PrOVG. 5. Juni 18 StStS. 18, 387.
3. Abweichend: Zur Erlangung der Vergünstigung des § 10 Abs. 1 steht dem abgabepflichtigen Gesellschafter der Rechtsmittelweg offen. SächsOVG. 25. Juli 18 Jahrb. 25, 114.

Steuerpflicht der Gesellschaften.

§ 13.

1. Gesellschaften, die am Tage des Inkrafttretens des KrStG., d. i. am 9. Juli 16, nicht mehr, auch nicht im Liquidationsstadium bestanden haben, unterliegen der Steuerpflicht nicht. Das Vorhandensein einer Kriegssteuerrücklage gemäß §§ 1 u. 8 des Sicherungsgesetzes vom 24. Dez. 15 hindert die Liquidation, so daß die Gesellschaft als fortbestehend gilt und dem KrStG. unterfällt. PrOVG. 20. Juni 19 StA. 1920, 67, 138.

§ 14.

Abs. 3.

Lit. *Mautz, Geschäftsgewinn — Mehrgewinn — Mindergewinn. StA. 1920, 108.*

§ 15.

1. Begriff des Kriegsgeschäftsjahrs. PrOVG. 15. April 19 StA. 1920, 48.
2. Teilgeschäftsjahr vgl. zu § 17 unter Nr. 1 ff.

§ 16.

Lit. *Ueber Bilanz im Allgemeinen: Gentz, Zum Begriffe „bilanzmässiger Gewinn". DStBl. 2, 627. — Marcuse, Die Steuerbilanz. NStR. 1920, 6. — Rosendorff, Hauptsteuerfragen der Kriegs- und Uebergangsbilanzen der Aktiengesellschaften, Berggewerkschaften und Gesellschaften mit beschränkter Haftung. ZStFr. I, 1920 Heft 7. Vgl. auch oben S. 2.*

1. **Allgemeines. § 16 bezieht sich nur auf die im § 13 aufgezählten Gesellschaften; für die Feststellung des Vermögens anderer Gesellschaften gilt § 29 BesStG. § 28 Abs. 1 BStAusfBest. kann demgegenüber nichts Abweichendes bestimmen. RFH. 13. Jan. 20 DJZ. 1920, 531 = StA. 1920, 137 = IndMitt. 1920, 233.**

2. — Wegen der Bilanz des Einzelkaufmannes vgl. zu § 28 BesStG. unter Nr. 5.

3. — § 16 Abs. 1 gilt gleichmäßig für die Feststellung des Geschäftsgewinns der Kriegs- und Friedensgeschäftsjahre. PrOVG. 15. April 19 BA. 19, 118.

4. — Für die Berechnung des nach § 16 steuerpflichtigen Bilanzgewinns sind die gesetzlichen Vorschriften maßgebend, die sich auf die betreffende Gesellschaftsgattung beziehen. Auch ein Gesellschaftsvertrag, geschweige denn ein bloßer Gesellschafterbeschluß, darf hiervon Abweichendes nicht bestimmen. PrOVG. 7. Juni 18 StStS. 18, 434.

5. Eröffnungsbilanz. Eine Vereinbarung, nach der die Gesellschaft m. b. H. das Geschäft eines Rechtsvorgängers von einem früheren Zeitpunkt ab mit Aktiven und Passiven auf Grund einer vom Rechtsvorgänger für diesen Zeitpunkt aufgemachten Bilanz übernimmt, überhebt die Gesellschaft m. b. H. nicht der Verpflichtung, eine Eröffnungsbilanz auf den Tag ihrer Eintragung zu machen. RFH. 16. Sept. 19 [S. 1, 205 = AM. 1919, 372; vgl. Bd. I S. 48 Nr. 3] auch DStBl. 2, 350 = DJZ. 1920, 237. Vgl. auch zu § 17 unter Nr. 1.

6. — Berechnung des Friedensgewinnes, wenn eine Gesellschaft im Frieden keine Bilanz gezogen hatte; nachträgliche Aufstellung der Bilanz; Schätzung. RFH. 16. März 20 RStR. 1920, 201.

7. Bedeutung der Bilanz und Berichtigung der Bilanz. Nur eine den Gesetzen und den Grundsätzen ordnungsmäßiger kaufmännischer Buchführung entsprechende Bilanz ist bei der Feststellung des Geschäftsgewinns zu benutzen. Der Steuerschuldner kann daher eine Berichtigung der von den Gesellschaftsorganen festgestellten Bilanzen fordern, wenn er den Nachweis ihrer Unrichtigkeit liefert. Von einer Abänderung der Bilanz durch einen Beschluß der Gesellschaftsorgane ist ein solcher Antrag nicht abhängig. PrOVG. 25. Okt. 18 StStS. 18, 441.

8. — Eine materiell unrichtige Bilanz vermag die Steuerbehörde bei der Feststellung des nach § 16 steuerpflichtigen Geschäftsgewinns nicht zu binden, sondern nur eine solche, welche den Gesetzen und Grundsätzen ordnungsmäßiger kaufmännischer Buchführung entsprechend aufgestellt ist. PrOVG. 15. April 19 BA. 19, 118.

9. — Die Gesellschaften sind berechtigt, zum Zwecke der Ermittelung ihrer steuerpflichtigen Kriegsgewinne Berichtigungen sowohl ihrer Friedens- wie ihrer Kriegsbilanzen, selbst wenn diese schon durch Gewinnausschüttung ausgeführt sind, vorzunehmen, falls sie die Unrichtigkeit der früheren Bilanzen nachweisen. RFH. 23. Sept. 19 [S. 1, 239 = DStBl. 2, 105; vgl. Bd. I S. 49 Nr. 15] auch JW. 1920, 412 *(mit Besprechung von Marcuse)*.

10. — a) Der in einer Friedensbilanz einer kriegsabgabepflichtigen Gesellschaft ausgewiesene Geschäftsgewinn kann für die Berechnung der Kriegsabgabe erhöht werden, wenn die Gesellschaft nachweist, daß nach den gesetzlichen Vorschriften und den Grundsätzen ordnungsmäßiger kaufmännischer Buchführung ein höherer Bilanzgewinn zu berechnen gewesen wäre.

b) Die Bewertung der einzelnen Vermögensgegenstände in der Jahresbilanz hat so zu erfolgen, wie der Wert sich am Jahresschluß darstellte. Umstände, die erst nach dem Bilanzstichtage bekannt geworden sind, die aber, wenn sie damals bekannt gewesen wären, zu einer anderen Bewertung geführt haben würden, sind nicht zu berücksichtigen.

c) Läßt ein Kaufmann einen am Ende des Geschäftsjahrs nur dem Grunde nach feststehenden Verlust, dessen ziffernmäßige Größe sich bis zum Ende der Bilanzaufstellung herausgestellt hat, in voller Höhe in der Jahresbilanz erscheinen, so erklärt er damit, daß bei kaufmännisch richtiger Einschätzung der Sachlage der Verlust bereits am Ende des Geschäftsjahrs in dieser Höhe zu bewerten war. Gegen diese Bewertung ist der Gegenbeweis in demselben Umfang zulässig, wie gegen sonstige unrichtige, das Bilanzergebnis beeinflussende Schätzungen.

d) Der Kaufmann muß für die steuerliche Beurteilung seines Vermögens die Richtigkeit der von ihm aufgestellten Bilanzen bis zum Beweise des Gegenteils gegen sich gelten lassen. RFH. 31. Okt. 19 [S. 1, 272; vgl. Bd. I S. 50 Nr. 16] auch RStR. 1920, 83 = ZStFr. II, 1920, 119 = DStBl. 2, 654 = JW. 1920, 572 *(mit Besprechung von Simon)* = IndMitt. 1920, 146.

11. Beweislast gegenüber der festgestellten Bilanz. RFH. 2. März 20 ZStFr. II, 1920, 134 = RStR. 1920, 200.

12. — Verlangt eine steuerpflichtige Gesellschaft, daß der Berechnung der Kriegssteuer oder Kriegsabgabe nicht der in der Bilanz für die Kriegsgeschäftsjahre ausgewiesene Geschäftsgewinn zugrunde gelegt werde, weil die Bilanz fehlerhaft sei, insbesondere weil infolge früherer übermäßiger Abschreibungen in der Bilanz die in den Kriegsgeschäftsjahren eingetretene Wertminderung nicht genügend zum Ausdruck gekommen sei, so hat die Gesellschaft den Fehler in seiner vollen Tragweite für die Steuerfestsetzung durch Aufstellung von die richtigen Werte enthaltenden Bilanzen nicht bloß für die in Frage kommenden Kriegsgeschäftsjahre, sondern auch für die maßgebenden Friedensgeschäftsjahre darzulegen. RFH. 23. April 20 S. 3, 4 = RStBl. 1920, 446 = DStZ. 9, 100 = = RStR. 1920, 238 = IndMitt. 1920, 107 = ZStFr. II, 1920, 211 *(mit Besprechung von Strutz).*

Dazu Meumann, IndMitt. 1920, 120.

13. — Eine Aktiengesellschaft, die verkaufte, aber dem Käufer noch nicht abgelieferte Waren mit ihrem Anschaffungs- oder Herstellungspreis in die Bilanz des letzten Friedensgeschäftsjahres eingestellt hat, kann für die Festsetzung der Kriegssteuer nicht die Berichtigung dieser Bilanz dahin, daß der höhere Verkaufspreis eingestellt werde, und eine entsprechende Ermäßigung des Gewinns der Kriegsgeschäftsjahre verlangen. RFH. 28. April 20 S. 3, 16 = RStR. 1920, 251 = RStBl. 1920, 442.

14. — Die Bilanzen einer Gesellschaft haben die Vermutung der Richtigkeit für sich: wenn die Steuerbehörde von ihnen abweichen will, muß sie ihre Unrichtigkeit nachweisen. Hierbei liegt es aber der Abgabepflichtigen ob, der Steuerbehörde die dazu erforderlichen Unterlagen zu liefern, namentlich auf Befragen die unter den einzelnen Konten zusammengefaßten Gegenstände, die Anschaffungs- und Herstellungspreise, die Dauer und Art ihrer Benutzung und sonstige für die Bewertung wesentliche Umstände anzugeben. RFH. 21. Mai 20 S. 3, 76.

15. — Uebermäßige Abschreibungen können in einer der nächsten Bilanzen dem Anlagekonto wieder zugeschrieben werden. Die ordentliche, der gewöhnlichen Abnutzung entsprechende Abschreibung ist alsdann an dem erhöhten Wert der Anlagegegenstände anzurechnen. RFH. 16. April 20 JW. 1920, 795 *(mit Besprechung von Ziemssen).*

Lit. *Fürnrohr, Die Berichtigung der Friedensbilanzen und die Kürzung des Kriegsgeschäftsgewinns um den Betrag realisierter stiller Friedensreserven. DStZ. 9, 5. — Hirschwald, Berichtigung der Aktiengesellschaftsbilanz zu Steuerzwecken durch den Vorstand. BA. 19, 155. — Maatz, Geltendmachung nachträglicher Abschreibungen. StA. 1920, 33 (zu PrOVG. 15. April 19 StA. 1919, 244 Bd. I S. 49 Nr. 13).*

16. Bewertung. Bewertung von Warenbeständen. PrOVG. 15. April 19 BA. 19, 118.

17. — Fabrikgebäude sind in die Bilanz auch dann mit dem Werte einzustellen, den sie am Bilanzstichtage bei Annahme des Fortbetriebs des Unternehmens und der fortdauernden Verwendung im Betriebe haben, wenn die Gesellschaft die Absicht hat, den Betrieb später auf ein anderes Grundstück zu verlegen, sie hierzu aber weder ernstlich gezwungen ist, noch der Zeitpunkt der Verlegung bereits feststeht. RFH. 12. Nov. 20 I A 236/19 S. 4, 56. Ueber Bewertung vgl. auch unter Nr. 10 b.

18. — Eine Abschreibung ist auch auf lebendes Inventar zulässig. RFH. 21. Mai 20 S. 3, 76.

19. Rückstellungen. Eine an sich zulässige Abschreibung kann auch in Form der Einsetzung eines Gegenpostens unter die Passiven erfolgen. Die Bezeichnung einer solchen Buchung durch den Steuerpflichtigen als Rückstellung ist unschädlich. RFH. 8. Aug. 19 [S. 1, 182 = DStZ. 8, 154 = DJZ. 1919, 941; vgl. Bd. I S. 49 Nr. 10] auch abgedruckt AStR. 1920, 89.

Lit. *Gahler, Abschreibungen oder Erneuerungsfonds. AStR. 1920, 49 (österreichisches Steuerrecht). — Meusel, Abschreibungen, Zuwachs des Anlagekapitals, stille Reserven. DStZ. 8, 231. — Mrozek, Die Wirkung unzulässiger Abschreibungen auf die Gewinnberechnung. DStBl. 2, 275. — Sülzle, Vom Wesen der „stillen Reserven" und deren Einwirkung auf die Bilanz als Vermögens- und Gewinnausweismittel, ferner von dem Steuerrecht dieser Reserven. AStR. 1920, 4. — Rohde, Zur Bewertungsfrage. IndMitt. 1920, 50 zu Erler, DStZ. 8, 246 (nicht realisierte Konjunkturgewinne).*

20. Abschreibungen auf schon abgeschriebene Aktiven. Keine Abschreibung auf abgeschriebene Gegenstände. RFH. 16. Sept. 19 DStBl. 2, 350 = IndMitt. 1920, 56 *(mit Besprechung von Meumann)* = StA. 1920, 69.

Lit. *Meumann, Nochmals die Entscheidung des RFH. vom 16. Sept. 19 betreffend weitere Abschreibungen auf ein in der Bilanz einer A.-G. bereits auf 1 Mark abgeschriebenes Aktivum. IndMitt. 1920, 101. — Mrozek, Erneute Stellungnahme des Reichsfinanzhofs zu Rückstellungen bei 1 Mk.-Konten. DStBl. 3, 71. — Müller, Zur Frage der Abschreibungen auf 1 Mk.-Konten. IndMitt. 1920, 78. — Rosendorff, Steuerfreie Rückstellungen auf 1 Mk.-Konten. DStZ. 9, 7.*

21. Gesamtabschreibungen. Voraussetzungen der Zulässigkeit von Abschreibungen auf den Wert des Unternehmens als ganzen. Die Einstellung eines Kontos für Ueberleitung des Betriebs in die Friedenswirtschaft ist zulässig, wenn die Entwertung des Gesamtunternehmens bei dem Ansatz der einzelnen Aktiva nicht zum Ausdruck gekommen ist. RFH. 13. Jan. 20 S. 2, 135 = RStBl. 1920, 171 = BA. 19, 143 = JW. 1920, 410 (das. S. 412 wiederholt) = DJZ. 1920, 532 = ZStFr. II, 1920, 116 = DStBl. 2, 650 = RStR. 1920, 138 u. 142.

Dazu Rosendorff, Die Zulässigkeit von Kollektivabschreibungen und Minderbewertung des Gesamtunternehmens im Urteile des RFH. DStZ. 8, 270. Derselbe, IndMitt. 1920, 34; Meumann, IndMitt. 1920, 34.

22. — **Zulässigkeit eines Wertberichtigungskontos wegen Entwertung des Gesamtunternehmens. RFH.** 16. April 20 BA. 20, 31.

23. — **Verluste an den in der Bilanz überhaupt nicht als Aktiva berücksichtigten Werten dürfen nicht durch Abschreibungen am Gesamtwerte des Unternehmens in die Bilanz hereingebracht werden.**

Verluste an stillen Reserven können nur nach Aufdeckung der stillen Reserven im Wege der Bilanzberichtigung berücksichtigt werden. Ihre Berücksichtigung ist ausgeschlossen, soweit die Behauptung, daß stille Reserven vorhanden seien, darauf gestützt wird, daß nach § 261 Ziff. 1 und 2 HGB. eine Unterbewertung von Aktiven habe stattfinden müssen. RFH. 6. Juli 20 S. 3, 166 = DStZ. 9, 147 = DJZ. 1920, 785 = IndMitt. 1920, 185 = StA. 1920, 288.

Dazu Marcuse, Eine neue Entscheidung über die „Abschreibungen auf das Gesamtunternehmen". NStR. 1920, 249.

Lit. *Eckstein, Verwendung von Reserven zu Abschreibungen. AStR. 1920, 52 (zu PrOVG. 29. März 13 StStS. 16, 255). — Hochschild, Der Reichsfinanzhof für die Zulässigkeit allgemeiner Wertberichtigungskonten. DStZ. 9, 9 (befasst sich mit dem Urteil vom 16. Sept. 19 oben unter Nr. 20). — Marcuse, Abschreibungen auf das Gesamtunternehmen. NStR. 1920, 121. — Meumann, Abschreibungen auf stille Reserven nach Kriegssteuerrecht. IndMitt. 1920, 8. — Rosendorf, Der Ausbau der Grundsätze des RFH. über Abschreibungen von dem Gesamtwert eines Unternehmens. DStZ. 9, 120. — Spiess, Zur Frage der Zulässigkeit von steuerfreien Valutafonds zur Ergänzung der normalen Abschreibung auf gewerbliche Betriebsgegenstände. IndMitt. 1920, 218 (zu Nr. 23) — Sternberg, Die Steuernot der deutschen Auslandsindustrien. NStR. 1920, 41 (kollektive Wertberichtigungskonten). — Walther, Das Minderbewertungskonto. Verbst. 1, 22 (zu Nr. 21).*

24. **Umstellungskonten. Rücklagen für die Ueberführung in die Friedenswirtschaft bei Gesellschaften. RFH.** 10. Febr. 20 AStR. 1920, 179.

25. — **Abzugsfähigkeit von Umstellungskonten. RFH.** 2. März 20 ZStFr. II, 1920, 134.

Lit. *Burbach, Abschreibungen wegen Ueberleitung des Betriebes in die Friedenswirtschaft und Abschreibungen wegen der durch die Kriegswirtschaft bedingten Ueberteuerung. StA. 1920, 136. — Lion, Vermögensbilanz und Steuerpflicht in besonderen Fällen (Umstellungskonto, Sozienversicherung, Abfindung, Geschäftsverkauf). ZStFr. II, 1920, 71. — Rosendorff, Die Berücksichtigung der Rentabilität im Umstellungskonto. ZStFr. II, 1920, 69.*

26. **Sonstige stille Reserven. Ein in die Bilanz einer Aktiengesellschaft eingesetztes Passivkonto für zukünftige Auslagen bildet eine steuerpflichtige echte Reserve. RFH.** 16. Sept. 19 I A 54/19 (nicht veröffentlicht).

27. — **Rückstellungen für künftige Ausgaben können grundsätzlich nicht als steuerfrei behandelt werden. RFH.** 27. Nov. 19 S. 2, 101 = NStR. 1920, 93 = DStZ. 9, 12 = IndMitt. 1920, 89.

28. — Rückstellungen aus dem Reingewinne bilden in der Regel kein Bewertungskonto, sondern einen Reservefonds. PrOVG. 25. Okt. 18 StStS. 18, 448.

29. — Abschreibung auf ein Theatergebäude als nichtabzugsfähiges Reservekonto. RFH. 28. Okt. 19 DStBl. 2, 350.

30. Schwebende Verbindlichkeiten. Der Abschluß eines Lieferungsvertrags gibt regelmäßig, solange noch von keiner Seite eine Leistung erfolgt ist, keine Veranlassung zur Eintragung in die kaufmännischen Geschäftsbücher. Ausnahmsweise kann aber die bilanzmäßige Berücksichtigung eines noch schwebenden Engagements vorkommen, und zwar insbesondere in dem Falle, wo die daraus sich ergebende Verpflichtung des Kaufmanns seine entsprechende Gegenforderung an Wert übertrifft. RFH. 7. Mai 20 S. 3, 22 = RStBl. 1920, 444 = JndMitt. 1920, 167 = DStZ. 9, 171 = RStR. 1920, 264.

Lit. Fürnrohr, Schwebende Verbindlichkeiten. DStBl. 9, 142. — Valutaverluste: Felix, Berücksichtigung der Geldentwertung bei Abschreibungen. DStZ. 9, 234 (zu den Urteilen des RFH. vom 16 Sept. 19 — oben Nr. 20 — vom 6. Juli 20 — oben Nr. 23 — und vom 23. April 20 — oben Nr. 12). — Lion, Valutaverlust und Steuer. ZStFr. II, 1920, 8. — Simon, Valutaforderungen in der Bilanz. IndMitt. 1920, 33. — Strutz, Steuerfreie „Kursausgleichsrückstellungen“? DStBl. 2, 485.

31. Verlustvortrag. Ergibt die gemäß § 42 Nr. 4 des Gesetzes, betreffend die Gesellschaften mit beschränkter Haftung, aufgestellte Bilanz eines Geschäftsjahrs einen Verlust, so ist dieser und nicht bloß Null in die Steuerberechnung einzustellen. PrOVG. 24. Sept. 18 StStS. 18, 445.

32. — Ein Bilanzgewinn ergibt sich bei einer Aktiengesellschaft erst nach Deckung der Unterbilanzen aus Vorjahren. PrOVG. 25. Okt. 18 StStS. 18, 448. Vgl. auch zu § 24 KrAbgG. 1918.

33. Stille Gesellschaft. Der Gesetzgeber hat gerade die im § 13 KrStG. genannten Formen der Kapitalassoziation für während des Krieges besonders gewinnbringend angesehen und daher eine Doppelbesteuerung ihrer Mehrgewinne, im Zustand der Vereinigung bei der Gesellschaft und nach ihrer Verteilung bei den einzelnen Gesellschaftern, vorgeschrieben. Daraus ist zu schließen, daß er andere Formen der Kapitalvereinigung um dieser ihrer anderen Formen willen von der gleichen zu einer Doppelbesteuerung führenden steuerlichen Behandlung verschonen wollte. Mit diesem gesetzgeberischen Gedanken wäre es nicht vereinbar, wollte man, soweit das Gesetz nicht, wie § 16 KrAbgG. 1918 bezüglich gewisser Gewinnanteile der Aufsichtsratsmitglieder und der Geschäftsführer von G. m. b. H. dies ausdrücklich anordnet, auch solche in dem Unternehmen einer steuerpflichtigen Gesellschaft erzielte Gewinnbeträge als Geschäftsgewinne der Gesellschaft i. S. des § 16 KrStG. ansprechen, die nicht auf das Grund- oder Stammkapital, sondern auf Einlagen eines außerhalb der steuerpflichtigen Gesellschaft stehenden Dritten entfallen. Es entspricht auch dem Wesen der stillen Gesellschaft, wenn der Gewinnanteil des stillen Gesellschafters steuerlich nicht anders behandelt wird wie die Zinsen und sonstigen Entschädigungen eines Gläubigers für die darlehensweise Ueberlassung eines Kapitals. RFH. 5. Okt. 20 S. 3, 318 = DStZ. 9, 239.

34. Tantiemen der Aufsichtsratsmitglieder. Tantiemen der Aufsichtsratsmitglieder sind, auch wenn sie von der Höhe des Reingewinns

und von dessen Feststellung durch die Generalversammlung abhängig sind, abzugsfähig, insofern die Aufsichtsratsmitglieder einen Rechtsanspruch hierauf haben. PrOVG. 25. Okt. 18 StStS. 18, 448.

35. — Die Tantiemen der Aufsichtsratsmitglieder sind, wenn diese schon zu dem Zeitpunkte, für den die Bilanz aufgestellt wurde, einen klagbaren Anspruch darauf hatten, abzugsfähig. PrOVG. 21. Dez. 18 StStS. 18, 456.

36. — Tantiemen, die die Aufsichtsratsmitglieder satzungsgemäß anzusprechen haben, bilden für die Kriegssteuer abziehbare Betriebsunkosten der Gesellschaft. RFH. 28. April 20 S. 3, 16.

37. — Die den Aufsichtsratsmitgliedern einer Aktiengesellschaft für das erste Geschäftsjahr von der Generalversammlung bewilligte Vergütung gehört nicht zu den den Reingewinn mindernden Geschäftsunkosten des ersten Geschäftsjahres. SächsOVG. 8. Aug. 18 Jahrb. 25, 108.

38. Tantiemen der Angestellten. Tantiemen an Vorstandsmitglieder, Geschäftsführer, Angestellte, auf die ein Rechtsanspruch besteht, sind bei Berechnung des Bilanzgewinns i. S. von § 16 Abs. 1 KrStG. 1916 auch dann abzuziehen, wenn sie aus dem Bilanzgewinne zu entrichten und von dem Vorhandensein eines solchen abhängig sind. RFH. 11. Dez. 19 S. 2, 179 = StA. 1920, 160.

39. — Durch Anschlag in der Fabrik den Arbeitern zugesagte Gratifikationen aus dem Geschäftsgewinn sind nicht abzugsfähig. RFH. 1. Okt. 20 RStR. 1920, 323.

40. Gesellschafterbezüge. Die Vergütung, die Mitgliedern einer G. m. b. H. für eine Tätigkeit im Dienste der Gesellschaft zu zahlen ist, ist unter denselben Voraussetzungen wie bei der Staatseinkommensteuer abzugsfähig. PrOVG. 21. Dez. 18 StStS. 18, 458.

41. — Abzugsfähigkeit der an Gesellschafter, Geschäftsführer, einer G. m. b. H. bezahlten Bezüge bei Berechnung des Bilanzgewinns i. S. von § 16 KrStG. 1916. RFH. 26. Juli 19 S. 2, 183.

42. — Fortdauer der Vertragsansprüche zwischen Gesellschafter und G. m. b. H. bei Vereinigung aller Geschäftsanteile. Verhältnis zwischen Gesellschafts- und Dienstvertrag. RFH. 8. Aug. 19 RStR. 1920, 72.

43. Ueber Aufsichtsratstantiemen und Gesellschafterbezüge vgl. auch zu § 22 KrAbgG. 1918 unter Nr. 2 bis 4 und 5 bis 9.

44. Unkosten. Zur Zuweisung an Beamtenpensionskassen im Laufe des Geschäftsjahrs verwendete Beträge sind dem Bilanzgewinn nicht hinzuzurechnen. RFH. 11. März 20 RStR. 1920, 203 = AStR. 1920, 149.

Lit. Rosendorff, Die steuerliche Behandlung von Ausgaben und Rücklagen für Wohlfahrtszwecke. DStZ. 8, 229.

45. — Zuwendungen zu gemeinnützigen oder Wohlfahrtszwecken, die nicht dem Bilanzgewinn entnommen, sondern schon im Laufe des Geschäftsjahrs verausgabt und als Geschäftsunkosten in den Büchern behandelt worden sind, sind dem Bilanzgewinne nicht hinzuzurechnen. RFH. 21. Mai 20 S. 3, 66 = RStBl. 1920, 448 = IndMitt. 1920, 285 = DStZ. 9, 148 = RStR. 1920, 299.

46. — Die bei der Neuausgabe von Aktien zum Nennwert von der Gesellschaft zu bestreitenden Ausgabekosten sind Unkosten der Gesellschaft. Sie mindern, falls sie über Gewinn- und Verlustkonto geführt werden, den Bilanzgewinn. RFH. 21. Nov. 20 S. 3, 66 = RStBl. 1920, 448 = IndMitt. 1920, 285.

497. — Benützt eine Gesellschaft für ihr Unternehmen fremde Anlagen, so ist ihr Geschäftsgewinn um den Betrag der im Geschäftsjahre eingetretenen Entwertung dieser Anlagen nur im dem Falle vermindert, daß sie hierfür dem Dritten Ersatz zu leisten hat. RFH. 30. Juli 20 S. 3, 253 = RStR. 1920, 298.

498. Steuerabzug. Der Geschäftsgewinn wird nicht durch die Gründungskosten der Gesellschaft, wohl aber durch die Steuern aller Art vermindert. PrOVG. 14. Mai 18 StStS. 18, 428.

499. — Bei der Festsetzung der Kriegsabgabe für eine Gesellschaft kann weder die für die Kriegsabgabe gebildete Sonderrücklage noch die Kriegsabgabe selbst als ein den Geschäftsgewinn minderndes Passivum berücksichtigt werden. SächsOVG. 8. Aug. 18 Jahrb. 25, 109. Vgl. auch zu § 24 KrAbgG. 1918 unter Nr. 2 ff.

500. — Steuern aller Art sind bei Berechnung des Bilanzgewinns als Geschäftsunkosten abzugsfähig, wenn die Steuer auf Grund eines Schuldverhältnisses gezahlt oder am Bilanztag noch geschuldet ist. RFH. 22. Mai 19 (S. 1, 115 = DStZ. 8, 113; vgl. Bd. I S. 48 Nr. 5) auch StA. 1920, 14. Vgl. auch zu § 81 AO.

501. Geschäftsgewinn. Der Unterschied zwischen dem Erlös eines verkauften Aktivums und seinem Bilanzwert ist grundsätzlich Geschäftsgewinn. RFH. 6. Febr. 20 StA. 1920, 162.

502. — Steuerliche Beurteilung eines Vertrages, durch den sich eine G. m. b. H einem Gesellschafter gegenüber verpflichtet, ihm gegen bestimmte Gegenleistungen einen Teil ihres Rohgewinnes zu übertragen, und die Aufnahme einer entsprechenden Bestimmung in die Satzung der Gesellschaft zusagt. RFH. 12. Mai 20 S. 3, 59 = RStR. 1920, 264.

503. — Ist in den Gewinnanteilscheinen (Genußscheinen) den zuzahlenden Aktionären neben der Umwandlung ihrer zusammengelegten Aktien in Vorzugsaktien ein Anteil am Bilanzgewinne, der nach Abzug der Vorzugsdividenden übrigbleibt, in der Weise zugesichert, daß daraus eine Verzinsung und Amortisierung der Gewinnanteilscheine erfolgt, so können die Beträge, die aus dem Bilanzgewinne zu den Leistungen an die Inhaber der Gewinnanteilscheine entnommen werden, nicht an dem Bilanzgewinne der Kriegsgeschäftsjahre in Abzug gebracht werden. RFH. 16. April 20 S. 2, 347 = RStBl. 1920, 405 = RStR. 1920, 227.

504. — Der Reingewinn, der an die Mitglieder einer eingetragenen Genossenschaft, welche ausschließlich dem gemeinschaftlichen Einkauf von Waren für die Genossen dient, am Jahresschluß ausbezahlt wird, ist für die Berechnung des kriegsabgabepflichtigen Mehrgewinns von dem Geschäftsgewinn i. S. des § 24 KrAbgG. 1918 in Verbindung mit § 16 KrStG. 1916 nicht abzuziehen, wenn die Höhe des zu verteilenden Reingewinnes nach den Satzungen der freien Beschlußfassung der Generalversammlung anheimgestellt ist. RFH. 14. Juli 20 S. 3, 192 = RStR. 1920, 275; vgl. auch zu § 24 KrAbgG. 1918 unter Nr. 1.

505. — Die Kaufpreisrückvergütungen, die eine Konsumgenossenschaft mit über den Kreis der Mitglieder nicht hinausgehendem Geschäftsbetrieb am Schlusse des Jahres ihren Mitgliedern gewährt, dürfen bei der Kriegssteuerveranlagung am Bilanzgewinne nur dann abgezogen werden, wenn die Mitglieder auf sie einen satzungsmäßigen oder vertragsmäßigen Rechtsanspruch haben. RFH. 20. Okt. 20 S. 3, 322.

§ 17.

Abs. 1.

1. Teilgeschäftsjahr. Unter Jahresabschlüssen i. S. des § 17 Abs. 1 sind auch Abschlüsse über ein weniger als zwölf Monate umfassendes Geschäftsjahr zu verstehen. Ein solcher Abschluß ist aber, wenn mehrere Abschlüsse bei der Steuerberechnung in Frage kommen, nicht einzeln für sich in einen Jahresbetrag umzurechnen, sondern es ist der Jahresdurchschnitt aus allen in die Durchschnittsrechnung einzustellenden Abschlüssen zu ziehen. PrOVG. 14. Mai 18 StStS. 18, 428.
2. — Umfaßt ein Kriegsgeschäftsjahr weniger als zwölf Monate, so ist seinem Ergebnisse der entsprechend geringere Teil des durchschnittlichen höheren Geschäftsgewinns gegenüberzustellen. PrOVG. 24. Sept. 18 StStS. 18, 445.
3. — Der in einem über 12 Monate ausgedehnten Geschäftsjahr erzielte Geschäftsgewinn darf nur zu dem auf 12 Monate verhältnismäßig entfallenden Teile berücksichtigt werden. PrOVG. 14. Okt. 19 StA. 1920, 91.
4. — Auch Teilgeschäftsjahre (nicht ein volles Zeitjahr umfassende Geschäftsjahre) sind Geschäftsjahre i. S. von § 17 Abs. 1. RFH. 11. Dez. 19 S. 2, 179 = StA. 1920, 160.
5. — Behandlung nicht volle 12 Monate umfassender Friedensgeschäftsjahre. RFH. 20. März 20 ZStFr. II, 1920, 134.
6. — Berechnung des Friedensgewinns, wenn sich unter den Friedensgeschäftsjahren ein nicht volle zwölf Monate umfassendes Geschäftsjahr befindet. RFH. 30. Juli 20 S. 3, 260 = RStR. 1920, 298.

Abs. 2.

7. Grund- und Stammkapital. Unter dem eingezahlten Grund- oder Stammkapital i. S. von § 17 Abs. 2, 3 und 5 ist das am Schlusse der fünf den Kriegsgeschäftsjahren vorangegangenen Geschäftsjahre eingezahlte Kapital zu verstehen. PrOVG. 21. Juni 18 StStS. 18, 436.
8. — Der Berechnung des Friedensgewinns auf Grund von § 17 Abs. 2 ff. ist nicht jedes im Betrieb arbeitende Kapital, auch wenn es als Anlage- und Betriebskapital zu gelten hat, sondern nur das eingezahlte Grund- oder Stammkapital zugrunde zu legen, das im Gesetze als solches besonders gekennzeichnet ist. RFH. 3. Febr. 20 S. 2, 153 = RStR. 1920, 140.
9. — Eingefordertes, aber am Stichtag noch nicht zur Einzahlung fälliges, also noch nicht zugeflossenes Grundkapital ist bei Berechnung des dem fingierten Friedensgewinne von 6 % zugrunde zu legenden Grundkapitals nicht zu berücksichtigen. RFH. 7. Mai 20 S. 3, 51. Vgl. auch Nr. 18—20.

Abs. 3.

10. Es ist unzulässig, bei abgabepflichtigen Gesellschaften, die erst im Laufe des Krieges entstanden sind, an Stelle des auf 6 % des Grund- oder Stammkapitals zu fingierenden Friedensgewinnes einen durch Schätzung zu ermittelnden höheren Friedensgewinn einzusetzen, den die Gesellschaft, wenn sie schon bestanden hätte, hätte erzielen können. Unzulässig ist auch die Einsetzung des Friedensgewinnes, den eine offene Handelsgesellschaft (in eine abgabepflichtige Gesellschaft umgewandelt) vor der Umwandlung erzielt hat. RFH. 16. Sept. 19 (S. 1, 207 = DStBl. 2, 232; vgl. Bd. I S. 50 Nr. 3) auch DStZ. 8, 259 = JW. 1920, 793 (*mit Besprechung von Homburger*).

11. Wird das Grundkapital in den für die Berechnung des durchschnittlichen Friedensgeschäftsgewinns in Betracht kommenden Geschäftsjahren herabgesetzt, so ist für die Berechnung des Mindestfriedensgewinns nach § 17 Abs. 3 nur das nach der Herabsetzung am Schlusse der Friedensgeschäftsjahre noch vorhandene einbezahlte Grundkapital maßgebend. Wurden bei der Herabsetzung des Grundkapitals gegen Zuzahlungen auf zusammengelegte Aktien Gewinnanteilscheine ausgegeben, so kommen auch diese Zuzahlungen für die Berechnung des Mindestfriedensgewinns nach § 17 Abs. 3 nicht in Betracht. RFH. 16. April 20 S. 2, 347 = RStBl. 1920, 405 = RStR. 1920, 227.

Abs. 4.

12. Umwandlung von Gesellschaften. Die die Berücksichtigung der früheren Geschäftsergebnisse gestattende Umwandlung einer steuerpflichtigen Gesellschaft in eine Gesellschaft anderer Art liegt i. S. von § 24 Abs. 2 der KrStAusfBest. nur vor, wenn die eine Gesellschaft rechtlich lediglich die Fortsetzung der anderen ist. PrOVG. 12. Nov. 18 StStS. 18, 453. Vgl. auch zu § 16 unter Nr. 5 und vorstehend Nr. 10.

13. — § 24 KrStAB. trifft nicht auf den Fall der Umwandlung einer offenen Handelsgesellschaft in eine G. m. b. H. zu. RFH. 20. Dez. 19 DStBl. 3, 36.

14. — Bei einer erst kurz vor Kriegsausbruch in das Handelsregister eingetragenen G. m. b. H., deren Geschäftsjahr mit dem Kalenderjahr abschließt, ist der Friedensgeschäftsgewinn nach § 17 Abs. 4 zu berechnen, auch wenn das von den Gründern eingebrachte gewerbliche Unternehmen schon längere Zeit vor der Eintragung ins Handelsregister auf Rechnung der Gesellschaft betrieben worden ist. RFH. 27. Febr. 20 S. 2, 197 = DStZ. 9, 14 = IndMitt. 1920, 146 = RStR. 1920, 156.

15. — Berechnung des Friedensgewinns einer Aktiengesellschaft, welche während des Krieges zum Zwecke des Ankaufs der unter Zwangsverwaltung und Liquidation gestellten Zweigniederlassung einer Aktiengesellschaft in Feindesland neu gegründet ist. RFH. 7. Mai 20 S. 3, 51 = RStBl. 1920, 403 = RStR. 1920, 252.

16. Aufgeld. Aktien sind auch dann zu einem den Nennwert übersteigenden Preise i. S. des § 17 Abs. 4 KrStG. 1916 ausgegeben, wenn die Gegenleistung für sie infolge des Mehrwerts von Sacheinlagen den Nennwert übersteigt. RFH. 15. Okt. 1920 S. 3, 330 = DStZ. 9, 239.

17. — Das bei der Erhöhung des Grundkapitals einer Aktiengesellschaft erzielte Aufgeld auf die ausgegebenen Aktien ist der Gesellschaft insoweit nicht tatsächlich zugeflossen, als es alsbald zur Deckung von mit der Aktienausgabe zusammenhängenden Kosten verwendet worden ist. RFH. 28. Okt. 19 (S. 1, 278; vgl. Bd. I S. 50 Nr. 4) auch RStBl. 1920, 23 = RStR. 1920, 72 = DStBl. 2, 653.

Abs. 5.

18. Eingezahltes Kapital. Frühestens vom Zeitpunkt der Eintragung der Vermehrung des Grundkapitals in das Handelsregister ab ist die Hinzurechnung des in § 17 Abs. 5 vorgesehenen Betrags von 6 vom Hundert zum Friedensgewinn angängig. Entsprechendes gilt für das eingezahlte Agio.

Das vermehrte Grundkapital ist von dem Zeitpunkt ab als eingezahltes zu behandeln, wo es der Gesellschaft greifbar zur Verfügung stand. Entsprechendes gilt für das eingezahlte Agio. **RFH.** 27. Nov. 19 S. 2, 101 = RStR. 1920, 93 = DStZ. 9, 12 = DStBl. 3, 36; vgl. auch Nr. 7—9.

19. — Bei einer Fusion zweier Aktiengesellschaften, bei der das Vermögen der einen Gesellschaft im ganzen ohne Liquidation auf die andere Gesellschaft gegen Gewährung von neuen Aktien dieser Gesellschaft an die Aktionäre der anderen Gesellschaft übertragen worden ist (§§ 305, 306 HGB.), ist die Vermehrung des eingezahlten Grundkapitals der übernehmenden Gesellschaft erst mit der Eintragung der Fusion ins Handelsregister eingetreten.

Berechnung des Betrags, um den das eingezahlte Grundkapital der übernehmenden Gesellschaft sich vermehrt hat. **RFH.** 27. Febr. 20 S. 2, 209.

20. — Die Hinzurechnungen nach § 17 Abs. 5 haben nicht schon von dem Tage der wirklichen Einzahlung der Kapitalerhöhung, auch nicht von dem noch früheren Tage der der Gesellschaft gegenüber etwa beginnenden Verzinsung der Einzahlungen, sondern erst von dem Tage an einzutreten, an dem die Kapitalerhöhung in das Handelsregister eingetragen worden ist. **RFH.** 21. Mai 20 S. 3, 66 = RStBl. 1920, 448 = DStZ. 9, 148.

§ 18.

1. Die ganze Dividende einer Tochtergesellschaft bleibt bei der Muttergesellschaft frei, wenn die Tochtergesellschaft in ihren Friedensgeschäftsjahren keine Dividende ausgeschüttet hat. **RFH.** 10. Febr. 20 RStR. 1920, 179.

§ 19.

1. Der Mehrgewinn im Jahresdurchschnitt ist in der Weise zu ermitteln, daß der die Bemessungsgrundlage bildende Mehrgewinn der drei ersten Kriegsgeschäftsjahre durch die Zahl der Kriegsgeschäftsjahre zu teilen ist, auch wenn diese nicht drei volle Kalenderjahre mit 36 Monaten umfassen. RG. 16. Sept. 19 JW. 1920, 148 = StA. 1920, 68.

§ 20.

1. Der auf den inländischen Betrieb entfallende Teil des Mehrgewinns einer ausländischen Gesellschaft soll nach Maßgabe der Grundsätze ermittelt werden, die bei einer bundesstaatlichen Einkommensteuerveranlagung für die Ausscheidung des auf den inländischen Geschäftsbetrieb entfallenden Teiles des steuerbaren Gesamteinkommens maßgebend waren. Hieraus folgt lediglich, daß diese Ausscheidung nach demselben Verteilungsmaßstabe wie bei der bundesstaatlichen Einkommensteuerveranlagung erfolgen soll, nicht aber, daß das Ergebnis dieser letzteren Veranlagung unmittelbar auch bei der Veranlagung zur Kriegsabgabe zu verwerten ist. **RFH.** 16. April 20 S. 2, 286 = RStR. 1920, 203.

§ 22.

1. Die Vorschrift des § 22 Abs. 1 Satz 1, wonach die Steuer insoweit nicht erhoben wird, als sie auf zu gemeinnützigen Zwecken bestimmte Gewinne entfällt, ist lediglich eine Erhebungsvorschrift. PrOVG. 25. Okt. 18 StStS. 18, 448.

2. Abweichend. Die Vorschrift im § 22 Abs. 2 ist keine bloße Erhebungsvorschrift, so daß über die hier vorgesehene teilweise Nichterhebung der Steuer im Rechtsmittelverfahren zu entscheiden ist. PrOVG. 21. Dez. 18 StStS. 18, 458.

Gemeinsame Vorschriften.

§ 25.

Abs. 2.

1. Für das KrStG. 1916 gilt kein Kinderprivileg. Das Kinderprivileg im § 27 BesStG. ist eine Tarifvorschrift, die unter die Verweisungsvorschrift des Kriegssteuergesetzes nicht fällt; dieses hat vielmehr seine eigenen Tarifvorschriften. PrOVG. 8. Juni 18 (DJZ. 1919, 687; vgl. Bd. I S. 46 Bem. 1 zu 8) auch StStS. 18, 383.

§ 27.

1. Die Rechtskraft des für den 31. Dez. 16 ergangenen Besitzsteuerfeststellungsbescheids steht einer anderweitigen Feststellung des für die Kriegssteuer 1916 zugrunde zu legenden Vermögens nicht entgegen. RFH. 27. April 20 S. 3, 81 = RStBl. 1920, 441 = RStR. 1920, 287.

§ 29.

Abs. 2.

1. Ein Veranlagungsbescheid ist nicht deshalb unwirksam, weil darin entgegen der Vorschrift im § 29 Abs. 2 die Punkte nicht verzeichnet sind, in denen von der Steuererklärung abgewichen worden ist. PrOVG. 11. Okt. 18 StStS. 18, 419.

§ 31.

Abs. 3.

1. Die Verpflichtung zur Verzinsung der Kriegsabgabe vom 1. Juli 1917 ab tritt nach § 31 Abs. 3 ein ohne Rücksicht auf den Grund, weshalb die Zahlung bis zu jenem Tage unterblieben ist. PrOVG. 9. März 18 StStS. 18, 305.

§ 32.

1. Nachweis der Ausreichung von Kriegsanleihestücken in den Anhängen zum Kriegssteuereinnahmebuche (1916), zum Einnahmebuche für die Kriegsabgabe 1918, zum Einnahmebuche für die Kriegsabgabe 1919 und zum Einnahmebuche für die Kriegsabgabe vom Vermögenszuwachse. RFM. 1. März 20, RStBl. 1920, 207.

§ 33.

1. Zusammentreffen mit Vergehen gegen § 76 BesStG. Vgl. das. unter Nr. 1.

§ 36.

Lit. *Potthoft, Die Härteparagraphen der Kriegssteuergesetze (Verlag Dr. Schmid, Köln 1919).*

1. Allgemeine Abgabeermäßigungen, die der Bundesrat aus Billigkeitsgründen angeordnet hat, können in ihrer Anwendung auf den Einzelfall nicht im Rechtsmittelweg erzwungen werden. PrOVG. 26. Jan. 18 StStS. 18, 376.
2. Der Beschluß des Staatenausschusses vom 3. April 19 (RGBl. S. 92) über Berichtigung des rechtskräftig für den 31. Dez. 16 festgestellten Anfangsvermögens bindet nicht die Veranlagungsbehörden und kann nicht Grundlage der Rechtsbeschwerde sein. RFH. 21. Okt. 19 DStBl. 2, 414 = RStBl. 1920, 448.

25.

Gesetz über die Erhebung eines Zuschlags zur Kriegssteuer

vom 9. April 1917 (RGBl. S. 349).

(KrStZuschlG. 1917.)

Lit. *Erläuterte Ausgaben von Koppe-Varnhagen, Kriegssteuergesetz vom 9. April 1917 (Industrieverlag Späth u. Linde, Berlin 1917). — E. Zimmermann, Kriegssteuergesetz vom 9. April 1917 (J. Hess, Stuttgart 1917).*

§ 1.

1. Der 20 % Zuschlag zur Kriegssteuer nach dem Gesetze vom 9. April 17 bildet einen Teil der Kriegssteuer i. S. des § 24 Abs. 2 KrAbgG. vom 26. Juli 18, nicht aber der Zuschlag zur Kriegssteuer, der wegen nicht rechtzeitiger Abgabe der Kriegssteuererklärung nach § 25 Abs. 2 KrStG. vom 21. Juni 1916 und § 54 Abs. 2 BesStG. festgesetzt ist. RFH. 15. Okt. 1920 S. 3, 330 = DStZ. 9, 239.

§ 4.

1 Die Beurteilung der Zuschläge zur Kriegssteuer und ihrer Festsetzung sind der Berufungskommission entzogen. PrOVG. 13 März 18 StStS. 18, 390.
2. Richtet sich ein Rechtsmittel gegen die Veranlagung zur Hauptsteuer und wird die Berechnung des Zuschlages mittelbar von der veranlagten Aenderung betroffen, weil, wenn die Hauptkriegssteuer im Rechtsmittelverfahren anderweit veranlagt wird, auch der Zuschlag entsprechend zu ändern ist, so kann diese anderweite Festsetzung des Zuschlages zugleich im Rechtsmittelverfahren über die Hauptsteuer erfolgen. RG. 16. Sept. 19 JW. 1920, 148.

26.

Landessteuergesetz

vom 30. März 1920 (RGBl. S. 402).

(LStG.)

Lit. *Ausgaben von* Röttinger *(J. Hess, Stuttgart 1920). —* Stenger *(Bayer. Kommunalschriften-Verlag, München 1920).*

Ferner Ladl, *Das Landessteuergesetz. StA. 1920, 102. —* Marcuse, *Das neue Reichssteuerrecht (Herm. Sack, Berlin 1920), S. 367. —* Stenger, *Das Landessteuergesetz. AStR. 1920, 33. —* Totzek, *Zum Landessteuergesetz. ZStFr. II, 1920, 62.*

§ 2.

Lit. Ball, *Landessteuergesetz und Anwaltspraxis. NStR. 1920, 317 (Zulässigkeit von Landessteuern, insbes. von Fremdensteuern, Zuschlägen, Doppelbesteuerung). —* Köhler, *Können die Gemeinden Zuschläge erheben zu den Landessteuern und die Länder zu den Gemeindesteuern? DStZ. 9, 69. —* Rombach, *Sind die Wohnungssteuerordnungen der Gemeinden rechtsgültig? ZStFr II, 1920, 143. —* Simon, *Ungültige Steuergesetze. DStZ. 9, 166 (betrifft das preuss. Ges. vom 8. Juli 20 GS. S. 389).*

§ 5.

1. **Bekanntmachung über die Uebertragung der Prüfung von Steuerordnungen der Gemeinden (Gemeindeverbände) nach § 5 LStG. und der Befugnis zur Einholung von Auskünften gemäss § 60 a. a. O. auf die Landesfinanzämter. RFM. 12. Aug. 20, RStBl. 1920, 487.**

§ 6.

1. **Dem Steuerpflichtigen steht kein Rechtsbehelf zu, die Unverträglichkeit des Steuergesetzes eines Landes mit dem Reichsrecht vor den Reichsfinanzhof zu bringen. RFH. 13. Nov. 20 Gr. S. 3/20 S. 4, 9.**

§ 8.

Lit. Kiefersauer, *Richtlinien zur Besteuerung des Grundvermögens. NStR. 1920, 214.*

§ 17.

Lit. Totzek: *Die Beteiligung der Gemeinden an der Reichseinkommen- und Körperschaftssteuer. ZStFr. II, 1920, 175.*

§ 30.

Lit. L o r e n z, *Die Besteuerung des reichssteuerfreien Einkommens durch die Gemeinden. StA. 1920, 158.* — S t e n g e r, *Die Gemeindesteuer vom Mindesteinkommen. AStR. 1920, 102.*

1. **Verordnung über die Besteuerung des reichssteuerfreien Einkommens durch die Gemeinden vom 28. Mai 20 (RGBl. S. 1117). RStBl. 1920, 339.**
2. **Bekanntmachung über die Geltung der Verordnung vom 28. Mai 20 über die Besteuerung des reichssteuerfreien Einkommens durch die Gemeinden in den besetzten rheinischen Gebieten. RFM. 22. Juli 20, RStBl. 1920, 429.**

§ 34.

Lit. D i t f u r t h, *Die preussischen Zuschläge zur Grunderwerbsteuer. ZStFr. II, 1920, 169.*

§ 40.

Abs. 4.

Lit. B o e t h k e, *Ueber das Verfahren bei Landes- und Gemeindezuschlägen zur Grunderwerbsteuer. DStBl. 2, 500 (erachtet für das Rechtsmittelverfahren das Landesrecht für massgebend).*

1. **Wegen landesrechtlicher Zuschläge zur Grunderwerbsteuer ist die Zuständigkeit des Reichsfinanzhofs zur Entscheidung über die Rechtsbeschwerde nicht aus § 40 Abs. 4 herzuleiten. RFH. 16. Nov. 20 II A 337/20 S. 4, 12.**

§ 41.

1. **Verordnung über die Ermittlung und Ueberweisung der den Ländern und Gemeinden zustehenden Anteile an der Umsatzsteuer nach dem UStG. vom 24. Dez. 19 (RGBl. S. 2157) gemäss §§ 41 bis 43 LStG. vom 30. März 20 (RGBl. S. 402). RFM. 25. Sept. 20, RZBl. Nr. 55, RStBl. 1920, 559.**

§ 56.

Lit. G e r l i n g, *Der Anteil der Gemeinden an der Reichseinkommensteuer. StA. 1920, 133.*

27.

Gesetz, betreffend die Besteuerung von Mineralwässern und künstlich bereiteten Getränken, sowie die Erhöhung der Zölle für Kaffee und Tee

vom 26. Juli 1918 (RGBl. S. 849).

(MinWStG.)

§ 1.

Abs. 3.

1. Die Vorschrift des § 1 Abs. 3 bezieht sich ausschließlich auf natürliche oder nur gesüßte Fruchtsäfte. Sie steht daher der Anwendung des letzten Satzes des § 1 Abs. 1 auf Erzeugnisse, die aus oder unter Mitverwendung von natürlichen Fruchtsäften hergestellt sind, nicht entgegen. RFH. 16. Juni 20 S. 3, 120 = RStR. 1920, 286.

§ 3.

Abs. 2.

1. Die Vorschrift des § 3 Abs. 2 ist dahin zu verstehen, daß die durch die Entfernung der Erzeugnisse aus dem Betrieb entstandene Steuerpflicht wieder in Wegfall kommt, wenn nachweislich die mit jener Entfernung begonnene Lieferung nicht zum Abschluß gelangt. RFH. 9. Juli 20 S. 3, 215 = RZBl. 1920, 444.

28.

Gesetz über die Errichtung eines Reichsfinanzhofs und über die Reichsaufsicht für Zölle und Steuern

vom 26. Juli 1918 (RGBl. S. 959).

(RFHG.)

Reichsfinanzhof.

§ 7.

1. Es ist angenommen worden, daß der Reichsfinanzhof trotz Fehlens einer ausdrücklichen gesetzlichen Vorschrift zur Entscheidung über Abgaben nach dem Grunderwerbsteuergesetze vom 12. Sept. 19 zuständig ist, da dieses Gesetz die Vorschriften über den Grundstücksübertragungsstempel nach dem Reichsstempelgesetz ersetzt. **RFH.** 28. April 20 II A 354/19 (nicht veröffentlicht).

§ 8.

1. Reichsabgaben. Gegen Bestrafung wegen Steuerhinterziehung ist die Rechtsbeschwerde nicht gegeben. **RFH.** 26. Nov. 19 RStBl. 1920, 62 = NStR. 1920, 84.
2. — Eine Heranziehung zu einer Reichsabgabe liegt auch in der Ablehnung eines auf Rechtsgründe gestützten Erstattungsantrags. Rechtsbeschwerde ist daher nicht ausgeschlossen. Voraussetzung ist aber, daß der Rechtsmittelzug für Erstattungsanträge landesrechtlich geregelt ist, was die preußische Rechtsmittelverordnung vom 21. Okt. 18 nicht getan hat. **RFH.** 14. Nov. 19 [S. 1, 265; vgl. Bd. I S. 53 Nr. 4] auch DStBl. 2, 520.
3. — Die Anordnung der Sicherheit auf Grund des Kriegssteuersicherungsgesetzes kann nicht Gegenstand des Rechtsbeschwerdeverfahrens vor dem RFH. sein. **RFH.** 16. Nov. 19 S. 2, 37 = RStBl. 1920, 91.
4. Landesrechtlicher Rechtsmittelzug. Mit der Rechtsbeschwerde an den Reichsfinanzhof können in Preußen in Kriegssteuersachen nur Berufungsentscheidungen, nicht Entscheidungen der Regierung angefochten werden. **RFH.** 29. Jan. 20 S. 2, 145.
5. — Die Frist zur Einlegung des Einspruchs gegen eine Auskunftserteilung über die Steuerpflichtigkeit eines Geschäfts läuft nach §§ 1, 3 der preußischen Rechtsmittelverordnung vom 21. Okt. 18 erst von der etwa später erfolgten Beitreibung oder Entrichtung der Abgabe ab. **RFH.** 17. Sept. 20 II A 140/20 (nicht veröffentlicht).
6. — § 16 der preußischen Rechtsmittelverordnung vom 26. Sept. 18 enthält keine Beschränkung der im Beschwerdeverfahren zulässigen Rechtsmittel.

Insbesondere ist die Einholung amtlicher Auskünfte nicht ausgeschlossen. Zu deren Inhalt ist der Beschwerdeführer zu hören. RFH. 10. Okt. 19 II A 242/19 (nicht veröffentlicht).

7. — Gegen eine Entscheidung, die die Veranlagungskommission trotz sachlicher Unzuständigkeit erlassen hat, ist die Berufung zulässig. Die Berufungskommission hat in solchem Falle die Entscheidung aufzuheben, ohne in der Sache selbst zu entscheiden. RFH. 3. Jan. 20 I A 317/19 S. 2, 124.

§ 10.

1. Ein Verstoß wider den klaren Inhalt der Akten liegt nicht vor, wenn der sonstige Akteninhalt auch nur die Möglichkeit bietet, eine an sich klare Tatsache anders zu würdigen, als es ohne diesen Akteninhalt der Fall sein würde, und die Vorinstanz zu einer solchen abweichenden Würdigung gekommen ist. RFH. 25. Juni 20 II A 247/19 (nicht veröffentlicht).
2. Rechenfehler als wesentlicher Verfahrensmangel. RFH. 13. Nov. 19 NStR. 1920, 72 = DStBl. 2, 448.
3. Die Würdigung tatsächlicher Verhältnisse ist dem Angriff mit der Rechtsbeschwerde und damit auch der Nachprüfung durch den Reichsfinanzhof entzogen. RFH. 17. Febr. 20 S. 2, 193.

§ 14.

Nr. 1.

1. Die Doppelsteuerbeschwerde setzt eine tatsächliche Besteuerung durch mehrere Bundesstaaten voraus. RFH. 17. Juli 19 (S. 1, 168; vgl. Bd. I S. 54 Nr. 1) auch JW. 1920, 67 *(mit Besprechung von Fürnrohr)*.

Schlußvorschriften.

§ 25.

Abs. 1.

1. Gegen die in Coburg-Gotha am 1. Okt. 18 bereits anhängigen Kriegssteuerveranlagungen ist eine Revision an das OVG. Jena zulässig. §§ 1, 12 des Cob.-Goth. Ges. vom 1. Okt. 18 sind insoweit unverbindlich. RFH. 10. Aug. 19 DStBl. 2, 348.
2. In dem Einspruch an den Reklamationsausschuß und der Berufung an den Berufungsausschuß nach Maßgabe der bremischen Verordnung vom 25. Okt. 18 (GBl. S. 245) und des § 18 des brem. EinkStG. ist nicht „ein anderes Rechtsmittel als die Verwaltungsbeschwerde" zu erblicken.

   Die Einlegung eines dieser Rechtsmittel vor dem 1. Okt. 18 steht daher der Erhebung der Rechtsbeschwerde an den Reichsfinanzhof nicht entgegen. RFH. 9. Dez. 19 I A 88/19 JW. 1920, 313.
3. Der Einspruch an den Reklamationsausschuß der Steuerdeputation und die Berufung an den Berufungsausschuß der Steuerdeputation in Bremen sind Verwaltungsbeschwerden im Sinne des § 25 Abs. 2 RFHG. RFH. 11. Dez. 19 S. 2, 92.

Abs. 2.

4. Der Reichsfinanzhof ist für Beschwerden wegen einer schon vor dem 1. Okt. 18 bestehenden Doppelbesteuerung zuständig, wenn der Bundesrat mit der Sache nicht befaßt worden ist. RFH. 27. Febr. 20 S. 2, 234.

29.

Reichsfinanzhofordnung.

Bekanntmachung des Reichskanzlers vom 21. September 1918 (RGBl. S. 1119).

(RFHO.)

I. Allgemeines.

§ 6.

1. Beschwerdeberechtigung. Eine Uebertragung der dem Steuerpflichtigen zustehenden Rechtsmittel auf einen Dritten mit der Wirkung, daß dieser dann für den Steuerpflichtigen in das Verfahren selbständig eintritt, ist unzulässig. PrOVG. 11. Okt. 18 StS. 18, 421.
2. — Testamentsvollstrecker sind zur Einlegung von Rechtsmitteln gegen ihnen in dieser Eigenschaft zugestellte Veranlagungsbescheide berechtigt. RFH. 9. April 20 I A 176/19 (nicht veröffentlicht).
3. — Der Erbe eines Beschwerdeführers ist zur Fortsetzung des Verfahrens legitimiert. Der Tod des Beschwerdeführers unterbricht das Verfahren nicht. RFH. 5. Mai 20 II A 77/20 (nicht veröffentlicht).
4. Vollmacht. Die Wirkung der Vollmacht ist nicht davon abhängig, daß sie urkundlich niedergelegt ist. Die Vollmacht eines Rechtsanwalts, der Eingaben an die Steuerbehörden für einen Steuerpflichtigen gerichtet hat, zur Empfangnahme von Zustellungen für den Steuerpflichtigen kann vermutet werden. RFH. 23. April 19 DStBl. 2, 449.

II. Spruchverfahren.

§ 11.

1. Eine rechtsgültige, die Beschwerdefrist in Lauf setzende Zustellung liegt nicht vor, wenn bei einer Zustellung gemäß Art. 28 Nr. 7 der preuß. Anweisung vom 28. Nov. 99 zur Ausführung der VO. vom 15. Nov. 99 (GesS. S. 545) nicht ersichtlich gemacht ist, ob und in welcher Weise der Postbote die Mitteilung von der Niederlegung des Briefes an die Nachbarn erfüllt hat. RFH. 9. Dez. 19 S. 2, 85.
2. Zulässigkeit der Rechtsbeschwerde vor Beginn der Rechtsbeschwerdefrist. RFH. 9. Dez. 19 S. 2, 86 = RStR. 1920, 107.

§ 14.

1. Die allgemeine Bemerkung, daß die Rechtsbeschwerde auf Verletzung des formellen und materiellen Rechtes gestützt werde, erfüllt die Vorschrift des § 14 Ziff. 2a RFHO. nicht. RFH. 28. Mai 19 (S. 1, 67; vgl. Bd. I S. 58 Nr. 2) auch DStBl. 2, 449.
2. Durch § 14 Ziff. 1 werden förmliche Beschwerdeanträge nicht verlangt. Es genügt, wenn der Beschwerdeführer erkennbar zum Aus-

druck bringt, ob er sich durch die angefochtene Entscheidung in vollem Umfange beschwert fühlt und sie vollständig beseitigt haben will oder ob das nur hinsichtlich eines von ihm kenntlich zu machenden Teiles der Fall ist. RFH. 30. April 19 (S. 1, 49 = DJZ. 1919, 437 = DStZ. 8, 80; vgl. Bd. I S. 57 Nr. 1) auch DStBl. 2, 449.

§ 19.

1. Hat eine mit der Rechtsbeschwerde angefochtene Entscheidung ein Rechtsmittel gegen eine Veranlagung wegen Versäumnis einer landesrechtlich (§ 8 RFHG.) verordneten Notfrist mit Recht zurückgewiesen, so ist die Rechtsbeschwerde zwar zulässig, aber ohne weiteres unbegründet. RFH. 10. April 19 DStBl. 2, 447.
2. Die ungenügende Feststellung des Tatbestandes enthält nicht nur einen wesentlichen Verfahrensmangel, sondern auch eine materielle Rechtsverletzung, führt daher auch zur Aufhebung der Vorentscheidung, wenn die Rüge eines wesentlichen Verfahrensmangels nicht erhoben ist. RFH. 3. Okt. 19 (S. 1, 203; vgl. Bd. I S. 58 Nr. 2) auch DStBl. 2, 448.
3. Der Einwand mangelnder Passivlegitimation ist nicht begründet, wenn an der Identität des Steuerpflichtigen mit der in der Entscheidung irrtümlich bezeichneten Person ein Zweifel nicht bestehen kann. Dann liegt nur eine sachlich bedeutungslose Ungenauigkeit im Ausdruck vor. RFH. 21. Okt. 19 DStBl. 2, 448.
4. Aus den Gründen der mit der Rechtsbeschwerde angefochtenen Entscheidung muß zu erkennen sein, inwieweit die Entscheidung auf tatsächlichen oder rechtlichen Erwägungen beruht, weil sonst eine Grundlage für die dem Reichsfinanzhof obliegende Prüfung der Zulässigkeit der Rechtsbeschwerde nicht gegeben ist. Fehlt es daran, so liegt ein wesentlicher Verfahrensmangel vor. RFH. 23. April 19 (S. 1, 32 = DJZ. 1919, 601 = RM. 1919, 251; vgl. Bd. I S. 58 Nr. 1) auch DStBl. 2, 447.

§ 30.

1. Wird in einem Verfahren über mehrere Rechtsbeschwerden gegen denselben Bescheid entschieden und ist das Ergebnis der einen Beschwerde von dem Ergebnis der anderen beeinflußt, so ist nur ein einheitlicher Streitwert nach dem zusammengezählten Werte beider Beschwerden anzunehmen und die Kostenpflicht nach dem Gesamtergebnis angemessen zu verteilen. RFH. 26. Nov. 19 II A 116/19 (nicht veröffentlicht).
2. Wird gemäß § 57 von der Erhebung von Kosten, die durch unrichtige Behandlung der Sache ohne Schuld der Beteiligten entstanden sind, abgesehen, so ist dies im Urteil auszusprechen. RFH. 23. Dez. 19 II A 203/19 (nicht veröffentlicht).

§ 36.

1. War eine Rechtsbeschwerde unmittelbar beim Reichsfinanzhof eingelegt worden und ist die Beschwerdefrist dadurch versäumt worden, daß wegen der bis Anfang Mai 19 aus Anlaß der Räteregierung bestehenden Abgeschlossenheit Münchens vom Verkehr die Beschwerde beim Reichsfinanz-

hof erst nach Ablauf der Frist einlief, so liegt ein Grund zur Wiedereinsetzung in den vorigen Stand dann nicht vor, wenn die Einlegung des Rechtsmittels gemäß § 12 Abs. 1 bei der ersten Instanz möglich war. RFH. 9. Sept. 19 DStBl. 2, 449.

2. Ein Wiedereinsetzungsantrag wegen Versäumung einer Notfrist ist nach Rechtskraft der Entscheidung unzulässig. RFH. 12. Nov. 19 II A 208/19 (nicht abgedruckt).
3. Unzutreffende Belehrung über die Rechtsmittelfrist im Steuerbescheid ist kein Wiedereinsetzungsgrund. RFH. 29. Okt. 19 II A 245/19 (nicht veröffentlicht).
4. Ist die Fristversäumnis dadurch veranlaßt, daß die Rechtsbeschwerde „an den Reichsfinanzhof in Berlin" adressiert war, so beruht sie nicht auf einem unabwendbaren Zufall. RFH. 9. Sept. 19 DStBl. 2, 449.

Kosten.

§ 51.

Abs. 3.

1. Wird einer beim Reichsfinanzhof eingegangenen, gemäß § 17 Abs. 2 der Vorinstanz übersandten Rechtsbeschwerde von einer der Vorinstanz abgeholfen, so entsteht keine Kostenpflicht. RFH. 4. Dez. 19 II A 77/19 (nicht veröffentlicht).

§ 57.

1. Aufnahme der Entscheidung ins Urteil. Vgl. zu § 30 unter Nr. 2.

30.

Gesetz über die Reichsfinanzverwaltung

vom 10. September 1919 (RGBl. S. 1591).

(RFVG.)

Lit. *Arndt, Artikel 14, 83 und 84 der Reichsverfassung und das Gesetz über die Reichsfinanzverwaltung v. 10. September 1919. JW. 1920, 516.*

1. Verordnung über den Uebergang von Rechten und Pflichten aus der Steuerverwaltung auf das Reich. Vom 18. Sept. 20 (RGBl. S. 1783). RStBl. 1920, 575.

31.

Gesetz über das Reichsnotopfer

vom 31. Dezember 1919 (RGBl. S. 2189),

abgeändert durch das Gesetz über die Veranlagung der Besitzsteuer zum 31. Dezember 1919 vom 30. April 1920 (RGBl. S. 875).

(RNOG.)

Lit. *Erläuterte Ausgaben von R. Becher-Liebes, 1. Halbband. (Herm. Sack, Berlin 1921). — Beuck (Otto Elsner, Berlin 1920). — v. Breunig-Becker-Lewinski, (O. Liebmann. Berlin 1921). — Buck-Lucas (Verein. wissensch. Verleger, Berlin 1920). — Eckstein-Hiersemenzel (J. Bensheimer, Mannheim 1921). — Fürnrohr (J. Schweitzer Verlag, München 1920). — Höpker (C. Heymann, Berlin 1920). — Höpker-Führer (C. Heymann, Berlin 1920). — Koppe-Varnhagen, 2. A. (Industrieverlag Späth u. Linde, Berlin 1920). — Lion (Frz. Vahlen, Berlin 1920). — Marcuse-Rheinstrom (C. H. Beck, München 1920). — E. Zimmermann (J. Hess, Stuttgart 1920).*

Ferner Dehlinger, Reichsnotopfer und Landwirtschaft. (E. Ulmer, Stuttgart 1920). — Friedmann, Wie soll sich der Vorstand einer Aktiengesellschaft bei der Steuererklärung zum Reichsnotopfer verhalten? Steuerrechtl. Einzelschr. Heft 3 (J. Guttentag, Berlin 1920). — Haussmann, Grundriss II. Teil S. 5. (Industrieverlag Späth u. Linde, Berlin 1920.) — Kahn-Blum, Anleitung zum Reichsnotopfer. (J. Schweitzer Verlag, München 1920). — Rosendorff, Die grosse Vermögensabgabe der Erwerbsgesellschaften und ihre bilanzmässige Feststellung. (Industrieverlag Späth u. Linde, Berlin 1919). — Reinert, Gesetz über das Reichsnotopfer vom 31. Dez. 19. StA. 1920, 129. — Evers bei Marcuse, Das neue Reichssteuerrecht (Herm. Sack, Berlin 1920), S. 75. — Koeppel, Die Ausführungsbestimmungen zum Reichsnotopfergesetz. BA. 19, 237 (bespricht die dazu auftauchenden Zweifel). — Höpker, Das Gesetz über das Reichsnotopfer in seinen Aenderungen gegenüber dem Entwurf. DJZ. 1920, 188.

1. **Bekanntmachung über die Geltung des Gesetzes über das Reichsnotopfer in den besetzten rheinischen Gebieten vom 31. Mai 20. RStBl. 1920, 337.**

§ 1.

Lit. *Eckstein, Der Begriff des steuerbaren Vermögens unter besonderer Berücksichtigung des Notopfergesetzes. NStR. 1920, 330.*

§ 2.

Nr. 1.

Lit. *Westendorff, Das Reichsnotopfer der Auslandsdeutschen. ZStFr. II, 1920, 147. — Wrzeszinski, Das Reichsnotopfer des Ausländers. BA. 19, 157. — Wrzeszinski, Auslandsdeutsche und Reichsnotopfer. Steuerrechtl. Einzelschr. (J. Guttentag, Berlin 1920), Heft 1. — Isay, Das neue Steuerrecht der Berggewerkschaften. Das. Heft 4.*

Nr. 2.

Lit. *Fürnrohr, Das Notopfer der ausländischen Erwerbsgesellschaften. DStZ. 9, 195.*

Nr. 6.

Lit. *Sammelunternehmungen. Vgl. zu § 86 AO.*

§ 3.

Lit. *Pottgiesser, Reichsnotopfer und Auslandsvermögen. IndMitt. 1920, 49 (zu Art. 297 i Friedensvertr.).*

§ 4.

Lit. *Beuck, Das Reichsnotopfer vom ausländischen Betriebsvermögen. StA. 1920, 177.*

§ 5.

Lit. *Lafeld, Sind Aktiengesellschaften und G. m. b. H., deren Anteile sämtlich im Besitze von Gemeinden und Gemeinde-Verbänden sich befinden, reichsnotopfersteuerpflichtig? DStZ. 9, 209. — Koeppel, Die steuerliche Behandlung von Pensions- und Wohlfahrtseinrichtungen der Banken und Bankfirmen. BA. 19, 214.*

§ 8.

Lit. *Krapf, Gehört der Gewinn der der Notopfererklärung zugrunde gelegten Jahresbilanz bei Einzelkaufleuten und bei Handelsgesellschaften ohne und mit juristischer Persönlichkeit zum abgabepflichtigen Vermögen? Verbst. 1, 25, 39. — Hochstetter, Gehört nach dem Gesetz über das Reichsnotopfer der Gewinn des Jahres 1919 bei Firmen mit und ohne juristische Persönlichkeit zum abgabepflichtigen Vermögen? ZStFr. II, 1920, 74.*

§ 9.

Lit. *Nothmann, Die Bewertung von Geschäftsanteilen einer Gesellschaft mit beschränkter Haftung zum Reichsnotopfer. NStR. 1920, 235. Ueber Lebensversicherungsverträge zwischen Deutschen und Ententeangehörigen vgl. zu Art. 303 FrVertr.*

§ 10.

1. **Steuerfreiheit der Ansprüche an Witwen-, Waisen- und Pensionskassen. RFM. 13. Sept. 20, RStBl. 1920, 549.**

§ 12.

Lit. *Burgdorf, Die Besteuerung beweglicher, nicht zum Grund- oder Betriebsvermögen gehöriger Gegenstände nach dem Reichsnotopfergesetz. DStZ. 9, 206. — Lang, Die Sondersteuer auf Edelsteine, Perlen oder sonstige Edelmetallgegenstände nach § 12 Ziff. 2 des Gesetzes über das Reichsnotopfer. JW. 1920, 742.*

§ 13.

Lit. *Marcuse, Ausstattung, Aussteuer, Mitgift. JW. 1920, 99. — Blum, Die Schenkungen an Kinder nach dem Notopfergesetz. ZStFr. II, 1920, 98. — Becker, Ueber die „verhältnismässige" Haftung bei der Vermögenszuwachs- und Reichsnotopferabgabe. NStR. 1920, 294.*

§ 15.

Nr. 5 u. 6.

Lit. *Berliner, Abzug von Körperschaftssteuer beim Notopfer. DStZ. 9, 168. — Müller, Zwei Fragen zum Reichsnotopfergesetz. NStR. 1920, 197 (Abzugsfähigkeit des ausgewiesenen Gewinns und der Steuerschuld des Reichsnotopfers). — Liebes, Die Abzugsfähigkeit von Steuern beim Reichsnotopfer. ZStFr. II, 1920, 103. — Wieluner, Der Abzug der Kriegsabgaben und sonstigen Steuern bei dem Reichsnotopfer und der Besitzsteuer. DStZ. 9, 167. — Beuck, Reichsnotopfer als Bilanzpassivum. IndMitt. 1920, 139.*

Nr. 7.

Lit. *Homburger, Der Dreimonatsabzug beim Reichsnotopfer. ZStFr. II, 1920, 101. — Ziegler, Zu § 15 (1) 7 des Gesetzes über das Reichsnotopfer (Dreimonatsabzug). NStR. 1920, 260.*

Nr. 8.

Lit. *Guba, Zur Berechnung des steuerpflichtigen Vermögens für das Reichsnotopfer. NStR. 1920, 261. — Pflüger, Der Altersabzug beim Reichsnotopfer. DStBl. 9, 145.*

1. Auslegung der Vergünstigungsvorschrift im § 15 Abs. 1 Nr. 8. RFM. 22. Okt. 20, RStBl. 1920, 591.

§ 17.

Lit. *Müller, Die Besteuerung der Erwerbsgesellschaften im Uebergangsjahr 1919/20. NStR. 1920, 236. — Rosendorff, Der Stichtag für die Sicherung von Wohlfahrtsrücklagen gemäss § 17 Satz 2 des ReichsnotopferG. DStZ. 8, 251. — Eckstein, Fragen aus dem Recht des Notopfers der Gesellschaften. NStR. 1920, 309. — Friedmann, Wie soll sich der Vorstand einer Aktiengesellschaft bei der Steuererklärung zum Reichsnotopfer verhalten? IndMitt. 1920, 117 (behandelt die Bewertung des Gesellschaftsvermögens). — Lion, Auflösung von Gesellschaften mit Rücksicht auf das Reichsnotopfer. ZStFr. II, 1920, 5.*

1. Rücklagen für ausschliesslich gemeinnützige und Wohlfahrtszwecke im Sinne des § 17 Abs. 1 Nr. 2. RFM. 24. Juli 20, RStBl. 1920, 454.

§ 18.

Lit. *Haussmann, Die Grundsätze für die Wertermittlung nach dem Reichsnotopfergesetz. DJZ. 1920, 755. Derselbe IndMitt. 1920, 177. — Marcuse, Die Grundsätze für die Wertermittlung nach dem Reichsnotopfergesetz. NStR. 1920, 272. — Cleeves, Zur Frage der Bewertung nach dem Reichsnotopfergesetz. IndMitt. 1920, 2. — E. Zimmermann, Die Bewertung* *des notopferpflichtigen Vermögens. DStBl. 2, 495. — Andreae, Zur Berechnung von Rentenwerten beim Notopfer. DStZ. 9, 238 (Abzug des Notopfers selbst). — Höpker, Kapitalvermögen. Die Bewertung der beschlagnahmten Wertpapiere für das Reichsnotopfer. ZStFr. II, 1920, 80. — Sternberg, Die Bewertung der Wertpapiere in den Grundsätzen für die Wertermittlung nach dem Reichsnotopfergesetz. NStR. 1920, 271. — Merkel, Die Bewertung von Grundstücken bei der Veranlagung zum Reichsnotopfer. ZStFr. II, 1920, 91. — Strutz, Grundvermögen. Die Veranlagung der Grundstücke zum Reichsnotopfer. ZStFr. II, 1920, 86. — Höpker, Die Bewertung der unselbständigen gewerblichen Grundstücke nach dem Gesetz über das Reichsnotopfer. DStBl. 9, 138 (vertritt die Anwendung des § 139 AO. für unselbständige Grundstücke des Betriebsvermögens). — Langen, Die Bewertung von Bauland für das Reichsnotopfer. DStZ. 9, 168. — Uhlich, Empfiehlt es sich für Grundstücksbesitzer, die Bewertung des Grundstücks nach dem gemeinen Werte statt nach dem Ertragswerte bei der Veranlagung zum Reichsnotopfer zu verlangen? DStZ. 9, 85. — Die Werternittlung landwirtschaftlicher Grundstücke beim Reichsnotopfer. Eine Stellungnahme des Reichsfinanzministeriums. DStZ. 9, 206. — Köhler, Der Ertragswert landwirtschaftlicher Grundstücke nach den amtlichen Bewertungsgrundsätzen vom 4. Sept. 20. DStZ. 9, 232, auch Verbst. 1, 54. — Mumm, Die Wertermittlung landwirtschaftlicher Grundstücke beim Reichsnotopfer. DStZ. 9, 180.*

1. Metallwert der deutschen Gold- und Silbermünzen für die Veranlagung zum Reichsnotopfer. RFM. 21. Juli 20, RStBl. 1920, 453.
2. Bewertung von an deutschen Börsen nicht notierten ausländischen Wertpapieren beim Reichsnotopfer. RFM. 24. Juli 20, RStBl. 1920, 453.
3. Grundsätze für die Wertermittlung nach dem Reichsnotopfergesetz. RFM. 4 Sept. 20, RStBl. 1920, 525 = RZBl. 1920, 1425.

   Dazu Köppel, BA. 19, 285.

§ 19.

Lit. *Becker, Gegenbuchungen zum Reichsnotopfer. DStZ. 9, 208. Entgegnung DStZ. 9, 238. — Eckstein, Privatvermögen und Betriebsvermögen nach dem Notopfergesetz. AStR. 1920, 132. — Fürnrohr, Ist beim Reichsnotopfer der in der massgebenden Bilanz ausgewiesene Gewinn abziehbar? ZStFr. II, 1920, 78. — Lion, Die Bewertung der Maschinen und sonstigen dauernden Anlagen für die Kriegsabgaben und das Notopfer. (Die Besteuerung der stillen Reserven.) ZStFr. II, 1920, 33. — Rütgers, Die Bewertung des Betriebsvermögens für die Kriegsabgaben und das Reichsnotopfer. IndMitt. 1920, 65 (Einfluss der Valuta). — Weinbach, Steuerliche Behandlung von Rücklagen für Wohlfahrtszwecke. IndMitt. 1920, 5.*

§ 20.

Lit. *Koeppel, Bewertung von ausländischen Papieren beim Reichsnotopfer. BA. 19, 251. — Lion, Die Behandlung ausländischer Vermögenswerte im Reichsnotopfer. ZStFr. II, 1920, 23.*

1. RFM. vgl. zu § 18 unter Nr. 2.

§ 21.

Lit. *Sternberg, Bewertung der Lebensversicherungsforderungen bei Berechnung des Reichsnotopfers und der Abgabe vom Vermögenszuwachs. NStR. 1920, 111.*

§ 22.

Lit. *Beuck, Der „Reichsnotopfer-Stichtag" für das Betriebsvermögen. DStZ. 9, 74. — Lion, Die Behandlung bedingter Vermögenswerte im Reichsnotopfergesetz. ZStFr. II, 1920, 115. — Meissner, Sind nach § 22 des Reichsnotopfergesetzes aufschiebend bedingte Forderungen als unbedingte zu behandeln? ZStFr. II, 1920, 160. — Wrzeszinski, Das Reichsnotopfer des Ausländers. BA. 19, 157.*

§ 24.

Lit. *Fischer, Abgabe-Tabelle zum Reichsnotopfer. (Industrieverlag Späth u. Linde, Berlin 1920).*

§ 26.

Lit. *Kaisenberg, Kinderprivileg und Stichtag beim Reichsnotopfer. DStZ. 1920, 194. — Fischer, Das Kinderprivileg im Reichsnotopfergesetz. StA. 1920, 197. — Huchzermeyer, Kinderprivileg und Stichtag beim Reichsnotopfer. NStR. 1920, 319.*

§ 28.

Lit. *Beuck, Kritik des Vordrucks zur Steuererklärung für das Notopfer. IndMitt. 1920, 154. — Höpker, Die Steuererklärung der Gesellschaften zum Reichsnotopfer. ZStFr. I, 1920 Heft 16. — Koppe, Muss die Ehefrau die Notopfererklärung des Ehemanns mitunterzeichnen? DStBl. 9. 145 (bestreitet die Gültigkeit des § 6 AB.). — Lion, Die Anfertigung der Steuererklärung zum Reichsnotopfer. ZStFr. I, 1920 Heft 15. — Marcuse, Winke für die Steuererklärung zum Reichsnotopfer. NStR. 1920, 255. — Riedel, Der Abzug der Steuern vom Vermögen für das Reichsnotopfer. DStZ. 9, 130 (Behandlung bei Ausfüllung des Vordrucks zur Steuererklärung). — Schlosser, Steuererklärung und Steuer-Reklamation zum Reichsnotopfer. (O. Elsner, Berlin 1920). — Wünschmann, Zur Reichsnotopfererklärung. JW. 1920, 768.*

§ 31.

Ueber Entrichtung im Allgemeinen vgl. zu § 42.

Lit. *Liebrecht, Der Reichsnotzins und seine rechtlichen und wirtschaftlichen Folgen für die anderen Realgläubiger. ZStFr. II, 1920, 187. — Zeine, Steuerversicherung, Reichsnotopfer. IndMitt. 1920, 227.*

§ 33.

Lit. *Eckstein, Der Reichsnotzins. ZStFr. II, 1920, 132. — Stillschweig, Reichsnotzins und bürgerliches Recht. JW. 1920, 734. — Nothmann, Reichsnotopfer und Grundbuch. NStR. 1920, 218.*

§ 37.

Lit. Lion, *Die Behandlung ausländischer Vermögenswerte im Reichsnotopfer. ZStFr. II, 1920, 22.*

§ 40.

Lit. Ueber selbstgezeichnete Kriegsanleihe vgl. zu § 32 KrAbgG. 1919.

§ 41.

Lit. Michels, *Flüchtigkeitsfehler des Gesetzgebers. DJZ. 1920, 307 (Zinsenlauf vor Bekanntwerden des Gesetzes!). — Die Zahlung des Reichsnotopfers vor Ablauf des Jahres 1920. DStZ. 9, 225. — A. Fr., Die zurückgewiesenen Vorauszahlungen. NStR. 1920, 92.*

§ 42.

Lit. Höpker, *Die Barzahlungen im Gesetz über das Reichsnotopfer DStZ. 9, 116. —* Creutznacher, *Die Entrichtung des Reichsnotopfers. Verbst. 1, 30, 49. —* Jacobi, *Reichsnotopfer: Sofortige Entrichtung oder Tilgungsrente? DStZ. 9, 84 (behandelt die Vorteile und Nachteile beider Tilgungsarten). —* Walther, *Soll ich meine grossen Vermögensabgaben (Reichsnotopfer und Vermögenszuwachsabgabe) sofort bar bzw. in Kriegsanleihe zahlen, oder soll ich sie mir stunden lassen? Verbst. 1, 37.*

1. Barzahlungen auf das Reichsnotopfer. RFM. 12. April 20, RStBl. 1920, 257 und 29. Mai 20, RStBl. 1920, 337.

§ 43.

Lit. Erler, *Zum Begriff der nachweislich selbstgezeichneten Kriegsanleihen im Sinne des Reichsnotopfergesetzes. DStZ. 9, 115. —* Koppe, *Zur Bezahlung des Reichsnotopfers in Kriegsanleihe. DStZ. 9, 169. —* Rintelen, *Die fälligen Zinsscheine bei der Steuerzahlung, insbes. des Reichsnotopfers durch Kriegsanleihe. BA. 20, 47.*

1. Hingabe von Kriegsanleihen an Zahlungs Statt auf das Reichsnotopfer, die von der Ehefrau des Steuerpflichtigen selbst gezeichnet sind. RFM. 27. Juli 20, RStBl. 1920, 454.
2. Zurückweisung von fälligen Zinsscheinen bei der Hingabe von Deutschen Reichsanleihen auf Kriegsabgabe oder Reichsnotopfer. RFM. 12. Okt. 20, RStBl. 1920, 579.
3. Verpflichtung der Annahmestellen zur Annahme von Reichsanleihestücken von solchen Steuerpflichtigen, die nicht in ihrem Bezirk wohnen. RFM. 5. Nov. 20, RStBl. 1920, 683.

§ 46.

Lit. Lehmann, *Die Behandlung der dem Reiche überlassenen ausländischen Wertpapiere beim Reichsnotopfer und beim Vermögenszuwachssteuergesetz. ZStFr. II, 1920, 81.*

1. Annahmewerte der auf das Reichsnotopfer hinzugebenden Schuldverschreibungen, Schuldbuchforderungen und Schatzanweisungen des Deutschen Reichs, soweit sie nicht zu den selbstgezeichneten Kriegsanleihen gehören. RFM. 17. Aug. 20, RStBl. 1920, 497.
2. Annahmewert für auf das Reichsnotopfer hingegebene 4 1/2 zinsige Schatzanweisungen des Deutschen Reichs, Folge VIII von 1918 (fällig 1924). RFM. 10. Nov. 20, RStBl. 1920, 683.

§ 53.

Thöl, Die fortgesetzte Gütergemeinschaft im Reichsnotopfergesetz. ZStFr. II. 1920, 207.

§ 54.

Lit. *Schachian, Vorerbschaft und Niessbrauch im Reichsnotopfergesetz. ZStFr. II, 1920, 95. — Zelter, Familienrechtliche Verhältnisse. Vorerbschaft und Nacherbschaft im Gebiet des Gesetzes über das Reichsnotopfer. ZStFr. II, 1920, 93.*

§ 55.

Lit. *Flechtheim, Wirkungen des Notopfers auf die Bilanzen der Aktiengesellschaften. ZStFr. II, 1920, 66.*

§ 57.

Lit. *Stamm, Ermässigung des Reichsnotopfers wegen Vermögensverminderung. Verbst. 1, 45.*

32.

Reichsstempelgesetz

vom 3. Juli 1913 (RGBl. S. 639) in der durch die Gesetze vom 17. Juni 1916, vom 8. April und 26. Juli 1918 (RGBl. 1916 S. 555, 1917 S. 329, 1918 S. 799) geänderten Fassung.*)

(RStempG.)

Lit. zum Abänderungsgesetz von 1918: Eckstein, Die neuen Börsen- und Gesellschaftssteuern vom 26. Juli 1918 (Industrieverlag Späth u. Linde, Berlin 1918). — Konietzko, Die Reichsstempelabgabe (Industrieverlag Späth u. Linde, Berlin 1918). — Veiel, Die Reichsstempelabgaben vom 26. Juli 1818 (J. Hess, Stuttgart 1919).

I. Gesellschaftsverträge.

(Tarifnummer 1 unter A.)

Abs. 1.

§ 1a.

1. Die Ausführung eines Gesellschaftsvertrags oder Gesellschaftsbeschlusses ist bei einer G. m. b. H. jedenfalls dann nicht unterblieben, wenn die Errichtung der Gesellschaft im Gesellschaftsregister eingetragen und sämtliche Gesellschaftsanteile eingezahlt sind. RFH. 16. April 20 II A 125/20 (nicht veröffentlicht).
2. Die Ausführung eines Gesellschaftsvertrags einer G. m. b. H. ist nicht unterblieben, wenn nach Einzahlung eines Teiles des Stammkapitals die Eintragung der Gesellschaft in das Handelsregister stattgefunden hat. RFH. 9. Okt. 20 S. 3, 308 = DJZ. 1920, 916 = RStR. 1920, 323 = AStR. 1920, 88.
3. Unterbliebene Vertragsausführung, die Anlaß zur Stempelerstattung bieten könnte, liegt nicht vor, wenn eine offene Handelsgesellschaft oder Kommanditgesellschaft in das Handelsregister eingetragen worden ist. RFH. 5. Nov. 20 II A 343/20 S. 4, 31.

§ 5.

1. Bestehen die von den Gesellschaftern außer der Leistung von Stammeinlagen übernommenen Leistungen in der Zusage von Darlehen, so ist der Steuerberechnung der Höchstbetrag der zugesagten Darlehen zugrunde zu legen. RFH. 16. Juli 20 II A 127/20 (nicht veröffentlicht).

*) §§ 76—83c und TNr. 10 auch in der Fassung des Gesetzes über einen Warenumsatzstempel vom 26. Juni 1916 (RGBl. S. 639).

Abs. 5.

§ 7.

1. Werden bei der Fusion zweier Aktiengesellschaften die Aktionäre der einbringenden Gesellschaft durch junge Aktien der aufnehmenden Gesellschaft abgefunden, so ist der Stempel für die Ausreichung der jungen Aktien an den ersten Erwerber (TNr. 4a Zusatz 3 RStempG. 1918) voll zu erheben; eine Anrechnung des Einbringungsstempels ist nur auf denjenigen Anschaffungsstempel möglich, der für die Uebertragung von Wertpapieren aus dem Eigentume der einbringenden Gesellschaft in das Eigentum der aufnehmenden Gesellschaft fällig wird. **RFH.** 23. April 20 S. 2, 299 = RStBl. 1920, 342 = RStR. 1920, 204.

§ 8.

1. Uebergangsfragen bei Einzahlungen auf Gesellschaftsverträge. Vgl. zu TNr. 1 A a, b Zusätze unter Nr. 2 (Lit.).

II. Ausländische Aktien, inländische und ausländische Kuxe, Schuld- und Rentenverschreibungen, Genußscheine, Gewinnanteilschein- und Zinsbogen.

(Tarifnummer 1 unter B, C bis 3 A.)

§ 10.

1. Bekanntmachung, betreffend die Genehmigung der Abstempelung von Schuldverschreibungen der Städte Wiesbaden und Biebrich mit einem anderen als dem vorgeschriebenen Reichsstempel. RFM. 21. Sept. 20, RStBl. 1920, 553.

Abs. 1.

§ 14.

1. a) Ausgabe der Wertpapiere i. S. des § 14 Abs. 1 RStempG. 18 ist gleichbedeutend mit Aushändigung, Besitzübertragung an den Empfangsberechtigten.
b) Tritt zwischen dem Tage der vor der Ausgabe zu bewirkenden Besteuerung der Wertpapiere (§ 11 RStempG. 1918) und dem Tage der Ausgabe der Wertpapiere eine Gesetzesänderung in Kraft, so hat dies unter Umständen eine Nachversteuerung der Wertpapiere zur Folge. **RFH.** 16. Juli 20 S. 3, 200.

Abs. 2.

2. Ueber den **Rechtsmittelzug** bei Versagung stempelfreier Abstempelung. Vgl. zu AO. § 13 Abs. 2 Nr. 1.

§ 15.

1. Die Vorschrift des § 15 Satz 2 will nur verhindern, daß durch vorzeitige Erneuerung von erst unter der Herrschaft der Novelle ablaufenden Bogen der erhöhte Steuersatz vermieden wird. Sie stellt daher nur eine Ausnahme von der Regel dar, daß für die Versteuerung von Zins- und Gewinnanteilscheinbogen der zur Zeit ihrer Ausgabe geltende Steuersatz maßgebend ist. **RFH.** 14. Jan. 20 II A 379/19 (nicht veröffentlicht).

2. Im Sinne des § 15 Satz 2 fallen unter die nach dem 31. Juli 18 ablaufenden Gewinnanteilscheinbogen auch solche, die vor diesem Zeitpunkt durch Bogen ersetzt worden sind, in die die nach dem 31. Juli 18 ablaufenden Gewinnanteilscheine aufgenommen worden sind. **RFH.** 8. Okt. 20 S. 3, 295 = RStR. 1920, 322.

Abs. 2.

§ 16.

1. Kann der im § 16 Abs. 2 RStempG. 1913 geforderte Nachweis nicht bei der Ausgabe der neuen Gewinnanteilscheinbogen geführt werden, so ist der Stempel zunächst zu zahlen. Damit ist nicht gesagt, daß ein späterer Erstattungsanspruch ausgeschlossen sei. **RFH.** 29. Sept. 20 II A 248/20 (nicht veröffentlicht).

Abs. 1.

§ 17.

1. Die Steuerpflicht aus TNr. 3 A gemäß § 17 trifft ausnahmslos alle Gesellschaften, die keine Gewinnanteilscheine ausgeben, gleichgültig aus welchen Gründen, so auch die Gesellschaften in Liquidation. **RFH.** 3. Dez. 19 S. 2, 33 = RStBl. 1920, 139.

III. Kauf- und sonstige Anschaffungsgeschäfte.

(Tarifnummer 4.)

Abs. 1.

§ 19.

1. Werden gelegentlich der Beschlußfassung über Erhöhung des Grundkapitals einer Aktiengesellschaft die neuen Aktien an eine in der Generalversammlung vertretene Bank überlassen, so liegt hierin ein stempelpflichtiges Anschaffungsgeschäft, selbst wenn die zur Kapitalserhöhung erforderliche staatliche Genehmigung versagt wird. **RFH.** 22. Okt. 19 (S. 1, 219 = DStZ. 8, 203; vgl. Bd. I S. 66 Nr. 3) auch DJZ. 1920, 237 = BA. 19, 162 = JW. 1920, 159 (*mit Besprechung von Pinner*).

IV. Spiel und Wette.

(Tarifnummer 5.)

Abs. 1.

§ 35.

1. Ein in einem Kaffeehaus vor Zuschauern veranstaltetes Billardwettspiel ist eine den öffentlich veranstalteten Rennen ähnliche öffentliche Veranstaltung. Etwaige Sittenwidrigkeit dieses Vorganges hindert nicht seine Besteuerung **RFH.** 28. April u. 7. Juli 20 S. 3, 173 = RStBl. 1920, 554 = DStZ. 9, 126. *Dazu Kloss, DStZ. 9, 88.*
2. Als Veranstalter eines Totalisatorbetriebes ist der anzusehen, in dessen Person auf Grund der bewirkten Einsätze die bedingten Verpflichtungen zur Auszahlung etwaiger Gewinne entstehen. **RFH.** 24. Sept. 20 S. 3, 268 = DJZ. 1920, 852 = RStR. 1920, 312.

IX. Warenumsätze.

(Tarifnummer 10)
(in der Fassung eines Gesetzes über den Warenumsatzstempel vom 26. Juni 1916).

§ 76.

1. Erzielung von Einnahmen. Ein Gewerbebetrieb i. S. von § 76 RStempG. in der Fassung des Warenumsatzstempelgesetzes setzt eine auf Erzielung von Einnahmen — nicht notwendig von Gewinn — gerichtete Tätigkeit voraus. RFH. 9. Juli 19 (S. 1, 128 = DStZ. 8, 178 = DJZ. 1919, 1025; vgl. Bd. I S. 76 Nr. 4) auch JW. 1920, 160 (*mit Besprechung von Geiler*).

2. — Zur geschäftlichen Tätigkeit i. S. des § 76 in der Fassung vom 26. Juni 1916 gehört nicht notwendig eine auf Erwerb gerichtete Tätigkeit, sondern nur, daß die Tätigkeit fortgesetzt entfaltet wird. Die Geschäftsmäßigkeit, nicht der Geschäftszweck ist ihr Merkmal. Eine solche geschäftliche Tätigkeit können deshalb auch wissenschaftliche und Unterrichtsanstalten betreiben. Daher ist z. B. für die Lieferung künstlicher Zähne durch das zahnärztliche Institut einer Universität der Umsatzstempel zu entrichten. RG. 7. Okt. 19 Recht 1920 Nr. 189.

3. — Zum Gewerbebetrieb i. S. von § 76 gehört weder die Absicht der Gewinnerzielung noch des Erwerbes, sondern nur eine auf Erzielung von Einnahmen gerichtete fortgesetzte Tätigkeit. RG. 30. Okt. 19 JW. 1920, 144.

4. Selbständigkeit. Zu einem umsatzpflichtigen Gewerbebetriebe genügt zwar eine auf Erzielung von Einnahmen aus Warenumsätzen gerichtete geschäftliche Tätigkeit, auch wenn sie nicht auf Erlangung von Gewinn aus dem Umsatz abzielt. Erforderlich ist aber, daß der vereinnahmte Gegenwert eine eigene Einnahme des den Umsatz Vollziehenden ist, daß also der Erwerber den Gegenwert dem Umsetzenden übereignet und dieser ihn seinem eigenen Vermögen einverleibt, mag er auch schuldrechtlich verpflichtet sein, ihn später einem anderen herauszugeben (z. B. im Falle eines Kommissionsgeschäftes). Handelt jemand weder im eigenen Namen noch für eigene Rechnung, sondern im Namen und für Rechnung eines anderen, so fehlt es seiner geschäftlichen Tätigkeit an der erforderlichen Selbständigkeit. Daher sind z. B. nicht steuerpflichtig beeidigte städtische Fischauktionatoren hinsichtlich der Einnahmen aus den von ihnen im Auftrage der Stadt vorgenommenen Versteigerungen der von Fischlieferanten eingelieferten Fische. RG. 13. Febr. 20 E. 98, 154.

5. Kommissionsgeschäft. Handeln für fremde Rechnung. Vgl. zu TNr. 10 unter Nr. 2—4.

X. Grundstücksübertragungen.

(Tarifnummer 11.)

§ 94.

1. a) Hinterzogen ist der gesamte Auflassungsstempel, wenn die Kaufurkunde den Kaufpreis zu niedrig angibt.
   b) Konkurrenz mit landesrechtlichen Stempelvergehen. RGSt. 3. Juni 20 Recht 1920 Nr. 2989, 2990.

XII. Allgemeine Bestimmungen.

§ 110.

1. Wenn ein unter Vorbehalt gezahlter Steuerbetrag zurückgefordert wird, hat der Fiskus die tatsächlichen Voraussetzungen der Steuerpflicht zu beweisen und nicht der Zahlende das Nichtbestehen der Forderung. RG. 5. Dez. 19 Recht 1920 Nr. 1718.
2. Die Verjährungsfrist des § 110 wird durch eine negative Feststellungsklage des Steuerpflichtigen unterbrochen, auch wenn die Klage nicht allen Erfordernissen von § 256 ZPO. entspricht. RG. 19. Okt 20 E. 100, 149.
3. Zulässigkeit der Aufrechnung mit einer gegen den Landesfiskus zustehenden Schadensersatzforderung gegen eine von einer bundesstaatlichen Steuerbehörde geltend gemachte Reichsstempelforderung. RG. 28. Mai 18 E. 93, 57 = AM. 1918, 85 (in Bd. I S. 83 unter 7 fälschlich für den entgegengesetzten Fall der Aufrechnung seitens des Fiskus aufgeführt. Jetzt überholt durch § 103 AO.).

   Dazu Hummel, ZschrfZollw. 1918, 7.

Tarif.

Nr. 1 A. Gesellschaftsverträge.

Lit. Eckstein, Gesellschaftsumwandlung und Stempelpflicht. HoldhM. 1919, 145.

1. Nachentrichtung der auf Grund der Bekanntmachungen vom 19. Aug. 14 (RGBl. S. 380) und vom 25. Sept. 14 (RGBl. S. 415) erlassenen Reichsstempelabgabe beim Wegfall der Voraussetzungen für den Erlass. RFM. 9. Juni 20, RStBl. 1920, 341.
2. Anwendbarkeit des § 23 des Gesetzes, betreffend die Sozialisierung der Elektrizitätswirtschaft vom 31. Dez. 19 für das Gebiet der Reichsstempelabgaben. RFM. 26. Juli 20, RStBl. 1920, 459.

Buchstabe a.

1. Eine Aktiengesellschaft wird dadurch, daß das Aktienkapital sich in einer Hand vereinigt, nicht in ihrem Bestande berührt. Ebensowenig geschieht dies durch Veränderung der Firma und des Gegenstandes des Unternehmens. Eine nach TNr. 1 A a zu versteuernde neue Gesellschaftsgründung liegt also in diesen Fällen selbst dann nicht vor, wenn neue Aktienurkunden ausgegeben werden. **RFH.** 16. Juli 19 (S. 1, 126 = AM. 1919, 339 = DStZ. 8, 205; vgl Bd. I S. 91 unter Nr. 1) auch ZStFr. II, 1920, 12 = NStR. 1920, 11.

   Dazu Erlinghagen, JW. 1920, 549.
2. Bewertung. An den Ausführungen des Urteils vom 7. Mai 19 (vgl. Bd. I S. 92 unter Nr. 10) über die Berechnung des Wertes von Sacheinlagen bei Anwendung der TNr. 1 A a wird festgehalten. **RFH.** 12. Nov. 19 S. 2, 11 = BA. 19, 131.
3. — Wenn die unmittelbare Feststellung des Wertes von Sacheinlagen möglich ist, bedarf es zwecks Erhebung des Gesellschaftsvertrags-

stempels nicht des mittelbaren Weges, der auf dem Umweg über die Feststellung des Wertes der ausgegebenen Aktien zur Ermittlung des Wertes der Sacheinlagen führt.

Maßgebend für die Versteuerung ist der Wert der Sacheinlagen zur Zeit des Abschlusses des schuldrechtlichen Veräußerungsgeschäfts (des Fusionsvertrags) auch dann, wenn die Erhöhung des Grundkapitals erst später beschlossen wird. **RFH.** 31. März 20 S. 2, 301 = RStBl. 1920, 342 = NStR. 1920, 239.

4. Ausgabe von „Gratisaktien" dergestalt, daß den Aktionären zur Ausübung des Bezugsrechts der entsprechende Betrag aus dem Geschäftsgewinn durch die Generalversammlung zur Verfügung gestellt wird. **RFH.** 15. Okt. 19 JW. 1920, 311.

Buchstabe b.

Abs. 1.

1. Ein staatlich nicht genehmigter Beschluß über die Erhöhung des Stammkapitals einer G. m. b. H. um mehr als 300 000 Mk. ist auch bis zu der an sich nicht der Genehmigung bedürfenden Grenze von 300 000 Mk. völlig unwirksam, es sei denn, daß sich aus dem Beschluß ergibt, daß das Stammkapital für den Fall der Nichtgenehmigung des höheren Betrages um 300 000 Mk. erhöht werden soll. **RFH.** 2. Juni 20 S. 3, 47 = NStR. 1920, 251.
2. Sind unter der Herrschaft des RStempG. vom 3. Juli 13 von einer bestehenden G. m. b. H Genußscheine ausgestellt worden, so kann aus diesem Grunde die Reichsabgabe nach TNr. 1 Ab nur erhoben werden, wenn sich die durch jene Scheine verbrieften Rechte als Mitgliedschaftsrechte an der Gesellschaft (Geschäftsanteile) darstellen, wenn also in Höhe des Wertes der Rechte das Stammkapital der Gesellschaft erhöht ist. Ob dieser Fall vorliegt, ist durch Auslegung des Gesellschaftsbeschlusses zu ermitteln, welcher der Ausgabe der Genußscheine zugrunde liegt. RG. 25. Nov. 19 E. 97, 197 = Recht 1920 Nr. 497, 498.
3. Besondere Leistungen der Gesellschafter. RStempG. 1913. Werden bei Erhöhung des Stammkapitals einer G. m. b. H. Vorzugsstammanteile zu einem ihren Nennbetrag übersteigenden Betrag übernommen, so stellt dieser Betrag keinen Nachschuß dar. **RFH.** 28. Mai 19 (S. 1, 71 = AM. 1919, 280; Bd. I S. 93 Nr. 5) auch IndMitt. 1920, 14.
4. — Bei Erhöhung des Stammkapitals einer G. m. b. H. unterliegt das den Nennbetrag der Erhöhung übersteigende Agio nicht der Steuerpflicht. RG. 9. Dez. 19 Recht 1920 Nr. 1040.
5. — Weder eine Erhöhung des Stammkapitals noch die Zusage von Nachschüssen ist in einer Vereinbarung zu finden, wonach die Gesellschafter einer G. m. b. H. nach Verhältnis ihre Beteiligung der Gesellschaft auf deren Dauer ein nur seitens der Gesellschaft kündbares Darlehen gewähren, das verzinst wird und am Gewinn und Verlust der Gesellschaft teilnimmt. **RFH.** 28. Mai 19 (S. 1, 69 = AM. 1919, 279; vgl. Bd. I S. 92 Nr 2) auch NStR. 1920, 95 = IndMitt. 1920, 14. Dagegen jetzt Nr. 6.
6. — Abweichend nach RStempG. 1918. Haben sich bei Gründung einer G. m. b. H. im Gesellschaftsvertrage die Gesellschafter verpflichtet, der Gesellschaft Darlehen zu gewähren mit der Maßgabe, daß die einzelne Darlehensforderung nur gleichzeitig mit dem Gesellschaftsanteil abge-

treten werden kann, so sind hierin „von den Gesellschaftern außer der Leistung der Stammeinlagen übernommene Leistungen“ zu erblicken (RStempG. 1918). RFH. 21. Nov. 19 (S. 1, 286; vgl. Bd. I S. 93 Nr. 6) auch RStBl. 1920, 140 = DJZ. 1920, 404 = IndMitt. 1920, 74 = JW. 1920, 407 = DStBl. 3, 42.

7. — Die bei Errichtung einer G. m. b. H. im Gesellschaftsvertrage vereinbarte Verpflichtung der Gesellschafter, außer der Stammeinlage der Gesellschaft zu ihrem Geschäftsbetriebe Darlehen gegen feste Verzinsung und Beteiligung am Geschäftsgewinn zu gewähren, ist als eine außer der Leistung der Stammeinlagen übernommene Leistung i. S. der TNr. 1 A b Spalte 4 RStempG. vom 26. Juli 18 anzusehen, wenn die Gesellschafter sich gegenseitig haben verpflichten wollen, die Erreichung des gemeinschaftlichen Zwecks der Gesellschaft durch die Darlehensgewährung zu fördern. RFH. 9. Juni 20 S. 3, 96 = RStBl. 1920, 460 = DStZ. 9, 127 = RStR. 1920, 275.

8. — Bestehen die von den Gesellschaftern außer der Leistung von Stammeinlagen übernommenen Leistungen in der Zusage von Darlehen, so ist der Steuerberechnung der Höchstbetrag der zugesagten Darlehn zugrunde zu legen. RFH. 16. Juli 20 II A 127/20 (nicht veröffentlicht).

Dazu Weinbach, Gewährung von Darlehen durch Gesellschafter einer G. m. b. H. an die Gesellschaft als Kapitalerhöhung. ZStFr. II, 1920, 4.

9. — Zu den bei Berechnung der Stempelabgabe aus TNr. 1 A b zu berücksichtigenden Leistungen, die außer den Stammeinlagen von den Gesellschaftern übernommen sind, gehören Verpflichtungen, für die Stammeinlagen Zinsen zu zahlen bis zu dem Zeitpunkt, in welchem die Stammeinlagen nach den gesetzlichen Bestimmungen gezahlt werden müssen. RFH. 3. Dez. 19 S. 2, 30 = RStBl. 1920, 142 = JW. 1920, 459 (*mit Besprechung von Geiler*).

10. — Das Einbringen eines Patents in eine G. m. b. H. enthält eine neben der Stammeinlage übernommene Leistung eines Gesellschafters auch insoweit, als dafür eine besondere nicht in Gesellschaftsrechten bestehende Gegenleistung gewährt wird. Diese Gegenleistung ist bei Berechnung sowohl des Errichtungs- wie auch des Einbringungsstempels zu berücksichtigen. RFH. 3. März 20 S. 2, 159 = IndMitt. 1920, 143 = RStR. 1920, 190 = JW. 1920, 571 (*mit Besprechung von Geier*).

Dazu Konietzko, Ein Fehlspruch des Reichsfinanzhofes. IndMitt. 1920, 225, auch DStZ. 1920, 260.

11. — In der Uebernahme der Kosten der Gründung einer G.m.b.H. durch die Gründer ist keine von den Gesellschaftern außer der Leistung der Stammeinlagen übernommene Leistung i. S. von TNr. 1 A b Spalte 4 RStempG. 1918 zu sehen. RFH. 17. Dez. 19 S. 2, 90 = IndMitt. 1920, 57 = RStR. 1920, 106 = DJZ. 1920, 405 = ZStFr. II, 1920, 48 = JW. 1920, 458 (*mit Besprechung von Fischer, dazu Flechtheim S. 636*).

Abs. 3.

12. Eine notleidende G. m. b. H. kann für eine Kapitalerhöhung den ermäßigten Steuersatz von 1 vom Hundert nur dann in Anspruch nehmen, wenn die Erhöhung mit einer gleichzeitigen Herabsetzung des Stammkapitals verbunden ist. RFH. 17. Dez. 19 S. 2, 47 =

RStBl. 1920, 343 = DJZ. 1920, 404 = DStZ. 8, 282 = IndMitt. 1920, 38 = NStR. 1920, 95 = AStR. 1920, 105. Vgl. Zusätze zu a, b unter Nr. 4.

Abs. 1. **Erhöhung.**

13. Ob eine G. m. b. H., die nach ihrem Gesellschaftsvertrage den Betrieb von Handelsgeschäften aller Art bezweckt, darin auch Grundstücksgeschäfte hat einschließen wollen und deshalb dem erhöhten Gesellschaftsstempel unterliegt, kann nicht nach dem Wortlaut des Vertrags, sondern nur nach dem Willen und dem Sinne entschieden werden, den die Vertragschließenden mit dem Wortlaut haben verbinden wollen. **RFH.** 31. März 20 S. 2, 237 = IndMitt. 1920, 143 = NStR. 1920, 190.
14. Unter Verwertung eines Grundstücks i. S. von TNr. 1 A b „Erhöhung" des RStempG. von 1918 ist jeder geschäftliche Akt zu verstehen, der bestimmt ist, das Grundstück durch seinen Wert zu ersetzen. Handelsmäßige Veräußerung von Grundstücken ist nicht Voraussetzung der Tarifvorschrift. Sie greift auch bei Veräußerung eines einzelnen Grundstücks Platz, wenn nur der Zweck der Gesellschaft im wesentlichen auf den Erwerb oder die Verwertung des Grundstücks gerichtet ist. **RFH.** 23. Juni 20 S. 3, 121 = DStZ. 9, 127 = NStR. 1920, 287.

Nr. 2. **Zusätze zu a, b.**

Lit. *Weinbach, Stempelpflicht von Einzahlungen auf Gesellschaftsverträge. IndMitt. 1920, 135 (behandelt im Anschluss an das Urteil des RFH. vom 21. Mai 19 [Bd. I S. 93 Nr. 1] die Uebergangsfrage).*

Nr. 3.

Lit. *Friedmann, Der Einfluss der Valuta auf den Aktienstempel bei ausländischen Aktiengesellschaften. NStR. 1920, 114.*

Nr. 4.

1. Die Vorschrift ist nicht über die in ihr aufgeführten Einzelfälle hinaus auf alle Leistungen der Gesellschafter an die Gesellschaft auszudehnen. **RFH.** 28. Mai 19 [S. 1, 77; vgl. Bd. I S. 94 Nr. 4] auch IndMitt. 1920, 15.
2. Werden auf eine Aktiengesellschaft eigene Aktien übertragen, so entsteht die Steuerpflicht nach TNr. 1 a, b Zusatz 4 erst mit der Wiederveräußerung durch die Gesellschaft. **RFH.** 15 Okt. 19 [S. 1, 216 = AM. 1919, 375; vgl. Bd. I S. 94 Nr. 5] auch BA. 19, 145 = JW. 1920, 507.
3. Auch wenn schon vor dem Inkrafttreten des Reichsstempelgesetzes 1918 einer Aktiengesellschaft eigene Aktien unentgeltlich zur Verfügung gestellt werden, wird die Stempelabgabe fällig, sofern nur die Wiederveräußerung der Aktien unter der Geltung des Gesetzes erfolgt. **RFH.** 9. Okt. 20 II A 122/20 (nicht veröffentlicht).
4. Dienen stempelpflichtige Kapitalzuführungen der im Zusatz 4 zu TNr. 1 A a, b RStempG. 1918 erwähnten Arten zur Beseitigung der Unterbilanz einer Aktiengesellschaft, so ist der Steuersatz von 3 vom Hundert nach Abs. 2 der TNr. 1 A a auch dann zu erheben, wenn nicht gleichzeitig das Grundkapital herabgesetzt worden ist. **RFH.** 30. Juni 20 S. 3, 152 = RStBl. 1920, 533 = DJZ. 1920, 785 = IndMitt 1920, 187. Vgl. oben bei TNr. 1 A b unter Nr. 12.

Buchstabe c.

Nr. 1.

1. Die Erben eines Einzelkaufmanns bilden nicht ohne weiteres eine offene Handelsgesellschaft. Vereinbaren sie die Fortführung des Betriebs als offene Handelsgesellschaft, so wird die Stempelpflicht nach TNr. 1 A c ausgelöst, sei es durch die Beurkundung des Gesellschaftsvertrags, sei es — infolge unterlassener Beurkundung — durch den Eintragungsantrag. **RFH.** 3. Dez. 20 II A 297/20 (nicht veröffentlicht).
2. Eine die Stempelpflicht nach Nr. 1 A c 1 begründende Neuerrichtung einer Kommanditgesellschaft liegt nicht vor, wenn nach dem Tode des einzigen persönlich haftenden Gesellschafters einer Kommanditgesellschaft die Fortführung der Gesellschaft unter den Kommanditisten in der Weise vereinbart wird, daß einer der bisherigen Kommanditisten persönlich haftender Gesellschafter wird. **RFH.** 5. Nov. 19 [S. 1, 261; vgl. Bd. I S. 94 Nr. 2] auch DJZ. 1920, 316 = AM. 1920, 13 = JW. 1920, 64 (*mit Besprechung von Flechtheim*) = DStBl. 3, 41.
3. Poolvertrag. In dem Vertrage zweier Aktiengesellschaften, worin diese unter Einräumung gewisser gegenseitiger Kontrollrechte bei ihrer Geschäftsgebarung die Vereinigung ihrer beiderseitigen Gewinne und deren Verteilung auf beide Gesellschaften vereinbaren, ist ein stempelpflichtiger Gesellschaftsvertrag erblickt worden, da durch den Vertrag jede Gesellschaft der anderen gegenüber verpflichtet wird, ihre Geschäfte möglichst gewinnbringend zu betreiben. **RFH.** 14. Mai 19 [S. 1, 50 = AM. 1919, 282 = DJZ. 1919, 685 = BA. 19, 20 = DStZ. 8, 203; vgl. Bd. I S. 94 Nr. 4] auch JW. 1920, 458 (*mit Besprechung von Rosendorff, dazu Flechtheim, S. 635*).
4. Die Beurkundung der Errichtung von Gesellschaften des bürgerlichen Rechtes, die nur Innengesellschaften sind, unterliegt nicht dem Wertstempel der Tarifstelle 1 A c 1 RStempG. **RFH.** 16. Nov. 20 II A 359/20 S. 4, 15.
5. Die stille Gesellschaft gehört nicht zu den „Gesellschaften des bürgerlichen Rechtes" im Sinne der TNr. 1 A c 1 RStempG. 1918. **RFH.** 14. Jan. 20 S. 2, 114 = IndMitt. 1920, 144 = RStR. 1920, 141 = DJZ. 1920, 592.
6. Stempelberechnung bei Errichtung einer offenen Handelsgesellschaft; die Abfindung des ausscheidenden Gesellschafters ist keine auf der Einlage ruhende Schuld. **RFH.** 7. Jan. 20 RStR. 1920, 119.

Nr. 3.

7. Die Frage, ob der Geschäftsbetrieb einer Genossenschaft über den Kreis der Mitglieder hinausgeht, beantwortet sich für die Versteuerung des Errichtungsvertrags nach dem Inhalt der Satzung. Für die Beurteilung der Steuerpflichtigkeit der Beitrittserklärungen der Genossen ist, falls die Satzung die Ausdehnungsmöglichkeit ergibt, die Satzung, andernfalls die tatsächliche Gestaltung des Betriebs zur Zeit der Beitrittserklärung maßgebend. **RFH.** 17. Sept. 20 S. 3, 264 = RStBl. 1920, 635 = RStR. 1920, 311.

Zusatz 2.

8. Vermögensverschiebungen zwischen zwei offenen Handelsgesellschaften, die aus denselben Mitgliedern bestehen, sind nicht notwendig auch Veränderungen in der Kapitalbeteiligung der Gesellschafter bei der

einen und bei der anderen Gesellschaft. Es ist zulässig und üblich, daß durch Vorschüsse und Lieferungen der einen Gesellschaft an die andere Verbindlichkeiten zwischen den Gesellschaften entstehen, die bei Uebernahme der einen Gesellschaft durch die andere stempelrechtlich zu berücksichtigen sind. RFH. 5. Nov. 20 S. 3, 347.

9. Ein stempelpflichtiger Eintritt eines Gesellschafters in eine offene Handelsgesellschaft oder Kommanditgesellschaft liegt nicht vor, wenn der neue Gesellschafter Rechtsnachfolger eines ausscheidenden Gesellschafters ist, dessen Geschäftsanteil er mit Zustimmung der Gesellschaft abgetreten erhalten hat. RFH. 21. Nov. 19 S. 2, 5 = IndMitt. 1920, 73 = RStBl. 1920, 143 = JW. 1920, 408 (*mit Besprechung von Geier*).

10. An dem im vorstehenden Urteil vom 21. Nov. 19 ausgesprochenen Grundsatz, daß Abtretung eines Geschäftsanteils eines Gesellschafters an einen neuen Gesellschafter, ohne daß der Gesellschaft dadurch neues Vermögen zufließt, nicht dem Stempel aus TNr. 1 A c unterfällt, wird auch für Gesellschaften des bürgerlichen Rechtes festgehalten. RFH. 11. Febr. 20 II A 358/19 (nicht veröffentlicht).

Zusatz 3.

11. Stempel für die Kapitalerhöhung eines Kommanditisten darf nicht erhoben werden, wenn nicht ein dahin gehender Gesellschaftsvertrag oder Beschluß beurkundet ist. RFH. 28. Jan. 20 RStR. 1920, 146.

Nr. 2. Befreiungsvorschriften zu a, b, c.

1. Die Zinsbürgschaft ist keine Unterart der Beteiligung, sondern ein von dieser verschiedener selbständiger Fall der Förderung des Unternehmens, bei dem die Befreiung nicht von dem Vorhandensein der für den Fall der bloßen Beteiligung vorgeschriebenen Voraussetzungen abhängig gemacht ist. RG. 14. Nov. 19 Recht 1920 Nr. 767.

2. Die Befreiung vom Gesellschaftsvertrags- oder Talonstempel für Gesellschaften, die inländische Eisenbahnen unter Beteiligung öffentlicher Verbände herstellen und betreiben, ist auf das Gesellschaftskapital entweder in vollem Umfang oder gar nicht anzuwenden. RFH. 5. Nov. 20 S. 3, 349.

Buchstabe d.

Lit. Kosterlitz, Die steuerliche Behandlung der Fusion von Aktiengesellschaften. DStZ. 9, 89 (beschäftigt sich mit dem Stempel nach TNr. 1 A d, 1 A a, bejaht die Erhebung der Grunderwerbsteuer, verneint die der Wertzuwachssteuer und der Umsatzsteuer auf das Einbringen).

1. Ob entgeltlicher Veräußerungsvertrag im Sinne der TNr. 11 a oder Einbringungsvertrag im Sinne der TNr. 1 A d vorliegt, hängt von der Gegenleistung ab, die bei letzterem in der Gewährung von Gesellschaftsrechten, bei ersterem in Leistungen anderer Art besteht, z. B. der Uebernahme von Hypotheken auf dem Grundstück. RFH. 13. Juni 19 [S. 1, 93 = DJZ. 1919, 761 = AM. 1919, 290; vgl. Bd. I S. 95 Nr. 2] auch IndMitt. 1920, 16.

2. Verschleiertes Einbringen. Einbringen auf Grund eines vom Errichtungsvertrag äußerlich losgelösten Kaufvertrags. RG. 20. Jan. 20 Recht 1920 Nr. 3251.
3. — Vermietung von Räumen seitens eines Gesellschafters an die offene Handelsgesellschaft als Einbringen. BayObLG. 23. April 20 Recht 1920 Nr. 2682, 2683.
4. Zu der in TNr. 1 A d geordneten Abgabe kann der Mehrwert nicht herangezogen werden, den ein geschäftliches Unternehmen als Wirtschaftsorganismus über den Wert der einzelnen nach der angeführten Tarifstelle steuerpflichtigen Vermögensbestandteile hinaus hat (sog. Goodwill). RFH. 12. Nov. 19 S. 2, 11 = DJZ. 1920, 317.
5. Bewegliche Gegenstände. a) Inhaberschuldverschreibungen sind den in TNr. 1 A d aufgeführten sonstigen beweglichen Gegenständen zuzuzählen. RFH. 12. Nov. 19 S. 2, 11 = DJZ. 1920, 317.
b) Ebenso, insbes. hinsichtlich der sogenannten unverzinslichen kurzfristigen Reichsschatzanweisungen. RFH. 12. Nov. 19 S. 2, 18 = RStBl. 1920, 145 = DStBl. 3, 42.
6. — Inhaberpapiere als sonstige bewegliche Gegenstände. RG. 20. Jan. 20 Recht 1920 Nr. 3252.
7. — Das Malzkontingent im Sinne der V. über die Malzkontingente der Bierbrauereien und den Malzhandel vom 20. Nov. 17 (RGBl. S. 1061) gehört zu den in TNr. 1 A d aufgeführten „sonstigen beweglichen Vermögensgegenständen". RFH. 14. Nov. 19 [S. 1, 280; vgl. Bd. I S. 96 Nr. 6] auch abgedruckt RStBl. 1920, 53 = DStBl. 2, 521 = RStR. 1920, 143.
8. Einbringen eines Patentes in eine G. m. b. H. neben der Stammeinlage; vgl. zu TNr. 1 A b unter Nr. 10.
9. Das Entgelt im Sinne der TNr. 1 A d besteht in dem Werte der dafür gewährten Gesellschaftsrechte. Dieser Wert wird bei einer G. m. b. H. nicht durch den Nennwert des nach § 5 Abs. 4 G. m. b. H.-Ges. festgesetzten Geldwertes, für den die Einlage angenommen worden ist, begrenzt. RFH. 28. Jan. 20 S. 2, 149 = IndMitt. 1920, 144 = RStR. 1920, 140 = DJZ. 1920, 592 = BA. 19, 131 = JW. 1920, 792 (*mit Besprechung von Pinner*).
10. Verhältnis zu TNr. 1 A e 2; vgl. das. unter Nr. 3.

Buchstabe e.

Nr. 1.

1. Ein Vertrag, durch den Anteile an einer Gesellschaft bürgerlichen Rechts durch die Gesellschafter ohne Vermehrung des Gesellschaftsvermögens an Dritte übertragen werden, ist nach TNr. 1 A e, nicht nach TNr. 1 A c zu versteuern. RFH. 11. Febr. 20 RStR. 1920, 155.
2. Bei der Ueberlassung von Geschäftsanteilen an einer Gesellschaft mit beschränkter Haftung ist der in der Urkunde angegebene Wert der Gegenleistung für die Berechnung des Stempels auch dann maßgebend, wenn die Geschäftsanteile unentgeltlich auf Grund eines Treuhandverhältnisses abgetreten sind und der Vermerk über den Gegenwert in der Urkunde nach bürgerlichem Rechte nichtig ist. RFH. 9. Juli 20 S. 3, 211 = RStR. 1920, 263.

Nr. 2.

3. a) Beim Zusammentreffen des Tatbestandes aus TNr. 1 A d und 1 A e 2 in einer Urkunde darf der Stempel nur einmal erhoben werden.

b) Zu dem der Stempelberechnung nach TNr. 1 A e 2 zugrunde zu legenden Entgelt gehört auch die Uebernahme von Schulden. RFH. 26. Nov. 19 S. 2, 21.

4. Grundsätze für die Verstempelung von Verträgen über die Auseinandersetzung der Gesellschafter einer zweigliedrigen offenen Handelsgesellschaft, wenn der eine das Geschäft unter Uebernahme der Aktiven und Passiven gegen Zahlung einer Abfindung an den anderen übernimmt:

a) Die Verstempelung erfolgt nach TNr. 1 A e 2, wobei der übernehmende Gesellschafter als der angesehen wird, dem Sachen und Rechte überlassen werden, der andere als für die überlassende Gesellschaft handelnd.

b) Wird für die Berechnung der Höhe des Stempels das Entgelt zum Ausgang genommen, das der ausscheidende Gesellschafter von dem anderen erhält, so ist damit der Schlußvorschrift in Spalte 4 schon Rechnung getragen; es ist nicht zulässig, das Ergebnis um die Hälfte zu kürzen.

c) Das Recht auf die Firma gehört zu den beweglichen Vermögensgegenständen und nicht zu den immateriellen Werten, deren Ersatz steuerfrei ist.

d) Die Uebernahme der Schulden ist eine ausbedungene Leistung; deshalb sind die Schulden bei der Berechnung des Gesamtentgelts in Ansatz zu bringen.

e) Hypothekenschulden sind bei Berechnung des Gesamtentgelts wie andere Schulden anzusetzen; sie dürfen aber vor verhältnismäßiger Verteilung des Gesamtentgelts auf die verschieden hoch besteuerten Gruppen nicht vorweg in Abzug gebracht werden, um sodann bei Berechnung des Grundstücksstempels dem Anteil der Grundstücksentschädigung wieder zugezählt zu werden.

f) Die verschiedene Höhe der Anteile der Gesellschafter am Gesellschaftsvermögen darf bei Berechnung des Stempels nicht unberücksichtigt bleiben.

g) Von dem Gesamtentgelte kommt das bare Geld in Abzug; es ist nicht als bewegliche Sache anzusehen.

h) Sodann kommt der Wert der Forderungen in Abzug, der bei sicheren Forderungen dem Nennwert entspricht; der Stempel vom Werte der Forderungen wird durch das vereinbarte Entgelt nicht berührt.

i) Inhaberpapiere sind den beweglichen Vermögensgegenständen zuzurechnen.

k) Der nach Abzug des Barbetrags und der Forderungen verbleibende Rest des Gesamtentgelts wird auf Immobilien und Mobilien nach ihrem Werte verhältnismäßig verteilt, um das Entgelt für jede Gruppe zu erhalten. RFH. 25. Juni 20 S. 3, 136 = RStR. 1920, 297.

5. In den Fällen der TNr. 1 A e 2 ist entsprechend der Berechnungsvorschrift in Spalte 4 das Entgelt und nicht der Wert der überlassenen Gegenstände der Stempelberechnung auch dann zugrunde zu legen, wenn der Vertrag, aus dem das Entgelt hervorgeht, zwar der Steuerstelle, nicht aber der Beschwerdeinstanz vorgelegen hat. Es kommt ferner nicht darauf an, ob der Geldbetrag des Entgelts aus dem Vertrage zu entnehmen ist, sondern nur darauf, daß ein Entgelt in der Urkunde überhaupt bezeichnet ist. RFH. 14. Nov. 19 S. 2, 10.

Nr. 1 B. Kuxe.

Lit. *Wysocki, Die Besteuerung der Gewerkschaften im Reichsstempelgesetz. ZschrfZollw. 1920, 83.*

Abs. 2.

1. Ausgeschriebene Einzahlungen. Entsteht durch Konsolidation mehrerer Bergwerke nach preußischem Recht eine Gewerkschaft, so liegt in dem Uebergang des Bergwerkseigentums auf sie nicht die Bewirkung ausgeschriebener Einzahlungen. **RFH.** 10. Okt. 19 [S. 1, 211 = AM. 1919, 376 = JW. 1919, 1004 = DJZ. 1920, 154 = DStZ. 8, 203; vgl. Bd. I S. 97 Nr. 7] auch JndMitt. 1920, 211.
2. — Abweichend. An der Rechtsprechung, wonach als ausgeschriebene Einzahlungen die Neuausgabe von Kuxen zwecks Erwerbs von Sachwerten sowie die Neuausgabe von Kuxen zwecks Eintauschs von Kuxen einer anderen Gewerkschaft anzusehen sind, wird vom RG. festgehalten und aus gleichen Gründen die Stempelpflicht auch für den Fall bejaht, daß die Gewerkschaft zum Erwerb von Kuxen einer anderen Gewerkschaft Kuxe verwendet hat, die sie schon einmal ausgegeben und sodann bei einer gemäß § 131 des preuß. Allg. Bergg. abgehaltenen Versteigerung angekauft hatte. RG. 30. Jan. 20 E. 98, 91 = BA. 19, 259 = RStBl. 1920, 347 = Recht 1920 Nr. 1041.
3. — — Die Steuerpflicht der TNr. 1 d RStempG. vom 15. Juli 09 (jetzt TNr. 1 B des Gesetzes vom 3. Juli 13 in der Fassung des Gesetzes vom 26. Juli 18) für Einzahlungen auf Bergwerksanteile wird — wie das RG. abweichend vom RFH. annimmt — auch durch die zur Entstehung einer Gewerkschaft erforderliche Hergabe von Bergwerkseigentum ausgelöst, wenn das Eigentum von außen her der Gewerkschaft zugeführt wird. Ob dies der Fall ist, bestimmt sich nicht lediglich nach formal-juristischen sondern auch nach wirtschaftlichen Gesichtspunkten. RG. 6. Febr. 20 RStBl. 1920, 344 = JW. 1920, 492 (*mit Besprechung von Arndt*) = Recht 1920 Nr. 2945, 2946.
4. Betriebsverlust. Unter Betrieb im Sinne des Abs. 2 der TNr. 1 B ist nur der eigentliche Bergwerksbetrieb zu verstehen. Wenn darin eingetretene Betriebsverluste aus Einnahmen, die durch kaufmännische Maßnahmen der Gewerkschaft außerhalb ihrer bergmännischen Tätigkeit erzielt worden sind, zunächst gedeckt worden sind, steht dieser Umstand der Stempelbefreiung der später zur Deckung jener Verluste ausgeschriebenen Einzahlungen nicht entgegen. **RFH.** 4. Febr. 20 S. 2, 146 = RStBl. 1920, 346 = DJZ. 1920, 533 = JndMitt. 1920, 170 = RStR. 1920, 155.
5. — Daß ein am Anlagekapital einer Gewerkschaft im technischen Betriebe des Bergwerkes eingetretener Verlust durch Umstände veranlaßt ist, die nicht in ausschließlich dem Bergwerksbetrieb eigentümlichen Gefahren begründet waren, schließt die Annahme eines Betriebsverlustes im Sinne der TNr. 1 B Abs. 2 nicht aus. **RFH.** 24. Sept. 20 S. 3, 273 = RStBl. 1920, 605 = DJZ. 1920, 852 = JndMitt. 1920, 186.

Schuld- und Rentenverschreibungen.

Nr. 2.

Zusatz 2.

1. Die Anwendung des Zusatzes 2 zur TNr. 2 erfordert nicht, daß die Einzahlung in den Zwischenscheinen ausdrücklich bescheinigt wird, es genügt vielmehr, daß sich aus dem gesamten Inhalt der Zwischenscheine

klar ergibt, daß die Einzahlung tatsächlich erfolgt ist. Dies ist der Fall, wenn die Scheine sich als Zwischenscheine über eine Teilschuldverschreibung von einer bestimmten Höhe bezeichnen, die den Inhaber gegen Rückgabe der Scheine ermächtigen, nach Fertigstellung der endgültigen Wertpapiere Teilschuldverschreibungen über den entsprechenden Betrag zu fordern. RFH. 9. Juli 20 S. 3, 189 = DStZ. 9, 127 = RStBl. 1920, 534 = RStR. 1920, 274.

Nr. 3.

1. Zu den Kommunalverbänden im Sinne der Tarifstelle 3 gehören nicht solche öffentlich-rechtlichen Körperschaften, die zwar von Organen von Kommunen verwaltet werden, bei denen aber die Kommunen nicht selber beteiligt sind, sondern andere Beteiligte vertreten. Die auf Grund des preußischen Gesetzes vom 14. Juli 04 gebildete Emschergenossenschaft ist kein Kommunalverband im Sinne der Tarifstelle 3 RStempG. 1913 RFH. 30. Juni 20 S. 3, 128 = RStR. 1920, 274.
2. Genußscheine können rechtlich verschiedenes bedeuten, sie können Aktien und Gewinnanteilscheine einer G. m. b. G., aber auch Renten und Schuldverschreibungen darstellen. Die Vorschriften der TNr. 3 RStempG. 1918 beziehen sich auch auf Gesellschaften mit beschränkter Haftung. RG. 25. Nov. 19 RStBl. 1920, 349.

Nr. 3 A. Gewinnanteilschein- und Zinsbogen.

Abs. 1 u. 2.

1. a) Fortdauer der Steuerpflicht im Liquidationsstadium.
   b) Als Dividenden im Sinne der Vorschrift im 2. Absatze zu TNr. 3 A a, b RStempG. 1918 sind nicht nur die bar verteilten Dividenden, sondern auch verschleierte Dividenden zu verstehen, die Aktionären einer Rübengesellschaft aus dem Gewinn durch Bezahlung ihrer Rübenlieferungen über deren Wert gewährt werden. RFH. 14. Jan. 20 S. 2, 120 = RStBl. 1920, 349 = RStR. 1920, 119 = DStZ. 8, 282 = DJZ. 1920, 405 = JndMitt. 1920, 73 = JW. 1920, 409 (*mit Besprechung von Hachenburg*).
2. Die Befreiungsvorschrift im Abs. 2 der TNr. 3 A a, b ist anzuwenden, wenn die Durchschnittsdividende während des der Steuererhebung vorausgegangenen zehnjährigen Zeitraums 3 vom Hundert nicht überschritten hat. RFH. 3. Dez. 19 S. 2, 75 = RStBl. 1920, 350 = DStZ. 8, 282 = DJZ. 1920, 405 = JndMitt. 1920, 73.
3. Die Befreiungsvorschrift bezieht sich nach ihrer Absicht und ihrem erkennbaren Zweck nur auf solche Gewinnanteilschein- und Zinsbogen, welche in ordnungsmäßigem Geschäftsgang und in geschäftsüblicher Weise, nicht aber auf solche, welche demzuwider lediglich zwecks Stempelersparung vor dem 1. Aug. 09 ausgegeben sind. RG. 7. Okt. 19 Recht 1920 Nr. 190.

Nr. 4. Kauf- und sonstige Anschaffungsgeschäfte.

1. Stempelpflicht aus TNr. 1 B und nicht nach TNr. 4 a 2 tritt ein, wenn eine Gewerkschaft gegen Hingabe eigener Kuxe, die sie ehemals ausgegeben und sodann zurückerworben hatte, Kuxe anderer Gewerkschaften eintauscht. RG. 30. Jan. 20 E. 98, 91.

Befreiung 5.

2. Wird in den Zeichnungsbedingungen einer Anleihe dem Zeichner der Schuldverschreibungen die Befugnis eröffnet, Stücke einer älteren Anleihe in Tausch zu geben, so liegt nur ein Anschaffungsgeschäft vor, wenn der Aussteller der Schuldverschreibungen verpflichtet ist, die ihm vom Zeichner zurückgegebenen Stücke der älteren Anleihe aus dem Verkehre zu ziehen. Ist er hierzu nicht verpflichtet, so liegen zwei in einem Tauschvertrage zusammengefaßte Anschaffungsgeschäfte vor, von denen jedes für sich stempelpflichtig ist. RFH. 30. Dez. 19 S. 2, 321 = RStBl. 1920, 293 = BA. 19, 228.

Nr. 9. Vergütungen.

Lit. *Hübschmann, Bezüge eines Grubenvorstandes reichsstempelsteuerpflichtig. DStBl. 2, 644.*

1. Vergütung. Die Vergütungssteuer ist nicht nur von den geldwerten Leistungen zu erheben, die die Aufsichtsratsmitglieder für ihre überwachende Tätigkeit erhalten, sondern auch von sonstigen ihnen für eine Tätigkeit, die sie für die Gesellschaft mit Rücksicht auf ihr Aufsichtsratsverhältnis entfaltet haben, gewährten Bezügen. RFH. 17. Sept. 19 [S. 1, 179 = DJZ. 1920, 154 = DStZ. 8, 203; vgl. Bd. I S. 110 Nr. 8] auch JW. 1920, 68 (*mit Besprechung von Strauss*) = IndMitt. 1920, 7.
2. — Stempelpflichtigkeit von Sondervergütungen der Aufsichtsratsmitglieder. RFH. 21. Nov. 19 IndMitt. 1920, 37.
3. Gegenstand der Besteuerung ist die Zahlung der Vergütung (wie Bd. I S. 110 Nr. 3). RFH. 5. Nov. 19 DStBl. 2, 603.
4. Die Nachversteuerung vorzeitig versteuerter Vergütungen auf Grund des Urteils des RFH. vom 26. Febr. 19 ist nach § 212 Abs. 4 AO. ausgeschlossen. RFH. 5. Nov. 20 S. 4, 20 = Ztschr. f. d. ges. Aktienwesen 1920, 114.

Lit. Simon, Die Nachversteuerung der Aufsichtsrats-Tantiemen. IndMitt. 1920, 29. — Kloss, Ist eine vorzeitig versteuerte Tantieme noch einmal zu versteuern? IndMitt. 1920, 69. — Kloss, Wiederholte Erhebung des Vergütungsstempels von einem und demselben Tantiemebetrag. DStZ. 8, 245.

Nr. 10. Warenumsätze.

(Fassung nach Art. II des Gesetzes über einen Warenumsatzstempel vom 26. Juni 1916 RGBl. S. 639).

Zusatz 2.

1. Die Naturalverteilung der im Bergwerksbetriebe einer Gewerkschaft des alten, preußischen, Rechts erzielten Ausbeute an die Gewerken ist eine unentgeltliche Warenlieferung i. S. der TNr. 10. RG. 10. Febr. 20 E. 98, 181 = RStBl. 1920, 263.

Zusatz 4.

2. Einkaufskommission. Verpflichtung der Einkäufer von Vieh zur Entrichtung von Warenumsatzstempel. OLG. Dresden 19. Juni 19 LZ. 1920, 182.

3. — Ein Viehhändler, der für einen Viehhandelsverband, aber in eigenem Namen Vieh einkauft und erwirbt, ist für die Weiterüberlassung des Viehes an den Verband umsatzsteuerpflichtig. RG. 28. Nov. 19 Recht 1920 Nr. 1042.
4. Der Verkaufskommissionär unterliegt hinsichtlich seiner Verkäufe dem Warenumsatzstempel. RFH. 24. Sept. 19 II A 176/19 (nicht veröffentlicht).

Befreiungsvorschrift 2.

5. Die Vorschrift findet keine Anwendung bei Warenlieferungen, die eine ausländische Firma durch Vermittlung einer inländischen Firma ausführt, die das aus dem Ausland gelieferte Erzeugnis gegen Vergütung in mitgelieferte Flaschen umfüllt und im Inland an die Abnehmer versendet. Stempelpflichtig ist der ausländische Lieferant. OLG. Cassel 14./24. Nov. 19 RStBl. 1920, 183.
6. Der erstmalige inländische Umsatz seewärts eingeführter Waren ist frei vom Umsatzstempel. RG. 13. Febr. 20 E. 98, 154.

Nr. 10. Geldumsätze.

(Aufgehoben durch § 18 KapESt G.)

1. Richtlinien für die letztmalige Entrichtung der Reichsstempelabgabe von Geldumsätzen (TNr. 10 RStempG.). RFM. 30. Okt. 20, RStBl. 1920, 685.
2. Zu Art. 27 AbändG. vom 26. Juli 18 (RGBl. S. 99):
   Von den im Kalenderjahr 1918 berechneten Habenzinsen sind die im ersten Halbjahr berechneten in die unteren Steuerstufen der TNr. 10, die im zweiten Halbjahr berechneten in die anschließenden höheren Steuerstufen einzureihen; der danach auf die ersteren an sich entfallende Steuerbetrag wird nicht erhoben. RFH. 14. Nov. 19 (S. 1, 249; vgl. Bd. I S. 113 Nr. 1) auch RStBl. 1920, 27 = DStBl. 2, 415; 3, 42 = BlBayFW. 28, 70. Ebenso RFH. 3. Dez. 19 RStR. 1920, 95.
3. Hypothekenzinsen unterliegen der Geldumsatzsteuer nach TNr. 10 RStempG. 1918 nur, wenn nachgewiesen wird, daß die Kapitalien zum Zwecke der Wiederausleihung in den Geschäftsbetrieb genommen sind. RFH. 5. April 20 S. 2, 230 = BA. 19, 308 = RStR. 1920, 191.
4. Die Steuerpflicht aus TNr. 10 RStempG. 1918 bezieht sich nur auf in Prozenten vom Kapital berechnete Zinsen und nicht auf Gewinnanteile, die für hereingenommene Gelder gewährt werden. RFH. 17. März 20 S. 2, 217 = RStR. 1920, 189 = BA. 20, 53.
5. Befreiungsvorschriften. Unter öffentlichen Sparkassen i. S. des Abs. 1 der Befreiungsvorschriften zu TNr. 10 sind nur Sparkassen zu verstehen, die Erträgnisse der Allgemeinheit zur Verfügung stellen und diese Zweckbestimmung durch eine Mitwirkung der Behörden bei ihrer Verwaltung gesichert haben. RFH. 10. Dez. 19 S. 2, 70.
6. Befreiungen. Für die Frage, ob eine Kreditgenossenschaft mit ihrem Geschäftsbetrieb über den Kreis ihrer Mitglieder hinausgeht, ist nicht allein das Verhältnis zwischen aufgenommenen Geldern und feststehendem Kreditbedarf ihrer Mitglieder an einem bestimmten Tage, etwa dem Abschlußtage der Jahresbilanz, maßgebend; in Betracht kommen vielmehr die ganze Geschäftsgebarung der Genossenschaft und die Rück-

sicht auf den normalen Kreditbedarf in der nächsten Zeit und den auf etwaige besondere Umstände zurückzuführenden außergewöhnlichen Kreditbedarf. **RFH.** 14 Nov. 19 (S. 1, 251 = DStZ. 8, 204; vgl. Bd. I S. 114 Nr. 2) auch RStBl. 1920, 56 = DJZ. 1920, 317 = BlBayFW. 28, 71 = JW. 1920, 410 (*mit Besprechung von Waldecker*).

7. Ebenso **RFH.** 23. Dez. 19 RStR. 1920, 108. Vgl. auch **RFH.** 22. Okt. 20 AStR. 1920, 188.

Dazu Mayer, Geldumsatzsteuer und Genossenschaften. JW. 1920, 128.

Nr. 11. Grundstücksübertragungen.

(Aufgehoben durch § 37 GrESt G.)

Buchstabe a.

Abs. 1.

1. Veräußerungsgeschäft. Ueberträgt der Gesellschafter einer offenen Handelsgesellschaft Grundstücke auf diese und besteht die Gegenleistung dafür nicht in Gesellschaftsrechten, sondern in Leistungen anderer Art, z. B. in der Uebernahme von Hypotheken, so liegt nicht ein Einbringungsvertrag i. S. der TNr. 1 A d, sondern ein entgeltlicher Veräußerungsvertrag i. S. der TNr. 11 a vor. **RFH.** 3. Okt. 19 II A 129/19 (nicht veröffentlicht). Vgl. auch Bd. I S. 95 unter Nr. 2 zu TNr. 1 A d.
2. — Daß sich bei Schenkung eines Grundstücks der Beschenkte zur Uebernahme der auf dem Grundstück haftenden Hypothekenschulden als Selbstschuldner verpflichtet, rechtfertigt nicht ohne weiteres die Annahme, daß bis zur Höhe der Schuldübernahme ein entgeltliches Veräußerungsgeschäft vorliegt. **RFH.** 22. Okt. 20 S. 3, 303 = AStR. 1920, 188.
3. — Die einseitige Erklärung des Vorkaufsberechtigten über die Ausübung des Vorkaufsrecht unterliegt nicht dem Stempel. **RFH.** 5. Nov. 19 (S. 1, 242; vgl. Bd. I S. 114 unter Nr. 3) auch abgedruckt JW. 1920, 159 (*mit Besprechung von Stillschweig*).
4. Werterhöhende Eigenschaften. Die Bebaubarkeit eines Grundstückes ist eine werterhöhende Eigenschaft. Der für diese Eigenschaft vereinbarte Kaufpreisteil unterliegt dem Grundstücksstempel. **RFH.** 22. Okt. 19 II A 114/19 (nicht veröffentlicht).
5. — Wird ein Grundstück, in dem seit langem eine Apotheke betrieben worden ist, verkauft und neben dem Kaufpreis für das Grundstück ein Preis für den Verzicht des bisherigen Eigentümers auf die Apothekenkonzession ausgeworfen, so ist es Sache der Willensauslegung der Parteien, wieviel von diesem letzteren Preise sie in Wirklichkeit für die in dem bisherigen Apothekenbetriebe liegende werterhöhende Eigenschaft des Grundstücks und damit für dieses selbst bezahlt haben. **RFH.** 22. Okt. 19 (S. 1, 220 = DJZ. 1920, 155 = JW. 1920, 65 [*mit Besprechung von Stillschweig*] = DStZ. 8, 202; vgl. Bd. I S. 117 Nr. 27) auch ZStFr. II, 1920, 14.
6. — Wird ein Grundstück zusammen mit einem Steinbruchsgeschäft, das in der Hauptsache zum Vertriebe des vom Grundstückseigentümer aus dem Grundstücke gewonnenen Steinmaterials durch den Eigentümer geführt wird, veräußert, so stellt das Geschäft eine den Wert des Grund-

stücks erhöhende Eigenschaft des letzteren dar. Der für das Geschäft vereinbarte Sonderpreis ist dann zu dem Grundstückspreis hinzuzurechnen und der Stempel von dem Gesamtbetrage zu erheben. RG. 21. Nov. 19 Recht 1920 Nr. 502.

7. — Ein Recht, das nur in dem Sinne als real angesehen werden kann, als es, ohne Zusammenhang mit einem Grundstücke, veräußerlich und vererblich und gleich dinglichen Rechten zu behandeln ist (Bierbrauereigerechtsame), kann als werterhöhende Eigenschaft eines Grundstücks nur angesehen werden, wenn es für den Grundstücksverkehr von wirtschaftlicher Bedeutung ist. Ob dies der Fall, ist Tatfrage. RG. 5. Dez. 19 Recht 1920 Nr. 1710.

8. — Wird ein Restaurationsgrundstück veräußert, so bildet im Zweifel die für den Verzicht des Verkäufers auf die Wirtschaftskonzession vereinbarte Vergütung einen Teil des stempelpflichtigen Grundstückskaufpreises. RFH. 21. Jan. 20 S. 2, 133 = AStR. 1920, 105 = NStR. 1920, 141 = DJZ. 1920 592.

Abs. 2.

9. Unter welchen Umständen bedarf die Vollmacht zur Abgabe eines Verkaufsangebots über ein Grundstück der Form des § 313 BGB.? RG. 3. Jan. 20 E. 97, 332.

Berechnungsvorschrift 4.

10. Wird der ideelle Bruchteil eines mehreren nach Bruchteilen gehörigen Grundstücks in der Zwangsversteigerung dem Eigentümer eines anderen Bruchteiles zu einem geringsten Gebot, in das die auf dem Grundstück als Ganzem ruhenden Hypotheken eingerechnet sind, als Meistgebot zugeschlagen, so ist die Reichsstempelabgabe nach dem Meistgebot ohne Rücksicht darauf zu berechnen, daß der Ersteher als Eigentümer eines der anderen Bruchteile bereits für die Hypotheken in voller Höhe haftet. RFH. 26. Mai 20 S. 3, 28 = NStR. 1920, 286.

Befreiungsvorschrift 2.

11. Die Befreiungsbestimmung 2 greift nicht Platz, wenn ein dem Vater gehörendes Grundstück nicht an die Kinder, sondern an eine von ihnen und dem Vater gebildete offene Handelsgesellschaft übertragen wird. RFH. 3. Okt. 19 II A 129/19 (nicht veröffentlicht).

12. Die Befreiungsvorschrift 2 zu TNr. 11a findet keine Anwendung, wenn ein Grundstück auf eine von den Kindern des Veräußerers gebildete offene Handelsgesellschaft übertragen wird. RFH. 29. Sept. 20 S. 3, 280 = NStR. 1920, 335.

13. Die Befreiungsvorschrift 2 für Ueberlassungsverträge zwischen Eltern und Kindern erstreckt sich nicht auf Verträge zwischen Adoptiveltern und Adoptivkindern. RFH. 16. April 20 II A 115/20 (nicht veröffentlicht).

14. Die Befreiungsvorschrift 2 erstreckt sich nicht auf die Fälle, in denen Abkömmlinge Grundstücke an ihre Eltern oder Voreltern veräußern. RFH. 24. Sept. 19 (AM. 1919, 347; vgl. Bd. I S. 119 Nr. 30) auch abgedruckt JW. 1920, 66 (*mit Besprechung von Heinemann*).

Buchstabe b.

Abs. 2.

1. Die Vorschrift der TNr. 11 b Abs. 2 greift nur in Fällen Platz, denen ein freigewollter Rechtsakt zugrunde liegt; sie ist nicht anwendbar auf Fälle, in denen die Rechtsänderung nicht durch Rechtsgeschäft herbeigeführt, sondern kraft Gesetzes eingetreten ist, z. B. auf dem Erbrecht beruht. **RFH.** 26. März 20 S. 2, 239.

Abs. 3.

2. Der Auflassungsstempel ist auch dann nicht zu erheben, wenn das Veräußerungsgeschäft bedingt war und zwar die das bedingte Veräußerungsgeschäft enthaltende Urkunde vorgelegt, der Eintritt der Bedingung aber in anderer Weise nachgewiesen worden ist. **RFH.** 28. Januar 20 S. 2, 141 = NStR. 1920, 142.
3. Wenn die Befreiungsvorschrift der Tarifstelle 11 b Abs. 3 durchgreifen soll, muß nachgewiesen werden, auf welchem Rechtsgrund der Uebergang des Eigentums vom eingetragenen Eigentümer beruht, so daß übersehen werden kann, ob alle hineinspielenden Veräußerungsgeschäfte stempelrechtlich erfaßt sind. **RFH.** 15. Okt. 20 II A 153/20 (nicht veröffentlicht).

Abs. 4 Nr. 4.

4. Im Sinne der TNr. 11 b Abs. 4 Nr. 4 ist der Stempel der TNr. 1 A e 2 nicht in voller Höhe entrichtet, wenn bei der Berechnung des Stempels derjenige Teil der zum Sondereigentum überlassenen Vermögensgegenstände außer Betracht geblieben ist, der auf den erwerbenden Gesellschafter nach der Kopfzahl der Gesellschafter entfällt. **RFH.** 4. Juni 19 (S. 1, 86 = AM. 1919, 292 = DJZ. 1919, 761 = JW. 1919, 1004; vgl. Bd. I S. 122 Nr. 66) auch IndMitt. 1920, 86.
5. Der Antrag auf Umschreibung von Gesellschaftseigentum auf den Namen eines Gesellschafters unterliegt dem Stempel aus TNr. 11 b vom vollen Werte des Grundstücks ohne Abzug des dem Kopfteil des Erwerbers entsprechenden Anteils am Gesellschaftsvermögen. **RFH.** 29. Okt. 19 (S. 1, 228; vgl. Bd. I S. 122 Nr. 67) auch DStBl. 2, 416.
6. Ist bei der Verstempelung des obligatorischen Auseinandersetzungsvertrags der Gesellschafter der Kopfteil eines Gesellschafters außer Betracht geblieben, so kommt der Auflassungsstempel in Ansatz, abzüglich des zu TNr. 1 A e 2 geforderten Grundstücksüberlassungsstempels. **RFH.** 25. Juni 20 S. 3, 137.

Befreiungsvorschrift 1 zu a und b.

7. Unter dem „stempelpflichtigen Betrage" i. S. der Befreiungsvorschrift 1 a. E. der TNr. 11 sind nur die Kaufpreisteile zu verstehen, die dem Grundstücksübertragungsstempel unterliegen. **RFH.** 10. März 20 S. 2, 174 = NStR. 1920, 190.

Nr. 12. Versicherungen.

1. Anwendung der TNr. 12 in den abgetretenen oder besetzten Gebieten des Deutschen Reiches. RFM. 7. April 20, RStBl. 1920, 265.

Buchstabe C.

2. Eine nachträgliche Vergütung auf die für eine Kaskoversicherung gezahlte Prämie für den Fall, daß die Fahrt glücklich verlaufen und ein Schaden vom Versicherungsnehmer nicht angemeldet wird, gibt keinen Anspruch auf teilweise Erstattung des Versicherungsstempels. RFH. 16. Juli 20 S. 3, 203.

Buchstabe D.

3. Die Beiträge zur bayerischen Pensionsanstalt für die Witwen und Waisen der Advokaten und Rechtsanwälte sind stempelpflichtig. RG. 26. Sept. 19 Recht 1920 Nr. 503, 504.
4. Sogenannte Vorauszahlungsprämien, d. s. Vergütungen des Versicherungsnehmers für ihm vor Eintritt des Versicherungsfalls auf die Versicherungssumme vorschußweise gewährte Zahlungen, sind nicht versicherungsstempelpflichtig. RFH. 25. Juni 20 S. 3, 125 = RStBl. 1920, 461 = JW. 1920, 852 (*mit Besprechung von Gerhard*) = RStR. 1920, 263 = DJZ. 1920, 660 u. 720 = LZ. 1920, 805.

33.

Gesetz gegen die Steuerflucht

vom 26. Juli 1918 (RGBl. S. 951).

(StFlG.)

Lit. *Erläuterte Ausgaben von Erlanger u. Feuchtwanger (J. Schweitzer Verlag, München 1920). — Stier-Somlo (Frz. Vahlen, Berlin 1919). — Strutz (C. Heymann, Berlin 1919). — E. Zimmermann. KrtSG. 1916 mit Steuerfluchtgesetz (J. Hess, Stuttgart 1918).*

Ferner Hertwig, Die praktische Handhabung der Vorschriften gegen die Steuerflucht. StA. 1920, 81. — Hoeniger, Auslandsreisen, Auswanderung, Steuerflucht (Concordia, Deutsche Verl.-Anst., Berlin 1919). — Jacobi, Steuerflucht und Kapitalflucht. ZtSFr. I. 1920 Heft 13. — Lewin, Zweifelsfragen aus dem Gebiete der Gesetzgebung gegen die Steuerflucht. DStBl. 2, 283, 341, 403. — Lewin, Steuerflucht in die besetzten und abzutretenden Gebiete. ZStFr. II, 1920, 25. — Meyer, E. H., Gesetzgebung über Steuer- und Kapitalflucht (C. Heymann, Berlin 1920). — Schmalz, Die Steuer- und Kapitalflucht nach dem neuesten Stande der Kapitalflucht. ZStFr. II, 1920, 36. — Schneider, Betrachtungen zur Steuerfluchtgesetzgebung. StA. 1920, 84.

1. Verordnung über Massnahmen gegen die Kapitalabwanderung in das Saarbeckengebiet. RFM. 27. April 20, RStBl. 1920, 284.

§ 1.

1. Hat eine Person ihren Wohnsitz in Deutschland, aber vor Inkrafttreten des Gesetzes gegen die Steuerflucht vom 26. Juli 1918 dauernden Aufenthalt im Auslande genommen und auch vor dem gleichen Zeitpunkt die Absicht, nach Deutschland zurückzukehren, aufgegeben, so unterliegt sie trotz der Fortdauer des Wohnsitzes über diesen Zeitpunkt hinaus nicht der erweiterten Steuerpflicht aus § 1 des Gesetzes, wenn sie diesen Wohnsitz ebenfalls nach dem Auslande verlegen will. Es kann dann aber wegen einer noch nicht erfüllten und durch die Verlegung des Wohnsitzes in das Ausland gefährdeten Steuerpflicht der Tatbestand des § 2 ErgG. vom 24. Juni 19 vorliegen. RFH. 3. Jan. 20 S. 2, 125 = RStBl. 1920, 197 = AStR. 1920, 55 = RStR. 1920, 107 = DStZ. 9, 11.

§ 7.

1. Ist zur Vereitelung der Hinterziehungsabsicht ein sofortiges Eingreifen der Steuerbehörde geboten, so stellt die Unterlassung einer Aufforderung zur Vermögenserklärung vor Erlaß des Sicherheitsbescheides eine unrichtige Anwendung des bestehenden Rechts nicht dar. RFH. 22. Jan. 20 S. 2, 129 = RStBl. 1920, 201.

§ 9.

1. Das Zusammenfassen des Sicherheitsbescheides nach § 1 des Gesetzes über Sicherung der Kriegssteuer vom 9. April 17 und des Sicherheitsbescheides auf Grund des Steuerfluchtgesetzes in einem Schriftstücke ist rechtlich nicht zu beanstanden. **RFH.** 9. Jan. 20 RStBl. 1920, 200.

§ 10.

1. Der endgültige Sicherheitsbescheid wird durch das Außerkrafttreten nicht gegenstandslos, er verliert nur seine Vollstreckbarkeit. **RFH.** 27. Nov. 19 S. 2, 27 = RStBl. 1920, 94 = DStBl. 2, 302 = StA. 1920, 111.

§ 11.

1. In der Verlegung des Wohnsitzes in ein deutsches Gebiet, das nach dem Friedensvertrag an das Ausland abgetreten werden muß, ist, solange die Abtretung noch nicht erfolgt ist, nicht die Aufgabe des dauernden Aufenthalts im Inland, wohl aber in der Regel eine Tatsache zu erblicken, die die Annahme rechtfertigt, daß Vermögenswerte des Steuerpflichtigen dem inländischen Steuerzugriff entzogen werden sollen. **RFH.** 12. Mai 20 S. 3, 57 = RStBl. 1920, 397.
2. Die Beibehaltung langjähriger Reisegewohnheit rechtfertigt die Sicherheitsforderung nicht. **RFH.** 15. Jan. 20 RStR. 1920, 240.
3. Zum Begriff der Tatsachen, die die Annahme der subjektiven oder objektiven Steuerflucht rechtfertigen. **RFH.** 15. Juni 20 ZStFr. II, 1920, 167. Vgl. auch zu § 2 StFlErgG.
4. Uebersiedlung ins Abstimmungsgebiet als Steuerflucht. **RFH.** 9. Jan. 20 RStR. 1920, 119.
5. a) Die Verlegung des Wohnsitzes aus dem Abstimmungsgebiet in ein beim Inkrafttreten des Friedensvertrags abzutretendes Gebiet rechtfertigt die Annahme, daß Vermögenswerte dem inländischen Steuerzugriff entzogen werden sollen.
   b) Geltungsbereich des Art. 278 des Friedensvertrags.
   c) Verfahren zur Vermögensermittlung in den Fällen des § 11 StFlG. und des § 2 StFlErgG. **RFH.** 22. Jan. 20 S. 2, 129 = RStBl. 1920, 201 = AStR. 1920, 56 = RStR. 1920, 119 = DStBl. 3, 37.
6. Die Führung von Verkaufsverhandlungen seitens eines Polen deutscher Reichsangehörigkeit über seinen Grundbesitz in Deutschland oder die Absicht, diesen Grundbesitz gegen in Polen gelegenen zu vertauschen, ist für sich allein nicht als eine Tatsache anzusehen, die nach § 11 Nr. 2 StFlG. die Festsetzung einer Sicherheit durch die Steuerbehörde begründet.

   Wohl aber kann in der Führung von Verkaufsverhandlungen seitens eines Polen deutscher Reichsangehörigkeit über seinen Grundbesitz in Deutschland eine Tatsache gefunden werden, welche die im § 2 StFlErgG. bezeichnete Annahme rechtfertigt. **RFH.** 12. März 20 S. 2, 264 = RStR. 1920, 190. Vgl. auch zu § 2 StFlErgG.

§ 12.

1. Die Entscheidung über die Berufung gegen einen Sicherheitsbescheid steht in Preußen lediglich der Einkommensteuer-Berufungskommission, nicht auch dem Vorsitzenden zu. **RFH.** 15. Juni 20 ZStFr. II, 1920, 180.

§ 20.

Abs. 1 Nr. 3.

Lit. *Becker, Subjektive Steuerpflicht der Auslandsdeutschen. NStR. 1920, 241.*

1. Ist die Anwendung des § 20 Nr. 3 ausgeschlossen, wenn dem dauernden Aufenthalt im Ausland (ohne Wohnsitz) vor dem Kriege ein inländischer Wohnsitz gegenübersteht? **RFH.** 30. Juli 20 S. 3, 230.
2. Wenn ein Deutscher im Ausland sowohl einen Wohnsitz wie seinen gewöhnlichen Aufenthalt vor dem Kriege hatte, so wird die Anwendung des § 20 Nr. 3 StFlG. nicht dadurch ausgeschlossen, daß er zugleich einen Wohnsitz im Inland hatte und sich dort auch zeitweise aufhielt. **RFH.** 9. März 20 S. 2, 200 = RStBl. 1920, 282 = NStR. 1920, 178 = ZStFr. II, 1920, 183.
3. Zum Begriff des Auslandsdeutschen im Sinne des § 20 Nr. 3 des Gesetzes gegen die Steuerflucht vom 26. Juli 18 gehört, daß der Betreffende mindestens noch am 3. Aug. 14 seinen Wohnsitz oder gewöhnlichen Aufenthalt im Ausland hatte. Fehlt diese Voraussetzung, so begründet ein Aufenthalt im Inlande, auch wenn er als nur vorübergehend angesehen werden kann, die fortgesetzte Steuerpflicht aus § 1 des Gesetzes. **RFH.** 27. Nov. 19 S. 2, 27 = RStBl. 1920, 94 = DStBl. 2, 302 = StA. 1920, 111.
4. Begriff des Auslandsdeutschen. **RFH.** 2. März 20 ZStFr. II, 1920, 181.
5. a) Wenn einer die Erlassung eines Sicherheitsbescheides rechtfertigenden Tatsache gegenüber der Steuerpflichtige die Freilassung von der Pflicht zur Sicherheitsleistung nach § 2 StFlErgG. beansprucht, weil er Auslandsdeutscher sei, so ist er für seine Eigenschaft als Auslandsdeutscher beweispflichtig.
   b) Wo immer deutsches Gebiet durch den Friedensvertrag abgetreten wird, kann von einem Zurückkehren der in diesem Gebietsteile sich dauernd aufhaltenden, vor dem Kriege im Ausland befindlichen Deutschen ins Ausland nicht die Rede sein, wenn und insolange sie ihren Aufenthalt in dem abgetretenen Gebiete beibehalten. **RFH.** 9. Dez. 19 S. 2, 61 = RStBl. 1920, 161.

§ 21.

1. Deutsches Interesse. Die Auswanderung zum Zwecke der Uebernahme einer leitenden Stellung im ausländischen Schiffbau liegt im deutschen Interesse. **RFH.** 4. Juni 20 S. 3, 73 = DJZ. 1920, 852.
2. — a) Bei Prüfung der Frage, ob eine Auswanderung im deutschen Interesse im Sinne des § 21 liegt, ist ein Nachweis dafür, daß die vom Antragsteller im Auslande beabsichtigte Tätigkeit auch erfolgreich ausgeübt wird, nicht zu fordern.
   b) Die Anwendung des § 21 wird nicht dadurch ausgeschlossen, daß der Antragsteller mit seiner Ausreise zweifellos in erster Linie seine eigenen privatwirtschaftlichen Interessen wahrnehmen will. **RFH.** 8. Juni 20 S. 3, 87 = RStBl. 1920, 489 = NStR. 1920, 274 = ZStFr. II, 1920, 198.
3. Außergewöhnliche Härte. Die Verpflichtung zur doppelten Steuerzahlung (im Inland und im Ausland) stellt für sich allein noch keine außergewöhnliche Härte dar. **RFH.** 4. Juni 20 S. 3, 73 = DStZ. 9, 172 = DJZ. 1920, 852.

4. — Die Frage, ob eine außergewöhnliche Härte im Sinne des § 21 Abs. 1 vorliegt, kann nur bezüglich der Folgen gestellt werden, die sich im Einzelfall aus der Anwendung des § 1 für den Steuerpflichtigen ergeben. Die Anwendung des Steuerfluchtgesetzes als solchen auf die ihm unterfallenden Tatbestände kann keine Härte im Sinne des Gesetzes selbst darstellen. RFH. 20. Okt. 20 S. 3, 306 = RStBl. 1920, 651 = RStR. 1920, 331.
5. Eine auf Grund von § 21 StFlG. ergangene rechtskräftige Entscheidung ist für die Steuerbehörde bindend; diese kann von ihr auch beim Bekanntwerden neuer Tatsachen und Beweismittel nicht abweichen. RFH. 20. Dez. 19 JW. 1920, 462 (*mit Besprechung von Friedrichs*) = RStR. 1920, 139.
6. § 21 bestimmt nur, daß für eine von der Auswanderung ab laufende Frist die Freistellung des Steuerpflichtigen zugestanden werden könne mit dem Vorbehalte, daß vom Ablauf der Frist ab für den Rest der Geltungsdauer des Gesetzes die Steuer- und Sicherheitsleistungspflicht des Auswanderers wieder aufleben solle. Nicht aber ermächtigt der § 21 zur Freistellung von einem späteren Zeitpunkt ab. RFH. 23. März 20 S. 2, 255 = RStBl. 1920, 299 = RStR. 1920, 201 = ZStFr. II, 1920, 180

§ 22.

Lit. Peschke, Wer kann wegen Steuerflucht bestraft werden? NStR. 1920, 44.

34.
Gesetz zur Ergänzung des Gesetzes gegen die Steuerflucht vom 24. Juni 1919 (RGBl. S. 583).

(StFlErgG.)

§ 1.

1. Die in § 1 StFlErgG. bezeichnete Höchstgrenze von 50 vom Hundert des Vermögens darf auch nicht um geringe Beträge, z. B. durch Abrundung der Sicherheit nach oben auf einen durch 1000 ohne Rest teilbaren Betrag, überschritten werden. RFH. 12. März 20 S. 2, 264.
2. Bewertung von Valutaschulden nach dem Steuerfluchtgesetze und dem Gesetze zur Ergänzung des Gesetzes gegen die Steuerflucht. RFH. 3. Jan. 20 S. 2, 125 = RStBl. 1920, 197 = RStR. 1920, 107 = AStR. 1920, 55 = DStZ. 9, 11.
3. Eine Abrundung des zur Sicherheitsleistung bestimmten Betrages nach oben ist unzulässig, wenn dadurch die zulässige Höchstgrenze von 50 v. H. überschritten wird. RFH. 3. Jan. 20 S. 2, 125 = RStBl. 1920, 197 = RStR. 1920, 107 = AStR. 1920, 55 = DStZ. 9, 11.

§ 2.

1. § 2 setzt nicht voraus, daß der Steuerpflichtige zur Zeit der Entziehung der Vermögenswerte gegenüber dem inländischen Steuerzugriff im Inland seinen Wohnsitz oder dauernden Aufenthalt haben mußte. RFH. 21. Juni 20 RStR. 1920, 252.
2. Ein in das Ausland gesandtes Angebot, Vermögensgegenstände zu verkaufen, rechtfertigt für sich allein noch nicht die Annahme, daß diese Vermögensgegenstände oder der dafür etwa erzielte Erlös dem inländischen Steuerzugriff entzogen werden sollen. RFH. 15. Okt. 20 I A 188/20 (nicht veröffentlicht).
3. Die Verlegung des Wohnsitzes in ein durch den Friedensvertrag von der Abtretung bedrohtes Gebiet ist eine Tatsache, welche die Annahme der Steuerfluchtabsicht rechtfertigt. RFH. 18. Nov. 19 S. 2, 37 = RStBl. 1920, 91. Ebenso RFH. 9. Dez. 19 S. 2, 61 = RStBl. 1920, 161.
4. Die Verlegung des Wohnsitzes in ein mit der Abtretung bedrohtes Gebiet des Deutschen Reichs rechtfertigt die Forderung einer Sicherheitsleistung auf Grund des § 2 auch dann, wenn der Steuerpflichtige vor der Ratifizierung des Friedensvertrags die polnische Staatsangehörigkeit

erworben hat, vorher aber deutscher Reichsangehöriger war. RFH. 14. Mai 20 S. 3, 61 = RStBl. 1920, 377 = DStZ. 9, 172. Vgl. auch zu § 11 StFlG.

5. Wenn in einem Gebiete, das nach dem Friedensvertrage mit der Abtretung bedroht ist, Kapital in Grundbesitz angelegt wird, so kann hierin eine die Erlassung eines Sicherheitsbescheids rechtfertigende Tatsache im Sinne von § 2 StFlErgG. gefunden werden. RFH. 27. Febr. 20 S. 2, 233 = RStBl. 1920, 281 = ZStFr. II, 1920, 167 = RStR. 1920, 156.

6. Verziehen ins besetzte Gebiet; vgl. zu § 3. Verziehen ins Abstimmungsgebiet; vgl. zu § 11 StFlG. unter Nr. 4.

7. Anwendung der Vorschrift auf Fälle, in denen die gefährdende Handlung vor dem Inkrafttreten des ErgG. erfolgt ist. RFH. 26. Nov. 20 RStR. 1920, 257.

§ 3.

1. Oertliche Zuständigkeit. Verziehen ins besetzte Gebiet. RFH. 29. Jan. 20 RStR. 1920, 140.

35.

Gesetz über Steuernachsicht

vom 3. Januar 1920 (RGBl. S. 45).

(StNachsG.)

Lit. *Beuck, Nochmals Generalpardon und Berichtigung des Wehrbeitrags. IndMitt. 1920, 69 (verneint die Anwendung des Gesetzes bei zu geringer Schätzung einzelner Aktiva in der Wehrbeitragsbilanz). — Boethke, Steuernachsicht. (C. Heymann Verlag, Berlin 1920). — Boethke, Das Reichsgesetz über Steuernachsicht. StA. 1920, 60. — Goldschmit-Müller, Generalpardon. (J. Huber, Diessen 1920). — Huchzermeyer, Steuergeneralpardon. NStR. 1920, 89. — Krombach, Steuernachsicht nach dem 15. April 1920. DStZ. 9, 67. — Lion, Wie beseitigt man die Folgen unrichtiger Steuererklärung? ZStFr. I, 1920 Heft 8. — Rombach, Der neue Generalpardon. NStR. 1920, 66. — Rheinstrom, Der Generalpardon. AStR. 1920, 17.*

1. Bekanntmachung zur Ausführung des Gesetzes über Steuernachsicht vom 3. Jan. 20 (RGBl. S. 45) vom 24. Febr. 20, RStBl. 1920, 169.
2. Bekanntmachung zur Ausführung des Gesetzes über Steuernachsicht vom 3. Jan. 20 (RGBl. S. 45); Geltung der Bekanntmachung vom 24. Febr. 20 (RGBl. S. 279) in den besetzten rheinischen Gebieten. RFM. 23. April 20, RStBl. 1920, 235.

§ 2.

Lit. *Görres, Nachträgliche Berichtigung des beim Wehrbeitrag festgestellten Anfangsvermögens. DStZ. 8, 240.*

36.

Tabaksteuergesetz

vom 12. September 1919 (RGBl. S. 1667).

(TabStG.)

Lit. *Wündisch, Tabaksteuergesetz. (Vereinig. wissensch. Verleger, Berlin 1920). — Offenbächer, Das Tabaksteuergesetz vom 12. Sept. 1919. ZschrfZollw. 1920, 35, 57, 85, 106, 138, 154, 185. — Wündisch, Das Tabaksteuergesetz vom 12. Sept. 1919 (RGBl. S. 1667). JW. 1920, 101.*

§ 88.

1. Berücksichtigung des Aufgeldes bei Bemessung der Strafe wegen Hinterziehung des Tabakzolls. RGSt. 28. Juni 20 Recht 1920 Nr. 3553.

37.

Umsatzsteuergesetz

vom 26. Juli 1918 (RGBl. S. 779).

(UStG. 1918.)

Lit. *Erläuterte Ausgaben von Kloss (Rossberg, Leipzig 1919). — Koppe-Varnhagen (Industrieverlag Späth u. Linde, Berlin 1918). — Lindemann (J. Guttentag, Berlin 1918). — Marcuse (C. H. Beck, München 1918). — C. Becher (J. Schweitzer Verlag, München 1918). — Popitz (O. Liebmann, Berlin 1919). — Stier-Somlo (Frz. Vahlen, Berlin 1918). — Weinbach (C. Heymann Verlag, Berlin 1918).*

I. Allgemeine Steuer auf Lieferungen und sonstige Leistungen.

§ 1.

Abs. 1.

1. Leistung. Was als entgeltliche Lieferung oder sonstige Leistung i. S. von § 1 anzusehen ist, und wer hiernach als Lieferer oder Leistender zu gelten hat, ist nach den Grundsätzen des Rechtsverkehrs, nicht des wirtschaftlichen Verkehrs zu entscheiden. **RFH.** 16. April 20 S. 2, 275 = RStBl. 1920, 412 = RStR. 1920, 225.
2. — Bezieht ein Elektrizitätswerk elektrischen Strom von einem anderen Werke und gibt es ihn gegen Entgelt ab, so ist es deswegen umsatzsteuerpflichtig. **RFH.** 28. April 20 S. 2, 303 = DStZ. 9, 76 = RStR. 1920, 200.
3. — Zu den Lieferungen und Leistungen i. S. von § 1 gehören auch Grundstücksumsätze. Die Erhebung der Grundwechselabgabe nach TNr. 11 RStempG. führt nicht zur Befreiung von der Umsatzsteuer. **RFH.** 3. März 20 S. 2, 176 = RStBl. 1920, 241 = JW. 1920, 574 (*mit Besprechung von Popitz*).
4. — Ebenso **RFH.** 24. Sept. 20 RStBl. 1920, 588. Vgl. auch unter Nr. 18.
5. Entgeltlichkeit. Ob ein Bieraufschlag, den eine Brauerei zur Deckung von Mieten unentgeltlich für Dritte von ihren Bierabnehmern erhebt, umsatzsteuerpflichtig ist, kann erst nach Feststellung der zugrunde liegenden Verhältnisse entschieden werden. **RFH.** 15. Okt. 20 II A 192/20 (nicht veröffentlicht).
6. — Insbes. Gesellschaftsleistungen. Vereinsbeiträge sind umsatzsteuerfrei, soweit sie nicht als Vergütungen für bestimmte Gegenleistungen des Vereins anzusehen sind. **RFH.** 3. Dez. 20 II A 321/20 S. 4, 65.
7. — — Die Abgabe bis zu 3%, die die dem Rheinisch-Westfälischen Kohlensyndikat angeschlossenen Zechen von dem Ergebnis der Monatsrechnungen an die Aktiengesellschaft Rheinisch-Westfälisches Kohlensyndikat zu entrichten haben, ist keine Vergütung für die Vermittlung von Kohlenverkäufen. Es handelt sich um Beiträge, die die dem Syndikat an-

geschlossenen Zechen für die Zwecke des Syndikats aufbringen. Diese Beiträge sind umsatzsteuerfrei, da kein Leistungsaustausch i. S. des Umsatzsteuergesetzes vorliegt. RFH. 5. Nov. 1920 II A 257/20 S. 4, 172.

8. — — Die selbständige gewerbliche Tätigkeit einer G. m. b. H. und damit die Umsatzsteuerpflicht ihrer Leistungen wird dadurch nicht ausgeschlossen, daß die Gesellschaft keinen eigenen Gewinn erzielen will und nur für die an ihr beteiligten Gesellschafter tätig wird, im übrigen aber nach außen nicht hervortritt. RFH. 6. Okt. 20 S. 3, 281 = DJZ. 1920, 916 = RStR. 1920, 334.

9. — — Ein Kreditreformverein, der seinen Mitgliedern gegen besondere Gebühren Auskünfte vermittelt und bei der Einziehung von Forderungen behilflich ist, bewirkt insoweit umsatzsteuerpflichtige Leistungen. Mitgliederbeiträge als solche unterfallen nicht der Umsatzsteuer. RFH. 8. April 20 S. 2, 228 = RStBl. 1920, 297 = DStZ. 9, 75 = RStR. 1920, 191.

10. Gewerbliche Tätigkeit. An dem Gutachten vom 7. Febr. 19 (vgl. Bd. I S. 127 Nr. 2), wonach die gewerbliche Tätigkeit nicht die Absicht der Gewinnerzielung voraussetzt, wird festgehalten. RFH. 8. April 20 S. 2, 228.

11. — Ueber den Begriff der gewerblichen Tätigkeit bei Grundstückszergliederungen. RFH. 24. Sept. 20 RStBl. 1920, 585.

12. — Die Fürsorge eines Unternehmers für seine Arbeiter und Angestellten einschl. der bei ihm tätigen Kriegsgefangenen bildet einen Teil der gewerblichen Tätigkeit i. S. des § 1 Abs. 1, so daß die dabei vereinnahmten Entgelte, soweit nicht die Voraussetzungen des § 3 Nr. 2 erfüllt sind, der Umsatzsteuer unterliegen, auch wenn es sich um den Vertrieb rationierter Waren handelt. RFH. 26. März 20 RStBl. 1920, 272 = DStZ. 9, 76 = RStR. 1920, 189.

13. — Die Veräußerung von Vieh in einem landwirtschaftlichen Betriebe ist auch dann umsatzsteuerpflichtig, wenn sie gelegentlich oder wenn sie auf Grund einer gesetzlichen Ablieferungspflicht erfolgt (§ 1 Abs. 1 UStG.). RFH. 14. Jan. 20 S. 2, 122 = RStBl. 1920, 239.

14. — Ein Winzerverein, der die von seinen Genossen eingesammelten Trauben keltert und den gewonnenen Wein von seinem Lager im eigenen Namen verkauft, ist mit den für den verkauften Wein vereinnahmten Entgelten umsatzsteuerpflichtig. RFH. 16. April 20 S. 2, 275 = RStBl. 1920, 412 = RStR. 1920, 225.

15. — insbes. öffentliche Bewirtschaftung. Umsatz eines Fleischers bei öffentlicher Bewirtschaftung. RFH. 5. Nov. 19 DStBl. 2, 354.

16. — — Ein Verkäufer, der vertraglich von einer Gemeinde Kartoffeln gegen Bezahlung abnimmt und sie in einer städtischen Verkaufsstelle auf eigene Rechnung an bezugsberechtigte Einwohner weiterverkauft, ist als selbständiger Gewerbetreibender i. S. des § 1 Abs. 1 mit dem vereinnahmten Gesamtentgelt steuerpflichtig. RFH. 23. Dez. 19 RStBl. 1920, 156 = DStZ. 8, 281.

17. — — Auslegung eines Mahlvertrags zwischen einem Landesverband und einem Müller als Werkvertrag. Der Müller ist dann nur mit dem Mahllohn umsatzsteuerpflichtig. RFH. 18. Febr. 20 RStBl. 1920, 410

18. — Veräußerung im ganzen. Die Veräußerung eines landwirtschaftlichen Gutes fällt, sofern es sich nicht um gewerbsmäßige Melioratoren handelt, aus dem Kreise der gewerblichen Tätigkeit des Landwirts heraus, ist also auch nicht in Ansehung der mitveräußerten beweglichen Sachen (Inventar, Vorräte) der allgemeinen Umsatzsteuer unterworfen. RFH. 16. Juni 20 S. 3, 109 = RStBl. 1920, 387 = RStR. 1920, 239.
19. — — Die Veräußerung eines kaufmännischen Geschäfts im ganzen fällt insoweit jedenfalls nicht unter die Umsatzsteuerpflicht, als sich darin Einrichtungsgegenstände befinden. RFH. 3. Dez. 20 II A 239/20 (nicht veröffentlicht).
20. Selbständige Tätigkeit. Die die Umsatzsteuerpflicht nach § 1 Abs. 1 ausschließende Unselbständigkeit eines Gewerbebetriebs liegt nur vor, wenn jemand im geschäftlichen Organismus eines anderen dessen Weisungen zu folgen verpflichtet ist. RFH. 12. Mai 20 S. 2, 339 = RStBl. 1920, 357.
21. — a) Die Annahme einer selbständigen gewerblichen Tätigkeit ist nicht schon durch die Tatsache begründet, daß die Tätigkeit von einer juristischen Person ausgeübt wird.
b) Unselbständigkeit einer gewerblichen Tätigkeit liegt vor, wenn die tätige Person im wirtschaftlichen Organismus des gewerblichen Unternehmens eines anderen bei Betätigung ihres geschäftlichen Willens unter der Leitung dieses anderen steht.
c) Inwieweit üben Spezialagenten und Generalagenten einer Versicherungsgesellschaft eine selbständige gewerbliche Tätigkeit aus? RFH. 6. Okt. 20 S. 3, 290 = RStBl. 1920, 639 = RStR. 1920, 323.
22. — Die selbständig ausgeübte Tätigkeit eines Lotsen ist eine selbständige gewerbliche Tätigkeit i. S. des § 1. RFH. 12. Mai 20 S. 2, 338 = RStBl. 1920, 356 = DStZ. 9, 75 = RStR. 1920, 204.
23. — a) Ein Bezirksschornsteinfeger bleibt ungeachtet seiner Anstellung durch die Ortspolizeibehörde und der Ausübung amtlicher Funktionen ein steuerpflichtiger Gewerbetreibender i. S. des § 1 Abs. 1.
b) Die Umsatzsteuerpflicht bleibt bestehen, auch wenn bei einem selbständigen Gewerbebetrieb die Steuer infolge behördlich vorgeschriebener Taxen nicht abgewälzt werden kann (§ 13). RFH. 12. Mai. 20 S. 2, 339 = RStBl. 1920, 357 = RStR. 1920, 226.
24. — Die Leistungen des Zwangsverwalters sind umsatzsteuerpflichtig. RFH. 28. April 20 S. 2, 313 = RStBl. 1920, 409 = DStZ. 9, 75.
25. Zur Frage der Warenumsatzstempel- (Umsatzsteuer-) Pflicht der Warenlieferungen zwischen Mutter- und Tochtergesellschaften. RFH. 25. Juni 20 RStBl. 1920, 468.
26. Oeffentliche Gewerbe. Korporationen des öffentlichen Rechtes sind mit den entgeltlichen Lieferungen und Leistungen, mit denen sie in Ausübung einer dauernden geschäftlichen Tätigkeit in den privatrechtlichen Geschäftsverkehr eintreten, auch dann umsatzsteuerpflichtig, wenn die Ausübung der Tätigkeit aus öffentlichen Interessen geschieht. (Reichs- und Preuß. Staatsanzeiger ist umsatzsteuerpflichtig.) RFH. 16. Juni 20 S. 3, 95 = RStBl. 1920, 388 = RStR. 1920, 274.
27. — Ein Holzvermessungsamt ist wegen der Gebühren und Reisekosten, die für Leistungen seiner Beamten von denen, die die Leistungen in Anspruch genommen haben, als Entgelt erhoben werden, umsatzsteuer-

pflichtig, wenn es seine Tätigkeit nicht als öffentliches Organ zur Förderung von Handel und Gewerbe, sondern als selbständiges privates Unternehmen ausübt. RFH. 5. Nov. 19 (AM. 1919, 415; vgl. Bd. I S. 127 Nr. 3) auch RStR. 1920, 84 = DStBl. 3, 39.

28. Die Provisionen der Kursmakler sind umsatzsteuerpflicht. RFM. 17. Dez. 19, RStBl. 1920, 29.

29. Freier Beruf. Der Betrieb eines Schauspielunternehmens stellt eine selbständige gewerbliche Tätigkeit i. S. des § 1 dar. Die im Betrieb eines solchen Unternehmens vereinnahmten Entgelte sind daher mindestens insoweit steuerpflichtig, als der Unternehmer nicht selbst als Schauspieler tätig geworden ist. RFH. 3. Dez. 19 S. 2, 66 = RStBl. 1920, 61 = JW. 1920, 414 (*mit Besprechung von R. Becher*).

30. — Steuerpflichtiger Entgeltbetrag bei Privatlehranstalten. RFM. 13. Febr. 20, RStBl. 1920, 191.

31. — Die Erteilung von Tanz- und Anstandsunterricht stellt nicht die Ausübung einer selbständigen gewerblichen Tätigkeit i. S. des § 1 dar. RFH. 18. Febr. 20 S. 2, 155 = RStBl. 1920, 244 = DStZ. 9, 75 = RStR. 1920, 180.

32. — Aerzte, die Privatkrankenanstalten unterhalten, sind von der Umsatzsteuer nur mit den Einnahmen aus ihrer eigentlichen ärztlichen Tätigkeit, nicht aber mit den Einnahmen für Unterkunft, Beköstigung, Bedienung, Wartung u. dgl. befreit. RFH. 23. Juni 20 S. 3, 113 = RStBl. 1920, 387 = RStR. 1920, 287.

33. — Der Beruf eines Handelschemikers gehört zu den freien Berufen i. S. des Umsatzsteuergesetzes von 1918. RFH. 30. Okt. 20 S. 3, 316 = RStBl. 1920, 689 = DStZ. 9, 240 = AStR. 1920, 189.

34. — Dadurch, daß sich eine Gesellschaft bei Erteilung von Rat in Steuersachen wissenschaftlich geschulter Kräfte bedient, wird nach dem UStG. 1918 die Umsatzsteuerpflicht der Entgelte, die die Gesellschaft für die Gutachten erhält, nicht ausgeschlossen. RFH. 10. Nov. 20 II A 133/20 S. 4, 14.

35. Kommissionsgeschäft. Vgl. zu § 4 unter Nr. 1 ff..

Abs. 2.

36. Dem Gutachten des Senats vom 4. April 19 über die Umsatzsteuerpflicht des Landwirts wegen seines Eigenverbrauchs (vgl. Bd. I S. 128 Nr. 5) wird beigetreten, insoweit darin dem Eigenverbrauch des Landwirts nach § 1 Abs. 2 die kraft gesetzlicher Verpflichtung gewährte Beköstigung seiner Familienangehörigen aus den Erzeugnissen der Wirtschaft gleichgestellt wird. RFH. 14. Jan. 20 S. 2, 122 = RStBl. 1920, 239 = RStR. 1920, 139.

Abs. 3.

37. Die Ausnahmevorschrift in Satz 2 des § 1 Abs. 3 greift nur Platz, wenn als Bieter lediglich Miterben zugelassen werden. RFH. 16. April 20 S. 2, 284 = RStBl. 1920, 413 = DStZ. 9, 76 = RStR. 1920, 204.

38. Erbauseinandersetzung über Luxusgegenstände. Vgl. zu § 10 unter Nr. 1.

§ 2.

Nr. 1.

1. Der Ankauf luxussteuerpflichtiger Gegenstände im Inland durch Ausländer zur nachträglichen Ausfuhr ist streng zu überwachen. RFM. 8. Dez. 19, RStBl. 1920, 30.

2. Die Vorschrift im § 2 Ziff. 1 bezieht sich nur auf Lieferungen, nicht auf sonstige Leistungen, z. B. Schiffsklassifikationen. Entgelte für Leistungen zugunsten von Ausländern sind selbst dann umsatzsteuerpflichtig, wenn sie im Ausland von daselbst ansässigen Angestellten des inländischen Unternehmens eingezogen werden. RFH. 8. April 20 S. 2, 240 = IndMitt. 1920, 144 = RStBl. 1920, 327 = DIZ. 1920, 592.

3. Ebenso RFH. 16. April 20 (Verleihung von Eisenbahnwagen) IndMitt. 1920, 144 = DIZ. 1920, 592.

4. Unter Umsätzen in das Ausland i. S. von § 2 Nr. 1 sind nicht die Umsätze des inländischen Erzeugers an den inländischen Ausfuhrhändler, sondern nur Umsätze zu verstehen, die der inländische Erzeuger oder der inländische Ausfuhrhändler unmittelbar mit dem ausländischen Bezieher tätigt. RFH. 28. Juli 20 S. 3, 219 = RStBl. 1920, 469 = DStZ. 9, 173 = IndMitt. 1920, 211.

Dazu Korsch, Die Umsatz- und Luxussteuer in der Exportindustrie. Frankf. Zeitung 1920 Nr. 862, 2.

Nr. 2.

5. Die Veräußerung von Geschäftsanteilen einer G. m. b. H. ist auch dann umsatzsteuerfrei, wenn sie nur die Auflassung eines Grundstücks ersetzen soll. RFH. 16. Juli 20 S. 3, 212 = RStBl. 1920, 466.

Nr. 4.

6. Die Verpachtung von zu einem Lichtspieltheater eingerichteten Räumen zum Betrieb eines solchen Theaters und mit dem Zwecke, aus der Verpachtung dauernd Einnahmen zu erzielen, ist als eine selbständige gewerbliche Tätigkeit i. S. des § 1 anzusehen. RFH. 9. Juli 19 (S. 1, 141 = AM. 1919, 325 = DIZ. 1919, 940; vgl. Bd. I S. 126 Nr. 1) auch abgedruckt JW. 1920, 67 (*mit Besprechung von Marcuse*).

7. Die Vermietung von Kühlräumen ist umsatzsteuerpflichtig. Eine Vermietung eingerichteter Räume liegt vor, wenn die Räume zu einem ihrer Zweckbestimmung entsprechenden Gebrauch einer besonderen Beschaffenheit bedürfen und so eingerichtet oder ausgestattet sind, daß sie der Mieter zu dem Zwecke, zu dem sie vermietet sind, ohne weiteres benutzen kann. RFH. 21. Mai 20 S. 3, 1 = RStBl. 1920, 358 = RStR. 1920, 227.

Nr. 9.

Lit. Maier, Zur Umsatzbesteuerung der eingetragenen Genossenschaften. DStBl. 2, 394.

8. Rechtliche Gestaltungsmöglichkeiten bei der Lieferung von Milch durch Genossen an ihre Genossenschaften. RFM. 29. Sept. 20, RStBl. 1920, 689.

§ 3.

Nr. 1.

1. Eine Gesellschaft, die für die Reichstelegraphenverwaltung Telegramme durch drahtlose Telegraphie weitergibt oder entgegennimmt, ist als Beförderungsunternehmung i. S. der Befreiungsvorschrift in § 3 Nr. 1 anzusehen. RFH. 17. März 20 S. 2, 215 = RStBl. 1920, 275 = RStR. 1920, 167.

2. Die Tätigkeit des Posthalters stellt eine Beförderungsunternehmung im Sinne der Befreiungsvorschrift in § 3 Nr. 1 dar. RFH. 17. März 20 S. 2, 216 = RStBl. 1920, 275 = NStR. 1920, 166.

Nr. 2.

3. Die Voraussetzungen der Steuerbefreiung gemäss § 3 Nr. 2 sind für Baugenossenschaften im allgemeinen nicht gegeben. RFM. 17. Mai 20, RStBl. 1920, 328.
4. Die Umsätze, die ein als ausschließlich gemeinnütziges Unternehmen anerkanntes städtisches Leihhaus durch öffentliche Versteigerung der Pfänder tätigt, sind nicht auf Gewinn gerichtet. RFH. 28. April 20 S. 2, 303 = RStBl. 1920, 414 = DStZ. 9, 76 = NStR. 1920, 200.
5. Grundsätze für die Ausscheidung auf Gewinnerzielung gerichteter Umsätze bei Privatheilanstalten. RFH. 28. Jan. 20 DStZ. 8, 281.
6. Als gemeinnützig oder wohltätig anerkannte Krankenanstalten mit verschiedenen Verpflegungsabteilungen müssen Umsatzsteuer von sämtlichen Zahlungen entrichten, die sie von Kranken derjenigen Abteilungen erhalten, die mit der Absicht auf Gewinnerzielung eingerichtet sind. RFH. 16. Juni 20 S. 3, 107 = RStBl. 1920, 415.
7. Unzulässigkeit der Rechtsbeschwerde gegenüber der Entscheidung der obersten Landesfinanzbehörde (vgl. Bd. I S. 138 Nr. 1). RFH. 3. Dez. 19 DStBl. 2, 471.

Nr. 3.

8. Unter Steuerabschnitt ist das volle Kalenderjahr zu verstehen; das steuerfreie Mindestentgelt beträgt nur einen Bruchteil von 3000 Mk., wenn für die Veranlagung ein kürzerer Zeitraum als ein Kalenderjahr in Betracht kommt. RFH. 14. Jan. 20 S. 2, 122 = RStBl. 1920, 392.

§ 4.

Lit. *C. Becher, Die Umsatzsteuer der Vermittlungsgeschäfte. NStR. 1920, 28. — Meyer, Die Veranlagung zur Umsatzsteuer für 1919; Steuerfreiheit im Zwischenhandel. AtSR. 1920, 54 (behandelt die Buchführung). — Popitz, Zum Umsatzsteuerrecht. 1. Umsatzsteuer und Kartelle. JW. 1919, 786. — Weinbach, Die Umsatzsteuer des Zwischenhandels unter besonderer Berücksichtigung des Handels mit rationierten Waren. ZStFr. II, 1920 Heft 6. — Wimpfheimer, Die Umsatzsteuerpflicht des Kommissionärs. JW. 1920, 135.*

1. Die dem Zwischenhändler zustehende Steuerbefreiung bezieht sich auf das ganze Umsatzgeschäft. Die vermittelnde Tätigkeit, die der Zwischenhändler zwischen seinem Lieferer und seinem Abnehmer ausübt, wird von dem Begriffe der Lieferung mitumfaßt und fällt daher nicht unter die sonstigen Leistungen des § 1 Abs. 1. RFH. 22. Okt. 19 [S. 1, 230; vgl. Bd. I S. 129 Nr. 3] auch DStBl. 2, 354 = AStR. 1920, 41 = NStR. 1920, 83 = JW. 1920, 66 (*mit Besprechung von Kaufmann*).
2. Bei der Verkaufskommission liegen zwei Umsatzgeschäfte über denselben Gegenstand (Lieferungen) vor. RFH. G. 20. Juni 19 [S. 1 B, 40 = AM. 1919, 301 = ZschrfZollw. 1919, 188; vgl. Bd. I S. 128 Nr. 2] auch AStR. 1920, 71.

3. — Bestätigung des vorerwähnten Gutachtens vom 20. Juni 19. **RFH.** 28. Juli 20 RStBl. 1920, 509. Vgl. auch unter Nr. 5.
4. Wer gelegentlich einer Versteigerung Kunstgegenstände gewerbsmäßig für bestimmte Auftraggeber durch Zuschlag erwirbt, ist bei der Aushändigung der Gegenstände an seine Kunden als Einkaufskommissionär mit dem Gesamtentgelt umsatzsteuerpflichtig, das er von seinem Auftraggeber erhält, auch wenn der Besitz vom Versteigerer unmittelbar auf den Erwerber übertragen wird. **RFH.** 9. Juni 20 S. 3, 98 = RStBl. 1920, 389.
5. Unmittelbarer Besitz. a) Erwerb des unmittelbaren Besitzes einer Ware durch deren Uebernahme in eigenes Fuhrwerk.
b) Umsatzsteuerpflicht des Verkaufskommissionärs. **RFH.** 5. Mai 20 RStBl. 1920, 417.
6. — Uebertragung des unmittelbaren Besitzes, wenn der bisherige Eigenbesitzer Vertreter des Erwerbers wird. **RFH.** 7. Jan. 20 NStR. 1920, 118.
7. — Bei der entgeltlichen Zuweisung von Mehl seitens einer Gemeinde gegen Einreichung der von einem Händler bei seinen Kunden gesammelten Mehlmarken von einem Mehllager oder einer Mühle an den Händler einerseits und der Abholung vom Lager usw. sowie der unmittelbaren Zurollung zu den Kunden gegen Entrichtung des Preises durch einen vom Händler beauftragten Unternehmer andererseits liegen keine Kettengeschäfte im Sinne des § 4 vor; die Vermittlung des mittelbaren Besitzes durch den Beauftragten ist vielmehr der unmittelbaren Besitzübertragung durch den hiernach steuerpflichtigen Händler gleichzuachten. **RFH.** 16. Juni 20 RStBl. 1920, 470. Oeffentliche Bewirtschaftung vgl. zu § 1 unter Nr. 15 ff.
8. — Läßt eine Firma von ihr gekaufte Ware vom Lieferer an ihren Spediteur oder Frachtführer senden, der die Ware für sie in Empfang nimmt und auf ihre Weisung sogleich ihren Abnehmern zuführt, so muß sie die durch den Spediteur oder Frachtführer vorgenommene unmittelbare Besitzübertragung gegen sich gelten lassen, als hätte sie selbst den unmittelbaren Besitz übertragen, so daß sie umsatzsteuerpflichtig ist. **RFH.** 22. Okt. 20 S. 3, 301 = RStBl. 1920, 695 = NStR. 1920, 322 = AStR. 1920, 188.
9. Bei der Zuführung von elektrischem Strom durch ein Elektrizitätswerk an eine Stadtgemeinde und durch diese an ihre Abnehmer sind Elektrizitätswerk und Stadtgemeinde umsatzsteuerpflichtig. **RFH.** 28. April 20 S. 2, 303 = RStBl. 1920, 414 = DStZ. 9, 76 = NStR. 1920, 206.
10. Das Zwischenhandelsprivileg des § 4 kann nur Platz greifen, wenn die Steuersätze bei den einzelnen Umsätzen der Kette die gleichen sind; es kann somit keine Anwendung finden bei der Lieferung erhöht steuerpflichtiger Gegenstände durch einen Zwischenhändler im Auftrage des Kleinhändlers unmittelbar an den Erwerber. **RFH.** 9. Juni 20 S. 3, 98 = RStBl. 1920, 389.
Dazu Marcuse NStR. 1920, 307.

§ 6.

Abs. 1.

1. Die Umsatzsteuerpflicht umfaßt neben dem Kaufpreis für Weinlieferungen auch die vom Lieferer dem Abnehmer in Rechnung gestellte Weinsteuer, die für jenen in der Rechnung einen durchlaufenden Posten darstellt,

ohne Rücksicht darauf, ob dem Lieferer die Ueberwälzung der Umsatzsteuer auf den Erwerber auch insoweit möglich ist. RFH. 23. Dez. 19 RStBl. 1920, 158.

2. Reisekosten, die der Leistende aufzuwenden hat, um die Leistung zu bewirken, dürfen vom steuerpflichtigen Entgelte nicht abgesetzt werden. RFH. 5. Nov. 19 AM. 1919, 415.

3. Berechnung des Entgelts bei einer Gesellschaft, die nur Leistungen gegen Erstattung der Selbstkosten bei Verbot der eigenen Gewinnerzielung machen darf. RFH. 6. Okt. 20 S. 3, 281 = RStBl. 1920, 690 = DJZ. 1920, 916 = RStR. 1920, 323.

4. a) Tritt der Leistende oder Liefernde seine Forderung gegen den Empfänger an einen Dritten ab, so steht die Zahlung der Abtretungsvaluta durch den Dritten der Zahlung des Entgelts durch den Empfänger gleich, während der Dritte für Empfang des Entgelts nicht steuerpflichtig wird.
b) Tritt an Stelle des ursprünglich Leistungsverpflichteten in einen nur teilweise ausgeführten Werkvertrag ein Dritter gegen Entschädigung des ersteren für die bereits ausgeführten Leistungen ein, so ist sowohl diese Entschädigung umsatzsteuerpflichtig als auch das gesamte Entgelt, das der Empfänger des Werkes demnächst dem Dritten gewährt. RFH. 17. Dez. 19 S. 2, 67 = RStBl. 1920, 191 = DStZ. 8, 282 = DJZ. 1920, 403.

Abs. 2.

5. Die Abrundungsvorschrift des § 6 Abs. 2 findet für die nach § 28 Abs. 1 des Gesetzes zu erstattenden Beträge keine Anwendung. RFM. 5. Dez. 19, RStBl. 1920, 31.

II. Erhöhte Steuer auf Luxusgegenstände.

§ 8.

Abs. 1 Nr. 1.

1. a) Als versilbert oder vergoldet hat jeder Gegenstand zu gelten, der unter irgendwelcher Mitverwendung von Silber und Gold hergestellt ist, ohne daß es auf den Bestimmungszweck des Gegenstandes oder auf den Wert oder die Art der Verwendung des Edelmetalls anzukommen hat.
b) Für die Entscheidung der Frage, ob die Versilberung oder Vergoldung nur einen verhältnismäßig geringen Teil der Fläche eines im übrigen aus unedlen Stoffen bestehenden Gegenstandes bedeckt, ist der Gesamteindruck maßgebend, den der verzierte Gegenstand auf den Beschauer macht.
c) Im Sinne des Satzes 2 der Nr. 1 des § 8 ist ein Gegenstand nur dann zusammengesetzt, wenn seine Bestandteile durch mechanische (nicht chemische) Zerlegung gewonnen und wieder in selbständige Sachen umgewandelt werden können. RFH. 15. Okt. 19 (S. 1, 236; vgl. Bd. I S. 129 Nr. 1) auch DStBl. 2, 355.

Abs. 1 Nr. 3.

2. a) Als Werke der Plastik können nur Gegenstände angesehen werden, deren Oberflächenbehandlung einer, im Gegensatze zu den Werken der Malerei, über das Flächenmäßige hinausgehenden Nachbildung irgendeines Gegenstandes der Wirklichkeit oder Phantasie dient.

b) Ein als Werk der Plastik anzusehendes Grabdenkmal verliert diese Eigenschaft nicht dadurch, daß es infolge seiner Aufstellung auf dem Friedhof durch Ausmauerung mit dem Grund und Boden fest verbunden wird. RFH. 3. März 20 S. 2, 198 = RStBl. 1920, 277.

3. Die Vergünstigung von § 8 Nr. 3 Abs. 2 wirkt nicht zugunsten des vom Künstler beauftragten Versteigerers. RFH. 9. Juni 20 S. 3, 98 = RStBl. 1920, 389.

Abs. 1 Nr. 9.

4. Zur Anwendung des § 8 Abs. 1 Nr. 9 genügt, daß Kraftfahrzeuge veräußert werden, die als solche, wenn auch nach vorheriger Instandsetzung, weiter verwendet werden sollen. RFH. 26. Nov. 19 RStBl. 1920, 62.

Abs. 1 Nr. 11.

5. Ein unter Verwendung gewöhnlichen Schafpelzes aus besserem Stoff hergestellter Pelzmantel ist nicht erhöht umsatzsteuerpflichtig. RFH. 3. Dez. 19 S. 2, 42 = RStR. 1920, 94 = RStBl. 1920, 63.

§ 9.

1. Ueber Vorlegung der Bescheinigung vgl. zu § 20 unter Nr. 1.

§ 10.

1. Die Zuteilung von im Nachlaß befindlichen Luxusgegenständen an einen Miterben im Wege der Erbauseinandersetzung unterliegt nicht der Umsatzsteuer. RFH. 14. Nov. 19 S. 2, 23 = RStBl. 1920, 153 = JW. 1920, 574 (*mit Besprechung von Herzfelder*).

III. Steuerberechnung und Verfahren.

§ 16.

1. Die Umsatzsteuer ist außerhalb des Falles des § 17 Abs. 7 für die in einem Steuerabschnitte vereinnahmten Entgelte ohne Rücksicht darauf zu entrichten, ob die Leistung, für die das Entgelt entrichtet wird, bereits bewirkt worden ist, und ohne Rücksicht darauf, in welchem Steuerabschnitte sie erfolgt (Umsatzsteuerpflicht der Auskunfteien). RFH. 30. Juni 20 S. 3, 158 = RStBl. 1920, 417 = DStZ. 9, 173.

§ 20.

1. An Stelle der tatsächlichen Vorlegung der Bescheinigung bei jedem einzelnen Veräußerungsfalle genügt, daß die Bescheinigung bei dauernden Geschäftsbeziehungen einmal innerhalb ihrer Gültigkeitsdauer dem Veräußerer vorgelegt wird, wenn anders die kaufende Firma dem Veräußerer als glaubwürdig bekannt ist und es sich tatsächlich im einzelnen Falle um einen Erwerb zur gewerblichen Weiterveräußerung handelt. RFH. 12. Mai 20 S. 2, 341 = RStBl. 1920, 354 = DStZ. 9, 76 = RStR. 1920, 226.

2. Voraussetzung für die Steuerermäßigung nach § 9 Abs. 1 und § 20 ist Vorlegung der amtlichen Bescheinigung und richtige Eintragung in das Steuerbuch. Die Vorlegung braucht nicht bei jeder späteren Bestellung zu erfolgen; hier genügt Bezugnahme (auch stillschweigende) auf eine frühere Vorlegung. Auch wird nicht eine Vorlegung vor dem Veräußerer persönlich gefordert. RFH. 26. Mai 20 S. 3, 40 = RStBl. 1920, 364 = RStR. 1920, 251.

Dazu Marcuse, NStR. 1920, 307.

§ 23.

1. Im Falle der Steuerfestsetzung auf Grund einer Schätzung (§ 23 Abs. 2 Satz 3) ist im ordentlichen Rechtsmittelzuge nur zu prüfen, ob die Voraussetzungen für das Schätzungsverfahren gegeben waren.

Die Voraussetzungen hierzu sind bei nicht ordnungsmäßiger Buchführung nach § 15 Abs. 1 erst gegeben, wenn wegen Bedenken gegen die Richtigkeit der Umsatzsteuererklärung, die in der Unvollständigkeit der Buchführung begründet sein können, vor Erlaß des Bescheides Ermittlungen angestellt worden sind und der Steuerpflichtige hierbei keine ausreichende Aufklärung geben konnte oder weitere Auskünfte verweigert hat. RFH. 25. Febr. 20 RStBl. 1920, 242.

§ 28.

1. Rechtsmittel gegen Ablehnung der Vergütung: vgl. zu § 223 AO. unter Nr. 2.
2. Keine Abrundung, vgl. zu § 6 unter Nr. 5.

Abs. 2.

3. Die Erstattungsvorschrift des § 28 Abs. 2 findet auch bei nach § 10 Nr. 1, § 25 steuerpflichtigem Erwerbe sinngemäss Anwendung. RFM. 27. Nov. 19, RStBl. 1920, 15.

Abs. 2 Nr. 1.

4. Erleichterung für den Nachweis der Lieferung zahnärztlicher und zahntechnischer Gebrauchsgegenstände der unter § 8 Nr. 1 fallenden Art an Zahnärzte und Zahntechniker. RFM. 8. Dez. 19, RStBl. 1920, 31.

Abs. 2 Nr. 2.

5. Der Vergütungsanspruch nach § 28 Abs. 2 Nr. 2 wird nicht dadurch hinfällig, daß der Erwerber eines Klaviers, der zur Zeit des Erwerbs den Nachweis geführt hat, berufsmäßig gegen Entgelt Musikunterricht zu erteilen, hinterher die Ausübung des Berufs zeitweise ausgesetzt hat. RFH. 9. Okt. 20, RStBl. 1920, 646.

Abs. 2 Nr. 5.

6. Der Anspruch auf Erstattung der für ein Personenfahrzeug entrichteten Luxussteuer nach § 28 Abs. 2 Nr. 5 UStG. 1918 und § 19 Nr. 5 AusfBest. setzt nicht voraus, daß das Gewerbe oder der Beruf mit oder in dem Personenfahrzeug ausgeübt wird; sie können auch in einer reinen Aufsichtstätigkeit bestehen. RFH. 23. April 20 S. 2, 271 = RStBl. 1920, 419 = NStR. 1920, 226.

7. Nichtvorliegen der Erstattungsvoraussetzung des § 28 Abs. 2 Nr. 5 beim Erwerb eines Motorrades durch einen Gewerbetreibenden. RFH. 5. Mai 20 RStBl. 1920, 366.
8. Bei Vergütungsansprüchen aus § 28 Abs. 2 Nr. 5 kann nicht der Nachweis verlangt werden, daß der Beruf oder das Gewerbe dessen, der die Vergütung fordert, die Anschaffung des Personenfahrzeugs bedingt habe. Der Anspruch wird ferner nicht dadurch ausgeschlossen, daß die Absicht, das Fahrzeug ausschließlich oder überwiegend für das Gewerbe oder den Beruf zu verwenden, aus besonderen Gründen nicht hat verwirklicht werden können. RFH. 6. Okt. 20 S. 3, 289 = RStBl. 1920, 646.

§ 29.

1. Nachveranlagung der Umsatzsteuer war unter der Geltung des UStG. 1918 innerhalb der Verjährungsfrist zulässig. RFH. 9. Juli 20 RStBl. 1920, 465.

§ 33.

1. Die von Steuerpflichtigen nach § 86 Abs. 2 Satz 2 UStAusfBest. vom 26. Juli 18 zu tragenden Postgebühren sind auch von den Umsatzämtern, die keine Reichs- oder Staatsbehörden sind, nachträglich durch Vermittlung der Postanstalt einzuziehen, wenn der Steuerpflichtige sie überhaupt nicht oder in zu geringem Betrage entrichtet hat. PrFM. 14. Jan. 20, RStBl. 1920, 64.

§ 36.

1. Die Kosten des Rechtsmittelverfahrens in Umsatzsteuersachen sind von den Gemeinden (Gemeindeverbänden), die mit der Veranlagung der Umsatzsteuer beauftragt sind, aus der ihnen nach § 36 Abs. 1 in Verbindung mit § 33 UStG. vom 26. Juli 18 zustehenden Veranlagungs- und Erhebungsvergütung zu bestreiten. PrFM. 23. Dez. 19, RStBl. 1920, 64.

IV. Straf-, Uebergangs- und Schlußbestimmungen.

§ 40.

Abs. 4.

1. Aufhebung der Steuerbegünstigung militärischer Verwaltungsstellen. RFM. 13. Dez. 19, RStBl. 1920, 15.

§ 42.

Abs. 1.

1. Steuerabschnitt im Sinne des § 3 Nr. 3 UStG. 1918 ist für die Uebergangszeit das ganze Kalenderjahr 1918. RFH. 14. Jan. 20 S. 2, 122 = RStBl. 1920, 392.

Abs. 6.

2. Von der Einziehung der erhöhten Umsatzsteuer des § 8 UStG. 1918 über den Rahmen des zu § 42 Abs. 6 ergangenen Beschlusses des Reichsrats vom 30. Okt. 19 hinaus wird nur in Einzelfällen aus besonderen Billigkeitsgründen abgesehen. RFM. 16. Febr. 20, RStBl. 1920, 214.

38.

Umsatzsteuergesetz

vom 24. Dezember 1919 (RGBl. S. 2157).

Abgeändert durch Gesetz vom 18. August 1920 (RGBl. S. 1607).
(UStG. 1919.)

Lit. *Erläuterte Ausgaben von C. Becher (H. Sack, Berlin 1921). — Koppe-Varnhagen 2. A. (Industrieverlag Späth u. Linde, Berlin 1920). — Lindemann 2. A. (Verein. wissensch. Verleger, Berlin 1920). — Noest (Industrieverlag Späth u. Linde, Berlin 1920). — Popitz (O. Liebmann, Berlin 1921). — Rohde-Beuck (O. Elsner, Berlin 1920).* *Ferner Joachim, Umsatzsteuer für Aerzte (Coblenz, Berlin 1921). — Popitz, Einführung in das Umsatzsteuergesetz vom 24. Dez. 19 (O. Liebmann, Berlin 1920). — C. Becher bei Marcuse, Das neue Reichssteuerrecht (Herm. Sack, Berlin 1920) S. 153. — Caro, Zur Einführung in das Umsatzsteuergesetz. JW. 1920, 524. — Haussmann, Grundriss II. Teil S. 45 (Industrieverlag Späth u. Linde, Berlin 1920). — Kloss, Was bringt das Umsatzsteuergesetz vom 24. Dez. 19 Neues? IndMitt. 1920, 62. — Popitz, Abänderungen und Ergänzungen des Umsatzsteuergesetzes durch andere Steuergesetze. ZStFr. II, 1920, 105. — Weinbach, Die Bedeutung der Formvorschriften im Umsatzsteuergesetz. ZStFr. II, 1920, 28.*

1. Ausführungsbestimmungen: Bek. v. 12. Mai 20, RZBl. 1920, 937.
2. Verordnung, betreffend Abänderung der im Zentralblatt für das Deutsche Reich 1920 S. 937 veröffentlichten Ausführungsbestimmungen zum Umsatzsteuergesetz vom 24. Dezember 1919 (RGBl. S. 2157). Bek. v. 3. Dez. 20, RZBl. S. 1549.
3. Das Umsatzsteuergesetz von 1919 hat in den besetzten Gebieten Geltung (§§ 30, 35 des Gesetzes). RFM. 17. Febr. 20, RStBl. 1920, 195.
4. Veröffentlichung von Auskünften und Entscheidungen des Reichsministers der Finanzen zur Auslegung des Umsatzsteuergesetzes. RFM. 11. Aug. 20, RStBl. 1920, 465.
5. Vorbereitung der Veranlagung der Umsatzsteuer für das Kalenderjahr 1920. RFM. 11. Okt. 20, RStBl. 1920, 611.

I. Allgemeine Vorschriften. Die allgemeine Umsatzsteuer auf Lieferungen und sonstige Leistungen.

§ 1.

Lit. *C. Becher, Die Umsatzsteuerpflicht wirtschaftlicher Verbände. IndMitt. 1920, 226. — C. Becher, Bemerkungen zur Umsatzsteuer. NStR. 1920, 152 (behandelt Termingesellschaften, verfrühte Zahlungen in der Uebergangszeit). — Homburger, Die Umsatzsteuerpflicht der freien Berufe. JW. 1920, 122. — Kloss, Die Besteuerung verbotener, ins-*

besondere sittenwidriger Tätigkeit nach dem Ergebnisse der neuesten Rechtsprechung. DStZ. 9, 88 (will in Anlehnung an die Entsch. des RFH. vom 28. April 20 — vgl. zu § 35 RStempG. unter Nr. 1 — von verbotener Tätigkeit Umsatzsteuer und Einkommensteuer erhoben wissen). — Lang, Anwaltstätigkeit und Umsatzsteuergesetz. JW. 1920, 74. — Marcuse, Anwaltstätigkeit und Umsatzsteuergesetz. JW. 1920, 77. — Popitz, Die Umsatzsteuerpflicht der Rechtsanwälte. DJZ. 1920, 810. Vgl. auch zu § 8 unter Lit. u. Nr. 5, 6. — Weissbecker, Umsatzsteuergesetz und Anwaltsgeschäfte. LZ. 1920, 289. — Popitz, Die Umsatzsteuerpflicht der Hausgewerbetreibenden. DStBl. 2, 642.

Abs. 1.

1. Gebühren von Handelskammern, von Aussenhandelsstellen und von Dampfkesselüberwachungsvereinen für öffentlich-rechtliche Leistungen kein steuerpflichtiger Entgeltbetrag. RFM. 4. Mai 20, 25. Febr. 20, 29. Juli 20, RStBl. 1920, 479.
2. Umsatzsteuerpflicht im Unterrichts- und Schulwesen. RFM. 27. Sept. 20, RStBl. 1920, 586.
3. Umsatzsteuerpflicht im Kunsthandel mit Rücksicht auf die Gesetzesänderungen. RFM. 8. Juni 20, RStBl. 1920, 355.
4. Umsatzsteuerpflicht der Generalagenten von Versicherungsgesellschaften. RFM. 13. Juli 20, RStBl. 1920, 539.
5. Die Leistungen der Revisionsverbände und selbständiger (nicht angestellter) Revisoren im Genossenschaftswesen auf Grund der Revisions- und sonstigen Tätigkeit sind umsatzsteuerpflichtig. RFM. 30. März 20, RStBl. 1920, 244.
6. Entgelte, die für die Herstellung von Bauten usw. auf fremdem Grund und Boden vereinnahmt werden, sind umsatzsteuerpflichtig. RFM. 20. März 20, RStBl. 1920, 245. Kommissionsgeschäfte vgl. zu § 7 unter Nr. 1.
7. Begriff der objektiven Selbständigkeit im gewerblichen Leben, unter anderem auch bei der Heimarbeit, im Sinne der Umsatzsteuergesetze. RFH. 6. Okt. 20 S. 3, 281 = RStBl. 1920, 690.

Abs. 3.

8. Versteigerungen innerhalb des Post- und Eisenbahnbetriebs und bei Ausübung der öffentlichen Gewalt sind steuerpflichtig. RFM. 30. Aug. 20, RStBl. 1920, 564. Vgl. auch zu § 3 Ziff. 1 unter Nr. 1.
9. Begriffsbestimmung für steuerfreie Versteigerung im Wege der Zwangsvollstreckung. RFM. 24. Juli 20, RStBl. 1920, 480.
10. Versuche zur Umgehung der Luxussteuer durch künstlich herbeigeführte Versteigerungen im Wege der Zwangsvollstreckung. RFM. 24. Juli 20, RStBl. 1920, 471.

§ 2.

Nr. 1.

Lit. *C. Becher, Was ist unter Einfuhr im Sinne des § 2 Nr. 1 des Umsatzsteuergesetzes zu verstehen? DStZ. 9, 236. — Konietzko, Einfuhr und Ausfuhr im Umsatzsteuergesetz. ZStFr. II, 1920, 60. — Popitz, Erleichterungen bei der Umsatz- und Luxussteuer im Verkehr mit dem Auslande. DStZ. 9, 121. — Weinbach, Die Bedeutung der Formvorschriften im Umsatzsteuergesetz. ZStFr. II, 1920, 29.*

1. Verordnung über Befreiungen von der Umsatzsteuer nach dem Umsatzsteuergesetz vom 24. Dez. 19 v. 3. Dez. 20, RZBl. S. 1563 (enthält: Befreiung der Charterverträge und der Vermietung von Seeschiffen, der entgeltlichen Hingabe von Sprengstoffen an Bergwerksarbeiter und, im Rahmen von § 2 Nr. 11, der Molkereigenossenschaften).
2. Aufzählung der zum Teil bereits vor, im übrigen nach Inkrafttreten des Friedensvertrags zum Ausland gewordenen Gebiete des Deutschen Reichs sowie der Wirkungen der Gebietsminderungen für die Umsatzsteuer. RFM. 31. Jan. 20, RStBl. 1920, 157.
3. Anwendung des Umsatzsteuergesetzes in Nordschleswig nach der Abstimmung. RFM. 30. Juni 20, RStBl. 1920, 473.
4. Wann sind Inlandskäufe von Ausländern umsatzsteuerpflichtig? RFM. 30. März 20, RStBl. 1920, 247.
5. Bei Versteigerungen wird der Ort der Lieferung durch die Belegenheit der Gegenstände bestimmt. RFM. 12. Juli 20, RStBl. 1920, 481.
6. Steuerfreie Umsätze eingeführter Gegenstände. RFM. 24. Juli 20, RStBl. 1920, 473.
7. Erleichterungen bei der Umsatz- und Luxussteuer im Verkehr mit dem Ausland. RFM. 28. Juli 20, RStBl. 1920, 420.
8. Umsatzsteuerfreie Einfuhr liegt nur dann vor, wenn aus dem Ausland in das Inland geliefert wird. RFM. 11. Aug. 20, RStBl. 1920, 513.
9. Das Einbringen von Seefischen ist keine Einfuhr. RFM. 4. Sept. 19, RStBl. 1920, 539.
10. Eintritt der Umsatzsteuerpflicht nach dem Verbringen von Seefischen ins Inland. RFM. 4. Sept. 20, RStBl. 1920, 564.
11. Erweiterung der Anlage 1 zu § 11 der Ausführungsbestimmungen (§ 2 Nr. 1 des Umsatzsteuergesetzes). RFM. 6. Okt. 20, RStBl. 1920, 624.

Nr. 3.

12. Stoffe zur Platinierung, Vergoldung und Versilberung. RFM. 25. Aug. 20, RStBl. 1920, 539.
13. Bedeutung des Hinweises auf § 22 in Ansehung des Nachweises, dass Kleinhandel vorliegt. RFM. 23. Sept. 20, RStBl. 1920, 625.

Nr. 5.

14. Anwendung des Umsatzsteuergesetzes auf Beförderungen im Auslande und auf Beförderungsverträge von Reisebureaus. RFM. 29. März 20, RStBl. 1920, 273.

Nr. 9.

15. Zum Begriff der ähnlichen Hilfeleistungen (Tätigkeit der Rezeptrevisoren). RFM. 6. Okt. 20, RStBl. 1920, 625.

Nr. 11.

16. Umsatzsteuerpflicht des Geschäftsbetriebs der Raiffeisengenossenschaften. RFM. 10. Febr. 20, RStBl. 1920, 192.

§ 3.

Nr. 1.

1. Umsatzsteuerpflicht der Leistungen der Post für private Zwecke und der Versteigerungen durch die Post. RFM. 20. März 20, RStBl. 1920, 246.

Nr. 2.

Lit. *Lindt, Die Umsatzsteuer und die Gemeinden. AStR. 1920, 7.*

2. Umfang der Steuerbefreiung für öffentliche Schlachthöfe, Gas-, Elektrizitäts- und Wasserwerke. RFM. 28. Febr. u. 17. März 20, RStBl. 1920, 209.
3. Gemeindebetriebe zur Verteilung elektrischen Stroms sind von der Umsatzsteuer befreit. RFM. 1. Juni 20, RStBl. 1920, 353.
4. Umfang der Steuerbefreiung nach § 3 Nr. 2. RFM. 15. Juni 20, RStBl. 1920, 359.
5. Beschränkung der Steuerfreiheit für Installationsarbeiten. RFM. 28. Juli 20, RStBl. 1920, 481.

Nr. 3.

6. Einnahmen von Kirchengemeinden aus dem Begräbniswesen sind im allgemeinen nur umsatzsteuerfrei, soweit sie für die eigentliche Beisetzung erhoben werden und die Sätze nicht überschreiten, die für die Ausübung der öffentlich-rechtlichen Tätigkeit als Mindestentgelt festgesetzt sind. RFM. 14. April 20, RStBl. 1920, 271.
7. Von Gemeinden usw. betriebene öffentliche Krankenhäuser sind als gemeinnützige Unternehmen auch unter dem neuen Umsatzsteuergesetze nicht uneingeschränkt steuerfrei. RFM. 20. April 20, RStBl. 1920, 276.
8. Steuerbegünstigung von Gemeindebetrieben auf Grund des § 3 Nr. 2 des alten oder § 3 Nr. 3 des neuen UStG. RFM. 2. Sept. 20, RStBl. 1920, 565.
9. In § 3 Nr. 3 ist zwingend vorgeschrieben, daß das LFA. vor der Entscheidung die zuständige Landesbehörde zu hören hat. RFH. 24. Sept. 20 RStBl. 1920, 566.
10. Eine Privatklinik kann trotz Beschränkung der Verpflegungskosten auf die Selbstkosten, und obgleich in einzelnen Fällen ein noch geringerer Satz berechnet wird, nicht als ausschließlich gemeinnützig im Sinne des § 3 Nr. 3 anerkannt werden, weil das Unternehmen die Unterlage oder das Mittel für einen Erwerb bildet. RFH. 10. Nov. 20 II B 17/20 S. 4, 2 = DStZ. 9, 240.

§ 4.

Lit. *Pfafferoth, Vergütung von Umsatzsteuer. IndMitt. 1920, 162.*

1. Berechnung der Vergütungssätze im Falle der §§ 4, 19, 24, der Ermässigung des Zuschlagspreises bei Versteigerungen (§ 23 Abs. 1 Nr. 2) und des nach § 46 Abs. 5 eintretenden Zuschlags zum Entgelt. RFM. 8. März 20, RStBl. 1920, 210.
2. Erläuterungen zum Erlass des Reichsministers der Finanzen vom 8. März 20, RStBl. 1920, 297.
3. Die Vergütung an den Exporthändler beträgt gemäss § 4 1,5 v. H. des von ihm entrichteten Entgelts, wenn er beim Hersteller luxussteuerpflichtige Gegenstände (§ 15) von einem Zwischenhändler erworben hat. RFM. 12. April 20, RStBl. 1920, 276.
4. § 4 bezieht sich auch auf die Lieferung von Verpackungsmitteln in das Ausland. RFM. 24. Aug. 20, RStBl. 1920, 513.
5. Einberechnung der Umsatzsteuer in den Lieferungspreis bei Lieferungen an Ausfuhrhändler. RFM. 23. Sept. 20, RStBl. 1920, 566.

§ 7.

Lit. *C. Becher, Zwischenhandelsprivileg und Luxussteuer. IndMitt. 1920, 206. — C. Becher, Findet § 7 Abs. 2 des Umsatzsteuergesetzes auf die Herstellerluxussteuer Anwendung? ZStFr. II, 1920, 191. — C. Becher, Die Umsatzsteuerpflicht des Kommissionsgeschäfts. DStBl. 2, 639. — Erlanger, Die Umsatzsteuerpflicht der Kommissionäre und Zwischenhändler. DStZ. 8, 279. — Isay, Steuerrecht und bürgerliches Recht. (Zugleich ein Beitrag zur steuerlichen Behandlung der Syndikate.) BA. 20, 57. — Kossmann, Die Umsatzsteuerpflicht der Zwischenhändler und Vermittler. IndMitt. 1919, 45 (Lagerhalter). — Nussbaum, Fragen aus dem Umsatzsteuerrecht. IndMitt. 1920, 44 (Umsatz ins Ausland durch inländischen Ausfuhrhändler, der die Ware unmittelbar vom Fabrikanten ins Ausland liefern lässt). — Popitz, Die Umsatzsteuer und das Kommissionsgeschäft. JW. 1920, 81. — Popitz, Die Befreiung des reinen Warenhandels nach § 7 des neuen Umsatzsteuergesetzes. DStBl. 2, 435.*

Abs. 1.

1. Steuerpflicht der Kommissionäre der Reichsgetreidestelle, der Reichskartoffelstelle und des Reichsausschusses für pflanzliche und tierische Oele und Fette. RFM. 30. Sept. 20, RStBl. 1920, 617.
2. Wenn anläßlich des Verkaufs der beim Lagerhalter von A in Verwahrung gegebenen Ware an B und weiter an C, A dem B seinen Herausgabeanspruch gegen den Lagerhalter abtritt und nunmehr B durch Vereinbarung mit dem Lagerhalter in den von diesem mit A abgeschlossenen Verwahrungsvertrag eintritt, wenn dann die Ware von C an D unter Abtretung des Herausgabeanspruchs weiter verkauft wird und auch D wiederum durch Vereinbarung mit dem Lagerhalter in den Verwahrungsvertrag eintritt, müssen B und C die später durch den Lagerhalter an D erfolgende Uebergabe gegen sich gelten lassen, so daß sie neben A nach § 7 umsatzsteuerpflichtig werden. RFH. G. 26. März 20 S. 2, 328 = RStBl. 1920, 360 = DJZ. 1920, 442 = DStBl. 2, 515 = JW. 1920, 851 (*mit Besprechung von Oppenheim*).

   Weitere Bemerkungen dazu Kloss, DStZ. 9, 36, auch IndMitt. 1920, 86. — Marcuse, NStR. 1920, 307. Vgl. auch zu § 4 UStG. 1918 unter Nr. 5 ff.

§ 8.

Lit. *Herzfeld, Umsatzsteuer und Sachverständigengutachten. DStZ. 9, 238. — Marcuse, Sind die Pauschalien und Vorschüsse umsatzsteuerpflichtig? JW. 1920, 550. — Riedinger, Umsatzsteuerpflichtigkeit der Auslagen-Pauschsätze der Rechtsanwälte. DStZ. 9, 237. — Wassertrüdinger, Zur Umsatzsteuerpflicht der Rechtsanwälte. JW. 1920, 547 (Entgelt, Abwälzung). — Hagemann, desgl. JW. 1920, 548 (Umsatzsteuerpflicht der Pauschsätze und sonstigen Auslagen). — Grüneberg, Ueber die Frage der Umsatzsteuer bei Warenumschliessungen nach dem alten und neuen UStG. JW. 1920, 126.*

Abs. 1.

1. Zeitpunkt der Vereinnahmung der Entgelte im Sinne der §§ 8 und 46 Abs. 3. RFM. 29. März 20, RStBl. 1920, 249.
2. Inwieweit sind die Arbeitslöhne, die ein Baumeister bei der Ausführung von Aufträgen, z. B. Regiearbeiten, zahlt, ein Teil des steuerpflichtigen Umsatzes des Baumeisters? RFM. 17. April 20, RStBl. 1920, 271.

3. Das Aufgeld zum Zuschlagspreise bei Auktionen bildet einen Teil des Entgelts. RFM. 20. Mai 20, RStBl. 1920, 329.
4. Der Anzeigenvermittler (die Annoncenexpedition) hat die Umsatzsteuer, nach dem UStG. 1919 die allgemeine Umsatzsteuer, von dem Gesamtentgelte zu entrichten, das er vom Besteller der Anzeige (Inserenten) für seine Besorgung der Einrückung der Anzeige in eine bestimmte Zeitung und für die damit etwa sonst noch zusammenhängenden Dienstleistungen erhält. RFH. G. 28. April 20 S. 2, 333 = DStBl. 2, 518.
5. Pauschsätze des Anwalts sind umsatzsteuerpflichtig. Erstattung der Umsatzsteuer aus der Staatskasse nach § 11 G. v. 18. Dez. 19. OLG. Celle 13. April 20 JW. 1920, 568.
6. — Die Auslagenpauschsätze der Anwälte sind umsatzsteuerpflichtig, die Vorschüsse nicht. RFH. G. 10. Nov. 20 S. 3, 351 = RStBl. 1920, 694.

Abs. 9.

7. Umrechnung ausländischer Werte (§ 8 Abs. 9) bei der Ermittlung des der Versteuerung einerseits (§ 8 Abs. 1), der Ausfuhrvergütung andererseits (§ 4) zugrunde zu legenden Entgelts. RFM. 20. März 20, RStBl. 1920, 251.

§ 9.

1. Allgemeine Zulassung der Steuerentrichtung durch Banken und Bankfirmen nach den Entgelten für die bewirkten Leistungen. RFM. 31. Jan. 20, RStBl. 1920, 196.

§ 12.

Lit. *Eisner, Gleitende Preise und Uebergangsvorschriften zum Umsatzsteuergesetz. JW. 1920, 767. — Landsberg, Gebührenzuschläge und Umsatzsteuerabwälzung. JW. 1920, 767. — Lang, Die einkalkulierte und die gesondert in Rechnung gestellte Umsatzsteuer als Teil des steuerpflichtigen Entgelts und ihre Abwälzung. DStBl. 1920, 17. — Popitz, Zur Frage der Abwälzung der Anzeigensteuer. DStZ. 8, 277.*

1. Die Arzneitaxe, an die die Apotheker hinsichtlich der dem Apothekenzwang unterliegenden Waren gebunden sind, ist einer gesetzlich bemessenen Gebühr i. S. des § 12 Abs. 1 gleichzuachten. RFM. 8. März 10, RStBl. 1920, 214.
2. Die gesonderte Inrechnungstellung der Umsatzsteuer bei Versteigerungen ist nicht zulässig. RFM. 23. Febr. 20, RStBl. 1920, 215.
3. Behördlich festgesetzte Höchstpreise sind keine gesetzlich bemessenen Gebühren für Leistungen i. S. des § 12; die gesonderte Inrechnungstellung der Umsatzsteuer ist daher bei den sonstigen Voraussetzungen auch für Lieferungen zu Höchstpreisen unzulässig. RFM. 9. Febr. 20, RStBl. 1920, 193.
4. Bei der Abgabe der von Gemeinden gelieferten rationierten Lebensmittel an die Verbraucher ist die Abwälzung der Umsatzsteuer erforderlichenfalls durch Erhöhung der Höchstpreise zu ermöglichen. RFM. 9. März 20, RStBl. 1920, 209.
5. Rechtsanwälte. Gesonderte Inrechnungstellung der Umsatzsteuer für Gebühren und Pauschsätze der Rechtsanwälte. OLG. Karlsruhe 28. Mai 20 JW. 1920, 568.

6. — Keine Abwälzung der Umsatzsteuer des zum Offizialverteidiger bestellten Rechtsanwalts auf die Staatskasse. OLG. Rostock 2. Febr. 20 JW. 1920, 569 (*mit Besprechung von Kaufmann*).

7. — Erstattung der Umsatzsteuer des Anwalts durch die unterliegende Partei. OLG. Augsburg 25. Mai 20 Recht 1920 Nr. 3602. Ebenso OLG. Hamburg 7. April 20 LZ. 1920, 726.

§ 13.

Lit. Pfafferoth, Die Umsatzsteuer bei der Preisfestsetzung. IndMitt. 1920, 161.

§ 15.*)

Abs. 1 Satz 2.

1. Schiffspositionslaternen und Feuerwehrgeräte keine hauswirtschaftlichen Gegenstände. RFM. 19. Juni und 6. Juli 20, RStBl. 1920, 481. Ebenso nicht Glocken, RFM. 13. Sept. 20, RStBl. 1920, 570; Farbenzerstäuber, RFM. 13. Sept. 20, RStBl. 1920, 570.

Abs. 2 I 2.

2. Versilberte Flachfederspiralen, RFM. 6. Aug. 20, RStBl. 1920, 481.

Abs. 2 I 6.

3. Hand- und Taschenlampenhülsen, RFM. 18. Aug. 20, RStBl. 1920, 513, Berichtigung S. 574; Zapfhähne, RFM. 28. Aug. 20, RStBl. 1920, 570; Elektrische Kochtöpfe, RFM. 13. Sept. 20, RStBl. 1920, 570; Wiegewagen, RFM. 14. Sept. 20, RStBl. 1920, 570; Türschilder, RFM. 14. Sept. 20, RStBl. 1920, 570; Möbelknöpfe, RFM. 14. Sept. 20, RStBl. 1920, 571; Anhänger, Nippständer, Vorstecker, RFM. 20. Okt. 20, RStBl. 1920, 648; Haus-, Zug- u. dgl. Glocken, Mörser, RFM. 26. Okt. 20, RStBl. 1920, 648, vgl. auch S. 570; Messingteile an Feuerwehrausrüstungsstücken, RFM. 3. Juli 20, RStBl. 1920, 481; Abzeichen, RFM. 11. Okt. 20, RStBl. 1920, 626; Begriffsbestimmung für Türschilder, RFM. 16. Juli 20, RStBl. 1920, 482; Portierenringe, Portierenträger, Portierenstangen und -rohre sowie Portierenendknöpfe, RFM. 5. Aug. 20, RStBl. 1920, 482.

Abs. 2 I 9.

4. Glasglocken, RFM. 16. Sept. 20, 27. Okt. 20, RStBl. 1920, 649; Glastiere, Glasspinnräder, Glaszigarren- und -zigarettenspitzen, Glasgegenstände für Puppenstuben, RFM. 3. Aug. 1920, RStBl. 1920, 482.

Abs. 2 I 12 c.

5. Baumwollene Handschuhe, RFM. 13. Sept. 20, RStBl. 1920, 571; Schreibmappen, RFM. 30. Sept. 20, RStBl. 1920, 626.

Abs. 2 I 12 e.

6. Lockenwickler, RFM. 29. Juni 20, RStBl. 1920, 483; Gesangbuchtragetaschen, Brusttaschen, Ledertaschen als Ausrüstungsgegenstände für die Wehrmacht usw., RFM. 5. Aug. 20, RStBl. 1920, 482; Gesangbuch-

*) Die im RStBl. veröffentlichten Entscheidungen des RFM., die sich durch die abgeänderten Ausführungsbestimmungen vom 3. Dez. 20 erledigt haben (vgl. RStBl. 1920, 72), sind weggelassen worden.

tragetaschen, Brusttaschen aus Leder, RFM. 7. Aug. 20, RStBl. 1920, 513; Scherenetuis, Manikuretuis, Aerztekoffer, Kofferschilder, RFM. 21. Aug. 20, RStBl. 1920, 514; Fussbodenabstreicher aus Lederabfällen, RFM. 26. Aug. 20, RStBl. 1920, 514; Klemmeretuis, RFM. 13. Sept. 20, RStBl. 1920, 571; Isolierflaschen, RFM. 3. Nov. 20, RStBl. 1920, 649; Stirnbänder und Rosetten aus Leder, RFM. 6. Nov. 20, RStBl. 1920, 649.

Abs. 2 I 12 u. 13.

7. Steuerpflicht von Umschliessungen besonderer Art (Etuis usw.) vor dem 1. Juli 20, RFM. 13. Sept. 20, RStBl. 1920, 571.

Abs. 2 I 13.

8. Schreibmaschinenkoffer, RFM. 23. Okt. 20, RStBl. 1920, 649; Umschliessungen zur Aufnahme von Bestecken, RFM. 2. Nov. 20, RStBl. 1920, 649; Ständerlampen aus Hölzern aller Art, RFM. 17. Aug. 20, RStBl. 1920, 514; Ziertische, fahrbare Teetische, RFM. 13. u. 21. Aug. 20, RStBl. 1920, 483; Bettstellen, RFM. 13. Aug. 20, RStBl. 1920, 572; Nähtische, RFM. 13. Sept. 20, RStBl. 1920, 572.

Abs. 2 I 14.

9. Gegenstände aus Peddigrohr, RFM. 10. Aug. 20, RStBl. 1920, 483; Korbwaren aus Gorontalorohr, RFM. 28. Okt. 20, RStBl. 1920, 649.

Abs. 2 I 15.

10. Stoffe mit damastähnlichen Gebilden aus Halbseide, RFM. 4. Sept. 20, RStBl. 1920, 572.

Abs. 2 II 1.

11. Vereinsfahnen, RFM. 30. Juli 20, RStBl. 1920, 483. Dazu RStBl. 1921, 73.

Abs. 2 II 2.

12. Erhebung der Luxussteuer bei der Herstellung von mit Semi-Emaille-Bildchen versehenen Schmucksachen, RFM. 24. Juni 20, RStBl. 1920, 425; Sogenannte Spruchtäfelchen als Schmuck- und Ziergegenstände, RFM. 5. Aug. 20, RStBl. 1920, 483; Luxussteuerfreie Lieferung von Erinnerungsmalen und -tafeln für gefallene Krieger, RFM. 13. Sept. 20, RStBl. 1920, 568; Originalwerke im Sinne vom § 21 Abs. 1 Nr. 2 und Vervielfältigungen im Sinne des § 15 II 2, RFM. 12. Okt. 20, RStBl. 1920, 695.

Abs. 2 II 3.

13. Beschränkte Auflage, RFM. 28. Juli 20, RStBl. 1920, 484.

Abs. 2 II 4.

14. Bezugsscheinverfahren bei Lieferung luxussteuerpflichtiger Bestandteile und Zubehörstücke von photographischen Apparaten an Hersteller, RFM. 18. Aug. 20, RStBl. 1920, 510.

Abs. 2 II 6.

15. Klaviere von besonderem Ausmass, RFM. 30. Juni 20, RStBl. 1920, 484.

Abs. 2 II 8.

16. Luxussteuerpflichtige Zubehörteile für Kutschwagen, RFM. 31. Juli 20, RStBl. 1920, 484; Luxussteuerfreie Zubehörteile für Kraftfahrräder,

RFM. 12. Aug. 20, RStBl. 1920, 484; — wegen Beleuchtungsanlagen für Kraftfahrräder erledigt: RStBl. 1921, 73; Die Vergütung der Luxussteuer bei Pneumatiks für Lastkraftfahrzeuge und Lieferungswagen, RFM. 29. Okt. 20, RStBl. 1920, 697; Richtpreise für Personenkraftwagen zur Beurteilung der Luxussteuerpflicht von Reparaturen, RFM. 13. Sept. 20, RStBl. 1920, 572.

Abs. 2 II 9.

17. Kinderwagen mit verkobalteten Eisenteilen, RFM. 5. Nov. 20, RStBl. 1920, 650.

Abs. 2 II 10.

18. Luxussteuerfreier Bezug zugerichteter Felle, RFM. 22. Juni 20, RStBl. 1920, 474; Luxussteuerfreier Bezug zugerichteter Felle, RFM. 24. Juli 20, RStBl. 1920, 484; Mitwirkung weiterer Verbände beim Bezugsscheinverfahren im Rauch- und Pelzwarenhandel (zu vgl. RStBl. 1920, 474), RFM. 9. Aug. 20, RStBl. 1920, 479

Abs. 2 II 15.

19. Riechstoffe in Einzelmengen von 100 g und darunter, RFM. 21. Aug. 20, RStBl. 1920, 540; Kaiserborax, RFM. 26. Aug. 20, RStBl. 1920, 515; Geschnittene Flaschen bei Riech- und Schönheitsmitteln, RFM. 26. Okt. 20, RStBl. 1920, 650; Bezugsscheinverfahren für luxussteuerpflichtige Umschliessungen zu Riech- und Schönheitsmitteln, RFM. 4. Nov. 20, RStBl. 1920, 642.

Abs. 2 II 16.

20. Bekanntmachung über die luxussteuerpflichtigen Geheimmittel, RFM. 14. Juli 20, RStBl. 1920, 369; Streichung des Mittels „Formamint" von der Liste der luxussteuerpflichtigen Geheimmittel, RFM. 5. Nov. 20, RStBl. 1920, 643; Luxussteuerpflichtige Geheimmittel, RFM. 27. Nov. 20, RStBl. 1920, 697.

Abs. 2 II 19.

21. Reparaturen an Uhren, RFM. 29. Sept. 20, RStBl. 1920, 567.

Abs. 2 II 20.

22. Gebeizte oder gebrannte Bestandteile und Zubehörstücke von Beleuchtungskörpern, RFM. 9. Okt. 20, RStBl. 1920, 627; Aufhängeketten und -schnüre zu Beleuchtungskörpern, RFM. 16. Juli 20, RStBl. 1920, 485.

Abs. 2 II 21 u. 23.

23. Luxussteuerpflicht von Gegenständen zur Errichtung eines Bauwerks, RFM. 8. Nov. 20, RStBl. 1920, 695.

Abs. 2 II 25.

24. Schlaf- und Morgenanzüge, RFM. 11. Okt. 20, RStBl. 1920, 627 — Satz 2 erledigt = RStBl. 1921, 73; Taschentücher mit Hohlsaum, RFM. 2. Nov. 20, RStBl. 1920, 650.

Abs. 2 II 26.

25. Damenunterröcke aus Seide, RFM. 25. Aug. 20, RStBl. 1920, 515; Oberbekleidung aus Velours du Nord und Velours-Chiffon, RFM. 5. Nov. 20, RStBl. 1920, 650.

Abs. 2 II 27.

26. Strümpfe mit Durchbruch, RFM. 8. Aug. 20, RStBl. 1920, 485; Strümpfe, RFM. 24. Aug. 20, RStBl. 1920, 515 — Druckfehlerberichtigung S. 628; Strümpfe, RFM. 3. Sept. 20, RStBl. 1920, 572; Schirmüberzüge, RFM. 14. Sept. 20, RStBl. 1920, 573; Schirmüberzüge aus Seide, RFM. 11. Nov. 20, RStBl. 1920, 700.

Abs. 2 II 29.

27. Tischdecken, RFM. 4. Okt. 20, RStBl. 1920, 627.

Abs. 2 II 30.

28. Erleichtertes Vergütungsverfahren; vgl. zu § 19, unter Nr. 4.

II. Erhöhte Umsatzsteuer auf die Lieferung bestimmter Luxusgegenstände durch den Hersteller.

§ 16.

1. Befreiung militärischer Bekleidungs- und Ausrüstungsgegenstände von der Luxussteuer. RFM. 24. Febr. 20, RStBl. 1920, 215.

§ 17.

Nr. 3.

1. Abgabe der Steuererklärung beim Verbringen von luxussteuerpflichtigen Gegenständen ins Inland, wenn der Zeitpunkt des Verbringens und der der Zahlung des Entgelts zeitlich auseinanderliegen. RFM. 23. Sept. 20, RStBl. 1920, 627.
2. Feststellung der Person des Steuerpflichtigen beim Erwerb luxussteuerpflichtiger Gegenstände aus dem Auslande. RFM. 29. Juli 20, RStBl. 1920, 472.

§ 18.

Lit. C. Becher, Der Begriff des Herstellers i. S. der neuen Luxussteuer. NStR. 1920, 113.

§ 19.

1. Vorläufige Ausführungsanweisung über Steuervergütung und Steuerbefreiung bei der Lieferung von Luxusgegenständen (§§ 19, 20, 22, 24). RFM. 23. Jan. 20, RStBl. 1920, 69.
2. Erleichtertes Vergütungsverfahren hinsichtlich Bestandteilen und Zubehörstücken zu Beleuchtungskörpern. RFM. 30. Okt. 20, RStBl. 1920, 643.
3. Erleichtertes Vergütungsverfahren gemäss § 19 bei Putzgeschäften hinsichtlich der in § 15 II Nr. 13 des Gesetzes genannten Gegenstände. RFM. 28. Juni 20, RStBl. 1920, 392.
4. Erleichtertes Vergütungsverfahren gemäss § 19 bei Konfektionsgeschäften hinsichtlich der im § 15 II Nr. 30 genannten Gegenstände. RFM. 28. Sept. 20, RStBl. 1920, 569.
5. Berechnung der Vergütung; vgl. zu § 4.

§ 20.

Lit. Vgl. zu § 2.

1. Höhe der Vergütung in den Fällen der §§ 20 und 47. RFM. 26. Aug. 20, RStBl. 1920, 540.
2. Befreiung von der Luxussteuer bei Lieferungen an die Wehrmacht und deren Angehörige. RFM. 29. Okt. 20, RStBl. 1920, 644.
3. Ueber Devotionalien vgl. RFM. 30. Aug. 20, RStBl. 1920, 537.

III. Erhöhte Umsatzsteuer auf die Lieferung bestimmter Luxusgegenstände im Kleinhandel.

§ 21.

Abs. 1 Nr. 1.

1. Luxussteuerpflicht von Reichsgoldmünzen. RFM. 24. Juli 20, RStBl. 1920, 749 und RFM. 23. Sept. 20, RStBl. 1920, 624.

Abs. 1 Nr. 2.

Lit. Popitz, Wiedereinführung des Künstlervorrechtes bei der Luxussteuer. DStBl. 9, 140.

2. Vervielfältigungen. RFM. 12. Okt. 20, RStBl. 1920, 695.

Abs. 1 Nr. 3.

3. Inländische kurshabende Briefmarken gelten bei der Veräusserung zu einem höheren als dem aufgedruckten Werte als luxussteuerpflichtige Sammelgegenstände. RFM. 5. Mai 20, RStBl. 1920, 298.

Abs. 1 Nr. 4.

4. Künstliche Blumen sind nicht nach § 21 Abs. 1 Nr. 4 luxussteuerpflichtig. RFM. 17. Aug. 20, RStBl. 1920, 515.

Abs. 1 Nr. 5.

5. Begriff der Reit- und Kutschpferde. RFM. 24. Juli 20, RStBl. 1920, 540.
6. Vorhandensein der Fohlenzähne. RFM. 24. Juli 20, RStBl. 1920, 485.
7. Luxussteuerpflicht von Vollblutpferden für Rennzwecke. RFM. 23. Aug. 20, RStBl. 1920, 540.

§ 22.

Abs. 2.

1. Die Wiederverkäuferbescheinigung ist nach dem Umsatzsteuergesetz vom 24. Dez. 19 zur Befreiung von der Luxussteuer nur noch für Waren der im § 21 des Gesetzes bezeichneten Art auszustellen. RFM. 8. Jan. 20, RStBl. 1920, 65.

§ 23.

Abs. 1 Nr. 2.

1. Berechnung der Ermäßigung des Zuschlagpreises. Vgl. zu § 4 unter Nr. 1.

Abs. 1 Nr. 3.

2. Erläuterungen zur Umsatzsteuerpflicht von Verkäufen von Luxusgegenständen durch Privatpersonen (§ 23 Nr. 3) und von Umsätzen

alter Bestände von Gegenständen der im § 8 des Gesetzes von 1918 bezeichneten Art (§ 47). RFM. 9. Febr. 20, RStBl. 1920, 194.

3. Versteigerungen von Teppichen, Automobilen, Flügeln, Klavieren, Pelzwaren usw. sind auch dann luxussteuerpflichtig, wenn sie nicht im Auftrage des Herstellers, sondern im Auftrage von Privatpersonen ausserhalb eines gewerblichen Betriebes erfolgen. RFM. 27. Febr. 20, RStBl. 1920, 216.

Abs. 2.

Lit. *Luxussteuer bei Privateinkäufen. Verbst. 1, 33. — Delbrück, Rodewald, Steuerbefreiung von luxussteuerpflichtigen Privatverkäufen. DStZ. 8, 281. — Kaiser, Die Wiederverkäufer-Bescheinigung im Privathandel des § 23 UStG. DStBl. 2, 641. — Lehmann, Die Wiederverkäufer-Bescheinigung im Privathandel des § 23 UStG. NStR. 1920, 285. — Popitz, Zur Frage der Steuerbefreiung bei Privatverkäufen von Luxusgegenständen. DStZ. 9, 4.*

4. Die Befreiungsvorschrift gilt nur für die im § 21 Nr. 1, 2 und 3 aufgeführten Gegenstände. RFH. 26. Nov. 20 II A 299/20 S. 4, 62.

5. Solange in der Uebergangszeit die Ausführungsbestimmungen zum Umsatzsteuergesetze 1919 noch nicht erlassen und die Umsatzsteuerämter auch nicht mit vorläufigen Weisungen versehen waren, ist die Befreiungsvorschrift des § 23 Abs. 2 nicht deshalb unanwendbar, weil die dort vorgesehene Wiederveräußererbescheinigung nicht vorgelegt ist; es genügt, daß der Nachweis, zu dem die Bescheinigung dienen soll, möglichst sorgfältig in anderer Weise geführt wird. RFH. 26. Nov. 20 II A 326/20 S. 4, 48.

§ 24.

1. Berechnung der Vergütungssätze; vgl. zu § 4 unter Nr. 1.

Abs. 1 Nr. 1.

2. Devotionalien. RFM. 30. Aug. 20, RStBl. 1920, 537.

Abs. 1 Nr. 3.

3. Keine Steuervergütung bei Pferden für Rennzwecke. RFM. 15. Juli 20, RStBl. 1920, 485.

IV. Erhöhte Umsatzsteuer auf Leistungen besonderer Art.

§ 25.

Abs. 1 Nr. 1.

Lit. *Eckstein, Fragen aus dem Reklame- und Anzeigenumsatzsteuerrecht. AStR 1920, 81. — Rohde, Die Steuer auf Verpackungsmittel. IndMitt. 1920, 105.*

1. Sogenannte „Mehrzeilen“ in Adressbüchern sind unter Umständen erhöht steuerpflichtige Anzeigen im Sinne der §§ 25, 27 Abs. 2. RFM. 22. Jan. 20, RStBl. 1920, 159.

2. Begriff der Geschäftsempfehlungen und Geschäftspapiere. RFM. 11. Sept. 20, RStBl. 1920, 541.

Abs. 1 Nr. 3.

Lit. *Fuld, Depotgeschäft und Umsatzsteuer. DStZ. 9, 39.*

V. Ueberwachung der Steuerpflichtigen.

§ 30.

1. Allgemeine Entbindung der Banken und Bankfirmen von der Anzeigepflicht nach § 30. RFM. 31. Jan. 20, RStBl. 1920, 196.
2. Angestellte, Arbeiter usw., die nachhaltig entgeltliche Leistungen ausführen, unterliegen der Anzeigepflicht nach § 30 UStG. RFM. 31. März 20, RStBl. 1920, 278.
3. Mitwirkung der Polizeibehörden in Umsatzsteuersachen, einschliesslich des Strassenhandels. RFM. 22. Juni 20, RStBl. 1920, 510.

§ 31.

Lit. *C. Becher, Die Buchführungspflicht der luxussteuerpflichtigen Betriebe. IndMitt. 1920, 104. — Meyer, Die Buchführung nach dem neuen Umsatzsteuergesetz vom 24. Dez. 19. ZStFr. 1, 1920 Heft 17.*

1. Vorläufige Bestimmungen über die Aufzeichnungs- und Buchführungspflicht. RFM. 12. Jan. 20, RStBl. 1920, 32.
2. Aufzeichnungspflicht und Veranlagung der Rechtsanwälte, Patentanwälte und Notare für das Kalenderjahr 1920. RFM. 3. Nov. 20, RStBl. 1920, 647.
3. Allgemeine Befreiung der Banken und Bankfirmen von der besonderen Buchführung nach § 31 Abs. 2 bis 4 hinsichtlich der Leistungen der im § 25 Abs. 1 Nr. 3 bezeichneten Art. RFM. 31. Jan. 20, RStBl. 1920, 196.
4. Pauschalierung des Umsatzes bei kleineren landwirtschaftlichen Betrieben bei fehlender Buchführung. RFM. 29. Juli 20, RStBl. 1920, 511.

§ 32.

1. Heranziehung der Verbände und Vertretungen von Betriebs- und Berufszweigen sowie deren Vertreter und Angestellten bei der Prüfung und Aufsicht in Umsatzsteuersachen und der Ermittelung der Steuerpflichtigen. RFM. 30. Juni 20, RStBl. 1920, 394.

VI. Steuerberechnung und Veranlagungsverfahren.

§ 33.

Abs. 2.

1. Verlängerung des ersten Steuerabschnitts für die Luxussteuer und die erhöhte Umsatzsteuer. RFM. 1. März 20, RStBl. 1920, 252.
2. Von der Regel abweichende Festsetzung der Steuerabschnitte. RFM. 15. Aug. 20, RStBl. 1920, 515.
3. Allgemeine Ausdehnung des Steuerabschnitts für Banken und Bankfirmen auf ein Kalenderjahr. RFM. 31. Jan. 20, RStBl. 1920, 196.

§ 34.

1. Bedeutung und Anwendung des § 34. RFM. 20. März 20, RStBl. 1920, 251.

§ 35.

Lit. *Meyerheim, Die Vorbereitung zur Umsatzsteuererklärung. IndMitt. 1920, 227.*

1. Zulassung eines vereinfachten Musters von Steuererklärungen für Banken und Bankfirmen. RFM. 31. Jan. 20, RStBl. 1920, 196.

§ 36.

1. Gemeinden als Umsatzsteuerämter haben ihre Briefsendungen usw. freizumachen und die entstehenden Postgebühren selbst zu tragen. RFM. 24. Aug. 20, RStBl. 1920, 538.

§ 39.

1. Stempelmarken zur Entrichtung der Umsatzsteuer gemäss § 39 UStG. vom 24. Dez. 19 bei Verkäufen von Luxusgegenständen durch Privatpersonen und der Uebernahme von Anzeigen sowie der entgeltlichen Gewährung eingerichteter Schlaf- und Wohnräume zu vorübergehendem Aufenthalt ausserhalb einer gewerblichen Tätigkeit sind in Wertbeträgen von 10, 20, 50 Pf., 1, 2, 10, 15, 20, 25, 50 und 100 Mk. bei den Postanstalten erhältlich. RFM. 15. Jan. 20, RStBl. 1920, 66.
2. Vertrieb von Stempelmarken zur Entrichtung der Umsatzsteuer durch die Postanstalten. RFM. 26. Mai 20, RStBl. 20, 329.

Abs. 5.

Lit. *Pomme, Einschränkung des Grundsatzes der freien Beweiswürdigung durch das Umsatzsteuergesetz. DJZ. 1920, 778.*

§ 42.

Abs. 5.

1. Zum Aufenthalt i. S. des § 42 genügt tatsächliches Verweilen an einem Orte. RFH. 26. Nov. 20 II A 326/20 S. 4, 48.

VII. Straf-, Uebergangs- und Schlußvorschriften.

§ 44.

Lit. *Rohde, Das neue Umsatzsteuergesetz und die Befreiungen des Warenumsatzes durch Länder und Gemeinden. IndMitt. 1920, 71.*

Ueber Gültigkeit gemeindlicher Wohnungsordnungen vgl. zu § 2 LStG.

§ 46.

Abs. 1 bis 4.

Lit. *C. Becher, Der Uebergang vom alten zum neuen Umsatzsteuergesetz. IndMitt. 1920, 7. — Hochschild, Unstimmigkeiten im neuen UStG. DStZ. 8, 279. — Horstmann, Der Uebergang vom alten zum neuen Umsatzsteuergesetz. IndMitt. 1920, 32. — Koppe, Einfluss des Ablaufs des Kalenderjahres 1920 auf die Umsatzsteuer. DStZ. 9, 225. — Marcuse, Das neue Umsatzsteuergesetz. Uebergangsfragen. NStR. 1920, 59. — Popitz, Die Uebergangsvorschriften nach dem neuen Umsatzsteuergesetze. DStBl. 2, 261. — Weinbach, Die Uebergangsbestim-*

mungen im neuen Umsatzsteuergesetz, insbesondere die Steuerpflicht für Leistungen aus Verträgen, die vor dem 31. Dez. 19 abgeschlossen sind. ZStFr. II, 1920, 40.

1. Das neue Umsatzsteuergesetz ist für Steuerpflicht und Höhe des Steuersatzes gemäss § 46 nur dann massgebend, wenn sowohl die Vereinnahmung als auch die Lieferung oder sonstige Leistung nach dem 31. Dez. 19 liegen. Besonderes gilt nach § 47 für den Steuersatz der nach § 8 des alten Umsatzsteuergesetzes luxussteuerpflichtigen Gegenstände. RFM. 9. Jan. 20, RStBl. 1920, 67.
2. Eintritt der Steuerpflicht bei Anwaltsgebühren in der Uebergangszeit. OLG. Augsburg 25. Nov. 20 Recht 1920 Nr. 3263.
3. Zeitpunkt der Vereinnahmung der Entgelte; vgl. zu § 8 unter Nr. 1.

Abs. 5.

Lit. C. Becher, Nochmals: Die Abwälzung der Umsatzsteuer. IndMitt. 1920, 32. — Horstmann, Die Umsatzsteuer in der Uebergangszeit. IndMitt. 1920, 180. — Nussbaum, Fragen aus dem Umsatzsteuerrecht. IndMitt. 1920, 43 (Zuschlag bei der Klausel „freibleibend"). — Popitz, Die Abwälzung der neuen Umsatzsteuer in der Uebergangszeit. DStZ. 9, 34. — Die gesonderte Inrechnungstellung der Umsatzsteuer während der Uebergangszeit. IndMitt. 1920, 71.

4. Die im Gegensatz zu § 12 des Gesetzes stehende offene Abwälzung der Umsatzsteuer durch den Kleinhändler nach Massgabe des § 46 Abs. 5 UStG. ist nicht zulässig, wenn eine Preisvereinbarung vor dem 1. Jan. 20 — wie es z. B. bei sogenannten Markenartikeln mit aufgedruckten Preisangaben der Fall ist — nur zwischen dem Hersteller und dem Kleinhändler, nicht aber zwischen dem Kleinhändler und dem Abnehmer getroffen ist. RFM. 13. Jan. 20, RStBl. 1920, 65.
5. Auslegung des § 46 Abs. 5. RFM. 16. Juni 20, RStBl. 1920, 512.
6. § 46 Abs. 5 UStG. bezieht sich nur auf solche Verträge, bei denen ein fester Preis vereinbart ist, nicht aber auf solche, jetzt die Regel bildende Verträge, bei denen der Preis erst am Tage der Lieferung vereinbart wird. RFM. 19. Febr. 20, RStBl. 1920, 216.
7. Die Fabrikantenverbände der Konfektionsbranche sind berechtigt, bei Aufträgen aus dem Jahre 1919 neben den kraft besonderen Preisvorbehalts Anfang 1920 bestimmten Preiszuschlägen (§ 315 BGB.) den Unterschiedsbetrag zwischen der alten und der neuen Umsatzsteuer den Abnehmern gesondert in Rechnung zu stellen. Schiedsspruch eines aus drei Mitgliedern des RFH. nach § 1025 ZPO. bestellten Schiedsgerichts v. 25. Okt. 20. Deutsche Konfektion 1920, Heft 1052 S. 9.
8. Berechnung des Zuschlages; vgl. zu § 4 unter Nr. 1.

§ 47.

1. Im Falle des § 47 ist Pauschversteuerung zulässig. RFM. 19. Febr. 20, RStBl. 1920, 216.
2. Einem Antrag auf Besteuerung des Gesamtwarenbestandes in den nach § 47 steuerpflichtigen Betrieben kann auch noch mit Ablauf des Monats Juni 1920 entsprochen werden. RFM. 15. März 20, RStBl. 1920, 253.
3. Umsatzsteuerpflicht von Automobilzubehörteilen in der Uebergangszeit. RFM. 18. Sept. 20, RStBl. 1920, 573.

39.

Vereinszollgesetz

vom 1. Juli 1869 (BGBl. S. 317).

(VerZG).

Lit. *Greiner, Zur Lehre vom Zoll.* ZschrfZollw. 1920, 9. — *Posse, Ausfuhrwertzölle.* ZschrfZollw, 1920, 6.

Abs. 2.

§ 9.

1. Für zum Eingang bestimmte Waren, die nicht, wie im § 9 Abs. 2 vorausgesetzt, angemeldet und zur Abfertigung gestellt werden, ist der Zoll nach den Tarifsätzen und Vorschriften zu entrichten, die an dem Tage gültig sind, an dem über die Waren zuerst tatsächlich so verfügt wird, als wären sie im freien Verkehr. RFH. 15. Sept. 20 S. 3, 286.

§ 16.

Lit. *Rathjen, Die zoll- und steuerrechtliche Bedeutung des Hamburger Freihafens.* ZschrfZollw. 1920, 100.

§ 134.

Lit. *Gilbert, Das Verhältnis der Konterbande zur Ein- und Ausfuhr.* NStR. 1920, 291.

1. Konterbande. Begriff. RGSt. 54, 251. Dazu RGSt. 51, 400; 52, 23.
2. — Konterbande setzt Bewußtsein des Täters voraus, daß ein Verbot besteht. Zulässigkeit des Gegenbeweises gegenüber § 136. RGSt. 23. Febr. 20 Recht 1920 Nr. 1784.
3. — Vorbereitende Handlung zu verbotener Einfuhr als Mittäterschaft der Konterbande. Gegenstand der Konterbande ist bei Ueberschreitung der zur Einfuhr bewilligten Stückzahl die gesamte eingeführte Warenmenge. RGSt. 10. Nov. 19 E. 54, 116 = Recht 1920 Nr. 820 u. 84.
4. Ankäufer von Schmugglerware als Mittäter ausländischen Schmuggels. RGSt. 20. Febr. 20 E. 54, 251 = Recht 1920 Nr. 1782.
5. Die Konfiskation ist gegen jeden Teilnehmer besonders auszusprechen. RGSt. 23. Febr. 20 Recht 1920 Nr. 1783.

§ 135.

1. Vollendung des Unternehmens der Defraude erst bei Ankunft der Ware am Bestimmungsort. RGSt. 30. Okt. 19 Recht 1920 Nr. 822.
2. Ueber die Verpflichtung zur Nachentrichtung der Abgabe haben nicht die Strafgerichte zu bestimmen. RGSt. 25. Nov. 19 E. 54, 79.

§ 140.

1. Kein Wiederholungsfall verbotener Einfuhr vor Eintritt der Rechtskraft eines wegen solchen Vergehens verurteilenden Erkenntnisses. RGSt. 20. Febr. 20 E. 54, 251 = Recht 1920 Nr. 1782.

§ 144.

1. Strafschärfender Umstand des Verbergens bei einzelnen Gegenständen der fortgesetzten Konterbande. RGSt. 13. Nov. 19 Recht 1920 Nr. 823.

§ 152.

1. Unkenntnis eines Ausfuhrverbots; strafbare Ordnungswidrigkeit. RGSt. 23. Sept. 19 Recht 1920 Nr. 824.

§ 153.

1. Mittäterschaft in der Form von Anweisungen über die Ausführung der demnächstigen Ein- oder Ausfuhr. RGSt. 10. Nov. 19 Recht 1920 Nr. 820.

§ 155.

Abs. 1 Nr. 2.

1. a) Die aushilfsweise Haftbarkeit von Eisenbahnverwaltungen und Dampfschiffahrtsunternehmungen für Zollvergehen ihrer Angestellten ist keine Straftat i. S. der Amnestieverordnung vom 3. Dez. 18.
b) Voraussetzung ihrer Haftung in Ansehung zollgesetzlicher Vorschriften, die die zu vertretende Person bei Ausführung der ihr übertragenen Verrichtungen zu beobachten hatte. RGSt. 25. Nov. 19 E. 54, 75 = Recht 1920 Nr. 825, 826.

40.

Gesetz über die Besteuerung des Personen- und Güterverkehrs

vom 8. April 1917 (RGBl. S. 329).

(VerkStG.).

Lit. Weinbach u. Moser, Personen und Güterverkehr. Steuergesetze v. 8. April 17 (C. Heymann, Berlin 1918).

§ 1.

Abs. 1.

1. Zu den Schienenbahnen gehören auch dem öffentlichen Personenverkehr dienende Aufzüge, bei denen der Fahrkörper zwischen senkrecht stehenden Führungsschienen auf- und niedergleitet und an Drahtseilen hängt, die mit elektrischer Kraft gezogen werden (Personenaufzug Schandau — Ostrauer Scheibe). RG. 14. Nov. 19 E. 97, 154.

Abs. 3.

2. Fährbetrieb. Die Begriffsbestimmung in § 11 Abs. 3, § 42 Abs. 2 AusfBest. zum Verkehrssteuergesetz: „Als Fährbetrieb ist die Beförderung mittels eines Fahrzeugs nur anzusehen, wenn der Betrieb ausschließlich dazu bestimmt ist, die Verbindung der gegenüberliegenden Ufer herzustellen (Uebersetzfähre)" entspricht dem Gesetze. Regalität ist nicht Voraussetzung der Steuerfreiheit des Fährbetriebs. RFH. 23. Dez. 19 S. 2, 89 = RStBl. 1920, 319 = RStR. 1920, 106 = DJZ. 1920, 468.
3. An den Ausführungen des vorstehenden Urteils vom 23. Dez. 19 über die Begriffsabgrenzung des Fährbetriebs wird festgehalten. Die durch die Fähre vermittelte Uferverbindung dient wesentlich der Verknüpfung zweier durch einen Wasserlauf oder Wasserarm getrennter Straßenenden, kommt also nur bei kurzen Entfernungen in Frage. Unterscheidung des Ueberfahrpreises nach Fahrklassen und Annahme der überzufahrenden Güter auf Frachtbrief schließt die Annahme eines Fährbetriebs aus. RFH. 12. Mai 20 S. 3, 2 = RStBl. 1920, 535 = RStR. 1920, 203.
4. Der Telegrammverkehr der Post fällt nicht unter die Befreiungsvorschrift des § 1 Abs. 3. RFM. 3. Sept. 20, RStBl. 1920, 535.

§ 3.

Abs. 1 Nr. 8.

1. Unter „Koks aller Art" sind alle Koksarten zu verstehen, die aus Stein- oder Braunkohle gewonnen werden. RFM. 25. Aug. 20, RStBl. 1920, 507.

Abs. 3 Nr. 2.

2. Nichtöffentliche Bahnanlagen i. S. von Abs. 3 Ziff. 2 sind nur Bahnanlagen, die sich in derselben Hand befinden wie das Industrieunternehmen, für dessen Güterverkehr die Anlage dient. RFH. 2. Okt. 19 (S. 1, 193 = AM. 1919, 383 = DJZ. 1920, 154; vgl. Bd. I S. 131) auch IndMitt. 1920, 18.

3. Unter einer geschlossenen Betriebsanlage sind die zum Betriebe des Unternehmens geschaffenen Anlagen, nicht die Bahnanlage zu verstehen. Ob sie vorhanden, ist Tatfrage. Wenn ein Kalkwerk in einem 7 Kilometer entfernten Orte einen durch eine Werkbahn mit ihr verbundenen Ofen besitzt, ist es nicht ausgeschlossen, die Beförderungen auf der Werkbahn als innerhalb derselben geschlossenen Betriebsanlage liegend zu betrachten. RG. 10. Febr. 20 E. 98, 179 = RStBl. 1920, 267 = Recht 1920 Nr. 1413.

§ 5.

1. Im Verkehr auf Wasserstraßen gehören Kosten für Ein- und Ausladung der Güter in das Schiff und aus dem Schiffe, einschließlich der Kosten für Verstauung und Löschen im Schiffe selbst, nicht zu steuerpflichtigen Frachten. RFH. 10. März 20 S. 2, 171 = RStR. 1920, 171.

41.
Gesetz über eine Kriegsabgabe vom Vermögenszuwachs
vom 10. September 1919 (RGBl. S. 1579).
(VermZKrAbgG.).

§ 1.

Lit. *Erläuterte Ausgaben von Blum (Steuerschriftenverlag, München 1919). — Buck-Lucas (Verein. wissensch. Verleger, Berlin 1920). — Decke (Korn, Breslau 1919). — Erler (Dr. O. Schmid, Köln 1919). — Homburger (Gutsch, Karlsruhe 1919). — Koppe-Varnhagen (Industrieverlag, Späth u. Linde, Berlin 1919). — Noest (Industrieverlag Späth u. Linde, Berlin 1919). — Rheinstrom-Marcuse (C. H. Beck, München 1920). — Schachian (Frz. Vahlen, Berlin 1919). — Stier-Somlo (Frz. Vahlen, Berlin 1920). — Strutz — verbunden mit KrAbgG. 19 — (O. Liebmann, Berlin 1920). — E. Zimmermann (J. Hess, Stuttgart 1919).*

Ferner: Arlt, Die Kriegsabgabe vom Vermögenszuwachs nach dem Gesetz von 1919. ZStFr. I, 1920 Heft 12. — Neustätter, Grundsätzliche Verschiedenheiten zwischen dem Vermögenszuwachssteuergesetz und Reichsnotopfer. NStR. 1920, 161. — Reinert, Gesetz über eine Kriegsabgabe vom Vermögenszuwachs vom 10. Sept. 19. StA. 1920, 62. Vgl. auch Lit. zu RNOG. und zu KrAbgG. 1919.

1. Ermächtigung der Landesfinanzämter zur Vornahme einer anderweiten Berechnung der Kriegsabgabe 1919 vom Mehreinkommen und vom Vermögenszuwachs in besonderen Fällen. RFM. 22. Jan. 20, RStBl. 1920, 119.

§ 2.

Lit. Lucas, Einwirkung des Todesfalles auf die Vermögenszuwachssteuer 1919. ZStFr. II, 1920, 153. — Günther, Welche Ausländer und Staatenlose unterliegen der Kriegsabgabe vom Vermögenszuwachs? StA. 1920, 65. — Wolff, Die Vermögensabgabepflicht der ehemaligen Deutschen in und aus den Abtretungsgebieten. NStR. 1920, 305.

§ 4.

Lit. Zitzlaff, Zur Feststellung des Anfangsvermögens bei Veranlagung der Vermögenszuwachssteuer. DStZ. 9, 47. — Rheinstrom, Wie wirkt der Verkauf eines Grundstücks auf dessen Veranlagung zur Zuwachsabgabe und zum Reichsnotopfer zurück? AStR. 1920, 66.

Abs. 3.

1. Die Vorschrift im § 4 Abs. 3 wonach in Fällen, in denen Grundstücke bei der Wehrbeitragsveranlagung mit einem unter dem gemeinen Werte (Verkaufswert) bleibenden Ertragswert bewertet und innerhalb des Ver-

anlagungszeitraums veräußert worden sind, auf Antrag das Anfangsvermögen unter Zugrundelegung des gemeinen Wertes des veräußerten Grundstücks am 31. Dez. 13 anderweit festzustellen ist, gilt nicht rückwirkend für die Veranlagung zur Besitz- und Kriegssteuer. RFH. 9. April 20 S. 3, 30.

§ 5.

Lit. *Beuck, Der „Stichtag“ für die Kriegsabgabe vom Vermögenszuwachs beim Betriebskapital. JW. 1920, 125. — Erler, Die Bewertung des Betriebsvermögens nach dem Gesetze über eine Kriegsabgabe vom Vermögenszuwachs vom 10. Sept. 19. DStZ. 8, 246. — Kalbe, Zur Frage: Steuerfreiheit der Erneuerungskonten. DStZ. 9, 102. — Kirstaedter, Die steuerliche Behandlung des Erlöses aus dem Verkauf von Patenten. DStZ. 9, 92. — Lion, Die Bewertung der Ware und Rohstoffe für die Kriegsabgabe und das Notopfer. ZStFr. II, 1920, 20. — Marcuse, Die Verordnung vom 15. März 20 über die Wertermittlung bei der Veranlagung der Kriegsabgabe vom Vermögenszuwachs. NStR. 1920, 136. — Meumann, Die Vermögensbewertung nach dem Gesetz über eine Kriegsabgabe vom Vermögenszuwachs vom 10. Sept. 19. IndMitt. 1920, 45 (Berücksichtigung der Geldentwertung nach § 4 RAbgO.). — Mrozek, Die Bewertung des gewerblichen Betriebsvermögens für die Kriegsabgabe der Einzelpersonen vom Vermögenszuwachse. DStBl. 2, 488. — Mrozek, Auch Bilanzen für den 31. März 19 oder den 24. Februar 20 können bei der Berechnung des Endvermögens für die Kriegsabgabe vom Vermögenszuwachse verwendet werden. DStBl. 3, 13. — Rohde, Vermögensverschiebung zwischen Stichtag und Bilanztag. IndMitt. 1920, 30. — Rütgers, Nochmals die Bewertung des Betriebsvermögens für die Kriegsabgabe und das Reichnotopfer. IndMitt. 1920, 113. — Rütgers, Vermögensverschiebung zwischen Stichtag und Bilanzstichtag im Vermögenszuwachssteuergesetz. IndMitt. 1920, 158.*

1. Wertermittlung nach dem Gesetz über die Kriegsabgabe vom Vermögenszuwachs. RFM. 15. März 20, RStBl. 1920, 173.

§ 6.

Nr. 1.

Lit. *Radtke, Der Abzug ererbten Grundvermögens im Vermögenszuwachssteuergesetz. DStZ. 9, 207.*

Nr. 4.

Lit. *Hirschfeld, Ausstattung, Aussteuer, Mitgift. JW. 1920, 551. — Lang, Die Verwendung der Barmitgift zu Haushaltungsanschaffungen nach dem Kriegsabgabegesetz vom Vermögenszuwachs vom 10. Sept. 19 und nach dem Gesetz über das Reichsnotopfer vom 31. Dez. 19. DStZ. 9, 118. — Meyer, Sind bei der Vermögenszuwachssteuer 1919 Beträge, die Eltern ihren Kindern im Veranlagungszeitraum als Ausstattung i. S. von § 1624 BGB. gegeben haben, dem Endvermögen der Eltern hinzuzurechnen? AStR. 1920, 131.*

Nr. 5.

Lion, Die Umwandlung von nicht steuerbarem Vermögen in steuerbares. ZStFr. II, 1920, 28 (Wertsteigerung und Verkauf von Hausrat).

§ 7.

Lit. *Beuck, Abzug der Aufwendungen für Inlandsvermögen bei beschränkter Kriegsabgabepflicht.* DStZ. 8, 233. — *Fürnrohr, Das Betriebsvermögen des Kommanditisten.* IndMitt. 1920, 225.

§ 8.

Nr. 6.

Lit. *Potthast, Hinzurechnung der auf Grund des Gesetzes vom 21. Juni 1916 gezahlten Kriegssteuer zum Endvermögen im Falle der Zahlung dieser Kriegssteuer durch Kriegsanleihe.* IndMitt. 1920, 83.

§ 10.

Lit. *Peyer, Eine Berechnung des Gestehungswertes beim landwirtschaftlichen Grundbesitz.* DStZ. 9, 146. — *Wellmann, Landwirtschaftliche Besitzungen in Selbstbewirtschaftung und Vermögenszuwachs.* DStZ. 9, 99.

§ 11.

Lit. *Krokisius, Noch nicht fällige Ansprüche aus Lebensversicherungen nach dem Gesetz über eine Kriegsabgabe vom Vermögenszuwachs.* StA. 1920, 105.

§ 13.

Lit. *Mrozek, Die Bewertung von Geschäftsanteilen einer G. m. b. H. für die Ermittelung des abgabepflichtigen Vermögenszuwachses.* DStBl. 2, 326.

§ 17.

Lit. *Konietzko, Rückzahlungen von Kriegssteuern.* DStZ. 9, 72.

§ 18.

1. Bekanntmachung über die Anwendung des § 18 des Gesetzes über eine Kriegsabgabe 1919 vom Vermögenszuwachs. RFM. 13. Febr. 20, RStBl. 1920, 121.
2. Verfahren und Form der von der Hebestelle dem Finanzamt zu machenden Mitteilung über entrichtete Kriegssteuer 1916 (Art. 18 Abs. 2 AusfVO. z. VermZKrAbgG.). RFM. 18. Febr. 20, RStBl. 1920, 174.
3. Verfahren und Form der von der Hebestelle dem Abgabepflichtigen zu machenden Mitteilung über nicht zu erhebende Kriegssteuerreste (§ 18 VermZKrAbgG., Art. 18 Abs. 4 AusfVO. dazu). RFM. 18. Febr. 20, RStBl. 1920, 178.

§ 20.

Abs. 1.

Lit. *Haberstumpf, Der bürgerlich-rechtliche Anspruch aus § 20 I VermZKrAbgG. und aus § 53 I RNOG. (fortgesetzte Gütergemeinschaft).* AStR. 1920, 151.

42.

Wechselstempelgesetz

vom 15. Juli 1909 (RGBl. S. 825).

(W S t e m p G.).

§ 1.

1. Gegen Bescheide über die E r s t a t t u n g v o n W e c h s e l s t e m p e l sind die in den §§ 217 bis 219 AO. vorgesehenen Rechtsmittel nicht gegeben, weil eine Erstattung von zu Unrecht verwendeten Wechselstempeln aus Rechtsgründen (§ 223 AO.) weder in der AO. noch im WStempG. vorgesehen ist. RFH. 15. Okt. 20 RStBl. 1920, 687; vgl. auch zu § 223 AO. unter Nr. 6.

43.

Gesetz über einen einmaligen außerordentlichen Wehrbeitrag

vom 3. Juli 1913 (RGBl. S. 505).

(W e h r b G.).

Lit. *Erläuterte Ausgaben von* *F e r n o w* *(J. Guttentag, Berlin 1913).* — *H o f f m a n n* *(O. Liebmann, Berlin 1913).* — *K a h n - O b e r m e y e r* *(J. Schweitzer Verlag, München 1913).* — *R h e i n s t r o m* *(C. H. Beck, München 1913).* — *E. Z i m m e r m a n n* *(J. Hess, Stuttgart 1913).*

§ 13.

Lit. *F i s c h e r*, *Steuerliche Begünstigung böswilliger Schuldner. DStZ. 9, 207 (behandelt Abzug der Schulden des überschuldeten Ehemanns vom Vermögen der Frau).*

§ 33.

Abs. 2.

1. Die Einberufung zum Heere auf Grund der Landsturmpflicht fällt nicht unter die Vorschrift in § 33 Abs. 2.
   Die Gewährung einer Ermäßigung nach dieser Bestimmung hängt von vorheriger Vollendung der Ableistung der Militärdienstzeit (bis Ende des Jahres 1916) ab. BayOVK. 21. Dez. 17 Mitt. 1918, 188.

§ 54.

1. Wegen Ausschüttung einer Konkursquote, mit der am 31. Dez. 13 nicht zu rechnen war, kann vom Abgabepflichtigen nicht Neuveranlagung des Wehrbeitrags beansprucht werden. BayOVK. 31. Jan. 19 BlBayFW. 1920, 62.

44.

Weinsteuergesetz

vom 26. Juli 1918 (RGBl. S. 831).

(WeinStG.)

§ 4.

Abs. 1.

1. Die „Absendung" von Wein i. S. des § 4 Abs. 1 ist erfolgt, sobald der Wein mit der Bestimmung, an einen Verbraucher verabfolgt zu werden, aus den Betriebsräumen entfernt wird. Die „Aushändigung" an den Verbraucher bildet die Voraussetzung für die Entstehung der Steuerpflicht nur dann, wenn der Wein an den Verbraucher oder dessen Beauftragten in den Betriebsräumen des Herstellers oder Händlers verabfolgt wird. RFH. 16. Juni 20 S. 3, 206.

§ 11.

Nr. 2.

1. Anfechtung der Ablehnung steuerfreier Abschreibung; vgl. zu § 220 AO unter Nr. 1.

Nr. 4.

2. Wer Wein zur Herstellung von Schaumwein bezieht, hat im Hinblick auf § 11 Ziff. 4 WeinStG., § 60 Abs. 2 Ziff. 1 WeinsteuerAusfBest. die Weinsteuer für Wein zu entrichten, der während der Beförderung zu ihm in Verlust gerät. RFH. 24. Nov. 1920 IV a A 37/20 S. 4, 33.

§ 15.

1. Wer in einer dem § 15 entsprechenden Anzeige einen Betrieb als den seinigen anmeldet, kann sich den steuerlichen Folgen dieser Anmeldung nicht durch die Behauptung entziehen, daß in Wahrheit ein anderer Betriebsinhaber hätte sein sollen. RFH. 19. Mai 20, S. 3, 103.
2. Im Sinne des § 15 kann als Händler, der Wein gewerbsmäßig in Verkehr bringt, nur angesehen werden, wer Wein an Verbraucher in der Absicht abgibt, durch eine fortgesetzte derartige Abgabe einen Vermögensvorteil zu erzielen. Die Notwendigkeit, den Begriff der gewerbsmäßigen Abgabe von Wein besonders weit auszulegen, kann auch aus § 4 RAbgO. nicht hergeleitet werden. RFH. 24. Nov. 20 IV a A 20/20 S. 4, 40.

45.

Zigarettensteuergesetz

vom 3. Juni 1916 (RGBl. S. 631).

(ZigStG.).

Abs. 1.

§ 3.

1. Bezieher ist derjenige, aus dessen Hand als des Verfügungsberechtigten das für seine Rechnung eingeführte Erzeugnis zuerst in den freien Inlandsverkehr gelangt. RGSt. 23. März 20 E. 54, 278.
2. Ein Zigarettenhersteller hat im Hinblick auf die §§ 3 Abs. 1, 11, 17, 18 die Steuer für die aus seinen Betriebsräumen gestohlenen und unversteuert in den Inlandsverkehr gebrachten Zigarretten zu entrichten; § 21 des Gesetzes steht dem nicht entgegen. RFH. 20. Okt. 20 S. 3, 314 = RStR. 1920, 322 = DJZ. 1920, 916.

§ 15.

1. Gewerbsmäßigkeit erfordert eine auf die Erzielung eines mehr oder weniger ständigen Erwerbs gerichtete Tätigkeit in der Absicht, sie nicht nur einmal, sondern fortgesetzt, wenn auch nur bei günstiger Gelegenheit vorzunehmen. RGSt. 3. Febr. 20 E. 54, 230.

§ 17.

1. Verwahrung unbesteuerter Zigaretten als Beihilfe. RGSt. 11. Mai 20 Recht 1920 Nr. 2210.
2. Der Dieb als Täter nach § 17 Abs. 2 d. RGSt. 1. Okt. 20 Recht 1920 Nr. 3556.
3. „Erforderliche Steuerzeichen" i. S. v. § 17 Abs. 2 e. RGSt. 6. Mai 20 Recht 1920 Nr. 2209.
4. Gewahrsam des Kommittenten, der Zigaretten einem Verkaufskommissionär überlassen hat. RGSt. 3. Febr. 20 E. 54, 230.

§ 23.

1. Voraussetzungen der Einziehung. RGSt. 20. Mai 20 Recht 1920 Nr. 3555.

46.

Zündwarensteuergesetz

vom 10. September 1919 (RGBl. S. 1629).

(ZündwStG.).

§ 53.

1. Ueber Goldzahlung vgl. GoldZG.

47.

Zuwachssteuergesetz

vom 14. Februar 1911 (RGBl. S. 33).

Abgeändert durch Gesetz über Aenderungen im Finanzwesen vom 3. Juli 1913 § 1 (RGBl. S. 521).

(ZuwStG.).

Lit. Erläuterte Ausgaben von R. Becher-Henneberg (H. W. Müller, Berlin 1912). — Cuno (J. Guttentag, Berlin 1913). — Hoeniger (W. Kohlhammer, Stuttgart 1911). — Koeppe (J. Schweitzer Verlag, München 1911). — Lion (Frz. Vahlen, Berlin 1912). — Merzbacher (C. H. Beck, München 1911). — Simon (Deutsche Verlagsanstalt, Stuttgart 1911). — Stier-Somlo (J. Schweitzer Verlag, München 1911). — E. Zimmermann (J. Hess, Stuttgart 1911).

Ferner: Süss, Die Besteuerung d. unverdienten Grundwertzuwachses. (C. Gerber, München 1914). — Ziegesar, Zuwachssteuer (Rechtsprechung). (C. Heymann Verlag, Berlin 1919).

I. Zum Abänderungsgesetz.

§ 1.

1. Der RFH. hat seine Zuständigkeit in Zuwachssteuersachen angenommen; soweit es sich um Steuerfälle, die vor dem 1. Juli 1913 eingetreten sind, handelt. **RFH.** 10. Nov. 20 II A 198/20 (nicht veröffentlicht).

II. Zum Zuwachssteuergesetz.

§ 8.

Lit. Venator, Unterliegen „Wirtschaftsentschädigungen“ der Wertzuwachssteuer. DStZ. 9, 179.

§ 16.

Lit. Werneburg, Die Besteuerung von Bergwerks- und Kuxübereignungen. DStBl. 2, 630.

§ 20.

Abs. 2.

1. § 20 Abs. 2 greift auch dann Platz, wenn an Stelle des Erwerbspreises der Wert des veräußerten Teilstücks tritt. SächsOVG. 22. Dez. 17 Jahrb. 25, 56. Abw. Jahrb. 20, 325.

§ 45.

1. Die Einlegung von Rechtsmitteln gegen Zuwachssteuerbescheide der Gemeinden, in denen die Erhebung von Zuwachssteuer nicht ortsgesetzlich besonders geregelt ist, richtet sich nach dem Reichszuwachssteuergesetz und dessen Ausführungsbestimmungen, nicht nach dem sächsischen Gemeindesteuergesetz. SächsOVG. 16. März 18 Jahrb. 25, 54.

§ 59.

1. Das Recht einer Gemeinde, nach § 59 Zuschläge zu ihrem Anteil an der Zuwachssteuer zu erheben, erstreckt sich schlechtweg auch auf ihren Anteil an der vom Grundstückserwerber im Rahmen des § 29 Abs. 2 zu entrichtenden Haftsumme. Die Beschränkung der Haftung in § 29 Abs. 2 auf 2 v. H. des Veräußerungspreises beeinflußt und beeinträchtigt also das Recht der Zuschlagserhebung nicht. PrOVG. 27. Jan. 20 ZStFr. II, 1920, 64.

Sachregister.

(Die Zahlen verweisen auf die Seiten des I. oder des II. Bandes.)

A.

B.

C.

F.

G.

J (i).

J (j).

K.

L.

M.

N.

O.

S.

T.

V.

W.

Z.

FSC
www.fsc.org
MIX
Papier | Fördert
gute Waldnutzung
FSC® C083411

Kolibri 360 GmbH
Ferdinand-Jühlke-Straße 7
99095 Erfurt, Deutschland
produktsicherheit@kolibri360.de